„Mein neues Ich"
Das große 5 in 1 Buch

Selbstfindung, Inneres Kind heilen, Vergangenheit loslassen, Selbstliebe spüren, Glück finden

Stefanie Lorenz

Dieses Werk einschließlich aller Inhalte ist urheberrechtlich geschützt. Alle Rechte und Übersetzungsrechte vorbehalten. Nachdruck oder Reproduktion (auch auszugsweise) in irgendeiner Form, sowie die Einspeicherung, Verarbeitung, Vervielfältigung und Verbreitung mit Hilfe elektronischer Systeme jeglicher Art, gesamt oder auszugsweise, sind ohne ausdrückliche schriftliche Genehmigung des Verlages untersagt. Alle Namen und Personen sind frei erfunden und Zusammenhänge mit real existierenden Personen sind rein zufällig. Alle Inhalte wurden unter größter Sorgfalt erarbeitet. Der Verlag und der Autor übernehmen jedoch keine Gewähr für die Aktualität, Korrektheit, Vollständigkeit und Qualität der bereitgestellten Informationen. Druckfehler und Falschinformationen können nicht vollständig ausgeschlossen werden.

Achtung, Gratis-Bonusheft!

Mit dem Kauf dieses Buches hast du ein kostenloses Bonusheft erworben. Dieses steht nur eine begrenzte Zeit zum Download zur Verfügung.

Alle Informationen, wie du dir schnell das gratis Bonusheft sichern kannst, findest du am Ende dieses Buches.

Das Bonusheft beinhaltet eine Sammlung an schönen, motivierenden und auch Mut gebenden kleinen Geschichten und Zitaten. Diese werden dich beim Lesen und auf deinem täglichen Weg zu einem erfüllten Leben begleiten. Sichere dir das Bonusheft noch heute!

Inhaltsverzeichnis

Vorwort vii

1. „Hätte ich mal..." 1

2. „Ich war schon immer so..." 131

3. „Das lasse ich hinter mir..." 263

4. „Ich bin gut, so wie ich bin..." 381

5. „Ich will endlich ankommen..." 507

Gratis Bonusheft 639

Vorwort

Es gibt für alles im Leben einen idealen Zeitpunkt. Wenn du diesen Sammelband in den Händen hältst, dann spürst du, dass nun der richtige Moment ist, neue Wege einzuschlagen.

Möchtest du freier und glücklicher leben, endlich alten Ballast hinter dir lassen, im Beruf und in der Partnerschaft zufrieden sein und damit anfangen, deine Träume zu leben?

Selbstveränderung bedeutet Mut, Geduld, Zeit, ein wenig Konsequenz und die richtige Anleitung. Die hast du mit diesem Sammelband gefunden. Denn hier gibt es keinen statischen Fahrplan, sondern du kannst nach Belieben alle der fünf Bände von Anfang an durchgehen, in einzelne Kapitel eintauchen oder das Buch an einer zufälligen Stelle aufschlagen und beginnen zu lesen - deine innere Stimme sagt dir genau, was du brauchst.

Stell dir nun einmal diese Szene vor - wie sie täglich tausende Male auf der Welt passiert: Ein Mann sitzt beim Arzt, um seine Untersuchungsergebnisse abzuholen. Der Doktor ist ernst und versucht, möglichst einfühlsame Worte zu finden. Der Patient hat eine schwere Krankheit und höchstens noch ein paar Monate zu leben.

Nachdem der erste Schock, die Wut und die Trauer über diese Nachricht überwunden sind, beschließt der Todkranke, jeden Moment auszukosten und nur noch im Hier und Jetzt zu leben. Schließlich könnte jeder Tag sein letzter sein.

In Filmen erhält dieser Mensch oft nach ein paar Wochen die Nachricht, man habe sich im Labor geirrt und gesundheitlich sei alles in bester Ordnung. Vielleicht kennst du aus deinem Umfeld ein ähnliches Beispiel und hast mitbekommen, wie eine Person ihr Leben im Angesicht des Todes radikal geändert hat. Getreu dem Motto „Ich kann dem Leben nicht mehr Tage geben, aber dem Tag mehr Leben."

Unter normalen Umständen hast du diesen Druck nicht. Deine wahren Wünsche und Bedürfnisse gehen in einem stressigen Alltag und angepassten Lebensstil unter. Vielleicht denkst du manchmal daran, dass du das alles gerne ein wenig anders hättest - aber da ist die Meinung der Familie, der Nachbarn und von sonstigen sozialen Geflechten und Gewohnheiten, in denen du steckst.

Natürlich ist es auch nur in den wenigsten Fällen möglich oder überhaupt sinnvoll, jeden Tag so kompromisslos zu leben als sei es der letzte. Doch was ist, wenn der Unterschied zwischen deinem Wunschleben und deinem aktuellen Alltag so groß ist, dass du das Gefühl hast, dir fehlen komplett Lebensfreude und Energie? Möchtest du am Ende deiner Lebensspur da sitzen und alles bereuen, was du nicht getan und gewagt hast?

Wenn du dich am falschen Platz fühlst, immer ausgepowert bist und mit Alkohol, Essen, Zigaretten oder auch Chatten im Web die Leere in deinem Alltag und Inneren übertünchst, dann wird dir das erste Buch aus diesem Sammelband besonders helfen. Auf der Reise durch die Kapitel wirst du zum Experten für dein eigenes Lebensglück und bekommst das notwendige Handwerkszeug, um aus deinem Trott zu kommen und endlich neue Wege zu gehen.

Auf dem Weg triffst du dich zwangsläufig in deiner Vergangenheit. Meistens holen dich diese Erlebnisse ein, wenn deine Rahmenbedingungen im Leben grundsätzlich stimmen, aber eine gewisse Unzufriedenheit an dir nagt. Oft kannst du gar nicht benennen, was da bohrt, klopft und gehört werden will. Vor allem Ablehnungen, Kränkungen und negative Erlebnisse aus deiner Kindheit wirken weit bis in dein Erwachsenenleben hinein. Im zweiten Buch erfährst du daher mehr über den Ursprung deiner Blockaden, Glaubenssätze und negativen Muster, denen du scheinbar hilflos ausgeliefert bist. Vielleicht fragst du dich, was das bringen soll, schließlich warst du schon immer so. Die Akzeptanz deiner Baustellen bedeutet nicht, dass du weiterhin darin sitzen bleiben musst und zuschaust, wie die Idee eines erfüllten Lebens an dir vorbeizieht.

Als heilsames Werkzeug deiner Persönlichkeitsentwicklung machst du daher Bekanntschaft mit deinem Inneren Kind und lernst, mit ihm zu arbeiten. Vergangenheitsbewältigung ist nur eines der Themen dabei. Durch die Begegnung mit dem Inneren Kind kannst du auch die Kontakte zu deinem Partner, deinen eigenen Kindern und deinem gesamten Umfeld verbessern. So kommst du immer mehr in deine Balance und kannst wieder mehr spielerische Leichtigkeit in dein Leben bringen.

Manchmal gibt es Erlebnisse, die einen trotz intensiver Auseinandersetzung nicht loslassen. Diese Erinnerungen fühlen sich unangenehm an und führen sogar zu einem Gefühl tiefer Hilflosigkeit. Nur, weil dir schlechte Dinge in deinem Leben passiert sind oder du die ein oder andere falsche Entscheidung bereust, bedeutet es nicht, diesen Ereignissen aus der Vergangenheit machtlos ausgeliefert zu sein. Daher bist du im dritten Buch gefordert, eine neue Perspektive und Bewertung zu entwickeln, um mit deinen Altlasten endlich abzuschließen. Du lernst, wie Erinnerungen funktionieren, welche Macht deine subjektive Wahrnehmung hat und wirst mit Übungen effektiv an das Loslassen des alten Ballastes geführt. Hierfür erhältst du verschiedene Werkzeuge, mit denen du Raum für Neues schaffst.

Damit hast du die Basis für den nächsten Schritt gelegt. Denn im vierten Buch geht es um deine Beziehung zu dir selbst. Genauer gesagt, um Selbstliebe, Selbstwert und Selbstbewusstsein. In Zeiten, in denen dir überall perfekte Menschen mit dem perfekten Leben in den sozialen Medien begegnen kein leichtes Projekt. Statt dich an anderen zu orientieren und dir am Ende selbst nicht genug zu sein, ist es Zeit, deinen Bedürfnissen und Wünschen eine Stimme zu geben. Das Buch wird dich auch ermuntern, endlich deine gesunden

Grenzen zu setzen und damit vor allem auch zu einer erfüllten Partnerschaft zu finden - denn immer noch tappen Frauen gerne in die Falle, ihren Selbstwert nur über eine vorhandene Beziehung - sei sie auch noch so schlecht - zu definieren. Damit der Transfer von der Theorie in die Praxis der liebevollen Selbstakzeptanz klappt, erhältst du jede Menge Anregungen für kleine Rituale, Übungen und Aktivitäten, die dich aus der Reaktion in die Aktion holen.

Nun fehlt nur noch ein kleines, aber wichtiges Detail, um deine Wandlung zu komplettieren. Damit du auch dauerhaft auf der Sonnenseite des Lebens bleibst, wirst du im fünften Buch eine Anleitung erhalten, wie du es schaffst, dein persönliches Glück zu definieren und selbst in Zeiten, in denen es einmal nicht so rund läuft, auf deinem Weg bleibst. Lass dich überraschen und lerne, die Glücksbrille aufzusetzen - weitere Methoden werden dir helfen, das Glück förmlich zu dir einzuladen!

Bist du bereit für deine Reise?

„Hätte ich mal..."

Wie du ab sofort deine Träume lebst, bevor es eines Tages zu spät dafür ist

Stefanie Lorenz

Inhaltsverzeichnis

Einleitung 5

Kapitel 1: Reue – ein mächtiges Gefühl 9
   Reue – wie sie hilft und wie sie dich an einem erfüllten Leben hindert 10
   Wie kann ich ein Leben ohne Reue leben? 12
   Den Blick neu ausrichten auf das, was zählt im Leben 15
   Wie kann mir dieses Buch dabei helfen? 16

Kapitel 2 - Herzenswünsche und Lebensträume 19
   Habe ich überhaupt noch Träume oder sind sie im Alltag verloren gegangen? 20
   Den Wünschen auf der Spur – ganz ohne schlechtes Gewissen 22
   Meine oder deine Träume? - Wie ich herausfinde, was wirklich von mir kommt 26

Kapitel 3 – Werte einer Gesellschaft und Sterbende als Lehrmeister 35
   Kann ich durch die Erinnerungen anderer meinen Weg finden? 36
   Die fünf Hauptthemen, die Menschen am meisten am Lebensende bereuen 38
   Selbsttreue / Authentizität – zu dir selbst stehen 39
   Im Gleichgewicht bleiben – die berühmte Work-Life-Balance 46
   Ausdruck von Gefühlen – das Herz auf der Zunge tragen 50
   Vernachlässigung von Beziehungen – darum kümmere ich mich später 56
   Das schickt sich nicht - nicht gelebte Lebensfreude 61

Kapitel 4 – Werte und ihre Auswirkungen auf unsere Wünsche 65

Gibt es universelle Werte, die auch auf mich zutreffen? 66
Werte in der Welt und in Deutschland 69
Viele Möglichkeiten, viele Entscheidungen – die Qual der Wahl 71
Bringt die Auseinandersetzung mit Werten mich weiter? 73
Keine Angst vor Fehlentscheidungen! 76

Kapitel 5 – Ich mache mich auf den Weg 79

Erste Schritte 80
Wo stehe ich gerade? 82
Wo möchte ich hin? 83
Ich weiß, wo ich hin will - wieso komme ich trotzdem nicht vom Fleck? 85

Kapitel 6 – Den Wünschen auf der Spur 93

Tipps und Übungen für deine Wunschsuche 94

Kapitel 7 – Jetzt geht's los 113

Wünsche zuordnen 113
Wünsche gewichten 114
Wann ist der beste Zeitpunkt, um anzufangen? 115
Jetzt geh ich's an – aber was ist mit den Anderen? 118
Was, wenn ich dann immer noch nicht rundum glücklich bin? 119

Abschluss: Bestens vorbereitet für deinen Weg 123

Quellenverzeichnis 127

Einleitung

Ein Mensch sitzt zur jährlichen Vorsorgeuntersuchung bei der Ärztin und wird nach dem Auswerten des Labors ins Sprechzimmer gebeten. Ihm wird auf möglichst einfühlsame Weise mitgeteilt, dass er unter einer schweren Krankheit leidet und nur noch kurze Zeit zu leben hat. Nachdem die Person sich von dem ersten Schock erholt und Emotionen wie Trauer, Ungläubigkeit und Wut durchlebt hat, beginnt sie, ihr verbleibendes Dasein auf dieser Erde ganz anders zu gestalten:

Bewusster, raumgreifender, direkter, ohne Wenn und Aber. Statt Entscheidungen oder Veränderungen auf ein Morgen, welches möglicherweise nie kommen wird, zu vertagen, lebt dieser Mensch konsequent im Hier und Jetzt. Seine Wünsche nimmt er selbst in die Hand, statt wie bisher darauf zu warten, dass sich jemand anderes dieser annimmt oder sie sich vielleicht von alleine erfüllen.

Tage später erhält der Mensch aus unserem Beispiel einen Anruf und bekommt mitgeteilt, dass aufgrund eines technischen Fehlers im Labor eine Fehldiagnose erfolgte: Er ist keineswegs lebensbedrohlich erkrankt, sondern ihm steht stattdessen das ganze Leben offen!

Solche oder ähnliche Begebenheiten wie in unserem Beispiel hast du sicher schon einmal in einem Film gesehen. Oder aber du hast davon in deinem Umfeld gehört, dass Menschen wirklich schwerwiegend erkranken und sie daraufhin ihre verbleibende Lebenszeit ganz anders als bisher gestalten.

Wenn Menschen sich in einer solch fordernden Zeit mit einem Mal dazu motivieren können, ihre Wahrheit zu leben und ihre Herzenswünsche anzugehen, ist das etwas ganz Besonderes und es fasziniert uns Außenstehende. Trotz der Wehmut, unerwartet früh aus dem Leben scheiden zu müssen, wird diese Phase häufig – und das mag für uns Außenstehende paradox klingen – von einer eindrucksvollen Lebenslust begleitet. Die eigene Lebensdauer so stark begrenzt zu sehen und die eigene Endlichkeit in Griffweite zu spüren, verändert alles. Wenn es den Menschen möglich ist, den Schmerz zu ertragen, sehen nicht wenige darin eine Chance, ihrem Leben eine neue, die richtige Wendung zu geben; endlich so zu leben, wie sie es eigentlich wollten und meinten. Es gibt ja schließlich keinen Grund mehr zu warten oder auf die Befindlichkeiten von anderen Rücksicht zu nehmen.

Ein Mensch mit normaler Lebenserwartung hat diesen Druck nicht. Mitunter erscheint es uns so, als hätten wir ewig Zeit. Wünsche und Bedürfnisse werden immer wieder verdrängt und zurück geschoben auf später. Ein absolut kompromissloses Leben ohne Rücksicht auf die Zukunft und das Umfeld ist für die meisten von uns unvorstellbar, ebenso wie die ständige Befriedigung von Bedürfnissen bei einer normalen Lebensführung einfach nicht umsetzbar ist. Wir könnten unseren normalen Alltag überhaupt nicht bewältigen, würden unser ganzes Geld wahlweise für Massagen, Kuchen, Reisen oder Schuhe ausgeben und vermutlich weniger daran denken, einen Notfallgroschen für eine etwaige kaputte Spülmaschine zurück zu legen. Langwierige Verpflichtungen wären ebenfalls nicht möglich, denn bei einem solch kompromisslosen Lebensstil ist das Morgen nicht gewiss.

So radikal lässt sich die Idee also nicht auf dein Leben übertragen. Schließlich kann der, der langfristige Ziele verfolgt, nicht einfach jeden Tag leben, als wäre es der letzte – sonst wüssten wir sicher besseres mit unserer Zeit anzufangen, als uns auf die Fahrprüfung vorzubereiten, Vokabeln zu lernen, eine Präsentation vorzubereiten oder zum Routinecheck beim Zahnarzt zu gehen. Wenn wir aber unseren Führerschein machen, endlich fließend Spanisch sprechen, uns unsere Beförderung verdienen oder unseren Körper pfleglich behandeln wollen, dann sind Tätigkeiten, die nicht unbedingt einen unmittelbaren Lustgewinn versprechen, wichtig und notwendig.

Trotzdem hat die Idee „Carpe Diem", lateinisch für „Pflücke den Tag" (uns im übertragenen Sinne als „Nutze den Tag" bekannt) durchaus ihre Berechtigung: Mittlerweile zum geflügelten Wort geworden, stammt die Phrase aus der Ode „An Leukonoë" des Dichters Horaz. Er ruft damit dazu auf, das Leben im Hier und Jetzt zu nutzen und zu genießen, anstatt die begrenzte Lebenszeit zu vergeuden.

Ähnliche Ansätze finden sich im Laufe der Menschheitsgeschichte immer wieder in den verschiedensten Kulturen. Besonders präsent war dieses Gedankengut im deutschen Barock, als Aussagen wie „Memento mori – bedenke, dass du sterben musst" und „Carpe diem – nutze den Tag" besonders populär waren. Hättest du zu dieser Zeit gelebt, hätten die Aussagen eine ganz andere Bedeutung für dich gehabt als heute. Das Alltagsleben war stark christlich geprägt; die Menschen gestalteten ihr Leben im Hinblick auf das ewige Leben nach dem Tod und richteten ihr Handeln danach aus. Du wirst heute beim Ausspruch Carpe Diem eher daran denken, dein Leben jetzt im Moment so zu leben, wie du es wirklich willst. Das bedeutet nicht, dass du nur noch an einem reinen Lustgewinn orientiert bist, sondern darum, dass du deine Wirklichkeit lebst und deine Lebensträume verfolgst.

Menschen, die dies nicht tun, sondern ihre Lebensträume und Ziele immer wieder anderem unterordnen, erleben häufig, dass sie am Ende ihres Lebens auf eben dieses nicht wohlwollend, sondern mit einem Gefühl von Reue zurückblicken. Das Gefühl, nicht sein eigenes Leben gelebt zu haben, sondern das eines anderen oder kein wirklich erfülltes Leben geführt zu haben, kann das Ende sehr schwer machen und den Lebensabend verdunkeln.

Natürlich kannst du nicht dein ganzes Leben kontrollieren. Aber du kannst einiges dafür tun, dass dir ein solch negativer Rückblick erspart bleibt. Den wichtigsten Schritt in die richtige Richtung hast du bereits gemacht: Indem du zu diesem Buch greifst, machst du dir dieses Thema bewusst und setzt dich damit auseinander. Dadurch wirst du aktiv und kommst ins Handeln. Dieses Buch begleiten dich dabei, dein Lebenswohl in die Hand zu nehmen. Du bist der Experte für dich selbst und nur du hast die Möglichkeit und die Kraft, etwas zu verändern. Dieses Buch soll dich dabei unterstützen.

Wie bereits erwähnt, gibt es zudem einen Gratis-Bonus zum Download. Darin enthalten findest du motivierende kleine Geschichten und Zitate, die dich begleiten und jeden Tag daran erinnern, mutig deinen Weg weiter zu gehen. Alle Hinweise zum Download des Bonusmaterials findest du am Ende dieses Buches.

Schritt für Schritt kannst du dich so in das Thema einlesen und dir immer wieder die nötigen Pausen geben, die du auf deinem Weg brauchst. Eine gute Zeit und eine gute Reise!

Kapitel 1: Reue – ein mächtiges Gefühl

Das Spektrum Lexikon der Psychologie definiert Reue als „seelischen Schmerz und komplexe Emotion, die u. a. das Gefühl der Beschämung oder Schuld und den Wunsch nach Wiedergutmachung beinhaltet. Sie tritt z. B. nach Entscheidungen oder bei Schädigung einer anderen Person auf. Reue ist erst im Schulalter soweit ausgeprägt, dass sie einen möglichen Nutzen der Regelübertretung überschattet." Der Duden definiert das Gefühl Reue als „tiefes Bedauern über etwas, was nachträglich als Unrecht, als [moralisch] falsch empfunden wird". Der Mensch empfindet den Gedanken an das vermeintlich fehlerhafte Tun als schmerzlich, verachtens- oder bedauernswert, sodass die Reue als unangenehm wahrgenommen wird.

Reue wirkt sich laut dem Psychologen Carsten Wrosch, der an der Concordia-Universität Reuegefühle erforscht, zudem nicht nur auf die Psyche, sondern auch auf den Körper aus: Sowohl das Immunsystem als auch der Hormonhaushalt können durch Reuegefühle belastet werden. Somit kann das Bereuen nicht nur Stress für deinen Geist, sondern auch für deinen Körper bedeuten und sogar die Gefahr von Folgeerkrankungen kann durch ein häufiges oder anhaltendes Gefühl der Reue ansteigen.

Dabei muss es sich nicht immer nur um Taten handeln, die wir bereuen, sondern die falschen Entscheidungen können auch verpasste Gelegenheiten betreffen. Nicht nur das eigene Tun, sondern vor allem auch das Unterlassen bestimmter Taten oder Dinge kann Menschen extrem belasten und zu einer anhaltenden Unzufriedenheit führen.

Der Psychologe Daniel Gilbert stellte bei seiner Arbeit als Entscheidungsforscher an der Universität Harvard fest, dass Menschen intuitiv getroffene Entscheidungen weniger bereuen als solche, die rational und nach einem längeren Abwägungsprozess getroffen wurden. Hast du sehr viel Zeit mit deiner Entscheidung verbracht und bist du dann mit dem Ergebnis unzufrieden, ist dies für dich schwerer loszulassen, als wenn du dich frei aus dem Bauch heraus entschieden hast.

Am schwierigsten zu verarbeiten sind übrigens Entscheidungen, bei denen die Person sich für das Unterlassen entschieden hat: Nichts zu tun scheint also etwas zu sein, das Menschen am meisten bereuen. Der Gedanke „Was wäre, wenn...?" wird dann zur fixen Idee und zur wirklichen Belastung. Das Bereuen vom Nicht-tun ist auch das, was sich am stärksten auf deine psychische und physische Gesundheit auswirken kann.

Reue – wie sie hilft und wie sie dich an einem erfüllten Leben hindert

Das Gefühl der Reue ist natürlich nicht einfach nur da, um dir und den anderen Menschen das Leben schwer zu machen. Sie erfüllt gleich mehrere Zwecke: Erkennt der Mensch ein Fehlverhalten und erlebt er ein Gefühl der Reue, kann der Wunsch nach der Wiedergutmachung dadurch gesteigert werden. Die Person wird sich das Ereignis besser einprägen und darauf achten, diesen Fehler nicht noch einmal zu begehen. Zudem wird sie durch das Reuegefühl dazu angehalten, den entstandenen Schaden wieder gut zu machen, falls dies möglich ist. Reue kann somit als Motivation wirken, sich zu bessern.

Reue dient als Hilfsmittel im Zusammenleben und bildet sich bei gesunden Kindern bis zum Schuleintritt aus. Mit etwa 6 Jahren können Kinder ein bewusstes Gefühl von Reue verspüren. Leiden Personen unter antisozialen psychischen Erkrankungen, wie etwa Soziopathie, sind sie meist nur teilweise oder überhaupt nicht zu einem Empfinden von Reue fähig, was sich natürlich deutlich im Zusammenleben mit anderen Menschen auswirkt.

Zudem erleichtert ein ehrliches Gefühl von Reue auch dem Geschädigten das Verzeihen von Fehlern. Stell dir vor, du sitzt im Wohnzimmer und plötzlich kracht ein Ball durch die Fensterscheibe des Nebenraums. Die Scheibe ist kaputt, du hast überall den Dreck und die Rennerei, die jetzt auf dich zukommt. Eine Minute später stehen zwei Nachbarskinder vor deiner Tür: Eins mit ehrlich zerknirschtem Gesichtsausdruck, dass gar nicht weiß, wohin mit sich, so sehr tut es ihm leid. Das andere grinst dich frech an und wiederholt die Entschuldigung des anderen mit gelangweilter Stimme. Welchem Kind könntest du leichter verzeihen?

Schwierig wird es, wenn die Reue, die du fühlst, der Situation nicht angemessen ist. Das ist natürlich immer schwer zu beurteilen – schließlich sind Gefühle etwas sehr Persönliches. Aber wenn sich Reue dauerhaft bei dir einnisten, belastet sie dich nicht nur körperlich und psychisch, sondern sie bremst dich auch aus. Und vielleicht weitet sich der Schaden auch noch auf deine Liebsten aus.

Kennst du diese Eltern, die ihren eigenen gescheiterten Kindheitstraum ihrem Nachwuchs überstülpen, weil sie bereuen, dass sie es selbst nicht geschafft haben? Dies ist ein Fall, in dem die Reue ihre soziale Funktion verliert und ungesund wird. Auch wenn du aufgrund eines Reuegefühls nur in der Vergangenheit lebst und dich gedanklich mit deiner verpassten Chance oder deinem Fehltritt befasst, statt all die Möglichkeiten in deinem jetzigen Leben zu sehen, kann sich das nachteilig auf deine mentale und auch körperliche Gesundheit auswirken. Nicht selten kann ein anhaltendes Gefühl von Reue auch zu einem starken Rückzug führen – schließlich ist ein innerer Rückzug beim Fühlen von Reue ganz normal. Hält die Reue aber unverhältnismäßig an, kann das zur Vereinsamung des Menschen führen. Mitunter werden die Betroffenen auch sehr bitter in ihrer Sichtweise, trauen sich nichts zu oder halten ohnehin alles für sinnlos.

Wie kann ich ein Leben ohne Reue leben?

Natürlich ist es nicht möglich, unangenehme Emotionen wie Wut, Trauer, Reue oder Schuld im menschlichen Erleben komplett zu vermeiden. Als Mensch wirst du immer wieder sowohl mit angenehmen als auch mit unangenehmen Emotionen konfrontiert werden. Wie du erfahren hast, dient das Gefühl der Reue ja auch wichtigen sozialen Funktionen und ist somit in angebrachtem Maße ein durchaus nützliches Gefühl – vergleichbar mit dem Gefühl der Angst, dass dich vor Gefahren schützt.

Reue kannst du sowohl empfinden, wenn das Ereignis, das Reue in dir hervorruft, eher von externalen, also äußeren Faktoren abhängt, als auch wenn es von internalen, also inneren Ursachen hervorgerufen wird. Bei der äußeren Ursachenzuschreibung fällt es den meisten Menschen leichter, ein Reuegefühl zu überwinden: Machst du also nicht dich für einen Fehler verantwortlich, sondern schreibst du diesen anderen Mitmenschen oder Umständen zu, die einfach gegeben waren und zu dem Fehler geführt haben, kannst du das Gefühl von Reue viel leichter und schneller loslassen. Die Reue taucht nur kurz auf – aber, weil du ja ohnehin nichts an der Sache ändern konntest, verschwindet sie auch sehr rasch wieder.

Kapitel 1: Reue – ein mächtiges Gefühl

Stärker und deutlich belastender wird das Gefühl von Reue erlebt, wenn wir uns selbst für Fehltritte oder verpasste Chancen verantwortlich machen. Schließlich hätten wir diese ja irgendwie verhindern können, oder? Eine quälende Gedankenspirale mit immer wiederkehrenden „Was wäre, wenn"-Fragen hat sicherlich jeder von uns schon einmal erlebt und wir wissen, wie hartnäckig diese sein kann. Dabei bringt uns diese aber nicht weiter. Wie kannst du das Reuegefühl stattdessen im Zaum halten?

Forscher der University of California in Berkeley haben herausgefunden, dass du dem Gefühl von Reue mit wohlwollendem Selbstverständnis entgegentreten und dessen negative Auswirkungen damit abmildern oder aufheben kannst. Auch das Vergleichen mit Personen, denen es noch schlechter geht als dir, kann dabei helfen, das Bedauern von Vergangenem zu überwinden. Dies wurde sogar wissenschaftlich belegt. Trotzdem wirkt das nicht gerade wie die ideale Art, um mit Reue umzugehen, oder?

Noch besser wäre es doch, dein Leben in eine solche Richtung zu lenken, dass du nicht all zu viel zu bereuen hast. Erschaffe dir ein Dasein, bei dem die zweite Art der Reue – die, die Dinge betrifft, die du selbst verschuldet hast – nicht all zu oft auftreten musst. Damit ist keinesfalls gemeint, dass du keine Fehler mehr machen sollst. Das ist menschlich und sehr wichtig beim Lernen und Ausprobieren! Gemeint sind die Dinge, für die du nur die Verantwortung übernehmen musst, damit sie endlich in die Tat umgesetzt werden: deine Herzenswünsche und Lebensträume. Zwar fühlen wir uns mitunter so, als würde uns das Leben passieren und als wären wir den äußeren Umständen schutzlos ausgeliefert, doch besteht für jeden von uns die Chance, das eigene Leben in eine glücklichere Richtung zu lenken. Auch wenn dieser Gedanke zu Beginn möglicherweise verunsichernd oder sogar furchteinflößend klingen mag - schließlich ist damit deutlich Eigenverantwortung verbunden - birgt er doch auch viel Potenzial: Es liegt allein an dir, dein Leben zum Guten zu wenden.

Du kannst dein Leben verändern und musst nicht darauf warten, dass es jemand anderes tut. Du hast es in der Hand! Selbstverständlich ist dies nicht mit positivem Denken und frommen Wünschen getan. Manche Dinge, wie etwa die nervende Unsportlichkeit oder das nicht beendete Studium, lassen sich nicht von heute auf morgen geraderücken. Mit anderen, wie etwa einer chronischen Krankheit oder einem unwiederbringlichen Verlust, müssen Menschen lernen umzugehen. Aber du kannst mit dem, was dir jetzt in deinem Leben zur Verfügung steht, das bestmögliche Leben für dich kreieren. Dafür ist es wichtig, dass du dich als treibende Kraft wahrnimmst und auch als solche akzeptierst. Ganz egal, ob dir früher mal jemand eingeredet hat, du wüsstest nicht, was gut für dich ist oder du wärest nicht fähig, selber etwas auf die Beine zu stellen – du kannst etwas ganz Besonderes für dich kreieren, wenn du auf dich und deine Stärken vertraust und die Verantwortung für dein Denken und Handeln übernimmst. Dabei hilft dir, wenn du weißt, in welche Richtung das Ganze gehen soll. Umwege erhöhen zwar die Ortskenntnis, aber schließlich willst du ja irgendwann einmal ankommen, oder?

Es ist nicht schlimm, wenn dein Lebensweg nicht schnurgerade verläuft und du den einen oder anderen Berg oder manches Tal mitnehmen musst – aber wenn du bemerkst, dass du mit deinem Leben unzufrieden bist und etwas verändern möchtest, ist eine ungefähr abgesteckte Route extrem hilfreich, um sich nicht zu verlaufen oder zu verzetteln. Wanderst du gedanklich noch mal zum Anfang dieses Buches und rufst dir das Bild des Menschen mit der vermeintlich tödlichen Krankheit vor Augen, weckt dies möglicherweise Fragen in dir wie:

- Was würde ich an der Stelle dieser Person machen?
- Was würde ich unbedingt noch erleben wollen?
- Mit wem würde ich meine Zeit verbringen wollen?

- Würde ich mich über die vermasselte Prüfung, den tropfenden Wasserhahn oder das schlechte Wetter aufregen?
- Was wäre mir wirklich wichtig?

Du siehst: Du musst nicht erst bis zu deinem Lebensabend warten, um dein Leben einer Bestandsaufnahme zu unterziehen. Selbstverständlich lässt sich rückblickend und mit etwas Abstand immer ganz anders auf eine Situation blicken. Schließlich kommen mit dem Alter und der Erfahrung auch eine gewisse Weisheit und Gelassenheit hinzu – trotzdem kannst du schon heute, jetzt, in diesem Moment, in dem du dieses Buch in den Händen hältst, damit beginnen, dein Leben zu verändern. Vielleicht gibt es Dinge, die du bereits jetzt bereust. Dinge, die dir fehlen. Ideen, die du gerne weiterverfolgen möchtest, aber wo du dich bisher einfach nicht aufraffen konntest, den Anfang zu machen?

Spürst du ein diffuses Unbehagen, wenn du an bestimmte Bereiche in deinem Leben denkst, etwa deine berufliche Situation, deine Familie, deine Freundschaften oder die Art, wie du deine Freizeit gestaltest? Gibt es Punkte, die du bisher nicht verändert hast, obwohl du sie gerne ändern würdest?

Den Blick neu ausrichten auf das, was zählt im Leben

Häufig fällt es Menschen leichter, Dinge zu benennen, die sie nicht für sich möchten, als Dinge, die sie sich wirklich von Herzen wünschen. Mitunter kann es leichter sein, das Problem zu benennen, als gleich eine Lösung aufzuzeigen. Schließlich speichert dein Gehirn negative Dinge und Erlebnisse auch besser ab und widmet dem, was es gerne vermeiden möchte, einen großen Anteil deiner Energie.

Ein reines Vermeidungsverhalten wäre allerdings schade, denn es bringt dich um viele schöne und positive Erfahrungen und lenkt deinen Blick auf das Negative. Anstatt dich nur an dem zu orientieren, was du vermeiden möchtest oder was dir nicht gefällt, kannst du dich dem Thema auch auf positive Weise widmen: Orientiere dich bei einer Neuausrichtung deines Lebens an dir selbst, deinen Träumen, Ideen und Vorstellungen. Sei deine eigene gute Fee oder dein eigener guter Zauberer und erfülle dir deine Wünsche selbst.

Wie kann mir dieses Buch dabei helfen?

Gedankenexperimente mit der eigenen Endlichkeit wie am Anfang des Buches sind eine gute Methode, um deinen eigenen Kernthemen auf den zu Grund kommen und deine eigenen Werte und wirklichen Wünsche zu erkennen. Das Wissen um deine Herzenswünsche und Werte ist essentiell, um dein Leben selbst in die Hand zu nehmen und so auf Kurs zu bringen, wie es dir wirklich entspricht und gut tut.

Das Buch, das du jetzt gerade in den Händen hältst, soll dich bei dieser spannenden Reise begleiten. Es wird dich mit Anregungen und Übungen darin unterstützen, dir und deinen Wünschen und Werten näher zu kommen, damit du ab jetzt ein erfülltes Leben führen kannst und keinesfalls Dinge bereuen musst, die vermeidbar gewesen wären. Begib dich auf die Suche nach längst vergessen geglaubten Träumen! Finde heraus, was wirklich von dir kommt und was du möglicherweise nur von deinem gesellschaftlichen und familiären Umfeld übernommen hast und was vielleicht auch gar nicht mehr zu deinem Leben passt.

Übrigens: Falls du aktuell selber gar nicht genau weißt, was dir im Leben wichtig ist – nur keine Panik. Mit ein paar einfachen Übungen und Fragen, die dir in diesem Buch gestellt werden, kommst du deinen verborgenen Wünschen garantiert auf die Spur. Nicht nur der Gedanke an die eigene Endlichkeit kann als Hilfsmittel genutzt werden, um deinen eigenen Wünschen auf die Schliche zu kommen, sondern du kannst auch von anderen lernen: Sterbende, die mit der Weitsicht des Rückblicks auf ihr Leben schauen können, nennen größtenteils alle die selben Kernthemen, wenn es darum geht, was sie in ihrem Leben bereuen. Dieses Buch stellt dir nicht nur diese Kernthemen, sondern auch die in unserer westlichen Gesellschaft gängigsten Werte, Wünsche und Hoffnungen vor. Diese kannst du als Anregung, eine Art Wegweiser nutzen, bei der Entwicklung deiner eigenen Lebensroute. Einige Werte sind in unserer Gesellschaft recht allgemeingültig - und doch sind sie auch sehr persönlich und bedingt durch verschiedene Faktoren, die dir vorgestellt werden. Dadurch kannst du noch leichter unterscheiden, was dir persönlich wichtig ist und was vielleicht nur von deiner Umgebung übernommen wurde.

Die später im Buch vorgestellten Tipps zur Wunschfindung kannst du dazu nutzen, deine eigenen Kernthemen herauszukristallisieren und deine Lebensträume zu konkretisieren. Je genauer du weißt, was du dir für dein Leben wünscht, desto besser kannst du entsprechende Maßnahmen ergreifen und dich deinen Zielen voller Tatkraft nähern.

Verschwommene Traumbilder bekommen so die nötige Schärfe und lassen sich greifen. Greifbar geworden, dienen sie dir zur Orientierung, statt nur ein ergebnisloses Sehnen in dir hervorzurufen. Eine permanente, nicht zu erfüllende Sehnsucht kann unzufrieden machen und dich lähmen. Dadurch, dass du deine Lebensträume klar benennen kannst und weißt, was dir bei der Umsetzung dieser wichtig ist, kannst du endlich ins aktive Handeln kommen. Dadurch wirst du zur schöpfenden Kraft in deinem Leben, statt nur am Rand zu stehen und das Leben passieren zu lassen. Diese Form des konstruktiven Aktivismus kann dir nicht nur viel Selbstvertrauen geben, sondern sich auch anderweitig positiv auf deine psychische und körperliche Verfassung auswirken – schließlich wird gefühlte Selbstwirksamkeit als stärkend und stimmungsaufhellend empfunden. Sie kann dich darüber hinaus auch in anderen Bereichen motivieren. Bei einer anschließenden Bestandsaufnahme deiner aktuellen Situation kannst du dich verorten und herausfinden, was dich bis jetzt von der Umsetzung deiner Träume abgehalten hat. Hast du deine Fallstricke erst einmal benannt und analysiert, wird es dir viel leichter fallen, ihnen bei dieser Reise auszuweichen oder mit schwierigen Situationen umzugehen, wenn sie denn auftauchen sollten. Danach hast du freie Bahn, um dein Leben so zu gestalten, wie du es wirklich willst – damit du am Ende mit einem zufriedenen Lächeln zurückblicken und sagen kannst: „Genau so hab ich das gewollt. Schön war's!"

Kapitel 2: Herzenswünsche und Lebensträume

Lebensträume können ganz unterschiedlich aussehen und unterscheiden sich meist kultur- und altersbedingt. Während vielleicht im Alter von fünf Jahren dein größter Traum war, endlich wie die älteren Geschwister oder Freunde in die Schule gehen zu dürfen, hat sich dieser Wunsch während der Pubertät vermutlich schnell verflüchtigt... und nichts war erstrebenswerter, als endlich den Abschluss in der Tasche zu haben.

In Kulturen, in denen die Gemeinschaft im Vordergrund steht, sind die Träume und Wunschvorstellungen meist anders geprägt als in Kulturen, in denen das Individuum Vorrang hat.

Galt es in früheren Generationen noch als lebensfern, versponnen oder sogar lächerlich, individuelle Lebensträume zu hegen und diesen auch wirklich nachzugehen, wird der Kunst, den eigenen Lebenstraum zu erkennen und mit der Realität zu vereinen, heute viel Aufmerksamkeit geschenkt. Sowohl in der Psychologie als auch in der Pädagogik und der Soziologie wird dem Verwirklichen eigener Lebensziele deutlich mehr Bedeutung beigemessen, als dies noch vor wenigen Generationen der Fall war, denn gerade in unserer individuell geprägten Kultur ist das authentische Leben im eigenen Takt enorm wichtig für die psychische und physische Gesundheit. ennoch erleben viele Menschen im Alltag, dass ihnen irgendwann gesagt wird, die Zeit des Träumens sei nun vorbei und es werde Zeit, dass sie sich mit der grausamen Realität anfreunden. Bedeutet der Wunsch, dass du deine Träume realisieren möchtest, denn, dass du lebensfern oder kindisch bist? Mitnichten!

Träumen kann dir auf wunderbar leichte Weise dabei helfen, dir ein Leben zu erschaffen, dass zu deinen Wertvorstellungen und Wünschen passt. Wenn es dir gelingt, deine Lebensträume mit der Realität abzugleichen, sind sie ein guter Kompass bei einer erfolgreichen und zufriedenstellenden Lebensführung. Dazu ist zuallererst aber wichtig, dass du deine Lebensträume klar benennen und einordnen kannst – schließlich willst du ja wissen, wo die Reise hingehen soll, oder?

Habe ich überhaupt noch Träume oder sind sie im Alltag verloren gegangen?

Wenn du dich dazu entscheidest, aus dem Alltagstrott auszubrechen und dein aktuelles Leben zu hinterfragen, ist das nicht immer angenehm. Schließlich ist der Mensch ein Gewohnheitstier und du verlässt mit vollem Bewusstsein deine Komfortzone. Auch deine Mitmenschen reagieren möglicherweise nicht immer positiv, wenn du bestehende Systeme in Frage stellst oder überlegst, was eigentlich aus deinen Träumen geworden ist.

Stellst du dir die Frage nach deinen Herzenswünschen, kann die Antwort darauf je nach Situation und emotionaler Verfassung ganz unterschiedlich aussehen: Vielleicht fallen dir spontan zig Träume ein, vielleicht aber auch nur ein einziger. Manche Träume, die du seit der Kindheit mit dir herumträgst, scheinen nicht mehr zu passen, wie ein zu klein gewordenes Kleidungsstück, und andere Träume sind noch ganz frisch und fühlen sich unfertig an. Möglicherweise fällt dir aber auch kein einziger Wunsch oder Lebenstraum ein, den du äußern könntest.

Wenn du zu den Menschen gehörst, die bei der Frage nach ihren Träumen erst einmal verlegen lächeln und dann mit einem leicht mulmigen Gefühl in der Magengrube feststellen, dass sie so aus dem Stegreif keinen einzigen Wunsch äußern können, liegt das meist keinesfalls daran, dass du wunschlos glücklich bist. In den seltensten Fällen können wir alle unsere Träume in die Realität umsetzen und haben danach keine neuen Ziele, die wir verfolgen möchten. Es bedeutet aber genauso wenig, dass du einfach keine Träume hast oder unkreativ bist und nichts mit dir anzufangen weißt außerhalb der Tretmühle des Alltags. Stattdessen liegt der Grund, wenn wir uns selbst nach unseren Träumen fragen und keine Antwort finden, meist darin, dass wir unsere Wünsche und Bedürfnisse im hektischen Alltag vergessen oder sogar bewusst verdrängt haben. In der Tretmühle des täglichen Wahnsinns haben wir wenig Zeit, uns über so ein Thema Gedanken zu machen und auch gar nicht die Ruhe dazu, uns auf solche Ideen einzulassen. Fühle dich daher nicht schlecht, wenn du nicht genau benennen kannst, was du dir von deinem Leben wünscht. Das geht vielen Menschen so, die sich das erste Mal nach langer Zeit oder überhaupt erstmals in ihrem Leben mit dem Thema befassen. Viele Gründe können in diese innerliche Gedankenblockade hineinspielen. Wenn du weißt, was dich von deinen Träumen abhält, wieso du sie dir möglicherweise sogar verbietest und wie deine Wünsche von der Umwelt beeinflusst werden können, fällt es dir möglicherweise leichter, deine Bedürfnisse und Träume klar zu benennen.

Bemerkst du, dass dir deine Träume im Alltag abhanden gekommen sind, gräme dich nicht. Damit bist du nicht alleine: Viele Menschen erleben, dass sie im alltäglichen Geschehen auf Autopilot schalten und ihre Tage immer wieder gleichen Abläufen folgen. Das ist menschlich und auch problemlos nachzuvollziehen: Durch automatisierte Prozesse sparst du nämlich Energie und kommst somit leichter durch den Tag. Allerdings gerät die nötige Achtsamkeit, die du für das Erkennen deiner Wünsche bräuchtest, so auch ins Hintertreffen. Du hast vielleicht mit der Zeit sogar verlernt, auf diese Aspekte in deinem Leben zu achten. Zudem fallen Themen, die für dich im Hier und Jetzt keine direkte Alltagsrelevanz haben, auch unter den Tisch. Natürlich hast du immer davon geträumt, einmal ein Instrument spielen zu können und ein gesunder, starker und belastbarer Körper wäre auch schön – aber wer denkt daran, wenn die Kinder von der Krippe abgeholt werden müssen, die Steuererklärung wartet und die Waschmaschine den Geist aufgegeben hat?

Vielleicht macht sich dein Körper mit den ersten Wehwechen bemerkbar – heute da ein Ziehen, morgen da ein Zwacken – und du denkst wieder an deinen Wunsch nach einer guten körperlichen Fitness und Gesundheit, aber dann klingelt das Handy, es sind noch 1.000 E-Mails zu beantworten und wieder gibt es so viel zu tun, was genau jetzt wichtiger zu sein scheint. Dadurch verschiebst du Träume möglicherweise immer wieder nach hinten, bis du irgendwann einmal Zeit für sie hast – oder sie schlichtweg vergisst. Du weißt zwar, dass da was war, aber da andere Sachen dringlicher erschienen und die Auswirkungen der Vernachlässigung deiner Träume nicht immer unmittelbar zu spüren sind, verfolgst du deine Wünsche nicht weiter.

Den Wünschen auf der Spur – ganz ohne schlechtes Gewissen

Es ist auch möglich, dass du zwar Wünsche wahrnimmst, aber Realität und Wunschvorstellung soweit auseinanderklaffen, dass du komplett entmutigt bereits das Handtuch wirfst, bevor du deinen Gedanken überhaupt zu Ende gedacht hast. Menschen, die eine negative Weltsicht haben, tun sich meist schwer daran, sich Gutes überhaupt vorstellen zu können. Als geübte Schwarzmaler haben sie diese Fähigkeit einfach nicht trainiert. Das ist ungefähr so, als würde ein Fußballspieler, der bisher hauptsächlich seine Beine trainiert hat, plötzlich Hanteltraining betreiben wollen. Die Armmuskeln sind einfach nicht so ausgeprägt wie die Beinmuskeln, weil sie einfach viel weniger benutzt wurden. Wenn du dazu neigst, regelmäßig Horrorszenarien hoch zu beschwören, dich viel sorgst und eine pessimistische Weltsicht deinen Blick dominiert, dann kann sich das Träumen von Schönem vollkommen falsch anfühlen. Dein innerer Kritiker steht vermutlich schon mit der Schere bereit und schneidet alle kleinen Ideenpflänzchen – schnippschnapp – ab, bevor sie überhaupt blühen können.

Bei einer solchen Ausgangsbasis ist dein Durchhaltevermögen gefragt. Genau wie bei dem Fußballer steht für dich ein neues Training an. Es wäre viel zu viel, von dir selbst zu erwarten, dass du ab jetzt positiv denkst und dir dein Leben in bunten Farben ausmalst. Träumen und eine positive Lebensplanung wirken zu diesem Zeitpunkt vermutlich eher so, als würdest du dir in die Tasche lügen – falls du diese Gedanken überhaupt zulassen kannst. Fange kleinschrittig an: Minikleine, positive Veränderungen und ein konsequentes Umdenken können nach ein paar Wochen zu einer deutlichen Veränderung in deinem Denken führen. Dieser Prozess ist wirklich anstrengend und sollte von dir auch genau so viel Anerkennung bekommen, wie du dir für das Durchhalten eines harten Körpertrainings zollen würdest. Dass du Träumen kannst – wenn auch eher in Richtung Albträume – hast du durch das jahrelange Ausmalen von Schreckensgeschichten ja schon bewiesen. Also ist es eine reine Lernsache, dich darauf zu programmieren, gute Sachen in deine Träume zu integrieren und deine Zukunft liebevoll und wohlwollend zu betrachten. Sei nachsichtig mit dir, wenn du bei diesem Umlern-Programm mal ins Straucheln gerätst und freue dich über jeden kleinen Erfolg. Probiere nach einiger Zeit auch immer wieder aus, ob du dir jetzt vielleicht schon den einen oder anderen positiven Gedanken über deine Zukunft erlauben kannst oder ob sich da nicht doch langsam ein lang versteckter Lebenstraum aus seiner Deckung wagt.

Vielleicht erlebst du in ein paar ruhigen Minuten in deinem Alltag, etwa beim Warten an der Bushaltestelle oder bei der Runde mit dem Hund, dass sich da etwas in dir regt und von dir gesehen werden möchte. Aber du findest das albern und möglicherweise auch undankbar. Schließlich hast du es doch so gut und anderen Leuten geht es viel schlechter. Dabei bedeutet der Wunsch, etwas in deinem Leben ändern oder verbessern zu wollen, keineswegs, dass du das, was gut in deinem Leben ist, nicht zu schätzen weißt oder nicht mehr magst. Du brauchst dir keine Vorwürfe zu machen, wenn du nach außen scheinbar das perfekte Leben führst und trotzdem noch Lebensträume in dir spürst, die du dir ermöglichen möchtest.

Vielleicht ist dein Leben für dich nicht so erfüllend, wie dein Umfeld findet, dass es sein soll. Oder vielleicht ist es das, aber du möchtest trotzdem noch andere Sachen erleben. Du darfst mehr wollen! Das hat nichts mit Gier oder der Angst vor Mittelmäßigkeit zu tun, sondern mit dem menschlichen Bedürfnis nach Wachstum und Wandel. Du bist nicht maßlos, wenn du für dein Leben die Verantwortung übernimmst und versuchst, deine Träume in die Tat umzusetzen. Du nimmst auch niemand anderem etwas weg. Die Idee, dass einem Menschen nur eine bestimmte Portion Glück oder Gutes im Leben zusteht und er sich dann doch endlich mal zufriedengeben soll, haben leider viele in ihrer Kindheit vermittelt bekommen. Gerade Frauen wird oft gesagt, sie sollen doch bescheiden sein und sich mit dem, was sie haben zufriedengeben. Selbstverständlich ist es nicht gesund, sich immer nur nach einem anderen Leben zu sehnen und das eigene klein zu machen oder das bisher Gelebte nicht anzuerkennen. Aber Tagträumereien und das Angehen von Lebensträumen heißt ja nicht automatisch, dass du das schlecht machst, was aktuell vorhanden ist. Anerkennen, wo du aktuell stehst und mit dem arbeiten, was du hast – das wird dir deine Reise zu deinen Lebensträumen erleichtern und dir bereits auf dem Weg eine tiefe Zufriedenheit geben. Denn auch wenn die Grundbedürfnisse eines Menschen befriedigt sind, darf er doch nach Höherem streben, sich ausprobieren und seine eigenen Wünsche und Träume ernst nehmen. Und du darfst das auch!

Stell dir einfach mal folgende Fragen und achte darauf, ob eine Frage dich mehr berührt als die anderen. Was steckt dahinter? Lohnt es sich, da vielleicht nochmal ein wenig nachzuhaken? Vielleicht kannst du so bereits schon einige alte Wunden heilen und dir eine gute und stabile Basis für das Träumen und Visualisieren von deinen Herzenswünschen schaffen.

- Was mache ich, wenn ich im Alltag einen Sehnsuchtsgedanken habe?

- Erlaube ich mir Tagträumereien oder tue ich diese als unvernünftig und kindisch ab?

- Denke ich, mir stünde noch mehr Gutes im Leben nicht zu?

- Habe ich Angst davor, maßlos zu sein?

- Kann ich mich meinen Lebensträumen am Wochenende oder im Urlaub leichter nähern?

- Habe ich im Alltagsstress überhaupt Zeit, um über mich selbst nachzudenken?

- Denke ich eher über andere nach als über mich selbst?

- Befasse ich mich gerne mit mir und meinem Leben?

> ***Anregungen für das Reflektieren anhand von Fragen:***
>
> Ein kleiner Hinweis für dich zur Arbeit mit den Fragen: Bei der Beantwortung der oben gestellten Fragen und auch bei denen, die in den kommenden Kapiteln auftauchen, gibt es kein richtig oder falsch, gut oder schlecht. Sie dienen als Gedankenanstoß und können dich beim Eintauchen in das Thema unterstützen. Achte beim Lesen der Fragen darauf, welche Gefühle in dir hochkommen und ob bestimmte Erinnerungen geweckt werden. Wenn du magst (und nicht gerade im Wartezimmer oder der U-Bahn sitzt), kannst du dir die Fragen auch laut vorlesen, um sie noch besser auf dich wirken zu lassen. Hat eine Frage so gar nichts mit dir und deinem Leben zu tun, überspringe sie einfach. Weckt eine Frage deinen Widerstand, kann es sich lohnen, einmal genauer hinzuschauen, statt einfach über sie hinweg zu gehen. Achte aber immer darauf, dass du dich gut fühlst und das Ganze nicht zu anstrengend für dich wird oder dich die Emotionen übermannen. Selbstfürsorge ist jetzt besonders wichtig.
>
> Die Antworten kannst du dir ganz nach Wunsch und Zeit einfach stillschweigend denken, laut aussprechen oder, wenn du Lust und Zeit hast, auch aufschreiben. Das Aufschreiben kann besonders hilfreich sein – siehst du deine Gedanken schwarz auf weiß, hat das meist noch eine ganz andere Wirkung.

Meine oder deine Träume? - Wie ich herausfinde, was wirklich von mir kommt

Wenn du dich mit dem Benennen deiner Lebensträume schwer tust, kann das unter anderem auch daran liegen,

Kapitel 2: Herzenswünsche und Lebensträume

dass du dir vielleicht die Wünsche und Vorstellungen anderer Leute zu eigen gemacht und damit deine eigenen Ideen überdeckt hast. Bereits im Kindesalter wird unser Selbstbild durch Äußerungen und Meinungen von außen geprägt und Eigen- und Fremdwahrnehmung können stark auseinanderdriften. Was für uns und unser Leben gut ist, scheinen nicht nur wir, sondern auch unsere Eltern, Lehrer, Geschwister, Mitschüler, Freunde oder Lebenspartner zu wissen – im reiferen Alter auch gerne mal die eigenen Kinder. Keiner von uns lebt als Insel und zwischenmenschliche Interaktion ist für uns extrem wichtig. Aber sehr leicht geschieht es, dass wir die unausgesprochenen und auch klar von uns geforderten Wünsche unseres familiären und restlichen sozialen Umfelds verinnerlichen und als ausschlaggebender betrachten als unsere eigenen. Unser Mathelehrer in der Grundschule hat gesagt, wir könnten nicht rechnen – natürlich können wir da keine Ausbildung im Wirtschaftsbereich anstreben. In der Musikschule wurde uns jegliches Rhythmusgefühl abgesprochen? Was für ein lächerlicher Gedanke, immer noch ein Instrument erlernen oder im Chor singen zu wollen. Die Eltern haben alles dafür gegeben, dass du eine gute Ausbildung genießen konntest und trotzdem möchtest du eigentlich in eine andere Stadt ziehen und etwas ganz anderes machen? Wie undankbar!

Eigenschaften, die uns im Kinder- und Jugendalter zugesprochen wurden, hinterfragen wir selten, sondern lassen sie schnell zur vermeintlichen Realität werden, die auch unseren Weg als Erwachsene beeinflusst. Das muss keinesfalls in böser Absicht geschehen sein. Deine Eltern wollten schließlich nur das Beste für dich und dich vor Fehlern und Verletzungen bewahren. Das ist verständlich und nun einmal das, was Eltern so tun. Aber du bist für dich als Erwachsene bzw. Erwachsener selbst verantwortlich und solltest bei deiner Bestandsaufnahme genau hingucken: Lebst du das Leben, das du dir für dich ausgedacht hast oder das, das liebe Menschen aus deinem Umfeld sich für dich gewünscht haben? Gibt es in deinem Leben Menschen, die dir immer wieder nahelegen, was gut für dich ist und die über deinen Kopf hinweg entscheiden oder dich in ihre Entscheidungsprozesse mit einbinden, ohne dich vorher zu fragen? Das können die Schwiegereltern sein, die euch bei jedem Besuch mit den Worten „Wir freuen uns ja schon so auf ein Enkelkind. Lasst euch aber nicht zu viel Zeit!" begrüßen oder die beste Freundin, die immer wieder SMS schickt, mit Inhalten wie: „Kann ich mir nachher dein blaues Kleid ausleihen? Danke, du bist die Beste! Ich komme um 5 vorbei!" Wirst du vor vollendete Tatsachen gestellt und fehlt dir dann die Kraft zu protestieren? Ist es dir unangenehm, weil du Angst hast, Leute vor den Kopf zu stoßen, wenn du klar deine Meinung äußerst? Machst du das, was du wirklich von Herzen möchtest, oder erfüllst du Rollen, die du glaubst, in dieser Gesellschaft erfüllen zu müssen? Denkst du, es gehört sich nicht, dich auf eine bestimmte Art zu verhalten, wenn du doch diese oder jene Geschlechtsidentität oder dieses oder jenes Alter hast? Fürchtest du um deine Position in der Gesellschaft, wenn du bestimmte Dinge, die dir eigentlich gar nicht entsprechen, aufgibst?

Es ist manchmal gar nicht so leicht, herauszufinden, welche Träume wirklich deine eigenen sind und welche bedingt durch internalisierte Muster durch gesellschaftliche oder familiäre Erwartungen an dich herangetragen wurden. Gerade die Äußerungen von Autoritätspersonen speichern wir wie nebenbei im Unterbewusstsein ab, ohne sie zu hinterfragen und dort arbeiten sie dann über Jahre in dir und werden zu einer Art Alltagsgesetz – aber vielleicht stimmen sie gar nicht. Viele von uns haben über all die Jahre verlernt, auf ihre eigene Stimme zu hören. Insbesondere dann, wenn wir von sehr dominanten Personen umgeben sind.

Kapitel 2: Herzenswünsche und Lebensträume

Anregungen für das Reflektieren anhand von Fragen:

Nimm dir Zeit, die folgenden Fragen zu beantworten und begegne dir und deinen Wünschen dabei respektvoll und mit liebevollem Verständnis. Behalte auch im Hinterkopf, dass dein Umfeld möglicherweise gar nicht wusste, welche Auswirkungen bestimmte Äußerungen auf dich hatten. Steigen Emotionen wie Trauer oder Wut auf, nimm sie achtsam wahr, aber versuche nicht, in Vorwürfe oder Verbitterung zu verfallen. Freue dich stattdessen darüber, dass du Muster erkannt hast und jetzt das Ruder selbst in die Hand nimmst.

Vielleicht helfen dir Fragen wie:

- Welche Äußerungen hast du als Kind oft über dich gehört?
- Wie war das als Jugendliche?
- Haben deine Eltern oder andere Personen dir klar gesagt, was sie von dir in puncto Lebensführung erwarten?
- Kommen immer wieder versteckte Aufforderungen von deinen Mitmenschen?
- Hältst du deine Träume für weniger wichtig als die der anderen?
- Gibst du vielleicht gern die Kontrolle ab, um dich nicht selbst der Verantwortung zu stellen?

Kindermund tut Wahrheit kund – erinnern dich, was dir als Kind wichtig war, bevor du deine Träume mit der Realität abgeglichen hast. Als Kinder stecken wir voller Träume und Phantasie. Dein achtjähriges Ich wird sich beim Träumen vermutlich nicht selbst begrenzt und zensiert haben. Ballerina, Bibliothekar, Maler, Tierärztin oder Weihnachtsmann, Mama, Papa, Forscherin, Hundebesitzerin, Weltreisender oder Millionär – die Ideen, was mal aus einem werden soll, wenn man groß ist, sprudeln bis zu einem gewissen Alter nur so aus einem heraus. Sie können sich im Laufe der Kindheit auch mal rasant ändern und so wird aus dem Maler der Weihnachtsmann und dann der Polizist.

Bei vielen Menschen zeigt sich aber bereits im frühen Alter eine gewisse Richtung, in die es gehen soll, bedingt durch Persönlichkeitsmerkmale und die eigenen Erfahrungen und Vorlieben. Du warst schon immer gerne für dich, bist in Bücherwelten versunken und hast davon geträumt, mitten auf dem Land zu wohnen, zwingst dich jetzt aber zu einem Leben in der Großstadt, weil das halt zum Studium dazu gehört? Als Kind hast du nichts mehr geliebt, als Leute zu unterhalten, konntest stundenlang Quatsch machen, warst der Star jeder Schultheateraufführung und jetzt arbeitest du in einem sicheren Beruf, der dir aber keine Möglichkeit zur Entfaltung deiner Kreativität gibt?

Hier driften kindliche Wunschvorstellung und spätere Realität deutlich auseinander. Das kann damit zusammenhängen, dass wir uns verändern und somit auch unsere Wünsche andere werden; aber auch damit, dass wir uns bestimmte Wünsche als Erwachsene einfach nicht mehr gestatten. Stattdessen versuchen wir, vernünftig zu sein und rational zu denken. Bis zu einem gewissen Alter haben es die Träume und Wünsche bei uns noch nicht so schwer: Wir können sie noch nicht wirklich mit der Realität abgleichen und haben keine Ahnung von finanziellen oder anderen Beschränkungen. Wir träumen groß, malen über den Rand hinaus und gestalten das Leben bunt und intensiv. Das ist ganz normal. Und es ist auch normal, dass du mit dem Alter ein Sicherheitsdenken entwickelst und Entscheidungen eher mit Weitblick triffst und schaust, was sich ganz praktisch in deinem Alltag umsetzen lässt. Gehst du allerdings zu verkopft an alles heran, beraubst du dich um eine herrlich kindliche – nicht kindische – Leichtigkeit.

Natürlich erwartet niemand von dir, dass du jetzt alles stehen und liegen lässt, um die nächste Pippi Langstrumpf zu werden oder in eine Einhornzucht zu investieren – aber es lohnt sich durchaus, bei deiner Bestandsaufnahme auch einmal in der Zeit zurückzuwandern: Die Dinge, die lange bei einem waren und es immer noch sind, sollten vielleicht auch Teil dessen werden, was man wird.

Klar, jetzt hast du deutlich mehr Verpflichtungen und dein Leben ist viel voller und stressiger – aber ist es deswegen besser? Ja, du musst die Rechnungen zahlen und dich mit Erwachsenenkram wie Versicherungen, Steuern zahlen und dem Arbeitswahnsinn abgeben – aber auch dann darfst du deinem inneren Kind und dem Spiel Raum in deinem Leben geben.

Psychologen nutzen die Arbeit mit dem Inneren Kind, also den Erlebniswelten aus der Kindheit, in therapeutischen Verfahren unter anderem dafür, positive Erfahrungen aus diesem Zeitraum ins Bewusstsein zurück zu holen. Diese können dann als Ressource oder Kraftquelle für dein aktuelles Leben als Erwachsene verwendet werden. Hast du als erwachsener Mensch eine liebevolle Verbindung zwischen kindlichen und erwachsenen Anteilen geschaffen, kannst du die für dich nicht passenden Glaubenssätze und Lebensvorstellungen loslassen und selbst die Verantwortung für dein Glück übernehmen. Dadurch bist du weniger abhängig und deutlich freier von der Meinung und der Zuwendung anderer.

Vor allem für Personen, die gerne die Kontrolle abgeben, anfällig für ungesunde Beziehungsdynamiken sind und sich leicht von anderen abhängig machen, kann es hilfreich sein, sich als starken Menschen wahrzunehmen, der sich um die Erfüllung seiner Bedürfnisse und Wünsche selbst kümmern kann. Wenn du für dich selbst sorgen kannst, begegnest du anderen Menschen auf Augenhöhe und bist nicht von ihrer

Gunst abhängig. Das verschafft auch deinen Liebsten mehr Luft. Wenn du dich in dein jüngeres Ich versetzt – vielleicht ins Kindergartenalter, wenn du dich daran noch erinnern kannst; oder in die Grundschulzeit – was kommen dann für Erinnerungen hoch?

> *Anregungen für das Reflektieren anhand von Fragen:*
>
> Stell dir einige der folgenden Fragen, um dich deinen Wünschen von damals zu nähern. Ganz wichtig dabei: Nicht jeder von uns erinnert sich gerne an seine Kindheit zurück und meint, das wäre die beste oder unbeschwerteste Zeit des Lebens gewesen. Wenn du eine schwierige Kindheit hattest, gehe sehr achtsam mit dir um, wenn du die Fragen trotzdem beantworten möchtest und gönne dir nötige Pausen. Verurteile dich nicht für aufkommende Gefühle und gib dir die Chance, die positiven Erinnerungen an die Oberfläche treten zu lassen.

- Gibt es Hobbys, die dich schon dein Leben lang begleiten?
- Was war dein größter Wunsch, als du acht Jahre alt warst?
- Welchen Beruf wolltest du als Kindergartenkind, welchen als Schulkind ergreifen?
- Gibt es Wünsche, die sich in immer wieder neuem Gewand präsentieren, aber sich eigentlich um das gleiche Thema drehen?
- Als was wolltest du dich zum Karneval verkleiden?

- Gibt es Rollen, in die du beim Spielen gerne und immer wieder geschlüpft bist – etwa Papa, Tierärztin oder Lehrer?
- Gibt es vielleicht Bilder, die du als Kind von dir als Erwachsene gemalt hast? Was war darauf zu sehen? Wo hast du gelebt und wer war an deiner Seite? Wie hast du dir dein Leben als Erwachsene vorgestellt?

Wenn du jetzt zwar alle bisherigen Seiten gelesen hast, bei den Fragen aber nicht wirklich weitergekommen bist, dich nicht erinnern kannst oder möchtest oder wie vor einer weißen Wand stehst, ist das nicht schlimm. Vielleicht sind nicht mehr alle Erinnerungen präsent, vielleicht haben sie dir einen Schubs in die richtige Richtung gegeben, aber du bist dir trotzdem unsicher, ob das jetzt wirklich dabei geholfen hat, genau die Wünsche zu benennen, die deine absoluten Herzenswünsche sind?

In einem späteren Kapitel im Buch findest du zahlreiche Übungen, mit denen du dich deinen Lebensträumen aus verschiedenen Richtungen nähern kannst und die dich dabei unterstützen können, deinen Weg zu finden. Vorab lohnt es sich aber, einen Blick auf das zu werfen, was andere sagen. Klingt das zunächst vielleicht etwas kontraproduktiv – schließlich hast du ja gerade erst versucht herauszufinden, was wirklich deine eigenen Wünsche sind und was die der anderen – kann es in der Tat sehr hilfreich sein, auch Anregungen von außen zuzulassen. Werte sind in einer Gesellschaft meist erstaunlich einheitlich, wenn es um die Kernaspekte geht und auch die, die das meiste ihres Lebens schon hinter sich haben, sind sich überraschend einig, um was es im Leben geht und was sie in ihrem Leben bereuen.

Kapitel 3 – Werte einer Gesellschaft und Sterbende als Lehrmeister

„Erfahrung ist eine strenge Lehrmeisterin. Sie stellt zunächst die Prüfungsaufgaben und beginnt hernach mit dem Unterricht." Das Sprichwort umreißt sehr gut, dass es rückblickend meist leichter erscheint, Situationen zu überblicken und das eigene Handeln und Fühlen zu verstehen. Häufig sind mit einer Rückschau aber auch Emotionen wie Wehmut oder Reue verbunden, denn vermeintliche Fehltritte, verpasste Chancen und Fehlentscheidungen können ein Leben weitreichend verändern. Entscheidungen kommen immer mit einem Preis. Wer sich für etwas entscheidet, entscheidet sich zur gleichen Zeit gegen etwas anderes und hier besteht die Gefahr, dass wir dem vermeintlich besseren hinterher trauern. Es gibt natürlich auch berechtigtes Bedauern, wenn Menschen am Lebensende Rückschau halten und feststellen müssen, dass sie bestimmte Teile ihres Lebens nicht so gelebt haben, wie es eigentlich ihrem Naturell entsprochen hätte. Viele Menschen haben sich mit diesem Thema auseinandergesetzt und die Erfahrungen alter Personen oder Sterbender gesammelt. „Von den Alten lernen", „10 Dinge, die für eine lange Ehe wichtig sind", „Rat von 100-Jährigen" – all diese Überschriften begegnen uns in Artikeln oder auf Buchcovern. Steht ein Mensch am Ende seines Lebens, schärft das seinen Blick auf das Wesentliche – und erstaunlicherweise decken sich die Ergebnisse der verschiedenen Umfragen und Interviews, die auf der ganzen Welt mit Sterbenden geführt wurden, in einigen Punkten klar und deutlich. Von Sterbenden zu lernen mag auf den ersten Blick morbide und wenig lebenspraktisch wirken – doch Aspekte, die Sterbende bereuen, können uns Lebenden als klar formulierte Richtungsweiser dienen, wenn es darum geht, dass eigene Leben so zu gestalten, dass wir irgendwann ohne Reue diese Welt verlassen können. Findest du es unheimlich, dich diesem Thema von dieser Seite her zu nähern – vielleicht weil du in deinem Leben bisher noch wenig Berührungspunkte mit dem Tod hattest oder aus anderen Gründen – kannst du dich natürlich auch mit den Lebensweisheiten von sehr alten Menschen befassen.

Kann ich durch die Erinnerungen anderer meinen Weg finden?

Aber kannst du überhaupt auf die Erinnerungen und Bewertungen anderer vertrauen? Sind alte Menschen nicht immer genau jene, die in ihrer Erinnerung die alten Zeiten verklären und auf Aktuelles schimpfen? Würdest du nur mit einer einzelnen Person sprechen, müsstest du dir natürlich schon vor Augen halten, dass die Erinnerung durch vielerlei Einflüsse und Aspekte subjektiv verzerrt sein kann.

Laut der Peak-End-Rule von Barbara Fredrickson und Daniel Kahnemann erinnern sich Menschen immer nur an dem schönsten und schlimmsten Moment eines Ereignisses, sowie das Ende. Der Peak ist der absolute Höhepunkt – im Urlaub beispielsweise der Besuch einer fantastischen Burganlage oder das Sichten von Walen bei der Bootstour. Besonders schlimm war der Streit mit den Zimmernachbarn oder die

Kapitel 3 – Werte einer Gesellschaft und Sterbende als Lehrmeister

Seekrankheit auf der Rückfahrt. Der Endmoment des Erlebnisses ist genauso wichtig für die Bewertung und die Erinnerung daran. Du kennst das sicher: Du hattest einen tollen romantischen Abend und alles war perfekt – von der Wahl des Lokals über das Essen bis zum Kinofilm. Aber dann streitet ihr euch im Taxi über eine Kleinigkeit und mit einem Mal erscheint einem der ganze Abend in einem schlechten Licht und die gute Stimmung ist dahin. Andersrum funktioniert das Ganze auch: Dein ganzer Tag war durch und durch bescheiden, aber dann überrascht dich der Abend mit einer tollen Kleinigkeit und plötzlich kannst du den ganzen Tag deutlich versöhnlicher betrachten. Allerdings nicht mit so starken Auswirkungen - wie gesagt, das Schlechte merken wir Menschen uns evolutionsbedingt leider einfach besser.

Aus dem Höhepunkt, dem Tiefpunkt und dem Abschluss eines Erlebnisses wird dann die Bewertung für die gesamte Situation getroffen. Daher können Menschen aus der Vergangenheit nur sehr begrenzt Schlüsse für die Zukunft ziehen, weil ihre Erinnerung an vergangene Ereignisse systematisch verzerrt ist. Zudem werden laut der sogenannten Prospekt-Theorie empfundene Verluste immer stärker gewichtet als Gewinne - ja, auch hier greift wieder das alte Spiel, dass wir uns Negatives stärker einprägen und es gravierender auf uns wirkt - sodass in der Rückschau betrachtete Versäumnisse als besonders drastisch und einschneidend wahrgenommen werden. Als außenstehende Person kannst du aber dennoch von den Erfahrungen und Erinnerungen anderer Leute profitieren. Die Autoren der Bücher und Artikel zu dem Thema „Was wir von Sterbenden lernen können" oder zum Thema „Lebensweisheiten von 100-Jährigen" haben mit vielen, in ganz unterschiedlichen sozialen Situationen lebenden Menschen gesprochen. Sie konnten somit auf einen großen Erfahrungsschatz zugreifen und die Aussagen der vielen geführten Interviews miteinander vergleichen.

Bei den Gesprächen konnten die Autoren trotz der unterschiedlichen Lebenssituationen und Voraussetzungen der

Befragten deutliche Übereinstimmungen feststellen, die alle Personen der befragten Gruppe betreffen - unabhängig von deren subjektiver Sichtweise. Daher eignen sich diese Äußerungen trotz der Schwierigkeiten, die Menschen beim objektiven Erinnern von Erlebnissen haben, sehr gut als Hinweise oder Orientierung bei deiner Suche nach den eigenen Werten und Wünschen.

Somit kann nicht nur die eigene Endlichkeit zum Umdenken bewegen, sondern es ist auch möglich, von Sterbenden zu lernen und den Erfahrungsschatz derer, die das Leben auf Erden beenden müssen, für die eigene Lebensgestaltung zu nutzen.

Die fünf Hauptthemen, die Menschen am meisten am Lebensende bereuen

Sterbende formulierten bei den Befragungen überwiegend fünf Hauptthemen, die bei einer Rückschau auf das geführte Leben Anlass für Reue gaben:

- Selbsttreue / Authentizität
- Work-Life-Balance
- Ausdruck von Gefühlen
- Vernachlässigung von Beziehungen
- nicht gelebte Lebensfreude

Diese Selbsterkenntnis, die in Sterbenden ein Gefühl von Wehmut und Reue erzeugt, kannst du auf positive Weise für dich nutzen. Indem du dir selber immer wieder anhand dieser Liste in Erinnerung rufst, wo du deine Lebensschwerpunkte setzen möchtest, schärfst du deinen Blick für die Art, wie du dein Leben führst. Du kannst die Erkenntnisse auch als Anregung und Startschuss nutzen, dich überhaupt selber auf den Weg zu machen und dein eigenes Leben dahingehend zu überprüfen, ob du ähnlichen Verhaltensmustern unterliegst. Kann es sein, dass dir in deinem Alltag bereits eines der genannten Themen oder gleich mehrere begegnen? Vielleicht ist dir gar nicht so bewusst, dass sich schon bestimmte Aspekte eingeschlichen haben, die auch bei dir eines Tages zu Reuegefühlen führen könnten?

Wenn du weißt, worauf du achten solltest und in welche Muster du leicht verfällst, kann es dir leichter gelingen, diese zu umgehen und deine Kraft darin zu investieren, das Leben zu führen, das wirklich dir entspricht.

Selbsttreue / Authentizität – zu dir selbst stehen

Laut dem Dorsch Lexikon der Psychologie bedeutet authentisch zu sein, dass die Person sich entsprechend ihres wahren Selbst verhält und ausdrückt. Das wahre Selbst umfasst die Werte, Überzeugungen, Emotionen, Gedanken und Bedürfnisse dieser Person. Dabei kann es durchaus sein, dass die Person, die sich authentisch verhält, je nach sozialem Kontext ein anderes Verhalten an den Tag legt, solange es dem wahren Selbst entspricht. Das Wort leitet sich vom griechischen „authentikos" ab, das soviel wie „unverfälscht" oder „echt" bedeutet. Der authentische Mensch lebt, fühlt und zeigt sich unverfälscht und bewahrt somit immer seine Selbsttreue, statt sein Fähnlein nach dem Winde zu hängen und sich so zu verhalten, wie es am wenigsten Gegenwehr gibt. Er weiß, was er will und welche Werte er bereit ist, zu verteidigen und positioniert sich so ganz klar und stark in der Gesellschaft.

Würdest du dich als authentischen Mensch bezeichnen, oder fällt es dir im Alltag schwer, dir selbst treu zu bleiben? Oftmals liegt der Grund, warum wir uns verstellen darin, dass der Wunsch nach Liebe und Anerkennung größer ist als der, die eigene Wahrheit zu leben. Wir Menschen sind soziale Wesen; Zuneigung und zwischenmenschliche Interaktion sind lebensnotwendig für uns. Wenn wir unsere soziale Position geschwächt oder bedroht wähnen, greifen wir mitunter zu drastischen Mitteln, um bei unserer Peer-Group besser dazustehen. So wie Teenager in der Hoffnung, endlich cool zu sein und dazuzugehören, die erste Zigarette mit den Älteren mitrauchen, obwohl sie eigentlich gar nicht wollen und es ihnen nicht mal schmeckt, sondern stattdessen auch noch gesundheitlich schadet, so können auch wir Erwachsene uns zu Äußerungen und Handlungen verleiten lassen, die eigentlich gar nicht mit unseren persönlichen Werten und Auffassungen übereinstimmen.

Hast du schon mal erlebt, dass die Kollegen über ein Teammitglied gelästert haben und du, als du darauf angesprochen wurdest, einfach nur still dagestanden oder sogar selbst einen gemeinen Spruch gerissen hast – obwohl du nichts gegen die betroffene Person hast? Oder du hast bei einem geschmacklosen Witz gegen Minderheiten mitgelacht, einfach deswegen, weil alle lachten und du nicht aus der Rolle fallen wolltest? Gefühlter Gruppendruck und offen gelebter Gruppenzwang sind keinesfalls Dinge, die wir mit dem Abschluss der Schulausbildung hinter uns lassen. Stattdessen begegnen uns diese unangenehmen Situationen auch im Berufsleben, im Sportverein oder bei der Elternversammlung – einfach überall dort, wo regelmäßig verschiedene Menschen zusammenkommen. Gerade wenn wir neu sind und Anschluss suchen, ist es schwierig, sich gegen diesen Gruppendruck zu stellen und zu seiner eigenen Meinung und zu seinen eigenen Werten zu stehen. Die Angst, aus der Gruppe ausgeschlossen zu werden – selbst wenn wir die Gesellschaft der einzelnen Gruppenmitglieder gar nicht so sehr genießen – besteht und macht das Eintreten für die eigenen Grundsätze manchmal unglaublich schwer.

Falsche Rücksichtnahme und ihre Folgen

Wir möchten nicht auffallen, nicht die schwierige Person im Team sein. Keiner ist gerne der Spielverderber und wenn alle lachen, ist es ja vielleicht auch gar nicht so schlimm. Diese Annahme führt regelmäßig dazu, dass die Mehrheit einer Gruppe gegen ihren Willen handelt, in der Annahme, dass dann der Frieden gewahrt bleibt. Keines der Gruppenmitglieder möchte dem allgemeinen Bemühen um Konformität zuwider handeln und die etablierte Gruppendynamik stören oder gefährden. Dies muss nicht nur in Gruppen geschehen, sondern kann auch im kleinen Kreis passieren: Ein Paar frühstückt das erste Mal gemeinsam und die Frühstückseier gelingen nicht und sind steinhart. Um die Person, die sie gekocht hat, nicht zu beschämen, sagt die andere Person, dass sie ihre Eier so am liebsten isst und deshalb werden die Eier ab jetzt immer so gekocht – obwohl weder der Koch noch der Bekochte ihre Eier auf diese Weise mögen. Keiner möchte den anderen brüskieren oder die Harmonie dieses kleinen sozialen Geflechts stören.

Natürlich ist die Frage, wie du dein Frühstücksei bevorzugst, vielleicht nicht ganz so essentiell wie die, ob du Ungerechtigkeit oder Mobbing entgegen trittst oder deine Werte verheimlichst, nur um in einer Gruppe gut anzukommen. Aber es macht deutlich, dass dieses Verhalten zur Entfremdung führt. Da du dir nicht selbst treu bleibst, entfremdest du dich Stück für Stück von dir und du gibst den Leuten, die mit dir interagieren, auch nicht die Chance, dein eigentliches, dein wahres Selbst zu sehen. Wenn die Ehepartner aus dem Eier-Beispiel sich nach 40 Jahren Ehe gestehen, dass sie beide am liebsten weich gekochte Eier mögen, lachen sie im besten Fall darüber. Im schlimmsten Fall fühlen sie sich von dem anderen betrogen und fragen sich, in welchen Aspekten der jeweils andere auch nicht sein wahres Gesicht gezeigt hat. Zudem bleibt die Frage offen, ob es wirklich erstrebenswert ist, sich durch Verstellen einen Vorteil zu verschaffen. Kannst du die Position oder die Freundschaft, die du dadurch erworben hast, wirklich genießen, wenn du im Inneren weißt, dass sie nicht wirklich dir gilt, sondern einer Person, die du nur vorgibst zu sein und deren Aufrechterhaltung wirklich anstrengend sein kann?

Erwartungen von Außen und was sie für unsere Selbsttreue bedeuten können

Der nächste Punkt geht Hand in Hand mit den im vorherigen Abschnitt erwähnten Aspekten. Ein Verstellen deiner Person kann nicht nur von dir selbst ausgehen, um dir etwa soziale oder berufliche Vorteile zu verschaffen oder um in einer Gruppe akzeptiert zu werden und Anschluss zu finden, sondern es kann auch durch Druck von Außen geschehen.

Vielleicht hast du schon mal gehört, wie ein Elternteil seinem Kind gesagt hat, es solle sich weiblicher oder männlicher verhalten: „Ein richtiger Junge weint nicht! Ein gutes Mädchen rauft doch nicht so wild!" Oder aber du hast es selbst erlebt, dass dir bestimmte Emotionen oder Verhaltensweisen vorgeschrieben wurden:

„Gleich kommt die Tante Grit, der gibst du ein Küsschen, egal, ob du willst oder nicht. Du willst die Tante doch nicht traurig machen?"

„Große Kinder weinen doch nicht, wenn es auf Klassenfahrt geht. Schau, die anderen Kinder freuen sich doch auch alle! Du willst doch kein Baby mehr sein, oder?"

„Jetzt lach doch mal und geh mehr auf die anderen Kinder zu! Sei nicht so schüchtern, sonst wirst du noch ein richtiges Mauerblümchen. Ich war in deinem Alter nicht so!"

„Du willst in die Theater-AG? So einen Firlefanz gibt es in unserer Familie nicht. Alle deine Geschwister sind beim Sport erfolgreich! Du musst auch mal was machen! Nur so lernst du, was Disziplin bedeutet!"

Kapitel 3 – Werte einer Gesellschaft und Sterbende als Lehrmeister

Und so küssen wir die Tante gegen unseren Willen, schlucken die Tränen und verheimlichen unser Heimweh, zwingen uns zu Kontakten, die wir vielleicht gar nicht wollen und betreiben Leistungssport, obwohl unser Herz für die schönen Künste schlägt. In diesem Fall bleiben wir uns nicht aus Bequemlichkeit nicht selbst treu, sondern auch hier spielt wieder der Wunsch nach Akzeptanz eine große Rolle. Gerade wenn Eltern und ältere Autoritäten in unserem frühen Leben von uns fordern, uns entgegen unseres Naturells zu verhalten, kann das dazu führen, dass wir die Ansprüche und den Druck von Außen blind übernehmen und zu unserer eigenen Wahrheit machen.

Du bist doch schon immer zum Basketball gegangen, genau wie deine Brüder – wieso sollte es dir keinen Spaß mehr machen? Langjährige Strukturen zu hinterfragen, erfordert Mut und Weitsicht und ist sehr anstrengend. Die Gefahr, hier nicht nur gegen die Gruppe, sondern gegen die eigenen Eltern zu rebellieren und damit auf Widerstand zu stoßen, ist groß und kann furchteinflößend sein. Wirst du mit anderen verglichen, möchtest du vielleicht auch gerne dein Umfeld zufriedenstellen und tust alles dafür, um dem Druck von außen stand zu halten und dieses Ziel, welches nicht deines ist, sondern dir von außen übergestülpt wurde, zu erreichen. Du bist ein Produkt deiner Umwelt und vor allem als junger Mensch sehr formbar. Konntest du kein stabiles Selbstbewusstsein ausbilden, kann es dir auch noch als erwachsene Person passieren, dass du dich von deiner Umgebung anstecken lässt und dich ihr anpasst. Um weniger aufzufallen, um akzeptiert zu werden, um aufzusteigen. Entspricht dein Umfeld deinen Wünschen und Werten, ist das nicht weiter schlimm, sondern kann dich motivieren und mitreißen. Findest du dich allerdings in einem Umfeld wieder, in dem deine persönlichen Wünsche und Werte nicht zählen, entfernst du dich von ihnen und musst dich womöglich verstellen, um akzeptiert zu werden.

Wenn du zu den Leuten gehörst, die ihr Glück überwiegend im Außen suchen, bist du abhängig von externen Faktoren. Diese kannst du nicht wirklich beeinflussen – du hast keine Kontrolle darüber, wie du bei Personen ankommst, was diese denken, fühlen, sagen oder machen werden. Wenn du versuchst, die Personen zu beeinflussen oder zufrieden zu stellen, indem du dich anders verhältst, musst du immer auf der Hut sein und kannst das Leben nie einfach nur passieren lassen oder genießen. Klingt ganz schön anstrengend, oder?

Selbsttreue - gar nicht immer so leicht, aber lohnenswert

Damit ist die Idee, dass du dich nur so und so verhalten müsstest, damit die Anderen dich mögen und akzeptieren und dann wäre das Leben leichter, nicht zielführend. Auch in diesem Fall wirst du dich konsequent anstrengen müssen und immer auf das, was du tust und sagst Acht geben. Das stetige Rollenspiel wird vielleicht dazu führen, dass die Rolle wie eine zweite Haut wird, die du automatisch spielen kannst. Aber tief in dir wirst du eine Dissonanz fühlen, weil das Außen einfach nicht zum Innen passt. Natürlich braucht es immer wieder eine gehörige Portion Mut für die Lebensführung nach eigenen Regeln – aber klingt es denn nicht viel erfüllender, dem eigenen Herzen treu zu bleiben?

Kommt der Druck, dem Prinzip von Selbsttreue nicht gerecht zu bleiben, von außen oder von dir selbst? Versuche Mitgefühl für das Unverständnis von außen zu haben, wenn du anfängst, deine eigene Wahrheit zu leben. Auf diese Weise musst du dich nicht all zu sehr darüber ärgern und kannst den Menschen immer wieder positiv entgegentreten und ihnen Zeit geben, dich so, wie du wirklich bist, kennenzulernen und zu akzeptieren. Tritt der schlimmste annehmbare Umstand ein und Menschen akzeptieren dich so nicht mehr, werden andere Leute in dein Leben treten, die dein wirkliches Selbst zu schätzen wissen und du kannst das wunderbare Gefühl der Selbstachtung genießen, dass dir die Stärke geben wird, diese Situation mit Würde zu überstehen.

Übrigens ist das ein positiver Selbstläufer: Hast du mehr Selbstachtung, lässt du dich weniger dazu verleiten, dich in für dich ungesunde Situationen zu bringen und ziehst dadurch auch mehr angenehme Begegnungen und Erlebnisse in dein Leben.

> *Anregungen für das Reflektieren anhand von Fragen:*
>
> Wenn du bemerkst, dass beim Lesen dieses Abschnittes etwas in dir angesprochen wird, lohnt es sich, dich mit folgenden Fragen zu beschäftigen. Steigen Fragen in dir auf, die deine Liebsten betreffen, kannst du sie natürlich gerne einbinden. Vielleicht fragst du deinen Herzensmensch, ob er dich als authentisch wahrnimmt oder du suchst das Gespräch mit deiner besten Freundin oder deinem besten Freund.

- Was bedeutet dir Selbsttreue?
- In welchen Bereichen deines Lebens fällt es dir schwer, dir selbst treu zu bleiben? Ist dies eher im beruflichen oder privaten Umfeld der Fall?
- Hast du den Eindruck, dass es dir dein Umfeld krummnehmen würde, wenn du dein Leben mit mehr Authentizität lebst?
- Neigst du dazu, dich aus Bequemlichkeit nach anderen zu richten und stellst du diese über das Gefühl, dir selbst treu zu bleiben?
- Verletzt du deine Selbsttreue gezielt, um dir einen Vorteil zu schaffen? Lohnt sich dieser, wenn du das große Ganze betrachtest oder hättest du ein besseres Gefühl, wenn du authentisch handelst?

Im Gleichgewicht bleiben – die berühmte Work-Life-Balance

Das Gleichgewicht zwischen Arbeits- und Privatleben zu halten, ist für die meisten von uns schwer – entweder, weil wir sehr gerne arbeiten und es uns leicht fällt uns mit unserer Arbeit zu identifizieren oder aber, weil uns unsere finanzielle Situation dazu drängt, einen Großteil unseres Daseins zu arbeiten.

Wenn du zu den Leuten gehörst, die gerne arbeiten, fällt es dir möglicherweise gar nicht auf, dass du diesem Teil deines Lebens deutlich mehr Aufmerksamkeit schenkst als anderen Bereichen. Viele von uns antworten auf die Frage, was sie sind, mit dem Beruf, den sie ausüben: Ich bin Maler! Ich bin Lehrerin! Ich bin Anwältin! Ich bin Kassierer!

Vor allem, wenn du einer schöpferischen Arbeit nachgehst, kann diese identitätsstiftend sein und es passiert relativ leicht, dass du dich von deiner Tätigkeit vollkommen vereinnahmen lässt. Zudem kann deine Arbeit dich als Person maßgeblich beeinflussen. Immerhin verbringen viele Leute mehr aktive Zeit an ihrem Arbeitsplatz als mit ihrer Familie oder ihren Freunden. Wenn du aber vor lauter Arbeit keine Ahnung mehr hast, welches Kind bei der Schulaufführung eigentlich deines ist, du keine Zeit für Sport und Entspannung hast und deinen Partner mit etwas Glück beim jährlichen Firmenball siehst, weil dann auch die Familie der Angestellten eingeladen ist – dann sollte dir klar sein, dass da wahrscheinlich etwas ganz gewaltig aus dem Ruder gelaufen ist.

Kommen dir Gedanken wie „Ich muss doch aber arbeiten, schließlich möchte ich finanziell unabhängig sein!", „Ich bin gut in meinem Beruf und ich möchte ganz an die Spitze!", „Wer was erreichen möchte, muss auch was dafür tun!", ist das verständlich. Die Verbesserung deiner Work-Life-Balance bedeutet nicht, dass du ab jetzt die Hände in den Schoß legen sollst. Niemand wird von dir verlangen, dass du deine Karriere aufgibst oder dass du deine finanzielle Sicherheit aufs Spiel setzt. Natürlich gibt es Phasen im Leben, in denen ein Lebensbereich stärker in den Vordergrund tritt als andere: Hast du eine neue Stelle und befindest dich in der Probezeit, musst du alle Abläufe neu lernen und viel Zeit investieren, um dich zurecht zu finden. Auch in der Endphase eines größeren Projektes ist es vollkommen normal, dass der Arbeitsalltag dich mehr beansprucht und du auch gedanklich immer wieder dahin abwanderst.

Ist dieser Umstand allerdings die Regel und du kümmerst dich weder um deine Familie noch um deine Freunde, deine Gesundheit, deine Erholung oder andere Interessen, schränkst du dein Leben sehr ein. So viel Erfüllung du durch die Arbeit auch erfahren magst, beraubst du dich doch um viele andere Erlebnisse, die dein Glück noch facettenreicher gestalten.

Zu viel Arbeit – was macht das mit meinen Beziehungen?

Viele Sterbende blicken am Ende ihres Lebens zurück und müssen feststellen, dass sie sich um viele besondere Ereignisse und vor allem tiefe Beziehungen beraubt haben, weil sie ihre Zeit nur der Arbeit gewidmet haben. Sicher sind auch die verpassten Reisen, Lernmöglichkeiten oder die persönliche Entwicklung ein Thema, aber vor allem die Beziehungen, die unter einem Zuviel an Arbeit leiden, beschäftigen Sterbende am Ende ihres Lebens stark und erfüllen sie mit Reue. Ganz gleich, als was Menschen gearbeitet haben, wiederholen sich die Muster von Person zu Person: Statt sich Zeit für die Meilensteine im Leben ihres Kindes zu nehmen, haben sie gearbeitet. Statt Jahrestage und andere Jubiläen mit ihren Liebsten zu begehen, haben sie gearbeitet. Statt mit ihnen zu reisen, die Freizeit zu genießen, neue Erfahrungen zu machen oder auch nur den Alltag zu teilen, haben sie gearbeitet.

Wenn du immer der Arbeit den Vorzug gibst – entweder, weil sie dir wichtiger erscheint oder du denkst, du müsstest noch mehr Geld verdienen, ordnest du die anderen Personen und Dinge, die deine Zeit in Anspruch nehmen könnten, deiner Arbeit unter. Vor allem zwischenmenschliche Beziehungen leiden nach einer Weile darunter. Kinder, die ihre Eltern nie zu Gesicht bekommen, können den Eindruck bekommen, dass sie es nicht wert sind, dass man ihnen Aufmerksamkeit schenkt und dann beginnen, darum zu buhlen. Es ist aber genauso möglich, dass sie sich abwenden, wenn sie immer wieder vertröstet werden. Das Gleiche gilt für Lebenspartner und Freunde, die irgendwann keine Lust mehr haben, in der Prioritätenliste ganz unten aufzutauchen. Doch so erfüllend deine Arbeit auch sein mag, die Wärme einer Freundschaft oder Familie kann sie dir nicht geben.

Siehst du dich aufgrund von finanziellen Missständen gezwungen, so viel zu arbeiten, dass du andere Aspekte in deinem Leben vernachlässigen musst und erfüllt dich diese Arbeit nicht mal, kann dies nicht nur unzufrieden sondern auch krank machen. Nicht nur dein Umfeld leidet, sondern auch du selbst leidest unter der Situation, die du aber auch nicht beenden willst, weil du ja das Geld brauchst. Viele der befragten Sterbenden gaben an, dass sie rückblickend lieber auf Wohlstand verzichtet hätten, wenn sie dafür mehr Zeit mit ihrer Familie und ihren Freunden gehabt hätten.

Versteckst du dich hinter deiner Arbeit?

Selbstverständlich benötigt jeder Mensch finanzielle Stabilität, aber es lohnt sich zu schauen, wie viel du in deinem Leben wirklich brauchst, um glücklich zu sein. Möglicherweise brauchst du gar nicht so viel Einkommen, um dir etwas zu kaufen, sondern fühlst dich wohler, wenn du etwas weniger arbeitest und dich dafür mehr der Umsetzung deiner Lebensträume und der Pflege deiner Beziehungen widmest.

Kapitel 3 – Werte einer Gesellschaft und Sterbende als Lehrmeister

Die Arbeit kann übrigens auch dazu genutzt werden, Konflikten aus dem Weg zu gehen. Hast du dich schon mal selbst den Satz sagen hören: „Sorry, aber ich muss jetzt zur Arbeit. Lass uns später drüber reden", oder hast du Überstunden gemacht, weil du dann einer ungeliebten Anforderung zuhause, einem Gespräch mit deinem Partner oder deiner Partnerin oder einem Treffen aus dem Weg gehen konntest, ohne lang darüber diskutieren zu müssen?

Dieses Vermeidungsverhalten fällt uns meist selbst gar nicht auf. Schließlich ist es ja eine Form des Kümmerns, wenn sich jemand darum sorgt, dass er seine Familie ernähren kann. Es ist gesellschaftlich vollkommen akzeptiert, dass wir einen Großteil unserer Lebenszeit arbeitend verbringen und es gilt oft sogar als chic, im Arbeitsstress zu sein. Das Wort Workaholic ist keinesfalls mehr nur negativ besetzt, sondern gilt in manchen Kreisen auch als Auszeichnung. Wer hart arbeitet, muss sich daher in der Regel keine Vorwürfe anhören oder kann diese ganz leicht mit einem „Das tu ich doch nur für uns; damit es uns besser geht!" aus dem Weg räumen. Aber stimmt das wirklich? Oder nutzt du die Arbeit, um Menschen und Probleme auf Abstand zu halten, statt dir und ihnen die Chance zu geben?

Arbeitest auch du zu viel und bist nicht mit deiner Work-Life-Balance zufrieden? Dann widme dich ein paar Minuten den folgenden Fragen:

- Warum arbeitest du so, wie du arbeitest? Wird dir das von außen vorgegeben oder kannst du selbst entscheiden?

- Würdest du sagen, du arbeitest zu viel? Ist dein Umfeld der gleichen Meinung?

- Macht dich deine Arbeit glücklich?

- Falls nein, welche Arbeit würde dich glücklich machen?

- Was würdest du mit deinem Leben machen, wenn du nicht mehr arbeiten müsstest?
- Versteckst du dich hin und wieder hinter deiner Arbeit, um dich mit bestimmten Aspekten deines Lebens nicht auseinandersetzen zu müssen? Welche sind das?
- Erlebst du deine Arbeit als Daseinsberechtigung?
- Lebst du, um zu arbeiten?
- Definierst du dich über deine Arbeit und betrachtest sie als Statussymbol?

Ausdruck von Gefühlen – das Herz auf der Zunge tragen

Ein weiterer Punkt, den viele Sterbende aufrichtig bedauern, ist der, Zeit ihres Lebens ihre Gefühle nicht wirklich ausgedrückt zu haben. Viele Menschen haben Angst, Gefühle zu zeigen, wenn sie ein bestimmtes Alter erreichen. Ist es für Kinder meist noch kein Problem, spontan und herzhaft zu lachen, wenn sie etwas erheitert oder herzzerreißend zu weinen, wenn sie etwas traurig stimmt, neigen wir beim Heranwachsen dazu, nicht nur zwischen guten und schlechten Gefühlen zu unterscheiden, sondern diese auch nicht immer zu zeigen oder eine abgeschwächte Form zu wählen.

Wir beginnen, unser Lachen zu dämpfen, halten uns die Hand dabei vor den Mund oder begnügen uns mit einem raschen Lächeln. Wenn wir weinen möchten, blinzeln wir die Tränen weg, schlucken ein paar Mal trocken und versuchen, den aufsteigenden Schmerz beiseite zu schieben. Vielleicht sind unsere Emotionen genauso stark wie im Kindesalter, aber der Ausdruck dieser wird genaustens überwacht und geregelt.

Es ist natürlich gut, dass wir als Erwachsene über eine gewisse Affektkontrolle verfügen. Wir können uns im Hinblick auf ein langfristiges Ziel im Moment beherrschen, auch wenn wir uns vielleicht genau jetzt anders verhalten wollen. Wer von uns hat sich nicht schon mal insgeheim gewünscht, nach einem langen Arbeitstag mit lauter ärgerlichen Momenten an der Supermarktkasse auch einfach einen Wutanfall zu bekommen, wie das dreijährige Kind in der Schlange daneben? Einfach auf den Boden werfen, mit den Fäusten auf den Untergrund trommeln und auf alles schimpfen, was einen geärgert hat? Wir wissen aber, dass das nichts an unserer momentanen Situation ändert und können uns beherrschen. Vielleicht denken wir daran, vielleicht fällt innerlich auch ein böses Wort, aber wir wissen mit unseren Gefühlen auf reife Art umzugehen und sind in diesem Punkt den Kindern einen großen und wichtigen Entwicklungsschritt voraus. Problematisch wird es allerdings, wenn wir bestimmte Gefühle generell verurteilen und ablehnen und uns diese Emotionen überhaupt nicht zugestehen wollen.

Gefühle, die sich nicht schicken, die wir unpassend oder peinlich finden, leugnen wir – vor uns selbst und vor anderen. Wer möchte schon zugeben, dass er eifersüchtig auf den neuen Kumpel vom besten Freund ist? Das ist ja total albern? Wer möchte groß darüber sprechen, dass so etwas Banales wie die Dunkelheit ihm Angst macht oder dass er manchmal eine schier übermächtige Wut empfindet?

Wenn wir Gefühle offen zum Ausdruck bringen, kehren wir unsere Emotionen, unser Innerstes, nach Außen und zeigen uns mit all unseren Facetten. Dunkle Anteile, die wir uns und anderen nicht so gerne eingestehen, kommen dabei ebenso ans Licht wie strahlende Anteile, die wir gerne mit anderen teilen.

Das Selbstbild und die Meinung der anderen

Was ist aber, wenn manche der Emotionen, die wir fühlen, nicht zu unserem Selbstbild passen? Wenn wir nicht dieser missgünstige, wütende, gehässige oder ängstliche Mensch sein wollen? Wenn wir uns lieber nur mit unseren positiven Attributen wahrnehmen möchten? Oder wenn wir uns in einer bestimmten Rolle eingerichtet haben? Etwa als die harte Powerfrau, die keine Schwäche zulässt oder der empfindsame Mann, der keine Aggressionen haben sollte und um keinen Preis der Welt als Macho gesehen werden möchte?

Dann kann der Ausdruck von all unseren Emotionen unser Selbstbild in Frage stellen, was nicht unbedingt angenehm ist. Die Ehrlichkeit macht uns verletzlich und angreifbar. Das betrifft auch das Bild, das andere von uns haben. Wenn wir uns unserer Familie, unseren Freunden oder unseren Kollegen mit all unseren Gefühlen zeigen, dann kann diese Offenheit auch dazu genutzt werden, Informationen gegen uns zu verwenden oder unsere vermeintliche Schwäche auszunutzen. Die Angst vor Ablehnung ist einer der Hauptgründe, die Sterbende angeben, wenn sie gefragt werden, warum sie ihre wahren Gefühle verschlossen gehalten haben. Auch die Angst vor der Übermacht der eigenen Gefühle kann dazu führen, dass wir bestimmte Anteile in uns lieber unter Verschluss halten: „Ich bin eine ausgeglichene Mutter. Ich zeige keine Wut."

Was, wenn ich mir erlaube, bestimmte Emotionen zu zeigen, und diese dann über mir zusammenbrechen und überhandnehmen? Was, wenn ich nicht mit ihnen umgehen kann, sie meinem Umfeld Angst machen oder es mich dafür verurteilt? Was, wenn ich mich in meiner Position angreifbar mache und nicht mehr als Autoritätsperson wahrgenommen werde?

Solche Fragen sind verständlich – vor allem, wenn du bereits sehr lange bestimmte Emotionen unterdrückt hast oder dich nach außen hin generell um eine sehr neutrale Position bemühst. Es käme dir vielleicht so vor, als müsstest du einen großen Schwindel zugeben, wenn du dich jetzt anders verhältst. Auch kann der Umgang mit und das Aushalten von Gefühlen, die wir bisher verdrängt haben, sehr anstrengend sein. Müssen wir diesen Umgang im Erwachsenenalter neu einüben, kann uns das von der Rolle des Erwachsenen, der sein Leben im Griff zu haben scheint, in die Rolle des Lernenden befördern. Das setzt eine gewisse Demut und Bereitschaft voraus, sich als Schüler wahrzunehmen, der noch nicht genau weiß, was auf ihn zukommt. Verständlich, dass das nicht ganz einfach ist für Personen, die sonst in ihrem Leben alles im Griff haben, oder?

Unterdrücken der Gefühle - psychische und physische Folgen

Mittlerweile ist allerdings wissenschaftlich bewiesen worden, dass das Unterdrücken von Emotionen sich auf Dauer sowohl negativ auf die Psyche als auch auf den Körper auswirkt. So haben Forscher der Stanford University in zwei Studien belegt, dass das Unterdrücken von Emotionen nachteilig für die Beziehungsbildung sein und eine ungesunde Veränderung des Blutdrucks bewirken kann. Neben den anderen körperlichen Problemen, meist als psychosomatische Symptome bezeichnet, die ein solches Unterdrücken von Emotionen mit sich bringen kann, empfanden die Sterbenden vor allem die psychische Komponente als belastend.

Das Nicht-Ausdrücken von Emotionen kann dabei helfen, Leute auf Distanz zu halten. Indem du immer einen Teil von dir vor den anderen verschlossen hältst, bist du nicht nur unangreifbar, sondern auch unantastbar und diese Fremdheit kann zu einem Verlust von wirklicher Nähe und Intimität führen. Wir kennen das aus bröckelnden Beziehungen: Wenn wir unseren Partner nicht mehr wirklich in unser Leben lassen, ihm nicht wirklich erzählen, was uns bewegt und was wir fühlen, dann breitet sich ein Gefühl der Fremdheit zwischen uns aus, das nur schwer zu überwinden ist.

Viele Sterbende bereuen, dass sie ihre Mitmenschen, zum Teil ihre engste Familie, nicht wirklich an sich heran gelassen haben und ihnen ihr wahres Ich mit all den dazugehörigen Gefühlen zugemutet haben und so nie eine echte, aufrichtige Nähe zwischen ihnen und den anderen entstehen konnte. Dadurch können wir in der Mitte von all unseren liebsten Menschen ein Gefühl der Einsamkeit entwickeln. Der Gedanke, dass uns keiner wirklich kennt und verstehen kann, mag erschreckend wirken und kann mitunter dazu führen, dass wir uns innerlich noch mehr abkapseln. Haben wir uns allzu lang auf eine bestimmte Art und Weise nach außen gegeben, trauen wir uns vielleicht auch gar nicht mehr, unsere andere Seite zu zeigen und zuzugeben, dass wir uns um des lieben Friedens willen oder aufgrund von Angst all die Zeit verstellt haben. Diese Aussage kann unser Umfeld zu Recht verunsichern und sogar Misstrauen hervorrufen, was es noch schwerer macht, die Richtung zu wechseln, wenn wir erst mal auf diesem Pfad unterwegs sind.

Warum es sich lohnt, Gefühle auszudrücken

Neben den Aspekten der körperlichen Gesundheit sind vor allem die psychischen Auswirkungen gravierend, wenn du dich traust, deine Gefühle auszudrücken. Du lernst viel mehr über dich und deine Persönlichkeit und kannst auch die Gefühle anderer meist besser zuordnen, wenn du mit deiner eigenen Gefühlswelt vertraut bist und sie nicht vor dir selbst verschließt.

Wenn wir uns dann trauen, unsere Emotionen auch anderen mitzuteilen, weiß der Andere, woran er ist. Er kann lernen, damit umzugehen und der Kontakt zwischen dir und ihm gewinnt eine neue Tiefe und Aufrichtigkeit. Dadurch kann sich eine ganz besondere Form der Nähe entwickeln und auch ein Gefühl von Sicherheit und Akzeptanz. Schließlich gibt es da jetzt einen Menschen, der dich mit all deinen Facetten kennt und schätzt. Das ist unglaublich beruhigend und kann ein tolles Gefühl von Stärke vermitteln. Natürlich kann es immer wieder passieren, dass jemand nicht mit deinen Gefüh-

Kapitel 3 – Werte einer Gesellschaft und Sterbende als Lehrmeister

len umzugehen weiß und nicht bei jedem Menschen wirst du den Wunsch verspüren, all deine Gefühle zu zeigen. Du musst dein Herz nicht immer und überall auf der Zunge tragen und solltest natürlich immer für dich persönlich entscheiden, in welchen Situationen und bei welchen Menschen es sich gut anfühlt, sich zu öffnen.

Bei Menschen, die dir sehr nahe und wichtig sind, kann es aber sehr befreiend sein, wenn du einfach du sein kannst und sie auch eine Chance haben, dich mit all deinen Facetten kennen zu lernen. Das heißt nicht, dass dein Gegenüber einen Wutanfall von dir besonders toll finden muss. Er oder sie kann und darf bestimmte Gefühlsregungen durchaus als unangenehm empfinden. Das ist vollkommen okay. Trotzdem werden diese Ehrlichkeit und der Ausdruck deiner Gefühle eine neue Intensität in eurer Beziehung schaffen und möglicherweise auch deinem Gegenüber den Mut geben, über bestimmte Dinge zu sprechen oder Gefühle zum Ausdruck zu bringen. Gönne dem anderen und dir dieses besondere Erlebnis und die Chance, euch noch näher zu kommen.

Anregungen für das Reflektieren anhand von Fragen:

Bist du dir unsicher, inwiefern du dich mit dem Ausdruck deiner wahren Gefühle wohl fühlst, nimm dir einen kurzen Moment Zeit und beantworte die folgenden Fragen. Spüre nach, wenn dir eine bestimmte Frage besonders nahe geht und gönne dir eine kurze Pause, bevor du weiterliest, um die Gefühle sacken zu lassen. Wenn du magst, kannst du dir beim Beantworten der Fragen auch etwas Unterstützung von außen holen – schließlich geht es um die Interaktion mit deinen Mitmenschen. Frag eine liebe Freundin oder einen guten Freund, ob sie dir helfen können, die Fragen durchzugehen und bitte sie um ihre Meinung.

- Wenn du dich im Umgang mit deinen Mitmenschen betrachtest – traust du dich dann, deine Gefühle zum Ausdruck zu bringen?
- Bist du der Auffassung, dass man bestimmte Gefühle nicht kommunizieren sollte?
- Findest du, dass man überhaupt über Gefühle reden sollte?
- Erlaubst du dir selbst all deine Gefühle und kannst du vor dir selbst dazu stehen?
- Hältst du Personen bewusst auf Abstand, indem du ihnen bestimmte Emotionen nicht anvertraust?
- Denkst du, du musst Menschen beschützen, indem du ihnen einige Emotionen von dir nicht zumutest? Hast du sie gefragt, ob sie geschützt werden wollen?
- Glaubst du, das Teilen von Emotionen könnte dich Menschen näherbringen, die dir wichtig sind?
- Hat dich schon mal jemand darum gebeten, dass du deine Gefühle mit ihm teilst?
- Was hat diese Frage in dir ausgelöst?

Vernachlässigung von Beziehungen – darum kümmere ich mich später

Beziehungen begleiten uns unser ganzes Leben lang – nicht nur romantische. Die erste enge Beziehung haben Menschen üblicherweise mit ihrer Mutter oder mit ihren Eltern allgemein. Dann gehen wir immer mehr Verbindungen mit anderen Menschen ein. Als kleine Kinder bestehen diese größtenteils aus unserer Kernfamilie und anderen Familienmitgliedern, dann kommen auch Nachbarn, Freunde der Familie und aus

Kapitel 3 – Werte einer Gesellschaft und Sterbende als Lehrmeister

dem Kindergarten, Erzieher und andere Personen aus dem Umfeld dazu. In der Schulzeit werden die Freunde besonders wichtig, während sich die enge Bindung zu unseren Eltern meist lockert und auch der Kontakt mit den Geschwistern meist loser wird. Wenn dann erste Liebesbeziehungen unsere volle Aufmerksamkeit fordern, führt das bei vielen Menschen dazu, dass sie auch ihre Freundschaften etwas vernachlässigen - zumindest in der anfänglichen Verliebtheitsphase, in der die Welt rosarot und der Partner das Wichtigste auf Erden ist.

Zwischenmenschlicher Kontakt und intakte Beziehungen sind wichtig für unsere psychische und physische Gesundheit und gelten als ein wichtiger Glücksfaktor. Zu den Beziehungen zählen laut dem Spektrum Lexikon der Psychologie sowohl Beziehungen unter Kindern als auch Beziehungen innerhalb der Familie – also Eltern-Kind-Beziehungen, Geschwisterbeziehungen, die Ehe und Beziehungen zwischen Verwandten der erweiterten Familien. Auch Beziehungen in alternativen Familienformen wie Adoptions-, Stief- und Pflegefamilien sowie Liebesbeziehungen, private Beziehungen, etwa zu Freunden und Bekannten, und berufsbedingte Beziehungen sowie Beziehungen unter Kollegen gehören dazu.

Der Pädagoge Anton Bucher verweist darauf, dass nicht die Quantität sondern die Qualität der Beziehungen dafür entscheidend ist, ob sie einen Menschen glücklich machen. Die Grundlage jeder Beziehung ist der Kontakt. Es wird davon ausgegangen, dass Beziehungen immer zeitlichen Prozessen unterliegen und sich stetig wandeln können. Nach der Phase des Kennenlernens und des Aufbaus einer Verbindung müssen sich die beteiligten Personen gemeinsam um eine Phase des Erhalts und der Beständigkeit dieser Beziehung kümmern. Ansonsten kommt es zu einer Phase der Auflösung dieser Beziehung, die zu einem Ende führt.

Änderungen in Beziehungen sind ganz natürlich und gehen häufig mit der Entwicklung des Menschen einher: Die enge Bindung zu den Eltern wird beim Heranwachsenden gelockert; die Peergroup wird deutlich wichtiger. Wenn sich die eigenen Interessen oder die Lebenssituation ändert, kann dies ein Auseinanderleben zur Folge haben. Auch die heute deutlich üblicheren Wohnungswechsel bedingt durch Studium und Arbeit können dazu führen, dass Freundschaften einschlafen und sich Menschen immer wieder einen neuen Freundeskreis aufbauen müssen. Fernbeziehungen sind heute viel häufiger als früher und auch das Pflegen von Freundeskreisen an verschiedenen Orten.

Bist du vielleicht anlässlich deiner Ausbildung oder deines Studiums das erste Mal umgezogen, hast du dir am Ort deiner Ausbildung neue Freunde suchen müssen. Nach dem Abschluss der Ausbildung oder des Studiums hast du möglicherweise woanders einen Arbeitsplatz gefunden und musst dort nun wieder neu anfangen, dir einen Freundeskreis aufzubauen, aber auch noch die Freundschaften in der Heimat und an deinem Ausbildungs- oder Studienort pflegen.

Warum Menschen ihre Beziehungen nicht mehr pflegen

Allerdings ist im fordernden Arbeitsleben deutlich weniger Zeit für die Pflege von Freundschaften vorhanden, sodass mit der Zeit viele Kontakte verloren gehen. Zwar gibt es viele Menschen, die sich daher auch um einen freundschaftlichen Umgang mit ihren Kollegen bemühen und somit am Arbeitsplatz Freundschaften knüpfen können, aber das verhindert leider nicht, dass der Kontaktpflege wenig Zeit eingeräumt werden kann und gegeben wird.

Für Erwachsene können Arbeits- und Familienleben so fordernd sein, dass sie die Pflege von Kontakten komplett hinten anstellen, ganz gleich, ob zur entfernteren Familie oder zu Freunden. Viele Sterbende berichten davon, dass sie es rückblickend bereuen, nicht mehr Zeit in die Pflege von zwischenmenschlichen Beziehungen gesteckt zu haben. Die Gründe dafür können vielfältig sein: In vielen Fällen ist die berufliche Verpflichtung der Grund, warum Menschen sich nicht genug ihrer Familie und ihren Freunden widmen. Meist begleiten uns dabei ein schlechtes Gewissen und der fromme Wunsch, es in Zukunft besser zu machen – „Wenn das Projekt abgeschlossen ist" oder „Wenn die Beförderung geklappt hat." Daraus wird irgendwann „Wenn ich in Rente bin" und man fragt sich, wo die Zeit und wo die Leute geblieben sind.

Mitunter wurden die Betroffenen auch vor die Wahl gestellt, sich für die eine oder die andere Freundschaft zu entscheiden oder sie mussten durch einen Umzug ihr gewohntes soziales Umfeld aufgeben. Oder aber eine Person erfordert die ganze Aufmerksamkeit und der Betroffene vernachlässigt dafür alle anderen Kontakte, häufig in toxischen Beziehungen der Fall, und erlebt daraufhin, dass er ohne die toxische Beziehung vollkommen alleine dasteht.

Gerade die Menschen, die uns am nächsten sind, die uns ein Leben lang begleiten und die immer an unserer Seite sind, nehmen wir all zu leicht für selbstverständlich. Wir schenken ihnen keine oder zu wenig Aufmerksamkeit und setzen sie in unserer persönlichen Prioritätenliste des Alltags immer weiter herab. „Der hat dafür schon Verständnis." „Eine gute Freundschaft muss das aushalten können." „Sie weiß ja, wie ich bin. Ich melde mich einfach nicht so oft, aber ich denke an sie!" „Er weiß doch, dass ich ihn liebe. Aber ich habe halt keine Zeit!"

Neben der Arbeit stehen auch die sozialen Medien in der Kritik, wenn es um die Vereinsamung von Menschen geht. Auch wenn die befragten Sterbenden diesen Punkt nicht als Begründung angaben, ist es doch ein Thema unter Jugendlichen und jungen Erwachsenen. Diese bedauern, dass ihr Leben größtenteils online abläuft, sie aber kaum noch reale zwischenmenschliche Kontakte pflegen und auch freundschaftliche körperliche Interaktion immer seltener wird und somit auch der unmittelbare physische Kontakt fehlt.

„Hätte ich mal..."

Sterbende berichten immer wieder, dass ein Vernachlässigen der Personen ein Ausklingen des Kontakts zur Folge hatte. Ein Kontaktabbruch ist extrem schmerzhaft, häufig für beide betroffenen Seiten, aber auch ein leises Einschlafen der Kontakte kann in der Summe drastische Auswirkungen haben. Kommen wir erst mal zur Ruhe, endet die alles andere konsumierende Partnerschaft oder treten wir bei der Arbeit kürzer, merken wir plötzlich, dass wir einsam sind. Einsamkeit macht krank, kann schwerwiegende gesundheitliche Folgen haben und ist immer noch ein stark mit Scham besetztes Tabuthema. Um auf die Dringlichkeit dieses Problems hinzuweisen und es in das Bewusstsein der Öffentlichkeit zu holen, wurde in Großbritannien im Jahr 2018 sogar eigens eine Ministerin für Einsamkeit eingesetzt.

Das Pflegen und Aufrechterhalten von Beziehungen ist mit Arbeit verbunden und auch mit einem gewissen Zeitaufwand, aber definitiv lohnend. Menschen mit einem stabilen sozialen Netz sind in der Regel glücklicher und weniger gefährdet, an psychischen Erkrankungen wie Ängsten und Depressionen zu erkranken.

Wie gesagt, musst du keinen riesigen Freundeskreis haben, um von Beziehungen profitieren zu können. Ein paar Vertraute, mit denen dich eine tiefe, aufrichtige Freundschaft verbindet, reichen völlig aus. Wir sind alle unterschiedlich und unser Wunsch nach Kontakt und Interaktion kann sich stark voneinander unterscheiden und je nach deiner aktuellen Lebenssituation auch wandeln. Wer im Alltag viel mit Menschen zu tun hat, möchte im Feierabend vielleicht am liebsten seine Ruhe und wer den ganzen Tag am Schreibtisch saß, sehnt sich nach Austausch mit anderen. Wenn du ein sehr schüchterner Mensch bist oder aber einfach gerne allein mit dir bist, ist das auch vollkommen okay, solange du dafür sorgst, dass dein Bedürfnis nach Nähe anerkannt und ihm auch begegnet wird. Sei ehrlich mit dir, wenn du dir deine Beziehungen anschaust und dich fragst, wie gut du mit ihnen umgehst und wie du sie pflegst und auch, ob gut mit dir umgegangen wird. Nicht immer bedeuten viele Beziehungen nämlich, dass du nicht doch einsam bist.

Stelle dir einmal folgende Fragen, wenn du dieses Thema vertiefen magst:

- Welchen Stellenwert haben meine Beziehungen in meinem Leben?
- Wem räume ich am meisten Zeit ein?
- Sind die Beziehungen, die ich führe, von Geben und Nehmen geprägt oder bin ich die Person, die immer nur gibt bzw. nimmt?
- Schätze ich die Personen in meinem Leben aktiv wert und zeige ich ihnen das auch?
- Habe ich durch zu viel Arbeit oder andere Gründe schon Beziehungen in meinem Leben vernachlässigt und dadurch sogar Freundschaften verloren?
- Habe ich genug Kontakt zu anderen oder fühle ich mich einsam?
- Sind diese Kontakte nur oberflächlich oder lasse ich Menschen keine Zeit, mich näher kennenzulernen?
- Habe ich vielleicht eine Freundschaft verloren, die mir viel bedeutet und um die es sich zu kämpfen lohnt?
- Traue ich mich, mich auf Menschen einzulassen und wirklich tiefe Beziehungen zu anderen einzugehen?

Das schickt sich nicht - nicht gelebte Lebensfreude

Ebenfalls ein wichtiger Punkt, den viele Sterbende bereuen, ist der, seine Lebensfreude nicht zum Ausdruck gebracht und nicht zelebriert zu haben. Es gibt sogenannte genussorientierte Gesellschaften, in denen das Ausdrücken von Lebensfreude und Lebenslust gesellschaftlich akzeptiert ist. Es gibt aber auch genussferne Gesellschaften, in denen diese Aspekte weniger gern gesehen und eher mit Müßiggang oder Darstellungssucht der Person assoziiert werden. Wenn du in einer genussfernen Gesellschaft aufgewachsen bist, kann es sein, dass dir vermittelt wurde, dass Arbeit wichtiger ist als Spaß – erst die Arbeit, dann das Vergnügen. Vielleicht wurde dir vermittelt, dass lautes Lachen als undamenhaft, unfein oder prollig gilt und dass Personen, die sich den schönen Dingen des Lebens bereitwillig öffnen, belächelt oder sogar als verrückt, unbeherrscht, maßlos oder deplatziert betrachtet wurden. Eine vornehme Zurückhaltung, eine ständige Contenance, Maßhalten und Vermeiden von Extremen gelten vielfach als Verhaltensregeln der gehobenen Gesellschaftsschichten und daher als erstrebenswert.

Gesellschaftliche Erwartungen sind für viele Sterbende der Grund gewesen, warum sie sich selbst nicht erlaubt haben, ihre Lebensfreude so zu leben, wie sie es für richtig hielten: Etwa, weil sie vermeintlich Schande über ihre Familie gebracht haben und sie daraufhin aus ihrer Sicht nicht mehr imstande waren, so etwas wie Lebensfreude zu fühlen. Dieses Gefühl beschleicht auch Personen, denen ein für sie unverzeihlicher Fehler unterlaufen ist oder die etwas Traumatisches erlebt haben. Wenn sie einen Verlust erlitten haben, der ab sofort alles andere überschattete, war es nicht mehr möglich, Lebensfreude in das eigene Leben zu lassen oder überhaupt zu versuchen, etwas zu genießen.

Vielfach zelebrierten Menschen ihre Lebensfreude aber auch deshalb nicht, weil es sich für ihren Stand, ihr Alter, ihr Geschlecht nach damaligen gesellschaftlichen Konventionen einfach nicht schickte. Mitunter machten die Betroffenen auch die Erfahrung, dass Menschen ihre offen gelebte Freude ablehnten und sich negativ über positive Einstellungen lustig machten oder sie aufgrund ihres Verhaltens negativ bewerte-

ten. „Der kann ja nicht ganz dicht sein mit seinem grenzdebilen Lächeln!"
„Der Dumme ist fröhlich, weil ihm der Weitblick fehlt."
„Ganz schön naiv, dass die immer noch an das Gute im Menschen glaubt!"
„Wie die immer lacht – wie ein Pferd! Das nervt!"

Solche Äußerungen können sich einbrennen und dazu führen, dass die betroffene Person im Ausdruck ihrer Lebensfreude unsicher wird und sich damit schwer tut, diese unvoreingenommen zu leben, so wie sie es bisher getan hat. Den Meinungen und Ängste anderer, die sich womöglich durch deine offensichtliche Fröhlichkeit und den gelebten vollmundigen Lebensgenuss belästigt fühlen, liegt oftmals zugrunde, dass sie selbst Schwierigkeiten damit haben, ihre eigene Lebensfreude offen auszudrücken. Nicht selten weckt dann der Anblick von Unbekümmertheit und Freude Neid und Missgunst. Da Ärger sich oft besser aushalten lässt als Trauer, weil man ihn nach außen richten kann, wird dann mit verletzenden Kommentaren und abwertenden Bemerkungen gearbeitet. Diese können sich über die eigene Unbeschwertheit legen, bis jede spontane Freude im Keim erstickt wird und das eigene Verhalten minutiös überwacht wird.

Häufig sehen wir ein Aufbrechen dieser Strukturen, wenn Personen sich im Spiel mit Kindern unbeobachtet fühlen und sich von der spontanen Lebensfreude mitreißen lassen. Vorstellungen, was sich schickt und der innere Filter sind dann für einen Moment vergessen und der Mensch gerät wieder ins Spielen, Ausprobieren und Fühlen. Ganz im Hier und Jetzt und vollkommen wertungsfrei.

Für viele von uns ist es eine bewusste Entscheidung, die eigene Lebensfreude in all dem Stress wieder wahrzunehmen und ihr einen Platz im hektischen Alltag einzuräumen. Spielen und Lebensgenuss sind wichtige Teilbereiche im Leben eines glücklichen Menschen und verdienen die nötige Aufmerksamkeit. Der Spruch „Wer nicht genießt, wird ungenießbar" hat durchaus seine Berechtigung. Gerade Personen, die das

Genießen verlernt haben, tun sich sehr schwer damit, wenn sie andere Leute sehen, die unbekümmert und unbeschwert genießen können.

Lass dich von deren abfälligen Äußerungen nicht verunsichern, sondern versuche, sie vielleicht sogar mitzureißen und ihnen mit Verständnis und Wärme zu begegnen – ohne aber dein eigenes Wohl hintenan zu stellen.

Hast du das Bedürfnis, dich noch weiter in das Thema zu vertiefen? Folgende Fragen können dir dabei helfen, für dich auszuloten, wie es um deine Einstellung zum Thema gelebte Lebensfreude steht und wo du vielleicht etwas verändern möchtest.

- Bringst du deine Lebensfreude zum Ausdruck?
- Denkst du, es gibt in deinem Leben keinen Anlass zur Freude?
- Erlaubst du dir das Zelebrieren von positiven Gefühlen?
- Wurde in deiner Jugend abfällig über Personen gesprochen, die ihr Lebensglück aktiv mit anderen geteilt haben?
- Nimmst du dir Zeit zum Spielen – auch ohne den Kontakt zu einem Kind?
- Denkst du, bestimmte Handlungen oder Dinge, auf die du Lust hättest – Schaukeln, lautes Lachen, Seifenblasen pusten, Tanzen gehen – gehören sich nicht für eine Person deines Alters/Geschlechts/Standes? Warum nicht? Was könnte im schlimmsten Fall passieren?
- Hältst du dir beim Lachen die Hand vor den Mund?
- Wann hast du das letzte Mal so lachen müssen, dass dir der Bauch weh tat?
- Weißt du, wie du dir selbst etwas Gutes tust?

Kapitel 4 – Werte und ihre Auswirkungen auf unsere Wünsche

Die im vorherigen Kapitel genannten Themen, die bei Sterbenden am häufigsten der Anlass zur Reue waren, lassen sich als Richtwerte nutzen, um herauszufinden, was wirklich zählt im Leben. Du kannst anhand dieser Punkte deine eigenen Werte und Wünsche ableiten.

Jeder Mensch hat Werte und Wünsche, die ihn prägen und sein Handeln und Denken beeinflussen. In Meyers Kleinem Lexikon der Psychologie wird der Wert als „im soziokulturellen Entwicklungsprozess einer Gesellschaft sich herausbildende von der Mehrheit ihrer Mitglieder akzeptierte und internalisierte Vorstellung über das Wünschenswerte" definiert. Ferner steht dort: „Werte sind allgemeine und grundlegende Orientierungsmaßstäbe bei Handlungen und Handlungsalternativen. Sie geben dem Menschen Verhaltenssicherheit. Aus Werten leiten sich Normen und Rollen ab, die besonders das Alltagshandeln bestimmen."

Werte sind also allgegenwärtig und dienen den Mitgliedern dieser Gesellschaft zur Alltagsbewältigung. Sie werden als Richtlinie für das eigene Handeln und Denken genutzt und somit schlussendlich auch für das Träumen und Gestalten des eigenen Lebens. Die Werte werden außerdem in jeder Gesellschaft von Generation zu Generation überliefert, wobei durchaus über die Zeit ein Wertewandel stattfinden kann. So standen früher Werte wie Pflichtbewusstsein und Religiosität viel mehr im Fokus, als das heute noch der Fall ist, wohingegen Aspekte wie Umweltbewusstsein stärker in den Vordergrund rücken.

Die in unserer Gesellschaft akzeptierten Werte beeinflussen unsere Gedankenwelt maßgeblich, auch wenn wir das nicht immer bewusst wahrnehmen. Sie tragen mit dazu bei, dass wir einige Lebensentwürfe als erstrebenswert und gut, andere als falsch oder unangemessen betrachten. Werte können sich beispielsweise in der Haltung gegenüber der Familie oder der Einstellung gegenüber Religionen und Religionsfreiheit widerspiegeln. Aber auch Themen wie Staatsreformen oder die Gleichberechtigung von Männern und Frauen oder die Akzeptanz anderer Geschlechtsidentitäten können durch die in einer Gesellschaft gelebten Werte stark beeinflusst werden.

Gibt es universelle Werte, die auch auf mich zutreffen?

Da sich, wie du im vorherigen Kapitel gesehen hast, die Äußerungen der Sterbenden über das, was sie in ihrem Leben bereuen, größtenteils decken oder sich zumindest bestimmte Kernaspekte herausarbeiten lassen, die allen Befragten gemein sind, stellt sich natürlich die Frage, ob es universelle Werte gibt, die für alle gelten? Kann die Frage, was im Leben wirklich zählt, also für alle Menschen zufriedenstellend mit der gleichen Aussage beantwortet werden? Gibt es Aspekte, die jedem von uns wichtig sind, unabhängig davon, welches Geschlecht, welches Alter, welche Nationalität und welchen

Kapitel 4 – Werte und ihre Auswirkungen auf unsere Wünsche

Bildungsgrad wir haben? Oder sind Werte immer kulturbedingt? Gibt es noch andere Aspekte, die die Wertevorstellungen eines Menschen beeinflussen und ist es dann überhaupt möglich, dass ein Mensch seine Wertvorstellungen ändern kann?

Tatsächlich geht die Forschung sowohl in der Soziologie als auch in der Psychologie davon aus, dass die Werte einer Gesellschaft durch ganz unterschiedliche Faktoren beeinflusst werden und sich somit auch deutlich unterscheiden können. Neben kulturellen Aspekten können auch evolutionäre Aspekte, die aktuelle ökonomische Situation und sogar das Klima Einfluss darauf nehmen, wie sich die Werte in einer Gesellschaft entwickeln. Unterschiedliche Wohlstandsniveaus sind ebenso entscheidend wie die Tatsache, ob die Gesellschaft, in der du groß geworden bist, der maskulinen oder der femininen Kultur zugeordnet wird.

In einer maskulinen Kultur sind die Geschlechterrollen eindeutig getrennt: Jedem Geschlecht werden bestimmte Attribute zugeschrieben und ein Ausbrechen aus diesem binären Muster kann Unverständnis oder sogar im schlimmsten Fall Sanktionen nach sich ziehen. Männer sollen hart und durchsetzungsfähig sein, Frauen bescheiden und liebevoll. Das Lebensziel der Männer ist der berufliche Erfolg, das der Frauen, die Männer in ihrem Tun zu unterstützen. Feminine Gesellschaften verfolgen anderen Lebensziele: Hier stehen intakte Beziehungen und eine allgemein hohe Lebensqualität aller im Vordergrund. Geschlechterrollen sind weniger stark ausgeprägt und Eigenschaften werden nicht in männlich oder weiblich unterteilt.

Die kulturvergleichenden Studien von Geert Hofstede von 1984 untersuchen verschiedene Werte und konzentrieren sich dabei auf Punkte wie Machtdistanz, Unsicherheitsvermeidung, Individualismus vs. Kollektivismus und Femininität vs. Maskulinität. Die Kulturdimension Machtdistanz thematisiert das Ausmaß der Machtverhältnisse und auch das Gleichgewicht dieser in einer Gesellschaft. Gibt es eine strenge hierarchische Ordnung und wird diese akzeptiert oder genießen flache Hierarchien einen höheren Stellenwert? Die Machtdimension Unsicherheitsvermeidung klärt, wie aufgeschlossenen eine Gesellschaft Unbekannten gegenüber ist und dieses entweder mit offenen Armen willkommen heißt oder kategorisch ablehnt. Die Kulturdimension Individualismus vs. Kollektivismus klärt, inwiefern die Selbstverwirklichung eines Individuums in einer Gesellschaft im Vordergrund steht oder ob dessen Interessen denen der Gesellschaft untergeordnet werden. Während im Kollektivismus Gruppen und Großfamilien einen besonders hohen Stellenwert genießen, sind im Individualismus die Kleinfamilie und das eigenständige Handeln wichtige Werte. Maskulinität vs. Femininität dominieren die Rollenverteilung und die Lebensaufgaben der einzelnen Geschlechter innerhalb einer Gesellschaft. Ergänzt wurden diese Studien später um Aspekte, ob Leute in einer Gesellschaft ihr Leben lang- oder kurzfristig planen und ob es in der Gesellschaft gestattet ist, sein Leben auf Spaß auszurichten und einfach zu genießen.

Je nach Kultur fanden sich in allen Untersuchungsbereichen deutliche Unterschiede in den Werten, sodass deine eigene Wertebildung stark davon beeinflusst sein kann, in welchem Land du geboren und aufgezogen wurdest und in welchem Land du lebst. Bist du ein sehr extrovertierter Mensch und Genießer, der nicht in einer genussorientierten Gesellschaft aufwächst, wirst du es schwerer haben, diesen Teil von dir zu leben. Wird es zum Beispiel klar sanktioniert, wenn Lebenslust offen zelebriert wird, führt dies häufig dazu, dass Menschen diesen Teil von sich im Inneren verschließen und sich sogar dafür verurteilen.

Da kulturelle Werte oft als selbstevident und ganz natürlich wahrgenommen werden („Das war ja schon immer so. Da hat sich schon jemand was bei gedacht. Das ist halt so von der Natur vorgegeben!"), ist es als Mitglied dieser Wertegesellschaft schwer, die Werte zu hinterfragen und den nötigen

Abstand zu gewinnen, um möglichst sachlich auf die Situation zu blicken. Selbst wenn wir uns um Sachlichkeit bemühen und akzeptieren, dass die Werteentwicklung durch so viele verschiedene Aspekte beeinflusst wird, kann es immer wieder Situationen geben, in denen wir mit unserem Verständnis an unsere Grenzen stoßen – entweder, weil die Werte der anderen so stark von unseren abweichen oder in unserem Wertesystem schlichtweg als falsch oder gefährlich betrachtet werden.

Generell versucht der Mensch durch sein Handeln immer möglichst positive Emotionen zu erzielen und unangenehme zu vermeiden. Wenn die eigenen Werte von denen der Gesellschaft, in der er lebt, massiv abweichen, gerät der Mensch schnell in einen inneren Konflikt.

Werte in der Welt und in Deutschland

In verschiedensten Studien wird immer wieder neu ermittelt, welche Werte den Menschen weltweit wichtig sind, inwiefern sich die Werte von Land zu Land unterscheiden und auch inwiefern die Länder einem Wertewandel unterliegen. Werte sind nämlich keinesfalls in Stein gehauen, sondern so wie eine Gesellschaft sich wandelt, so ändern sich auch die Werte, die diese Gesellschaft pflegt. Die World Values Survey etwa ermittelt alle fünf Jahre in mehr als 60 teilnehmenden Ländern die aktuelle Werte-Situation im jeweiligen Land. Bei der letzten Erhebung im Jahr 2005 zeichnete sich ab, dass die deutschen Bürger Werten wie Toleranz, Offenheit und Reformbereitschaft erstaunlich viel Bedeutung beimessen und hier vor allem bei der älteren Generation auch ein klarer Wertewandel stattgefunden hat.

Christian Welzel von der Jacobs University in Bremen ist an der Studie in Deutschland beteiligt und gibt an, dass das Innovationspotenzial anders als angenommen deutlich größer ist.

„Hätte ich mal..."

Egal wo auf der Welt Studien zu Wertevorstellungen durchgeführt wurden, Folgendes lässt sich deutlich ablesen: Ist eine Gesellschaft gut entwickelt und auch finanziell erfolgreich, treten sogenannte emanzipatorisch-individualistische Werte in den Vordergrund. Dazu gehören unter anderem die Entscheidungsfreiheit des Individuums, die Gleichberechtigung der Mitglieder der Gesellschaft, Toleranz und Demokratie. In Gesellschaften, die weniger wohlhabend und entwickelt sind, liegt der Fokus weniger auf den emanzipatorisch-individualistischen Werten, sondern es sind genau entgegengesetzte Werte wichtig.

In der Allensbacher Markt- und Werbeträgeranalyse aus dem Jahr 2019 wurden deutsche Bürger dazu befragt, was die wichtigsten Aspekte in ihrem Leben sind. Mehr als 85 Prozent der Befragten gaben an, dass enge zwischenmenschliche Beziehungen das Allerwichtigste in ihrem Leben seien. Freundschaften und familiärer Kontakt waren für alle Befragten besonders wichtig. Dieses Ergebnis wurde auch bereits bei den zwei Erhebungen in den Vorjahren ermittelt. Platz zwei in der Umfrage belegte der Einsatz für die Familie, Platz drei eine glückliche Partnerschaft. Dieses Ergebnis zeigt sich auch in weiteren Studien, die erforschen, was Menschen für ein erfülltes Leben wichtig ist: Freunde, Familie und eine gelungene Partnerschaft scheinen essentiell für den Menschen zu sein, denn unabhängig von Bildungsstand, sozialem Status und Geschlecht nehmen diese Aspekte bei allen Menschen einen hohen Stellenwert ein. Bei der Bestandsaufnahme der subjektiven Lebensqualität in Deutschland im Jahr 2016 wurden diese Wünsche noch vor dem Wunsch nach Frieden genannt.

In der Studie „Das Vermächtnis", die von der Zeitung „Die Zeit" bei dem infas Institut für angewandte Sozialwissenschaft und dem Wissenschaftszentrum Berlin für Sozialforschung in Auftrag gegeben wurde, wurde mit einem Gedankenexperiment gearbeitet, bei dem die 3.000 Teilnehmer sich vorstellen sollten, was sie der Nachwelt vermachen wollen würden.

Der Wunsch nach menschlicher Nähe und einem Gemeinschaftsgefühl war definitiv von besonderer Wichtigkeit. Auch der Wert der Arbeit wird nach wie vor hoch eingeschätzt – allerdings zeigt sich hier ein Wertewandel, denn anders als früher geht es nicht explizit um eine hohe gesellschaftliche Position oder die materiellen Vorteile, sondern das Verwirklichen von persönlichen Zielen. Zu einem erfüllten Leben gehört das Arbeiten laut den Befragten selbstverständlich hinzu. Gesundheit ist ein weiterer wichtiger Faktor, der für die nachkommenden Generationen selbstverständlich sein sollte.

Wenn die Forschung sich damit befasst, was Menschen wichtig für ein erfülltes Leben ist und du mit einigen Ergebnissen nicht konform gehst, ist das nicht schlimm. Schließlich handelt es sich bei den vorgestellten Ergebnissen immer um einen Querschnitt der Angaben einer ganzen Gesellschaft.

Viele Möglichkeiten, viele Entscheidungen – die Qual der Wahl

Wie du jetzt bereits erfahren hast, nehmen sowohl biologische als auch soziokulturelle und finanzielle Aspekte Einfluss auf deine Werteentwicklung. Das bedeutet jedoch nicht, dass alle Werte, die typisch für eine Gesellschaft sind, auch von den Individuen, die in dieser Gesellschaft leben, geteilt werden müssen. Der Austausch mit anderen Kulturen, Bildung und Persönlichkeitsmerkmale wirken sich auch maßgeblich darauf aus, ob Werte einer Gesellschaft blind von den Gesellschaftsmitgliedern übernommen werden, oder ob sie diese hinterfragen und mit den Werten anderer Kulturen und ihrem eigenen Erleben abgleichen.

Dadurch, dass du heute durch das Internet einen vor wenigen Jahrzehnten noch unvorstellbar großen Wissensschatz zur Verfügung hast und du mittels moderner Medien mit Menschen unterschiedlichster Kulturen, Alters- und Entwicklungsstufen in Kontakt treten kannst, ist das Leben deutlich bunter und facettenreicher geworden. Du kannst dich über nahezu jeden Aspekt des Lebens im Internet informieren und jede noch so kleine Interessengruppe hat die Möglichkeit, sich darüber zu vernetzen und auszutauschen.

Das ehemals sehr vorgezeichnete Leben – der Sohn übernimmt den Hof oder den Beruf des Vaters, die Tochter wird möglichst gewinnbringend an einen Mann verheiratet und sollte sich aufs Führen des Haushaltes und Versorgen der Kinder beschränken – ist offener geworden: Wir sind so frei wie nie in unseren Entscheidungsmöglichkeiten und auch die älteren Generationen werden offener gegenüber alternativen Lebensgestaltungen, wie sich in den aktuellen Wertestudien zeigt.

Dadurch erlebst du aber auch die Qual der Wahl: Heutzutage sieht sich der Mensch mit einer immer stärker wachsenden Alternativenvielfalt konfrontiert. Die Anzahl der möglichen Studiengänge ist ebenso gestiegen wie die der Berufe. In den Supermärkten können wir nicht mehr zwischen zwei Waschpulvern wählen, sondern zwischen fünf bis sechs für Buntwäsche, weiße Wäsche, schwarze Wäsche und Feinwäsche. Die Wahlmöglichkeiten nehmen laut dem amerikanischen Psychologen Barry Schwart in allen Lebensbereichen permanent zu.Entgegen der gängigen Annahme, dass ein Mehr an Entscheidungen positiv für den Menschen ist, postuliert Schwart, dass die Alternativenvielfalt dazu führt, dass die Menschen sich überfordert fühlen und Angst haben, die falsche Entscheidung zu treffen. Dabei kann es sich um etwas so Simples wie die richtige Marmeladensorte handeln, aber auch etwas so Einschneidendes wie die Wahl des Lebenspartners. Wie bereits zuvor festgestellt, beinhaltet die Entscheidung für etwas auch immer die Entscheidung gegen etwas und weckt somit die Angst im Menschen, etwas zu verpassen.

Um sich zu beruhigen und dem bereits schon vor der endgültigen Entscheidung aufsteigenden Reuegefühl etwas entgegenzusetzen, zögern viele Personen eine Entscheidung möglichst lange hinaus. Langwieriges Abwägen und das Durchspielen verschiedenster Szenarien, Vergleichen von Optionen und immer wieder Überprüfen der Angebote macht aber ebenso wenig glücklich wie das Nichtentscheiden. Die Optionenvielfalt macht laut verschiedener Studien also langfristig eher unglücklich, etwa belegt durch die Wissenschaftler Sheena Sethi Iyengar von der Columbia University und Mark R. *Lepper der Stanford University* oder im Buch „The Paradox of Choice" von dem bereits erwähnten Psychologen Barry Schwart.

Die Angst vor einer Fehlentscheidung kann sogar dazu führen, dass Menschen große Mühen auf sich nehmen, Optionen zu finden, die sie revidieren können, so belegt von Daniel Gilbert und Jane E. Ebert. Diese Entscheidungen werden von Personen klar bevorzugt. Das geht sogar soweit, dass die Personen bereit sind, Geld dafür zu zahlen, dass ihnen alternative Optionen offen stehen – auch wenn sie wissen, dass sie diese niemals nutzen werden, so Dan Ariely, der sich auch in einem Buch damit befasst, warum Menschen immer wieder unnütze Entscheidungen treffen.

Bringt die Auseinandersetzung mit Werten mich weiter?

Wie lassen sich diese Modelle auf dich übertragen? Nützt es am Ende gar nichts, wenn du dich mit deinen Werten und Lebensträumen auseinandersetzt und so abwägen möchtest, was dir im Leben wichtig ist? Solltest du einfach auf dein Bauchgefühl hören oder einen durchdachten Entscheidungsprozess anstreben?

So einfach lassen sich diese Fragen nicht beantworten. Die Entscheidungsforschung hat festgestellt, dass es einen Unterschied macht, ob es sich um eine simultane oder eine sequentielle Entscheidung handelt, wir uns also jetzt im Augenblick für etwas im Jetzt und Hier entscheiden oder mehr

Eventualitäten mit hineinrechnen müssen. Bei Ersterem fährst du mit deinem Bauchgefühl meist sehr gut, während für eine sequentielle Entscheidung ein durchdachter Entscheidungsprozess meist als günstigere Variante bewertet wird.

Zudem orientieren wir uns bei Entscheidungen auch an sozialen Standards und wir schauen, wie sich andere Menschen verhalten. Die Orientierung an anderen vermittelt uns ein Gefühl von Sicherheit, insbesondere dann, wenn wir uns in einer gänzlich unbekannten Situation befinden. Trotzdem sind Wünsche etwas ganz Persönliches. Über die Sinnhaftigkeit von Präferenzen lässt sich nach heutigem Kenntnisstand kein rationales Urteil fällen.

Bleib also wertungsfrei, wenn du dich mit deinen Werten, Wünschen und Lebensträumen auseinander zu setzen beginnst: Kein Wunsch ist besser oder schlechter als der andere. Je nach Persönlichkeitsmerkmalen kann sogar des einen Wunsch des anderen Albtraum sein und umgekehrt. Bewahre dir eine gewisse Flexibilität und Offenheit gegenüber den eigenen Bedürfnissen, statt rigide Vorstellungen zu hegen, was du dir zu wünschen hättest. Hast du dir erst mal vor Augen geführt, dass die eigene Persönlichkeit maßgeblich ist für die ganz eigenen Wünsche und Lebensträume, ist auch klar, dass du dir selbst und deinen Bedürfnissen gegenüber offen sein solltest, ganz unabhängig davon, was für Werte und Lebensträume in deiner Kultur als besonders erstrebenswert gelten. Sie können als Richtlinie genutzt werden, oder als Startschuss, um das eigene Leben zu überdenken, sollten aber keinesfalls als einzig erstrebenswertes Ideal gesehen werden.

Zudem können deine Bedürfnisse auch vollkommen gegensätzlich sein und verschiedene Aspekte deiner Persönlichkeit betreffen. Das bedeutet nicht, dass du dich nicht entscheiden kannst oder seltsam bist, sondern du vielleicht einfach verschiedene Anteile in dir hast, die alle gesehen werden möchten.

Kapitel 4 – Werte und ihre Auswirkungen auf unsere Wünsche

Das es lohnenswert ist, sich mit seinen Wünschen auseinander zu setzen, zeigt sich daran, dass du so herausfindest, ob und welche Träume du wirklich in die Tat umsetzen möchtest. Mitunter kann es sein, dass einem nur die Idee von einer Sache gefällt, man an der eigentlichen Umsetzung aber gar nicht wirklich interessiert ist, weil sie nicht zu einem passt. In dem Fall macht es wenig Sinn, diese Sache weiter zu verfolgen und dabei doch immer nur festzustellen, dass man sich dabei selber sabotiert oder anderweitig verhindert, dass es zu einer Umsetzung kommt.

Manche Ideen eignen sich zum Tagträumen und machen in der Vorstellung jede Menge Spaß, gehören aber nicht wirklich zu den Lebensträumen, die du ehrlich umsetzen willst. Erlaube dir das Träumen und hab Spaß dabei, investiere deine Energie aber in Wünsche, die du tatsächlich verwirklichen möchtest.

Du hast dein Studium mit Bravour gemeistert und könntest in einer tollen Kanzlei Karriere machen, sehnst dich aber danach Hausmann und Vater zu sein? Du hast deine ganze Jugend dem Leistungssport gewidmet und stellst jetzt aber fest, dass diese Zeit vorbei ist und du etwas völlig anderes machen möchtest? Freue dich, dass du so genau weißt, was du eigentlich willst, statt dir deswegen Vorwürfe zu machen und sei dir selber gegenüber ehrlich. Erlaube dir, deine Träume unzensiert zu betrachten, unabhängig von Status, Bildung und der Meinung anderer. Deine Träume und Werte können sich im Laufe deines Lebens genau wie auch die Werte einer Gesellschaft wandeln. Nicht immer ist es dann leicht, sie loszulassen – vor allem dann, wenn sie einen lange begleitet haben und man viel Zeit, Mühe und Energie in ihre Verwirklichung investiert hat. Aber hast du erkannt und akzeptiert, dass dieser Weg für dich hier zu Ende geht, dann ist wieder Platz für Neues, was deinem Leben eine völlig neue Wendung geben kann. Offenheit und Ehrlichkeit sind hier ganz wichtige Begleiter für dich. Halte dir vor Augen, dass nur du dein Leben leben kannst und dass du dafür verantwortlich bist, dass es dir gut geht.

Welchen Sinn hat es, in Schuhen, die dir eine Nummer zu klein oder zu groß sind oder die einfach nicht zu dir passen, durch dein Leben zu laufen, nur weil du sie irgendwann mal gekauft hast? Wenn dir manche Wünsche unpassend oder sogar peinlich erscheinen, kannst du ja genau abwägen, ob und mit wem du sie teilen möchtest. Vielleicht sind sie auch etwas ganz Privates nur für dich, deren Umsetzung du im Stillen verfolgst.

Flexibilität und Offenheit sind auch dann wichtig, wenn du merkst, dass du dir bestimmte Wünsche oder Lebensziele mit einer Vehemenz vorschreibst, die nichts mehr mit Disziplin oder Durchhaltevermögen, sondern mit Zwang zu tun hat. Das kann zum Beispiel der Fall sein, wenn du dich immer in einem bestimmten Licht gesehen hast und diese Idee von dir nicht aufgeben willst, obwohl du dich längst weiterentwickelt hast und sie gar nicht mehr up to date ist. Oder aber wenn du denkst, du müsstest deines Alters, deines Standes oder deiner Ausbildung entsprechend dieses oder jenes vom Leben wollen und dann daran festhältst.

Keine Angst vor Fehlentscheidungen!

Was aber, wenn ich mich falsch entschieden habe? Wenn ich alles auf eine Karte gesetzt habe und dann merke, dass es nicht das Richtige ist? Das kann ich doch keinem sagen? Da mache ich mich ja lächerlich oder unglaubwürdig? Wer sollte mich danach noch ernst nehmen?

Menschen haben laut der sogenannten Dissonanztheorie große Probleme damit, eine Fehlentscheidung vor sich selbst und ihrem Umfeld zuzugeben. Sie versuchen diese im Nachhinein zu legitimieren und manchmal auf recht abenteuerliche Weise zu rechtfertigen. Dadurch wird die Situation für die betroffene Person aber nicht wirklich besser. Kognitive Disso-

Kapitel 4 – Werte und ihre Auswirkungen auf unsere Wünsche

nanz bedeutet, dass die Konsistenz von Einstellungen, Gefühlen und Verhalten nicht gegeben ist. Ein sehr drastisches Beispiel: Ist jemand überzeugter Vegetarier, arbeitet allerdings in einem Schlachthof, passen die Werte und das Handeln dieser Person nicht zusammen und diese dauerhafte Dissonanz kann für sie psychisch sehr belastend sein.

Dieses Muster kann dann auftreten, wenn du deinen Herzenswünschen nicht folgst und du ein altes Verhalten weiter beibehältst, auch wenn es dich schon lange nicht mehr glücklich macht und dir mehr schadet als nützt. Oder aber du fürchtest dich so sehr vor dieser Möglichkeit der Fehlentscheidung, dass du dein eigenes Unterlassen von Änderungen legitimierst, auch wenn dich deine aktuelle Situation schon lange nicht mehr zufrieden stellt. Dieses Verhalten sieht man oft von Personen, die in einer toxischen Beziehung gefangen sind. Die Angst vor einer ungewissen Zukunft ist so groß, dass Menschen lieber in einer für sie psychisch und vielleicht auch physisch ungesunden Beziehung bleiben, anstatt sich aus der Situation zu lösen. Weißt du um dieses Muster, kannst du dem Ganzen aufmerksamer begegnen und deine Wünsche dahingehend überprüfen. Du kannst dich bei unangebrachten Rechtfertigungen beobachten und dich fragen, was dir wichtiger ist: Das Urteil der anderen oder ein Leben, mit dem du dich wohl fühlst – die absolute Sicherheit (die es ohnehin nicht gibt) oder die Hoffnung, dass die Veränderung sich positiv auf dein Leben auswirken wird.

Sei dabei ganz behutsam und liebevoll mit dir. Irren ist zwar menschlich, aber doch gibt keiner von uns gerne zu, wenn er sich vertan und eine falsche Entscheidung getroffen hat. Im achtsamen Umgang mit dir und deinen Gedanken wirst du immer schneller und leichter feststellen, wenn du in dieses Verhaltensmuster zu fallen drohst und du kannst dann entscheiden, ob du dich stark genug fühlst, einen anderen Weg zu gehen, der eher deinem wahren Selbst entspricht.

Kapitel 5 – Ich mache mich auf den Weg

Wenn du dich auf eine Prüfung vorbereitest oder eine Wanderung planst, ist es hilfreich, wenn du vorher bestimmte Informationen sammelst. Du kannst - um beim Beispiel der Prüfung zu bleiben - überprüfen, wie du aktuell im Stoff stehst und wo noch Lücken sind, welche Bereiche du noch einmal vertiefen solltest und wo wirklich große Lücken vorherrschen, die unbedingt deine Aufmerksamkeit benötigen. Falls möglich, kannst du dir alte Prüfungen ansehen, um dir ein Bild von der auf dich zukommenden Aufgabe zu machen oder die Prüferin bitten, dir ein paar Anhaltspunkte zu geben, um dich entsprechend vorzubereiten. Vielleicht benötigst du eine bestimmte Punktzahl, um die Prüfung zu bestehen und deinen Führerschein, deinen Studienabschluss oder dein Sprachzertifikat zu erhalten. Du gleichst Ist- und Sollzustand ab – was weiß ich aktuell und was muss ich für die Prüfung wissen, um die besagte Punktzahl zu erzielen?

Auch bei der Planung einer Wanderung oder Radtour läuft die Vorbereitung im Grunde genommen ähnlich ab: Du steckst dir ein Ziel und ermittelst, wie du am besten von deinem jetzigen Standpunkt zu diesem kommst. Du überlegst, wie viele Kilometer du in einem bestimmten Zeitraum fahren oder wandern kannst, wie viele Pausen du brauchst und ob das Setzen von Etappenzielen notwendig ist. Wenn du eine größere Tour planst, bereitest du dich möglicherweise auch mit einem entsprechenden Training vor, da du deine Kondition erst ausbauen musst, um diese Distanz zu schaffen.

Ähnlich ist es bei einem so großen und mutigen Projekt wie dem Annähern an und Umsetzen von Herzensträumen. Du solltest wissen, wo du stehst, wo es dich hinzieht und wie du diese Reise so gestalten kannst, dass sie für dich zu einem tollen Erlebnis wird. Am besten geht das für viele Menschen durch einen direkten Dialog mit sich selbst. Natürlich kannst du auch mit deinen Herzensmenschen über das Thema reden, aber hier besteht die Gefahr, dass du dich von der Meinung anderer bewusst oder unbewusst beeinflussen oder verunsichern lässt. Du kennst dich am besten und weißt, welcher Ansatz der richtige für dich ist.

Erste Schritte

Als Allererstes könntest du dir die Frage stellen, warum du dieses Buch eigentlich liest? Was hat dich daran angezogen? Ist dir der Titel zufällig ins Auge gesprungen und hat eine unentdeckte Seite in dir zum Klingen gebracht, stehst du vermutlich noch ganz am Anfang deiner Reise zu deinen Lebensträumen und bist vielleicht selbst noch etwas überrascht von diesen Gedanken und Ideen. Wenn dies der Fall sein sollte, nimm dir besonders viel Zeit beim weiteren Lesen und auch bei den kommenden Übungen. Diese können dich darin unterstützen, dir über deine Lebensträume und Werte klar zu werden. Diese Auseinandersetzung mit tiefsten Wünschen und Ideen kann aber ebenso wie die vorherige Auseinandersetzung mit Aspekten, die Sterbende am meisten in ihrem Leben bereuen, sehr persönlich und emotional werden. Daher ist es wichtig, dass du sehr gut auf dich Acht gibst und dir immer wieder mit liebevollem Verständnis begegnest.

Kapitel 5 – Ich mache mich auf den Weg

Beschäftigst du dich schon länger mit dem Thema und hast du deshalb gezielt nach einem entsprechenden Buch gesucht, sind dir einige Ansätze nicht mehr ganz so fremd und du wirst vermutlich bereits mutiger geworden sein, wenn es um Dinge wie Innenschau und das Auseinandersetzen mit den eigenen Emotionen geht.

Unabhängig davon, wo du gerade stehst, kannst du sicher spüren, dass es wichtig für dich ist, deinen eigenen Werten zu folgen – sonst würdest du dieses Buch nicht lesen. Wie bereits erwähnt, wurde in verschiedenen wissenschaftlichen Disziplinen erforscht, was mit Personen passiert, die ihren eigenen Werten nicht folgen – entweder, weil sie von außen dazu genötigt werden, sich selbst bestimmten Richtlinien unterwerfen oder möglicherweise gar nicht mehr wissen, was wirklich zu ihnen gehört und was sie von außen übernommen haben: Sie erleben sowohl geistigen als auch körperlichen Stress durch das sogenannte einstellungsdiskrepante Verhalten. Das ist dann gegeben, wenn deine Ideen, Emotionen und Werte nicht mit dem übereinstimmen, was du sagst oder tust. Bist du ein sehr empfindsamer Mensch, gibst dich nach außen aber kühl, kann das zu einer Dissonanz führen. Ein Teil von dir steht im Widerspruch zu einem anderen Teil. Lachst du bei einem sexistischen Witz, obwohl er dich tief verletzt, bist du durch deinen Beruf dazu gezwungen wider deine Überzeugungen zu handeln oder verbirgst du bestimmte Teile deiner Persönlichkeit durch komplett entgegengesetztes Handeln, erfordert das eine riesige Arbeitsleistung. Du kennst vermutlich selbst dieses kräftezehrende Durchhalten, wenn du in einer Situation bist, in der du dich sehr zusammenreißen musst, nur, um nicht aus Versehen das zu sagen, was du wirklich denkst.

Daher ist es von enormer Wichtigkeit, dass du deinen Werten folgst, überprüfst, welche Überzeugungen und Wünsche deine eigenen sind, ob sie dir gut tun und wie du zu dem Menschen werden kannst, der du eigentlich sein willst.

Wo stehe ich gerade?

Wie bereits erwähnt, ist es sehr hilfreich, zu wissen, wo du gerade stehst. Diese Zustandsermittelung kann schmerzhaft sein, denn nicht immer sind wir glücklich damit, wie sich unser Leben entwickelt hat und was aus uns geworden ist. Besonders wichtig dabei ist: Bitte verurteile dich nicht für vergangene Entscheidungen oder ein Verhalten, dass dir heute unangenehm oder fremd ist. Akzeptiere was gewesen ist und konzentriere dich darauf, was du im Hier und Jetzt tun kannst, um in Zukunft ein Leben zu führen, dass dich erfüllt und dir in allen Belangen entspricht.

Ganz gleich, ob du noch ziemlich am Anfang, in der Mitte oder schon weiter am Ende deines Lebenswegs stehst – die Tatsache, dass du den Mut aufgebracht hast, dich und dein Leben mit neuen Augen zu betrachten und dich auf die Suche nach deinen Wünschen und Lebensträumen zu machen, verdient Anerkennung. Du stellst dich deinen Fragen und hältst widersprüchliche Emotionen aus, um anschließend ein Leben führen zu können, dass du voll auskostest.

Es kann hilfreich sein, deine Kindheits- und Jugendwünsche mit deinem heutigen Leben zu vergleichen und auch deinen Verhaltens- und Denkmustern besondere Aufmerksamkeit zu schenken. Machen diese dich glücklich? Wählst du die Dinge in deinem Leben bewusst oder hast du das Gefühl, dir passiert einfach alles und die Jahre ziehen an dir vorüber? Bist du bereit, dich wirklich auf den Prozess einzulassen und hast du vielleicht auch schon einiges an innerer Vorarbeit geleistet? Es ist keinesfalls leicht, Gewohnheiten aufzugeben. Das trifft auch auf Denkmuster oder die Wortwahl zu. Deshalb kann es sehr hilfreich sein, dich ganz bewusst dafür zu entscheiden und diese Entscheidung für dich auch als verbindlich wahrzunehmen.

Stehst du noch ganz am Anfang, ist es wie gesagt besonders wichtig, dass du bei diesem Prozess achtsam mit dir umgehst, anerkennst wo deine persönlichen Grenzen sind und diese auch achtest. Es hilft dir nicht, wenn du bei deinem Versuch, deine Wahrheit zu leben, über deine Kräfte hinausgehst und dich überforderst. Gibt dir Zeit für dieses Projekt und erlaube dir alle Zeit der Welt, um dich zu dem Menschen zu entwickeln, der du sein willst.

Wo möchte ich hin?

Genau wie bei dem Beispiel mit der Wanderung oder Radtour ist neben der Benennung des Startpunktes auch die Festlegung des Ziels wichtig. Du kennst das sicher von dir selbst: Schwammige Aussagen, wie „Ich möchte fitter werden" oder „Ich möchte weniger streng mit mir sein", sind schwer umzusetzen, weil sie keinen konkreten Handlungsauftrag an dich stellen. Sie sind zudem schwer zu überprüfen, denn wann bist du etwas fitter? Was bedeutet es, weniger streng mit dir zu sein? Die richtige Zielsetzung kann dir sehr dabei helfen, dich bei der Umsetzung deiner Lebensträume zu unterstützen, wenn du sie erstmal ermittelt hast.

Sei smart – eine einfache Methode zum Benennen von Zielen

Besonders populär ist die SMART-Methode bei der Umsetzung von Zielen. Vielleicht hast du schon einmal davon gehört? SMART ist ein Akronym, also ein Kurzwort, das aus den Anfangsbuchstaben anderer Wörter gebildet wird.

Der erste Buchstabe steht für das Wort „spezifisch". Dein Ziel solltest du klar und präzise in einem Satz benennen können. Schwammige Formulieren bieten dir unterbewusst Schlupfwinkel, die bei der Umsetzung für Schwierigkeiten sorgen können. „Ich möchte etwas fitter werden" beschreibt dein Ziel nicht genau und du kannst es dir nicht sofort klar vorstellen. Zweifel und Unsicherheiten belasten dich allerdings nur zusätzlich, wenn du doch alle Kraft dafür einsetzen willst, dich deinem Ziel zu nähern. „Ich möchte so fit sein, dass ich am Tag x 5 km am Stück bei einer Geschwindigkeit von x laufen kann, während ich mich mit meinem Laufpartner unterhalte" ist deutlich präziser und leichter zu visualisieren.

Der Buchstabe M steht für das Wort „messbar". Dein Ziel sollte messbar sein und du solltest in der Umsetzungsphase klar erkennen können, ob du dich deinem Ziel näherst. So erlebst du zum einen ein Erfolgserlebnis, wenn du dein Ziel klar erreicht hast, zum anderen kannst du deinen Fortschritt bewusst wahrnehmen. Um beim Beispiel Joggen zu bleiben: Formulierst du dein Ziel mit einer präzisen Angabe: „Ich möchte so fit sein, dass ich am Tag x 5 km am Stück bei einer Geschwindigkeit von x laufen kann", dann kannst du deinen Fortschritt klar nach jeder Trainingseinheit benennen.

Der Buchstabe A steht je nach Auslegung für „akzeptiert" oder „attraktiv". Das Ziel muss von dir als umsetzende Person klar akzeptiert werden und für dich so attraktiv sein, dass du deine ganze Kraft hineinsteckst. Wird dir der Auftrag beispielsweise von außen vorgegeben, du hast aber eigentlich gar keine Ambitionen diesen umzusetzen, weil du ihn falsch oder schlicht langweilig findest, wirst du dich kaum so engagieren, als wenn du vollkommen von der Sache überzeugt bist. Das Gleiche greift auch bei Zielen, die wir uns selber setzen. Wir müssen uns das Ganze schmackhaft machen und natürlich auch hier prüfen, ob wir wirklich überzeugt sind, von dem was wir tun.

Der Buchstabe R steht für das Wort „realistisch". Dieser Aspekt ist den meisten von uns durchaus bewusst; trotzdem kommt es immer wieder vor, dass wir uns Aufgaben setzen, an denen wir scheitern müssen – einfach, weil sie nicht realistisch sind. „Oh, eine Einladung zum Klassentreffen in vier Wochen. Bis dahin nehme ich 25 Kilo ab." „Oh, die ausgeschriebene Stelle klingt sehr ansprechend. Die nötigen Qualifikationen schaffe ich mir bis zum Vorstellungsgespräch in zwei Tagen in einer Nacht-und-Nebel-Aktion drauf!" Scheitern wirkt extrem demotivierend, sodass wir gut daran tun, unsere Ziele sorgsam auf ihre Umsetzbarkeit zu überprüfen und uns nicht zu viel zuzumuten.

Der letzte Buchstabe T steht für das Wort „terminiert": Dein Ziel braucht einen zeitlich abgesteckten Rahmen. Wie oben bereits erwähnt, darf dieser natürlich nicht zu eng ausfallen, damit du dich nicht überforderst und dein Ziel realistisch bleibt. Es ist aber auch nicht gut, wenn du dir gar keinen zeitlichen Bezugsrahmen setzt, denn dann ist die Gefahr der „Aufschieberitis" besonders groß. Auch diese kann sich sehr demotivierend auswirken, denn innerlich weißt du meistens, wann du Dinge aufschiebst und das erzeugt Frust. Paradoxerweise macht es das Anfangen zusätzlich schwerer, denn du siehst, wie viel Zeit vergangen ist und dass du immer noch nicht vom Fleck gekommen bist.

Mit der SMART-Methode fällt es dir möglicherweise leichter, deine Ziele zu benennen. Probier es einfach einmal aus:

Mein SMART-ZIEL:
Spezifisch:
Messbar:
Attraktiv/Akzeptiert:
Realistisch:
Terminiert:

Ich weiß, wo ich hin will - wieso komme ich trotzdem nicht vom Fleck?

Wenn du für dich klar definiert hast, wohin es gehen soll und deine Landkarte quasi vor dir liegt, ist die Motivation sicher sehr groß, das Abenteuer anzugehen. Trotzdem spuken dir vielleicht im Hinterkopf Gedanken herum, die dagegen halten und dich dazu bringen, deine Träume mal wieder auf später verschieben zu wollen. Was ist es, was dich davon abhält, deine Träume zu benennen? Was hindert dich daran, diese zu verwirklichen? Wenn wir davon ausgehen, dass du dir realistische Träume als Lebensziele gesetzt hast und Aspekte wie mangelnde finanzielle Mittel, körperliche oder geistige Voraussetzungen ausscheiden, du aber trotzdem bisher an der Umsetzung gescheitert bist, kann das mit deiner Einstellung deinen Träumen gegenüber und unbewussten Ängsten zusammen hängen.

Wir sind Meister darin, uns ungewollte, aber bequeme Situationen schön zu reden, damit wir nicht aus dem Gewohnten ausbrechen müssen. Auch durch Angst bedingtes Vermeidungsverhalten können wir auf abenteuerlichste Weise erklären und vor uns und anderen rechtfertigen. Nur leider betrügen wir uns so vor allem um ein erfülltes Leben.

Einer der Hauptgründe, warum Menschen daran scheitern, ihre Lebensträume in die Tat umzusetzen, ist die Angst vor dem Unbekannten. Alles, was wir nicht kennen, ist prinzipiell bedrohlich. Vertrautes, auch wenn es uns nicht gefällt, gibt uns bis zu einem gewissen Grad Sicherheit und Stabilität. Wir haben ein Gefühl von Kontrolle und unerwünschte Überraschungen sind selten. Diese Situation ist vielleicht nicht besonders spannend, aber eben auch sehr bequem. Bequemlichkeit ist neben der Angst vor dem Unbekannten ein weiterer großer Faktor, der dich davon abhalten kann, deine Wünsche anzugehen. Das klingt nicht gerade schmeichelhaft – aber keine Sorge, du bist damit nicht alleine! Wenn der Alltag schon Stress pur ist, wer hat dann noch die Kraft, sich um seine Lebensträume zu kümmern. Bist du der Meinung, dass das nur etwas für die vom Leben verwöhnten Sonnenkinder ist, die sich um Rechnungen, Altersvorsorge und den kaputten Toaster keinen Kopf machen müssen? Oder ist das Träumen und Verfolgen dieser Träume in deinen Augen ein Vorrecht der Jugend und für Menschen deines Alters einfach nur kindisch? Wenn dich diese Gedanken umgeben, kann es auch sein, dass du noch immer den Weg des geringsten Widerstandes gehst. Folgst du den Lebensentwürfen anderer Leute, kannst du meist bequem ausgetretene Pfade entlang spazieren. Es gibt vielleicht nicht viel zu sehen außer abgelaufener Steine, aber der Weg ist leicht und unbeschwert. Weder musst du dich vor unerwarteten Steigungen oder Hindernissen schützen, noch bei einer Abzweigung selbst entscheiden, wo es lang geht. Und wenn der Weg doch einmal unangenehm werden sollte, kannst du dich entspannt zurücklehnen und dich beklagen, denn du hast ihn ja nicht ausgewählt. Weichst du dagegen von den ausgetretenen Pfaden ab und entscheidest dich nicht für die Route, die am wenigsten Probleme und am schnellsten Sicherheit verspricht, lässt du dich auf ein unkalkulierbares Abenteuer ein: Bei diesem geht es nicht nur darum, schnellstmöglich irgendwo anzukommen, sondern der Weg selbst wird bereits zu einem spannenden Erlebnis!

Was werden die Anderen sagen?

Auch die Angst vor der Reaktion anderer kann hemmend auf dich wirken. Was werden meine Kinder sagen, wenn ich plötzlich zum Bauchtanz gehe? Was meint mein Lieblingsmensch dazu, wenn ich ihm eröffne, dass ich mein Leben lang eine eigene Wohnung haben wollte? Und enttäusche ich meine Eltern, wenn ich nach dem langen Jura-Studium doch lieber in einem Café arbeiten will? Bin ich ihnen nicht allen etwas schuldig und kann nicht so egoistisch meine Ziele verfolgen? Gerade die älteren Generationen haben von Kindheitsbeinen an vermittelt bekommen, dass das Verfolgen der eigenen Lebensträume sich nicht schickt, insbesondere nicht für Frauen. Diese sollen zum Wohle der Familie zurückstecken und sich auf Partner und Kinder konzentrieren. Selbstfürsorge und das achtsame und eigenverantwortliche Gestalten des eigenen Lebens haben aber keinesfalls etwas mit Egoismus zu tun.

Darf ich mich überhaupt verändern?

Wenn du deinen Lebensträumen folgen willst, kann das zu deutlichen Veränderungen in deinem Verhalten und Erleben führen. Mitunter ist es auch möglich, dass du deine Einstellungen, Werte und Normen änderst oder endlich vor dir selbst zugibst, dass die, die du lebst, nicht wirklich dir entsprechen und dir etwas anderes wichtig ist. Zwar haben Einstellung und Verhalten ohnehin nicht zwingend miteinander zu tun, wie bereist LaPiere 1934 in einer soziologischen Studie belegte, aber wir selbst wissen ja um unser Innerstes – wenn es auch mitunter versteckt in einer Ecke im Hinterstübchen schlummern mag – und fühlen, wenn da was nicht zusammenpasst, oder wir uns mit bestimmten Werten und Normen nicht mehr identifizieren können.

„Das haben wir aber doch schon immer so gemacht!"
„Aber du warst doch dein ganzes Leben lang dagegen?!"
„Jetzt denkst du plötzlich so? Wer soll dir das denn abkaufen?"

Wenn du solche Sätze befürchtest, nachdem du dich geändert hast, bist du nicht alleine. Vor allem, wenn Menschen an lang festgehaltenen Glaubenssätzen zweifeln oder ein bisher an den Tag gelegtes Verhalten ändern wollen, stellen sie sich – insbesondere Frauen – häufig Fragen wie: Darf ich mich überhaupt ändern? Habe ich das Recht dazu, nachdem ich doch all die Jahre so gelebt habe und mein Umfeld auch daran gewöhnt ist? Mache ich mich damit nicht lächerlich, unglaubwürdig oder unauthentisch?

Natürlich hast du das Recht dazu, dich zu verändern! Viele Menschen erwarten von sich eine Kontinuität im Erleben und Verhalten, die so nicht zu erfüllen ist. Schließlich befindet sich nicht nur die Welt im stetigen Wechsel, sondern auch du. Die Frage, ob du dich verändern darfst oder sollst, kannst nur du alleine entscheiden und wenn eine Veränderung zur Erreichung deiner Lebensträume notwendig ist, dann ist das eben so.

Kapitel 5 – Ich mache mich auf den Weg

Die Angst vor dem eigenen Scheitern ist dabei nur natürlich. Laut dem Psychologen Peter Festinger erleben viele Menschen direkt nach dem Treffen einer Entscheidung die sogenannte kognitive Dissonanz: Etwaige belastende Gefühle wie Reue oder Zweifel werden schon vorab angenommen, bevor sich die Person überhaupt entschieden hat. In deinem Fall kann sich das so äußern, dass du dir einen Wunsch nicht eingestehen möchtest, weil du vor den möglichen Folgen Angst hast. Vielleicht hast du Angst zu scheitern oder du fürchtest dich vor der Meinung der Anderen. Möglicherweise hegst du doch die Vermutung, dass das Verwirklichen von Lebensträumen zu egoistisch ist und du dich lieber um deinen Lieblingsmenschen, Beruf, deine Kinder oder deine Eltern kümmern solltest, anstatt in dich und dein Glück zu investieren. Dieser Gedanke ist allerdings zu kurz gefasst. Bei der Verwirklichung der Lebensträume ist es wie bei einem Notfall im Flugzeug: Zuerst musst du dir selbst die Sauerstoffmaske aufsetzen, um anderen danach helfen zu können. Dein Gefäß muss voll sein, damit du anderen etwas geben kannst.

Niemand verlangt von dir, dass du wie ein egozentriertes Etwas nur noch um dich selbst kreist und deine Empathie und Nächstenliebe ablegst. So ist das keinesfalls gemeint! Aber Selbstfürsorge und Selbstliebe sind absolut notwendig, wenn du dazu in der Lage sein möchtest, dich gut und frei von Erwartungen um andere kümmern zu können. Wer immer nur gibt und gibt, hat irgendwann nichts mehr, dass er geben kann. Und wenn du zu den Menschen gehörst, die zwar klaglos geben, aber innerlich eine kleine Strichliste führen und vergleichen und insgeheim darauf warten, dass ihr Gegenüber dann auch aktiv wird und sich um sie kümmert, dann wirst du sicher schon erlebt haben, dass diese Sicht der Dinge sehr frustrierend sein kann und unzufrieden macht. Vielleicht hast du auch schon mehrfach erlebt, dass deine Erwartungen enttäuscht wurden und daher tust du dich damit schwer, dich vor dir selbst oder auch vor anderen zu einem Lebenstraum zu bekennen und diesen klar und deutlich zu benennen.

Was hält mich davon ab, meine Träume zu benennen und zu verwirklichen?

Entscheidungen haben Konsequenzen. Wenn wir Dinge verändern, beutet das nicht nur für uns ein Ausbrechen aus dem Gewohnten, sondern auch für unsere Mitmenschen. Sowohl im privaten Umfeld als auch im beruflichen können Bestrebungen das eigene Leben zu verändern auf Gegenwind stoßen. Dieser Unwille hat nicht unbedingt immer etwas mit Neid oder Missgunst zu tun. Mitunter haben die Menschen einfach Angst vor Veränderung, weil sie nicht wissen, wie sich diese auf sie und ihr Leben auswirkt. Ein vermeintlicher Kontrollverlust ist für die meisten Menschen schwierig.

Vielleicht ist es aber auch so, dass dein bisheriges Verhalten für bestimmte Personen in deinem Umfeld sehr bequem war. Änderst du dies jetzt und verfolgst deine Ziele, statt wie bisher zurück zu stecken, erfordert das ein Umdenken und Umplanen der anderen und das ist natürlich ziemlich unangenehm. In besonders drastischen Fällen kann das Verfolgen der eigenen Träume dazu führen, dass du an einen Scheideweg kommst und dich für eine Sache entscheiden musst. Gebe ich diesem Arbeitgeber noch eine Chance oder wage ich den endgültigen Schritt in die Selbstständigkeit? Folge ich dem Weiterbildungsangebot und opfere dafür meine Freizeit? Lasse ich mich auf die Beziehung in der neuen Stadt ein und gebe dafür das Leben in meinem vertrauten Umfeld auf?

Mitunter kann es auch sein, dass dir Leute ein Ultimatum setzen, um dich damit in deiner alten Rolle zu halten: „Wenn du dies und das tust oder eben nicht tust, mache ich dieses und jenes." Solch ein Verhalten ist schade, aber wenn du dir klar machst, wie bedrohlich Veränderungen für manche Menschen sein können, kannst du vielleicht besser damit umgehen. Lass allerdings keineswegs zu, dass diese Druckmittel deine Entscheidungen beeinflussen. Überlege dir vorab sorgfältig, was du für deine Träume bereit zu geben bist und welche Konsequenzen deine Entscheidungen haben. Nicht immer ist der Weg zur Erfüllung deiner Träume nur angenehm – aber wenn du weißt, warum du ihn gehst, kannst du ihn leichter gehen, mit dem Ziel fest vor Augen. Sei bei der Einschätzung so ehrlich wie möglich und frage dich, ob du wirklich bereit dafür bist.

Was würde sich verändern, wenn ich mich auf den Weg mache?

Ehrlichkeit ist auch gefragt, wenn du dir überlegst, welche Veränderungen beim Verfolgen deiner Lebensträume auf dich zukommen könnten. Wenn wir uns mit unseren Träumen und Ziele beschäftigen, dominieren häufig zwei Sichtweisen: Zum einen ist da die Angst, dass wir scheitern könnten, zum anderen eine große Vorfreude, auf das, was sein wird. Nicht immer aber beziehen wir dann Aspekte wie Gruppenzwang, Erwartungsdruck, Vorwürfe von Autoritäten und Freunden und das notwendige Ablegen von vermeintlichen Sicherheitsgedanken in unsere Vorstellung mit ein. Kannst du damit leben, wenn Leute sich von dir abwenden, weil du dich gegen ihre Normen entscheidest.

Schon kleine Dinge können das empfindliche soziale Gefüge ins Wanken bringen. Hattest du beispielsweise schon immer Probleme mit dem Weihnachtsstress daheim und konntest dir nichts Schöneres vorstellen, als ganz weit weg von allen in einer einsamen Berghütte die stillen Tage zu begehen? Was ist aber mit der jahrelangen Tradition? Werden deine Eltern, deine Familie oder deine Kinder traurig oder brüskiert sein, wenn du ihnen mitteilst, dass du das Fest ohne sie begehen möchtest? Kannst du damit leben, wenn sie sich schwer damit tun, deine Wünsche zu respektieren? Als Gewohnheitstier wird es nicht nur die anderen, sondern auch dich vor Herausforderungen stellen, wenn du den Mut beweist, alte eingeschliffene Prozesse zu verändern. Doch auch wenn du die treibende Kraft bist, kann es sein, dass dich das Aufbrechen von alten Strukturen viel Kraft kostet, du an deiner eigenen zweifelst und deine vorherige Courage kurzfristig bereust. Mach dir klar, dass diese Gefühle und Gedanken vollkommen normal sind und akzeptiere, dass Rosen ohne Dornen eher selten zu finden sind. Lege eine imaginäre Kosten-Nutzen-Tabelle an – du kannst sie natürlich auch verschriftlichen – und sei dir gegenüber fair, wenn du merkst, dass mögliche Sanktionen dir Angst machen und der Mut dich verlässt. Vielleicht ist genau dies der Grund, warum du zwar weißt, was du eigentlich möchtest, du aber immer wieder an der Umsetzung scheiterst.

Setze dich mit deinen Befürchtungen realistisch auseinander. Das bedeutet auch, dass du mögliche Reaktionen deines Umfeldes nicht katastrophisierst und auch eine Eingewöhnungszeit einrechnest, in der sich deine Familie und Kollegen auf die Veränderungen einstellen können. Meist ist es so, dass nach anfänglicher Skepsis oder Unwillen doch eine gewisse Akzeptanz einsetzt. Halte dir aber auch immer wieder vor Augen, dass niemand dein Leben für dich leben kann. Du bist quasi der Regisseur deines Lebens und hast allein die Verantwortung für dein Tun und Handeln. Niemand anderes ist dafür zuständig, dir ein glückliches, erfülltes Dasein voller Lebensgenuss zu ermöglichen, außer du selbst. Daher ist es auch nur bedingt wichtig, dass andere deine Entscheidungen nachvollziehen und akzeptieren können. Auch hier ist natürlich das gesunde Maß entscheidend! Solltest du etwas planen, das schlecht für deine psychische oder physische Gesundheit ist oder Schwierigkeiten haben, aktuell gut für dich zu sorgen, ist der Beistand von Freunden und Familie natürlich sehr hilfreich und auch das Gespräch mit anderen in entspannteren Situationen kann dir neue Einblicke und Impulse geben. Möglicherweise haben deine Liebsten Ideen, die dir helfen könnten oder sie sehen als Unbeteiligte eine Situation objektiver und können dir bei der Klärung eines Sachverhalts helfen. Wichtig dabei ist, dass du deine innere Wahrheit genauso wichtig nimmst wie die der anderen und zu deinen Überzeugungen stehst.

Kapitel 6 – Den Wünschen auf der Spur

Sowohl in dem Kapitel „Was Sterbende am meisten bereuen" als auch in dem Kapitel „Werte" hast du dich mit dir in Dialog begeben können und sicher einige spannende oder auch überraschende Dinge über dich erfahren. In vielen Fällen ist uns unterbewusst meist klar, was wir denken und fühlen, doch das klare Aussprechen oder Aufschreiben macht es uns bewusst und verdeutlicht uns, was wir tun müssen, um unsere Ziele zu erreichen. Manche Punkte sind dir dabei vielleicht sofort klar gewesen, während es bei anderen Aspekten möglicherweise etwas haperte. Bei der Beantwortung der Fragen gibt es kein richtig oder falsch, keine guten oder schlechten Antworten, sondern nur Hinweise darauf, wie du was in deinem Leben verändern kannst, um ein Dasein ohne anschließende Reue leben zu können.

In diesem Kapitel bekommst du noch einmal verschiedene Übungen und Techniken zur Hand, mit denen du noch tiefer in die Materie abtauchen kannst, um herauszufinden, welche Wünsche und Werte du hast.

Tipps und Übungen für deine Wunschsuche

Wichtig für die Arbeit mit den Übungen: Fühle dich keinesfalls verpflichtet, eine Übung nach der anderen auszuführen, wenn dir gerade gar nicht danach ist. Du kannst sie dir erst einmal in aller Ruhe durchlesen. Dies muss nicht in einer bestimmten Reihenfolge passieren, denn die Übungen bauen nicht aufeinander auf. Du kannst also munter hin und her hüpfen und gerne zuerst das lesen, was dich am meisten anspricht. Wenn du über etwas stolperst, was so gar nicht dir entspricht und was du auf keinen Fall ausprobieren möchtest – sehr gut! Schließlich geht es in diesem Buch ja genau darum, herauszufinden, was du in deinem Leben machen möchtest, was dir wichtig ist und was dir gut tut. Nicht jeder Vorschlag wird für alle Leser passen, aber er kann vielleicht ein Hinweis sein. Die aufgelisteten Übungen und Ideen sollen als Anregungen dienen und dir einen Stups in die richtige Richtung geben. Du wirst wissen, welche Übung gerade für dich die richtige ist und welche du erst einmal außen vor lassen kannst. Vielleicht verspürst du ja zu einem späteren Zeitpunkt noch mal den Impuls, dir den Abschnitt durchzulesen und die Übung dann zu machen. Bist du dir bei einer Übung unsicher, kannst du sie ja auch einfach mal ausprobieren und dich überraschen lassen. Manchmal entdeckt man auf genau diese Weise völlig unbekannte Seiten an sich selbst.

Vorher-Nachher-Vergleich

Kennst du diese Umstyling-Seiten in Zeitschriften, in denen Personen einem Make-Over unterzogen werden. Auf der linken Seite ist meist das Vorher-Bild abgedruckt, mit einer Beschreibung der Schwachstellen, die zum Unwohlsein der Person beigetragen haben. Auf der rechten Seite wird dann die strahlende Person nach dem Make-Over gezeigt.

Diesen Ansatz kannst du für ein Gedankenexperiment nutzen: Notiere dir in einer Spalte Verhaltensmuster oder Gedanken, die du gern ändern würdest und schreibe auch dazu, welches Gefühl diese bei dir auslösen. Auf der rechten Seite, der Nachher-Spalte, formulierst du neue Verhaltensmuster und Gedanken, von denen du glaubst, dass sie dir ein besseres Gefühl vermitteln werden und dir zuträglicher sind. Schreibe auch genau dazu, welche Emotionen diese Sätze bei dir auslösen. Vielleicht erkennst du auch einen gemeinsamen Nenner bei den alten, negativen Sätzen und den neuen, positiven Sätzen?

Schwarz auf Weiß – Glaubenssätze verschriftlichen

Wenn du dir einmal die Zeit nimmst, um deine Glaubenssätze zu notieren, positive wie negative, kann das sehr aufschlussreich sein. Glaubenssätze sind unsere ständigen Begleiter und rege Teilnehmer im inneren Dialog. Siehst du sie einmal schwarz auf weiß vor dir, wird dir vielleicht schlagartig klar, warum du dich fühlst, wie du dich fühlst und warum dir bestimmte Dinge in deinem Leben schwer fallen.

Versuche ganz wertungsfrei zu bleiben und dich nicht dafür zu verurteilen, dass manche Glaubenssätze dich noch immer begleiten, obwohl du eigentlich um sie und ihre schädliche Auswirkung weißt. Es ist nicht leicht, diese Sätze aufzugeben, da sie schon so lange ein Teil von uns sind und quasi wie von selbst in Erscheinung treten. Wenn du darum weißt und dir immer wieder bewusst machst, dass da gerade eine automatisierte Äußerung losgetreten wurde, die gar nicht unbedingt stimmen muss, kannst du die Dinge differenzierter betrachten und dir neue Denkräume schaffen.

Intuition – gib deinem Bauchgefühl eine Chance

In der Entscheidungsforschung wird auch das berühmte Bauchgefühl immer wieder untersucht. Mitunter kommen Menschen zu genauso wertigen Entscheidungen, wenn sie auf ihr Bauchgefühl vertrauen, als wenn sie eine Entscheidung lange abwägen und alle möglichen Informationen dazu einholen. Das bedeutet nicht, dass du dich nicht mehr informieren sollst, aber es lohnt sich vielleicht, seiner eigenen Intuition mehr Wert beizumessen. Fällt dir das schwer, kannst du zuerst bei ganz kleinen Dingen damit beginnen, auf dein Bauchgefühl zu achten: Hat mein Bauch da gestreikt? Wie habe ich mich anschließend in der Situation gefühlt, nachdem ich gegen mein Bauchgefühl gehandelt habe?

Hast du noch keinen Zugang zu deiner Intuition, kannst du auch zu einem kleinen Trick greifen: Stehst du vor einer klaren Ja/Nein-Entscheidung, kannst du eine Münze werfen. Dein Bauchgefühl wird sich definitiv bemerkbar machen, wenn du das Ergebnis siehst. Geht es darum, ob du den Job annehmen sollst (Kopf) oder nicht (Zahl) und du siehst die Zahl oben liegen, hast aber sofort das Bedürfnis, die Münze nochmal zu werfen - „Zwei aus drei!" – dann ist eigentlich offensichtlich, wofür du dich instinktiv entschieden hast.

Entspannung – Kraft sammeln für große Taten

Ganz gleich, ob du dich deiner Intuition nähern möchtest oder bereits auf dem Weg bist, um deinen Lebensträumen zu verwirklichen – all dies benötigt Kraft! Daher sind Entspannungsmomente unglaublich wichtig.

Gibt es eine Entspannungstechnik, die du regelmäßig praktizierst, wie beispielsweise Autogenes Training, die Progressive Muskelentspannung oder andere Techniken? Dann kannst du diese Techniken auch dazu nutzen, dir in schwierigen und stressigen Situationen rasche Erleichterung zu verschaffen. Dadurch bleibt dein Geist klar und der Körper baut keine unnötige Spannung auf, die dich bei deinem Vorhaben belasten könnte. Ein entspannter Geist ist auch kreativer und das Träumen fällt leichter. Du bist offener für das Schöne im Leben und kannst Freude und Harmonie leichter spüren und zelebrieren.

Bist du noch nicht mit Entspannungstechniken vertraut, probiere ein paar von ihnen aus und finde etwas, das für dich funktioniert und das du als Werkzeug auf deinem Weg einsetzen kannst. Lass dir etwas Zeit beim Ausprobieren, denn einige Techniken solltest du einige Zeit üben, bevor du mit einer spürbaren Wirkung rechnen kannst. Das Erlernen einer solchen Technik ist ein wunderbarer Weg der Selbstfürsorge und unterstützt dich auch in einem achtsamen Umgang mit dir und deinen Ressourcen. Je nachdem, was dir am meisten liegt, kannst du zum Ausprobieren Bücher oder CDs nutzen, Einzelstunden bei einem Lehrer nehmen, einen Gruppenkurs ausprobieren oder ein Lehr-Video ansehen und dich davon anleiten lassen.

Schnelle Entspannung zwischendurch – die Bauchatmung

Besonders schnell und überraschend effektiv ist eine tiefe Bauchatmung, auch als Abdominalatmung oder Zwerchfell-Atmung bekannt. Diese Form der Atmung ist uns angeboren: Beobachtest du ein Baby, wirst du sehen, dass es automatisch auf diese Weise atmet. Bei der Bauchatmung strömt die Luft tief in den Bauchraum; die Bauchdecke hebt sich sichtbar beim Einatmen und sinkt beim Ausatmen wieder ab. Auch Kinder atmen meist noch so; doch dann findet bei vielen Menschen der Wechsel von der Bauchatmung zur Brustatmung statt. Bei der Thorakalatmung, wie die Brustatmung auch genannt wird, bewegt sich statt des Bauches vor allem der Brustkorb; das Zwerchfell wird nach oben gezogen. Eine Mischform der beiden Atemformen ist auch verbreitet und wird in verschiedenen Disziplinen wie zum Beispiel dem Yoga auch als sogenannte Vollatmung bei Atemübungen gezielt eingesetzt. Bist du angespannt oder im Stress, verändert sich dein Atem. Er wird flacher und schneller und statt tief in den Bauch zu atmen, atmest du meist in den Brustkorb. Durch einen gezielten Wechsel zur Bauchatmung kannst du dein aufgebrachtes Nervensystem beruhigen und deine Anspannung lindern. Der Körper wird besser mit Sauerstoff versorgt, der Blutdruck sinkt und auch der Verdauungsapparat profitiert von der Bauchatmung.

Probiere es am besten selbst einmal aus. Zur Erleichterung kannst du dir eine Hand leicht auf den Bauch legen, die andere auf den Brustkorb. Nimm jetzt ein paar Atemzüge und achte darauf, welche Hand sich mehr bewegt. Wenn du dann gezielt mit der Bauchatmung beginnst und deine Luft nach unten in den Bauchraum strömen lässt, hebt sich deine untere Hand. Sei nicht frustriert, wenn dir diese Form der Atmung am Anfang nicht gleich gelingen mag. Wenn du sehr angespannt bist, kann es sein, dass sich dein Bauch nicht so gut ausdehnen kann. Das ist auch der Fall, wenn du den Bauch im Alltag viel einziehst. Sei achtsam bei den Übungen – wenn dir schwindelig wird, beende deine Übungseinheit und finde zu einem für dich normalen Atem zurück. Kleiner Tipp: Fällt dir diese Form der Atmung schwer, probiere sie im Sitzen oder im Liegen aus. In diesen Positionen wechselt der Körper für viele leichter von der Brust- zur Bauchatmung.

So viel Glück – mein Dankbarkeitstagebuch

Um deine Achtsamkeit zu schulen, dich auf das Positive zu fokussieren und deine Motivation beim Verfolgen deiner Lebensträume und Herzenswünsche aufrecht zu erhalten, kann dir ein sogenanntes Dankbarkeitstagebuch helfen. Diese gibt es mit vorgedruckten Fragen im Buchhandel zu kaufen. Du kannst aber auch einfach selbst ein Heftchen oder ein schönes Büchlein zur Hand nehmen und darin deine kleinen und großen Glücksmomente des Tages notieren. Etwas anderes kommt nicht in das Heft hinein! Nur dein gesammeltes Glück. So kannst du dir immer wieder vor Augen führen, was dir für wundervolle Momente im Leben widerfahren und dich damit motivieren. Zudem wirst du mehr auf diese Momente achten, da du ja abends etwas in deinem Büchlein notieren möchtest. Du kannst deine drei Highlights aufschreiben oder alles was dir einfällt, kurze Stichpunkte notieren oder in den schönen Erinnerungen schwelgen, indem du die Momente detailreich aufschreibst und dabei das Erlebnis noch einmal in seiner Schönheit auskostest.

Wenn du keine Lust aufs Schreiben hast, kannst du auch die Bohnenmethode wählen. Bei dieser siehst du zwar nicht, welche Glücksmomente du erlebt hast, aber wie viele. Lasse immer dann, wenn du einen schönen Moment erlebst, ein Kompliment bekommst, etwas Tolles siehst, hörst, schmeckst, lachst oder was auch immer, eine getrocknete Bohne oder etwas anderes Kleines, das du gern anfasst, von einer Hosentasche in die andere wandern. Dann siehst du abends, wie viele tolle Momente der Tag eigentlich hatte.

Neid produktiv nutzen

Neid gehört wahrscheinlich nicht zu den Emotionen, mit denen du gerne assoziiert wirst. Doch nahezu jeder Mensch beneidet von Zeit zu Zeit andere um etwas. Auch wenn du das Gefühl als solches nicht als besonders angenehm empfindest, kannst du es doch auf deiner Reise zu deinen Herzenswünschen nutzen. Wenn du das nächste Mal Neid empfindest, schiebe diesen nicht sofort innerlich zur Seite oder rüge dich dafür, sondern schau dir genauer an, was dieses Gefühl bei dir auslöst. Neid hat nicht zwingend etwas mit Missgunst zu tun. Was findest du im Leben anderer besonders erstrebenswert und was hättest du auch gerne für dich? Nähere dich deinen

Lebensträumen einmal von dieser ungewöhnlichen Warte und achte dabei auch darauf, ob du in stressigen Situationen oder in denen, in denen du nicht deine Wahrheit lebst eher zu Neid neigst als in Situationen, in denen du ganz bei dir bist und deinen Werten und Überzeugungen folgen kannst.

Stelle dir Fragen wie:

- Gibt es Leute, auf die du des Öfteren neidisch bist?
- Was weckt Neid in dir?
- Gibt es Situationen, in denen du besonders zu Neid neigst?
- Welche Hinweise gibt dir diese Emotion?
- Verändert sich deine Einstellung zu dir als neidische Person, wenn du den Neid als Hilfsmittel sehen kannst?

Reise in die Vergangenheit – Kindheitserinnerungen

Bereits im Kapitel 2 – Herzenswünsche und Lebensträume – hast du dich mit deiner Kindheit beschäftigt und dich an deine früheren Träume erinnert. Diese Reise in die Vergangenheit kannst du noch weiter ausbauen. Du kannst dir vorstellen, mit deinem 10-jährigen Ich ein Gespräch zu führen. Was würde dein früheres Ich zu deinem jetzigen Leben sagen? Was würde es sich wünschen für dich und wie würde es Schwierigkeiten angehen? Welche Veränderungen würde es einführen und wie würde es einen Sonntag verbringen?

Wenn du dich nur schwer an deine Kindheit erinnern kannst, versuche an Bilder oder Tagebücher aus deiner Kindheit und Jugend zu kommen oder such das Gespräch mit Leuten, die dich aus dieser Zeit kennen. Es kann sehr interessant sein, mit ganz verschiedenen Menschen zu sprechen, die dich aus unterschiedlichen Lebensbereichen kennen, denn oftmals unterscheidet sich dann auch die Wahrnehmung von deiner Person deutlich. Möchtest du dich deinem inneren Kind näheren, kannst du auch einen freien Tag dazu nutzen und einfach mal all das tun, was dir als Kind Spaß gemacht hat – Cartoons und Cornflakes zum Frühstück, in Pfützen springen, schaukeln, alles auf dem Teller in einem Meer von Ketchup ertränken oder auf Bäume klettern! Wenn du dich alleine schwer damit tust und Hemmungen hast, schnappe dir dein Kind oder biete Freunden an, auf ihren Nachwuchs aufzupassen und lasse dann dein inneres Kind zum Vorschein kommen.

Werte und Träume auf dem Prüfstand

Wie bereits in den Kapiteln 2 und 3 kannst du deine Werte und Träume nochmals überprüfen. Sprich wenn du magst mit Menschen darüber, mit denen du aufgewachsen bist und die dir deine Werte unter anderem mit vermittelt haben.

Frage dich selbst:

- Mag ich meine Werte?
- Habe ich einige blind übernommen?
- Ist nach all dem, was ich bis hierher erlebt und auch gelesen habe, eine Aktualisierung notwendig?

Die gleichen Fragen passen, wenn du deine Träume nochmals überprüfen willst:

- Sind es meine eigenen?
- Sind sie möglicherweise veraltet und passen gar nicht mehr zu mir oder meiner Lebenssituation?
- Halte ich an einem unerreichbaren Ideal fest und blockiere ich mich damit für Möglichkeiten, die greifbar wären?

Vielleicht findest du in den alten Tagebüchern auch Wunschlisten, an denen du dich orientieren kannst.

Was von mir bleibt – mein persönliches Erbe

Dass der Gedanke an den Tod zu radikaler Entscheidungsbereitschaft führen kann und auch dazu, dass wir uns darauf einlassen, uns und unser Leben ohne Filter anzuschauen, haben die vorherigen Kapitel eindrücklich gezeigt. Auch in verschiedenen Gedankenexperimenten und bei diversen Aufräumtechniken wird dieser Umstand genutzt.

Hast du schon einmal vom sogenannten Death Cleaning gehört? Die Idee dazu kommt aus Schweden und geht auf Margareta Magnusson zurück. Diese stellte sich der Frage, was ihre Angehörigen von ihr in der Wohnung und in ihrem allgemeinen Nachlass finden würden, wenn sie, Magnusson, versterben sollte. Daraufhin begann sie mit einem radikalen Ausmist-Programm, bei dem sie überflüssigen Ballast loswurde und wieder freie Sicht auf die wirklich wichtigen Dinge in ihrem Leben hatte, für die sie auch nach ihrem Tod gern noch in Erinnerung bleiben würde.

Dieser Ansatz lässt sich natürlich auch auf dich als ganze Person übertragen.

- Was würdest du gerne als Erbe hinterlassen – sowohl materiell als auch immateriell?
- Was soll von dir in Erinnerung bleiben?
- Was möchtest du hinterlassen?

Künstliche Begrenzung – das Leben ist zu kurz für später

Das Gedankenexperiment von Alexandra Reinwarth ist für den Alltag vielleicht etwas zu radikal, kann aber dabei helfen, den Blick zu schärfen. Reinwarth stellt sich in ihrem Buch „Das Leben ist zu kurz für später" dem Gedankenexperiment, sie hätte nur noch ein Jahr zu leben. Daraufhin ändert sie ihr Leben drastisch, hört auf, Dinge aufzuschieben, wagt Neues, setzt ihre Herzenswünsche um und durchbricht selbstauferlegte Ketten.

Nicht alle von uns haben die gleichen Freiräume und finanziellen Möglichkeiten, um dieses Gedankenexperiment so klar umzusetzen, aber es kann dabei helfen, Prioritäten zu benennen und sich bewusst für ein Leben ohne Wenn und Aber im Hier und Jetzt zu entscheiden.

Märchenhaft leben mit deiner guten Fee

Falls dir dieser Ansatz zu morbide ist und dir der Gedanke eher noch mehr Stress bereitet, zwing dich nicht dazu, sondern wähle einfach eine andere Herangehensweise. Vielleicht funktioniert für dich das Gedankenexperiment mit der guten Fee. In einer Märchenwelt kommt eines Tages deine persönliche gute Fee zu dir und stellt dir unbegrenzt freie Wünsche in Aussicht. Du darfst ganz unbeschwert und frei träumen und assoziieren und kannst dir dein Wunschleben in den buntesten Farben ausmalen. Natürlich wird dir im wirklichen Leben niemand den Wunsch erfüllen können, als Zahnfee tätig zu werden, aber wenn du deine Wunschbilder näher betrachtest, kannst du bestimmt eine Richtung erkennen und dir Anregungen für dein Leben in der Realität holen.

Unterstütztes Fantasieren – Traumreisen

Wenn du jetzt denkst, dass du ohnehin nicht genug Fantasie hast, um dir ein solches Szenario vorzustellen, kannst du dir natürlich auch Unterstützung holen: In der Bücherei oder im Internet findest du jede Menge Traumreisen, mit denen du dich auf den Weg in deine Vorstellung machen kannst. Eine Traum- oder Fantasiereise ist ein sogenanntes imaginatives

Verfahren. Während du dich in einer entspannten Körperhaltung an einem ruhigen, ungestörten Ort befindest, trägt dir ein Sprecher eine Traumreise in Form einer Erzählung vor. Nach einer kurzen Einstimmung mit Entspannung wird die Geschichte erzählt, bei der stark mit inneren Bildern gearbeitet wird, die du dir in den Erzählpausen ausmalen kannst. Abschließend wirst du wieder ins Hier und Jetzt zurückgeführt. Fantasiereisen werden sowohl zur Entspannung als auch zur Entdeckung von innerer Kraft und Wünschen eingesetzt.

Halboffene oder gelenkte Fantasiereisen sind für dich am Anfang sicher am einfachsten, wenn du Probleme hast, dir selber Dinge vorzustellen, da hier mit starken Adjektiven und Beschreibungen gearbeitet wird, die das innerliche Visualisieren erleichtern. Achte bei der Wahl der Fantasiereise darauf, dass das Thema der Erzählung und die Stimme des oder der Vortragenden für dich angenehm sind. Vielleicht wählst du immer wieder Reisen mit einem bestimmten Thema aus – ein erster Hinweis darauf, womit du dich gerne beschäftigen möchtest?

Mach dir ein Bild – visuelle Hilfsmittel

Fallen dir Gedankenexperimente und andere imaginative Verfahren, bei denen du mit deiner Vorstellungskraft arbeitest, gerade schwer, kannst du auch visuelle Methoden anwenden, um dich deinen Werten und Träumen zu nähern.

Wenn du gerne schreibst, kann Mind-Mapping eine gute Methode sein, um dich mit deinen Herzenswünschen zu befassen. Diese kognitive Technik geht auf den britischen Autor Anthony Buzan zurück. Dein zentrales Thema schreibst du in die Mitte eines Blattes und du entwickelst dann im Stile eines Baumdiagrammes und durch freies Assoziieren deine Mind-Map. Der gehirngerechte Aufbau erleichtert dir das Ordnen und Benennen deiner Gedanken und hilft beim kreativen Umgang mit Problemen. So könntest du für einen Herzenswunsch, den du in die Mitte als Startpunkt setzt, eine Mind-Map erstellen.

Auch freies Schreiben kann dir dabei helfen, dich deinen Wünschen zu nähern. Lege dir eine bestimmte Schreibdauer fest – am besten stellst du dir einen Timer – und dann schreibst du zu deinem Thema alles was dir in den Kopf kommt. Es ist dabei völlig gleichgültig, ob du dich wiederholst oder ob die Sätze grammatikalisch korrekt sind. Es geht darum, deine Gedanken fließen zu lassen und dir die Erlaubnis zu geben, alles festzuhalten, was hoch kommt.

Liegt dir das Schreiben nicht so, kannst du natürlich auch zu Pinsel oder Stift greifen und dein Wunschleben skizzieren oder malen. Auch ein Vision-Board leistet visuell veranlagten Menschen gute Dienste. Suche dir in Zeitschriften oder im Internet aussagekräftige Bilder aus, die das zeigen, was du dir wünscht, arrangiere alle gesammelten Bilder auf einem Papier und klebe sie zu einer hoffnungsfrohen und motivierenden Collage zusammen. Wenn sie dir optisch gefällt, kannst du sie vielleicht in deinem Zimmer oder in der Innentür des Kleiderschranks aufhängen. Wann immer dein Blick darauf fällt, kannst du dich freuen und dich wieder ganz darauf ausrichten, deine Lebensträume in die Tat umzusetzen.

Die großen 8 – dein Lebensrad in Balance

Eine weitere wunderbare Form der Visualisierung ist das Lebensrad. Dafür zeichnest du auf ein großes Blatt Papier einen Kreis und unterteilst diesen in acht Bereiche. Der Kreis ist dein Lebensrad. In die einzelnen Felder schreibst du die acht wichtigsten Aspekte deines Lebens. Diese variieren von Person zu Person und von Einsatzzweck zu Einsatzzweck. Häufig handelt es sich um folgende Punkte:

- Finanzen/Beruf
- Persönliche Weiterentwicklung/Bildung

- Gesundheit
- Familie/Partnerschaft
- Freundschaften
- Spaß/Freizeit
- Spiritualität/Religion

Dann geht es darum, eine Bestandsaufnahme von deinem aktuellen Leben zu machen: Wie zufrieden bist du jetzt aktuell in den einzelnen Bereichen? Sind alle Bereiche in Balance oder ist klar, dass dein Leben nicht rund laufen kann, weil du einen Aspekt deutlich vernachlässigst? Die folgenden Fragen können dir dabei helfen, die einzelnen Aspekte in Ruhe zu beleuchten und dir Gedanken darüber zu machen, wie zufrieden du mit den acht Lebensbereichen bist, was dir gefällt und wo deiner Meinung nach Verbesserungsbedarf besteht:

Finanzen/Beruf:

- Bist du finanziell abgesichert?
- Kannst du gut mit Geld umgehen?
- Bist du zufrieden mit der Art und Weise, wie du dein Geld ausgibst?
- Verdienst du genug oder fühlst du dich für deine Arbeit nicht ausreichend entlohnt?
- Bist du mit deiner Arbeit zufrieden?
- Hast du die Möglichkeit, dich weiterzuentwickeln?
- Kannst du deine Fähigkeiten und Fertigkeiten bei deiner Arbeit zum Einsatz bringen?
- Freust du dich am Montag schon auf das Wochenende?

Kapitel 6 – Den Wünschen auf der Spur

- Arbeitest du zu viel?

Persönliche Weiterentwicklung/Bildung

- Bist du mit deinem höchsten Bildungsabschluss zufrieden?
- Hast du das Gefühl, etwas versäumt zu haben in puncto Ausbildung?
- Gibt es eine Weiterbildung, die du gerne machen würdest?
- Wann hast du das letzte Mal etwas Neues ausprobiert?
- Liest du?
- Gibt es Themen, die dich immer wieder beschäftigen?

Gesundheit

- Ernährst du dich gesund und ausgewogen?
- Trinkst du viel/oft Alkohol?
- Rauchst du?
- Trinkst du sehr viel Kaffee?
- Trinkst du genug Wasser?
- Bekommst du ausreichend erholsamen Schlaf?
- Bewegst du dich mehrfach in der Woche, sodass dein Kreislauf in Schwung kommt?
- Sorgst du für Entspannungspausen im Alltag oder stehst du ständig unter Strom?

Familie/Partnerschaft

- Fühlst du dich geliebt?
- Liebst du deinen Partner?
- Nehmt ihr euch regelmäßig Zeit für Zweisamkeit?

- Führt ihr angeregte Gespräche miteinander?
- Verbringst du wertvolle Zeit mit deinen Kindern?
- Könnt ihr euch über alles unterhalten?
- Wann habt ihr das letzte Mal als Familie zusammen gegessen?
- Spielt ihr zusammen?

Freundschaften

- Hast du einen Menschen in deinem Leben, dem du komplett vertraust?
- Hast du jemandem zum Lachen?
- Sind deine Freundschaften auf Augenhöhe?
- Ist es ein Geben und Nehmen?
- Nehmt ihr euch Zeit füreinander?
- Gibt es Freundschaften, die du nur der Erinnerung oder aufgrund von Pflichtgefühl wegen aufrecht erhältst?
- Zeigst du deinen Freunden, dass du sie wertschätzt?

Spaß/Freizeit

- Wann hast du das letzte Mal richtig laut gelacht?
- Gehst du regelmäßig in die Natur?
- Weißt du, wie du dich ohne Genussmittel entspannen kannst?
- Pflegst du deine Hobbies?
- Gestaltest du deine Freizeit auch offline, ohne Smartphone und Bildschirm?
- Weißt du, wie du dich alleine beschäftigen und eine gute Zeit haben kannst?
- Fühlst du dich ohne Arbeit wohl?

Kapitel 6 – Den Wünschen auf der Spur

- Machst du in deiner Freizeit immer das Gleiche oder probierst du auch gern mal was Neues aus?

Spiritualität/Religion

- Praktizierst du deinen Glauben?
- Hast du das Gefühl, im Alltagsleben Platz für deine Spiritualität/Religion zu haben?
- Gibt es Personen, mit denen du dich über das Thema austauschen kannst?
- Fühlst du dich allein mit deiner Religion / deiner Spiritualität?
- Hast du das Gefühl, diese passt gar nicht mehr zu deinem aktuellen Gedankengut?

Wenn du sehr visuell veranlagt bist, kannst du jeden Bereich von der Mitte aus in 6 Ringe unterteilen und diese entsprechend deiner Bewertung ausmalen. Bist du voll mit deinem Beruf und deinen Finanzen zufrieden, bekommt der Bereich 6 Punkte und wird komplett ausgemalt. Hapert es bei der Freizeitgestaltung, weil du dich ohne Arbeit nicht wohl fühlst und wenn überhaupt in deiner Freizeit nur vorm Rechner hängst, malst du entsprechend deiner Bewertung nur zwei oder drei Ringe aus. Somit entsteht auf deinem Blatt ein komplett oder nur teilweise ausgemalter Kreis. So siehst du ganz genau, wo es hakt und auch, ob dein Lebensrad gleichmäßig ausgemalt ist oder einige Bereiche vernachlässigt wurden. Wo musst oder willst du etwas verändern? Wie kannst du wieder für Balance sorgen, wenn dein Lebensrad aus dem Gleichgewicht geraten ist? Hast du dich zu stark auf einen Bereich konzentriert – z. B. die Sparte Finanzen/Arbeit – und die Lebenswünsche aus anderen Bereichen hinten angestellt? Gibt es einen Lebenswunsch, der mehrere Bereiche umfasst? Und wo lässt sich dein absoluter Herzenswunsch einsortieren?

„Hätte ich mal..."

Vom Extremen zum Machbaren

Jeder kennt diese herrlichen Luftschlösser, die man sich in einer stillen Minute gebaut hat und die einfach all dem Raum geben, für das in der Realität kein Platz ist. Wenn du im Träumen ganz groß bist, dabei aber gern und regelmäßig über das Ziel hinausschießt, bedeutet das keinesfalls, dass du deine Wünsche aufgeben musst. Stattdessen kannst du sie ein wenig verwandeln: Extreme Ideen in etwas dir Mögliches zu verwandeln sorgt dafür, dass du deine Träume in etwas abgespeckter Version trotzdem in die Tat umsetzen kannst und sie nicht aufgeben musst. Dafür musst du gar nicht viel tun, sondern einfach artverwandte Tätigkeiten finden oder deine Wünsche etwas herunterbrechen. Sozusagen auf die Handtaschenvariante deines unerreichbaren Riesentraumes.

Du hast immer davon geträumt, als Profi-Tänzer beim Russischen Staatsballett mit über die Bühne zu tanzen? Das wird mit Mitte 40 wohl nicht mehr zu erreichen sein, aber viele Ballettschulen bieten heutzutage auch Anfänger-Kurse für Erwachsene an. So kannst du deinem Traum so nah wie möglich kommen und dabei jede Menge Spaß haben und etwas Neues ausprobieren, statt vermeintlichen verpassten Möglichkeiten hinterher zu trauern.

Nicht immer ist es ganz leicht, eine machbare Alternative eines Wunsches herauszuarbeiten. Du wolltest Astronautin werden, arbeitest jetzt aber eigentlich sehr zufrieden und erfolgreich als Neurologin? Trotzdem ist da dieses Sehnen im Hinterkopf und du fragst dich, was gewesen wäre, wenn...? Finde heraus, was dich an dem Beruf Astronautin interessiert. Ist es die Ausbildung? Die Idee vom Schweben im freien Raum? Je nachdem, was dich fasziniert, kannst du Planetarien besuchen oder dir einen spannenden Tag im Windkanal schenken. Beim Body-Flying erlebst du das einzigartige Gefühl vom Schweben im Raum – zwar nicht so, wie in einer bemannten Rakete, aber doch schon dicht dran und mit Sicherheit unvergesslich!

Wir müssen akzeptieren, dass manche Träume für uns unerreichbar sind oder sich ab einem bestimmten Alter nicht mehr umsetzen lassen. Ein Nein bedeutet allerdings nicht, dass es für uns absolut keine Möglichkeit mehr gibt, eine vergleichbare Erfahrung zu machen. Zeigst du dich flexibel und aufgeschlossen, kannst du so aufregende Dinge erleben und deinem Traum so nah wie möglich kommen.

Kapitel 7 – Jetzt geht's los

Du weißt jetzt, was du dir für dein Leben wünscht und du bist bereit, dich auf die Reise zu machen. Herzlichen Glückwunsch! Freue dich auf eine spannende und abenteuerliche Reise zu dir selbst und zu einem Leben, dass genau dem entspricht, was dir wirklich wichtig ist.

Was ist aber, wenn du deine Ziele klar vor deinen Auge siehst, du aber keine Ahnung hast, wie du sie erreichen sollst? Vielleicht sind dir deine Wünsche klar, aber es sind möglicherweise zu viele? Vielleicht weißt du nicht, wie du deinen Lebensträumen folgen sollst, ohne dein Umfeld zu verletzen? Vielleicht weißt du vor lauter Begeisterung gar nicht, wo du zuerst anfangen sollst?

Mache es dir und deinen Wünschen leicht und bringe etwas Ordnung in das Ganze, damit du dich einfacher zurecht findest und nicht verzettelst. Gerade wenn du viele Aspekte in deinem Leben ändern möchtest oder es sich bei deinen Lebensträumen um wirklich gravierende Veränderungen handelt, lohnt es sich, sich zuerst einen kleinen Überblick zu verschaffen und die Dinge nach und nach anzugehen.

Wünsche zuordnen

Erinnerst du dich an die Übung aus dem vorigen Kapitel, in der du dein Leben in verschiedene Bereiche unterteilt hast?

Du hast festgehalten, in welchen Bereichen dein Leben rund läuft und wo du Platz für Verbesserungen siehst. Ordne deine Wünsche diesen Lebensbereichen zu und führe dir dabei vor Augen, welcher Bereich am stärksten deine Aufmerksamkeit fordert.

Gibt es Übereinstimmungen in den Bereichen? Vielleicht möchtest du sowohl in den Segmenten Freundschaft und Partnerschaft als auch Beruf im Umgang mit anderen klarer Position beziehen und als selbständige Person wahrgenommen werden? Oder sind bei dir alle Wünsche und Lebensträume nur in einem Bereich zu finden, etwa im Bereich Beruf: Träumst du davon, eine neue Ausbildung zu machen, den Sprung in die Selbstständigkeit zu wagen und dir eine neue Existenz aufzubauen?

Wenn du die Wünsche den einzelnen Lebensbereichen zuordnest, hast du einen ersten Überblick und kannst meist auch schon intuitiv gut entscheiden, welche Lebensträume mit mehr Aufwand verbunden sind und welche sich recht unkompliziert umsetzen lassen.

Wünsche gewichten

Hast du dir einen ersten Überblick verschafft und festgestellt, dass du nicht nur ein großes Ziel verfolgst, sondern mehrere, kann es helfen, diese Wünsche zu gewichten. Das bedeutet nicht, dass du einem Wunsch seine Daseinsberechtigung absprichst. Es soll dir nur dabei helfen, eine gewisse Ordnung in das Ganze zu bringen, damit du mit der Umsetzung deiner Lebensträume beginnen kannst. Stehst du vor einem großen Berg an Ideen, kann es schwer sein, sich zu entscheiden und den Anfang zu finden. Ermittelst du allerdings, welche Träume groß und klein, welche mit vielen Zwischenschritten und welche rasch umzusetzen sind, welche unkompliziert und welche sehr schwer für dich sein werden, dann kannst du dich daran vorwärts tasten.

Bei großen Träumen hilft es ungemein, diese in kleinere Aufgaben zu zerteilen. Wenn du schon immer davon geträumt hast, dich auf Muttersprachlerniveau mit Originaltexten von Shakespeare auseinander zu setzen, dann kann es auf den ersten Blick entmutigend sein, wenn du mit deinem rostigen Schulenglisch startest. Ist deine erste Zieletappe aber, den Abschlusstest deines Volkshochschulkurses für das Sprachniveau A2 zu schaffen, dann ist dein Ziel realistisch und weniger angsteinflößend. Das Setzen von realistischen Zielen kann dir auch dabei helfen, Enttäuschungen zu minimieren.

Kleinere Träume, die du leicht umsetzen kannst, kannst du immer wieder als Motivationsspritze nutzen, wenn du bei langfristigen Zielen etwas Unterstützung brauchst. Die Umsetzung von Träumen, die nur dich selbst betreffen, gehen ebenfalls leichter von der Hand. Lebensträume, die auch Auswirkungen auf dein Umfeld haben, sind schwieriger umzusetzen und erfordern meist mehr Courage, sodass der Aufwand deutlich größer ist. Achte unbedingt darauf, dir nicht zu viel auf einmal aufzubürden, damit die Reise zu deinen Lebensträume auch Freude macht und nicht nur in Arbeit ausartet.

Wann ist der beste Zeitpunkt, um anzufangen?

Wenn dein erster Impuls „Jetzt!" ist, dann ist das nachvollziehbar. Insbesondere dann, wenn deiner Meinung nach schon viel zu viel Zeit verstrichen ist, in der du dich nicht um deine Lebensträume gekümmert hast. Überlege dir aber trotzdem, ob du dir nicht das nächste Wochenende als Startpunkt setzt, um die Reise Lebensträume zu beginnen. Vielleicht kannst du dir sogar den Luxus erlauben, und dir ein paar Tage frei nehmen? Falls sich das mit deiner beruflichen und familiären Situation nicht vereinbaren lässt, gönne dir zumindest einen freien Abend, an dem du ganz für dich sein kannst.

„Hätte ich mal..."

Erlaube dir noch einmal einen kurzen Moment des Rückblicks und schaue dir an, was du bisher erarbeitet hast und entwickle anhand dieser Erkenntnisse eine Art Erste-Hilfe-Kasten für die ersten Wochen deines neuen Weges. Du kennst das sicherlich von anderen Projekten oder auch von etwaigen guten Vorsetzen zum neuen Jahr: Am Anfang fühlst du dich unheimlich motiviert, steckst voller Energie und Ideen und auch deine Disziplin ist die eines Ninja. Aber dann gibt es die ersten Rückschläge: der ganze Tag war doof, du bist nicht dazu gekommen, deine neue Gewohnheit an dem Tag zu pflegen, am nächsten Tag bist du zu müde, am Tag darauf ist einfach zu viel zu tun und dann lohnt es sich ja ohnehin schon nicht mehr und der Frust über das vermeintliche Scheitern bewirkt oft sogar des Gegenteil und treibt uns wieder in destruktive Verhaltensmuster. Auch das Verfolgen von Lebensträumen und das Leben der eigenen Wahrheit kann manchmal unangenehm oder anstrengend werden. Da wirken die ausgetretenen Pfade, die wir eigentlich so gerne verlassen wollten, plötzlich wunderbar bequem und was ist denn überhaupt gegen überschaubare Langeweile einzuwenden?

Auch wenn du in deinem Umfeld auf Widerstand stößt, können deine festen Vorsätze leicht ins Wanken geraten oder deine Lebensträume sich schnell wieder in die hinteren Winkel deines Kopfes verziehen und da auf bessere Zeiten warten. Aber wie wir aus den Mitteilungen der Sterbenden wissen, ist es nicht ratsam, diese Aspekte aufzuschieben und auf einen besseren Moment zu hoffen. Deshalb lege dir ein paar Strategien zurecht, mit denen du Anlaufschwierigkeiten überwinden kannst und die dir auch nach ein paar Tagen noch genug Motivation geben, so dass du deinen neuen Kurs nicht verlässt. Viele etwaige Schwierigkeiten lassen sich vorab schon aushebeln, wenn du weißt, was dir bei der Umsetzung deiner Lebensträume den Mut nehmen könnte und wo du besonders gut auf dich achten solltest, damit du nicht vorschnell aufgibst und die Segel streckst.

Kapitel 7 – Jetzt geht's los

Erinnerst du dich an deine Antworten, die du auf die Fragen zu deinen Träumen im Alltag im Kapitel 2 gegeben hast? Wieso hattest du zunächst Probleme, deine Lebensträume im Alltagsgeschehen wahrzunehmen? Wo könnten da also, wenn du das Unterfangen jetzt angehst, mögliche Fallstricke auftreten?

Solltest du darauf achten, dir genug Pausen in deinem Alltag zu schenken, um dich und deine Bedürfnisse wahrzunehmen? Falls dies der Fall ist, überlege dir, wo und wie du dir kleine Ruheinseln verschaffen kannst und trage dir diese Pausen fest in deinen Terminkalender ein. Sie sind genauso wichtig wie andere Dinge in deinem Alltag, denn nur ausgeruht und ganz bei dir kannst du ein produktives Leben führen und das Ruder in der Hand behalten.

Ist es wichtig, dass du deine Überzeugungen hinterfragst und immer aktiv danach strebst, dir Gutes in deinem Leben zu erlauben? Dann kannst du hier wunderbar mit verschiedenen Visualisierungstechniken arbeiten und dir immer wieder vorstellen, wie du ein gutes Leben voller Fülle führst. Du kannst auch ein Dankbarkeits-Tagebuch führen und dir deine Lebensschätze vor Augen führen, wenn du immer noch befürchten solltest, dass das Verfolgen deiner Lebensträume bedeutet, dass du das, was du bereits in deinem Leben an Schönem erlebst, nicht genug wertschätzt. Dieser Tipp funktioniert übrigens auch wunderbar für Personen, denen das Träumen und Wünschen schwerfällt, weil sie sich an eine konstante negative Bewertung von äußeren oder auch dem inneren Kritiker gewöhnt haben und gar nicht als glückliche Person, der Gutes widerfährt, vorstellen können. Mit einem Glückstagebuch, in dem du auch deine Fortschritte beim Verfolgen der kleinen und großen Lebensträume festhalten kannst, lenkst du deinen Fokus gezielt auf die angenehmen Seiten des Lebens und du schulst deine Wahrnehmung dementsprechend.

Jetzt geh ich's an – aber was ist mit den Anderen?

Hast du Angst vor der Beurteilung anderer, wenn du dich jetzt wirklich auf die Reise zu deinen Träumen machst und aktiv wirst? Angst kann dich extrem in deiner Entwicklung hemmen, sie ist im Übermaß eine schlechte Begleiterin und auch eine schlechte Ratgeberin. Wenn du Angst vor der Bewertung oder Verurteilung anderer hast oder befürchtest, dass diese dich auf deinem neuen Weg behindern werden, dann überlege dir vorab, wie du mögliche Krisen umgehen kannst oder was du tun kannst, damit diese dich nicht aus der Bahn werfen, wenn sie sich doch nicht vermeiden lassen.

Wie schon mehrfach erwähnt, kann eine Veränderung in deinem Verhalten Unverständnis bei deinem Umfeld hervorrufen, vielleicht sogar Widerstand. Folgst du plötzlich deinem eigenen Rhythmus geraten die, die bisher den Ton angegeben haben, vielleicht aus dem Takt und reagieren daraufhin ungehalten. Um dem möglichst effektiv vorzubeugen, kannst du verschiedene Maßnahmen ergreifen.

Teile deinem Umfeld mit, welche Veränderungen du anstrebst und erkläre auch dein Warum. Die Frage, wie du deinem Umfeld mitteilst, was du jetzt ändern wirst, solltest du von Person zu Person individuell entscheiden. Bereits Kinder sind ab einem gewissen Alter dazu in der Lage, klar formulierte Begründungen nachzuvollziehen und auch den Großen hilft es bei der Akzeptanz von Veränderungen, wenn sie wissen, warum diese passieren. Gibt deinem Gegenüber die Möglichkeit, seine Gedanken und Gefühle zu verbalisieren, auch wenn sie vielleicht nicht so positiv ausfallen sollten, wie erhofft. Dadurch fühlt sich dein Gegenüber gesehen und möglicherweise auch nicht so außen vor. Es kann auch hilfreich sein, Pläne mit dem Partner oder den Kindern zu schmieden und somit das eigene Umfeld mit ins Boot zu holen. Statt sich möglicherweise außen vor oder zurückgesetzt zu fühlen, werden deine

Liebsten zu deinen Unterstützern oder sogar zu Mitstreitern und Verbündeten, die dich in deinen Bestrebungen bestärken und dir den Rücken freihalten. Interagiere mit deinem Umfeld und beziehe es aktiv mit ein, sodass weiterhin eine Kommunikation stattfinden kann und ihr euch nahe bleibt.

Nicht nur Erwachsene, auch Kinder sind Gewohnheitstiere und lieben Rituale und Traditionen. Sollen diese plötzlich aufgegeben werden, kann das einiges an Arbeit auf Seiten deines Umfelds bedeuten, um die dieses nicht gebeten hat. Insbesondere dann, wenn du größere Veränderungen anstrebst, um deine Lebensträume zu verwirklichen, solltest du daher daran denken, deinem Umfeld etwas Zeit zu geben, sich an die Neuerungen, die sich auch auf sie auswirken, zu gewöhnen und nicht gleich ungehalten reagieren, wenn die erhoffte und vielleicht auch so dringend benötigte positive Resonanz auf sich warten lässt.

Meist regelt die Zeit dann den Rest und deine Liebsten gewöhnen sich an die neue Situation. Akzeptiere aber auch, wenn jemand deine Wünsche und Träume nicht nachvollziehen kann und dich nicht unterstützen will. Das sollte dich jedoch nicht von deinen ursprünglichen Plänen abbringen oder dazu führen, dass du zurücksteckst und dich wieder so verhältst, wie sich dein Gegenüber das vielleicht wünscht. Das ist dein ganz persönlicher Weg. Du allein bist verantwortlich für dein Glück. Und du wirst es auch aus eigener Kraft schaffen, dich deinen Lebensträumen zu nähern und diese schließlich umzusetzen!

Was, wenn ich dann immer noch nicht rundum glücklich bin?

Hast du alle Hürden bis hierhin gemeistert und deinem Leben eine neue Wendung gegeben, indem du jetzt aktiv das Ruder in die Hand nimmst, verlange bitte nicht von dir, dass du von nun an nur noch rund um die Uhr glücklich sein musst.

Vielleicht fühlst du dich verunsichert, wenn du deine Ziele so aktiv verfolgst oder dich ihnen sogar mit Riesenmeilenstiefeln näherst und dann doch mal traurig bist. Du bist ein ganz normaler Mensch mit schlechten und guten Tagen und kannst und solltest nicht von dir erwarten, dass du 24 Stunden am Tag happy bist. Gerne kommen genau in solchen Phasen auch Unkenrufe von denen, die deine Träume von vornherein schlecht gemacht haben: „Was bringt dir denn dein neuer Job/deine Ausbildung/deine Reise, wenn du jetzt doch so traurig/frustriert/ängstlich bist? Wozu gibst du dir denn die ganze Mühe?" Klar, dass dich solche Äußerungen zusätzlich verunsichern und dir vielleicht sogar den Mut rauben können.

Bitte hab Verständnis dafür, dass Veränderungen nicht einfach nur angenehm sind, sondern dich auch Kraft kosten und es immer wieder Momente geben wird, in denen du das Gefühl hast, dass einfach nur alles schief läuft. Dem ist zum Glück nicht so – aber es fühlt sich manchmal so an. In Krisensituationen neigen wir zum Dramatisieren und Verallgemeinern. Plötzlich ist alles ganz schlimm und ganz schrecklich und wird bestimmt nie, nie, nie wieder gut.

Diese Gedanken sind vollkommen normal, aber auch tückisch. Du kannst sie dir gerne eine Weile erlauben, aber dann darfst du sie auch liebevoll und bestimmt wieder auf ihren Platz verweisen und dir sagen, dass zu einem gesunden Leben nun mal Regen und Sonnenschein gehören. Selbst wenn sich jetzt eine Fee neben dir niederlassen würde und dir das Paradies auf Erden zaubern würde, würde es Momente des Verzagens geben. Das ist völlig normal. Deshalb solltest du dich keinesfalls auf deinem Weg verunsichern lassen – weder von Außenstehenden, die deine Bemühungen belächeln und klein reden, noch von deinem inneren Kritiker, der dir weismachen will, dass das Ganze eh nichts bringt. Der ist mindestens genauso fies wie die Stimmen von Außen und weiß genau, wann deine Abwehr schwach ist und er dich mit wenigen, zielgerichteten Worten aus der Bahn bringen kann.

Kapitel 7 – Jetzt geht's los

Aber du weißt etwas, was er nicht weiß: Veränderungen können anstrengend, schmerzhaft oder mühevoll sein. Sie sind vielleicht geprägt von Entbehrungen und machen manchmal keinen Spaß. Sie fordern dich heraus – und genau deshalb kannst du auch wunderbar an ihnen wachsen. Du weißt, dass du für manch eine Entscheidung bestimmte Beigaben ungefragt obendrauf bekommst und du weißt damit umzugehen – denn am Ende steht dein strahlender Herzenswunsch, der dir die Kraft gibt, durchzuhalten. Motivation ist hier alles, aber du darfst auch vollkommen ungehemmt Momente des Verzagens spüren und auch mal alles so richtig schlimm finden – so lange du dich davon nicht überwältigen lässt.

Tief in dir wirst du ohnehin spüren, dass du auf dem richtigen Weg bist – auch wenn der Weg mal holprig wird oder du neuen Anlauf nehmen musst. Wichtig ist nur, dass du weiter gehst!

Abschluss: Bestens vorbereitet für deinen Weg

Der Gedanke, am Ende des eigenen Lebens voller Reue auf den gemachten Weg zurück zu blicken, ist sowohl erschreckend als auch motivierend. Anders als die Sterbenden vor uns, die uns mitgeteilt haben, was sie am meisten in ihrem Leben bereuen, haben wir ein Bewusstsein dafür, worauf wir achten müssen, um ein wirklich erfülltes Leben zu führen.

Die fünf am häufigsten genannten Gründe für ein Reuegefühl am Lebensende – nicht gelebte Selbsttreue und Authentizität, eine schlechte Work-Life-Balance, nicht zum Ausdruck gebrachte Gefühle, das Vernachlässigen von Beziehungen und nicht gelebte Lebensfreude – kannst du als Wegweiser dafür nutzen, welche Aspekte du in deinem Leben auf den Prüfstand stellen könntest, um sicher zu gehen, dass du ein gutes Leben führst. Du hast erfahren, dass deine Wünsche auch durch deine Werte beeinflusst werden, die sich durch verschiedene Faktoren gebildet haben. Du hast gelernt, dass es zwar immer wieder klare Übereinstimmungen in einer Gesellschaft gibt, was Werte und Wünsche angeht, es aber auch im höchsten Maße eine persönliche Angelegenheit ist.

Allein deswegen schon ist die Arbeit mit deinen Wünschen und Werten etwas, das dir niemand abnehmen kann und auch niemand abnehmen sollte. Schließlich bist du die Expertin / der Experte für dich und deine Bedürfnisse und niemand anderes kennt dich so gut wie du selbst. Es gibt verschiedenste Gründe, warum diese natürliche enge Verbindung zu dir selbst und deinen Herzenswünschen im Laufe der Jahre verloren gegangen sein kann – der Alltagsstress, die großen und kleinen Probleme, Enttäuschungen, gesellschaftliche Konventionen, Druck von Autoritätspersonen oder auch deine Angst vorm Scheitern und der Wunsch, die Verantwortung und Kontrolle abgeben zu wollen, um nicht schuld zu sein, wenn dein Leben nicht so toll wird, wie du es dir einst ausgemalt hast.

Da du jetzt um die Gründe weißt, die dich vom Wünschen abhalten können, hast du dich nun doch deinen Lebensträumen nähern können. Die vorgestellten Übungen haben dich dabei möglicherweise unterstützt und dir geholfen, deine Lebenswahrheiten und Herzenswünsche klar zu formulieren. Damit kannst du nun einen Fahrplan, eine Karte entwickeln, mit der du dich deinem Ziel konstant näherst. Du weißt, wo es hingeht und wie du laufen musst, um anzukommen. Die Übungen kannst du immer wieder zur Hand nehmen, um deine Träume in jeder neuen Lebensphase zu finden, zu erforschen und gegebenenfalls zu aktualisieren.

Du weißt jetzt, was Wünsche und Werte für dein Leben bedeuten können und auch, welche Auswirkungen das Leben deiner inneren Wahrheit haben kann. Veränderungen kannst du wohlwollend entgegenblicken, auch wenn es mal schwierig werden sollte oder dein Umfeld mit Unmut reagiert – schließlich hast du den Ausblick auf ein authentisches und erfülltes Leben und wirst unmittelbar positive Veränderungen bei dir selbst wahrnehmen, wenn du dein Leben in die Hand nimmst. Wirst du selbst aktiv und nimmst dein Glück in die Hand, können dir zwar auch dann Schicksalsschläge widerfahren, aber du hast am Ende nichts zu bereuen, was du nicht auch hättest verhindern können. Du hast die Kraft und das Wissen, ein für dich stimmiges Leben zu führen und weißt, dass das nicht nur dich, sondern auch deine Beziehungen zu deinem Umfeld und deinen Liebsten glücklicher macht. Auch wenn die Veränderungen dich eine ordentliche Portion Mut, Durchhaltevermögen und Kraft kosten können, erlauben sie dir, das Leben zu führen, das du dir schon immer für dich gewünscht hast. Diese Erkenntnis ist meist mit einer tiefen Form der Dankbarkeit und Wertschätzung für das eigene Leben verbunden, das so wunderbar, groß und bunt sein kann, wenn du selbst die Verantwortung übernimmst und dich voller Vorfreude auf den Weg machst!

Quellenverzeichnis

Artikel

Gilbert, D. T., & Ebert, J. E. J. - Decisions and revisions: The affective forecasting of changeable outcomes. *Journal of Personality and Social Psychology,* (2002).

Martins, B. Sheppes, G., Gross, J.J., & Mather, M. - Age differences in emotion regulation choice: Older adults use distraction less than younger adults in high intensity positive contexts. Journal of Gerontology: Psychological Sciences. 2019

Sheena Sethi Iyengar/ Wei Yiang- The Psychological Costs of Ever Increasing Choice: A Fallback to the Sure Bet, abgerufen über https://www.researchgate.net/publication/255545102_The_Psychological_Costs_of_Ever_Increasing_Choice_A_Fallback_to_the_Sure_Bet

Links

https://www.researchgate.net/publication/23784176_I'm_Better_Off_Than_Most_Other_People_The_Role_of_Social_Comparisons_for_Coping_With_Regret_in_Young_Adulthood_and_Old_Age

http://www.goodmedicine.org.uk/stressedtozest/2009/05/stanford-psychophysiology-lab-research-emotion-regulation

https://portal.hogrefe.com/dorsch/kognitive-dissonanz-1/

Dorsch Lexikon der Psychologie, Online-Variante

http://projektmanagement-manufaktur.de/smart-ziele

Bücher - Nachschlagewerke

Lexikon der Psychologie Band 4, Spektrum Akademischer Verlag GmbH, 2001

Psychologie – Detlef Fetchenhaus, Verlag Franz Vahlen GmbH, 2018

Meyers Kleines Lexikon der Psychologie, Bibliographisches Institut, 1996

Bücher

Ariely, Dan - Predictably Irrational: The Hidden Forces That Shape Our Decision, Harper Perennial, 2010

Buzan, Tony – Das Mind-Map Buch, mvg Verlag, 2001

Magnusson, Margareta - The Gentle Art of Swedish Death Cleaning: How to Free Yourself and Your Family from a Lifetime of Clutter, Canongate Books Ltd, 2017

Reinwarth, Alexandra - Das Leben ist zu kurz für später, mvg Verlag, 2018

Schwart,Barry - The Paradox of Choice, Harper Perennial, 2004

Quellenverzeichnis

Studien

Allensbacher Markt- und Werbeträgeranalyse, 2019 , abgerufen über https://www.ifd-allensbach.de/awa/ergebnisse/2019.html

Die World Values Survey, abgerufen unter http://www.worldvaluessurvey.org/wvs.jsp

Die Zeit - Studie ‚Das Vermächtnis', 2019, abgerufen über https://www.zeit.de/serie/das-vermaechtnis

Richard Tracy LaPiere, Studie: Attitudes versus actions 1934

Inneres Kind heilen

„Ich war schon immer so…"

Wie du endlich alte Glaubenssätze auflöst und wie entfesselt dein Glück selbst in die Hand nimmst

Inhaltsverzeichnis

Einleitung 137

Wie unsere Kindheit unser Erwachsenenleben beeinflusst. 141
    Frühkindliche Erfahrungen und ihre Auswirkungen 143
    Kleinkindalter – Kindergarten und erste Ablösung
    von zuhause 145
    Erfahrungen in der Schule und als Teenager 148
    Zuschreibungen aus der Kindheit – Giftpfeile aus der
    Vergangenheit 152

Die vier Bindungstypen - wieso mache ich in Beziehungen
immer wieder die gleichen Erfahrungen? 159
    Der sichere Bindungsstil – beste Voraussetzungen für
    harmonische Beziehungen 160
    Der ängstlich-ambivalente/unsicher-ambivalente
    Bindungsstil – hin und her gerissen 162
    Der gleichgültig-vermeidende/unsicher-vermeidende
    Bindungsstil – ich brauche dich nicht! 163
    Der desorganisierte Bindungsstil – ich habe Angst vor dir,
    aber ich brauche Nähe 165

Arbeit mit dem Inneren Kind – ist das etwas für mich? 167
    Was ist das Innere Kind überhaupt? 170

Die Schutzmechanismen des Inneren Kindes 175
    Streben nach Kontrolle 178
    Regression 179
    Die Opferrolle einnehmen 181
    Vermeidungsverhalten und Verdrängung 182
    Aggression 184
    Suche und Sucht nach Anerkennung 185

Harmoniesucht 187
Unsichere Bindungen 188

Die Arbeit mit dem Inneren Kind in der therapeutischen Praxis 191

Grenzen des Konzepts in der therapeutischen Arbeit 196

Das Innere Kind als Modell außerhalb der therapeutischen Arbeit 199

Soll ich etwa wieder zum Kind werden? - Die Arbeit mit dem Inneren Kind und Regression 200
Kontakt mit dem Inneren Kind für mich 201

Mein Inneres Kind – eine ganz besondere Begegnung 203

Gibt es einen Inneren Teenager? 207

Methoden, um mit dem Inneren Kind in Kontakt zu treten 211

Kontakt mit dem Inneren Kind in Beziehungen mit anderen 219

Kinder als Spiegel – wie verändert sich deine Beziehung zu deinem Nachwuchs? 220
Kontakt mit dem Inneren Kind in Beziehungen zu Erwachsenen 223

Vergangenheitsbewältigung durch Arbeit mit dem Inneren Kind 229

Verletzungen des Inneren Kindes bearbeiten 231

Leichtigkeit im Leben durch die Entdeckung des Inneren Kindes 235

Spielen und Staunen als Erwachsener - Ist das überhaupt okay? 237
Mit neuem Blick auf die Welt schauen – wie geh ich das an? 237

Neue Lebenslust – wie beginne ich damit? 239
Wieso ist Spielen so gesund? 240
Tipps, um mit dem Inneren Kind zu spielen 243

Spiel, Spaß und Spannung – und wie geht es jetzt weiter? 257

Quellen 261

Einleitung

Hast du manchmal das unbestimmte Gefühl, dass dein Leben nicht vollständig ist, dir etwas fehlt, obwohl alle äußeren Rahmenbedingungen erfüllt sind und es dir eigentlich richtig gut gehen könnte? Erlebst du, dass du ungesunde Verhaltensmuster an den Tag legst und diese nicht aufgeben kannst, obwohl du weißt, dass sie dir nicht guttun? Hast du Schwierigkeiten, gut für dich selbst zu sorgen oder dich umsorgen zu lassen? Erlebst du in Beziehungen immer wiederkehrende Konflikte und neigst du dazu, dich entweder nicht auf Personen einlassen zu können oder dich zu stark und intensiv an eine Person zu binden? Bist du auf der Suche nach einer Leitfigur, jemandem zum Anlehnen, der sich um dich kümmert?

All diese Gedanken und Emotionen können bei jedem Menschen auftreten und sind vollkommen normal. Bereiten sie dir im Alltag aber Schwierigkeiten, belasten sie dich und führen sie dazu, dass du dich nie richtig wohlfühlen kannst, kann es sich lohnen, diese Dinge an- und ihnen auf den Grund zu gehen.

Viele der genannten Probleme treten bei Leuten auf, die in ihrer Kindheit Konflikte oder Schwierigkeiten erlebt haben und diese nicht so aufarbeiten konnten, dass ihnen ein unbeschwertes Erwachsenenleben möglich ist. Die Entwicklung unserer Persönlichkeit ist nie vollständig abgeschlossen und doch sind sich sowohl Fachkräfte der Bildungswissenschaften als auch der Psychotherapie und Sozialisationsforschung größtenteils einig, dass sich unsere individuelle Persönlichkeit maßgeblich in unserer Kindheit und Jugend ausbildet. In dieser Zeit sind wir immer in stetigem Austausch und Kontakt mit unserem engen familiären Umfeld und später auch mit Personen aus Institutionen wie Kindergarten, Schule, Sportverein oder Jugendclub.

„Ich war schon immer so..."

Die Erfahrungen, die wir in dieser Zeit machen, die Bedingungen, unter denen wir aufwachsen, der Raum, in dem wir uns entwickeln können und die Personen, die uns umgeben, tragen maßgeblich dazu bei, wie wir fühlen, denken, handeln, bewerten, sprechen und anderweitig mit unserer Umwelt interagieren.

Erleben wir in unserer Kindheit Ablehnung, Kränkung oder andere negative Dinge, kann dies dazu führen, dass diese uns auch im Leben als mündige Erwachsene begleiten und einschränken. Mitunter geschieht dies vollkommen unbewusst und man fragt sich, warum man jetzt so überreagiert hat oder wieso man ständig auf der Suche nach Anerkennung zu sein scheint. Es gibt viele Möglichkeiten, wie Erfahrungen der Kindheit und Jugend sich im späteren Leben bemerkbar machen können. Der Ausspruch „Es ist nie zu spät, eine glückliche Kindheit zu haben!", der unter anderem Erich Kästner zugeschrieben wird, greift die Idee des Konzepts des Inneren Kindes auf und deutet an, dass die Beschäftigung mit kindlichen Anteilen zu einem ausgeglicheneren Ganzen der Persönlichkeit führen kann.

In diesem Buch erfährst du zunächst, welche Auswirkungen Kindheitserlebnisse auf dein Leben als erwachsene Person haben können und wie dadurch möglicherweise Blockaden, negative Glaubenssätze und Verhaltensmuster entstehen können. Danach wird das Konzept des Inneren Kindes vorgestellt, mit dem du dich deinen kindlichen Anteilen nähern kannst, um wieder mehr ins Gleichgewicht zu kommen. In den folgenden Kapiteln erfährst du, dass du die Arbeit mit dem Inneren Kind sowohl für dich und deine eigene Weiterentwicklung als auch zur Verbesserung deiner Kontakte mit anderen wie mit deinen Kindern, deiner Partnerin oder deinem Partner und anderen Personen aus deinem Umfeld nutzen kannst. Vergangenheitsbewältigung ist ein großes Thema bei der Arbeit mit dem Inneren Kind und wird ebenfalls umfassend beleuchtet. Du kannst durch die Begegnung und aktive Interaktion mit dem Inneren Kind leichter an vergan-

Einleitung

gene Gefühle und Erinnerungen kommen und diese in dein Bewusstsein holen. Dadurch hast du die Chance, gemachte Erlebnisse aus der sicheren Sicht des Erwachsenen gemeinsam mit deinem Inneren Kind anzuschauen und die Auswirkungen auf dein jetziges Leben zu erkennen und in eine neue Richtung zu lenken. Du erfährst, wie du deinem Inneren Kind und dir mit mehr Liebe und Achtsamkeit entgegentreten und eine für dich und deine individuellen Bedürfnisse geeignete Selbstfürsorge entwickeln kannst. Im Anschluss daran siehst du, dass du gemeinsam mit dem Inneren Kind aber auch im Hier und Jetzt interagieren kannst, um mehr kindliche Neugierde und spielerische Leichtigkeit in dein Leben zurückzuholen. Dadurch, dass du einem ganz wichtigen Anteil in dir, deinem Inneren Kind, eine Stimme gibst und dich mit den Erlebnissen des Inneren Kindes auseinandersetzt, kannst du Vergangenes aufarbeiten und zeitgleich bessere Voraussetzungen für deine Zukunft und dein jetziges Leben schaffen, indem du Blockaden auflöst und dich in all deinen Facetten annimmst und verstehst.

Im Bonusheft findest du eindrückliche und motivierende Sprüche und Zitate, die bei der spannenden Begegnung mit deinem Inneren Kind als Erinnerungsstütze dienen können.

> Ganz wichtig vorab: Dieses Buch kann keine therapeutische Hilfe ersetzen und beabsichtigt dies in keinster Weise. Der Begriff Inneres Kind wird in vielen Disziplinen verwendet und findet auch in der Psychotherapie Ver- und Anwendung. Die Übungen und Anregungen, die du in diesem Zusammenhang in dem vorliegenden Buch finden wirst, kannst du für dich alleine in deinen eigenen vier Wänden benutzen, ohne therapeutische Begleitung. Du übernimmst dabei für dich die Verantwortung und solltest immer auf deine persönlichen Bedürfnisse und Voraussetzungen achten.

„Ich war schon immer so..."

Zwar gilt die Arbeit mit dem Inneren Kind als sehr effektiv, aber sie ist nicht für jeden Menschen in jeder Lebenssituation zu empfehlen. So ist dieses Buch nicht dazu geeignet, im Alleingang traumatische Kindheitserlebnisse aufzuarbeiten. Daher ist es im Falle von vermuteten oder erlebten schweren frühkindlichen und kindlichen Erlebnissen dringend angeraten, deine Ärztin, deine Therapeutin oder anderes Fachpersonal zu Rate zu ziehen und die Arbeit mit deinem Inneren Kind nur in Begleitung zu beginnen, wenn du mit diesem Konzept arbeiten möchtest. Kläre vorab ab, ob es Kontraindikationen, also Gegenanzeigen für die Arbeit mit dem Inneren Kind bei deiner momentanen Verfassung gibt und besprich das weitere Vorgehen mit den Fachkräften.

Spricht laut deiner Ärztin oder Therapeutin nichts gegen die Arbeit mit dem Inneren Kind, kannst du diese gemeinsam mit ihnen beginnen. So kannst du, wenn traumatische Erinnerungen getriggert werden oder du mit sonstigen Symptomen konfrontiert wirst, mit der nötigen Unterstützung und Anleitung lernen, ihnen zu begegnen und mit ihnen umzugehen und kannst gegebenenfalls fachlich aufgefangen werden. Solltest du zur sogenannten Fragmentierung neigen, wird in Fachkreisen dazu geraten, die Arbeit mit dem Inneren Kind zu vermeiden. Möchtest du trotzdem das Konzept des Inneren Kindes nutzen, besprich dich mit den dich begleitenden Fachkräften und wäge mit ihnen ab, ob du psychisch stabil genug bist, um mit diesem Konzept zu arbeiten.

Wie unsere Kindheit unser Erwachsenenleben beeinflusst

Als Neugeborenes ist der Mensch vollkommen abhängig von seinen Bezugspersonen. Er braucht neben offensichtlichen Dingen wie Nahrung, Wärme und einem sicheren Rückzugsort auch Zuwendung und Ansprache, um sich altersgerecht entwickeln zu können. Eine Unterscheidung zwischen Kind und Bezugsperson findet beim Säugling noch nicht statt.

Als Kleinkind erkennt der Mensch, dass er eine eigenständige Einheit ist und muss lernen, ein gesundes Autonomiebestreben zu entwickeln, ohne den Kontakt mit dem Umfeld zu belasten. Die individuellen Wünsche und Bedürfnisse werden immer klarer und bewusster, aber das Kind lernt auch, dass es als Teil einer Gruppe – zunächst in der Kernfamilie mit Elternteil oder Erziehungsberechtigtem sowie vielleicht Geschwistern und Großeltern, später im Kindergarten mit pädagogischem Fachpersonal und anderen Kindern – bestimmten Strukturen folgen muss, um sich in die Gemeinschaft einfügen zu können.

Erlebnisse im frühkindlichen Alter und im Kindesalter finden zunächst mit wenigen Personen – der Kernfamilie – statt.

Je weiter die Entwicklung fortschreitet, desto vielfältiger sind auch meist die Personenkontakte und Eindrücke, denen der Heranwachsende ausgesetzt wird. Somit hat das Kind zu Beginn seines Lebens eine sehr eingeschränkte Sichtweise und geht davon aus, dass das, was es zuhause und später im Kindergarten erlebt, normal und auch richtig ist. Mama weiß alles und die Welt hört hinter der Wiese am Kindergarten auf. All das, was in diesem kleinen Rahmen geschieht, prägt das Kind auf intensive Weise, denn es kann zum einen noch nicht auf einen Erfahrungsschatz zurückgreifen, mit dem es Erlebnisse abgleichen und einordnen kann, zum anderen schwingt die Komponente der engen Bindung mit, sodass die Aussagen und Taten des Umfeldes besonders schwer wiegen und für Kinderohren mitunter viel ernsthafter klingen, als für einen Erwachsenen, der sie vielleicht nur so dahin gesagt hat. Das Kind kann seine Bedürfnisse größtenteils noch nicht selbst erfüllen und selbst wenn es im Kleinkindalter sprechen lernt und sich mit den Jahren immer besser ausdrücken kann, lebt es doch in permanenter Abhängigkeit von seinen Bezugspersonen.

Zudem gibt es ein Phänomen, das in der Psychologie als Introjektion bezeichnet wird. Darunter wird der frühkindliche und unbewusste Vorgang verstanden, wenn ein Mensch die Normen, Werte und Anschauungsmuster seines Umfeldes aufnimmt, ohne diese hinterfragen zu können. Dieser Vorgang der Introjektion findet größtenteils in der Kindheit statt und läuft ohne eigenes Zutun ab. Die so aufgenommenen Normen und Werte müssen dabei nicht mit den Ideen oder der Persönlichkeit des Kindes übereinstimmen, sondern können auch völlig gegensätzlich sein, wodurch nicht selten ein starkes Gefühl der Schuld beim Kind ausgelöst wird.

Auch als Erwachsener werden wir häufig von den durch Introjektion aufgenommenen Werten und Ideen beeinflusst beziehungsweise beeinträchtigt. Wird jemand beispielsweise in einem streng gläubigen Elternhaus erzogen, kann es – obwohl er als Erwachsener Atheist ist und seine Weltanschauung grundsätzlich naturwissenschaftlich geprägt ist – dazu kommen, dass er Scham verspürt, wenn er Gedanken oder Handlungen pflegt, die in seiner Glaubenskirche als moralisch verwerflich gelten.

Frühkindliche Erfahrungen und ihre Auswirkungen

Die Erfahrungen, die ein Kind in den ersten 18 Monaten seines Lebens mit seinem Umfeld, vor allem mit seinen primären Bezugspersonen macht, sind also entscheidend für die seelische und körperliche Entwicklung. Die Personen, zu denen das Kind eine Bindung aufbaut, also eine emotionale Verbindung, müssen das Kind nicht nur sauber halten, füttern und vor Umwelteinflüssen schützen, damit es sich altersgerecht entwickeln kann, sondern vor allem Aspekte wie Nähe, Trost, Schutz und Unterstützung sind elementar. Das Kind muss durch seine Bezugsperson ein hohes Maß an Konstanz und Verlässlichkeit erfahren, sodass es negative Erlebnisse gut verarbeiten und einen gesunden Umgang mit Emotionen wie Trauer, Wut oder Angst erlernen kann. Die Fähigkeit der Affektkontrolle ist wichtig für das eigene Wohlbefinden. Kann sich das Kind selbst beruhigen, ist es weniger auf die Unterstützung von außen angewiesen, fühlt sich kompetenter und selbstsicherer. Zum anderen ist die Emotionskontrolle wichtig, sobald das Kind mit anderen Menschen in Kontakt kommt. Vor allem, wenn der Eintritt in den Kindergarten oder die Schule erfolgt, sollte das Kind in der Lage sein, seine Emotionen zu erkennen und altersgemäß mit ihnen umzugehen.

Lernt das Kind diese Kontrolle nicht, kann dies im Erwachsenenalter dazu führen, dass die Person von heftigen Emotionen überrollt wird und mitunter auch überreagiert. Wutanfälle, übersteigerte Angst oder andere starke Emotionen können die Folge sein. Da der Mensch nicht gelernt hat, sich selbst zu beruhigen und die Emotionen zu kontrollieren, kann er sie nicht alleine stoppen oder in geeignete und gesellschaftlich angebrachte Bahnen lenken.

Dies führt auch dazu, dass sich diese Menschen im Umgang mit anderen schwertun, in Konfliktsituationen schnell aus der Haut fahren oder unangenehm auffallen, weil sie gesellschaftliche Grenzen überschreiten und ihre Mitmenschen damit verletzen. Dies geschieht keinesfalls mit Absicht, sondern kann durchaus Anlass zu Scham und Reue sein; aber da der Lernprozess nicht erfolgt ist, hat der Betroffene keinen wirklichen Bezug dazu und kann manche Reaktionen seiner Mitmenschen vielleicht gar nicht nachvollziehen.

Ein Mensch ohne gute Emotionsregulierung, also die Fähigkeit, Gefühle in Länge und Intensität zu steuern, kann zum einen unter diesen Gefühlen leiden, von denen er mitunter selbst weiß, dass sie unverhältnismäßig stark sind, zum anderen unter der Außenseiterrolle, die er dadurch mitunter einnimmt. Bereits im Kindheitsalter fällt das Eingliedern in eine Gruppe aufgrund dieser Schwierigkeiten meist nicht leicht und während Kindern und Jugendlichen ein Fehlverhalten mitunter nachgesehen wird, erwartet die Umwelt von einem Erwachsenen, dass er sich altersgemäß verhalten und auch selbst regulieren kann.

Zeigt sich die Bezugsperson anhaltend liebevoll und zuverlässig, bildet das Kind das sogenannte Urvertrauen aus. Laut dem Psychoanalytiker Erik H. Erikson handelt es sich dabei um eine soziale Einstellung gegenüber der Umwelt, die durch eine stabile Personenumgebung in der Kindheit erworben werden kann. Diese emotionale Sicherheit ist ausschlaggebend für die Beziehungsfähigkeit des Kindes, die sich meist bis ins Erwachsenenalter nicht grundlegend verändern wird. Ist das Verhältnis zwischen Kind und Bezugsperson belastet, kann dies zu schwerwiegenden Bindungsstörungen führen, die in einem späteren Kapitel noch näher erklärt werden.

Diese Bindungsstörungen können mit dafür verantwortlich sein, dass sich der Erwachsene, der bestimmte frühkindliche Erfahrungen machen musste, im sozialen Miteinander schwertut, nicht teamfähig ist und deshalb Probleme am Arbeitsplatz hat, in Liebesbeziehungen immer wieder an den gleichen Problemen scheitert, keine Kontakte pflegen kann oder überhaupt Probleme hat, Nähe zuzulassen.

Wie war das bei dir? Weißt du etwas über die ersten 18 Monate deines Lebens?

- Existieren Bilder aus der Zeit deiner Kindheit?
- Kannst du mit jemandem, der dich in dieser Zeit betreut hat, über früher sprechen?
- Mit wem hast du die meiste Zeit verbracht und wo warst du dort?
- Hast du eine Kinderkrippe besucht? Oder warst du bei einer Tagesmutter? Waren deine Eltern beruflich stark eingebunden, sodass deine Betreuung überwiegend durch andere Personen stattgefunden hat?
- Hattest du eine feste Bezugsperson oder mehrere?
- Seid ihr in deiner frühen Kindheit viel umgezogen oder hat sich dein Umfeld aus anderen Gründen immer wieder geändert?
- Bist du in ein stabiles Elternhaus hineingeboren oder gab es immer wieder Umbrüche und Krisen?

Kleinkindalter – Kindergarten und erste Ablösung von zuhause

Auch nach den ersten 18 Monaten sind Kinder noch sehr eng mit ihren Bezugspersonen verbunden und orientieren sich stark an Mama und Papa, mit zunehmendem Alter möglicherweise auch an ihren Geschwistern und Spielkameraden. Je nach individueller Entwicklung und Arbeitssituation der Eltern fällt in die Zeit um den dritten Geburtstag der erste Besuch im Kindergarten.

„Ich war schon immer so..."

Wer bereits früher in die Krippe gegangen ist, wird in der Regel weniger Schwierigkeiten damit haben, in die Gruppe der „Großen" zu kommen, aber gerade für Kleinkinder, die überwiegend Zeit daheim mit ihrer Kernfamilie verbracht haben, ist der Eintritt in den Kindergarten der erste größere Ablösungsprozess von zuhause. Sind die Eltern berufsbedingt dazu gezwungen, die Eingewöhnungszeit nicht anhand der Bedürfnisse ihres Kindes, sondern an den Vorgaben ihrer Vorgesetzten zu gestalten, kann dieser Ablösungsprozess zu einer einschneidenden Erfahrung werden. Hat dein Inneres Kind das Gefühl, dass es damals beim Eintritt in den Kindergarten verlassen und unbekannten und vielleicht wenig sympathischen oder vertrauten Menschen überlassen wurde, kann es sich möglicherweise bis heute hilflos und ausgeliefert fühlen und bis in die Gegenwart versuchen, eine erneute Erfahrung dieser Art zu vermeiden – entweder durch ein intensives Klammern an geliebte Menschen oder durch das Streben nach Kontrolle, um nicht wieder das Gefühl des Ausgeliefertseins zu ertragen.

Vielleicht gehörtest du auch zu den Kindern, die beim Eintritt in den Kindergarten feststellen mussten, dass sie sich nicht so gut in die zu dieser Zeit in den pädagogischen Institutionen vorherrschenden Abläufe eingliedern konnten. Kinder mit starkem Bewegungsdrang erleben mitunter Scham und Frust, wenn sie feststellen, dass sie die Forderungen der Erzieher nicht befrieden können, obwohl sie sich allergrößte Mühe geben, still zu sitzen. Auch sehr schüchterne, hochsensible oder introvertierte Kinder erleben oft, dass sie nicht recht in die Abläufe des Kindergartens passen und fühlen sich mitunter dauerhaft fehl am Platz, wenn sie keine Rückzugsmöglichkeiten haben, um all die Eindrücke in ihrem Tempo verarbeiten zu können.

Erleben sie dann, dass über ihre Grenzen und Bedürfnisse hinweg gegangen wird, weil das Erzieherpersonal nicht immer individuell auf Einzelne eingehen kann, sondern sich am Gros der Gruppe orientiert, kann dies dazu führen, dass die Kinder ihren Charakter, ihre Eigenschaften und Eigenheiten als unerwünscht, hinderlich und weniger wertvoll empfinden. Vielleicht bemühen sie sich dann, sich mehr an das in der Gruppe akzeptierte Temperament anzunähern, vielleicht ziehen sie sich aber auch noch stärker in sich zurück, sondern sich von der Gruppe, zu der sie ohnehin nie recht zu passen scheinen, ab und verweigern möglicherweise sogar die Interaktion, da sie das Gefühl haben, dass sie sowieso nicht aufgeschlossen, mutig oder stark genug sind.

Vielleicht hast du noch Erinnerungen an deine Kindergartenzeit oder du kannst mit Leuten sprechen, die dich aus dieser Zeit kennen, um folgende Fragen zu beantworten?

- Bist du in einen Kindergarten gegangen?
- Hattest du Heimweh nach zuhause oder ist dir der Kindergarteneintritt leichtgefallen?
- Mochtest du deine Erzieherinnen und Erzieher?
- Hattest du Freunde in deiner Kindergartengruppe?
- Warst du oft krank und wolltest nicht in den Kindergarten?
- Konntest du frei spielen?
- Hattest du das Gefühl, die Erzieher und Kinder mochten dich?
- Wurdest du mit deiner Persönlichkeit angenommen oder wurde dir mitgeteilt, dass du dich ändern solltest?

Erfahrungen in der Schule und als Teenager

Dieses Erleben kann sich in einer Schule mit klassischem, striktem Frontalunterricht noch intensivieren. Hier macht das Kind zudem diverse weitere Lernerfahrungen und muss damit zurechtkommen, wenn es in den in der Schule abgefragten Fächern vielleicht weniger leistungsstark ist als in Dingen, die in der Schule nicht abgefragt und benotet werden. Das freie Spielen tritt immer mehr in den Hintergrund und die Wissensvermittlung orientiert sich nicht an dem Interesse und der Neugier des Kindes, sondern einem von Fachkräften festgesetzten Kanon, der für alle Schülerinnen und Schüler einer Altersstufe und Schulform gilt.

Der Psychoanalytiker Erik H. Erikson spricht in seinem Modell zu Persönlichkeitsentwicklung Identität und Lebenszyklus von acht verschiedenen Phasen oder Stufen, die der Mensch in seinem Leben durchläuft. Jede Entwicklungsphase ist bedingt durch gesellschaftliche Rahmenbedingungen und die individuelle altersgemäße Entwicklung des Menschen. Jede Stufe endet in einer Krise, die es zu überwinden gilt.

Die Schulkindphase, von der Einschulung bis zum Übergang zum Teenager, ist laut Erikson geprägt von dem Konflikt zwischen Leistung und Minderwertigkeitsgefühl. Schafft der Mensch es, seine Krise erfolgreich zu bewältigen, trägt dies zu einer stabilen Ich-Identität bei, die zu einer gesunden Persönlichkeit heranwachsen kann. Erikson geht dabei davon aus, dass die gesunde Persönlichkeit sich an die jeweilige gesellschaftliche Umgebung anpassen sollte.

Was ist aber mit Kindern, die aus dem Rahmen fallen und sich aufgrund ihres Temperaments, ihres geistigen oder körperlichen Entwicklungsstands oder anderen Faktoren nicht einfach integrieren können? Warst du beispielsweise ein sehr kreatives oder sensibles Kind? Dann hast du vielleicht gemerkt, dass der klassische Schulbetrieb deinen Wünschen, Bedürfnissen und Interessen sowie deinen individuellen Voraussetzungen eher zuwider gewirkt hat und du dich sehr anstrengen musstest, um dich anzupassen. Es ist keinesfalls falsch, wenn Kinder lernen, sich in eine Gemeinschaft einzufügen – doch wenn deinem Inneren Kind vermittelt wurde, dass du so wie du bist nichts taugst, du zu weich, zu feinfühlig oder zu verträumt bist und deswegen wahrscheinlich sowieso nichts aus dir wird, dann kann dies dazu führen, dass du dir selbst ablehnend gegenüber stehst und dich bei dem Versuch, dich anzupassen, selbst verlierst, mitsamt all der wunderbaren Eigenschaften, die dich und deine Persönlichkeit ausmachen.

Auch der Druck, in verschiedensten Fächern gute Noten zu erzielen, unabhängig von deinen persönlichen Gegebenheiten daheim und deinen Interessen, kann für dich anstrengend und bedrückend gewesen sein – insbesondere dann, wenn du aus einem Elternhaus stammst, in dem gute Noten wichtiger waren als die persönliche Entwicklung.

In dieser Zeit verlieren viele Heranwachsende die Lust am Lernen und auch die Bereitschaft, sich mit neuen Inhalten auseinanderzusetzen. Dadurch, dass sowohl Lerninhalte als auch Lernweise meist sehr eng vorgeschrieben waren, gab es keine Möglichkeit und keine Zeit, Themen, die dich vielleicht interessiert hätten, zu vertiefen und auch das Ausbilden einer eigenen Meinung zu den Themen war mitunter gar nicht gefragt. Müssen Jugendliche stur Inhalte auswendig lernen und möglichst eins zu eins wiedergeben, um eine gute Note zu bekommen und ist die Menge an Informationen sehr groß, kann dies unter anderem zu einer Verweigerungshaltung führen: „Mir ist das zu viel. Ich schaffe das nicht. Egal, wie sehr ich mich anstrenge, ich bekomme keine gute Bewertung. Ich sehe das anders als mein Lehrer, aber das darf ich ja nicht sagen!" Der Rückzug kann innerlich stattfinden oder offen nach außen getragen werden.

Es ist auch möglich, dass der Jugendliche das Dilemma damit zu lösen versucht, dass er sich im in dieser Altersgruppe berühmt-berüchtigten Bulimie-Lernen versucht: Er lernt also diese große Menge an Wissen ungefragt auswendig, gibt sie eins zu eins wieder und vergisst sie danach. Neugieriges Explorieren, Hinterfragen, Ausprobieren und kreatives Weiterentwickeln sind nicht gefragt. Abweichen vom eng gesteckten Bildungsweg ist nicht vorgesehen. Eigenständiges Herangehen an Probleme wird somit ebenso wenig eingeübt wie das Ausbilden einer eigenen Meinung und der gesunde Umgang mit Scheitern.

Jugendliche, die vielleicht Interesse an Chemie oder Englisch hätten, aber um ihre Abschlussnoten fürchten müssen, wählen vielleicht ein anderes Fach, welches sie weniger interessiert, aber sicherer für den schulischen Erfolgt ist. Da das Eingehen von Risiken sofort weitreichende Konsequenzen zu haben scheint – „Wenn du dich in der Grundschule nicht anstrengst, kommst du nicht aufs Gymnasium! Wenn du dich in der Schule nicht anstrengst, kannst du nicht die wichtigen Leistungskurse belegen! Wenn du dich in der Oberstufe nicht anstrengst, versaust du dir dein Abitur und bekommst keinen Studienplatz!" – wird das für Jugendliche so typische Ausprobieren von verschiedenen Wegen sehr kurzgehalten.

Erikson mit seinem Stufenmodell wertet die 5. Stufe, die Adoleszenz, als wichtigste Phase bei der Ausbildung der eigenen Persönlichkeit eines Menschen. Dazu muss dieser eine stabile Ich-Identität ausbilden können, statt sich in einer sogenannten Ich-Diffusion zu verlieren. Um diese Identität auszubilden, benötigt der Heranwachsende Zeit und Raum, die von seinen Eltern übernommenen Werte und Normen mit denen, die er selbst in seiner Jugend entwickelt oder durch Peer-Groups, Lehrer oder andere Einflüsse entwickelt hat, in Einklang zu bringen und ein neues, sinnvolles Ganzes daraus zu schaffen.

Was aber, wenn dieser Raum zur Persönlichkeitsentwicklung fehlt, weil sich die gesamte Existenz nur um gute Noten dreht? Wurdest du auch zukunftsgerichtet auf Leistung getrimmt, sodass du diese Phase deines Lebens quasi gar nicht vollständig durchleben konntest? Auch das kann dazu führen, dass du als Erwachsener Schwierigkeiten im Alltag hast: Vielleicht fällt dir auf, dass du manche Entwicklungsschritte nicht gehen konntest, die Gleichaltrige in dieser Lebensphase machen konnten und dass du deshalb beispielsweise weniger geschickt im Aufbauen von Freunden oder im Umgang mit Kollegen bist. Vielleicht hast du dich auch so daran gewöhnt, Anweisungen von oben zu folgen, dass du mit einer freien, selbstbestimmten Lebensgestaltung überfordert bist oder du bei der Arbeit deutliche Arbeitsaufträge brauchst, obwohl du doch eigentlich nicht unbeholfen bist. Vielfach ist auch das Verhältnis zu Autoritätspersonen belastet, was dazu führen kann, dass du nicht mit Vorschriften umgehen kannst, du dich innerlich bei Anweisungen sträuben möchtest oder du immer wieder Gegenargumente bringst, obwohl die vielleicht gar nichts zur Sache beitragen und du dich selbst fragst, warum du da jetzt wieder eine Diskussion vom Zaun brechen musstest. Die Angst, wieder bevormundet zu werden, sitzt meist tief und ist dir möglicherweise gar nicht immer in ihrer Erscheinungsform klar, etwa wenn du dich herrisch oder zänkisch zeigst.

Wandere in deiner Erinnerung doch einfach mal in deine Teenager-Zeit zurück und beantworte folgende Fragen:

- Hatte ich viele Freiheiten als Teenager?
- Wurde mir immer gesagt, was ich zu tun hatte oder durfte ich mit dem Alter immer mehr selbst die Verantwortung übernehmen?
- Durfte ich eine Schule der Schulform besuchen, die ich für mich gut fand oder haben meine Eltern diese ausgesucht?

- Standen gute Noten bei mir zuhause im Vordergrund?
- Habe ich des Öfteren die Schule geschwänzt?
- Falls ja, warum habe ich dies getan?
- Konnte ich mich in dem Alter ausprobieren oder war mein Weg strikt vorgezeichnet?
- Hatte ich ein Problem mit Autoritäten?

Zuschreibungen aus der Kindheit – Giftpfeile aus der Vergangenheit

Häufig erleben Kinder in einer Gruppe auch, dass ihnen eine bestimmte Rolle zugeschrieben wird, sie beispielsweise der Clown der Gruppe, der Raufbold oder das Sensibelchen sind. Solche Zuschreibungen können sich bei einem kleinen Kind wie eine statische Tatsache festbrennen, sodass an der Rolle festgehalten wird, obwohl sie vielleicht gar nicht oder nicht mehr dem eigentlichen Charakter desjenigen entspricht. Als Erwachsener bemerken sie dann, dass sich ihr Leben nicht richtig anfühlt, sie etwas verändern möchten, aber gar nicht so genau benennen können, was.

Wer als Kind immer wieder negative Kommentare über sein Äußeres gehört hat, sei es von Gleichaltrigen, der großen Schwester oder der Nachbarin, der trägt diese Sätze häufig auch bis ins hohe Alter wie Giftpfeile mit sich herum und tut entweder alles dafür, um das Gegenteil zu beweisen oder richtet sich in dieser Aussage ein. „Die Elli hat ja immer gesagt, dass ich nicht erwarten kann, dass sich eine Frau in mich verliebt, so klein wie ich bin. Da ist es ja kein Wunder, dass es nichts wird mit der Liebe!" „Schon wieder eine Absage. Naja, meine Schwester hat ja schon immer gesagt, ich hätte so stechende Augen. Kein Wunder, dass die niemanden mit Ganovenvisage einstellen wollen. Wahrscheinlich muss ich den Traum vom Job mit Kundenkontakt einfach aufgeben." Diese Glaubenssätze hat dein Inneres Kind so tief in sich verankert, dass du sie als erwachsener Mensch gar nicht mehr in Frage stellst, sondern als Fakt hinnimmst und demnach auch gar nicht auf die Idee kommst, etwas verändern zu wollen.

Versuchst du hingegen Anerkennung durch die Perfektionierung deiner selbst zu erzielen, stehst du vor einem ungeheuren Kraftakt, der oft in einem übertriebenen Schönheits- oder Schlankheitswahn und stark kontrolliertem Verhalten endet. Du kannst nicht glauben, dass du um deiner selbst willen geliebt werden kannst, sondern denkst, dass dir Zuneigung und Anerkennung nur dann zustehen, wenn du eine bestimmte Leistung erbringst. Dieses Verhalten legen häufig auch Erwachsene an den Tag, die in ihrer Kindheit viel mit anderen Gleichaltrigen oder Geschwistern verglichen wurden und dabei nicht immer positiv abschnitten. Wenn der Lehrer bei der Zeugnisvergabe bekümmert auf deine Noten sieht und den Kopf mit den Worten „Tztztz, und dabei bist du doch eine Meyer – solche Sorgen hatten wir mit deinem Bruder Thorsten nie! Der war immer der Klassenbeste!" schüttelt, deine Oma drängelt, du solltest doch mal nicht so schüchtern und mundfaul sein, sondern lieber so offen wie deine Schwester Sabine oder du mitbekommst, dass deine beste Freundin überall hin eingeladen wird, du aber nicht, weil du den anderen Kindern zu langweilig bist, dann bleiben einem diese Erlebnisse leider sehr lebendig in Erinnerung. Selbst wenn du es schaffst, diese ganz weit nach hinten zu schieben, wirst du nicht so gelöst und frei handeln, wie du es ohne diese Erfahrungen machen würdest, wenn du sie nicht gut verarbeiten konntest.

Dabei sind diese Äußerungen nicht immer nur die bösen Sprüche von gehässigen Leuten, die dir weh tun wollten. Mitunter handelt es sich auch einfach um subjektive Bemerkungen oder unbedachte Aussagen, die der andere gar nicht böse gemeint hat. Allerdings können Sprüche wie das vom Onkel an der Kaffeetafel daherposaunte „Nana, mein Mädchen, ein Stück Kuchen reicht! Wir wollen ja keine Dickmadame werden, oder?" oder „Lass das lieber deine Schwester machen, du bist immer so zappelig, nachher geht das wieder nur kaputt, wenn du das in der Hand hast!" deine Kinderseele, gerade wenn du sie häufig hören musstest, sehr verletzen und dir das Gefühl geben, dass du falsch, nicht liebenswert oder zumindest dringend zu ändern bist.

Der Versuch, zu dem zu werden, was du für die anderen sein sollst, kann dazu führen, dass du auch als Erwachsener Konflikten aus dem Weg gehst und Harmonie vor die Durchsetzung deiner eigenen Bedürfnisse und Wünsche setzt. Bloß keinen Streit anfangen, lieber den Mund halten, besser erdulden! Sonst mag mich nachher keiner und ich werde allein gelassen. Die anderen akzeptieren mich ohnehin nur, weil ich immer den Kuchen backe, sie sich bei mir ausheulen können, ich ihre Aufgaben übernehme oder immer für sie da bin. Du lässt dir viel gefallen, versuchst, es allen recht zu machen und neigst dabei dazu, dich selbst zu vergessen. Dabei willst du ja einfach nur geliebt werden!

Leider führen die weiter oben erwähnten Erfahrungen mitunter auch dazu, dass Erwachsene mit einem dermaßen verletzten und verunsicherten Inneren Kind bei jeder Form von Kritik sofort der Mut verlässt, sie jede negative Aussage direkt auf sich beziehen und bei allem einen Angriff wittern, auch wenn es vielleicht vom Gesprächspartner ganz anders gemeint war. Die Alarmsensoren schlagen viel schneller aus und der ganze Mensch ist rund um die Uhr auf der Hut, weil er erneute Verletzungen vermeiden will. Bei dem verzweifelten Versuch, sich zu schützen, schießt dieser Mensch übers Ziel hinaus und vermutet Gemeinheiten, wo gar keine sind. Aussagen, die anderen lapidar erscheinen, wirken auf diese Personen wie riesige Verletzungen, denn das Innere Kind fühlt sich an alte Situationen erinnert und zieht sich sofort in sein Schneckenhaus zurück. Vielleicht weißt du manchmal selbst gar nicht, warum dich dieser oder jener Satz jetzt schon wieder so trifft oder warum du bei dieser Situation jetzt sofort in Tränen ausgebrochen bist und es ist dir unangenehm und peinlich, weil du die Verbindung zu deinem verschreckten Inneren Kind nicht knüpfen kannst.

Auf das Umfeld wirken Erwachsene mit solch einem Verhalten meist mimosenhaft oder gar überdramatisch und nicht selten kommt es vor, dass sie sich zurückziehen, weil die Befürchtung da ist, schon wieder etwas Falsches zu sagen, was ja gar nicht so gemeint war. Wenn es bei jedem flapsigen Spruch, jeder Neckerei oder jeder sachlichen Kritik zu einem Tränenausbruch oder einem totalen Rückzug kommt, ist das allerdings nicht nur für das Umfeld, sondern auch für die betroffene Person sehr anstrengend – zumal sich diese meist sehr im Klaren darüber ist, dass dieses Verhalten nicht normal ist und Menschen eher verschreckt als anzieht.

Aber auch das genaue Gegenteil im Verhalten ist möglich: Wer in seiner Kindheit erlebt hat, dass er immer wieder übergangen wurde und um Aufmerksamkeit und seinen Platz kämpfen musste, wird diese Einstellung möglicherweise bis ins Erwachsenenalter verinnerlicht haben. Kinder, die zurückstecken mussten, weil ihre Geschwister oder ein Elternteil krank waren oder aus einem anderen Grund viel Aufmerksamkeit brauchten oder die aufgrund der überhöhten Ansprüche der Eltern nie gut genug waren, fordern Aufmerksamkeit oder Bestätigung als Erwachsene mitunter sehr direkt ein, zeigen sich herrisch und dominant und versuchen, Beziehungen und Situationen zu kontrollieren, um die so stark vermisste Zuwendung zu erhalten. Dies kann auch dazu führen, dass sie ihre Mitmenschen eher verstören oder wegstoßen, was die früher gemachten Erfahrungen ja scheinbar bestätigt. So tritt ein Teufelskreis ein, bei dem das verletzte Innere Kind immer vehementer versucht, sich Zuneigung und Aufmerksamkeit zu sichern und zu immer drastischeren Methoden greift. Wird ihnen widersprochen, verteidigen sie ihre Position über alle Maßen und auf freundlichen Spott oder einen ironischen Spruch können sie nicht mit einem Lachen reagieren, sondern gehen direkt zum Angriff über, um sich zu schützen und klar zu machen, dass sie und ihre Meinung wichtig sind. Der mühsam erkämpfte Platz scheint immer in Gefahr und es wird keinen Millimeter zurückgewichen, auch wenn das bedeutet, dass andere Leute brüskiert werden.

Kindern, denen wenig Raum für das Entwickeln und Erkunden der eigenen Gefühlswelt gegeben wurde oder denen früh signalisiert wurde, dass sie zu viel fühlen, können als Erwachsene dazu neigen, Emotionen zu verdrängen und alle Situationen zu rationalisieren. Auch Verletzungen von früher, die dein Inneres Kind noch mit sich herumträgt, werden wegrationalisiert, damit du ja nicht den Schmerz fühlen musst, der dich dabei getroffen hat.

Leider führt das Kleinreden oder Zerreden von negativen Gefühlen meist dazu, dass du auch die Emotionen des positiven Spektrums nicht mehr so gut fühlen kannst und dass du dir oder deinem Umfeld als verkopft, wenig spontan und verkrampft erscheinst. Vielleicht machen dir deine eigenen Gefühle Angst und du willst gar nicht so genau wissen, was da in deiner Brust schlummert. Die Verbindung zu deinem Inneren Kind ist vermutlich nicht ausgeprägt, sondern du nimmst dich nur als erwachsener, rational denkender Mensch wahr, der Logik und Vernunft einen besonderen Stellenwert in seinem Leben einräumt, für Fantasie, Liebe und Lebensfreude aber wenig übrig hat.

Musstest du als Kind auf die schönen Dinge des Lebens verzichten und hast du immer wieder erlebt, dass Wünsche nicht berücksichtigt wurden, kann es auch sein, dass du als Erwachsener in eine falsche Art der Zuneigungsbekundung fällst: Du willst dir alle Bedürfnisse sofort erfüllen und neigst dazu, viel zu viel einzukaufen, zu viel zu feiern oder zu viel zu naschen. Unmittelbare Wünsche lassen sich leichter und schneller erfüllen als jene, die etwas Ausdauer und Zeit benötigen. Wer aus einem sehr strengen Elternhaus kam, möchte sich als Erwachsener nicht mehr alles verbieten und greift so großzügig zu, dass es viel zu viel wird.

Fragen, die du dir stellen kannst, sind unter anderem:
- Wurdest du oft mit anderen Kindern verglichen?
- Wurde dir mitgeteilt, dass du dich ändern solltest?
- Hat man dir gesagt, du seist zu sensibel/ernst/weich?
- Ist dir eine Aussage in Erinnerung geblieben, die jemand über dich getroffen hat und die dich verletzt hat?
- Wurde dir eine Rolle zugeschrieben, etwa der Kasper, die Tollpatschige, der Langsame?
- Falls ja, hast du dich in dieser Rolle eingerichtet oder hast du dich dagegen gewehrt?
- Gibt es bestimmte Wörter oder Sprüche, die dich heute noch aus dem Nichts auf die Palme bringen, weil sie dich an etwas von früher erinnern?

Die vier Bindungstypen – wieso mache ich in Beziehungen immer wieder die gleichen Erfahrungen?

In der Psychologie und auch in der Pädagogik arbeiten Fachkräfte mit der sogenannten Bindungstheorie, auch bekannt unter dem englischen Fachbegriff „theory of attachement". Eine der Hauptannahmen der Theorie ist, dass das Bedürfnis, enge Beziehungen zu anderen Menschen aufzubauen, dem Menschen angeboren ist und diese Beziehungen mit starken Emotionen einhergehen. Vertreter der Bindungstheorie wie etwa James Robertson, ein schottischer Psychoanalytiker, John Bowlby, ein britischer Kinderpsychiater und Psychoanalytiker und Mary Ainsworth, eine kanadisch-amerikanische Psychologin untersuchen auch, wie Menschen Bindungen eingehen und aufbauen und wie die Beziehungen aufgrund von frühkindlichen Erfahrungen beeinflusst werden können. So werden in der Bindungstheorie je nach Modell verschiedene Bindungstypen unterschieden. Bei dem Modell, das die Bindung zwischen kleinem Kind und der primären Bezugsperson, meist der Mutter, analysiert, werden mittlerweile vier Bindungsstile unterschieden:

1. der sichere Bindungsstil
2. der ängstlich-ambivalente/unsicher-ambivalente Bindungsstil
3. der gleichgültig-vermeidende/unsicher-vermeidende Bindungsstil
4. der desorganisierte Bindungsstil

Der sichere Bindungsstil – beste Voraussetzungen für harmonische Beziehungen

Kinder mit einer sicheren Bindung, auch B-Typ genannt, lernen, dass sie von ihrer Bezugsperson all die Wärme, Nahrung, Sicherheit und emotionale Zuwendung bekommen, die sie brauchen, um sich gut zu entwickeln. Durch das Gefühl der Sicherheit kann das Kind neue Erfahrungen machen und auch aufregende Situationen aushalten, da es um die Rückzugsmöglichkeit bei der Bezugsperson weiß. Als Erwachsener fühlen sich Menschen mit einem sicheren Bindungsstil in der Regel sicher in zwischenmenschlicher Aktion. Sie schätzen sich selbst wert und gehen Beziehungen mit einem gesunden Urvertrauen ein. Verlustängste plagen sie ebenso wenig wie die Sorge, nicht liebenswert genug zu sein.

Natürlich erleben auch Personen mit einem sicheren Bindungsstil negative Gefühle in zwischenmenschlichen Interaktionen; diese führen jedoch nicht dazu, dass die Person sich von anderen Personen abwendet oder generell unsicher in ihren Bindungen ist. Schließlich hat sie bereits bei ihrer Bezugsperson gelernt, dass diese zuverlässig für sie und ihre Bedürfnisse da ist und Krisen oder Schwierigkeiten gemeinsam gemeistert werden können. Da die Kinder eine gesunde

Die vier Bindungstypen

Stressregulierung bereits frühzeitig erlernen konnten und die Möglichkeit dazu hatten, immer wieder in einen beruhigten Zustand zurück zu finden, können sie auch als Erwachsener auf dieses Rüstzeug zurückgreifen und haben ein innerliches Urvertrauen, dass es ihnen ermöglicht, Emotionen offen zu zeigen, zu erkennen und zu transportieren.

Laut einer Studie von Beck wird der Prozentsatz von Menschen mit einem sicheren Bindungsstil mit 60 bis 70 Prozent benannt. Bist du der Auffassung, dass du einen insgesamt sicheren Bindungsstil hast, du aber in ganz bestimmten Situationen immer wieder Schwierigkeiten beim Kontakt mit anderen Menschen oder in deinen Liebesbeziehungen hast, kann die Arbeit mit dem Inneren Kind sehr hilfreich sein, um herauszufinden, ob es möglicherweise ein Schlüsselerlebnis gab, dass zu einem sehr spezifischen Glaubenssatz geführt hat, der jetzt dazu beiträgt, dass diese Kontakte unbefriedigend verlaufen. Erlaube dir, diese Muster zu hinterfragen. Es bedeutet keineswegs, dass du undankbar bist gegenüber den Menschen, die dir das Entwickeln eines sicheren Bindungsstils ermöglicht haben. Vielmehr gibst du dir damit die Chance, das Erlernte noch weiter auszubauen, sodass es dir und somit indirekt auch wieder deinem Umfeld besser geht.

Hast du einen guten Kontakt zu deinen primären Bezugspersonen, meist Mutter oder Vater oder auch Oma, Opa oder ältere Geschwister, kannst du auch das Gespräch suchen und sie fragen, ob sie sich an ein einschneidendes Erlebnis erinnern können, was möglicherweise zu deinen Schwierigkeiten beigetragen haben kann. Achte dabei gut auf dein Inneres Kind und dich und führe dir immer wieder vor Augen, dass du aus einer sicheren Position aus startest, zu der du jederzeit zurückkehren kannst, wenn du magst oder musst.

Der ängstlich-ambivalente/unsicher-ambivalente Bindungsstil – hin und her gerissen

Der C-Typ mit einem unsicher-ambivalenten Bindungsstil erlebt kein nachvollziehbares und zuverlässiges Verhalten durch seine Bezugsperson, sondern diese zeigt sich widersprüchlich. Da das Kind seine Bindungsperson nicht einschätzen kann, befindet es sich dauerhaft im Stress und versucht, durch permanente Beobachtung herauszufinden, wie und ob die Person mit einem zugewandten und liebevollen Verhalten reagieren wird und wann das Kind mit Ablehnung zu rechnen hat. Da keine Konstanz gezeigt wird und kein Muster erkennbar ist, baut das Kind nicht wie der B-Typ eine unbeschwerte, positive Erwartungserhaltung gegenüber seiner Bezugsperson und anderen Menschen auf und kann sich auch nicht frei entwickeln, da weniger Raum für Erkundungsverhalten zur Verfügung steht.

Elaine Aron geht davon aus, dass diese Inkonsequenz und der nicht zu durchschauende Wechsel von fast zu intensiver Zuwendung, vielleicht schon überfürsorglicher Behandlung und Ignoranz dazu führen kann, dass diese Kinder als Erwachsener unsicher in ihren Beziehungen sind und nicht darauf vertrauen, liebenswert zu sein. Die Angst, verlassen zu werden, ist häufig sehr groß und zeigt sich in den Beziehungen durch verschiedenste Anstrengungen, für das Gegenüber interessant oder attraktiv zu sein und zu bleiben und das Interesse zu erhalten.

Auch benötigen viele Menschen dieses Bindungstyps eine stetige Rückversicherung, da sie die Innere Sicherheit nicht aus sich selbst heraus generieren können. Erkennst du dich in dem C-Typ wieder, kannst du in der Arbeit mit deinem Inneren Kind damit beginnen, dir selbst eine Konstante zu sein. Wenn du dich zuverlässig gut um dich kümmerst, dein Wohlbefinden ernst nimmst und weder aus Bequemlichkeit noch aus Angst darüber hinweggehst, sondern aktive Selbstfürsorge betreibst, erlebt dein Inneres Kind die lang vermisste Konsequenz und erkennt, dass da jemand ist, der zuverlässig ist. Dadurch, dass du dir selbst gegenüber vertrauensvoll begegnest und dem Inneren Kind gegenüber vertrauenswürdig bist, kannst du mit der Zeit lernen, aus dir selbst heraus eine gewisse Grundsicherheit zu entwickeln. So bist du nicht mehr auf die ständige Bestätigung von außen angewiesen und du hast mehr Zeit und Kraft, dich auf andere Dinge zu konzentrieren. In deinen Beziehungen bist du dadurch möglicherweise weniger fordernd und ängstlich und euch bleibt mehr Raum für die schönen Dinge des Lebens und eine gewisse Leichtigkeit kann sich wieder ausbreiten. Die Angst, verlassen zu werden, tritt in den Hintergrund und du kannst deinem Lieblingsmensch glauben, dass er dich wirklich mag. Dadurch musst du auch nicht immer wieder neue Wege finden, dich der Liebe deines Partners zu vergewissern und für ihn spannend zu bleiben, was eine deutliche Entlastung für euch darstellen wird.

Die Beschäftigung mit solch frühkindlichen Erlebnissen kann sehr anstrengend und fordernd sein, sodass du dich und dein Inneres Kind gut umsorgen solltest. Erlaube dem Inneren Kind auch, das Erlebte zu betrauern oder darüber wütend zu sein. Mache dir aber bewusst, dass du jetzt als starker Erwachsener in einer ganz anderen Position bist und die ehemals gefühlte Abhängigkeit der Vergangenheit angehört und du jetzt das Ruder in die Hand nehmen kannst, um dein Leben in die Richtung zu lenken, die du dir für dich und dein Inneres Kind wünschst.

Der gleichgültig-vermeidende/unsicher-vermeidende Bindungsstil – ich brauche dich nicht!

Bei dem gleichgültig-vermeidenden/unsicher-vermeidenden Bindungsstil erleben Kinder überwiegend Ablehnung von ihrer

Bindungsperson. Versuche, Schutz, Unterstützung oder Liebe zu bekommen, werden von der Bezugsperson abgeblockt. Dadurch neigen die Kinder irgendwann dazu, ihre Bezugsperson in schwierigen Situationen nicht mehr aufzusuchen, obwohl sie nachweislich Stress, Angst oder Trauer empfinden. Sie haben die Erfahrung gemacht, dass sie zurückgewiesen werden, unabhängig davon, wie sie sich verhalten und ob sie in emotionaler Bedrängnis sind, oder nicht. Um nicht immer wieder enttäuscht zu werden und den Schmerz durch Ablehnung zu erfahren, verweigern diese Kinder Beziehungen aktiv.

Dieses Verhalten sollte nicht mit dem eines eigenständigen Kindes verwechselt werden. Das eigenständige Kind begegnet Situationen aus freier Wahl selbstständig und weiß, dass es bei Bedarf bei seiner Bezugsperson Schutz findet. Das Kind des A-Typs oder unsicher-vermeidenden Bindungsstils erlebt keine Wahlmöglichkeit und entscheidet sich für das Vermeiden von Interaktionen mit der Bezugsperson, um Schmerz durch Ablehnung zuvorzukommen. Als Erwachsener sind Menschen dieses Bindungsstils meist diejenigen, die sich als sehr unabhängige Personen präsentieren, die kein Interesse an Beziehungen haben und sogar auf diese herabblicken oder gelebte Bedürftigkeit anderer als unangenehm oder verwerflich erleben. Zuneigungen wehren diese Menschen häufig ebenso ab wie Kontaktversuche, obwohl sie sich vielleicht innerlich danach sehnen. Aus Angst vor erneuter Ablehnung oder Schmerz gehen sie aber gar nicht erst das Risiko einer Beziehung zu anderen Menschen ein und werten ein Bedürfnis nach Nähe als Schwäche ab.

Erkennst du dich in dieser Gruppe wieder, wird es für dich vermutlich anfangs nicht ganz einfach sein, dir ein Bedürfnis nach Nähe, Zuwendung oder Liebe überhaupt ein- und zugestehen zu können. Meist haben sich Menschen dieses Bindungstyps ein nach außen sehr erfolgreich wirkendes Leben aufgebaut und die immer wieder betonte Überzeugung, man bräuchte keine engen Bindungen, denn diese würden einen nur aufhalten, passen nicht zu der vielbeschäftigten eigenen Person oder man hätte schlichtweg kein Interesse an Freundschaften und Beziehungen, sind wie ein Mantra in Fleisch und Blut übergegangen, bis die Personen diese Äußerungen sogar selbst glauben. Dies hat nichts mit Asexuellen oder A-Romantikern oder anderen Personen auf diesem Spektrum zu tun, denn anders als bei den eben genannten besteht bei Personen des A-Typs durchaus ein innerer Wunsch nach Nähe, Zuwendung und Liebe. Das Innere Kind hat die frühen negativen Erfahrungen nicht verarbeiten können und versucht, dich als Erwachsenen vor erneuter Zurückweisung oder Verletzung zu schützen, indem es keine Bindungen zulässt. Dies kann sich nur auf sehr enge Bindungen wie Liebesbeziehungen beziehen, aber auch Freundschaften und Kontakte zu Arbeitskollegen einschließen.

Als Mensch mit einem gleichgültig-vermeidenden Beziehungsstils ist es ratsam, dir viel Zeit und Raum zu geben, wenn du mit deinem Inneren Kind arbeiten willst. Diese Arbeit kann sehr hilfreich sein, weil es dir möglicherweise leichter fällt, einem Kind das Bedürfnis nach Schutz, Nähe und Liebe zuzugestehen als dir. Beginne damit, dein Inneres Kind zu umsorgen und ihm diesen elterlichen Schutz zukommen zu lassen. Bist du soweit, dass du dein Inneres Kind liebevoll umhegen kannst, kannst du dich vielleicht auch selbst mehr für Zuwendung von außen öffnen und Menschen, die dir liebevoll begegnen wollen, leichter in dein Leben lassen.

Der desorganisierte Bindungsstil – ich habe Angst vor dir, aber ich brauche Nähe

Die Bindungstheorie wurde erst wesentlich später um den desorganisierten Bindungsstil ergänzt, bei dem Kinder zum Teil eine Mischung aus dem unsicher-vermeidenden Bindungsstil und dem unsicher-ambivalenten Bindungsstil zeigen und mitunter auch durch andere stark von der Norm abweichende Verhaltensweisen auffallen. Dies rührt daher, dass die Kinder durch die Bindungsperson, bei der sie Nähe und Schutz bekommen sollten, Angst erfahren.

Ist die Bindungsperson Auslöser für Angst oder Stress – entweder durch bewusste oder unbewusste körperliche oder seelische Misshandlungen – und zeitgleich die einzige Quelle, von der das Kind Zuwendung und Schutz erfahren kann, sieht es sich in einem konstanten Dilemma gefangen, welches es nicht auflösen kann. Einen Bindungsstil zu erlernen wird so unmöglich, denn die Botschaften, die das Kind bekommt, sind widersprüchlich und lassen sich nicht vereinbaren. Da das Kind quasi gezwungen ist, trotzdem mit seiner Bezugsperson zu interagieren, weil sich diese dem Kind immer wieder nähert, wenn auch verletzend, und diese nicht ignorieren kann wie der gleichgültig-vermeidende Bindungstyp, besteht keine Chance, dieser Bindung zu entkommen.

Als Erwachsene wollen Menschen mit diesen frühkindlichen Erfahrungen und dem D-Bindungsstil zwar häufig Bindungen aufbauen, sie haben aber aufgrund der gemachten Erfahrung Angst vor anderen und sind dauerhaft übererregt. Sie haben keine Erfahrungen im Gestalten und Pflegen von gesunden Beziehungen ohne toxische Dynamik und Machtgefälle. Auch Kinder, deren Bezugspersonen selbst stark ängstlich oder traumatisiert waren und aufgrund dessen Angst auf das Kind übertragen haben, können keinen funktionierenden Bindungsstil entwickeln und fallen häufig in die Gruppe des D-Bindungsstils. Sie zeigen sich als Erwachsener im Umgang mit ihren Mitmenschen desorgansiert, furchtsam und nicht konstant.

Ganz wichtig: Hast du als Kind schwerwiegende Erfahrungen im Umgang mit deiner Bezugsperson oder anderen Menschen machen müssen, solltest du unbedingt professionelle Hilfe in Anspruch nehmen. Gerade bei traumatischen Kindheitserlebnissen kann die Arbeit mit dem Inneren Kind zwar sehr erfolgsversprechend sein – die Begleitung durch eine geschulte Fachkraft gilt hier allerdings als unbedingte Voraussetzung, damit du die Vergangenheit sicher und in einem geschützten Rahmen bewältigen kannst, in dem du zur Not aufgefangen werden kannst.

Arbeit mit dem Inneren Kind – ist das etwas für mich?

Findest du dich in einer oder auch mehreren der Beschreibungen wieder, ist es gut möglich, dass du von der Arbeit mit dem Inneren Kind profitieren kannst. Der Ansatz lässt sich für ganz unterschiedliche Problemstellungen nutzen und kann dir dabei helfen, Erfahrungen aus der Kindheit ins Bewusstsein zu holen, zu verarbeiten und abzuschließen, sodass du keine frühkindlichen Altlasten mehr mit dir herumschleppen musst und dich frei entfalten kannst. Schaffst du es, vermeintlich wahre Glaubenssätze als übernomme subjektive Aussagen zu enttarnen, kannst du dir selbst viel offener begegnen und dich ganz neu kennenlernen.

Ja, vielleicht war es einmal so, dass du das schüchterne Kind warst, das immer die beste Freundin vorgeschickt hast, aber jetzt bist du erwachsen und kannst selbst für dich und deine Wünsche eintreten. Du kannst dir selbst eine gute Bezugsperson sein, denn auch wenn du vielleicht in deiner Kindheit kein entsprechendes Vorbild hattest, weißt du jetzt als Erwachsener, worauf es ankommt und was für dich wichtig gewesen wäre.

Die Arbeit mit dem Inneren Kind kann dir Wege aufzeigen, wie du dir selbst mit elterlicher Fürsorge begegnest und den kindlichen Anteil in dir annehmen kannst. Wichtig ist dabei auch, dass du dadurch lernen kannst, auf eine gesunde Weise für dich zu sorgen, denn eine ungehemmte Bedürfnisbefriedigung macht nicht immer so wunschlos glücklich, wie es im ersten Augenblick scheint. Ein verantwortungsbewusster Umgang mit Bedürfnissen und Wünschen sorgt dafür, dass du insgesamt zufriedener bist und dein Potenzial entdecken und auch entfalten kannst. Dadurch, dass du früh erlittene Verletzungen und Enttäuschungen hinter dir lassen kannst, kannst du vielleicht dadurch belastete Beziehungen angenehmer und entspannt gestalten, toxische Beziehungen erkennen und aufgeben und positive Beziehungen intensivieren und so gestalten, wie es dir und deinem Gegenüber guttut.

Wichtig bei der Arbeit mit deinem Inneren Kind ist ein gewisses Maß an Geduld und Einfühlungsvermögen, denn wenn du schon lange keinen Kontakt mehr zu deinen kindlichen Anteilen hast, kann es etwas dauern, bis du zu diesen eine Verbindung aufbaust. Gib dir die nötige Zeit und freue dich auf eine spannende und abwechslungsreiche Reise zu mehr Ausgeglichenheit und Lebensfreude! Zieh bitte auch in Betracht, dass die Begegnung mit deinem Inneren Kind anstrengend oder traurig sein kann, etwa wenn du dich an eine unfaire Behandlung durch deine Eltern oder Lehrer erinnerst, du dich mit verletzenden Aussagen deiner Geschwister oder erlittenen Hänseleien auseinandersetzt oder du dich an die Einsamkeit erinnerst, die du im Kindergarten oder in der Schule gefühlt hast. Achte bei der gesamten Arbeit immer gut auf dich und sei nicht traurig, wenn es mal einen Tag nicht so gut klappt wie an den anderen und sich das Innere Kind so gar nicht hervorlocken lassen möchte. Deine Tagesverfassung ändert sich und die Arbeit mit dem Inneren Kind ist ein Prozess, der Geduld und Ausdauer erfordert und nicht von einem Tag auf den anderen abgeschlossen werden kann.

Zudem ist ein früh erlerntes Verhalten schwer zu ändern. Du ziehst immer zuerst den linken Socken an? Dann starte ab morgen doch mal mit dem rechten! Du wirst dich wundern, wie lange es dauert, bis du dich nicht mehr bewusst daran erinnern musst und es wird immer wieder Tage geben, an denen du trotz bester Vorsätze doch mit dem linken Socken beginnen wirst. Mit Glaubenssätzen verhält es sich ähnlich. Du hast sie so oft zu hören bekommen und dir selbst gesagt oder gedacht, dass es eine ganze Weile dauern wird, bis anderen Gedanken bereitwillig Platz eingeräumt wird. Du kannst dir diese vermeintlichen Wahrheiten wie einen Pfad vorstellen, der so oft gegangen wurde, bis ein fester, platt getrampelter Weg entstanden ist. Der andere Weg ist zwar deutlich schöner, aber viel mühsamer, weil du ihn noch nicht oft gegangen bist und alles zugewuchert ist und du auch nicht genau weißt, was auf dich zukommt. Trau dich trotzdem, diesen neuen Weg zu gehen! Sei aber auch nicht traurig, wenn du nach einem anstrengenden Tag im Büro oder Zoff mit den Kids doch mal wieder den einfacheren Trampelpfad eingeschlagen hast. Jeder Tag bietet eine neue Chance und mit der nötigen Portion Verständnis meisterst du auch kleine oder größere Umwege problemlos!

Stelle dir einfach einmal folgende Fragen, um zu sehen, ob das Arbeiten mit dem Inneren Kind etwas für dich ist:

- Hast du den Verdacht, dass dich in der Kindheit erlebte Verletzungen bis heute belasten?
- Möchtest du mit bestimmten Erfahrungen in deiner Kindheit abschließen?
- Kannst du dir vorstellen, mit einem imaginativen Verfahren zu arbeiten?
- Nimmst du gerne verschiedene Rollen ein?
- Würde es dir leichter fallen, gut für dein Inneres Kind zu sorgen, statt für dich als erwachsene Person?
- Sehnst du dich danach, deine Vergangenheit annehmen zu können?
- Wärst du gerne selbstbewusster und dir deines Selbstwerts bewusst?

- Möchtest du nicht mehr dienliche Schutzmechanismen ablegen?
- Möchtest du deine Glaubensmuster ändern und dich selbst in einem neuen Licht sehen?
- Möchtest du die Verantwortung für dein Lebensglück übernehmen?

Was ist das Innere Kind überhaupt?

Das Innere Kind ist ein theoretisches Konzept, bei dem sich der Nutzer seine kindlichen Anteile, Erfahrungen, Emotionen und Erlebnisse vergegenwärtigt und mit ihnen arbeitet, in dem er neben seinem erwachsenen Ich auch ein vorgestelltes kindliches Ich berücksichtigt. Es werden also mehrere Unterinstanzen vorgestellt, die verschiedene Aufgaben übernehmen.

Während das erwachsene Ich – vergleichbar mit Sigmund Freuds Ich – die Hauptantriebskraft bei der Bewältigung deines Alltags als Erwachsener ist und Aufgaben übernehmen kann, wie Planen, Risiken einschätzen, durchdachte Entscheidungen treffen oder Verantwortung tragen, ist das Innere Kind deutlich weniger rational und als stellvertretendes Bild gedacht für all die positiven und negativen Prägungen aus unserer Vergangenheit und die damit verbundenen Gefühle, Weltanschauungen und Glaubenssätze.

Das Verfahren Inneres Kind wird sowohl in der psychiatrischen als auch in der psychotherapeutischen Arbeit verwendet und findet auch Anwendung in populärwissenschaftlichen Lebenshilfe-Konzepten. Thematisiert wurde das Innere Kind unter anderem von Margaret Paul, Erika Chopich oder John Bradshaw in ihren Büchern, in Deutschland genießt das Thema durch die Werke von Stefanie Stahl oder Michael Mary seit einigen Jahren viel mehr Aufmerksamkeit. Die Anfänge der Arbeit mit diesem Konzept lassen sich aber viel früher feststellen, auch wenn sie dort noch nicht direkt so benannt wurden. In den Arbeiten von Sigmund Freud wird mit einem ähnlichen Modell gearbeitet, bei dem die kindlichen Anteile sich auf die Entwicklung der Persönlichkeit und frühkindliche Erfahrungen sich auch auf das Leben im fortgeschrittenen Alter auswirken. Er spricht von einem Modell mit drei Instanzen, dem Ich, dem Es und dem Über-Ich. Das Ich entspricht dem heute in der Arbeit mit dem Inneren Kind gedachten Erwachsenen-Ich, während das Es mit seinem Wunsch nach Bedürfnisbefriedigung und ungehemmten Emotionen dem Inneren Kind entspricht. Das Über-Ich wird in einigen Ansätzen mit einem Eltern-Ich oder einer inneren kritischen Instanz gleichgesetzt, die die erzieherischen Anteile übernimmt, das moralische Gedächtnis bildet, aber auch recht streng Fehler beanstanden kann.

Seit den 1990ern wird bei der Arbeit mit dem Inneren Kind in der Regel meist folgende Aufteilung des Ichs vorgenommen: Der Nutzer des Konzepts hat ein erwachsenes Ich, das mit seinem heutigen Kenntnis- und Erfahrungsschatz in Kontakt zu dem Kind-Ich tritt. Das Erwachsenen-Ich kann beobachten, analysieren, reflektieren und neu bewerten und durch die Interaktion mit dem Inneren Kind wieder Zugang zu seinen frühkindlichen und kindlichen Gefühlen, Erlebnissen und Erfahrungen finden. Die kindlichen Empfindungen treffen auf die gemachte Lebenserfahrung des Erwachsenen und die veränderte Position desselben. Da er als mündiger Erwachsener nicht mehr in einer Form von Abhängigkeit verharren muss, kann er den Ängsten, der Wut oder den Verlusterfahrungen des Inneren Kindes ganz anders begegnen und neue Kompetenzen entwickeln, um mit deren Auswirkungen hilfreicher umzugehen. Dysfunktionale Schutzmechanismen können als solche erkannt und behoben werden, wodurch Kapazitäten frei werden, hilfreiche Verhaltens- und Glaubensmuster zu entwickeln, die jetzt zu dir und deinem Leben passen, dich bereichern und dir Kraft und Lebensfreude spenden. Aktive Selbstliebe durch die Annäherung an das eigene Kind ist eines der Kernthemen bei der Arbeit mit diesem Konzept und sicherlich das, was mit am deutlichsten zu einer verbesserten Lebensqualität beitragen kann.

Bei der Arbeit mit dem Inneren Kind handelt es sich um ein imaginatives Verfahren, bei dem sich der Anwender des Konzepts die einzelnen Anteile in seinem Inneren vorstellt; eine tatsächliche Persönlichkeitsabspaltung soll selbstverständlich nicht erfolgen. Vielmehr dient die Benennung der kindlichen Anteile, der Erfahrungen, Erinnerungen und Emotionen als Inneres Kind dazu, dass sich der Nutzer des Konzepts diese besser vorstellen kann und leichter Zugang zu diesen Anteilen findet.

Zudem fällt es vielen Menschen auch deutlich leichter, einem kleinen Kind zu helfen und ihm zuzugestehen, dass es nicht weiterweiß, Angst hat, sich nach Zuwendung sehnt oder Schutz in einer schwierigen Situation benötigt. Erwartet der Erwachsene vielleicht in einem stressigen Meeting, bei dem der Chef unfair agiert und ihn direkt angreift, von sich, dass er dies unbeeindruckt über sich ergehen lässt und adäquat handelt, so kann er es dem Inneren Kind möglicherweise viel eher nachsehen, wenn dieses sich erschreckt. Ist es erst mal wie vor den Kopf gestoßen, weil es sich an all die schlimmen Situationen erinnert fühlt, in denen es in der Schule hilflos einer Autoritätsperson ausgeliefert war und vor der ganzen Klasse vom Lehrer bloßgestellt wurde, reagiert es mitunter nicht so souverän und muss getröstet werden. Mit dem Konzept des Inneren Kindes kann der Erwachsener sich diesem verletzten Anteil zuwenden, dem Inneren Kind erklären, dass die Situation zwar unangenehm war, es aber in Sicherheit ist, und dass es keineswegs mehr hilflos einer höher gestellten Person ausgeliefert ist. Dadurch wird der kindliche verletzte Anteil gesehen und beruhigt, sodass der erwachsene Anteil nicht blockiert wird und angemessen und gelassen auf die Situation reagieren kann.

In manchen Ansätzen, wie etwa bei Stefanie Stahl in ihrem Buch „Das Kind in dir muss Heimat finden" oder bei Julia Tomuschat in ihrem Buch „Das Sonnenkind Prinzip" wird zwischen einem Schatten- und einem Sonnenkind unterschieden. Das Sonnenkind dient als Metapher für all die positiven Erfahrungen und Emotionen aus Kindheitstagen, wie beispielsweise selbstvergessenes Spielen, ungehemmte Lebensfreude, lautstarkes Lachen, neugieriges Entdecken der Umwelt oder das beruhigende Kuscheln mit der Mutter. Kreativität, Aufgeschlossenheit und Spontanität werden ebenfalls mit dem Sonnenkind assoziiert, genauso wie erfolgreich abgeschlossene Entwicklungskrisen und die Entwicklung von gesunden Denk- und Glaubensmustern, wie „Ich bin sicher und geborgen!", „Ich werde geliebt, egal, was passiert!", „Ich darf mich auf morgen freuen!", „Das Leben ist schön!", „Ich kann schon ganz schön viel alleine schaffen!", „Ich bin etwas wert!" oder „Die Welt meint es gut mit mir!".

Das Schattenkind steht als Metapher für all die negativen Erfahrungen und Emotionen, die du in deiner Kindheit erfahren musstest. Assoziiert werden mit dem Schattenkind Gefühle wie Hilflosigkeit, Verzweiflung, Angst, Scham, Schuld, Trauer oder Wut. Auch negative Glaubenssätze, wie „Ich bin es nicht wert, dass man nett zu mir ist!", „Ich muss mich schützen!", „Mir hilft nie jemand!", „Ich bin nirgendwo wirklich sicher!", „Die Welt ist ein gefährlicher, schlechter Ort!" werden mit dem Schattenkind in Verbindung gebracht.

Bei der Arbeit mit dem Inneren Kind wird davon ausgegangen, dass jeder Mensch sowohl Schattenkind-Anteile als auch Sonnenkind-Anteile in sich schlummern hat. Hat jemand allerdings eine belastende Kindheit hinter sich, überwiegen häufig die Schattenkind-Anteile, die der Gefühlswelt des Betroffenen mit negativen Glaubenssätzen, verletzenden Gedanken und daraus resultierenden Schutzstrategien gehörig zu schaffen machen können.

Die Schutzmechanismen des Inneren Kindes

Erlebt ein Kind in den ersten Jahren seines Lebens durch seine Bezugspersonen wenig oder keine Zuwendung, sowohl psychisch als auch physisch, sondern wird es eher mit Überforderung, Aggression, Trauer oder Verzweiflung der Eltern konfrontiert oder sogar vernachlässigt, kann es kein gesundes Selbstwertgefühl entwickeln. Es ist in dem Alter noch nicht in der Lage, das Erlebte abstrakt und mit Abstand zu überdenken und zu erkennen, dass Mama vielleicht nur so teilnahmslos ist, weil sie eine Depression hat oder Papa immer so herumschreit, weil er mit Stress nicht angemessen umgehen kann und mit der Elternrolle überfordert ist. Stattdessen fühlt das Kind den Schmerz, die Angst oder die Bedrohung ungefiltert durch eine rationale Betrachtung und entwickelt dadurch statt dem Urvertrauen ein Urmisstrauen.

Es lässt sich nachweisen, dass Erwachsene, die als Kind anhaltendem Stress ausgesetzt waren – etwa durch Vernachlässigung oder ein unausgeglichenes Umfeld – dauerhaft unter einer erhöhten Produktion von Stresshormonen leiden, die deutlich schneller in belastenden Situationen ausgeschüttet werden. Somit reagieren sie nicht nur schneller auf anstrengende oder fordernde Situationen, sondern auch deutlich intensiver. Die negativen Empfindungen des Kindes bezieht es unmittelbar auf sich: „Papa ist böse. Ich muss etwas falsch gemacht haben!" oder „Mama nimmt mich nie in den Arm – ich bin wohl nicht liebenswert genug!" und überträgt die gemachten Erfahrungen auf alle weiteren Beziehungen, Erlebnisse und Situationen.

Um nicht dauerhaft die als unangenehm erlebten Empfindungen ertragen zu müssen und weiteren Schmerz, weitere Verletzungen und weitere Ablehnung zu vermeiden, entwickeln die Schattenkinder bestimmte Verhaltensmuster, die als Schutzmechanismen oder Schutzstrategien bekannt sind. Diese Schutzmechanismen erlernst du, weil du keine andere Chance hast, die Verhältnisse auszuhalten oder für dich in Einklang zu bringen. Kommst du als Erwachsener erneut in eine Situation, die der aus deiner Kindheit ähnelt, können diese Schutzmechanismen wieder anspringen.

Hast du erlebt, dass deine Eltern mit Liebesentzug reagiert haben, wenn du deinen Kopf durchsetzen wolltest, wirst du vielleicht als Erwachsener versuchen, es deinem Partner ständig recht zu machen und nachzugeben. Schließlich war er neulich so kühl, als du gesagt hast, du würdest lieber in den Actionfilm gehen, statt in diese Dokumentation, oder? Das darf nicht noch mal passieren! Reagiert dein Partner auf dein Nachgeben mit Zuwendung, weil er vielleicht gar nicht mitbekommt, dass du dich nur für ihn verstellst, scheint dein Konzept aufzugehen und du fühlst dich in deinem Verhalten bestätigt – schließlich gab es weder Streit noch Liebesentzug und die Beziehung scheint nach außen weiter stabil.

Bist du in einer sehr leistungsorientierten Familie aufgewachsen und versuchst bis heute, durch übermäßige Selbstoptimierung und Arbeitswut deine Vorgesetzten von deinen Fähigkeiten zu überzeugen, weil du denkst, nur so hättest du überhaupt Anrecht auf deine Position? Neulich, als du mal pünktlich Feierabend gemacht hast, hat dein Chef die Augenbraue hochgezogen und das spannende Projekt ist dann der Neuen übertragen worden. War ja klar, dass so ein nachlässiges Verhalten nicht belohnt wird. Auch als Leistungsbringer

Die Schutzmechanismen des Inneren Kindes

wirst du möglicherweise erleben, dass dein Chef hocherfreut ist, einen so motivierten Mitarbeiter zu haben, was dich abermals in deinem Verhalten bestätigt und zu immer mehr Selbstaufopferung anstachelt. Dass deine Work-Life-Balance vollkommen ins Hintertreffen geraten ist oder du beim ersten Beispiel darunter leidest, keine eigene Meinung entwickeln zu können oder Dingen nachzugehen, die nur dir Spaß machen, nicht aber deinem Partner, ist dir vielleicht bis zu einem gewissen Grad klar. Aber dein erlerntes Arsenal an Schutzmechanismen ist so verinnerlicht, dass es sofort anspringt, wenn in dir bestimmte Emotionen auftauchen. Da auch deine Empfindungen aus dieser Zeit rasend schnell und fast unwillkürlich präsent sind, sind die Erlebnisse besonders eindrücklich und würden von Menschen, die aufgrund von anderen Erfahrungen ganz andere Deutungsmuster und Schutzmechanismen entwickelt haben, ganz anders wahrgenommen werden.

Die folgende Liste umfasst die gängigsten Schutzmethoden, zu denen das Innere Kind in fordernden Situationen greifen kann und die dir im Erwachsenenleben zum Hindernis werden können:

- Streben nach Kontrolle
- Regression
- Opferrolle einnehmen
- Vermeidungsverhalten und Verdrängung
- Aggression
- Suche nach Anerkennung
- Unsichere Bindungen
- Harmoniesucht

Viele der genannten Schutzmechanismen weisen Überschneidungen auf oder können ineinander übergehen. Nicht immer sind die Linien klar zu trennen und häufig bringt das Schattenkind nicht nur ein Schutzmuster aus der Vergangenheit mit, sondern eine Ansammlung. Meist lassen sich aber bestimmte Muster als dominant herauskristallisieren. Zum besseren Verständnis findest du die Mechanismen weiter unten näher erläutert. Unter der Erläuterung findest du ein paar Fragen, die dir dabei helfen können, herauszufinden, ob und welche Muster bei dir greifen und womit dich dein Inneres Kind vor Schaden schützen möchte.

Streben nach Kontrolle

Jeder Mensch möchte bis zu einem gewissen Grad die Kontrolle über sein Leben haben und zeigt dadurch, dass er Verantwortung übernehmen, im Voraus denken und planen und Risiken abschätzen kann. Kontrolle dient immer dem Streben nach Sicherheit – was wir nicht einschätzen und kontrollieren können, könnte potenziell gefährlich sein und ist damit für uns eine vage Bedrohung, die ausgeschlossen werden sollte. Das Kontrollbedürfnis soll Ruhe, Struktur und Sicherheit in eine chaotische Welt bringen und ihr somit etwas von dem Schrecken nehmen.

Dieser Schutzmechanismus zeigt sich häufig bei Erwachsenen, deren Kindheit von einem instabilen und überfordernden Umfeld geprägt wurde. Wenn dein Inneres Kind die Erfahrung gemacht hat, dass es auf niemanden vertrauen kann als auf sich selbst und niemand anderes die Verantwortung für sein Wohlergehen übernimmt, dann wirst du mitunter auch als Erwachsener von dem Glaubenssatz getrieben sein, dass du dich nur auf dich verlassen kannst. Du willst keinesfalls der Willkür anderer Leute ausgeliefert sein, erlaubst dir keine Fehltritte und kannst die Kontrolle auf ganz unterschiedliche Bereiche deines Lebens ausweiten: Vielleicht zeigst du dich in puncto Gesundheit, Ernährung und Fitness sehr diszipliniert und erhältst dafür sogar Lob von außen, was deinen Schutzmechanismus noch befeuert. Wenn der Drang nach Kontrolle aber dazu führt, dass du nicht auch einmal loslassen kannst, keine Erdbeere naschen kannst, ohne die Kalorien in einen

Tracker einzugeben und du eine spontane Einladung deiner besten Freundin absagen musst, weil du noch nicht deine Sporteinheit absolviert hast, dann kontrolliert die Kontrolle dich und dein Leben. Statt weniger Stress und unangenehme Überraschungen erlebst du durch einen Kontrollzwang eine Begrenzung deiner Spontanität und persönlichen Freiheit.

Zudem ist eine permanente Selbstkontrolle extrem anstrengend – je nach Ausprägung sowohl körperlich als auch mental. Besonders belastend kann dies auch in Beziehungen mit anderen Menschen werden. Wenn kein Kollege es dir recht machen kann und du keine Aufgaben mehr delegierst oder anschließend deren korrekte Ausführung überprüfst – frei nach dem Credo „Vertrauen ist gut – Kontrolle ist besser" oder deinen Partner immerzu schulmeisterst und seine Aufgaben im Haushalt überprüfst – „Wenn du das machst, muss ich eh noch mal nachwischen!" – oder deine Kinder so sehr mit Vorschriften und Regeln begrenzt, dass sie das Gefühl haben, kaum noch Luft zu bekommen – dann leiden die Beziehungen unweigerlich und die Menschen beginnen, sich dir beziehungsweise deiner Kontrolle zu entziehen.

- Hast du das Gefühl, alles selber machen zu müssen?
- Fühlst du dich unwohl dabei, Aufgaben zu delegieren?
- Hast du Angst davor, loszulassen?
- Musst du auch bei den anderen immer nach dem Rechten sehen, damit es läuft?
- Hast du ein hohes Sicherheitsbedürfnis?

Regression

Regression – also der Rückfall in ein kindliches Verhalten – kann als Schutzmaßnahme dienen, wenn du dich von den Anforderungen der großen Welt überfordert fühlst. Wenn du einen Partner an deiner Seite hast, der sich gerne um dich kümmert, wird diese Maßnahme – zumindest am Anfang der Beziehung – sogar meist noch belohnt, findet der andere es doch süß oder niedlich und genießt es, dich zu umsorgen. Neigst du aber in schwierigen Situationen immer dazu, in eine kindliche Rolle zu fallen und die Kontrolle an andere abzugeben, hast du zum einen wenig Gestaltungsraum für die Entwicklung deines eigenen Lebens und kannst wertvolle Erfahrungen und Entwicklungsschritte nicht machen, zum anderen bringst du deinen Partner, deine Freunde oder deine Familie immer wieder in die undankbare Aufgabe, die anstrengenden Dinge des Alltags für dich zu erledigen und das am besten noch in deinem Sinne.

Menschen, die in ihrer Kindheit stark bemuttert und bevormundet wurden und kein Autonomiebestreben entwickelt haben, fühlen sich als Erwachsene oftmals den alltäglichen Anforderungen nicht gewachsen, denken, sie hätten nicht die Erfahrung oder das Wissen, um sich richtig zu entscheiden und möchten auch ungern die Verantwortung für Dinge übernehmen. Dies trifft auch auf Personen zu, die in der Jugend stark begrenzt wurden, mit einem strengen Regelwerk aufgewachsen sind und keine eigene Meinung entwickeln durften oder die nicht Stück für Stück an das Übernehmen von Verantwortung herangeführt wurden. Sie haben gelernt, dass ihre Meinung ohnehin nicht zählt, sie ja scheinbar zu klein, dumm oder unfähig sind, für sich selbst zu sorgen und sie gut daran tun, eine Person in ihrer Nähe zu haben, die sich um sie sorgt.

Durch ein kindliches Verhalten wird der Helferinstinkt beim Partner direkt angesprochen und nicht selten kommt es vor, dass Menschen mit solch einem Schutzmechanismus in ungesunden Beziehungen verharren, nur um eine Person an ihrer Seite zu haben. Sie können ihr durchaus bestehendes Potenzial nicht entdecken und entfalten und wollen immer Kind bleiben, nur um nicht mit der harten Welt da draußen konfrontiert zu werden. Dadurch entgeht ihnen allerdings auch all das Schöne dieser Welt, die einem mündigen Erwachsenen ganz anders offensteht als einem Kind.

- Überlässt du die Verantwortung gerne anderen?
- Drückst du dich vor unangenehmen Aufgaben?
- Traust du dir vieles nicht zu?
- Hast du Schwierigkeiten, dich zu entscheiden?
- Lässt du dich gerne rundum umsorgen?

Die Opferrolle einnehmen

Ähnlich wie bei der Regression ist auch das Einnehmen einer stetigen Opferrolle eine Methode, um keine Verantwortung übernehmen zu müssen. Dadurch, dass dein Inneres Kind dich in eine durchgehend passive Rolle bringt, dir quasi alles immer nur passiert, ohne eigenes Zutun, kannst du ja auch nichts dafür, wenn mal etwas schiefläuft. Schuld sind immer die Anderen an Fehlern und ohnehin passieren schlimme Sachen ja auch immer nur dir.

Menschen, deren Inneres Kind dazu neigt, die Opferrolle einzunehmen, haben in der Vergangenheit vielleicht die Erfahrung machen müssen, dass das Machen von Fehlern mit harten Sanktionen einherging. Wer in einer ungesunden Fehlerkultur aufgewachsen ist, tut sich mitunter damit schwer, dass diese jedem passieren und zu Lernprozessen ganz selbstverständlich dazu gehören. Wer sich aber aus Sicherheitsgründen keine Fehler erlauben darf, der muss deren Ursache woanders suchen als bei sich selbst und wird dadurch zum Opfer der anderen. Nicht selten führt das zu einer sehr wilden Ursachenzuschreibung, die die Betroffenen vor sich aber durchaus begründen können. „Es liegt nicht an mir, dass ich den Zahnarzttermin verschwitzt habe. Hätte die Nachbarin mich heute nicht so mies angemuffelt, wäre ich nicht so aus dem Konzept gekommen und hätte daran gedacht!" Die Überzeugung, immer das kurze Ende der Wurst zu bekommen, kann dir auch durch dein engeres Umfeld oder deine Lehrer vermittelt worden sein: War deine Mutter beispielsweise immer recht wehleidig und deutlich in ihren Äußerungen, dass ihr ja immerzu Unrecht widerfahre, aber so ginge es nun mal allen aus der Familie, kann sich dieser Gedanke ebenso festsetzen wie die Äußerung einer Nachbarin, dass „wir als kleine Leute sowieso immer die Angeschmierten sind, egal was wir machen!". Da es ja scheinbar keine Möglichkeit gibt, diesem Umstand zu entkommen, wird erst gar nicht versucht, bestehende Missstände zu ändern, wodurch scheinbar bestätigt wird, dass die Betroffenen nichts Gutes vom Leben zu erwarten haben.

- Hast du das Gefühl, immer benachteiligt zu werden?
- Passieren dir immer die schlimmsten Dinge?
- Sind immer die Anderen schuld?
- Versuchst du, Krisen auszusitzen?
- Fällt es dir schwer, dich zu entschuldigen, wenn du etwas falsch gemacht hast?

Vermeidungsverhalten und Verdrängung

Verdrängung und Vermeidungsverhalten gehen häufig Hand in Hand. Wenn du als Kind unschöne Situationen erleben musstest, besteht die Chance, dass du diese als Kind nahezu erfolgreich verdrängt hast. Du weißt, dass da was war, aber du vermeidest sowohl, dich damit zu beschäftigen, als auch dich in Situationen zu begeben, in denen die Erinnerung an das Verdrängte wieder an die Oberfläche gelangen könnte. Sicher würdest du gerne zum Klassentreffen gehen und alle wiedersehen, aber leider kannst du nicht. Das hat aber vielleicht gar nichts mit deinem Terminkalender zu tun, sondern mit dem Umstand, dass dich damals ein paar aus deiner Stufe wegen deiner Sommersprossen gepiesackt haben und selbst wenn du diese mittlerweile richtig hübsch an dir findest, willst

Die Schutzmechanismen des Inneren Kindes

du um keinen Preis der Welt daran erinnert werden und dich wieder so klein und ausgeliefert fühlen wie damals.

Dein Inneres Kind versucht dich durch das Vermeidungsverhalten vor ähnlichen Gefahren zu beschützen und übersieht dabei vollkommen, dass du mittlerweile groß und eigenständig bist und dich heute sicher ganz anders wehren kannst als früher. Auch das Verdrängen soll dich vor unangenehmen Empfindungen schützen. Allerdings wird so auch eine konstruktive Auseinandersetzung mit dem Thema verhindert, sodass du mit dem Problem nicht abschließen kannst und es wie eine unsichtbare Last immer weiter mit dir herumträgst.

Vielleicht neigst du heute, als Erwachsener, auch zum direkten Rückzug, wagst dich gar nicht erst an herausfordernde Projekte oder kniffelige Situationen heran und sitzt Situationen lieber aus, statt die Konfrontation zu suchen. „Das ist doch alles nicht so schlimm. Das macht mir gar nichts aus! Ich fand das gar nicht weiter wild und ich wollte den Posten ohnehin nicht!" sind typische Sätze, die im Nachhinein rechtfertigen sollen, warum du dir selbst Sachen nicht zutraust oder Missstände nicht angehst und änderst. Dein scheinbarer Selbstschutz sorgt allerdings dafür, dass du dich immer mehr zurückziehst, dir Sachen immer schwerer erscheinen und du eine konstruktive Auseinandersetzung mit schwierigen Situationen gar nicht mehr gewohnt bist und dir daraufhin immer weniger zutraust und dich immer mehr begrenzt.

- Gehst du unangenehmen Situationen aus dem Weg?
- Lässt du Sachen bleiben, auch wenn du eigentlich Lust auf sie hast und weißt gar nicht, warum?
- Erinnerst du dich häufig nicht an unangenehme Dinge?
- Versuchst du, Streitigkeiten beiseite zu schieben?
- Behauptest du oft, ein dickes Fell zu haben und dass dir nichts nahe geht?

Aggression

Wer seine Umwelt als feindlich betrachtet und immer davon ausgehen muss, einen Seitenhieb einstecken zu müssen oder direkt angegriffen zu werden, der hat die Wahl zwischen Flucht und Angriff. Menschen, die in ihrer Kindheit oft erleben mussten, dass vermeintlich oder wirklich Schwächere schlecht behandelt wurden, die selbst oft angeschrien oder geärgert wurden oder aus anderen Gründen kein Urvertrauen entwickeln konnten, sondern ein Urmisstrauen ausgebildet haben, neigen im Erwachsenenalter oft dazu, hinter jeder kleinsten Kritik einen massiven Angriff auf ihre Person zu wittern. Sie reagieren schnell über, kontern berechtigte Kritik unverhältnismäßig scharf und sind ständig im Kampfmodus, um sich vor vermeintlichen oder tatsächlichen Angriffen schützen zu können.

Waren sie als Kind vielleicht dem Tun ihres Umfeldes hilflos ausgeliefert, versuchen sie jetzt mit größtmöglicher Anstrengung das Zurückfallen in die Opferrolle zu verhindern und schießen mit ihren Attacken und Aggressionen weit über das Ziel hinaus. Nicht selten ist den Betroffenen durchaus bewusst, dass sie überreagiert haben und doch scheinen sie nicht aus ihrer Haut zu können und reagieren wie automatisch mit starkem Gegenwind. Dies kann dazu führen, dass Arbeitskollegen nicht mehr mit ihnen in einem Team arbeiten wollen oder Freunde sich zurückziehen, weil sie sich vor der ungerechtfertigten Aggression schützen möchten. Dabei möchten die Betroffenen ihr Umfeld gar nicht so scharf angehen, aber das Innere Kind hat so viel Angst vor einer erneuten Kränkung, dass nurmehr mit aggressiver Abwehr reagiert wird. Das Selbstbild des starken Kämpfers, der Amazone, ist wichtig für das Ertragen der gemachten Erfahrungen und soll dafür sorgen, dass es keinen Rückfall in diese Rolle geben wird.

Mitunter kann dieses Verhalten auch die unbewusste Übernahme von Verhaltensweisen der Eltern sein. Wurde dir vorgelebt, dass du nur mit deinen Ellenbogen durchs Leben kommst und man laut werden muss, um sich durchzusetzen, frei nach dem Motto „Der Stärkere gewinnt!", dann wirst du dich möglicherweise damit schwertun, andere Kommunikationsstrategien zu akzeptieren oder zu übernehmen.

- Fühlst du dich schnell angegriffen?
- Gibt es immer wieder Situationen, in denen du aus der Haut fährst, obwohl du sie eigentlich gar nicht so schlimm findest?
- Hat dir jemand gesagt, dass man mit dir nicht diskutieren kann?
- Haben deine Kinder Angst vor dir?
- Denkst du, wer nicht kämpft, verliert automatisch?

Suche und Sucht nach Anerkennung

Als Kind bist du darauf angewiesen, dass deine Bezugsperson sich gerne und viel mit dir beschäftigt und dir rückmeldet, dass du liebenswert bist. Bedingungslose Liebe hilft dabei, einen Selbstwert zu entwickeln und ein gutes Vertrauen in sich selbst und die eigenen Stärken zu bilden. War ein Elternteil oder sogar beide aber immer abwesend – wahlweise räumlich oder auch nur mental – dann hast du keine Möglichkeit bekommen, dich in dem anderen zu spiegeln, dich gesehen zu fühlen und zu lernen, dass da jemand ist, der sich gerne Zeit für dich und deine Bedürfnisse nimmt

Nicht selten reagiert das Innere Kind dann mit verschiedensten Strategien zur Erweckung von Anerkennung darauf: Es probiert ein besonders pflegeleichtes, unkompliziertes Kind zu sein, das genau den Wünschen der Eltern entspricht. Oder es versucht mit besonderen Leistungen aufzufallen und in die Welt der Eltern vorzudringen. Bist du mit einem Geschwisterkind aufgewachsen, dass auf einem Gebiet besonders erfolgreich war, beispielsweise eine ausgezeichnete

Schwimmerin oder ein hervorragender Sänger, kann das dazu geführt haben, dass du dich zurückgesetzt gefühlt hast und dich auch durch etwas hervortun wolltest. Auch bei Kindern, deren Geschwisterkinder längere Zeit erkrankt sind, stellt sich oftmals das Gefühl ein, nicht genug Beachtung zu bekommen und ins Hintertreffen zu geraten. Mitunter kann die Reaktion darauf auch weniger angenehm für die Eltern ausfallen, indem die Kinder nicht mit Leistung oder besonders angenehmen Verhalten, sondern durch Unarten und flegelhafte Verhaltensweisen auf sich aufmerksam zu machen versuchen. Vielleicht haben deine Eltern dies sogar erkannt und deine Bemühungen mit einem „Die will sich doch nur aufspielen. Lass sie einfach in Ruhe, die regt sich schon wieder ab!" einfach abgewiegelt, statt zu sehen, wie verzweifelt du um Beachtung kämpfst.

Wenn dein Inneres Kind bis heute Angst darum hat, nicht gesehen zu werden, kann dies dazu führen, dass du auf verschiedenste Weisen versuchst, Anerkennung durch dein Umfeld zu bekommen – etwa durch eine hohe Arbeitsmoral und Workaholic-Tendenzen in deinem Job, durch die neueste Mode und einen perfekten Körper bei deinem Flirtpartner, sportliche Erfolge, einen beruflichen Aufstieg oder materielle Dinge. Forderst du die Aufmerksamkeit in deinem Umfeld immer wieder ein und fühlst dich ohne diese äußere Bestätigung nicht geliebt oder geachtet, kann dies aber zum einen dazu führen, dass es dein Umfeld erschöpft und dieses sich von dir abwendet, zum anderen schränkt es dein Leben stark ein, da du nie genug bekommen kannst und somit kaum andere Ziele verfolgen kannst.

- Gibst du dir viel Mühe mit deinem Aussehen, um positive Rückmeldungen zu bekommen?
- Hast du das Gefühl, dein Partner liebt dich nicht, wenn er einmal einen Tag mehr mit sich beschäftigt ist?
- Forderst du Bestätigung direkt von deinem Umfeld ein?

- Demonstrierst du deine Erfolge, um Aufmerksamkeit zu bekommen?
- Fällst du gerne auf?

Harmoniesucht

Harmoniesucht kann sich auf verschiedene Wege zeigen: Ähnlich wie bei der Vermeidung und Verdrängung schiebst du dir unangenehme Gespräche und Situationen einfach zur Seite, gehst darüber um des lieben Friedens willen hinweg, schluckst so manchen Frosch, um die Stimmung nicht zu vermiesen und stellst deine eigenen Ideen und Bedürfnisse nach hinten, damit deine Kommunikationspartner nicht verstimmt werden. Im Job lässt du das Lob an deinen Mitarbeiter gehen, obwohl die Hauptidee von dir war – schließlich willst du ja nicht als unkollegial gelten – und die bissigen Bemerkungen der Schwägerin quittierst du mit einem gequälten Lächeln, die gute Stimmung an der Festtafel soll ja nicht durch deine Befindlichkeiten ruiniert werden.

Dein Inneres Kind tut alles dafür, um sich bei den anderen sprichwörtlich lieb Kind zu machen. Du versuchst, Auseinandersetzungen zu vermeiden und hast Angst, dass ein Streit gleich einen Kontaktabbruch zur Folge hat. Vielleicht hast du als Kind die Erfahrung machen müssen, dass deine Eltern dir mit Liebesentzug begegnet sind, wenn du dich nicht ganz genau so verhalten hast, wie sie es von dir erwartet haben oder deine Mutter hat dir gepredigt, dass nur nette Mädchen geliebt werden und niemand eine zänkische, unleidliche Person als Ehefrau möchte. Möglicherweise hast du keine Chance gehabt, eine gesunde Streitkultur zu erlernen und kannst Missstimmung weder im beruflichen noch im privaten Umfeld ertragen.

Das Bedürfnis, sofort wieder für gute Stimmung zu sorgen, den anderen wieder zu versöhnen oder sich der Liebe zu versichern, kann so weit gehen, dass du immer wieder einsteckst und deinen Ärger oder deine Trauer hinunterschluckst. Vielleicht nimmst du diese Gefühle auch gar nicht mehr wahr oder bemerkst nur, dass du bedrückt bist, erlaubst dir aber ohnehin solch heftige Emotionen wie Wut gar nicht und denkst, für eine liebende Mutter oder Frau, einen liebenden Vater oder Mann schickt sich das nicht. Dadurch, dass du dich permanent überwachst und anpasst, deine Bedürfnisse hintenanstellst und das Wohlbefinden anderer höher bewertest als dein eigenes, kann es dir mitunter auch schwerfallen, konkret zu benennen, was du dir für dich wünscht und was dir guttun würde.

- Glaubst du, deine Meinung ist weniger wert als die der anderen?
- Willst du um keinen Preis als zänkischer Hausdrache dastehen?
- Verdienen nur angepasste Menschen Liebe?
- Kannst du schlechte Stimmung aushalten oder versuchst du gleich zu vermitteln?
- Kehrst du Konflikte unter den Teppich um des lieben Friedens willen?

Unsichere Bindungen

Unsichere Bindungen oder die ambivalente Einstellung gegenüber Nähe zeigen vor allem Menschen, deren Inneres Kind früh gelernt hat, dass es am besten gar nicht darauf hofft, dass ihm Liebe entgegengebracht wird, weil diese Hoffnung ohnehin enttäuscht wird. Um mit der Trauer und Wut über diesen Verlust fertig zu werden, kann die Einstellung, man hätte ohnehin kein Interesse an der engeren Beziehung zu anderen Menschen, zumindest scheinbar helfen. Allerdings haben nahezu alle Menschen ein angeborenes Bindungsbedürfnis und sehnen sich nach der Liebe und Anerkennung, dem Austausch und der körperlichen Verbindung mit anderen Menschen.

Die Schutzmechanismen des Inneren Kindes

Dadurch kann eine ambivalente Einstellung gegenüber Nähe zu Problemen im Umgang mit anderen werden: Zum einen sehnst du dich nach Nähe, Berührung und Freundschaft, zum anderen scheust du diese Nähe, weil sie auch die Gefahr birgt, dass sie dich verletzt. „Nur wer liebt, kann leiden!" oder „Wer keine Beziehung hat, hat auch keinen Liebeskummer!" sind vielleicht auch Glaubenssätze, die du von einem in der Liebe enttäuschten und verbitterten Elternteil übernommen hast.

Hören Kinder dann auch so Allgemeinsätze wie „Lass dich nie auf die Liebe ein – du wirst ohnehin nur enttäuscht! Alle Männer sind Schweine und lassen dich sowieso sitzen! Vergiss das mit den Frauen! Früher oder später sind die sowieso weg!", dann kann das dazu führen, dass sich die Äußerungen wie kleine Stacheldrahtzäune um das Herz legen. Vielleicht gehst du nur oberflächliche Kurzzeitbeziehungen ein oder du versuchst, deine Liebsten immer auf Abstand zu halten. Vielleicht trennst du dich auch, wenn du merkst, dass du doch mehr für die andere Person empfindest – nur zur Sicherheit, damit du nicht die Person bist, die verlassen wird. Oder du gibst deinem Bedürfnis nach Nähe gar nicht nach und ziehst dich von Menschen allgemein zurück und kämpfst mit Einsamkeit. Auch Fluchten in die Arbeit, den Sport oder ein Hobby können dazu genutzt werden, sich bloß nicht auf Menschen einlassen zu müssen und das Herz von dir und deinem Inneren Kind bestmöglich zu schützen.

- Glaubst du, du bist ohne Menschen besser dran?
- Denkst du, dich mag sowieso niemand?
- Glaubst du an die Liebe?
- Blockst du Annäherungsversuche ab oder bist du bereit, dich auf andere einzulassen?
- Konzentrierst du dich mehr auf Gegenstände, Hobbys oder deine Arbeit, statt auf zwischenmenschliche Beziehungen?

Diese Schutzmechanismen können sehr hartnäckig sein, wenn du versucht, sie im Erwachsenenleben abzustreifen. Vielleicht ist dir vom Kopf her klar, dass du sie nicht mehr benötigst, denn jetzt bist du ja keineswegs mehr unmündig und von der Liebe und Zuwendung Erwachsener abhängig – doch deine Psyche weiß das nicht. Nur weil dir etwas vom Verstand her klar ist, bedeutet das nicht, dass du es auch so fühlen kannst. Darum ist manchmal für dein Verhalten auf den ersten Blick gar kein klares Motiv zu erkennen und du kannst dir selbst nicht erklären, warum du schon wieder stachelig auf Abstand gegangen bist, obwohl du dich nach einer Umarmung sehnst oder den ganzen Tag auf Achse bist und dich mit Arbeit zu überhäufen drohst, obwohl dir der Sinn eigentlich nach Familienalltag steht.

Überprüfst du das gezeigte Verhalten dann dahin, ob es sich um eines der oben aufgelisteten Schutzmuster handeln kann, wirst du meist recht schnell fündig. Möglicherweise erkennst du dann auch die Verbindung zu Erlebnissen aus deiner Kindheit, die dein Inneres Kind mit den ungewollten Mechanismen zu verhindern sucht. Vielleicht haben diese Schutzmechanismen dir als Kind in deiner schwierigen Situation, in der du der Willkür deiner Bezugspersonen ausgeliefert warst, wirklich gute Dienste geleistet und dafür gesorgt, dass du die Momente der Angst, Zurückweisung oder Trauer aushalten konntest. Heute aber stehen sie dir möglicherweise mehr im Weg als dass sie dir helfen, sodass es sich lohnt, sie auf ihre Wirksamkeit und Dringlichkeit für dein Leben als erwachsener Mensch zu überprüfen.

Die Arbeit mit dem Inneren Kind in der therapeutischen Praxis

In der therapeutischen Arbeit mit einer Fachkraft wird das Konzept des Inneren Kindes in zweierlei Richtungen genutzt: Zum einen können Patienten mit Hilfe ihres Inneren Kindes Stärken und gesunde Verhaltensweisen und Denkmuster aus ihrer Kindheit erkennen und dadurch eine Stärkung erfahren und lernen, diese Erinnerungen oder Emotionen als Depot oder Vorrat für ihr Leben im Hier und Jetzt anzulegen, auf das sie zurückgreifen können. Das Bewusstmachen von positiven Kindheitserlebnissen und Stärken kann dazu führen, dass die eigene Vergangenheit und Person weniger einseitig – meist negativ – betrachtet wird, sodass sich üblicherweise auch der Blick auf die Gegenwart und Zukunft ins Positive verschiebt. Zudem kann bei der gemeinsamen Rückschau auf die schönen Seiten der kindlichen Vergangenheit erkannt werden, welche guten Eigenschaften, Talente und Wünsche in dem Patienten schlummern und dieser kann verlorengeglaubte Schätze seiner Erinnerung wieder in sein Bewusstsein holen. Dadurch hat er die Chance, sich mehr auf die eigenen Stärken zu konzentrieren und kann auch sein Set an Skills erweitern, um Schwierigkeiten in seinem Leben besser und souveräner begegnen zu können.

Zum anderen beschäftigt sich die Arbeit mit dem Inneren Kind mit dem verletzten Inneren Kind, das in seiner Vergangenheit negative Erlebnisse machen musste, die es in nicht verarbeitete Trauer, Wut, Ohnmacht oder Angst gestürzt haben. Psychische Erkrankungen wie Depressionen, Angst- oder Panikstörungen sind meist multifaktoriell bedingt, aber oftmals zeigt sich eine deutliche Besserung der Symptomatik durch die Arbeit mit dem Inneren Kind. Viele Erwachsene versuchen, negative Erfahrungen und die damit verbundenen Gefühle aus dieser Zeit zu verdrängen und erleben es als Herausforderung, sich ihren frühen seelischen Verwundungen zu stellen. Mitunter haben sie keine rechte Erinnerung mehr daran, weil sie alles daran gesetzt haben, diesen Teil ihres Lebens zu vergessen. Dennoch wurden sie von diesen Erfahrungen geprägt und bei näherem Hinschauen und Besprechen der vorangegangenen Erlebnisse wird deutlich, dass bestimmte Verhaltensmuster und Denkweisen, die ihnen heute Probleme bereiten, damals entwickelt oder angelegt wurden. Somit wirken sich die Prägungen aus der Kindheit immer noch auf sie aus, auch wenn ihnen vielleicht nicht bewusst ist, dass ihr Verhalten mit diesen zusammenhängt.

In der therapeutischen Arbeit wird durch die Begegnung mit dem Inneren Kind versucht, verdrängte Erlebnisse ins Bewusstsein hervorzuholen, damit der Patient sich mit ihnen auseinandersetzen kann. Er kann seine frühkindlichen negativen Erfahrungen mit Hilfe therapeutischer Begleitung betrachten und erforschen, inwiefern diese Erlebnisse für ihn prägend waren und wo sich Verbindungen zu den heutigen Schwierigkeiten ziehen lassen. Das enttäuschte Grundbedürfnis des Inneren Kindes nach Liebe und Zuwendung kann dann nachträglich befriedigt werden, indem der erwachsene Patient eine fürsorgliche Elternrolle gegenüber seinen kindlichen Anteilen, seinem Inneren Kind, einnimmt und diesem damit die emotionale Aufmerksamkeit zukommen lässt, die es gebraucht hätte, um sich unbeschwert zu entwickeln.

Ziel dieses Konzepts ist zum einen, dass psychische Verletzungen aus dieser Zeit nicht mehr verdrängt, sondern aktiv bearbeitet und abgeschlossen werden können, zum anderen, dass der Erwachsene erkennt, dass er zwar nicht mehr das kleine, hilflose Kind ist, das seinem Schicksal erbarmungslos ausgeliefert ist, er aber dennoch diese Erfahrungen machen musste und das diese ihn geprägt haben, sodass er auf bestimmte Erlebnisse möglicherweise abweichend von der Norm reagiert und lernen muss, für seinen kindlichen Anteil und für sich selbst als Gesamtperson gut und auf erwachsene Weise zu sorgen. Dadurch, dass der Erwachsene diese Handlungskompetenzen erlernt, kann er sich selbst besser beruhigen, erlebt sich als stabilere Persönlichkeit und sieht sich auch dazu in der Lage, mit fordernden Situationen umzugehen, die ihn an negative Erlebnisse aus seiner Kindheit erinnern. Indem er sich seines Inneren Kindes annimmt und bereit ist, die Schuld, Scham oder Einsamkeit der Vergangenheit zu fühlen, öffnet er sich auch wieder den positiven Gefühlen dieser Altersstufe und erlebt sich mitunter als lebendiger, offener und interessierter. Da er wieder Zugriff auf die negativen Emotionen dieser Zeitspanne hat, stehen ihm auch die positiven Gefühle offen und er kann sein Emotionsspektrum erweitern und seine Emotionsregulierung verbessern.

Durch die Arbeit mit dem Inneren Kind wird zwar zunächst eine bewusste Spaltung in Erwachsenen-Ich – je nach Konzept gibt es auch die Bezeichnungen Innerer Erwachsener oder Regisseur oder zusätzliche hilfreiche Wesen, die den erwachsenen und den kindlichen Anteil miteinander verbinden – und Inneres Kind vorgenommen, doch schlussendlich geht es darum, eine gesunde und liebevolle Bindung zwischen den verschiedenen Anteilen zu schaffen, um die eigene Persönlichkeit mit all ihren Facetten anzunehmen und ein ausgefülltes Leben in Balance führen zu können. Dadurch, dass die Verbindung bewusst zwischen Innerem Kind und Erwachsenem hergestellt wird, wird dem Patienten deutlich, dass er selbst in der Verantwortung für sein Wohlbefinden steht und er durchaus in der Lage ist, für sich und sein Inneres Kind zu sorgen. Dadurch kann er sich aus Abhängigkeiten lösen und ist freier in der Gestaltung von Beziehungen. Selbstbestimmt kann er das Zepter in die Hand nehmen und aktiv ein Leben aufbauen, dass seinen kindlichen und erwachsenen Bedürfnissen und Wünschen entspricht, statt darauf zu warten, dass andere Leute sich um ihn kümmern und für sein Lebensglück sorgen.

Diese Erkenntnis wirkt nicht nur unheimlich stärkend, sondern meist auch sehr motivierend und hilft dabei, diffuse Unzufriedenheiten hinter sich zu lassen. Dadurch, dass niemand anderes für dein Wohlergehen verantwortlich ist, lastet zwar alles auf deinen Schultern – du bist aber auch nicht angewiesen auf das Wohlwollen anderer und kannst dein Leben genau so gestalten, wie du es für richtig hältst. Stößt dies in deinem Umfeld auf Ablehnung, wird dich das möglicherweise immer noch verletzen, aber du kannst trotzdem unbeirrt deinen Weg gehen und deinen Lebenstraum verfolgen, weil du das nötige Selbstvertrauen entwickelt hast und dir und deinem Bauchgefühl Glauben schenken kannst.

Bekannte Ansätze, die im Rahmen von psychiatrischen oder psychotherapeutischen Behandlungen Anwendung finden, sind unter anderem

1. Die Schematherapie:

In der Schematherapie kann der Patient mittels Rollenspielen mit dem Inneren Kind interagieren und dabei je nach Problemstellung sowohl mit dem wütenden, dem ungezogenen, dem verletzten oder dem glücklichen Inneren Kind Kontakt aufnehmen. Der erwachsene Anteil fungiert als Elternteil beim sogenannten „Reparenting" und soll sich nun um das Innere Kind kümmern. Dysfunktionale Verhaltensweisen und Glaubensmuster, in der Schematherapie als maladaptive Schemata bezeichnet, werden bei diesen Begegnungen aufgedeckt, bearbeitet und korrigiert, sodass sich neue, funktionale Lebensmuster ausbilden können.

2. Die Transaktionsanalyse:

Die Transaktionsanalyse wurde von dem US-amerikanischen Psychiater Eric Berne Mitte des 20. Jahrhunderts entwickelt und sollte den Menschen ein psychologisches Modell an die Hand geben, mit dem sie ihre erlebte Wirklichkeit einordnen, analysieren und bei Bedarf auch verändern können. Dazu wurde unter anderem das Kind-Ich genutzt, das durch die Hilfe anderer innerer Anteile oder Instanzen wie dem Inneren Regisseur, dem Inneren Manager und dem Inneren Erwachsenen die nötige Balance finden soll. Berne geht von einem Eltern-Ich, einem Erwachsenen-Ich und einem Kind-Ich aus, deren Vorstellungen in Einklang gebracht werden können. Dadurch können alte, unbewusste Fühl- und Denkmuster geändert werden, sodass sich auch das Verhalten im Hier und Jetzt im Sinne des Patienten ändern lässt.

3. Die Psychodynamisch Imaginative Traumatherapie:

Die Psychodynamisch Imaginative Traumatherapie, auch unter der Kurzform PITT bekannt, wurde von Luise Reddemann als Verfahren für die tiefenpsychologisch-psychodynamische Kurzzeittherapie entwickelt. PITT findet vor allem in der stationären Behandlung von Trauma-Patienten Verwendung, wird aber auch in der ambulanten Therapie eingesetzt. Reddemann geht von einem Inneren Team aus, das neben dem Inneren Kind und dem Erwachsenen auch Helferwesen umfasst, die das Innere Kind beschützen und es vor ungewollten Erinnerungen beschützen. Im Bedarfsfall kann sich das Innere Kind an einen sicheren Ort zurückziehen und dort Schutz finden, wenn es sich bedrängt fühlt.

Die Arbeit gliedert sich in drei Stufen: Zunächst wird der Betroffene stabilisiert, um sich anschließend der Bearbeitung des Traumas zu stellen. Abschließend findet eine Integrations-Phase statt, in der das Innere Kind die Erlebnisse und damit einhergehenden Emotionen wie Scham, Verzweiflung oder Schuld loslassen kann.

4. Die Ego-State-Therapie:

Die Ego-State-Therapie wurde in den 1980ern von dem Psychologie-Professor John Watkins und der Psychologin Helen Watkins entwickelt. Dieser Ansatz geht davon aus, dass jeder Mensch verschiedene Persönlichkeitsanteile, die Ego-States, in sich trägt, die sich in gesunde und belastete Anteile unterscheiden lassen. Ein Großteil dieser Ego-States entsteht laut Watkins in der Kindheit. Machen Betroffene in dieser Zeit einschneidende Erfahrungen, können sich die Ego-States nicht in einem gesunden Maß entwickeln. Die belasteten Anteile lassen sich in integrierte, ungesunde Ego-States und abgespaltene Anteile aufteilen. Während sich die in die Persönlichkeit integrierten Ego-States bewusst machen lassen, sind die abgespaltenen Anteile aufgrund eines Traumas für den Betroffenen nicht zugänglich, der so vor unaushaltbaren Empfindungen geschützt werden soll.

Grenzen des Konzepts in der therapeutischen Arbeit

Wird das Konzept des Inneren Kindes in der therapeutischen Arbeit eingesetzt, muss die behandelnde Fachkraft mit dem Patienten abwägen, ob diese ausreichend stabil ist, insbesondere dann, wenn das Innere Kind nicht nur als Ressource für positive Denk- und Verhaltensmuster genutzt werden soll, sondern wenn die Auseinandersetzung mit belastenden oder gar traumatischen Kindheitserfahrungen geplant ist. Die Begleitung der ausgebildeten Psychotherapeuten muss ebenso gegeben sein wie der geschützte Raum, in dem der Patient sich auf die Arbeit einlassen kann und die nötige Stabilität im Alltag, damit der Patient die fordernde Arbeit aushält und trotzdem einem geregelten Alltag nachkommen kann. Ist dies noch nicht der Fall, wird der Fokus zunächst auf das Erlernen von Skills gelenkt, um die nötige Stabilität zu erzielen. Ist bekannt, dass der Betroffene zur Fragmentierung neigt, also zum Auseinanderfallen einzelner Persönlichkeitsanteile beziehungsweise zur Dissoziation, wird in der Regel von der Arbeit mit dem Inneren Kind abgesehen, da die Gefahr zu groß ist, dass eine Fragmentierung hervorgerufen oder verstärkt wird. Auch wenn ein Patient im Laufe der Arbeit mit dem Inneren Kind Anzeichen dieser Tendenz zeigt, wird üblicherweise das Vorgehen überdacht und gegebenenfalls zu anderen Ansätzen gegriffen.

Das Innere Kind als Modell außerhalb der therapeutischen Arbeit

Du kannst das Konzept des Inneren Kindes auch außerhalb einer therapeutisch begleiteten Begegnung für dich nutzen, um Frieden mit deiner Vergangenheit zu schließen, dich und deine Person mit all ihren Facetten anzunehmen, ungesunde Schutzmechanismen zu verstehen und in positive Verhaltensmuster zu ändern und insgesamt ein erfüllteres und buntes Leben zu führen. Dadurch, dass du als erwachsene Person die Dinge in die Hand nimmst und deinem Inneren Kind damit signalisierst, dass es sowohl geschützt ist als auch souverän geführt wird, sind viele Maßnahmen, die der Kontrolle oder Sicherheit dienen sollen, ohnehin auch nicht mehr notwendig.

Hast du ein Inneres Kind, das gerne einmal über die Stränge schlägt, etwa in puncto unmittelbarer Bedürfnisbefriedigung und du daher vielleicht ein Problem mit einem gemäßigten Ess- oder Trinkverhalten hast, zu viel feiern gehst oder gerne deine Zeit vertrödelst, kann dir die Struktur und das Vorausdenken deines Erwachsenen-Ichs den nötigen Halt geben, den du zum Entwickeln gesunder Routinen benötigst.

Der erste Schritt in Richtung Arbeit mit dem Inneren Kind ist ein Akzeptieren und ein Einladen dieses kindlichen Anteils. Natürlich handelt es sich bei dem Inneren Kind nicht um ein echtes Kind aus Fleisch und Blut, sondern nur um ein Bild, eine Metapher, die es dir leichter machen soll, diesen Teil in dir kennenzulernen und mit ihm in Kontakt zu treten und zu bleiben. Die Einladung zur vorsichtigen Begegnung und die Anerkennen der Existenz dieses Anteils können schon eine große Herausforderung sein, denn viele Menschen lassen ihre Kindheit – vor allem, wenn diese viele belastende Erinnerungen mit sich bringt – wie einen abgelegten Hut zurück und versuchen, nur noch nach vorne zu schauen. Um mit dir Frieden schließen zu können, ist es aber wichtig, dass du alle Anteile deiner Persönlichkeit in dein Leben integrierst und anerkennst, dass es ein Leben vor deiner Zeit als Erwachsener gab, die dich maßgeblich geprägt hat.

Soll ich etwa wieder zum Kind werden? - Die Arbeit mit dem Inneren Kind und Regression

Regression, also die Rückbildung zu einem früheren, triebgesteuerten oder kindlichen Zustand, ist keinesfalls gefordert, wenn du mit dem Inneren Kind arbeitest. Selbstverständlich ist eine gewisse Form der Regression durchaus gewollt, wenn du dich in die Position, die Gedankenwelt und die Wünsche deines Inneren Kindes hineinzudenken versuchst, aber eine vollständige Aufgabe deines erwachsenen Entwicklungsstandes ist damit nicht gemeint. Neben den kindlichen Anteilen in dir gibt es schließlich noch dein aktuelles Erwachsenen-Ich und vielleicht auch noch eine Eltern-Rolle oder Helferwesen, die mit Vernunft, Weitsicht und Lebenserfahrung dafür Sorge tragen, dass du dich nicht von infantilen Wünschen oder Emotionswelten vereinnahmen lässt.

Dennoch spricht nichts dagegen, den ernsten Erwachsenenalltag auch einmal beherzt für ein paar Stunden zur Seite zu schieben und das zu machen, wozu du und dein Inneres

Kind Lust haben. Da du als erwachsene Person abschätzen kannst, welche Ausnahmen okay sind und dass es einen Unterschied macht, ob du einmal einen Tag frei nimmst, um die Sonne zu genießen oder jeden Tag blau machst und Gedanken an berufliche Verpflichtungen, Rechnungen und deinen Haushalt einfach zur Seite schiebst, brauchst du keine Sorge zu haben, dass du als Erwachsener nicht mehr ernst genommen wirst, wenn du mit deinem Inneren Kind in Kontakt trittst oder du die Kontrolle über dein Leben verlierst. Vielleicht kassierst du ein paar schräge Blicke, wenn du mit deinem Inneren Kind auf den Spielplatz gehst, mit ihm um die Wette hüpfst oder im Kino ganz laut loslachst – aber das ist ja nicht weiter schlimm, oder? Wenn dir das unangenehm ist, dann achte darauf, dass die Begegnungen mit deinem Inneren Kind nur im geschützten Rahmen stattfinden – etwa bei dir daheim in den eigenen vier Wänden, wenn niemand anderes zugegen ist, in deinem Auto, in der freien Natur oder bei deiner Therapeutin.

Einen Rückschritt in puncto deiner Entwicklung bedeutet die Arbeit mit dem Konzept Inneres Kind auf jeden Fall nicht! Vielmehr erweiterst du dadurch deine Handlungskompetenzen, kommst dir selbst näher und kannst für dich und andere besser sorgen. Du entwickelst dich also auf sehr angenehme Weise weiter und bringst deine verschiedenen Anteile in eine gesunde und vitale Balance!

Kontakt mit dem Inneren Kind für mich

„Ich kann freilich nicht sagen, ob es besser werden wird, wenn es anders wird; aber so viel kann ich sagen: es muss anders werden, wenn es gut werden soll." - Georg-Christoph Lichtenberg

Die Arbeit mit dem Inneren Kind ist wie alle Maßnahmen zur Weiterentwicklung kein Garant dafür, dass du alle Verletzungen der Vergangenheit heilen und ab sofort für immer auf rosa Wolken schweben und jede Situation spielend meistern kannst. Aber die Arbeit mit dem Inneren Kind kann dir neue Zugänge zu altbekannten Problemen und Themen aufzeigen, dir dabei helfen, dich und deine Gefühle, Gedanken und auch deine körperlichen Reaktionen besser zu verstehen und dir mehr Sicherheit im Alltag geben.

Wenn du dich noch fragen solltest, wozu gerade du Kontakt mit dem Inneren Kind aufnehmen solltest und wem genau die Arbeit mit dem Inneren Kind helfen kann, dann frage dich, ob dir ein Zuwachs an Folgendem guttun würde.

- Selbstliebe
- Wertschätzung
- Ausgeglichenheit
- Spontanität
- Lebenslust
- Sanftheit
- Kreativität
- ungehemmter Freude

Kannst du dein Schattenkind auf eine liebevolle Weise annehmen und versorgen und dein Sonnenkind aktivieren, führt dies in der Regel auch zu einer Aktivierung deiner inneren Kraft. Wenn du dich traust, deine weiche, sanfte Seite anzunehmen, erweitert sich dein Spektrum an Emotionen um einen wichtigen Bestandteil und du wirst sowohl im Umgang mit dir selbst als auch mit anderen Menschen milder und liebevoller sein, was sich positiv auf die Beziehung zu dir selbst als auch zu anderen und somit auch maßgeblich auf deinen beruflichen und privaten Alltag auswirken wird.

Mein Inneres Kind – eine ganz besondere Begegnung

Die Arbeit mit dem Inneren Kind ist wie bereits erwähnt ein imaginatives Verfahren – du arbeitest also mit deiner Vorstellungskraft. Für viele Menschen erleichtert sich die Arbeit mit verschiedenen Anteilen in ihnen dadurch, dass sie mit dem Inneren Kind ein Bild vor Augen haben, dem sie bestimmte Erfahrungen oder Emotionen zuschreiben können. Dadurch, dass das Innere Kind verschiedene Rollen einnimmt, etwa als das zurückgewiesene Kind, das ängstliche Kind, das wütende Kind oder das eingeschüchterte Kind, kannst du als erwachsene Person die nötige Distanz zu Situationen und Gefühlslagen einnehmen und dank des Abstandes einen neuen Blickwinkel gewinnen. Statt dich von den Emotionen verschlingen zu lassen, bist du so zu einer Neubewertung in der Lage und kannst dich ganz neu positionieren.

Damit die Arbeit mit dem Bild des Inneren Kindes gelingt, hilft es vielen Leuten, sich das Innere Kind sehr genau vorzustellen und sich auszumalen, wie es aussieht. Du kannst dabei wahlweise auf reale Gegebenheiten zurückgreifen und dir etwa mit der Hilfe von Fotos oder Videoaufnahmen vor Augen führen, wie du in welchem Alter ausgesehen hast. Vielleicht erinnerst du dich auch noch daran, dass du an dem Tag, als dein Papa ausgezogen ist, den blauen Pulli und die Jeans mit dem Flicken in Sonnenform auf dem linken Knie anhattest und dass das breite Lachen der Sonne fast höhnisch erschien, als du dich mit deinem Teddybären im Wandschrank versteckt hast, weil du vor Schmerz nur noch verschwinden wolltest. Je genauer du dich an das Kind aus dieser Situation erinnern kannst, desto leichter lässt sich in die damalige Gefühlswelt eintauchen und die damals entstandenen Verletzungen und Kränkungen angehen.

Möchtest du mit den positiven Anteilen deines Inneren Kindes, mit dem Sonnenkind arbeiten, hilft es dir vielleicht, dich daran zu erinnern, wie du ausgesehen hast in einer Situation, in der du dich stark gefühlt hast und lebendig und rundherum glücklich? Vielleicht am Tag deiner Einschulung, mit dem frechen neu geschnittenen Kurzhaarschnitt und den tollen neuen knallroten Schuhen? Oder als deine Mannschaft die Schulmeisterschaften gewonnen hat und du ganz verschwitzt und glücklich von einem Ohr bis zum anderen strahlend und mit großer Zahnlücke im Sportdress für das Siegerfoto posiert hast? Schau dir ein paar Bilder an und suche dir die schönsten heraus, die du vielleicht in einen bunten Rahmen oder dein Tagebuch klebst, um dein Sonnenkind immer im Blick zu haben.

Hast du keine Bilder oder Videoaufnahmen aus der Zeit? Erinnerst du dich nicht mehr, was du gerne getragen hast und wie du aussehen wolltest? Du kannst dir natürlich auch ein Phantasiekind vorstellen und Alter, Stimmlage und Kleidung variieren. Ohnehin muss dein Inneres Kind kein statisches, in Stein gemeißeltes Bild sein! Je nachdem, ob du mit dem Schattenkind oder dem Sonnenkind, dem gekränkten Kind oder dem mutigen Kind zusammenarbeiten willst, können sich auch Alter und Verhalten des Inneren Kindes ändern. Wahrscheinlich hast du, wenn du ein konkretes Problem aus deiner Kindheit angehen möchtest, instinktiv ein Bild vor Augen und fühlst Alter, Benehmen und Verfassung des Kindes, ohne lange darüber nachdenken zu müssen. Wenn du magst, kannst du auch ein Bild von dir als erwachsenes Ich und deinem Inneren Kind malen und dir dadurch sprichwörtlich ein Bild von ihm machen und dich ihm nähern.

Fragen, die du dir stellen kannst, um dir die Arbeit mit dem Inneren Kind zu erleichtern:

- Ist mein Inneres Kind immer gleich alt?
- Wie sieht mein Inneres Kind aus? Wie groß ist es und wie ist seine Statur?
- Was hat es an? Trägt es bunte Kleidung oder ist es dunkel angezogen?
- Welche Frisur hat mein Inneres Kind?
- Hat es ein Lieblingsspielzeug?
- Ist es alleine oder hat es einen Begleiter, ein Kuscheltier oder eine Schmusedecke?
- Nascht es gern?
- Ist es offen oder pflegt es gerne seine Geheimnisse?
- Ist mein Inneres Kind laut oder leise?
- Ist es schüchtern? Ist es eher scheu oder an einem Austausch interessiert?
- Reagiert es heftig oder muss ich es quasi zu einer Reaktion verlocken?

Übrigens: Wenn dein Inneres Kind nicht haargenau so aussieht, wie du auf deinen Bildern und sich in deiner Vorstellung Realität und Fantasie vermischen, dann ist das gar nicht schlimm. Das Innere Kind ist ja nur ein Bild, das dir die Arbeit mit deinen kindlichen Anteilen erleichtern soll – und da gehören auch Wunschvorstellungen dazu. Wolltest du als Kind immer rote Haare wie deine Heldin Pippi Langstrumpf haben und dein Inneres Kind hat jetzt auch rote Haare, obwohl du als Kind weizenblond warst – kein Problem! Vielleicht hat dein Inneres Kind ja auch eine Prise von Pippis Mut bekommen und ihr könnt eure Vergangenheit jetzt voller Tatendrang gemeinsam bewältigen! Es gibt kein richtig oder falsch bei der Vorstellung deines Inneren Kindes und es kann durchaus sein, dass sich das Bild, das vor deinem Inneren Auge entsteht, auch im Laufe der Zeit verändert: Trug dein Inneres Kind zu Beginn deiner Arbeit häufig dunkle Kleidung, war sehr klein und zusammengekauert, verschreckt und mochte sein Gesicht gar nicht zeigen? Vielleicht ist es nach einiger Zeit viel offener, lustiger und fröhlicher, trägt bunte Sachen und eine Blumenkrone und traut sich sogar, herzlich zu lachen? Versuche, nicht zu bewerten, sondern nimm es einfach an, so wie es sich präsentiert.

Ganz besonders wichtig: Verbindest du mit deiner Kindheit ein unvorteilhaftes Äußeres, vielleicht weil du übergewichtig warst, deine Mutter dir immer selbst, aber wenig erfolgreich, die Haare geschnitten hat oder du deine Sommersprossen nicht mochtest, dann versuche, die Gedanken daran nicht

> übermächtig werden zu lassen. Es geht nicht darum, ob du dich als Kind optisch schön fandest, sondern dass du dir ein Bild erschaffen kannst, mit dem du zusammenarbeiten kannst. Vielleicht gelingt es dir jetzt aus der Sicht des Erwachsenen sogar, dich mit viel liebevolleren Augen zu betrachten und neben den vermeintlichen Makeln auch all das Gute und Schöne an dir zu sehen, was dich in dem jeweiligen Alter ausgemacht hat!

Gibt es einen Inneren Teenager?

Wie bereits erwähnt, ordnet der Psychoanalytiker Erik H. Erikson der Persönlichkeitsentwicklung acht Stufen zu, wobei er die fünfte Stufe, die Adoleszenz oder Jugend, als besonders entscheidend für die Entwicklung des Menschen bewertet. In dieser Phase findet maßgeblich eine Individualisierung statt. Der Jugendliche ist in der Lage, sich als eigenständige Person wahrzunehmen und sich nicht mehr über andere zu definieren, etwa als Tochter von Rektor Bergmann oder dem Sohn von Carina aus dem Block. Die Entwicklung einer eigenen Identität ist möglich, weil der Heranwachsende sich aus dem familiären Umfeld löst, Einflüsse von unterschiedlichsten Personen erhält und in der Lage ist, die von zu Hause aus erlernten Normen und Werte mit dem abzugleichen, was er außer Hause lernt und eine eigene Position zu entwickeln.

In diesem Alter ist er kognitiv in der Lage, Erwartungen an das Leben zu formulieren, längerfristig zu planen und sich mit den verschiedenen Rollen, die ihn im Leben als Erwachsener erwarten, auseinanderzusetzen, etwa als Berufstätiger, als Partner, als Mitglied der Gesellschaft und als Staatsbürger. Er macht erste Erfahrungen in der Liebe und geht verschiedene Beziehungen zu anderen Menschen ein. In der Psychologie und Soziologie spricht man von einem sogenannten Moratorium im Jugendalter, also einem Aufschub, den man von der Gesellschaft zugebilligt bekommt, um verschiedene Rollen auszuprobieren, in die neuen Verantwortungen, Rechte und Pflichten hineinzuwachsen und sich charakterlich und geistig sowie körperlich zu entwickeln, um als erwachsenes Mitglied Teil der Gemeinschaft werden zu können.

Hast du selbst einen Teenager zu Hause, hast du sicherlich schon Bekanntschaft mit der einen oder anderen Phase des Ausprobierens gemacht und vielleicht hast du auch selbst die Geduld deiner Eltern auf die Probe gestellt, weil du nahtlos vom Rave-Mädchen zum Gothic-Girl übergegangen bist. Meist blicken wir mit einer Mischung aus peinlicher Berührtheit und Belustigung auf diese extremen Phasen zurück, die uns damals so wichtig erschienen - aber sie waren nötig, damit wir zu dem werden konnten, was wir heute sind.

Als Jugendlicher bekommt man immer mehr Entscheidungsfreiheit und da heute die Lebensläufe nicht mehr so strikt vorgezeichnet sind wie noch vor einem Jahrhundert, gibt es eine Menge, worüber du dir in dem Alter Gedanken gemacht haben wirst: bspw. die richtige Berufswahl, den Wohnort, den Partner und deinen politischen Standpunkt. Wichtig ist dafür allerdings wie bereits erwähnt der sichere Erprobungsraum, damit die Jugendlichen lernen, mit dem Mehr an Verantwortung und Freiheit gut umgehen zu können. Wird ihnen dieser Erprobungsraum verwehrt, etwa weil die Eltern ohnehin fordern, dass der Sohn den heimischen Hof übernimmt und somit keine Ausbildung seiner Wahl antreten darf, ein Jugendlicher keine Erfahrungen mit dem für ihn interessanten Geschlecht machen darf oder jedes Anzeichen von einer Aneignung familienferner Werte und Normen sofort Sanktionen mit sich zieht, kann die Identität nicht ungestört ausgebildet werden. Auch Jugendliche, die zwar nicht aus einem strengen Elternhaus mit zu engen Regeln stammen, aber denen alles abgenommen wird, die in Watte gepackt und rundherum verwöhnt werden, erleiden nach dem Eintritt ins Erwachsenenleben mit eigener Partnerschaft und Berufsleben nicht selten einen kleinen Kulturschock. Die Erprobungsphase ist schließlich vorbei und die Außenwelt erwartet, dass sich das junge Mitglied der Gesellschaft wie ein Erwachsener benimmt und nicht wie ein unerfahrenes, verwöhntes Kind.

Kennst du diese eine, die von ihren Eltern so kurz angebunden wurde, dass sie an ihrem 18. Geburtstag direkt ins Tattoostudio ging, ein halbes Jahr jedes Wochenende feierte und statt die Schule abzuschließen eine Tauchschule auf Bali öffnen wollte, dann aber nur mit Schulden heimkam? Oder den, der in seiner WG erkennen musste, dass er weder wusste, wie man eine Waschmaschine bedient, noch dass man einkaufen muss, wenn man etwas zu essen im Hause haben will?

Hast du negative Erfahrungen in deiner Jugendzeit gemacht, die besonders prägend für deine Entwicklung waren, kann es auch sein, dass dir statt einem Inneren Kind ein Innerer Teenager begegnet. Vielleicht einer, der keinen Bock auf alles hat und sich jeder Form von Leistung und Struktur verweigert, weil er früher permanent und überall der erste sein musste, wenn es keinen Stress zu Hause geben sollte. Oder die schüchterne 14-Jährige, die nie auch nur eine Party besuchen durfte, weil ihre Mutter Angst hatte, dass ihr was passiert und die heute dafür sorgt, dass du dich von allem und jedem fernhältst, damit die Befürchtungen deiner Mama nicht doch noch wahr werden?

Auch deine Einstellung gegenüber Beziehungen wird in dieser Lebensphase neu strukturiert und du passt kindliche Vorstellungen vom Märchenprinzen an das an, was du während deiner ersten Beziehung erlebst. Beziehungsmodelle um dich herum nimmst du dabei ebenso unbewusst zum Vorbild, ganz gleich ob negativ oder positiv. Erlebst du, dass Beziehungen ohnehin keinen Bestand haben und geprägt von Streit und Verachtung sind, wird dein Glaubensmuster dementsprechend beeinflusst sein. Selbst wenn du dir denkst, dass du alles besser machen wirst als deine Eltern, kann es sein, dass nach dem Scheitern deiner ersten Jugendliebe die fiesen Glaubensmuster in dir hochkriechen: „Wieso hast du geglaubt, bei dir wäre alles anders? Beziehungen sind halt nicht schön. Den Traumprinzen gibt es eben nur im Märchen." Du siehst dein Glaubensmuster bestätigt, was zu einer Intensivierung führen kann.

Darfst du keine Erfahrungen in deinem Tempo machen und wirst von deinen Eltern entweder in die eine - „Warum hast du denn noch keinen Freund? Deine Schwester Christine ist so glücklich mit dem Thorsten! Müssen wir uns Sorgen machen? Naja, du warst ja schon immer ein Spätzünder!" – oder in die andere Richtung – „Dass du mir ja nichts mit Jungs anfängst! In deinem Alter ist das noch gar kein Thema! Liebe, als ob du in deinem Alter wüsstest, was Liebe ist! Mach erst mal deine Ausbildung fertig, dann sehen wir weiter!" – gedrängt, dann kann es sein, dass du gar keine eigene Einstellung zu Beziehungen entwickeln kannst und auf die Äußerungen und Beschreibungen deiner Freunde oder Eltern zurückgreifen musst oder dir aber die Romane oder Filme und Serien zum Vorbild nimmst, mit denen du dich in deiner Freizeit beschäftigst. Dein innerer Teenager ist vielleicht von diesem ganzen Konzept vollkommen überfordert, schämt sich für seine Wünsche oder dafür, dass er nicht so gut Bescheid weiß wie die anderen und traut sich deswegen wahlweise gar nicht an Romanzen oder Liebesbeziehungen heran, blockt Nähe ab oder führt ein so ausschweifendes Leben, dass er damit selbst nicht mehr zurecht kommt. Die Zuwendung zum Inneren Teenager sollte ebenfalls vorsichtig und mit Bedacht erfolgen, vor allem dann, wenn diesem keine eigene Meinung oder keine eigenen Gefühle zugestanden wurden. Schau dir genau an, wie er gesehen werden will und was ihm fehlt, um ihm die Möglichkeit zu geben, seine Entwicklung abzuschließen.

Methoden, um mit dem Inneren Kind in Kontakt zu treten

Um deinen Themen auf den Grund gehen zu können, gibt es ganz unterschiedliche Herangehensweisen. Der erste Schritt nach dem Akzeptieren und Anerkennen eines Inneren Kindes, kindlicher Anteile – oder auch eines Inneren Teenagers – ist die Kontaktaufnahme mit dem Inneren Kind. Möchtest du ein konkretes Problem lösen oder herausfinden, wie deine Kindheitserfahrungen mit heutigen, dich belastenden Verhaltensweisen oder Blockaden in Verbindung stehen, kannst du verschiedene Techniken nutzen, nachdem du dich mit deinem Inneren Kind vertraut und bekannt gemacht hast.

Im Folgenden findest du verschiedene Anregungen, die du dazu nutzen kannst, die Begegnung mit deinem Inneren Kind zu gestalten. Bedenke dabei, dass nicht jede Anregung für dich auf deiner aktuellen Reise zum Inneren Kind geeignet sein muss und sich manche Vorschläge auch nicht für alle bestehenden Blockaden nutzen lassen. Wäge daher immer individuell ab, was sich für dich und dein Vorhaben gut anfühlt und zwinge dein Inneres Kind nicht zu irgendwelchen Sachen, sondern formuliere deine Vorschläge immer als Einladung oder Versuch, sich gemeinsam auf die Reise zu machen, um Ursachen zu finden und das aktuelle Leben im Hier und Jetzt als Erwachsener angenehmer, bunter und ganzheitlicher zu gestalten.

Interview mit dem Inneren Kind

Du kannst das Innere Kind zu einem Interview einladen. Vielleicht stellst du ihm zunächst mal ein paar allgemeine Fragen: Wie alt es ist? Was es gerne hat? Wo es am liebsten spielt? Wo es sich wohlfühlt? Dann kannst du das Gespräch in eine bestimmte Richtung lenken und das Kind zu einem Ereignis befragen, was deiner Meinung nach mit für die Belastungen in deinem heutigen Leben verantwortlich sein könnte. Lass das Kind frei reden und verwickele es nicht in eine Diskussion oder bringe es dazu, sich zu rechtfertigen. Versuche lieber, alles ungefiltert und unkontrolliert auszusprechen, was dem Inneren Kind in den Sinn kommt – es hören ja ohnehin nur du und das Kind. Sollte dir ein lautes Selbstgespräch schwerfallen, kannst du dieses natürlich auch gedanklich durchführen. Aber unterschätze nicht die Kraft des gesprochenen Wortes! Manchmal fällt es einem wie Schuppen von den Augen, wenn man etwas laut ausspricht und es sich das erste Mal selbst laut sagen hört.

Tagebuchschreiben mit dem Inneren Kind

Fühlst du dich bei dem Gedanken des Selbstgespräches trotzdem nicht so recht wohl, kann das Tagebuchschreiben mit dem Inneren Kind eine gute Alternativtechnik sein: Du schreibst als Erwachsenes Ich eine Frage und dein Inneres Kind antwortet darauf. Vielleicht mit einem eigenen Stift in einer bunten Farbe, schnörkeliger Schrift und nicht sauber ausformulierten Sätzen. Schreibe einfach wieder alles nieder, was sich dir als Gedankenstrom präsentiert, ohne zu werten oder zu glätten, was da an die Oberfläche tritt. Mitunter kann es ganz schön spannend und überraschend sein, was das Unterbewusstsein so an Erinnerungen oder Empfindungen bereithält.

Der Gesprächsinhalt muss keineswegs ein zu bearbeitendes Thema sein: Vielleicht lädst du das Innere Kind auch einfach zu einem Austausch ein, fragst es, wie es ihm gerade geht, was es sich von dir wünscht und wie ihr einander guttun könnt. Wenn du ohnehin regelmäßig Tagebuch schreibst, kannst du deinem Inneren Kind auch eine kleine Ecke pro Seite einräumen, in der es sich austoben oder einen kleinen Gruß hinterlassen kann. Wenn du wenig Zeit hast, funktioniert auch ein 5-Minuten-Tagebuch, in dem du das Innere Kind in wenigen Sätzen zu Wort kommen lässt.

Zusammen träumen

Nicht immer muss das Zusammensein mit deinem Inneren Kind von Action geprägt sein. Gerade wenn dein kindlicher Anteil eher schüchtern oder still ist oder du ein sehr sensibles Kind warst, lohnt es sich, eine Begegnung in einem ruhigen Ambiente zu kreieren. Bau dir eine Höhle aus Decken und Kissen, hänge eine Lichterkette auf und verkrieche dich mit einer Taschenlampe und einem heißen Kakao und deinem Inneren Kind an deinem Rückzugsort. Vor allem, wenn du früher schnell von Reizen überfordert warst und dich das Alltagsleben schnell erschöpft, weil du zu den hochsensiblen Menschen gehörst, kann eine solche Auszeit unheimlich guttun und dir dabei helfen, dich auf den Austausch mit deinen Inneren Anteilen einzulassen. Mach ein wenig schöne Musik an, hänge deinen Gedanken nach oder gerate ins Träumen.

Gemeinsam in der Natur sein und aufatmen

Ein Ort, an dem Kinder wunderbar zur Ruhe kommen können, ist die freie Natur. Natürlich lädt sie auch zum Spielen und Austoben ein, aber die vielen kleinen und großen Attraktionen und Überraschungen verlocken auch zum Innehalten und Staunen. Wird dir in der Stadt alles viel zu viel, nimm die nächste S-Bahn oder schnappe dir dein Fahrrad und düse hinaus an den See oder in den Wald. Beobachte das wuselige Treiben auf einer Ameisenstraße, entdecke in den vorbeiziehenden Wolken Schäfchen, Seesterne und Riesenkraken und fühle das samtig weiche Moos unter deiner Handfläche. Fülle deine Lungen mit würzigem Kieferndurft, streiche über die glatte Oberfläche einer Kastanie oder plansche mit den Füßen ein wenig im Wasser. Eine Haltung, die dich schnell in deine Kindheit zurückversetzen kann: Irgendwo rumlümmeln und mit den Beinen baumeln. Herrlich, um gemeinsam mit deinem Inneren Kind abzuschalten und Kraft zu tanken für neue Abenteuer oder die gemeinsame Problembewältigung.

Geführte Meditationen

Fällt es dir schwer, einen Kontakt zu deinem Inneren Kind aufzubauen, kannst du zuerst versuchen, dein Sonnenkind hervorzulocken, etwa mit den Spielideen aus einem späteren Kapitel in diesem Buch oder aber du greifst auf geführte Meditationen zurück, die das Innere Kind in dir gezielt ansprechen. Passende Aufnahmen findest du sowohl im Medienhandel als auch im Internet. Achte darauf, dass du eine Aufnahme findest, die dir in puncto Thema der Meditation, Hintergrundmusik und Sprechweise des Sprechers auch zusagt, damit du dich beim Hören nicht unwohl fühlst. Vielleicht bist du ein wenig aufgeregt und das ist vollkommen okay. Darum ist es so wichtig, dass du eine Meditation nutzt, die voll und ganz deinen Bedürfnissen entspricht. Achte auch darauf, ob du dich bei dem Thema mit einem männlichen oder weiblichen Sprecher wohler fühlst.

Eintauchen in die Bilderwelt deiner Kindheit

Gab es ein Lieblingsbuch, ein Lieblingsmärchen oder einen absoluten Favoriten unter den Kinderfilmen in deiner Kindheit? Eine Geschichte, die du jeden Abend vor dem Einschlafen vorgelesen bekommen wolltest? Ein Bilderbuch, dessen Illustrationen du so schön und verzaubernd fandest, dass du sie dir ein ums andere Mal angeschaut hast? Oder einen Film, den du schon komplett mitsprechen konntest und dessen Charaktere dir wie lieb gewonnene Freunde ans Herz gewachsen waren? Ganz gleich, ob du Pippi Langstrumpf bei ihren Abenteuern begleitest, mit der Kleinen Hexe um die Wette geflogen oder mit den Glücksbärchis das Wünschen geübt hast – fast jeder von uns hat einen Liebling aus der Kindheit, der bis heute einen besonderen Platz im Herzen hat. Besorge dir das Buch oder den Film und zelebriere das Anschauen nach allen Regeln der Kunst. Ja, vielleicht kommt dir die Storyline aus heutiger Sicht etwas einfach vor oder die Geschichte ist unlogisch – aber darum geht es ja gar nicht! Es geht um die Empfindungen, die diese Bilderwelt einst in dir ausgelöst hat und darum, in diese wieder einzutauchen und einfach mal alles um sich herum zu vergessen.

Zu Tisch mit dem Inneren Kind

Jeder von uns verbindet bestimmte Lebensmittel oder Gerichte mit seiner Kindheit. Gab es bei dir, wenn du krank warst, Zwieback und Fencheltee oder Salzstangen und Cola? Hast du bei jedem Besuch deiner Oma kalten Mais aus der Dose gegessen und zum Besuch der Tante auf dem Land im Sommer gehörten frische Erdbeeren und knallsaurer Rhabarber, den du in Zucker eingestippt hast? Durftest du dir zum Geburtstag dein Lieblingsessen wünschen? War es Pizza? Oder Spaghetti? Oder etwas ganz Ausgefallenes? Hast du Lebensmittel gerne kombiniert, und zwar auf die Weise, dass deine Mutter die Hände über dem Kopf zusammengeschlagen hat? Nussnougatcreme mit Käse auf Brot, Ketchup zum Spinat oder Nudeln mit Rübenmus? Lade dein Inneres Kind zu einem Festschmaus ein, bei dem du sein Lieblingsmahl aus Kindertagen auftischst. Zum Nachtisch gibt es dein damaliges Lieblingsdessert – ganz gleich, wie ungesund es ist. Hast du ein niedliches Kindergeschirr oder vielleicht noch dein Taufbesteck, iss damit und wenn du Lust darauf verspürst, lasse das Besteck ganz weg und schnabuliere dein Essen einfach mit den Händen. Spielerisch und lustvoll wird eure gemeinsame Dinnerparty bestimmt ein verbindendes Erlebnis!

Die Sprache der Kindheit

Bist du mehrsprachig aufgewachsen? Dann teste doch einmal aus, in welcher Sprache du leichter Kontakt zu deinem Inneren Kind aufnehmen kannst? Ist es in der Sprache, in der deine Mutter mit dir gesprochen hat oder die, die in deinem Kindergarten gesprochen wurde? Hast du Lieblingswörter aus deiner Kindheit, die du dir früher wie Zauberwörter vorgesagt hast? In welcher Sprache hast du gesungen oder gereimt? Meist finden wir leichter Zugang zu unserem Inneren Kind, wenn wir die Sprache wählen, die in dem betreffenden Alter eine größere Bedeutung für uns hatte oder die von unserer jeweiligen Bezugsperson bevorzugt wurde. Vielleicht gibt es ja sogar irgendwo eine Ton- oder Videoaufnahme von dir, auf der du dich selbst singen oder sprechen hören kannst. Lausche gemeinsam mit deinem Inneren Kind dieser Aufnahme und achte darauf, ob du damals lebendiger oder freudiger gesprochen hast als jetzt. Vielleicht magst du ja auch einmal wieder so richtig übersprudeln beim Erzählen?

Reise in die Vergangenheit

Unternimm eine Reise in die Vergangenheit und besuche mit deinem Inneren Kind Plätze deiner Kindheit. Schlendere an deinem alten Kindergarten vorbei oder besuche deine Tagesmutter, falls du die Möglichkeit dazu hast. Wenn du schon mal da bist, geh auch gleich zu dem Schwimmbad, in dem du dein Seepferdchen gemacht hast und zu der Eisdiele, in der du mit Opa jeden Sonntag ein Spaghetti-Eis geteilt hast. Wie sieht der einstige Rodelplatz am Stadtrand heute eigentlich aus und gibt es die Baumhütte noch, die seit Jahr und Tag von den Kindern des Dorfes gebaut wurde? Auch ein Besuch des Lieblingsspielplatzes oder der Eishalle, in der du jeden Winter zur Eisdisco gegangen bist und anschließend eine heiße Schokolade mit dicker Sahnehaube verputzen durftest, können Erinnerungen an die schönen Seiten deiner Kindheit wachkitzeln und dein Sonnenkind hervorlocken. Solltest du manche Plätze deiner Kindheit verändert vorfinden, sei nicht traurig. Genieße stattdessen die Erinnerung an die schönen Erlebnisse an diesem Platz und freue dich darauf, neue Orte für dich und dein Inneres Kind zu entdecken!

Moderne Kinder-Orte besuchen

Lade dein Inneres Kind dazu ein, die Plätze der Kinder von heute zu besuchen: geht zu einer Vorlesestunde in deiner Bibliothek in der Kinderbuchabteilung, schaut euch im Spielwarengeschäft nach den angesagtesten neuen Spielzeugen um und vergleicht die Trends mit den Sachen aus eurer eigenen Vergangenheit – vielleicht erlebt euer Lieblingsspielzeug von damals ja ein Revival oder ihr werdet an alte Klassiker erinnert, die ihr schon längst vergessen hattet, wie Bausteine, Slime-Bälle oder Knete? Gibt es spezielle Kulturangebote für Kinder in deiner Stadt, die auch von Erwachsenen besucht werden können, wie Kindertheater, Kindermusicals oder Konzerte? Die Begeisterung der anderen kleinen Besucher lockt vielleicht auch dein Inneres Kind aus der Reserve und du wirst erstaunt sein, wie sehr du dich von der ausgelassenen Stimmung mitreißen lässt, wenn du bereit bist, dein reserviertes Erwachsenen-Ich kurz auf die Pausenbank zu setzen.

Die Mutprobe

Gab es etwas in deiner Kindheit, was du immer machen wolltest, aber du hast dich nicht getraut? Etwa auf dem Klettergerüst bis ganz nach oben klettern, im vollen Schwung von der Schaukel springen, über den kleinen Bach hinterm Wäldchen springen oder das Seepferdchen machen? Es ist nie zu spät dafür, solche Dinge nachzuholen und du wirst erstaunt sein, wie gut es sich anfühlen kann, solch scheinbar kleine Erfahrungen tatsächlich auch zu machen – eben weil sie für dein Inneres Kind bis heute eine große Bedeutung haben können. Also pack die Badesachen ein und vereinbare einen Termin, um dein Seepferdchen zu machen. Du bist nicht der einzige Erwachsene, der den Bademeister darum bittet, also nur keine falsche Scheu! Genieße das Gefühl des dich durchströmenden Stolzes und das gewachsene Selbstbewusstsein deines Inneren Kindes, wenn du das Seepferdchen-Abzeichen erhältst und wenn du dich danach fühlst, bügele es doch einfach auf deine Umhängetasche, damit es dir immer wieder ins Auge fällt und dich daran erinnert: Ich und mein Inneres Kind, wir sind mutig und stark – wir können was!

Kontakt mit dem Inneren Kind in Beziehungen mit anderen

Bei der Arbeit mit deinem Inneren Kind wirst du feststellen, dass eine Auseinandersetzung mit deinen frühkindlichen Erlebnissen und den positiven und negativen Erfahrungen nicht nur dazu führt, dass du dich selbst veränderst und beispielsweise alte Glaubenssätze und Verhaltensmuster loslassen kannst, sondern darüber hinaus kann sich diese Form der Inneren Arbeit auch auf deine Beziehungen auswirken. Wie bereits zu Beginn dieses Buches erwähnt, sind frühkindliche Erfahrungen maßgeblich für deine Persönlichkeitsentwicklung und deine sozialen Fähigkeiten. Auch später gemachte Erfahrungen im Kindergarten oder der Schule können noch einen großen Einfluss auf das Innere Kind haben, sodass sich Verletzungen, die wir in dieser Zeit erleiden, einbrennen und uns bis ins reife Alter begleiten können. Beginnst du damit, deine Erlebnisse zu bearbeiten und dich mit deinem Inneren Kind zu beschäftigen, es zu heilen, auszusöhnen und zu schützen, zeigt sich meist auch eine deutliche Veränderung in deinen Beziehungen. Besonders deutlich wird dies in der Beziehung zu deinen Kindern.

Kinder als Spiegel – wie verändert sich deine Beziehung zu deinem Nachwuchs?

Die Rolle der Mutter ist eine der schwersten, die eine Frau einnehmen kann. Plötzlich meint jeder, Mitspracherecht zu haben, dir erzählen zu können, was gut und was schlecht ist und wie du dich am besten verhalten solltest. All das kann verunsichern, vor allem dann, wenn du sowieso schon ein geringes Selbstwertgefühl hast oder an deinen Fähigkeiten als Mutter zweifelst. Du weißt, dass es wichtig ist, deinen Kindern eine sichere Bezugsperson zu sein, vor allem dann, wenn du selbst in deiner Kindheit gewisse Entbehrungen erleiden musstest und entweder eine abwesende, zu strenge, zu kalte oder zu überfürsorgliche Mutter hattest. Selbstverständlich ist die Rolle des Vaters hier nicht ausgenommen, insbesondere dann, wenn dieser die Hauptbezugsperson für das Kind ist, aber in unserer Gesellschaft wird die Verbindung von Mutter und Kind besonders genau unter die Lupe genommen, und während Männer, die sich mit ihrem Nachwuchs beschäftigen, häufig für die einfachsten Tätigkeiten über den grünen Klee gelobt werden – „Ach, wie süß und modern. Er geht mit dem Kleinen einkaufen, obwohl es schreit. Was für ein erfrischender Anblick!" oder „Schau mal, da handelt der einfach Beruf und Kind. Schiebt den Buggy und nimmt noch einen Geschäftstermin an. Was für ein Mann!" – müssen Frauen sich deutlich mehr Kritik gefallen lassen. Sie fühlen sich häufig stark verunsichert durch die Konkurrenz unter Müttern und die allzu schnell ausgesprochenen, natürlich nur gut gemeinten Ratschläge ihres Umfeldes, aber auch wildfremder Personen. „Schau mal, die geht mit ihrem schreienden Kind einkaufen? Hat das Kleine wohl auch gar nicht im Griff. Sicher so eine Mutter, die sich nicht durchsetzen kann." oder „Hat die nichts Besseres zu tun, als so karrieregeil zu sein und am Telefon zu hängen? Vielleicht sollte sie sich mal um das Kind vor ihrer Nase kümmern, das schaut schon ganz vernachlässigt!"

Die Angst, etwas falsch zu machen ist groß. Schließlich ist die Bindung zu den Eltern prägend für die Kleinen. So hat van den Boom 1994 in einer Interventionsstudie belegt, dass die Bindungssicherheit von emotional labilen Kindern mit einem Alter von einem halben Jahr bis neun Monaten signifikant zunimmt und dieser Umstand über mehrere Jahre anhält, wenn die Eltern ein Training in Einfühlsamkeit erhalten und daraufhin anders mit ihrem Nachwuchs umgehen. Ein liebevoller, zugewandter Umgang mit dem eigenen Kind ist allerdings nicht immer einfach, wenn Stress und Alltagssorgen, Schlafmangel und andere Verpflichtungen das Energielevel unten halten.

Auch wenn du als Kind nicht selbst Erfahrungen dieser Art machen konntest, kann es dir schwerfallen, deine Kinder anders zu behandeln. Erlebte Muster werden oft unbewusst wiederholt und zumindest in stressigen Situationen automatisch reproduziert. Trotz bester Vorsätze und dem Wunsch, den Bedürfnissen deines Kindes ganz anders und deutlich besser gerecht zu werden als deine Eltern, kann es vorkommen, dass sich gemachte Erfahrungen von deinen Bezugspersonen und dir in deinem Leben als Mutter mit deinen Kindern dann wiederholen.

Haben deine Eltern dich mit großer Strenge erzogen, kann es sein, dass auch du ein reibungsloses Einhalten der Regeln von deinen Kindern zumindest unbewusst erwartest. Ist dies nicht der Fall oder zeigt sich das zweite Kind vielleicht diskussionsfreudiger und rebellischer als das Erste, kann es sein, dass du zu ähnlichen Sanktionen greifst wie deine Eltern – ganz einfach, weil du keine anderen Vorbilder in deinem Umfeld hattest und diese Art der Erziehung in deinem Umfeld ganz normal war.

Wurde dir keine Weichheit zugestanden und musstest du auch schwere Situationen mit stoischem Gleichmut oder Härte ertragen, hast du vielleicht nicht gelernt, deine sanfte Seite zuzulassen und verwechselst möglicherweise Emotionen wie Mitgefühl oder Trauer mit Schwäche. Zeigt dann dein Nach-

„Ich war schon immer so..."

wuchs dieses Gefühl und sucht bei dir Trost, fühlst du dich möglicherweise davon überfordert. Du würdest deinen kleinen Liebling schon irgendwie gerne trösten, aber zum einen möchtest du nicht schuld daran sein, wenn er verweichlicht und es nachher schwer haben sollte in dieser Welt, zum anderen willst du dir selbst auch keine Blöße geben und vielleicht von deinen Gefühlen überrascht werden. Du reißt dich also zusammen und verlangst das, wie deine Eltern früher auch von dir verlangt haben, nun von deinem Kind. „Stell dich nicht so an! Indianer kennen keinen Schmerz! In anderen Ländern haben die Kinder nicht mal was zu essen und du heulst hier wegen Nichtigkeiten herum." Solche Sätze, die man als Kind selbst gefühlt tausendmal gehört hat, rutschen in solchen Situationen erstaunlich schnell über die Lippen.

Kennst du diesen Moment, wo du dich kurz erschrocken hast und gedacht hast: „Au weia, jetzt höre ich mich genauso an wie mein Vater/meine Mutter?" Für dich war es vielleicht nur eine Momentaufnahme, aber für dein Kind werden diese Momentaufnahmen verallgemeinert. Sie werden als generalisierte Aussage wahrgenommen, als Ist-Zustand und nicht selten erlebt das Kind sich dann als Belastung oder Zumutung, als falsch oder nicht gewollt.

Ganz gleich, ob der Umgang mit deinen Kindern auf die Art erfolgt, wie bereits deine Eltern mit dir umgegangen sind oder du den entgegengesetzten Weg wählst und das ganz krasse Gegenteil umzusetzen versuchst – deine frühkindlichen Erlebnisse begleiten dich auch bei der Erziehung deiner Kinder. Möchtest du vermeiden, dass sich unschöne Muster wiederholen, ist es wichtig, Verständnis für die eigenen Kinder und die eigene Kindheit zu entwickeln und den Bezug zu erkennen. Durch Kontakt mit dem Inneren Kind kannst du Deutungsmuster und Verhaltensweisen aufdecken und dich mit bestimmten Aspekten deiner Kindheit aussöhnen, um zu einem eigenen und für dich und deinen Nachwuchs passenderen Erziehungsstil zu finden. Auch das Zusammenspiel mit deinen Kleinen und dem Inneren Kind bereichert eure Bindung deutlich. Belohnt werdet ihr dann mit einem deutlich harmonischeren Familienleben.

Kontakt mit dem Inneren Kind in Beziehungen zu Erwachsenen

„Es muss von Herzen kommen, was aufs Herzen wirken soll" – Johann Wolfgang von Goethe

Deine Freundin hat dir erzählt, dass sie jemand kennengelernt hat. Sie ist glücklich verliebt und doch bewölkt sich nach wenigen Wochen der Liebeshimmel gewaltig – denn genau wie in den vorangegangenen Beziehungen scheitert auch diese Verbindung wieder an bestimmten Verhaltensweisen oder Mustern des Partners oder deiner Freundin. Obwohl dieses Mal alles anders werden sollte.

Du erinnerst dich daran, dass sie erzählt, wie unfreundlich er über seine Mutter gesprochen hat, als ihr euch bei einem gemeinsamen Spieleabend kennengelernt habt und dass du den Eindruck hattest, dass sich dieser Groll gegen seine Mutter auch in seinem Verhalten gegenüber den anwesenden Frauen gezeigt hat. Jeder von uns kennt den Spruch aus der Küchenpsychologie, dass man sich nur die Eltern der neuen Partner und deren Miteinander anzuschauen braucht, um einen Einblick davon zu bekommen, wie sie sich in einer Beziehung in bestimmten Situationen verhalten werden. Wenn ein heterosexueller Mann beispielsweise sehr abfällig über seine Mutter spricht, sich von vorn bis hinten bei jedem Besuch bedienen lässt und generell ein despotisches Verhalten an den Tag legt, ist es sehr wahrscheinlich, dass er dieses Verhalten auch in der Beziehung mit seiner Freundin zeigen wird, wenn der erste Zauber der Verliebtheit verflogen ist. Gleichermaßen populär ist der Spruch, dass Menschen sich immer einen Partner suchen, der dem Elternteil des gegenteiligen Geschlechts, für dass sie sich interessieren, ähnlich sei. Frauen, die einen sehr dominanten Vater gehabt haben, suchen sich mitunter immer

„Ich war schon immer so..."

wieder Partner mit ähnlichen Zügen, obwohl sie weder das Verhalten des Vaters in ihrer Kindheit noch das Verhalten des aktuellen Partners angenehm finden und die Beziehungen somit auch keinen Bestand haben können. Engen Freundinnen fällt dieses Muster meist eher und leichter auf als der betroffenen Person selbst und auch wenn diese um diese Tendenz weiß, kann es ihr schwerfallen, dieses Muster zu durchbrechen. Somit verwehrt sie sich die Chance, eine Bindung mit einem Menschen einzugehen, dessen Persönlichkeit möglicherweise besser zu ihr passt. Äußerungen, wie „Ich kann machen, was ich will – immer wieder ziehe ich solche Typen an!" oder „Schon wieder eine von dieser Sorte – ich dachte, dieses Mal wäre alles anders!" kommen dir bekannt vor? Dann hast du vielleicht ebenfalls frühkindliche Erfahrungen mit deinen Eltern gemacht, die dein Beziehungsverhalten und auch die Auswahl eines Partners beeinflussen.

Auch die unbewusste Suche nach einer Elternfigur kann sich im Gestalten von Beziehungen bemerkbar machen. Sei es, dass jemand unbewusst einen Partner mit großem Altersunterschied wählt, der sowohl materiell als auch in puncto Wissen und Erfahrungen über einem steht und für einen sorgen kann oder dass er, obwohl er im Alltag ein selbstbewusster und eigenständiger Mensch ist, in der Beziehung sehr unsicher ist, immer wieder die Bestätigung von seinem Partner einholen muss und die Verantwortung der Beziehungsführung oder sogar das Gestalten des gemeinsamen Lebens an seinen Partner abgibt. Selbst wenn diesen Mustern vom Partner entsprochen wird, bedeutet das nicht, dass der Mensch, der als Kind keine stabile Elternfigur in seinem Leben hatte, dadurch zufrieden gestellt werden kann. Schließlich spürt er, dass da eine Diskrepanz ist, zwischen dem, was er in dieser Beziehung einfordert, und dem, was er als erwachsener mündiger Mensch eigentlich für sich und auch seinen Partner möchte. Gerade wenn die Erkenntnis da ist, wie sehr das eigene, bedürftige Verhalten die Partnerschaft belastet, kann es sogar dazu führen, dass der oder die Betroffene mit Scham und Frustration reagiert.

Die Erlebnisse im frühkindlichen Alter tragen maßgeblich dazu bei, wie wir als Erwachsene unsere Liebesbeziehungen gestalten, ob es uns schwerfällt, Vertrauen zu einem Gegenüber aufzubauen, ob wir stabile Bindungen eingehen können und ob wir gelernt haben, eine Beziehung zu pflegen und auch kritische Phasen zu überstehen. Insbesondere in den ersten drei Lebensjahren werden die Verbindungen im Gehirn entwickelt und die Art, wie wir mit unserem direkten Umfeld interagieren und wie dieses sich mit uns auseinandersetzt, beeinflusst diese Entwicklung stark. Wer keine gesunden Bindungserfahrungen sammeln kann, erlebt deutlich mehr Stress und aktiviert diese Bereiche im Gehirn immer wieder. Ein ängstliches, unsicheres oder sehr anhängliches Verhalten in der Partnerschaft kann die Folge sein.

Zwar kannst du dich als Erwachsener in der Regel nicht bewusst an frühkindliche Erlebnisse erinnern; dein Unterbewusstsein hat die Kränkungen aber fest gespeichert und ruft diese immer wieder in ähnlichen Situationen ab. Insbesondere mit starken Emotionen einhergehende Erfahrungen brennen sich regelrecht ein. Wer als Kind von den Eltern oft lautstark gemaßregelt wurde oder sich oft selbst überlassen war, konnte das sich in den ersten Lebensjahren ausbildende Urvertrauen nicht in vollem Maße entwickeln und wird später möglicherweise im sozialen Miteinander Schwierigkeiten haben. Das muss nicht nur romantische Beziehungen betreffen, sondern die fehlende soziale Kompetenz kann sich auch in anderen Beziehungen zeigen, wie etwa der zu Kollegen am Arbeitsplatz, der zu Nachbarn oder zu Freunden. Wer im Kleinkindalter erleben musste, dass das neue Geschwisterchen vorgezogen wurde, die Stimmung zuhause durch die Ehekrise der Eltern immer angespannt war und jederzeit mit einem Donnerwetter gerechnet werden musste oder das eigene Wesen den Eltern zu laut, zu schüchtern oder zu verträumt war, der wird als Erwachsener in Situationen, die das Unterbewusstsein an diese Erfahrungen erinnern, verstärkt Stresshormone ausschütten und mit Unsicherheit, Angst, Wut oder Verweigerung reagieren.

Vielen Menschen ist in solchen Situationen gar nicht klar, warum sie sich verhalten, wie sie sich verhalten und sie kommen gar nicht auf die Idee, dass einer der Gründe in frühkindlichen Erlebnissen liegen könnte. Selbst wenn das Bewusstsein für diesen Zusammenhang da ist und du mit dem Verstand alle Begründungen nachvollziehen kannst, kann es sein, dass dein Gefühlsleben diese Zusammenhänge nicht akzeptieren kann. „Ich kann es verstehen, aber ich kann es nicht fühlen!" ist eine häufige Aussage in einer solchen Situation. Durch die Begegnung mit dem Inneren Kind kannst du versuchen, die Brücke zwischen Emotionen und Verstand zu schlagen, dir über bestimmte Muster klar zu werden und die Beziehungen zu deinen Liebsten und anderen Mitmenschen zu verbessern.

Stelle dir doch einfach ein paar der folgenden Fragen, um zu sehen, ob du in deinen Beziehungen durch frühkindliche Erfahrungen beeinträchtigt bist:

- Kann ich mich gut auf andere Menschen einlassen oder verhalte ich mich generell immer reserviert?
- Glaube ich an das Gute im Menschen oder habe ich eher das Gefühl, jeder will mir etwas Böses?
- Glaube ich, dass ich liebenswert bin?
- Gibt es bedingungslose Liebe oder muss ich mir die Liebe erst verdienen, durch soziales Ansehen, materiellen Besitz, ein bestimmtes Aussehen oder durch ein bestimmtes Verhalten?
- Habe ich als Kind eine feste Bezugsperson gehabt, bei der ich mich sicher und geborgen fühlen konnte?
- Waren meine Erziehungsberechtigten an mir und meiner Person interessiert oder musste ich eher ihrer

Wunschvorstellung von dem perfekten Kind entsprechen?
- Hatte ich ein positives Vorbild bezüglich einer gesunden Beziehung in meinem direkten Umfeld?
- Bin ich in einem harmonischen Haushalt groß geworden oder war ich früh mit Unruhe, Stress, einem unsteten Umfeld und Sorgen, Trauer oder Aggressivität konfrontiert?
- Lerne ich gerne neue Leute kennen und genieße ich den Austausch oder bedeuten soziale Interaktionen für mich Stress?
- Fühle ich mich sicher im Umgang mit Menschen oder erlebe ich mich als unbeholfen und wäre ich gerne selbstbewusster oder weniger befangen?

Vergangenheitsbewältigung durch Arbeit mit dem Inneren Kind

„**W**er vor der Vergangenheit die Augen verschließt, wird blind für die Gegenwart" – Richard von Weizsäcker

Neigst du dazu, negative Erlebnisse zu verdrängen, da du ja ohnehin nichts mehr an ihnen ändern kannst, merkst du aber trotzdem, dass die Wunden noch nicht verheilt sind und durch kleinste Anstupser des Alltags immer wieder aufreißen? Dann geht es dir wie vielen Menschen, die in ihrer Kindheit Kränkungen oder Vernachlässigung erleben mussten.

Die Einflüsse der Vergangenheit können sich auf mannigfaltige Weise in deinem Leben als Erwachsener präsentieren, wie du bereits in den vorherigen Kapiteln erfahren hast. Selbstverständlich kannst du Geschehenes nicht mehr verändern. Die Art, wie dein Inneres Kind aber alles abblockt, was mit den Erlebnissen nur in entferntester Weise zu tun haben könnte, führt dazu, dass dein Leben in bestimmten Bereichen recht eingeschränkt ist. Sinnvoller wäre es, aufkommende Themen zu bearbeiten, auch wenn dies im Moment der Auseinandersetzung sicherlich einiges an Mut erfordert. Hast du beispielsweise ein Problem mit instabilen Beziehungen und Nähe, weil du dich vor dem Verlassenwerden fürchtest oder denkst, dass du ohne Menschen sowieso besser dran bist, weil deine Mutter in deiner Kindheit die Familie verlassen

„Ich war schon immer so..."

und sich nicht wie versprochen danach weiter um dich gekümmert hat, dann ist es schmerzhaft und schwer, sich dieses Erlebnis und dessen Auswirkungen auf deine heutigen Verhaltensmuster bewusst zu machen. Du als erwachsene Person musst erkennen und akzeptieren, dass das, was dir damals passiert ist, nicht auszulöschen oder wiedergutzumachen ist. Die Phase deiner Kindheit ist vorbei und niemand, keine neue Person in deinem Leben und auch nicht deine Mutter, können dir diese Zeit, in der du eine liebevolle Mutter gebraucht hättest, zurückgeben oder ersetzen.

Diese Erkenntnis ist hart und es ist sehr wichtig, dass du dir Zeit nimmst, die Sache mit Distanz zu betrachten. Durch den Abstand und einen langsamen und liebevoll begleiteten Prozess der Akzeptanz gibst du deinem Inneren Kind die Möglichkeit, sich von dieser Vorstellung zu lösen, an die es sich unterbewusst vielleicht noch klammert. Michael Mary spricht von drei Arten der Wahrnehmung, der gedachten, der gefühlten und der gespürten. Die gespürte, also die körperliche wird laut ihm am intensivsten vom Menschen wahrgenommen. Hast du Herzklopfen, bekommst du schwitzige Hände und einen Kloß im Hals, sobald jemand deine stachelige Hülle weich werden lässt? Diese körperlichen Symptome sind schwer auszuhalten und vielleicht noch prägnanter wahrzunehmen als das Gefühl der Unsicherheit und Angst vor Verletzung und der rationale Gedanke, dass du ohne Kontakte auch nicht verletzt werden kannst. Gib allen drei Ebenen Zeit. Beruhige dein Inneres Kind, wenn du körperliche Symptome wahrnimmst und erkläre ihm, warum dein Körper so reagiert, damit es Herzklopfen und Co besser einordnen kann. Wende dich dann deinen Gefühlen zu und sprich sie bei Bedarf auch laut aus, wenn es dir schwerfallen sollte, sie zu benennen. Erlaube dir, diese Emotionen zu fühlen und verurteile dich nicht, wenn du in deinen Augen unpassend reagierst. Dein Inneres Kind hat seine Gründe dafür und versucht nur, dich zu schützen und dir etwas Gutes zu tun.

Verletzungen des Inneren Kindes bearbeiten

Es geht also darum, dass du den Verhaltensmustern deines kindlichen Anteils näher auf den Grund gehst. Dadurch kannst du Verständnis und hoffentlich auch Mitgefühl für dein Inneres Kind aufbringen, statt ihm gram zu sein. „Wieso musste ich mich jetzt schon wieder so anstellen? Geschieht mir Recht, dass keiner mehr mit mir reden will, wenn ich immer so aus der Haut fahre! Ich mit meinem bescheuerten Kontrollzwang – ich hab sie ja nicht mehr alle!" Solche Vorwürfe und Selbstbeschimpfungen sind zwar verständlich, wenn dich deine Schutzmechanismen frustrieren, aber sie werden dir und deinem Inneren Kind nicht gerecht. Sicherlich hast du auch gemerkt, dass sie dir nicht guttun und sie dir auch nicht dabei helfen, dein Verhalten zu ändern.

Viel effektiver ist es, wenn du deine früher gelernten Glaubensmuster erkennst, siehst, wo Konditionierungen greifen und wie sich aufgrund dessen bestimmte Verhaltensmuster entwickelt haben. Kannst du benennen, welche Wörter, Themen oder Handlungen bei dir eine Blockade hervorrufen, kannst du dich mit viel Verständnis und Achtsamkeit deinem verletzten Inneren Kind nähern und versuchen, diese Blockaden aufzulösen. Erkläre deinem Innerem Kind liebevoll und in klar verständlichen Worten, dass du ihm dankbar für seine Arbeit bist, ihr jetzt aber nicht mehr in einem Abhängigkeitsverhältnis lebt und du dich und auch das Kind vor ungewollten Erlebnissen so gut wie möglich schützen wirst. Mache ihm auch klar, dass negative Erlebnisse zum Leben dazu gehören, ihr aber gemeinsam stark genug seid, um Rückschläge oder negative Emotionen wie Trauer, Wut und Schmerz auszuhalten. Halte dann aber auch dein Wort und nimm dir Raum und Zeit, um Gefühle zu verarbeiten, statt sie zur Seite zu schieben oder dich dafür zu verurteilen, dass du sie fühlst. Du musst dich für deine Gefühle nicht schämen, denn was du fühlst, ist allein deine Sache und bedeutet ja nicht, dass du tatsächlich auch so handeln wirst. Vielleicht würdest du deine Kinder am liebsten mal auf den Mond schießen, aber das bedeutet weder, dass du eine schlechte Mutter bist, noch, dass du deine Kinder nicht aufrichtig liebst. Negative Gefühle sind ganz normal, aber sie bestimmen nicht dich oder dein Handeln, wenn du adäquat mit ihnen umzugehen lernst.

Hast du Probleme, deinen Gefühlen freien Lauf zu lassen, trainiere sie im Alltag. Reagiere dich beim Sport ab oder schimpfe einfach mal wie ein Rohrspatz im Auto, wenn keiner dabei ist, weine bei einer traurigen Schnulze mit oder hänge bei trauriger Musik eine Weile schwermütigen Gedanken nach. Schreibe deine Gedanken und Gefühle auf und schau immer mal wieder in dein Tagebuch, um zu erkennen, ob es Wiederholungen und Kernthemen gibt, aus denen sich bestimmte Muster ableiten lassen. Kannst du bereits ein konkretes Thema aus deiner Vergangenheit benennen, kannst du dieses auch betrauern. Vielleicht kennst du das bereits durch den Verlust eines Haustieres oder lieben Menschen: Trauern ist Arbeit und verläuft meist in mehreren Stufen, so erklärt etwa im Phasenmodell der Schweizer Psychologin Verena Kast, die die Trauer in vier Phasen unterteilt:

1. Nicht-Wahrhaben-Wollen
2. Aufbrechen von Emotionen wie Wut oder Angst
3. Suchen nach Sinn und Verortung
4. Anpassung und neuer Selbstbezug

Hast du in deiner Kindheit einen liebenden Vater vermisst, wirst du ihn weder dadurch finden, dass du deinem Vater bis heute hinterherläufst und versuchst, lieb Kind zu werden oder zu bleiben, noch, indem du deinen Partner in die Rolle eines Vaters hineindrängst und von ihm die elterliche Zuwendung und Liebe erhoffst. Überwindest du die Phase des Nicht-Wahrhaben-Wollens und stellst dich dieser Tatsache, wirst du mit starken Emotionen konfrontiert. Danach ist die

Luft geklärt und du kannst dich neu verorten – wo will ich hin, was möchte ich eigentlich von meiner Liebesbeziehung, wenn diese nicht die Stellvertreterrolle einnehmen muss? - und dich dann schließlich neu finden und an die Situation anpassen.

Ja, ein liebender Vater hat dir in der Kindheit gefehlt und diesen Umstand hast du betrauert. Vielleicht wird es dich auch immer mal wieder traurig machen, aber du hast einen Großteil der Trauerarbeit geleistet, weißt, wo du heute stehst und kannst akzeptieren, dass du dir selbst ein gutes Elternteil sein kannst und als Erwachsener nicht mehr auf die Liebe deines Vaters angewiesen bist. Somit kannst du nicht mehr dienliche Glaubensmuster, Konditionierungen, Verhaltensmuster auflösen – aber diese Heilarbeit erfordert viel Achtsamkeit, Fingerspitzengefühl und vor allem Geduld. Bitte versuch nichts übers Knie zu brechen, im Sinne von „Jetzt weiß ich, wo mein Problem liegt, jetzt heile ich schnell mein Inneres Kind und dann funktioniere ich endlich wie ein normaler Mensch!" Das geht in den meisten Fällen nicht gut, denn dein Inneres Kind ist sehr sensibel und erfordert eine sanfte und liebevolle Behandlung, bei der seine und somit auch deine Bedürfnisse wahrgenommen und respektiert werden. Druck und Hektik wird es scheu machen und verängstigen, sodass sich das zarte Band, was zwischen euch geknüpft wurde, möglicherweise sogar wieder löst. Insbesondere, wenn deine Eltern auch dazu geneigt haben, ungeduldig mit dir zu sein und von dir auf Befehl eine bestimmte Reaktion zu erwarten, kann das dein Inneres Kind zusätzlich belasten und verängstigen.

Es ist wichtig, bei dieser Arbeit eigene Grenzen zu erkennen und sich nicht zu überfordern. Hast du das geschafft, lernst du dich nicht nur selbst viel besser kennen, sondern kannst mit Krisen deutlich gereifter umgehen und hast neues Selbstvertrauen in deine Fähigkeiten entwickeln können. Du hast nicht nur Kontakt zu deinem Inneren Kind, sondern auch zu deiner Inneren Kraft aufgenommen und kannst gemeinsam mit ihr und deiner Intuition zu einem Leben in Balance finden, ganz im Sinne Erich Fromms: „Wenn ich vom vollgeborenen

Menschen spreche, dann spreche ich vom Menschen im Sinne Goethes, von jenem Menschen, der sich gelöst hat von der Mutter, vom Vater, von der Herde – von jenem Menschen, der gleichsam seine eigene Mutter, sein eigener Vater und sein eigenes Gesetz geworden ist."

Leichtigkeit im Leben durch die Entdeckung des Inneren Kindes

„Die sonnige Kinderstraße
Meine frühe Kindheit hat auf sonniger Straße getollt;
hat nur ein Steinchen, ein Blatt zum Glücklichsein gewollt.
Jahre verschwelgten, Ich suche matt jene sonnige Straße heut,
wieder zu lernen, wie man am Blatt, wie man am Steinchen sich freut."

Joachim Ringelnatz

Das Gedicht des deutschen Schriftstellers Hans Gustav Böttichers, besser bekannt unter seinem Künstlernamen Joachim Ringelnatz, findet in Texten, die sich mit dem Inneren Kind auseinandersetzen, häufig Verwendung, beschreibt es doch wunderbar die kindliche Begeisterungsfähigkeit und Leichtigkeit. Diese ist einem meist über die Jahre ganz unbemerkt abhandengekommen, bis man irgendwann innehält und sich fragt, wann man eigentlich das letzte Mal so richtig herzlich und aus dem Bauch heraus bis zum Seitenstechen gelacht hat. Wann das ganze Leben so ernst und anstrengend geworden ist und wieso einen eigentlich nichts mehr so recht überraschen kann.

Selbst Personen, die eine schwierige Kindheit hatten und sich bereits früh in ihrem Leben mit besonderen Herausforderungen auseinandersetzen mussten und keineswegs nur Sonnenschein in ihren frühen Jahren erlebt haben, können sich meist an einen gewissen Zauber erinnern und an eine Fähigkeit, mit einem frischen Blick auf die Welt zu schauen, in Details zu versinken und sich von Emotionen – negativen wie positiven – regelrecht mitreißen zu lassen. Scheinbare Kleinigkeiten konnten von besonderer Bedeutung sein und mitunter brauchte es nicht viel, um glücklich zu sein.

Vielleicht war es bei dir kein Steinchen oder Blatt, das eine solche Versunkenheit und Zufriedenheit ausgelöst hat, sondern das Beobachten eines Marienkäfers, der an einem Blütenblatt entlangkrabbelt, das Blasen auf einem Grashalm, das Gefühl des warmen Sandes zwischen deinen Zehen beim Spielen auf dem Spielplatz oder das Geräusch des knirschenden Schnees, wenn du morgens im Dunkeln zur Schule gestapft bist. Wir alle können uns an solche Momente erinnern und sie bei Gelegenheit auch bei den Kindern in unserem Umfeld beobachten. Wer hat nicht schon mal fast die Contenance verloren, weil ein wichtiger Termin anstand, die Uhr unaufhörlich tickte und das Kind an der Seite nichts Besseres zu tun hatte, als konzentriert und vollkommen entspannt eine Ameise bei ihrer Arbeit zu beobachten, während uns fast die Hutschnur platzt? Weniger negativ besetzt: Was gibt es Schöneres als das begeisterte Mitfiebern von Kindern bei einer Geschichte, das erstaunte Lachen, wenn eine Schneeflocke auf der kleinen Nasenspitze landet oder die fokussierte Stille, wenn die kleinen Entdecker ihre Welt erkunden?

Wenn du dich auch danach sehnst, mal wieder mit einer positiv besetzten, fast schon spielerischen Neugierde auf die Welt zu schauen, statt voller Sorge Unbekanntem entgegenzutreten, du gerne wieder freier in deinem Erleben sein möchtest und mehr Spiel und Spaß – okay, und vielleicht auch Schokolade – in dein Leben holen möchtest, gibt es verschiedene Möglichkeiten, um dir bei deinem Inneren Kind ein oder zwei Tricks abzuschauen, um das Leben etwas leichter zu nehmen.

Spielen und Staunen als Erwachsener – Ist das überhaupt okay?

Natürlich hast du als erwachsener Mensch ganz andere Bedürfnisse als als Kind und auch die Dinge, für die du Verantwortung übernehmen musst, sind jetzt ganz andere. Es geht keinesfalls darum, diese Punkte zu negieren oder zu vernachlässigen. Stattdessen kann dich die Begegnung mit deinem Inneren Kind auf diesem Gebiet dazu bringen, Genuss und einer gesunden Portion Optimismus einen größeren Stellenwert in deinem Leben zu bieten. Das ist keinesfalls egoistisch und auch nicht blauäugig. Schließlich weißt du als mündige erwachsene Person um die Konsequenzen deines Tuns und kannst abschätzen, wo du dir diese Leichtigkeit erlauben kannst. Optimismus ist nicht gleichzusetzen mit kindlicher Naivität und sorgt in der Arbeit mit deinem Inneren Kind eher dafür, dass das manchmal so drückende Alltagsgrau der Erwachsenenwelt etwas bunter wird und du wieder mit frischer Kraft, neuen Ideen und neuem Elan an die Sachen herangehen kannst. Dadurch, dass du dir Zeit dafür nimmst, hebt sich deine Laune: du wirst zufriedener, bist ausgeglichener und womöglich sogar gesünder, produktiver und belastbarer. Also ganz klar kein egozentrierter Zug, sondern eine echte Win-Win-Situation für dich und deine Umwelt!

Mit neuem Blick auf die Welt schauen – wie gehe ich das an?

Jetzt magst du argumentieren, dass es für ein Kind ja ein Leichtes ist, mit frischem Blick auf die Welt zu schauen – schließlich ist alles neu! Es gibt immer wieder erste Male zu erleben: Der erste Geburtstag, das erste Weihnachten, der erste Tag im Kindergarten, der erste Schnee, der erste lockere Milchzahn, der erste Urlaub mit der Familie oder der Schuleintritt. Der

Minimensch ist frei von Altlasten, begegnet seiner Umwelt aufgeschlossen und mit einem spielerischen Interesse und hat anders als ein Erwachsener noch nicht den Weitblick, um sorgenvoll in die Zukunft zu schauen oder alle Handlungen zu hinterfragen und jeden Schritt zu überdenken. Dadurch sind Kinder zum einen naiver und weniger in der Lage, langfristig zu planen, zum anderen aber auch unvoreingenommener und offener.

Wie sollst du – als Mensch, der möglicherweise schon einige herbe Rückschläge und Enttäuschungen in seinem Leben erfahren musste – jetzt wie ein unbeschriebenes Blatt daherkommen und mit kindlicher Vorfreude in die Welt hinausstürmen? Niemand erwartet von dir, dass du dir eine nicht altersgerechte kindliche Naivität aneignest oder dass du so tust, als wärest du vollkommen frei von Altlasten und Geschichte. Es besteht aber die Möglichkeit, dich wieder mehr für die Umwelt um dich herum zu öffnen, deine Denkmuster und Meinungen zu hinterfragen und immer gleiche Routinen aufzubrechen, um für etwas Abwechslung zu sorgen. Auch wenn du viel in der Welt herumgekommen bist und einiges erlebt hast, wirst du noch nicht alles gesehen, gegessen, ausprobiert und getan haben, was es um dich herum so zu sehen, essen, ausprobieren und zu tun gibt. Im Yoga sprechen viele Lehrerinnen und Lehrer davon, dass Yoginis und Yogis nie die Einstellung des des Lernenden oder der Lernenden vergessen sollten, um ihre Yogapraxis immer wieder neu anzugehen, andere Facetten wahrzunehmen und Neues über sich und ihr Yoga zu erfahren.

Kein Tag ist wie der andere und jeder Moment bietet die Möglichkeit, etwas Neues über sich oder seine Umwelt zu erfahren, spannende sinnliche Erfahrungen zu machen oder etwas Alltägliches aus einem neuen Blickwinkel heraus zu betrachten. Ganz kleine Dinge können schon einen Aha-Moment mit sich bringen: Starte doch einfach mal die abendliche Gassirunde mit dem Hund von der anderen Seite aus. Ist der Blick auf die Häuser und Natur anders? Fällt dir etwas Neues ins Auge? Entdeckst du einen Augenschmeichler auf dem Weg? Und wie reagiert dein Hund? Was passiert, wenn du deine Lieblingsspeise mit verbundenen Augen isst und wie fühlst du dich, wenn du dich verkehrt herum ins Bett legst? Spiele ein wenig mit deinen täglichen Aufgaben und Routinen und genieße, wie sie dadurch wieder spannender werden und du, statt auf Autopilot durch dein Leben zu hetzen, bewusster dein Hier und Jetzt erleben kannst.

Neue Lebenslust – wie beginne ich damit?

Wenn du dein Inneres Kind in deinen Alltag integrieren möchtest, um etwas mehr Leichtigkeit zu gewinnen und wieder mehr Enthusiasmus und Entdeckungslust in dein Leben zu holen, kann es hilfreich sein, sich an früher zu erinnern. Nicht selten ist es so, dass Handlungen oder Dinge, die uns als Kindern Wohlbehagen bereitet haben, auch im fortgeschrittenen Alter ihren Zauber keineswegs verloren haben und sogar wie eine Zeitmaschine funktionieren können. Der Geruch von Milchreis mit Zimt und Zucker lässt uns an die verregneten Novembernachmittage nach dem Kindergarten denken, der Geschmack von Lakritzschnecken erinnert uns an die Mensch-Ärger-Dich-Nicht-Spielnachmittage bei Oma und Opa. Jeder von uns hütet solche Schätze in seiner Erinnerung, die du gerne hervorholen kannst, um dir ins Gedächtnis zu rufen, was dich als Kind begeistern konnte und was bei dir Glücksgefühle hervorgerufen hat. Nicht immer bedeutet das, dass du alle Dinge aus deiner Kindheit eins zu eins in dein jetziges Leben übertragen können wirst. Dein Geschmack wird sich ebenso verändert haben wie deine Einstellung zu gewissen Dingen. Aber eine Tendenz, eine Vorliebe ist häufig erkennbar, sodass du leicht ein paar Anhaltspunkte finden kannst, von denen du zu deiner Reise Richtung neue Lebenslust starten kannst. Machst du dabei ein paar Umwege? Kein

Problem! Die erhöhen schließlich die Ortskenntnis und nachher hat man noch ein klein wenig mehr zum Erzählen.

Du weißt nicht, wo du beginnen sollst? Stelle dir vielleicht ein paar der folgenden Fragen:
- Welche Themengebiete haben dich als Kind besonders fasziniert?
- Was war deine Lieblingsfarbe?
- Als was wolltest du dich immer verkleiden?
- Bei welcher Aktivität konntest du die Zeit vergessen?
- Hattest du ein Lieblingsspiel?
- Gab es ein Ritual, an das du dich besonders gern erinnerst?
- Was sind deine Lieblingserinnerungen an deine Kindheit?

Wieso ist Spielen so gesund?

Mit dem Thema Spielen beschäftigen sich nicht nur kleine Kinder, sondern sogar ganze Wissenschaftsbereiche, etwa in der Spielwissenschaft. Schon immer haben die Menschen gespielt und sich auch mit der Bedeutung dessen auseinandergesetzt. Der Homo ludens, der spielende Mensch, benannt von dem Wissenschaftler Huizinga, ist Bestandteil vieler Untersuchungen, bei denen erforscht werden soll, welchen Sinn das Spielen für den Menschen hat und wie sich welche Spiele auf den Menschen aus erziehungs- und bildungswissenschaftlicher Sicht auswirken. Dass Spielen für Kinder von besonderer Wichtigkeit für die Ausbildung von geistigen und körperlichen Fähigkeiten ist, ist mittlerweile auch Bestandteil des Alltagswissen. Das Kind lernt beim Spielen seine Umwelt in all seiner Vielfalt kennen und begreifen, kann soziale und kognitive Fähigkeiten erlernen, in den Austausch mit anderen gehen, aber auch seine eigene Vorstellungswelt erkunden und mit der Realität nach und nach abgleichen.

Einen Spieltrieb zeigen übrigens nicht nur menschliche Kinder, sondern auch der Nachwuchs von verschiedenen Tierarten spielt und lernt dadurch beispielsweise das Jagen oder Anschleichen. Auch Kinder können beim Spielen motorische Abläufe wie nebenbei verinnerlichen und üben, ebenso wie Sprache und Interaktion mit anderen. Das, was die Kleinen in ihrem unmittelbaren Umfeld sehen, wird nachgestellt und so das Leben geprobt. Gemachte Erfahrungen können im Spiel verarbeitet werden und auch Ausdauer und Selbstvertrauen können im Spiel geschult werden. Dazu muss das Spiel keineswegs immer zweckgerichtet und pädagogisch ausgerichtet und gesteuert werden: Auch im freien Spiel können die Kleinen wertvolle Kompetenzen erwerben, selbst wenn dieses für Erwachsene zweckfrei und vollkommen willkürlich erscheinen mag.

Warum aber spielen Erwachsene? Das Spiel kann ähnlich wie zu Kinderzeiten vielzählige Vorteile bieten: Es kann beim Erlernen neuer Fähigkeiten helfen, es bietet eine angenehme Mischung aus Anspannung und Entspannung, bietet Möglichkeiten zum Abtauchen aus dem Alltag und dem Sein im Hier und Jetzt, Raum für das Ausprobieren neuer Dinge und das Miteinander mit anderen, körperliche und seelische Anregung und gibt dir darüber hinaus die Chance, ganz neue Erfahrungen zu machen. Gesundheit wird durch die WHO, die Weltgesundheitsorganisation, nicht als Abwesenheit von Krankheit und Gebrechen, sondern als Zustand vollkommenen körperlichen, geistigen und sozialen Wohlbefindens definiert. Spielen kann diese deutlich steigern und je nach Form der Spiele auch bestimmte Defizite ausgleichen helfen, etwa durch Konzentrations-, Kommunikations- oder Bewegungsspiele.

Natürlich musst du, wenn du als Kind alle für dich wichtigen Fertigkeiten und Fähigkeiten erlernen konntest, nicht mehr spielen, um diese zu erwerben, aber auch dir kann das

Spiel dabei helfen, deine Leistungen zu verbessern und Fertigkeiten zu schulen. Du wirst kreativer, entwickelst neue Denkmuster und neben einer angeregten Fantasie wird auch dein Gehirn leistungsfähiger. Das lässt sich sogar nachweisen: So hat Simone Kühn, eine Neurowissenschaftlerin, nachweisen können, dass sich bestimmte Areale im Gehirn, die für die Koordination des Körpers genutzt werden, bei Personen, die regelmäßig Computerspiele spielen, stärker entwickeln.

Du kannst dich im Spiel ganz anders mit Menschen aus deinem Umfeld auseinandersetzen, weitab von den alltäglichen Grenzen und Lasten und eine neue Form des Zusammenhalts erleben. Spielen kann verbinden und dabei helfen, sich mal wieder in einem neuen Licht zu betrachten, zusammen neue Erfahrungen zu machen und miteinander unbekannte Herausforderungen zu meistern – und das alles mit spielerischer Leichtigkeit, denn Konsequenzen im realen Leben sind durch das Spiel nicht zu befürchten.

Spielen bietet Erwachsenen die Möglichkeit, Abwechslung in den Alltag zu bringen, Spaß und Freude zu erleben und eine gewisse Leichtigkeit zu erleben. Das liegt zum einen daran, dass Erwachsene beim Spielen eine Form der Regression erleben: Sie fühlen sich in ihre Kindheit zurück versetzt, fühlen eine stärkere Verbindung zum Inneren Kind und können das kopfgesteuerte Leistungsdenken einfach mal zur Seite stellen. Zum anderen kann die absichtslose Spielerei unheimlich befreiend wirken – insbesondere dann, wenn du beruflich oder privat stark eingespannt bist, immer viel leisten musst und es dir normalerweise nicht erlaubst, einfach mal nichts zu tun. Das Spielen passiert genau jetzt in diesem Moment und verhilft dir zu mehr Achtsamkeit und dabei, dich zu zentrieren. Du bist vollkommen im „Flow" und kannst alles um dich herum vergessen. Besonders diesen Aspekt hebt beispielsweise der Psychologieprofessor Mihály Csíkszentmihályi hervor: Aufgrund des Flows braucht der Spielende auch kein Ziel oder eine Belohnung, denn das gleichzeitige Erleben von Bewusstsein und Handlung lässt den Spieler in einen Zustand der angenehmen Selbstvergessenheit geraten, bei der die Zeit wie im Flug zu vergehen scheint.

Folgende Fragen kannst du nutzen, um deine Lust am Spielen wachzukitzeln:

- Hast du lieber allein oder mit anderen zusammen gespielt?
- Mochtest du Sportspiele?
- Hast du eher das freie Spiel bevorzugt?
- Warst du lieber zuhause oder in der freien Natur?
- Wolltest du gerne etwas Neues beim Spielen lernen oder hast du bevorzugt immer das Gleiche gespielt?
- Hast du getobt, gerauft oder gerne deine Kräfte mit anderen gemessen?
- Mochtest du das stille Spiel, oder hat dich dieses in deinem Bewegungsdrang und deiner Ausdruckslust behindert?
- Welches war dein liebstes Gesellschaftsspiel?
- Welches war dein liebstes Spielzeug?
- Gab es ein Spielzeug, das du immer ausprobieren wolltest, aber nie die Chance dazu hattest?

Tipps, um mit dem Inneren Kind zu spielen

Wenn du jetzt unheimlich gerne mit dem Spielen loslegen möchtest, dich aber ein wenig eingerostet oder vielleicht sogar eingeschüchtert fühlst bei dem Gedanken, mach dir keine Sorgen! Damit bist du nicht allein. Gerade Personen, die im Alltag stark eingebunden sind und sich viel um andere kümmern, wissen manchmal gar nicht mehr, wie sie loslassen, eine Pause einlegen und Spaß haben können. Vielleicht denkst du dir auch, dass du zum Spielen zu sehr aus der Übung bist oder du gar nicht weißt, welche Spiele dir heute Spaß machen würden. Das ist kein Problem! Tritt mit deinem Inneren Kind in Kontakt und lass dich von deinen Erinnerungen inspirieren. Sei nicht traurig, wenn du merkst, dass etwas, das dich früher stundenlang beschäftigen konnte, heute nicht mehr zu den Aktivitäten gehört, die dir Spaß machen. Mit großer Wahrscheinlichkeit magst du ja auch nicht mehr alle Lebensmittelkombinationen, die dir mit fünf Jahren so gut geschmeckt haben, und die Kassette mit den Kinderliedern würdest du auch nicht mehr unbedingt hervorholen. Nutze diesen Umstand, um dich von der kindlichen Offenheit deines Inneren Kindes mitreißen zu lassen und einfach Sachen auszuprobieren – um ihrer selbst willen, nicht um zu gewinnen oder der Beste zu sein.

Du hast Sorge, dass du zu alt bist zum Spielen oder dir das Spielen gar nicht zusteht, weil eine gute Mutter/Anwältin/Verkäuferin oder ein guter Kindergärtner/Vater/Maler doch nicht einfach so seine Zeit verschwenden, sondern etwas leisten sollte? Wie bereits im vorangegangenen Abschnitt erwähnt, ist Spielen auch für Erwachsene nützlich und dient nicht nur der reinen Erheiterung oder der Flucht vor Langeweile. Werden in dir kritische Stimmen wach oder begegnet dir dein Umfeld mit missbilligenden Blicken, kannst du gerne erklären, dass das Spielen eine der ältesten Kulturtechniken des Menschen ist, die weltweit und durch alle Zeitalter praktiziert wurde – unabhängig vom Alter und Bildungsstand der Personen. Du musst dein Spiel zwar vor niemandem rechtfertigen, aber wenn es dir ohnehin schwerfällt, dir Zeit für dich selbst zu nehmen, hilft es dir möglicherweise, das Spiel als Form der Selbstfürsorge, als Zuwendung zu deinem Inneren Kind zu betrachten. Du hast ein Recht auf Spiel und Spaß und du darfst es dir mit gutem Gewissen nehmen!

Mit Kindern spielen – Lernen von den Profis

Kinder sind Meister im Spielen und wir können einiges von ihnen lernen. Gerade wenn du dir beim Gedanken ans freie Spiel vielleicht seltsam vorkommst oder Hemmungen hast, ist ein junger Spielmeister an deiner Seite der perfekte Lehrer, der dir zeigen kann, wie man loslässt und einfach Spaß hat - ganz gleich ob beim wilden Räuber- und Gendarm-Spiel, beim Sandburgen bauen oder beim Besuch im Einkaufsladen! Ganz gleich, ob es deine eigenen Kinder sind, du den Nachwuchs von Freunden oder Nachbarn hütest oder im Ehrenamt mit Kindern zu tun hast – in der Regel freuen sich die Kleinen sehr, wenn die Großen mal so richtig mitspielen und nicht nur an der Seite stehen und das Spiel überwachen oder anleiten. Selbstverständlich bedeutet das nicht, dass du deine Aufsichtspflicht darüber vergessen sollst oder statt deinen elterlichen Verpflichtungen nachzukommen nur noch mit den Kindern spielst. Aber die Kleinen können meist sehr gut unterscheiden, wann die Großen als gleichberechtigte Partner mitspielen und wann sie wieder ihre Rolle als erwachsene Aufsichtsperson, Elternteil oder pädagogische Fachkraft einnehmen und sehen darin auch keinen Widerspruch. Vielmehr kann das Ganze als Bereicherung für die Beziehung zwischen Kindern und Erwachsenen gesehen werden, die um eine verbindende Dimension wächst. Und du lernst ganz nebenbei, welche Spiele und Ideen deine Kinder gerade begeistern – total faszinierend und auch hilfreich für eure Interaktion. Zudem überträgt sich der Spieleifer der kleinen Racker fast wie von selbst auf dich und du musst dir auch nicht komisch vorkommen, wenn du als Piratin über die sieben Weltmeere segelst oder als Ritter ruhmreiche Taten vollbringst, während du eigentlich nur auf dem Kinderzimmertisch stehst oder mit einem Besen in der Hand zum Turnier antrittst – schließlich bist du in bester und herrlich ausgelassener Gesellschaft.

Zu einem Spielenachmittag gehen – geordnetes Spiel

Hast du keine Kinder in deinem Umfeld oder kannst du mit freiem Spiel nicht so viel anfangen, sind vielleicht Gesellschaftsspiele eine gute Gelegenheit, wieder ins Spielen zu finden. Gesellschaftsspiele wurden in jeder Epoche und Kultur als wichtiges Kulturgut entwickelt, gespielt und dies keineswegs nur unter Kindern, sondern auch unter Erwachsenen. Seit Jahrhunderten trainieren Menschen im Spiel ihre Fähigkeiten, messen sich auf kameradschaftliche Weise und genießen auch mal einfach den unterhaltsamen Zeitvertreib, ganz ohne Ziel. Du kannst dich mit ein paar Freunden oder Familienmitgliedern verabreden und einen Spielenachmittag bei dir zu Hause organisieren. Eine spannende Alternative ist der Besuch eines organisierten Spieletreffs. Diese werden in Büchereien, Gemeindezentren oder von anderen Organisationen angeboten und geben dir die Möglichkeit, dich in die Welt des Spielens zu wagen, auch wenn du keine eigenen Spiele daheim hast oder niemanden findest, der mitspielen möchte. Bei einem organisierten Spieletreff kannst du auf Gleichgesinnte treffen, ganz nebenbei deine Hemmungen abbauen, etwas total Neues ausprobieren und spannende Gruppenerlebnisse mit ganz unterschiedlichen Menschen erleben. Neben offenen Spieletreffs gibt es auch Angebote, die auf das Bilden einer festen Spielergruppe abzielen, sodass das Spielen einen festen Platz in deinem Alltag finden kann. Halte doch einfach mal Ausschau, ob es ein ähnliches Angebot in deiner Nähe gibt. Kleiner Hinweis: Es gibt Spieletreffs, bei denen ganz unterschiedliche Spiele zur Auswahl stehen, aber auch Angebote, die sich auf eine bestimmte Art von Spiel fokussieren, etwa bestimmte Brettspiele oder Pen and Paper-Rollenspiele.

Öfter mal was Neues – unbekannte Dinge ausprobieren

Die kindliche Neugierde geht uns Erwachsenen im stressigen Alltag oft verloren und wir finden uns irgendwann in einer immer gleichen Routine wieder, die zwar zuverlässig funktioniert, aber auch wenig Raum für Überraschungen lässt. Dieser Umstand lässt sich auch in der Freizeitgestaltung beobachten – schließlich ist die Zeit zur freien Gestaltung eh schon so knapp bemessen und dann will man sich schnell und zuverlässig entspannen und keine anstrengenden Pläne in die Tat umsetzen oder sich überwinden müssen. Ein klein wenig Abenteuer zwischendurch kann aber wahre Wunder wirken, wenn es um die Verbesserung der Grundstimmung und das Wecken der Lebensgeister geht. Du erwischt dich dabei, dass jeder Sonntag vor dem Tablet mit Serien-Binge-Watching endet? Mit deinen Freunden gehst du immer zum Bowlen und mit den Kindern wird seit Jahr und Tag Mensch-Ärger-Dich-Nicht gespielt, obwohl das eigentlich gar keiner mehr sehen kann und der Nachwuchs längst groß genug ist, anspruchsvollere Spiele zu verstehen, die der ganzen Familie Spaß machen? Dann sei mutig und wage dich an etwas Neues: Geh mit den Kids in den Kletterpark oder besuche mit ihnen den Abenteuerspielplatz! Verbringt einen Nachmittag in der Bücherei und schaut euch dort Bücher mit Anregungen zur medienfreien Freizeitgestaltung an oder stöbert durch die angebotenen Spiele, wenn eure Bibliothek solche zur Ausleihe anbietet. Besuch mit der Clique einen Escape Room oder versucht euch an einem Brettspiel aus einem anderen Land.

Alleine Spielen – mach dein Ding

Du bist der Auffassung, dass du gar nicht spielen kannst, selbst wenn du wolltest? Schließlich hast du weder Freunde noch Kinder, die Interesse daran haben und einen Spieletreff gibt es auch nicht? Kein Problem! Es gibt wunderbar vielfältige Möglichkeiten, dein Inneres Kind im Alleingang zu beglücken. Dafür brauchst du weder zwingend andere Personen, noch viel Geld oder Vorbereitungszeit. Geschicklichkeits- und Rätselspiele lassen sich hervorragend alleine spielen und halten dich auch mit deinem scharfen Intellekt problemlos eine gute Weile gefangen. Diabolo, Jonglieren, Sudokus oder klassische Schwedenrätsel sind eine gute Wahl und können dich sowohl geistig als auch körperlich in Fahrt bringen. Auch mehr in unserer Gesellschaft etablierte Hobbys wie Computerspiele oder das Basteln von Modelleisenbahnen oder das Fliegenlassen von Modellflugzeugen können auch alleine ausgeübt werden. Das Tolle bei Spielen, die du alleine machen kannst: Du kannst genau dann starten, wenn du Lust und Zeit dazu hast und auch mal zwischendurch eine kleine, belebende Spielsession einbauen, ohne dich erst mit jemandem zu verabreden oder abzusprechen.

Das Spiel mit den Rollen – verkleiden zu Karneval

Auch wenn Fasching oder Karneval in einigen Regionen Deutschlands nicht so leidenschaftlich oder sogar gar nicht gefeiert werden wie etwa im Rheinland, so bietet die fünfte Zeit des Jahres doch eine erstklassige Möglichkeit, einmal in eine andere Rolle zu schlüpfen und die beliebten „So tun als ob-Spiele" der Kindheit wieder aufleben zu lassen. Prinzessin, Forscher, Superheldin oder Sänger – wer möchtest du heute sein? Lass deiner Fantasie freien Lauf und genieße den Wechsel der Positionen und das Spiel mit den Möglichkeiten. Hast du Kinder, kannst du mit ihnen zusammen eine kleine Verkleidungskiste anlegen, in denen sich neben alten Kleidern auch tolle Accessoires befinden, mit denen du und sie sich kostümieren können. Du brauchst keineswegs teure Kostüme zu kaufen – meist lässt sich aus den Sachen, die man ohnehin zuhause hat, schon mit etwas Geschick ein tolles Kostüm basteln. Bist du gerne kreativ und handarbeitstechnisch versiert, kannst du natürlich auch selbst zu Nadel und Faden greifen und dir traumhafte Verkleidungen ausdenken. Ihr könnt euch natürlich auch einfach so, ohne besonderen Anlass, verkleiden und gemeinsam eure Lieblingsmärchen nachspielen oder euch selbst Geschichten ausdenken. Vielleicht überrascht ihr euch gegenseitig mit euren Ideen. Du wirst erstaunt sein, wie sehr das passende Kostüm doch dabei helfen kann, eine neue Rolle einzunehmen – als Freibeuter, Tarzan, Arielle, die Meerjungfrau oder ein Zwerg aus einem Märchen.

Austoben auf dem Spielplatz – Freiheit für das Innere Kind

Als Erwachsene folgen wir den ganzen Tag den Normen und Regeln unserer Gesellschaft, nehmen Rücksicht auf andere und halten unsere Bedürfnisse und unseren Bewegungsdrang unter Kontrolle. Wie schön wäre es, da auch mal auszubrechen, oder? Dann auf zum nächsten Abenteuerspielplatz! Hier gibt es unzählige Möglichkeiten, sich körperlich auszutoben beim Klettern, Schaukeln, Balancieren und Springen. Habt ihr keinen Abenteuerspielplatz, kannst du mit deinem Inneren Kind – und vielleicht auch deinen eigenen Kids, wenn sie das passende Alter haben – auch auf einen traditionellen Spielplatz gehen und dort wippen, die Gerüste hochklettern und an den Ringen schaukeln. Die Gerätschaften sind in der Regel darauf ausgelegt, von mehreren Kindern gleichzeitig genutzt zu werden, sodass sie das Gewicht eines Erwachsenen problemlos aushalten sollten. Wann hast du das letzte Mal auf einer Schaukel gesessen und bist immer höher geschaukelt, bis in den Himmel? Wann hattest du das letzte Mal so einen richtigen Drehwurm, weil du zu lange auf dem Karussell gesessen hast und bist beim Versuch, geradeauszugehen, vor Lachen und Schwindel einfach in den weichen Sand gefallen? Und wie lange ist es her, dass du warmen Sand zwischen deinen Zehen gespürt hast oder du diesen einfach zwischen deinen Fingern hast durchrieseln lassen? Lass dir diese tollen, sinnlichen Erfahrungen nicht entgehen und bring gemeinsam mit deinem Inneren Kind etwas Schwung in dein Leben!

Bewegungsspiele – perfekt für den gesunden Wettstreit

Bewegungs- oder Sportspiele sind ebenfalls eine tolle Möglichkeit, sich auf ganz andere Weise zu bewegen. Anders als beim bloßen Ausüben einer Sportart geht es hier nicht um das genaue Ausführen von Bewegungsabläufen und das Verfeinern von Techniken, sondern der Spaß an der Bewegung steht im Vordergrund. Vor allem, wenn du sonst in deinem Alltag überwiegend sitzt, sind Bewegungsspiele eine Abwechselung, die ganz nebenbei natürlich trotzdem dein Repertoire an Bewegungsabläufen und sportmotorischen Fähigkeiten erweitern. Du kannst dich in entspannter Atmosphäre mit anderen messen und auch wunderbar Dampf ablassen, wenn zuhause oder bei der Arbeit mal wieder alles schief ging und es so ein Untag ist, an dem nichts gelingen will. Frisbee, Tischtennis oder einfaches Fangenspielen – es gibt unendlich viele Bewegungsspiele, mit Equipment oder ohne, Spiele, die du allein oder mit anderen spielen kannst, welche, die etwas Vorbereitungszeit erfordern und andere, die du einfach mal kurz starten kannst, um nach einem anstrengenden Telefonat den Kopf frei zu bekommen oder dir nach einem Streit den Frust abzulaufen. Hast du gesundheitliche Einschränkungen oder warst du lange sportlich nicht aktiv, findest du in der Bibliothek oder im Netz zahlreiche Anregungen, wie du Bewegungsspiele trotzdem in deinen Alltag integrieren kannst. Extratipp für Hundebesitzer: Bello freut sich riesig, wenn du beim Gassigehen nicht nur mit anderen Hundeeltern am Wiesenrand stehst und mal das Bällchen wirfst, sondern gemeinsam mit ihm über Stock und Stein kletterst, mit ihm fangen spielst, stöberst und staunst. Manche Hunde sind richtige

Spielkinder und hervorragende Animateure, die dir garantiert ein Lachen entlocken werden.

Neues Terrain – Computerspiele ausprobieren

Gehörst du zu den Menschen, die sich bisher von jeglicher Art von Computer- und Konsolenspielen ferngehalten haben und dem Ganzen, wenn nicht mit Ablehnung, doch wenigstens mit Misstrauen gegenüberstehen? Keine Sorge, du sollst nicht zum Gamer mutieren – aber lass dir doch einmal von einem Spieler aus deinem Umfeld ein Konsolenspiel zeigen, von dem er glaubt, dass es dir Spaß machen könnte. Wer sich vor den viel kritisierten Ballerspielen gruselt, kann zu Strategiespielen, Rollenspielen, Knobelspielen oder Bewegungsspielen greifen. Das Angebot an Spielen ist schließlich mittlerweile so breit gefächert, dass es Personen aller Altersklassen, Erfahrungsstufen und Interessengruppen ansprechen kann. Vielleicht hast du dich auch immer schon gefragt, was dein Nachwuchs daran findet, in einen Kasten zu starren und Knöpfchen zu drücken?! Probier es einfach aus. Aktiviere dein neugieriges, aufgeschlossenes Inneres Kind und mach deinen Nachwuchs zum Experten, der dir zeigen kann, wie das Game funktioniert. Die meisten Kinder genießen es, anderen etwas zu erklären, wofür sie sich begeistern und du wirst sicherlich auch interessante Beobachtungen machen können bei diesem Rollentausch. Und wer weiß – vielleicht entdeckst du dabei ja sogar eine neue Leidenschaft?

Das Anti-Schlechte-Laune-Mittel für zwischendurch – Hüpfen

Jeder von uns hat einen vollgestopften Alltag mit tausenden von Dingen auf der To-Do-Liste. Nicht immer ist da Zeit für eine ausgedehnte Spielerunde und nicht immer ist überhaupt die Lust da. Jeder von uns kennt solche Tage, an denen alles irgendwie zäh ist und die Dinge schwer von der Hand gehen, man die letzte Bahn verpasst, einen Strafzettel kassiert, die Milch umschmeißt und nochmal in den Supermarkt rennen muss, weil kein Belag mehr für die Schulbrote der Kinder im Haus ist. Wer kommt in so einer Situation darauf, zu spielen? Wahrscheinlich niemand, der sich all der Verantwortung bewusst ist. Aber was würde dein Inneres Kind machen? Die ganze Zeit maulend und schlecht gelaunt über den Bürgersteig schlappen? Oder seine schlechte Laune irgendwann satthaben und etwas Spaß in die ganze Sache bringen? Eine absolute Geheimwaffe für schlechte Laune ist jederzeit umzusetzen: Hüpfen! Von einem Bein aufs andere, mit beiden Beinen einen riesigen Sprung oder kleine, tänzerische Hüpfer beim Gehen zwischendurch – ganz gleich, was du machst, dir wird garantiert ein Mundwinkel hochrutschen. Vielleicht nur ganz kurz, aber immerhin!

Spiel mit der Sprache – Singen und Reimen

Zeuge des frühkindlichen Spracherwerbs zu werden macht Spaß, denn mitunter bringen die Kleinen die niedlichsten Versprecher oder Wortneuschöpfungen hervor. Aber auch nach dem Erlernen der Sprache verlieren die meisten Kinder ihre Liebe zum Wort nicht und plappern, singen, reimen oder erfinden neue Wörter. Das Spiel mit der Sprache kannst du auch als Erwachsener spielen, dafür musst du weder Poet noch Sänger sein: Wenn du für dich alleine bist, kannst du Arien schmettern, TV-Serien-Titellieder von früher trällern oder komische Wortspiele erfinden – es hört dich ja keiner. Auch das laute Lesen von Nonsense-Lyrik oder das immer schnellere Aufsagen von Zungenbrechern kann riesigen Spaß machen und die Lust darauf wecken, die Sprache, die du seit Jahren ganz selbstverständlich benutzt, mit neuen Augen zu sehen. Hattest du als Kind einen Lieblingszungenbrecher? Wenn dir spontan keiner einfällt, lade dein Inneres Kind dazu ein, folgende Sprüche so schnell wie möglich vorzulesen:

- Auf den sieben Robbenklippen sitzen sieben Robbensippen, die sich in die Rippen stippen, bis sie von den Klippen kippen.
- Schnecken erschrecken, wenn sie an Schnecken schlecken, denn zum Schrecken vieler Schnecken manche Schnecken nicht schmecken.
- Brauchbare Bierbrauerburschen brauen brausendes Braunbier.

Kreativ werden mit dem Inneren Kind

Ideal für einen Regentag oder ruhigere Stunden ist das stille kreative Ausprobieren. Wenn du jetzt Sorge hast, dass du nervige Handarbeiten machen musst oder große Kunstwerke fabrizieren sollst, sei beruhigt. Zeichnest du schon seit Jahren in deiner Freizeit, kannst du natürlich ein Kunstwerk schaffen – aber, auch wenn du glaubst, du könntest nicht mal ein Strichmännchen so darstellen, dass es ein Außenstehender erkennen würde und du glaubst, keinen kreativen Funken im Leib zu haben, solltest du diesen Vorschlägen eine Chance geben. Denn es gibt so viel mehr, das du ausprobieren kannst, als nur Bilder zu malen. Einfaches Kritzeln, Doodlen oder auch kunstvolles Handlettering auf einem Schmierblatt stehen ebenso zur Auswahl wie das Bemalen oder Batiken von Stoffen, Porzellanmalerei oder das Arbeiten mit Naturmaterialien. Vielen Menschen macht es Spaß, ihre Notizen oder Kalender mit Aufklebern, getrockneten Blüten, Farbstiften und Washi-Tape zu verschönern. Gerade in größeren Städten gibt es auch oft Angebote, bei denen du etwas Neues ausprobieren kannst, etwa das Töpfern, Schweißen oder Goldschmieden. Erlaubt ist, was gefällt. Vielleicht arbeitest du gerne mit Farben, hast aber keine Lust, dich auf ein kleines Papierblatt zu beschränken, sondern magst das Bemalen von großen Flächen oder

Action-Painting? Probiere es einfach aus! Auch Collagen, das Basteln mit Kastanien oder Strandgut oder das Nähen von Teddys und Puppen kann eine Form des kreativen Ausdrucks sein. Lass dich von dir selbst überraschen und wage dich an ein neues Projekt, ganz gleich, was dabei herauskommen mag!

Kreativität mit dem Inneren Kind – eine Chance für dich als Erwachsener

Diese Anregung für die Arbeit mit dem Inneren Kind stellt für viele Menschen eine große Herausforderung dar. Anders als bei den anderen Vorschlägen, die vielleicht etwas Unsicherheit oder Verlegenheit hervorrufen, dann aber meist mit viel Eifer und Freude umgesetzt werden können, scheint es bei dem Gedanken an kreative Tätigkeiten bei vielen Leuten eine Innere Blockade zu geben. Es kann sich mitunter eine regelrechte Ablehnung oder ein ausgeprägter Widerwille bemerkbar machen, der die Betroffenen in seiner Intensität mitunter sogar überrascht.

Häufig liegt auch hier die Wurzel des Ganzen in der Kindheit oder Jugend. Michael Ende, der bekannte deutsche Autor, der vor allem durch seine fantasievollen Kinderbücher in Erinnerung geblieben ist, bemerkte zum Thema Fantasie in unserer Gesellschaft Folgendes: „Fantasie lässt man höchstens in Form des Brainstormings gelten, also zum Zweck, neue Produktionsideen oder Verkaufsideen zu entwickeln. Zweckfreie Fantasie gilt als Energieverschwendung. Aber unter diesem Joch verkümmert die Fantasie und stirbt ab. Das macht den Menschen krank, vor allem die Kinder seelisch und psychisch." Viele unter uns verlieren bereits im frühen Kindheitsalter die Lust am Kreativsein, da ihnen wiederholt von der Gesellschaft mitgeteilt wird, dass Kreativität und Fantasie wenig lukrativ, unnütz oder unpassend sind für einen ordentlichen und produktiven Menschen. Der Spaß am Schaffen weicht einem zweckgebundenen Arbeiten und selbst kreative Prozesse in Fächern wie Deutsch, Kunst, Musik oder Textilkunde sollen standardisiert, in feste Zeitrahmen gepresst und vergleichbar sein. Zudem unterliegen die kreativen Arbeiten des Nachwuchses einer ständigen Beurteilung durch Eltern, andere Verwandte, Erzieher und Lehrerinnen. Allein wenn ein Kind ein großes Talent an den Tag legt und etwa als das nächste musikalische Wunderkind an der Geige gilt, wird von der leistungsorientierten Gesellschaft akzeptiert, dass es all seine Zeit auf das Erlernen und Spielen dieses Musikinstruments legt. Ein Kind, das lediglich aus Spaß an der Freude stundenlang musizieren, malen oder schauspielern möchte, wird dazu angehalten, sich nicht mit Luftschlössern aufzuhalten, stattdessen etwas Ordentliches zu lernen und seine Zeit nicht mit brotloser Kunst zu verschwenden. Die Bewertung, wann ein intensives Auseinandersetzen und Beschäftigen mit kreativen Freizeitangeboten sinnvoll ist, obliegt dabei nicht dem Kind, sondern den Erwachsenen.

So erinnern sich viele mitsamt ihrem Inneren Kind sicher mit Schaudern daran, wenn sie gegen ihren Willen zum Chor oder zur Malschule gehen mussten, weil man das halt so macht. Vielleicht hat dir das Instrument aber gar keinen Spaß gemacht und du wolltest viel lieber anderweitig kreativ werden, etwa durch handfeste Gartenarbeit oder das Werkeln mit Holz. Doch das war deinen Eltern zu kompliziert, mit all dem Dreck, während sich die wöchentliche Musikstunde außer Haus wunderbar in den Familienalltag integrieren ließ. Das lustvolle Ausprobieren von verschiedensten Kreativangeboten ist sicherlich auch eine Frage der Ressourcen und nicht jede Familie konnte und kann es ihrem Nachwuchs ermöglichen, entsprechende Angebote wahrzunehmen. Vielleicht hast du auch erlebt, dass die Gesangsstunden gestrichen werden mussten, als das Budget knapp wurde und kamst dir gierig vor, weil du trotzdem gerne diesem Hobby weiter nachgegangen wärest. Heute aber bestimmst du über dein eigenes Budget und kannst dein Geld dafür ausgeben, was dir wichtig ist. Sehnen du und dein Inneres Kind sich nach kreativem Ausdruck, spricht nichts dagegen, in ein paar Möglichkeiten hineinzuschnuppern, um ein Gefühl dafür zu bekommen, was dir liegen und was dir Spaß machen könnte. Das ist vor allem dann wichtig, wenn du aus zeitlichen oder finanziellen Gründen als Kind nicht solche Erfahrungen hast sammeln können.

Aber ich kann ja gar nicht malen/töpfern/schneidern/singen/schauspielern? Ich werde mich doch nicht vor aller Welt zum Affen machen, Inneres Kind hin oder her! Was, wenn ich mich blamiere? Was, wenn ich es einfach nicht lerne? Vielleicht bin ich ja auch viel zu alt dazu?

Kommen dir diese Gedanken bekannt vor? Keine Sorge, damit bist du nicht alleine! Einer der Hauptgründe, der Menschen davon abgebracht hat, sich kreativ zu betätigen und auszuleben, sind verletzende Kommentare von Mitschülern, Lehrern, Eltern oder anderen Personen aus dem Umfeld, die die kreativen Arbeiten bewertet haben.

Hast du Lust, etwas mit deinen Händen zu schaffen? Willst du dich bei deinem kreativen Prozess bewegen oder genießt du die stille Arbeit? Genießt du es, anzupacken, und hast du Freude an der Arbeit mit gröberen Dingen wie beispielsweise Stein oder Holz? Dann könnten dir möglicherweise Laubsägearbeiten Spaß machen, das Arbeiten mit Speckstein oder Schnitzen? Sei nicht traurig, wenn du diese Dinge nicht schon als Kind lernen konntest. Jetzt, als erwachsener Mensch, kannst du dich in allem ausprobieren, was dir einfällt und kannst darüber hinaus gewissenhaft mit Messer oder Säge umgehen, sodass du dir keine Gedanken um deine Gesundheit machen musst. Wenn du feine Arbeiten bevorzugst und gerne mit Papier arbeitest, versuche dich doch mal in Origami – es gibt lustige Figuren, die auch das Kind in dir ansprechen. Auch Scrapbooking, das Gestalten von bunten Collagen oder Spielen mit Pappmaché kann Spaß machen.

Spiel, Spaß und Spannung – und wie geht es jetzt weiter?

Wenn du nun zum Ende dieses Buches kommst, hast du vielleicht schon ein paar der Anregungen ausprobiert, die dir in den einzelnen Kapiteln gegeben wurden, dich mit deiner Vergangenheit auseinandergesetzt, alte Muster erkannt und störende Verhaltensweisen aufgedeckt und einen liebevollen Kontakt mit deinem Inneren Kind geschlossen. Du hast möglicherweise bereits herausgefunden, ob das Kind Trost benötigt oder einfach mal wieder nach Herzenslust spielen will und dir ist auch klar geworden, dass du von ihm einiges lernen kannst, was dir auch als erwachsener Mensch guttut. Wenn du es schaffst, alle Anteile von dir anzunehmen und in dein Leben zu integrieren, tut das nicht nur dir gut, sondern indirekt auch deinem Umfeld, denn du wirst störende Konditionierungen hinter dir lassen können und Raum machen für ein leichteres und bunteres Leben in Balance!

Dadurch, dass du dir selbst mit elterlicher Fürsorge begegnen kannst, bist du in der Gestaltung deiner Beziehungen freier und nicht mehr im Außen auf der Suche nach Anerkennung und Zuwendung. So kannst du dich auf eine gleichberechtigte und erwachsene Beziehung auf Augenhöhe freuen mit einem Menschen an deiner Seite, der dir guttut, statt dich in Co-Abhängigkeiten oder anderen ungesunden Beziehungsmustern zu verlieren. Auch im Umgang mit Kollegen, Vorgesetzten und anderen Mitmenschen wirst du dich, wenn du Abhängigkeiten in der Beziehungsdynamik hinter dir lässt und du Verantwortung für dich selbst übernehmen kannst und vor allem auch willst, souveräner fühlen und selbstbestimmter auftreten. Dadurch, dass du Selbstberuhigungskompetenzen dazugewonnen hast, kannst du auch mit Zeiten umgehen, in denen die Sonne mal längere Zeit nicht für dich scheint und dir selbst eine Stütze sein.

Das bedeutet, wie du nach dem Lesen dieses Buches weißt, nicht, dass du alles alleine bewerkstelligen oder dich in kindischem Verdrängen üben solltest, sondern dass du weißt, wie du eine sinn- und liebevolle Fürsorge für dich an den Tag legst, deinen Bedürfnissen angemessen begegnest und dir selbst Liebe, Hoffnung und Trost spenden kannst, wenn das Leben es mal nicht gut mit dir meint. Hast du in der Aufarbeitung von Problemstellungen in deinem Leben gute Fortschritte durch die Arbeit mit deinem Inneren Kind machen können und alte Muster und Glaubenssätze erkannt und aufgearbeitet, ist es wahrscheinlich, dass sich wiederholende Verhaltensweisen immer seltener zeigen werden und du neue Handlungskompetenzen ausbilden kannst. Hier lohnt es sich, gemeinsam mit deinem Inneren Kind immer mal wieder zusammen zu schauen, wo es noch etwas zu tun gibt und wie ihr gemeinsam verhindern könnt, dass die früher erlernten nicht mehr dienlichen Schutzmechanismen wieder die Oberhand gewinnen. Gerade, wenn es dir mal längere Zeit nicht so gut gehen sollte oder du viel Stress hast, schleichen sich diese wie alte Bekannte wieder an und machen sich unbemerkt Stück für Stück wieder in deinem Leben breit. Bleibe daher unbedingt mit deinem Inneren Kind in Kontakt und nimm die Warnsignale von ihm wahr.

Bemerkst du, dass du wieder beginnst, in alte Verhaltensmuster hineinzufallen, also beispielsweise alles bis ins letzte durchzuplanen, jedes Wort deiner Liebsten auf die Goldwaage zu legen oder dich selbst durchzuoptimieren, dann tritt

Spiel, Spaß und Spannung – und wie geht es jetzt weiter?

einen Schritt zurück und schau mal wie es dir und deinem Inneren Kind geht. Bitte mach dir in solch einer Situation keine Vorwürfe! Nicht immer kannst du gleich gut für dich und dein Inneres Kind sorgen, doch wenn ihr zusammenarbeitet, wird dir immer schneller auffallen, in welchen Phasen du mehr auf dich aufpassen solltest, wann du dich deutlicher abgrenzen solltest oder wann du mehr Ruhe- und Spielzeiten benötigst, um mit den vielfältigen Anforderungen, die an dich gestellt werden, auf eine gute Art und Weise klarzukommen.

Doch auch wenn du die Begegnung mit deinem Inneren Kind erfolgreich dazu genutzt hast, frühkindliche Erfahrungen zu verarbeiten und alte Konditionierungen aufzulösen und du jetzt herrlich unbeschwert und mit dir und deinem Leben zufrieden durch den Tag schreitest, solltest du den Kontakt nicht abreißen lassen. Das Innere Kind steht als Konzept für einen Teil von dir, der auch in deinem Leben als erwachsener Mensch seine Berechtigung hat und einen Platz eingeräumt bekommen sollte. Schließlich kannst du mit deinem Inneren Kind auch jede Menge Spaß haben und die Entdeckerlust und spielerische Kreativität dazu nutzen, dein Leben unbeschwerter und bunter zu gestalten und mehr zu genießen. Also überlege dir, ob du dein Inneres Kind nicht hin und wieder zum Spielen einladen möchtest! Entdeckt gemeinsam neue Aspekte des Lebens, die Wunder dieser Welt, freut euch an den Besonderheiten der jeweiligen Jahreszeiten, zelebriert gemeinsam Rituale, genießt gemütliche stille Stunden, Wohlfühlmenüs aus deiner Kindheit, albert herum und wagt euch an neue Abenteuer und Herausforderungen heran. Es freut sich garantiert schon darauf, und kommt mit einem perlenden Kichern vorbei!

Quellen

Erikson, Erik J. -Identität und Lebenszyklus: Drei Aufsätze, Suhrkamp 1974

Hurrelmann, K & D. Ulich (Hrsg.) - Handbuch der Sozialisationsforschung, Beltz 1980

Mary, Michael – Frieden schließen mit dem Kind in uns, Piper Verlag GmbH 2019

Reinwarth, Alexandra – Glaub nicht alles, was du denkst, mvg Verlag 2019

Stahl, Stefanie – Das Kind in dir muss Heimat finden, Kailash Verlag 2015

Tomuschat, Julia – Das Sonnenkindprinzip, Kailash Verlag 2016

https://portal.hogrefe.com/dorsch/de/startseite/

https://www.aerzteblatt.de/archiv/52989/Eltern-Kind-Bindung-Kindheit-bestimmt-das-Leben

https://www.aerzteblatt.de/archiv/134181/Serious-Games-Spiel-dich-gesund

https://www.aerzteblatt.de/archiv/58215

https://www.aerzteblatt.de/archiv/52989/El

https://www.aerzteblatt.de/archiv/52989/Eltern-Kind-Bindung-Kindheit-bestimmt-das-Leben

https://www.wissenschaft.de/gesellschaft-psychologie/warum-die-menschen-spielen/

Vergangenheit loslassen

„Das lasse ich hinter mir…"

Wie du mit altem Schmerz abschließt,
um in der Zukunft nicht zu sterben

Stefanie Lorenz

Inhaltsverzeichnis

Einleitung 263

Unsere Wahrnehmung der Vergangenheit 267

    Das menschliche Erinnerungsvermögen – eine nützliche Sache mit Einschränkungen 270
    Wie erinnern wir uns und was passiert dann? 272
    Wozu erinnern wir uns überhaupt und wie wird das beeinflusst? 274
    Wir müssen uns nicht an alles erinnern 279
    Deine subjektive Erinnerung – wieso lohnt sich das Hinterfragen? 282
    Arbeit mit dem Inneren Kind zum besseren Verständnis deiner Vergangenheit 283
    Klarer Blick, klares Ziel 285
    Weitere Methoden, um deiner Erinnerung auf die Sprünge zu helfen 288
    Neuer Blick auf alte Themen 292
    Hilfestellung von außen 294

Von welchen Dingen oder Themen möchtest du dich verabschieden? 297

    Konkrete Ereignisse identifizieren 300
    Keine schnelle Sache – Themen, die länger dauern 304
    Was wäre, wenn 308
    Klarheit ins Dunkel bringen – vom Umgang mit diffusen Erinnerungen 312
    Kleine Stacheln, große Verletzungen – auch Kleinvieh macht Mist 314

Thema Aufarbeitung – wann ist sie sinnvoll und was ist dabei wichtig? 319

Aufarbeitung mit einer Fachkraft	320
Reflexionsanregungen für dich	321
Grenzen der Aufarbeitung	324
Tiefsitzende Themen – wenn da noch was ist	328

Endlich loslassen – wie gehe ich es an? 331

Der erste Schritt	332
Relativieren	333

Ich will loslassen, aber es geht nicht – was ist hier los? ... 357

Der richtige Zeitpunkt – alles im Leben hat seine Zeit und seinen Ort 360
Die Angst vor dem Danach – was kommt nach dem Loslassen? 363
Mitgefühl und Ehrlichkeit beim Heilungsprozess 366
Mehr als ein lebendes Krisengebiet? Wie schaffe ich es, mich nicht mehr mit meiner Wunde zu identifizieren? 368

Endlich frei – Startschuss für neue Lebenspläne 373

Rückschläge oder Unsicherheiten - ohne Stachel ganz nackt 374
Wer kann ich ohne den Stachel sein – Ausblick auf dein neues Leben! 375

Quellen 379

Einleitung

„Wer in der Vergangenheit lebt, verpasst die Zukunft!" Dieses Zitat unbekannten Ursprungs hat sicher jeder von uns schon mal gehört. Die Aussage an sich ist absolut schlüssig und lässt sich leicht nachvollziehen: Wer mit seinen Gedanken immer beim Gestern festhängt, kann nicht mit vollem Bewusstsein im Heute sein und wird daher auch nicht all das in die Wege leiten können, was nötig wäre, um eine glückliche Zukunft zu gestalten. Drastischer auf den Punkt bringt es der Ausspruch: „Wer in der Vergangenheit lebt, stirbt." Vielleicht nicht tatsächlich, aber mental, denn wenn man immer bereits Geschehenem nachhängt, ist einfach kein Platz für all die schönen Dinge, die einen mit Leben erfüllen.

Wie kommt es aber, dass, obwohl doch jeder und jedem klar ist, wie wichtig das Leben im Hier und Jetzt ist, immer noch sehr viele Menschen ein Problem damit haben, Vergangenes wirklich und aufrichtig loszulassen?

Da gibt es die Tochter, die die Zurückweisung ihres Vaters nicht überwinden kann und deshalb keine feste Bindung eingehen möchte, um nicht wieder enttäuscht zu werden. Wir sehen die Künstlerin, die den wichtigen Malwettbewerb nicht gewinnen konnte und seitdem keinen Pinsel mehr angefasst hat und stattdessen nun in einem ganz anderen Feld beruflich tätig ist. Da ist die Frau, attraktiv, selbstbewusst und erfolgreich, die aber trotz allem niemanden an ihrer Seite hat, weil sie einer längst verflossenen Liebe nachhängt und kein neuer Mensch in ihr Leben treten kann.

Es können ganz unterschiedliche Probleme oder Erfahrungen sein, die Menschen nicht loslassen und ihnen den Blick auf das Wesentliche verbauen, die sie daran hindern, all das Gute in ihrem Leben zu sehen, das sie für sich seit einer prägenden Situation geschaffen haben. Es gibt plausible Gründe dafür, die Erinnerungen daran zu verschleiern, dass es in der Vergangenheit auch gute Zeiten abseits dieses negativen Ereignisses gab.

Geht es dir auch so, dass du ein Erlebnis aus deiner Vergangenheit nicht loslassen kannst? Gibt es ein Thema, dass dir immer wieder im Kopf herumspukt, sich in deine Gedanken schleicht oder so häufig Gesprächsthema mit deinen Lieben ist, dass sie es schon nicht mehr hören können – und du eigentlich auch nicht? Was ist dieses Etwas, das da wie ein Stachel in deinem Herzen sitzt und dich nicht zur Ruhe kommen lässt? Was ist der Grund für deine nicht sichtbare Wunde, die du mit dir herumträgst, die scheinbar nie ganz abheilen konnte und die bei der kleinsten Gelegenheit wieder aufzureißen droht? Handelt es sich um das Ende einer Freundschaft, eine gescheiterte Beziehung, Familienstreitigkeiten oder verpasste berufliche Chancen? Sind es vermeintliche Fehlentscheidungen oder Worte, die gefallen sind?

Verluste, Krisen, Zurückweisungen, Enttäuschungen und andere Erlebnisse können einen Menschen maßgeblich prägen – manchmal so sehr, dass sie ihn komplett einnehmen und zum bestimmenden Teil in seinem Leben werden.

Vielleicht ist das, was dich belastet, auch nur ganz leise im Hintergrund präsent, fast nicht zu bemerken, aber doch nagend und überaus störend. Ganz gleich, ob du das Gefühl hast, von deinem Thema fast übermannt zu werden, oder aber es wie ein dumpfer Kopfschmerz dein stiller Begleiter ist – wenn es dich davon abhält, dein jetziges Leben so zu leben, wie du es eigentlich willst, dann wird es Zeit etwas zu tun!

Das Gute an der Sache ist: Auch wenn sich deine Situation jetzt möglicherweise sehr unangenehm anfühlt, bist du ihr keinesfalls machtlos ausgeliefert! Möglicherweise sagt dir dein Gefühl in diesem Moment etwas ganz anderes. Hilflosigkeit ist eine sehr mächtige Emotion. Sie kann dich bremsen oder sogar zu einer Art Erstarrung führen. In Wirklichkeit aber hast du es in der Hand, wie du mit Dingen und Ereignissen in

Einleitung

deinem Leben umgehst. Du kannst an deiner Betrachtungs- und Bewertungsweise von Erlebnissen etwas verändern. Dieser Schritt erfordert vielleicht einiges an Mut, aber du kannst dir sicher sein, dass du es schaffen kannst, wenn du einen Fuß vor den anderen setzt und dir Zeit für diesen Prozess gibst. Den ersten Schritt bist du übrigens bereits schon gegangen, da du die Situation, in der du dich gerade befindest, zum einen bemerkt hast. Zum anderen hast du dich dazu entschlossen, diesen Zustand zu verändern, indem du dich für dieses Buch entschieden hast. Dieses Buch soll dir dabei helfen, den Stachel zu ziehen und dich deinem Thema so zu nähern, dass du es bei Bedarf bearbeiten und loslassen kannst, um dein Leben im Hier und Jetzt frei von Altlasten in vollsten Zügen zu genießen.

Dazu befassen wir uns zunächst mit der Wahrnehmung der eigenen Vergangenheit, überprüfen, inwieweit unsere subjektive Färbung diese verändern kann und wie sich das auf unser Erleben und Leben in der Gegenwart auswirkt.

Wie Erinnerungen funktionieren, warum sich das menschliche Gehirn bevorzugt negative Aspekte merkt, und wie du deine Erinnerungen auf ihren Wahrheitsgehalt hin überprüfen und neue Betrachtungsmöglichkeiten entwickeln kannst, erfährst du also im ersten Kapitel. Danach geht es darum, eine Bestandsaufnahme zu machen. Welches Thema beschäftigt dich? Welche Wunde mag einfach nicht abheilen und reißt immer wieder auf? Wo sitzt der Stachel einer Verletzung so tief, dass du ihn bei der kleinsten Bewegung spürst? Hast du genau benannt, was du warum ändern möchtest, geht es in Kapitel drei daran, den Plan in die Tat umzusetzen. Dabei stellen sich folgende Fragen: Wann ist Aufarbeitung alter Themen sinnvoll, und wann nicht? Welche Methoden der Aufarbeitung gibt es und welche Fallstricke sind dabei zu beachten?

Hast du das klären können, kommst du zum Loslassen. Dieser Schritt mag für viele der forderndste sein, doch mit detaillierten Schritt-für-Schritt-Anleitungen und der Vorstellung verschiedenster Methoden und Techniken findest du sicher das richtige Handwerkszeug, um dein Thema endlich loszulassen, den Stachel zu ziehen, die Wunde zu schließen. Ist dieser Schritt geschafft, ist da plötzlich jede Menge Licht und Raum, Platz für etwas Neues, das nun in dein Leben treten darf. Auch wenn du dir das jetzt vielleicht noch nicht wirklich vorstellen kannst – es kann ein Leben ohne diesen ständigen Druck geben. Freue dich auf diese spannende Reise und sei dir sicher: Du bist nicht allein! Und vor allem – auch wenn ein solcher Veränderungsprozess garantiert nicht immer einfach sein wird – es lohnt sich! Unbändige Lebensfreude und Kraft für all das, was dir wirklich wichtig ist und am Herzen liegt, sind die Belohnung für deine Mühen! Eine tolle Aussicht, oder? Gehen wir es an!

Unsere Wahrnehmung der Vergangenheit

Es ist schon seltsam, oder? Den netten Gruß des Nachbarn auf dem Weg zur Arbeit, die Bäckersfrau, die uns die Tür aufgehalten hat, das Singen der Vögel und all die grünen Ampeln, haben wir beim Ankommen im Büro schon wieder vergessen. Aber an den Nachbarn aus dem zweiten Stock, der schon wieder das Radio so laut aufgedreht hatte, als wolle er den ganzen Block bei einem Open Air beschallen, an den erinnern wir uns. Wir merken uns das Lied, das uns genervt hat und die Stimme der Radiomoderatoren. All die anderen Dinge treten darüber in den Hintergrund und verblassen. Wenn uns dann jemand nach unserem Morgen fragt, erzählen wir nicht von dem schönen Vogelgesang, der uns im Park entgegen flog, oder von dem netten Gruß oder von der zuvorkommenden Bäckersfrau, sondern von diesem blöden Nachbarn mit seinem blöden Radio mit diesem blöden Lied. In allen Einzelheiten und in den schillerndsten Farben ist es in unserer Erinnerung verankert und scheint dort immer größer und lauter und greller und störender zu werden, bis es nicht nur uns die Laune verhagelt, sondern sogar den Leuten, denen wir davon erzählen.

Erinnerst du dich an all die guten Referate und Vorträge, die du in deiner Schulzeit, in der Berufsausbildung oder während deiner Zeit an der Universität gehalten hast? Die netten, harmlosen Vorträge, bei denen du gut im Stoff standest, dich wohl gefühlt und deine Sache richtig gut gemacht hast? Eher unwahrscheinlich. Was dir vermutlich eher in den Sinn kommen wird, ist das eine Mal im Geografieunterricht, als du Lissabon nach Spanien verlegt hast und nach diesem Fehler so sehr ins Stottern geraten bist, dass alle gekichert haben. Oder du denkst an das andere Mal in Englisch, als du das totale Blackout hattest und vor der gesamten Klasse keinen Ton rausgebracht hast. Oder du erinnerst dich an dieses ganz schlimme Ding damals in der 9. Klasse bei Herrn Malbricht, als du mit deinem Schwarm zusammen vortragen musstest. Statt wie sonst souverän deinen Stoff vorzutragen, standest du wie das Kaninchen vor der Schlange da und bist tausend Tode gestorben, weil er dich jetzt ganz sicher total dämlich fand.

Wie kommt es, dass diese Erlebnisse, die weder angenehm noch erfreulich waren und die ganz sicher auch nicht die überwiegende Mehrheit in unserem Leben dargestellt haben, bis heute in unserer Erinnerung so präsent und blitzschnell abrufbar sind? Wie kommt es, dass die Erinnerungen, die wir daran haben, nicht nur geistig, sondern auch emotional und körperlich, spürbar sind? Vielleicht bemerkst du diese vermaledeite Röte in deinem Gesicht aufsteigen, wenn du an das Referat denkst, fühlst das Herz ein wenig schneller klopfen und die Finger klamm werden? Oder du bemerkst eine Anspannung und undefinierbare Wut, wenn du an den Nachbarn mit seinem Brüllkasten von Radio denkst.

Oder wie war das mit der Busfahrt neulich bei dem Betriebsausflug? Du hattest am Morgen erst Zoff mit dem Kleinkind, das meinte, fünf Minuten vor Abfahrt zum Kindergarten den Kleiderschrank ausräumen zu müssen, um lieber Sandalen zu tragen, anstatt der angemessenen Gummistiefel. Beim hektischen Aufräumen und Kind umziehen, hast du dir den Fuß gestoßen, dann gab's einen Rüffel vom Erzieher, weil du so spät dran warst, weil dein Rad einen Platten hatte. Natürlich kamst du deswegen auch verschwitzt und außer Puste am Parkplatz an, wo der Bus losfuhr. Der Bus war schlecht gelüftet und alt, die Kollegen irgendwie alle total hektisch und laut,

Unsere Wahrnehmung der Vergangenheit

und die Chefin hat auch immer so komisch rüber geguckt, dass dir klar war, dass da bestimmt noch was kommen muss. Und dann war da diese Latscherei am See und du musstest diese muffige Burg hoch, was natürlich mit dem Zeh auch viel zu viel war.

Einige Tage später erzählte deine Freundin aus der gleichen Abteilung, gerade frisch verliebt, beim Kaffeeklatsch mit euren Freunden von eurem gemeinsamen Ausflug. Als du sie hast reden hören, hast du dich gefragt, ob ihr beim gleichen Betriebsausflug wart. Sie erzählte von einer super angeregten Stimmung im Bus, tollen Gesprächen und einer total aufgeschlossenen Chefin, die immer wieder den Kontakt gesucht hat, sodass sie den Eindruck hat, dass da bestimmt bald eine Beförderung im Raum steht. Außerdem lobte sie den Ausflug an diesen malerischen See und zu dieser romantischen Burg als ein echtes Erlebnis.

Ein weiteres Beispiel dafür, wie selektiv unser Gedächtnis zu arbeiten scheint, ist das Urlaubsbeispiel: Du warst mit deiner besten Freundin oder deinem Herzensmenschen im Urlaub. Es war alles perfekt. Die Anreise lief ohne Probleme ab, euer Hotel war ein einziger Traum, das Essen exquisit und ihr hattet eine rundum gute Zeit. Ihr habt tolle neue Sachen unternommen, euch so richtig entspannen können, habt die Seele baumeln lassen und endlich mal ausgeschlafen. Dann kam die Rückreise. Aus irgendeinem Grund gab es Probleme beim Auschecken, dann kam das Taxi nicht und ihr hättet fast euren Flug verpasst. Am Heimatflughafen gab es erst keine Landegenehmigung und eure Ankunft hat sich extrem verzögert, sodass ihr den Anschlusszug nach Hause selbstverständlich auch nicht mehr rechtzeitig erwischt habt. Zudem hattet ihr bei all dem Schlamassel irgendwann auch noch Stress mit einander und die knatschige Stimmung hielt bis daheim an. Wenn euch jetzt jemand fragt, wie euer Urlaub war, liegt die Möglichkeit nahe, dass ihr von der schrecklichen Rückreise erzählt und der Ärger und Frust über euren Streit auch all die schönen Erlebnisse überlagert– zumindest im Moment. Der

Urlaub wurde im Kopf unter dem Schlagwort „Desaster" abgespeichert, obwohl das Desaster eigentlich erst begonnen hat, nachdem der Urlaub schon zu Ende war.

Wie kommt es dazu? Sind unsere Erinnerungen tatsächlich genau das, was wir erlebt haben? An was erinnern wir uns, an was nicht? Besteht unsere Vergangenheit nur aus dem, was wir aus unseren Erinnerungen abrufen? Auf welche Weise tun wir das? Was ist mit den Dingen, an die wir uns nicht erinnern? Beeinflussen sie uns genauso oder existieren sie gar nicht mehr, sobald wir nicht mehr aktiv an sie denken? Und vielleicht ist die wichtigste Frage von allen: Ist tatsächlich alles wahr, woran wir uns erinnern?

Um diese Fragen zu beantworten, oder sich ihnen zumindest zu nähern, lohnt es sich, den Prozess des Erinnerns und das menschliche Gedächtnis einmal genauer unter die Lupe zu nehmen, und zu klären, wie und warum wir uns erinnern.

Das menschliche Erinnerungsvermögen – eine nützliche Sache mit Einschränkungen

Mit unserer Erinnerung ist es wie mit der Gesundheit: Das Erinnern nimmt jeder von uns als selbstverständlich an, bis zu dem Zeitpunkt, an dem wir auf Stolpersteine treffen, das Erinnern nicht mehr so problemlos glücken mag oder wir große Abweichungen bei unserer Erinnerung im Abgleich mit der Erinnerung anderer feststellen.

Aber was hat es eigentlich mit dem Gedächtnis und dem Erinnern auf sich?

Mittlerweile geht die Neurowissenschaft davon aus, dass es ein sogenanntes Kurzzeitgedächtnis und ein Langzeitgedächtnis gibt. Manche Leute benutzen den Ausdruck Kurzzeitgedächtnis auch synonym für das Arbeitsgedächtnis. Das

Kurzzeitgedächtnis übernimmt den Job des Aufnehmens und Verarbeitens von Informationen. Die aufgenommenen Informationen bleiben nur eine befristete Zeit im Kurzzeitgedächtnis, wie der Name bereits vermuten lässt. Eine Information verbleibt etwa 18 Sekunden im Kurzzeitgedächtnis, bevor sie entweder wieder vergessen wird oder ins Langzeitgedächtnis hinüberwandert. Zudem gilt die Kapazität des Kurzzeitgedächtnisses als begrenzt. Wenn es nicht speziell trainiert wird, können wir uns ungefähr bis zu 7 Informationen im Kurzzeitgedächtnis merken, unabhängig davon, wie hoch unser Bildungsstand ist. Das ist ein wichtiger Hinweis, denn wenn du dich nach einer Situation an einzelne Begebenheiten erinnern willst, wirst du in der Regel nicht mehr als 5 bis 7 Details aus deiner Erinnerung abrufen können. Das schränkt dich in deiner Erinnerung natürlich bereits deutlich ein.

Der Übergang zum Langzeitgedächtnis ist übrigens fließend und nicht genau trennbar.

Allerdings gibt es eine anatomische Trennung zwischen dem Kurzzeitgedächtnis und dem Langzeitgedächtnis, das bedeutet, sie sitzen in unterschiedlichen Bereichen des Gehirns. So kann es passieren, dass Leute, die bei einem Unfall eine Verletzung am Gehirn erlitten haben, noch über ein ausgezeichnetes Kurzzeitgedächtnis verfügen, aber über kein Langzeitgedächtnis mehr.

Das Langzeitgedächtnis gilt als unser Faktengedächtnis, das auch explizites Gedächtnis genannt wird. Hier speichern wir Erinnerungen, Erfahrungen und Faktenwissen. Interessant dabei ist, dass es auch ein sogenanntes motorisches Gedächtnis, oder implizites Gedächtnis, gibt, bei dem die Merkfähigkeit an die Ausübung der Tätigkeit geknüpft wird. Du kennst das sicher: Jahreszahlen konntest du allein durchs Vorsagen auswendig lernen, aber das Radfahren hast du durch das bloße Erklären nicht erlernen können. Auch dein motorisches Gedächtnis musste hier eine Speicherleistung vollbringen, indem du die Bewegungen immer wieder ausgeführt hast.

Wie erinnern wir uns und was passiert dann?

Biologisch betrachtet, befindet sich unser Gedächtnis in unserer Hirnrinde, und mehrere Teile sind beim Merken und Erinnern wichtig. Der Hippocampus, ein Teil des Gehirns, ist der Punkt, der besonders wichtig für das Merken zu sein scheint. Er bündelt die Empfindungen deiner Sinne, die über dein Hörzentrum, dem Bereich für emotionale Empfindungen, gemacht werden und kreiert daraus eine Erinnerung. Allerdings solltest du dir diese nicht als ein komplettes Bild vorstellen, sondern eher wie kleine Bruchstücke, die bei Bedarf wieder zusammengesetzt werden können.

Es wird nicht die Realität abgebildet, sondern du konstruierst während deines Erinnerungsprozesses, der von verschiedenen Faktoren beeinflusst wird, ein subjektiv gefärbtes Erinnerungsfragment.

Damit die Informationen im Hippocampus abgespeichert werden können, muss das Arbeitsgedächtnis sie aufnehmen. Ist dieses allerdings mit anderen Prozessen beschäftigt, etwa, weil du dich in einem herben Streit befindest und nach einer guten Antwort suchst, oder du durch eine andere Situation stark gefordert bist und viele Eindrücke sortieren musst, kann das Arbeitsgedächtnis einige Aspekte nicht aufnehmen und du merkst sie dir schlechter. Das ist ähnlich wie damals, als du für eine Klausur gebüffelt hast und die Stimmen deiner Mitbewohner dich so abgelenkt haben, dass du die gleichen Zeilen immer wieder lesen musstest.

Erinnerungen sind also kein tatsächliches Abbild der Realität. Unsere Erinnerung wird durch zahlreiche interne und externe Aspekte beeinflusst: Wir setzen das Erinnerungsfragment immer wieder mit neuem Allgemeinwissen und in anderer Stimmung zusammen und unser aktuelles Wissen ist mehr als engagiert, die Lücken zwischen den Bruchstücken mit sinnhaften Details zu ergänzen. Dabei müssen diese gar nichts mit der Situation von damals zu tun gehabt haben. Beschäftigst du dich beispielsweise oft mit psychologischen Themen und erinnerst dich an einen Streit zwischen deinem Ex-Partner und dir, wird dein aktuelles Wissen Erinnerungslücken vermutlich mit deinen neu gewonnenen Kenntnissen schließen und somit Sachen „hinzudichten". Dies passiert nicht bewusst oder böswillig und ist auch kein Zeichen einer Gedächtnisstörung. Es ist ein ganz normaler Vorgang, der bei allen Menschen passiert.

Zudem kann auch dein Umfeld auf dein Erinnerungsvermögen einwirken. Je nachdem, mit welchen Worten dir jemand beim Erinnern auf die Sprünge hilft, wird deine Erinnerung gelenkt. Sitzt du mit deiner ebenfalls frisch verlassenen Freundin zusammen und fragt diese dich nach den Tagen nach der Trennung, wird sie vermutlich andere Worte wählen, als jemand, der dem Thema Beziehung gerade neutral oder positiv gegenübersteht.

Ein bekanntes Beispiel für diesen Umstand ist das Experiment der Psychologin Elizabeth Loftus, von dem du vielleicht schon einmal gehört hast.

Bei diesem Experiment wurden zwei unterschiedlichen Gruppen von Probanden Bilder eines Autounfalls gezeigt. Der einen Gruppe zeigte man die Bilder mit der Aussage, die Autos seien mit einem Zusammenknall aufeinandergestoßen. Der zweiten Gruppe an Probanden präsentierte man die Bilder hingegen mit dem Satz, es hätte einen Zusammenstoß zwischen den beiden Autos gegeben. Anschließend mussten sich die Probanden an das Bild erinnern und es beschreiben. Kannst du dir vorstellen, welche Gruppe sich allein aufgrund der Wortwahl an deutlich mehr zerbrochenes Glas und größere Schäden erinnerte?

Ganz genau! Die Gruppe, die mit dem Wort „Zusammenknall" in die entsprechende Richtung gelenkt und beeinflusst wurde, erinnerte sich später anders.

Es kann also festgehalten werden: Die Wortwahl deines Gesprächspartners, aber auch von dir, spielt eine entscheidende Rolle dabei, wie und auf welche Weise du dich an Vergangenes erinnerst. Vielleicht kennst du die Redewendung „sich in Rage reden"? Möglicherweise hast du auch schon einmal eine Freundin beobachtet, die dir von einer Auseinandersetzung erzählte, dabei immer wütender wurde, den Streit immer dramatischer dargestellte und anschließend aufgebrachter war als vorher? Bedenke diese Umstände, wenn du dich an Vergangenes erinnerst, und behalte im Hinterkopf, dass jeder von uns manchmal einen Streich von seiner Wahrnehmung oder Erinnerung gespielt bekommen kann.

Wozu erinnern wir uns überhaupt und wie wird das beeinflusst?

Um es ganz vereinfacht zu sagen: Der Mensch erinnert sich, um seine Überlebenschance zu erhöhen. Da sind wir auch nach all der Zeit, die der Mensch diese Erde bevölkert, immer noch auf demselben Stand. Wir erinnern uns an Erlerntes, um in der Zukunft, wenn eine ähnliche Situation auftaucht, besser entscheiden zu können und somit unser Überleben zu sichern. Wir können uns Situationen vorstellen und dank unseres Erinnerungsvermögens überprüfen, mit welchem Verhalten wir bis jetzt Erfolge und mit welchem wir Niederlagen erlebt haben. Folglich können wir unser Verhalten in Zukunft so anpassen, dass wir besser mit der Situation oder jeweiligen Anforderung zurechtkommen.

Es ist möglich, dass du etwas ganz unbewusst lernst und dir dann merkst, etwa durch die sogenannte Habituierung. Das bedeutet, dass du dich an etwas gewöhnst. Wurde zuhause immer in einem sehr rauen Tonfall miteinander gesprochen, und gab es keine Herzlichkeit, dann hast du dich über all die Jahre daran gewöhnt und so vielleicht nicht einmal bewusst mitbekommen, wie sehr dich dieser Umgang verletzt hat. Du hast gelernt, dass es klüger ist, sich an dieses Verhalten anzupassen, weil du sonst aneckst und du dich noch weniger deiner Familie zugehörig fühlst. Auch hier dient dein Erinnern im übertragenen Sinne quasi dem Überleben.

In diesem Fall handelt es sich zudem um einen Stachel, dessen Gift erst über die Zeit wirkt. Solche Problemstellungen sind mitunter schwerer aufzulösen, da sie für dich durch die Gewöhnung ja so normal erscheinen. Zwar merkst du, dass dir etwas fehlt und du beispielsweise im Umgang mit deinen Kindern alles anders machen, sie umarmen, offen herzen und ihnen Liebe schenken möchtest, du aber nicht recht aus deiner Haut kannst.

Das ist anders, als wenn du dir bewusst etwas merken willst, wie etwa deine neue Handynummer.

In allen Fällen sorgen aber starke Emotionen dafür, dass deine Aufmerksamkeit gesteigert wird. Das können positive Gefühle sein, wie Vorfreude, aber auch negative, wie Angst, Wut oder Scham. Zudem sorgen heftige Emotionen dafür, dass du dich nur noch auf einen Bruchteil der SItuation fokussierst, diesen abspeicherst und nicht mehr das große Ganze sehen kannst.

Hast du beispielsweise diese peinliche Situation mit dem gescheiterten Referat mit deinem Schwarm vor Augen, damals, in der Mittelstufe, erinnerst du dich vielleicht noch ganz genau an den Ausdruck auf seinem Gesicht, das spöttische Grinsen und das Geräusch der verschiedenen Lacher deiner Mitschüler.

Was dein Gehirn ausgeblendet hat, waren möglicherweise weniger stark mit Emotionen besetzte Details, wie die vielen verständnisvollen Gesichter, das aufmunternde Lächeln deiner besten Freundin und der Gesang des Vogels in der Linde, der durch das offene Fenster hereindrang.

Das Erinnern soll dir beim Überleben helfen und so ist es nicht verwunderlich, dass Vorfälle, die als potentiell gefährlich für dich erscheinen, deutlicher und klarer abgespeichert werden als positive Ereignisse. Dazu gehören auch Situationen, die dich zwar nicht in deiner körperlichen Gesundheit bedrohen, aber seelisch für dich eine Gefahrenquelle darstellen. Dein Gehirn möchte dich davor schützen, dass du noch mal in eine solche Situation gerätst. Es speichert die negativen Marker ab, weil diese wichtige Hinweise dafür sind, wie du dich beim nächsten Mal verhalten solltest, um nicht wieder in eine solche Situation zu kommen.

Zudem liebt das Gehirn Assoziationen. Können wir neue Informationen mit etwas Bekanntem verknüpfen, merken wir es uns. Erleben wir nun verletzendes Verhalten, dass uns an früher erinnert, kann diese Erfahrung wunderbar und die früheren andocken und sich festsetzen. Zudem prägen wir uns Informationen leichter ein, wenn sie mit geliebten Personen in Verbindung stehen.

Dabei ist es wichtig zu wissen, dass wir nicht nur reine Informationen abspeichern, sondern auch Empfindungen. So speichern wir dann in der Referatssituation vielleicht die Scham und Nervosität ab, mitsamt aller körperlicher Erscheinungsformen wie dem trockenen Mund und den feuchten Händen. Ähnliches lässt sich bei Männern beobachten, die sehen, wie jemand einen Ball in den Schoß geschossen bekommt. Haben Sie diese Erfahrung selbst schon mal gemacht, zucken sie zusammen, unabhängig davon, ob eine Frau oder ein Mann getroffen wurde, und auch wenn sie selbst nur Zeuge des Vorfalls sind. Sie haben die Empfindung dazu abgespeichert.

Vielleicht hast du das selbst auch schon einmal erlebt, etwa wenn du einen Schmerzenslaut von dir gegeben hast, wenn sich jemand anderes beim Regal zusammenbauen einen Hammer auf den Daumen schlug. Auch hier macht sich die gespeicherte Empfindung bemerkbar.

Das Sortieren und Einordnen von Erinnerungen kann übrigens deutlich mehr Zeit beanspruchen, als wir uns vielleicht vorstellen können. Der Prozess kann nur wenige Minuten, aber auch Jahre, andauern. Das sollten wir im Hinterkopf behalten, wenn wir uns mit unserer Erinnerung auseinandersetzen.

Gut zu wissen: Autobiographisches Erinnern ist immer auch stark an Emotionen gebunden und wird zudem mit unseren neuen Erfahrungen und unserem aktuellen Kenntnisstand abgeglichen und verändert.

Die Sache mit den Gefühlen

Du erinnerst dich also leichter an etwas, das dir – bedingt durch starke Emotionen oder extreme Auswirkungen auf dein Leben – besonders einprägsam in Erinnerung geblieben ist. Erinnerungen, die mit starken Emotionen verbunden sind, finden sich im episodischen Gedächtnis. Das heißt so, weil du anders als beim Faktengedächtnis nicht nur reine Informationen, wie zum Beispiel „Berlin ist die Hauptstadt von Deutschland" oder „der letzte Kaiser hieß Friedrich Wilhelm Viktor Albert von Preußen", abrufst, sondern ganze Episoden.

Deine Erinnerung umfasst also nicht nur Fakten, sondern einen kompletten Kontext und ist stark emotional geprägt. Emotionen gelten als wichtiges Verbindungselement zur Außenwelt und auch beim Erinnern spielen sie eine große Rolle.

Dabei muss ein Gefühl nicht unbedingt sehr intensiv sein, damit du dir die Information leichter merkst: Du hast sicher schon mal erlebt, dass du dich an etwas besser erinnern konntest, wenn es mit einer witzigen Story verknüpft war, als wenn du dir nur die reinen Fakten einprägen wolltest.

Je stärker eine Emotion allerdings ist, desto nachdrücklicher bleibt die Information auch erhalten. Dies kennst du sicher aus der eigenen Erfahrung: Der erste Schultag mit all seinen Emotionen ist dir stärker in Erinnerung geblieben als dein vierter, und auch das erste Weihnachten mit Kind ist dir in fast allen Einzelheiten im Gedächtnis geblieben, während du an dieses langweilige Weihnachten vor 5 Jahren gefühlt gar keine Erinnerung hast.

Diese Einprägsamkeit kannst du auch erzeugen, indem du häufig auf die Information oder die Erinnerung zurückgreifst. Vielleicht kennst du auch den Umstand, dass die Erinnerung dadurch manchmal sogar noch heftiger zu werden scheint. Das lässt sich leicht beobachten, wenn jemand von einem erschreckenden Ereignis erzählt und dieses Ereignis von Mal zu Mal immer gruseliger und dramatischer wird. Die Erinnerung wird quasi immer größer, je öfter man darüber redet. Das geschieht nicht unbedingt bewusst. Unser Gehirn genießt es einfach, wenn es Leute unterhalten kann und Aufmerksamkeit bekommt. Außerdem fällt die Erinnerung, wie bereits gesagt, leichter, wenn sie öfter abgerufen wird. Auch diesen Umstand solltest du im Hinterkopf behalten, wenn du etwas Loslassen möchtest, dass dir in deinem Leben nicht mehr dienlich ist.

Das Gemeine daran ist, dass du dich an negative Situationen leichter erinnerst, wenn du ohnehin in negativer Stimmung bist. Dadurch ist es auch so schwer, aus einem Teufelskreis der Trauer oder Enttäuschung auszusteigen: Du erlebst etwas Schreckliches, wie etwa eine Trennung, erinnerst dich dadurch aktiv an ähnliche Ereignisse oder erkennst diese Situation als etwas Ähnliches wieder, erlebst negative Gefühle, die dich an negative Dinge in deiner Vergangenheit erinnern, und so geht es immer weiter.

Zudem kannst du – wie alle anderen Menschen auch – in hektischen oder anstrengenden Situationen, in denen die negativen Emotionen in dir hochkochen, dazu neigen, in Schubladen zu denken und vereinfachte Denkmuster zu nutzen. Typische Gedanken wären dann so etwas wie: „Alle Männer sind Schweine! Ich habe sowieso nie Glück. Immer haben es die anderen leichter."

Solche Denkmuster sind sehr stark emotional aufgeladen und brennen sich besonders gut ein.

Unsere Wahrnehmung der Vergangenheit

Wir müssen uns nicht an alles erinnern

Unser Gehirn kann zwischen Erinnerung, sei sie aktiv oder passiv, und deiner jetzigen Situation meist gut unterscheiden. Das ist auch der Fall, wenn du dich sicht- oder spürbar körperlich erinnerst, du beispielsweise Gänsehaut bekommst, wenn du dich an den Einbruch in der Skihütte im vorletzten Wintersporturlaub erinnerst. Schließlich tauchen nicht nur erinnerte Fakten in deinem Gehirn auf – im Winterurlaub mit Robert wurde am 2. Tag in unsere Skihütte eingebrochen und wir mussten sogar die Polizei rufen – sondern auch die damit verbundenen Gefühle.

Es gibt keine klare Meinung darüber, ob das menschliche Gehirn über unbegrenzte Merkfähigkeiten verfügt. Der Spruch „Für diese unnütze Info wurde jetzt eine liebe Kindheitserinnerung gelöscht!" ist also möglicherweise gar nicht zutreffend. Viele Forscher auf dem Gebiet sind der Meinung, dass das Gehirn Erinnerungen einfach danach zusammenstellt, ob diese wichtig für dich sind oder nicht. Es findet also ein Auswahlprozess statt und die Aspekte, die als wichtig erachtet werden, stehen quasi vorne in deinem Erinnerungsregal und sind sehr leicht zugänglich, während andere Informationen erst zufällig in deinen Sinn kommen oder du regelrecht in deinen Gehirnwindungen danach kramen musst.

Zudem ist dein Gehirn auch nicht vor Fehlschlüssen gefeit. Christiane Stenger stellt in ihrem Buch „Wer lernen will, muss fühlen" ein Experiment vor, bei dem Probanden sich lebhaft an eine Ballonfahrt mit ihrem Vater erinnern konnten, weil ihnen eine Bildaufnahme von diesem vermeintlichen Erlebnis gezeigt wurde. Die angebliche Kindheitserinnerung hatte aber nichts mit der tatsächlichen Realität zu tun, denn die Bilder der Probanden als Kinder wurden nur in das Bild gesetzt und ihnen somit eine Fotomontage präsentiert.

Allerdings erinnern wir uns nicht immer aktiv an etwas. Sonst wäre unser Kopf so voll, dass wir gar keinen Platz mehr für das Hier und Jetzt hätten. Es ist durchaus angenehm, dass dein Gehirn eine Art Selektion vornimmt, sodass du nicht permanent zwischen Erinnerung und Gegenwart hin und her wechseln musst. Sicher weißt du, wie angenehm es sein kann, etwas Unwichtiges oder Unerwünschtes einfach zur Seite schieben zu können, und meist erledigt dein Gehirn diese Aufgabe gewissenhaft für dich.

Damit sind keinesfalls die Momente gemeint, in denen du nach einem schlimmen Streit die Flasche Rotwein köpfst, um endlich vergessen zu können, sondern der natürliche Auswahlprozess deines Kopfes, der dich vor einer Übermacht an Informationen schützt und nur vorne hält, was für dich und dein Leben wichtig ist.

Du kannst es mit einem Gepäckstück vergleichen: Auf einem Abenteuerurlaub ist ein Trekkingrucksack das richtige Gepäck für dich. All das, was du zum Überleben brauchst, trägst du auf deinem Rücken durch die Gegend, damit du es immer griffbereit hast – vom Fährtenmesser über die Sonnenmilch bis hin zum Wasserkanister. Deine Ausrüstung ist möglicherweise sogar überlebensnotwendig und du fühlst dich sicher damit. Kehrst du jetzt allerdings von deinem Abenteuerurlaub zurück und bewegst dich in deiner gewohnten Umgebung, etwa einer Großstadt, dann verändert sich die Wahrnehmung dieses Rucksacks. Trägst du ihn mitsamt der schweren Ausrüstung immer noch auf deinem Rücken, wenn du ins Büro radelst, einen Vortrag hältst, die Kinder von der Schule abholst oder mit deinen Freundinnen zum Sport gehst, dann wird der Rucksack lästig. Er behindert dich bei deinen Alltagsroutinen. Er wird dir auf Dauer zu schwer, weil du im Alltag, ganz andere Dinge zu erledigen und zu stemmen hast, als während deines Abenteuerurlaubs, und er schränkt dich in deiner Bewegungsfreiheit ein.

Ähnlich verhält es sich mit Erinnerungen, die für dich nicht mehr dienlich sind. Auch sie können dich beschweren, dich in deiner mentalen Beweglichkeit einschränken und dich

Unsere Wahrnehmung der Vergangenheit

in deinem Alltag so behindern, dass ein normaler Tagesablauf deutlich gestört wird. Doch im Grunde entscheidest du, ob du den Rucksack absetzt, oder ihn auch zum Blazer oder zur Yogahose anbehältst.

Auch diese Information ist wichtig für dich, wenn du dich mit dem Thema Loslassen beschäftigst, denn sie zeigt dir auf, dass du prinzipiell die Fähigkeit hast, Vergangenes hinter dir zu lassen und ad acta zu legen.

Dein Gehirn organisiert sich schließlich bei neu gemachten Erfahrungen immer wieder neu und auch deine Erinnerungen werden immer wieder von Neuem konstruiert. 86 Milliarden Nervenzellen stehen dir zur Verfügung, um dich in die Richtung zu entwickeln, die du für dich aussuchst und die du verfolgen willst.

Wenn du dich deinem eigenen Erinnerungsvermögen nähern willst, stelle dir doch einfach mal ein paar Fragen, wie jene, die du auf der untenstehenden Liste findest:

- Was ist deine allererste Erinnerung?
- Wie detailliert kannst du dich an diese Situation erinnern?
- Wie erinnerst du dich an bestimmte Situationen? Kommen dir Geräusche, Gerüche oder Bilder in den Kopf?
- Was spürst du bei deinen Erinnerungen? Sind Emotionen und körperliche Reaktionen an der Erinnerung beteiligt?
- An welche Zeiten in deinem Leben erinnerst du dich am meisten?
- Von welcher Zeit hast du vielleicht ganz wenige Erinnerungen?
- Ist dir schon mal aufgefallen, dass es bestimmte Themen oder Situationen gibt, an die du dich besonders detailreich erinnerst?

- Ist dir schon mal aufgefallen, dass es bestimmte Themen oder Situationen gibt, an die du dich so gut wie gar nicht erinnern kannst, selbst wenn du es versuchst?
- Hast du schon mal erlebt, dass sich jemand an eine gemeinsam erlebte Begebenheit ganz anders erinnert als du?

Deine subjektive Erinnerung – wieso lohnt sich das Hinterfragen?

Hast du diese Fragen beantwortet, fällt dir sicher auf, wie subjektiv unsere Erinnerungen manchmal sein können. Daher ist es unheimlich hilfreich, seine eigenen Erinnerungen und Empfindungen immer mal wieder zu hinterfragen. Damit ist nicht gemeint, dass du deiner eigenen Wahrnehmung misstrauen sollst. Vielmehr geht es darum, dich zum bedachten Reflektieren anzuregen. Wir haben bestimmte Erlebnisse und Themen im Kopf, an die wir uns erinnern und die wir immer wieder abspielen. Daraus basteln wir uns ein Bild der Vergangenheit. In Wirklichkeit gibt es aber noch viel mehr: viel mehr Einzelheiten, viel mehr Aspekte, viel mehr Erinnerungen an genau dieses Ereignis durch die anderen Beteiligten. Unsere Erinnerungen sind gefärbt von unseren Bewertungen, individuellen Wahrnehmungen, Emotionen und vielem mehr.

Henri Stendhal meinte dazu: „Das Gedächtnis ist ein sonderbares Sieb: Es behält alles Gute von uns und alles Üble von den andern!" Das ist jedoch gerade bei unsicheren Menschen nicht die Regel, sondern verhält sich da womöglich genau umgekehrt. Aber es wird klar, dass wir Annahmen über unsere Mitmenschen treffen, die auf unseren Erinnerungen aufbauen. Diese Erinnerungen können nicht ganz der Wahrheit entsprechen oder sogar komplett falsch sein. Darum kann es hilfreich sein, vergangene Erlebnisse neu zu beleuchten und das Erlebte zu hinterfragen:

- War es tatsächlich so, wie ich es damals wahrgenommen habe?
- Was kann in meine Wahrnehmung mit hineingespielt haben?
- Wie wurde meine Erinnerung beeinflusst?
- Kann ich diese Faktoren bei einer heutigen Betrachtung außen vor lassen?

Mit diesen Fragen im Hinterkopf kannst du mitunter relativ leicht herausfinden, wie du es mit Stendhals Aussage hältst, ob prinzipiell immer die anderen Schuld sind, oder ob du dazu neigst, dir an allem was passiert, die Schuld zuzuschreiben.

Durchschaust du diese Neigungen, kannst du deine Erinnerungen dahingehend überprüfen und sicherlich schon so manches geraderücken, was bis dahin noch eine leichte Schieflage hatte und dich womöglich unnötig gekränkt, frustriert oder belastet hat.

Arbeit mit dem Inneren Kind zum besseren Verständnis deiner Vergangenheit

Vielleicht bist du mit dem Konzept des Inneren Kindes vertraut: Dieses theoretische Konzept findet in der Psychotherapie und Psychiatrie Anwendung und soll dem Anwender dabei helfen, Kontakt zu seinen kindlichen Anteilen aufzunehmen. Das Innere Kind dient dabei als Bild oder Metapher für das frühere Selbst des Nutzers und wird als innere Instanz angesehen. Neben dem Inneren Kind gibt es je nach Konzeptauslegung das erwachsene Ich der Person und eventuell noch weitere Helferinstanzen. Das Innere Kind steht für alle in der Kindheit gemachten Erfahrungen, für all die in diesem Lebensabschnitt erworbenen Denkmuster und gemachten Emotionen.

Diese können sowohl negativ als auch positiv sein. So kann dir die Arbeit mit dem unbeschwerten Inneren Kind beispielsweise dabei helfen, zu einem kreativeren, unbekümmerteren Leben zurückzufinden – ausgestattet mit einer angenehmen Portion Neugierde und Begeisterungsfähigkeit, der Freude am Spiel und der Unvoreingenommenheit, Neues auszuprobieren.

Sehr häufig wird die Arbeit mit dem Inneren Kind allerdings dazu genutzt, negative Glaubenssätze, die in der Kindheit oder Jugend erworben wurden, aufzulösen, oder erlernte Weltanschauungen auf ihre Auswirkungen zu überprüfen. Während das Kind, bedingt durch seine Abhängigkeit von seinen Bezugspersonen, oft keine Wahlmöglichkeiten hatte und sich in irgendeiner Form anpassen musste, kann nun das erwachsene Ich mit seiner gewonnenen Lebenserfahrung auf die Situationen von damals schauen. Es kann das Innere Kind in Schutz nehmen, es trösten und stärken, damit es sich geborgen fühlt und erlernte Schutzmechanismen aufgeben kann, die ihm heute möglicherweise nicht mehr dienlich sind.

Die Arbeit mit dem Inneren Kind kann uns also ebenfalls gut darin unterstützen, zu verstehen, wieso wir Dinge auf eine bestimmte Art wahrnehmen. Sie hilft auch dabei, wiederkehrende Muster und Glaubenssätze aufzudecken, die Ursachen für diese Sätze und Muster zu finden, und zu verstehen, dass wir diese zwar fest verinnerlicht haben, sie aber nicht immer alle so stimmen müssen. Zu guter Letzt kann die Arbeit mit dem Inneren Kind zur Erkenntnis führen, dass es sich lohnt, diese eingeschliffenen Muster zu hinterfragen und aufzubrechen.

Sie eignet sich sehr gut für Personen, die dazu neigen, sehr streng mit sich umzugehen. Haben Menschen in ihrem Leben viel Härte erfahren und sind sie daran gewöhnt, sich selbst gegenüber mit viel Härte zu handeln, kann ihnen ein direkter Zugang zu ihren inneren Stacheln möglicherweise schwerfallen. Der Gedanke, sich um ein kleines Kind zu kümmern, fällt vielen Leuten leichter; es macht sie weicher und verständnisvoller. Auch haben viele Menschen mit einem kleinen Kind deutlich mehr Geduld als mit Erwachsenen – vor allem wenn sie selbst diese Erwachsenen sind. Während man sich selbst einfach mal so ein: „Mensch Meier, jetzt stell dich doch nicht an wie eine Transuse! Das musst du doch jetzt mal begriffen haben! Jetzt erinnere dich an deine Wunden und dann zackzack!", hinknallen würde, würde niemand von uns so mit einem Kind reden.

Kannst du dich auf das Gedankenspiel mit den verschiedenen Instanzen einlassen, ist das Konzept des Inneren Kindes also wunderbar dazu geeignet, sich bei dem Prozess des Loslassens mit viel Fürsorge zu begegnen, Hilflosigkeit und Überforderung anzuerkennen und sich zu beruhigen, statt unter Druck zu setzen.

Auch wenn manche Erinnerung sehr fordernd für dich sein kann, vermag dich die Arbeit mit dem Inneren Kind zusätzlich zu unterstützen, indem du dich immer wieder im Hier und Jetzt verorten und deinem Inneren Kind bewusst machen kannst, dass es in Sicherheit ist und auch negative Situationen für euch zu meistern sind.

Klarer Blick, klares Ziel

Nicht immer ist es ganz einfach, in dem Wust an Vergangenheit das herauszufiltern, was tatsächlich Beachtung und Bearbeitung bekommen sollte, und nicht auf Themen einzugehen, die nur scheinbar im Vordergrund sind, oftmals aber nur als Platzhalter dienen.

Bemerkst du, dass einige Erinnerungen und Emotionen sehr diffus daherkommen oder es dir mitunter nicht leicht fällt, dich an bestimmte Dinge zu erinnern, kann es helfen, neue Wege einzuschlagen, um sich den eigenen Erinnerungen zu nähern. Dabei ist es wichtig, nicht immer kopflastig vorzugehen! Wie oft kauen wir die gleichen Themen hundertmal durch, kommen nicht weiter und schieben dadurch auch Themen zur Seite, die dringend unserer Aufmerksamkeit bedürfen?

Es ist toll, wenn du dir vorgenommen hast, deine Erinnerungen zu überprüfen und bei Bedarf vielleicht sogar geradezurücken. Bereits dadurch kannst du schon etwas Erleichterung erfahren. Wenn du dich aber damit unter Druck setzt, kann es sein, dass sich ein Teil in dir dagegen wehrt.

Die wenigsten von uns arbeiten gut unter Druck, und fast alle fühlen sich gestresst, wenn sie von einer auf die andere Minute funktionieren sollen. Bitte erwarte das deshalb auch nicht von deinem Kopf. Statt rein logisch an die Sache heranzugehen – Ich werde mich jetzt erinnern, dann werde ich diese Erinnerungen mit verschiedenen Methoden auf ihren Wahrheitsgehalt hin überprüfen und dadurch vielleicht schon Missverständnisse aufdecken, bevor ich mich aktiv dafür entscheide, mit einer positiveren Denkweise und einem neuen Bewertungssystem an die Sache heranzutreten, um dann vollkommen entspannt mit dem Loslassen der verbleibenden Themen zu beginnen – probiere verschiedene Arten aus, dich dem Ganzen anzunähern. Statt dich mit Stift und Notizblock zum Denken und Erinnern hinzusetzen und dich dann zu wundern, warum dir so gar nichts einfällt, greife zu kreativeren Methoden: Vielleicht kannst du zu bestimmten Zeiträumen oder Themen deiner Vergangenheit etwas malen oder eine Collage kleben und anschließend schauen, welche Muster und zentrale Themen sich hervortun. Vielleicht kannst du, wenn du dich an bestimmte Situationen erinnerst, andere Leute mit ins Boot holen und sie darum bitten, ihre Wahrnehmung der Geschichte zu schildern. Möglicherweise tauchen dabei Einzelheiten auf, an die du dich nicht erinnern kannst oder die du schlicht nicht wusstest, die dir aber dabei helfen, die Situation in einem neuen Licht zu betrachten. Das können ganz kleine Sachen sein, aber auch große.

Unsere Wahrnehmung der Vergangenheit

Vielleicht liegt dir bis heute dein 13. Geburtstag schwer im Magen, weil du ihn mit einer großen Fete begehen wolltest und deine Eltern dir kurz vorhe sagten, dass du nur 2 gute Freundinnen einladen dürftest. Deine Schwester durfte ihren Eintritt ins Teenagerleben zwei Jahre später hingegen mit einer großen Sause feiern. Du fühltest dich deswegen von deinen Eltern immer etwas zurückgesetzt und weniger geliebt, wolltest aber auch nicht albern sein und hast das Problem daher nicht angesprochen.

Bis heute trägst du aber diese ungute Gefühlsmischung aus Neid, Verletzung und Unsicherheit mit dir herum. Du fragst dich, warum du deinen Eltern weniger wert warst als deine Schwester. Gibst du dir einen Ruck und sprichst das Ganze an, wirst du vielleicht verblüfft sein, wie erstaunt die anderen Beteiligten sind, dass dir dieses Ereignis immer noch auf der Seele brennt. Dies ist sehr häufig bei persönlichen Verletzungen der Fall, denn vielleicht wurde etwas, was du sehr schwergenommen hast, von der anderen Person nur so dahingesagt, traf bei dir aber gerade einen Nerv, einen wunden Punkt. Deshalb konnte der Stachel besonders tief eindringen und die Erinnerung an diese Situation ist stärker und niederschmetternder als bei anderen.

Erfährst du nun im Gespräch mit deinen Eltern oder Großeltern, dass deine Familie zu deinem 13. Geburtstag finanziell unheimlich schlecht dastand und ihr sogar fast die Wohnung verloren hättet, die Eltern dich und deine Geschwister aber nicht mit diesen Themen belasten wollten – schon gar nicht an deinem Geburtstag – kannst du ihre Entscheidung plötzlich aus einem ganz anderen Blickwinkel sehen. Das ist deutlich aufschlussreicher, als wenn du das 325. Mal über die Sache nachgedacht hättest und die Dialoge im Kopf durchgegangen wärst.

Das bedeutet natürlich nicht, dass der Austausch mit anderen ein Allheilmittel ist oder du ihre Wahrnehmung ungefiltert als objektiv betrachten solltest. Auch die Wahrnehmung anderer Personen ist natürlich durch einen persönlichen Filter gefärbt, und wie du bereits erfahren hast, tragen unheimlich viele unterschiedliche Faktoren dazu bei, wie ein Mensch eine Situation wahrnimmt, bewertet und anschließend auch erinnert.

Aber es kann durchaus auch bereichernd sein, ein und dasselbe Ereignis rückblickend durch die Augen anderer Leute zu betrachten, da es dir dabei helfen kann, mehrere Blickwinkel einzunehmen. Hast du einen klaren Blick auf eine Situation, wird auch dein Ziel um einiges klarer. Du kannst leichter bestimmen, was dich an welcher Situation gestört oder verletzt hat, was dich bis heute belastet und was möglicherweise dazu beiträgt, dass du nicht loslassen kannst.

Weitere Methoden, um deiner Erinnerung auf die Sprünge zu helfen

Es gibt noch viele weitere Ansätze, mit denen du dich zurückerinnern kannst, und die dir, je nach Tagesform und Situation, wahrscheinlich unterschiedlich stark zusagen werden. Probiere dich aus, wenn du dich einem Stachel näherst. Scheue dich nicht, eine Methode zur Seite zu schieben, wenn sie gerade nicht passt. Loslassen lässt sich auf viele Arten üben und das Auslassen von Methoden, die aktuell nicht für dich passen, ist bereits ein Teil davon. Folgende Techniken und Methoden kannst du nutzen, um deiner Erinnerung auf die Sprünge zu helfen:

Rollenspiel

Hast du keine Möglichkeit mehr, mit Leuten aus deiner Vergangenheit zu reden, kannst du in einem Rollenspiel verschiedene Positionen einnehmen und versuchen, ein und dieselbe Situation aus der Sicht verschiedener Familienmitglieder zu betrachten, beziehungsweise die Rolle anderer Beteiligter einzunehmen. Du kannst auch Freunde bitten, die Rolle einer bestimmten Person einzunehmen.

Vielleicht ist auch eine Familienaufstellung etwas für dich? Diese Methode wird in der systemischen Therapie angewandt und es gibt verschiedene Ansätze. In der Regel platzierst du in einem geschützten Raum sogenannte Stellvertreter, die die Rollen deiner Familienmitglieder einnehmen, und setzt sie in Beziehung. So kannst du direkt vor dir sehen, wie das Beziehungsgeflecht in eurer Familie auf dich gewirkt hat. Dynamiken in einer Gruppe werden dadurch meist klarer. Auch du selbst hast einen Stellvertreter, der deine Rolle für dich einnimmt, sodass du von außen beobachten und den Abstand wahren kannst. Die Stellvertreter erfahren nicht viel über die Vorgeschichte deiner Familie, sondern berichten einfach, welche Emotionen ihre Position in dieser Aufstellung in ihnen weckt.

Deine Aufgabe bei dieser Übung ist es, folgende Fragen an dich zu stellen und diese auch zu beantworten: Was für Gefühle steigen dabei in dir auf? Macht sich, neben deinem Kummer und deiner Wut, auch ein leises Verständnis für die andere Seite breit?

Dieser Prozess ist wichtig, wenn es später darum geht, die einzelnen Schritte des Loslassens durchzugehen.

Kunst und Literatur

Nicht umsonst wird Erinnerung auch als Kunst bezeichnet. Patrick Modiano widmet dem Erinnern mit dem Titel „Die Kunst der Erinnerung" ein ganzes Buch und formuliert, dass es ihm schien, als könnten das Schreiben und die Phantasie mithelfen, diese Rätsel und Geheimnisse endlich zu lösen. Modiana meint mit den Rätseln und Geheimnissen den Zusammenhang zwischen seinen Büchern und seiner Kindheit.

Auch du kannst diese Techniken nutzen, um mit deiner Kindheit in Kontakt zu kommen und Verstecktes wieder an die Oberfläche zu holen. Nicht nur das Schreiben von Tagebüchern, Minutenseiten oder Briefen, sondern auch das Lesen geliebter Kinderbücher oder das Betrachten eines favorisierten Bilderbuches, können dich in die gewünschte Zeit zurückkatapultieren. Oder erinnert dich ein bestimmtes Gemälde oder ein Künstler an dein Elternhaus? Hing bei deiner Oma vielleicht ein Kunstdruck von Picasso, unter dem ihr jedes Weihnachten zusammengekommen seid und unter dem die Trennung deiner Eltern verkündet wurde? Oder hat dein Exmann Monet verehrt, sodass ihr eure Hochzeitsreise nach Giverny zum Haus des Künstlers unternommen habt und die Bilder des Impressionisten dich sofort an deinen Ex und eure Ehe erinnern?

Sinnliche Reise in die Vergangenheit

Um deine Erinnerung anzuregen, kannst du auf sinnliche Weise in der Zeit zurückreisen, indem du die Musik anmachst, die du früher gehört hast. Du hast ja bereits gelernt, dass deine Sinne maßgeblich am Bilden der Erinnerung beteiligt sind, und oftmals weckt ein bestimmter Duft oder ein bekannter Geschmack eine fast verloren geglaubte Erinnerung.

Musik als Medium der Erinnerung ist sehr kraftvoll, weil wir häufig bestimmte Situationen und Zustände an ein Lied knüpfen und mit Hilfe der Musik quasi direkt wieder in die Vergangenheit eintauchen können – mitsamt all der Emotionen und Gedanken, die wir damals hatten.

Nostalgische Gefühle kommen vielleicht auch auf, wenn du alte Fernsehsendungen und Filme schaust oder in deinem Lieblingsbuch von früher schmökerst. Auch das Lesen von Briefen oder Tagebüchern kann dir helfen, Kontakt zu deinem früheren Selbst herzustellen und dich somit leichter an den bis heute schmerzhaften Stachel zu wagen. Diese Reise in die Vergangenheit kann dir auch eine gewisse Leichtigkeit, eine angenehme Form der Nostalgie, bescheren, die dir den Mut gibt, dich zu öffnen, Verborgenes zu erforschen und bekannte Pfade zu verlassen.

Auch mit Essen kann für viele Menschen eine direkte Verbindung zur Kindheit oder Jugend hergestellt werden – etwa durch eine Schale mit dampfendem Milchreis, bestreut mit süß duftendem Zimt und Zucker, oder durch die Anti-Kater-Pommes auf dem Heimweg nach einer durchtanzten Nacht mit den liebsten Freundinnen.

Meditation

Um deiner Erinnerung auf die Sprünge zu helfen, kannst du auch eine geführte oder freie Meditation verwenden, die dich in die Zeitspannen zurückversetzt, in der du den Ursprung für deine heutige Wunde vermutest. Es gibt auf dem Markt und im Netz zahlreiche geführte Meditationen zu den unterschiedlichsten Themengebieten, sodass du so lange suchen kannst, bis du eine Aufnahme findest, die dir rundherum zusagt. Das ist wichtig, wenn du dich ganz auf die Meditation einlassen möchtest. Bemerkst du, dass du die Hintergrundmusik auf der Aufnahme als störend empfindest, oder stresst dich die Stimmlage des Sprechers, dann probiere einfach eine andere geführte Meditation aus. Es ist wichtig, dass du dich so wohl wie möglich fühlst. Neben dem Inhalt der Meditation können auch die Stimmfarbe, die Wortwahl und die Intonation dazu beitragen, dass du dich auf die Meditation einlassen kannst, oder eben nicht. Deshalb ist es gut, wenn du genau auf dich achtest und für dich reflektierst, wie du auf die ersten Minuten der Aufnahme reagierst. Hast du eine Meditation gefunden, mit der du arbeiten kannst, sorge dafür, dass du eine Zeit lang ungestört bist und dich an einen ruhigen und angenehmen Ort zurückziehen kannst.

> Wichtig:
>
> Menschen, die mit Meditation vertraut sind, können mitunter überall meditieren und sich in sich versenken. Aber gerade weil du dich aktiv deinen Erinnerungen nähern möchtest und vielleicht noch nicht abschätzen kannst, wie die Meditation auf dich und dein Gefühlsleben wirken wird, ist es wichtig, dass du weißt, dass du dich in einem geschützten Raum befindest. In diesem darf alles sein, wie es ist. Dies gilt auch für all die anderen vorgestellten Methoden, mit denen du dich deiner Erinnerung näherst. Wenn Gefühle in dir hochsteigen, kannst du sie bemerken, anerkennen und beobachten. Vielleicht möchtest du auch lachen oder weinen. Vertraue auf dein Bauchgefühl und verurteile dich nicht für Emotionen, die du möglicherweise als unpassend oder albern bewertest, sondern sei dir selbst eine verständnisvolle und liebevolle Begleitung.
>
> Der Ausspruch von Leo Buscaglia: „Zu oft unterschätzen wir die Kraft einer Berührung, eines Lächelns, eines netten Wortes, eines offenen Ohrs, eines ehrlichen Kompliments oder des kleinsten Akts der Fürsorge. Alles, was das Potenzial hat, das Leben in eine andere Richtung zu lenken", gilt auch für dich selbst, und das auch, wenn du dich mal selbst mit unerwarteten Emotionen oder anderen Reaktionen überraschen solltest.

Neuer Blick auf alte Themen

Hast du dich deiner Vergangenheit auf verschiedenem Wege genähert, wirst du feststellen, dass du möglicherweise einen

Unsere Wahrnehmung der Vergangenheit

ganz neuen Blick auf alte Themen gewonnen hast. Sich zu fragen, wie das Ganze aus einem anderen Blickwinkel aussieht, lässt viele Probleme gleich etwas kleiner oder weniger erschlagend und überwältigend wirken, sodass sie sich auch in deinem Alltag nicht mehr so breit machen können. Der Stachel lockert sich also im übertragenen Sinne bereits, wenn du beginnst, deine abgespeicherten Erinnerungen zu hinterfragen und Themen wie Schuld oder Scham mit Abstand zu betrachten.

Wenn du die verschiedenen Hilfestellungen nutzt, die es dir ermöglichen, eine andere Perspektive zu erleben, wächst dein Aktionsradius mit einem Mal ganz enorm, und eine sehr drückende Erfahrung, die mit Gefühlen der Beklemmung oder Enge verknüpft war, gewinnt an Weite. So kannst du dir bewusst machen, dass es viel mehr gibt als diesen einen Ausschnitt, den du damals abgespeichert hast, und der wie ein Damoklesschwert bis heute über dir hängt und dich belastet. Der neue Blick auf alte Themen hilft dir dabei, Dinge zu relativieren, ihnen vielleicht ein wenig von der Schwere zu nehmen, die sie ein Leben lang für dich hatten, und auch, sie neu einzusortieren.

Diese Form der Neubewertung kann maßgeblich dazu beitragen, Ballast abzubauen, denn vielleicht ergibt sich schon während dieses Teils des Prozesses ein Aha-Moment, bei dem du feststellst: „Moment mal, das Problem ist gar nicht meins! Da habe ich etwas übernommen und zu meinem eigenen gemacht!", oder, „Ja, damals war ich hilflos, aber das bin ich jetzt nicht mehr. Stattdessen habe ich eine so große Kraft, dass mir die Dinge von damals nichts mehr anhaben können!"

Vielleicht werden frühere Probleme also so klein, dass es gar nicht mehr notwendig ist, sie loszulassen, weil sie sich von selbst auflösen und aus deinem Leben verabschieden.

„Das lasse ich hinter mir..."

Hilfestellung von außen

Manchmal kann es auch angebracht sein, Hilfestellung von außen zu bekommen. Dies gilt insbesondere dann, wenn kein oder nur ein sehr eingefahrener Austausch mit den Leuten aus deiner Vergangenheit möglich ist oder du dich – obwohl du dich damit befassen möchtest – mit dem Thema überfordert fühlst. Ein Coach oder ein Psychologe können die richtigen Ansprechpartner für dich sein. Das bedeutet keinesfalls, dass du verrückt bist oder mit deinem Leben nicht mehr klarkommst, auch wenn sich dir diese Gedanken möglicherweise aufdrängen, wenn du mit dem Gedanken spielst, mit einem Psychologen, Therapeuten oder Coach zu sprechen.

Vielmehr bedeutet es, dass du gut einschätzen kannst, wann du alleine nicht weiterkommst und es ratsam wäre, Hilfe von außen anzunehmen. Wenn du dir eine Erkältung eingefangen hast, weißt du, mit welchen Hausmitteln du sie wieder in den Griff bekommst und kannst mit Bettruhe, Tee und Nasendusche viel zur Verbesserung deiner Situation beitragen. Hast du allerdings mit einer Lungenentzündung zu kämpfen, die du nicht alleine auskurieren kannst, wäre es äußerst fahrlässig, dich nicht an einen Arzt zu wenden und gegebenenfalls ein Krankenhaus aufzusuchen, um die medizinische Unterstützung zu erhalten, die du brauchst, um wieder zu genesen.

Ähnlich verhält es sich bei seelischen Verletzungen. Viele kannst du selbst heilen, bei einigen bist du aber auf die Hilfe von ausgebildetem Fachpersonal angewiesen, das dich durch diesen Prozess begleiten kann. Ein großer Vorteil daran ist, dass du Impulse von einem fachlich versierten Menschen bekommst und du dadurch möglicherweise viel schneller lernst, besser mit deiner Situation umzugehen, anstatt dich sehr lange alleine damit herumzuschlagen.

Ein wichtiger Schritt auf dem Weg zu einem freien Selbst, ist anzuerkennen, dass jeder Mensch mal Hilfe braucht. Dann geht es darum, den Wunsch nach Unterstützung auch zu formulieren und sich damit an die richtigen Leute zu wenden. Mitunter sitzen wir dem Irrglauben auf, dass bestimmte Leute in unserem Leben – der Partner, die Mutter, die beste Freundin – uns bei unseren Problemen helfen können und uns auch helfen wollen sollten. Dies ist aber nicht immer der Fall. Nicht immer kann die entsprechende Person die Hilfestellung so leisten, wie es für uns gerade gut wäre, und das kann ganz unterschiedliche Gründe haben.

Wichtig für dich ist es dann, dich nicht immer wieder an diese Person zu wenden, in der Hoffnung, dass du endlich die Hilfe, den sicheren Hafen, findest, den du dir von diesem Menschen erhoffst. Vielmehr geht es darum, zu akzeptieren, dass du dort aktuell nicht das findest, was du brauchst, und dass es an dir liegt, einen geeigneten Ansprechpartner zu finden. Ein Coach oder Therapeut kann dich unvoreingenommen unterstützen. Auch wenn die Wartezeiten auf einen Therapieplatz manchmal sehr lang sein können, lohnt es sich, diesen Schritt zu gehen. Schließlich schlägst du dich ja auch schon lange mit diesem Thema herum. Zudem gibt es in den meisten Städten niedrigschwellige Angebote wie Beratungsstellen oder eben Coaches, bei denen du nicht so lange warten musst.

Ein paar hilfreiche Fragen zum Abschluss des Kapitels:

- Wo habe ich das Gefühl, mehr Klarheit zu brauchen?
- Gibt es Personen, die ich bei diesem Prozess um Hilfe bitten kann?
- Möchte ich vielleicht Hilfe von außen in Anspruch nehmen?
- Besteht dieser Wunsch, aber scheue ich mich davor?
- Wieso scheue ich mich davor?
- Gibt es noch andere kreative Ansätze, die ich gerne ausprobieren möchte?
- Welcher der vorgestellten Ansätze spricht mich am meisten an?

- Bin ich sehr streng mit mir, wenn ich in diese Rückschau gehe?
- Könnte ich mir vorstellen, mit dem Konzept des Inneren Kindes zu arbeiten?
- Erlebe ich die Neubewertung als etwas Positives oder fällt es mir schwer, diese überhaupt anzunehmen?
- Bemerke ich, dass einige Probleme durch den neuen Blickwinkel gar nicht mehr so riesig aussehen?
- Wie fühlt sich diese Erkenntnis an?

Von welchen Dingen oder Themen möchtest du dich verabschieden?

Du hast gemerkt, dass dir etwas aus deiner Vergangenheit nachhängt, etwas, das in deinem heutigen Leben einen zu großen Stellenwert einnimmt, der ihm eigentlich gar nicht mehr zusteht oder zustehen sollte. Aber was genau ist dieses Etwas, was dich nicht dein volles Potenzial leben lässt? Was nimmt dir die Kraft und Konzentration, dich auf das zu fokussieren, was dir eigentlich wichtig ist? Du bist zwar schon durch das Einnehmen von verschiedenen Positionen und Perspektiven etwas in deine Vergangenheit eingetaucht und konntest dich diesem Abschnitt deines Lebens wieder mehr nähern, aber nun ist es wichtig, dir klar zu werden, was du wirklich verändern beziehungsweise loslassen möchtest. Vielleicht fallen dir 1000 Dinge ein, vielleicht auch gar nichts, aber weder das eine noch das andere lässt sich in die Tat umsetzen.

Dieses Kapitel soll dir dabei helfen, dir bewusst zu machen, von welchen Dingen du dich wirklich lösen möchtest.

Dazu kann es hilfreich sein, sich die Dinge oder Situationen genau anzuschauen und wirklich konkret zu benennen. Du kennst das sicher: Du kommst in ein Hotelzimmer und es wirkt überhaupt nicht behaglich auf dich. Du kannst jedoch nicht genau sagen, ob es die Inneneinrichtung, die Farbe der Wand oder die Dekoration ist, die dich an ihm stört. Fakt ist, du fühlst dich einfach nicht wohl. Leider kannst du in diesem Fall auch nicht viel an deiner Lage ändern, sondern musst wohl oder übel für die Dauer deines Aufenthalts mit diesem Umstand vorliebnehmen.

Wie viel angenehmer wäre es jedoch, wenn du mit ein paar Handgriffen aus einem ungemütlichen Raum eine kleine Wohlfühloase machen könntest, die deinen Urlaub rund um die Uhr zu einem echten Genuss werden ließe? Wenn du weißt, dass du dich beengt fühlst, wenn der Nachttisch direkt neben dem Kopfende steht und du lieber einen freien Blick auf die Fenster hast, kannst du den Tisch etwas abrücken und den Stuhl an die Seite stellen, um optisch mehr Raum zu schaffen. Um in deinem Inneren mehr Raum zu schaffen, benötigst du ebenfalls ein paar Richtlinien, an denen du dich orientieren kannst.

Etwas zu verändern, was schon lange in dir wohnt und vielleicht sogar bereits zu einem Teil von dir geworden ist, ist allerdings nicht immer so einfach, wie in einem Zimmer ein paar Sachen umzustellen – und selbst da weißt du sicher, wie lange es dauert, bis man endlich die kaputte Glühbirne austauscht oder sich endlich mal traut, das Bett an die andere Wand zu stellen.

Manchmal tragen wir unsere Themen schon so lange mit uns herum, dass sie mit uns zu verschmelzen scheinen und von uns fast schon als gegeben hingenommen werden. Dann kann die Auslotung des Ganzen eine gehörige Portion Ausdauer und Mut erfordern.

Vielleicht kannst du den Finger aber bereits genau darauf legen, was bei dir im Vordergrund steht? Handelt es sich dabei um ein konkretes Ereignis oder etwas Größeres?

Ganz gleich, wie groß dein Thema ist, es ist wichtig, dir Klarheit darüber zu verschaffen. Je klarer dein Blick auf die Dinge ist, desto leichter kannst du dich ihnen nähern und desto weniger wirst du auf diesem Weg über unerwartete Stolpersteine fallen.

Darum stelle dir vorab erst einmal folgende Fragen:
- Welche Themen stehen bei mir im Vordergrund?
- Warum habe ich dieses Buch in die Hand genommen?
- Was möchte ich loslassen?
- Welches Thema hat oberste Priorität, belastet mich am meisten, macht mir besonders zu schaffen, möchte ich am dringendsten loslassen?
- Handelt es sich dabei um ein konkretes Ereignis?
- Kann ich diesen Punkt beschreiben oder ist es eher ein diffuses Gefühl?
- Taucht das Thema immer wieder in meinem Leben auf, vielleicht in unterschiedlicher Gestalt?
- Gibt es ganze Zeiträume in meinem Leben, die mir bis heute Schwierigkeiten machen?
- Hat dieser Aspekt meines Lebens heute noch Auswirkungen auf mich?
- Wenn ja, wie wirkt sich dieses Ereignis heute auf mich aus?
- Warum möchte ich das Thema loslassen?
- Habe ich schon versucht, das Thema loszulassen und konnte diesen Versuch nicht zufriedenstellend umsetzen? Warum gelingt mir das nicht?
- Gibt es möglicherweise versteckte Vorteile, wenn ich in alten Mustern verharre? Was habe ich davon, wenn ich den Stachel nicht ziehe?

"Das lasse ich hinter mir..."

Konkrete Ereignisse identifizieren

Möchtest du dich deinen Themen nähern, ist der erste Schritt das klare Benennen dieser offensichtlichen oder versteckten Traumata, die dich in deinem Leben belasten. Konkrete Ereignisse zu identifizieren, gelingt dir wahrscheinlich recht gut. Diese können sehr offensichtlich und einschneidend in deinem Leben gewesen sein, wie etwa eine Scheidung, der Verlust der Arbeitsstelle oder ein Wohnortwechsel, mit dem du dich bis heute nicht wohlfühlst.

Es kann sich aber auch um kleinere Themen handeln, wie etwa eine Kränkung durch deine Chefin vor versammelter Belegschaft, die dich bis heute schmerzt, ein Unfall, der dich nicht nur kurzfristig aus der Bahn geworfen, sondern in eine anhaltende Verunsicherung deiner eigentlichen körperlichen Gesundheit gegenüber gestürzt hat, oder eine Schreckminute im Supermarkt, in der du dein Kind kurzzeitig nicht wiedergefunden und dich danach wie die allergrößte Rabenmutter gefühlt hast.

Lassen sich deine Themen auf ein bestimmtes Ereignis zurückführen, ist das zwar im ersten Moment unangenehm, da du dich mitunter nicht gerne an dieses Erlebnis erinnern möchtest. Da es sich aber um eine konkrete Situation handelt, hast du es vermutlich insgesamt leichter, das Geschehene nochmal in deine Wahrnehmung zu holen und dich daran zu erinnern. Durch diesen Umstand hast du die Chance, das Ganze kritisch zu hinterfragen. Du kannst überprüfen, wie du die Situation damals bewertet hast und wie du es heute tun würdest:

Als du damals dein Kind für einen kurzen Moment nicht finden konntest, dir diverse Horrorszenarien durch den Kopf schossen und du mit knallrotem Kopf, schwitzigen Händen und bummerndem Herzen durch jeden Gang ranntest, nur um dein Allerliebstes dann innerhalb weniger Minuten in eine Kinderzeitschrift versunken am Zeitschriftenregal vorzufinden, gab es keinen Platz für rationale Überlegungen. Die Angst um dein Kind wechselte sich allerhöchstens ab mit katastrophisierenden Gedanken, Selbstvorwürfen, Scham sowie Wut auf dich und dein Kind. Wenn dieses Erlebnis bei dir dazu geführt hat, dass du dich für eine schlechte Mutter hältst, die es nicht mal schafft, ihre Einkäufe zu erledigen und dabei ihr Kind im Auge zu behalten, kann sich das zu einer Grundeinstellung auswachsen, die dir vorgaukelt eine Person zu sein, die du nicht bist. Aus Angst vor der Wiederholung dieses Ereignisses bist du danach vielleicht deutlich besorgter geworden, wenn du mit dem Nachwuchs unterwegs warst, hast strengere Vorschriften gemacht, das Kind an dich gebunden oder überbehütet.

Du hast zwar gemerkt, dass dies euer entspanntes und natürliches Verhältnis belastet, aber du wolltest um keinen Preis der Welt nochmal erleben, dass dein Allerliebstes weg ist und du nicht weißt, wo es ist. Angst ist ein schlechter Ratgeber und kann einen Menschen dazu bringen, Dinge zu tun, die er in einem rationalen Zustand niemals tun würde. Hat das Ereignis dich quasi in dauernde Alarmbereitschaft versetzt, führt das dazu, dass du gar nicht mehr in einen entspannten Umgang mit deinem Liebling zurückfinden kannst.

Damals konntest du diesen Aspekt gar nicht erkennen und einen neutralen Blickwinkel möglicherweise nicht einnehmen. Vielleicht ist es dir aber jetzt möglich, im Hinblick auf das Ereignis neue Perspektiven wahrzunehmen und deine damalige Wahrnehmung des Geschehens auf Wahrheitsgehalt und Auswirkungen zu überprüfen: Bist du wirklich eine Rabenmutter, wenn dein sicher gebundenes Kind sich so wohl in der Welt fühlt, dass es seine nähere Umgebung erkundet, weil es weiß, dass du ohnehin immer für es da sein wirst und es beschützt?

Was sind die Auswirkungen, die deine damalige Wahrnehmung auf dich hatte und vielleicht auch noch bis heute auf dich hat? Bist das wirklich du, jetzt und hier, oder ist das diese

„Das lasse ich hinter mir…"

Idee von dir, die sich aufgrund dieses Erlebnisses in deinem Kopf festgesetzt hat?

Oftmals ist es bei solchen Überlegungen recht interessant, andere Personen um ihre Einschätzung der Situation zu bitten: Frag in deinem Freundeskreis nach, welche Mütter Ähnliches erlebt haben. Du wirst erstaunt sein, wie viele nach und nach eine ähnliche Geschichte aus ihrer Erinnerung hervorkramen werden, und es wird dich auch verwundern, wie unterschiedlich die Bewertungen dieser Geschichte damals, in der konkreten Situation, und heute ausfallen. Meist wird in der Gegenwart die heftige Reaktion von damals mit einem amüsierten Unterton kommentiert. Es hat sich eine gewisse Leichtigkeit breit gemacht, denn allen Beteiligten ist klar, dass solche Dinge geschehen können, alles gut gegangen ist und alle es gut überstanden haben.

Natürlich ist damit nicht gemeint, dass du den Schrecken von einst, den du in einer früheren Situation gespürt hast – im Beispiel mit dem Supermarkt in dem Augenblick, als du dein Kind aus den Augen verloren hattest – belächeln solltest!

Jede Emotion hat ihre Daseinsberechtigung und auch die, die sich nicht unbedingt schön anfühlen, erfüllen einen Zweck. Die Angst hat dich aufmerksam werden lassen und sensibilisiert, die Wut hat in dir möglicherweise zusätzliche Kraftreserven mobilisiert. Es ist daher wichtig, beim Betrachten der damaligen Situation sein früheres Ich keinesfalls zu verspotten oder zu bemitleiden, etwa im Sinne von: „Meine Güte, was für ein Affentheater. Typisch Erst-Mama!", oder, „Was war ich doch nur für ein nervöses Hemd. Kein Wunder, dass auch meine Maus immer so gestresst ist, wenn ich aus allem so ein Drama mache."

Versuche, dich der Situation wohlwollend zu nähern und dir deine negativen Gefühle von einst zuzugestehen.

Ist dir das nicht möglich, weil beispielsweise dein innerer Kritiker zu laut ist, versuche eine möglichst neutrale Haltung einzunehmen. Versuche, einfach noch mal Revue passieren zu lassen und nur still zu beobachten, was sich in deinem Kopfkino abspielt, ganz ohne bissige Kommentare, innere Vorwürfe oder Mitleid.

Dieser Punkt ist auch sehr wichtig: Wenn du dich Themen näherst, können Gefühle von damals auftauchen. Das ist ganz normal. Dieser Vorgang geht mit dem sogenannten impliziten Erinnern einher. Wenn Informationen auftauchen, die scheinbar gar nichts mit deiner jetzigen Situation zu tun haben – du hast das Abendessen vorbereitet und wartest auf das Kind, das sich aber schon unheimlich verspätet hat – dann kann dein Gehirn alte Erinnerungen und Informationen, die an die jetzige Situation erinnern oder ihr in irgendeiner Form ähneln, wieder heraufholen.

Dieser Vorgang geschieht meist ganz unbewusst.

Du erinnerst dich also nicht willentlich daran: „Ah, das erinnert mich an diese Situation im Supermarkt, als das Kind mit einem Mal weg war!", sondern vielleicht merkst du die Erinnerungen nur auf körperliche Weise, beispielsweise indem sich die schwitzenden Hände und das schnell pochende Herz wieder bemerkbar machen. Vielleicht arbeitet sich mit einem Mal auch ein ähnlicher Gefühlscocktail hoch, von dem du überrascht sein könntest, wenn du nicht um diesen Umstand wüsstest. Dadurch, dass du deine Themen, die immer wieder in dir hochkommen, nun aber aktiv bearbeitest, wird dich diese implizite Erinnerung weniger stark überrennen und du kannst dem Ganzen mit dem gezielten Aufarbeiten dieser Situation entgegentreten. Selbst wenn sich diese Gefühle vielleicht mal übermächtig anfühlen, kannst du sie einordnen, und das nimmt ihnen schon einen Großteil ihres Schreckens.

Stelle dir einfach mal folgende Fragen, wenn du glaubst, relativ konkret benennen zu können, was dein Thema ist:

- Kann ich mich an ein bestimmtes Ereignis erinnern, das mich bis heute belastet?
- Wann hat dieses Ereignis stattgefunden?

- Wer war daran beteiligt?
- Habe ich mich damals so verhalten, wie ich es für richtig empfand?
- Wie habe ich mich danach gefühlt?
- Würde ich mich heute auch noch so verhalten?
- Wie würde ich mich fühlen, wenn mir das heute passieren würde? Könnte ich möglicherweise gelassener mit der Situation umgehen?
- Warum belastet mich dieses Thema bis heute?
- Hat es tatsächlich bis heute reale Auswirkungen auf mich?
- Oder sind die von mir erlebten Auswirkungen quasi durch meine Gedanken hausgemacht?
- Kann ich mich relativ gut an die Begebenheit erinnern oder vermische ich Fakt und Fiktion?

Keine schnelle Sache – Themen, die länger dauern

Was ist aber, wenn du das Gefühl hast, dass es sich bei dir gar nicht nur um ein bestimmtes abgeschlossenes Ereignis handelt, das dich nicht loslässt oder das du nicht loslassen kannst? Natürlich sind auch Trennungen von Partnerinnen oder Partnern, die eigene Scheidung, die Scheidung der Eltern oder das Ende einer Freundschaft keine abrupten Ereignisse, die nur an einem Tag stattfinden, sondern die durch Anzeichen meist schon viele Wochen, Monate oder sogar Jahre vorher zu erkennen sind – zumindest rückblickend.

Aber dennoch lässt sich meist ein Punkt ausmachen, ein Thema, an dem sich das Ganze benennen und festmachen lässt: das Ende der Beziehung, der Streit, der das Band der

Freundschaft zerriss, das Datum, an dem die Ehe offiziell geschieden wurde.

Was kannst du jedoch tun, wenn dich nun aber etwas umtreibt, was kein offizielles Ende hat? Wie schließt du mit Begebenheiten Frieden, die dich so lange begleitet haben, dass sie sich wie ein Teil deiner Geschichte anfühlen, obwohl du sie nie in dein Leben eingeladen hast. Das kann etwa eine Freundschaft sein, die irgendwie im Sande verlaufen ist. Vielleicht fragst du dich bis heute, warum das geschah, stellst wilde Spekulationen an, kaust letzte Gespräche immer wieder durch, analysierst den Nachrichtenaustausch und schaust auf Social Media, was die betreffende Person jetzt macht.

Ähnliches kann auch bei Bekanntschaften passieren, von denen man sich vielleicht zu Beginn mehr erhofft hatte. Irgendwann wurde euch beiden klar, dass da nicht mehr aus euch wird und der Kontakt verlief im Sande. Da es aber kein klärendes Gespräch gab, überlegst du bis heute, was du falsch gemacht hast, ob es an dir gelegen hat, ob du nicht schön, klug, unterhaltsam oder spannend genug warst. Du vergisst darüber komplett, dass du dir eine Beziehung mit der anderen Person ja auch überhaupt nicht hättest vorstellen können.

Haben Vorgänge oder Beziehungen keinen offiziellen Abschluss, kann es schwer sein, sie als etwas zu identifizieren, das du ebenfalls loslassen und somit hinter dir lassen darfst. Für dich wirken sie vielleicht so, als wären sie noch mitten im Gange, obwohl du dir eigentlich eingestehen kannst, dass sie längst vorbei sind und es dir nicht gut tut, an ihnen festzuhalten, in der Hoffnung es würde noch eine Fortsetzung geben.

Ähnlich verhält es sich mit Situationen, die dich lange geprägt haben: Vielleicht wurde dir als jüngstes Mitglied der Familie nie etwas zugetraut und du hast dich in der Rolle eingelebt. Jetzt in deinem Leben als Erwachsene engt dich diese Rolle extrem ein. Trotzdem ist es schwer, sie als etwas zu erkennen, was du nicht mehr brauchst und hinter dir lassen solltest.

„Das lasse ich hinter mir..."

Gerade Äußerungen, die wir in unserer Kindheit immer wieder gehört haben, prägen sich mit einer solchen Wucht ein, dass sie schnell zu internalisierten Glaubenssätzen werden: „Die Lydia, die ist so eine begabte Künstlerin, die braucht kein Mathe. Ist ohnehin ganz schlecht mit Zahlen." „Kim ist immer so niedlich aufgeregt, wenn sie was erzählen möchte. Das Stottern ist wirklich süß, aber hoffentlich wird das nachher im Beruf kein Problem!" „Lass mich das mal machen. Du bist doch unsere Kleine. Wir sorgen schon für dich. Du bist doch so zart. Pass ja gut auf dich auf!"

Wir halten sie selbst für wahr und für einen Teil unseres eigenen Gedankenguts, obwohl wir sie von außen übernommen haben, weil sie immer wieder an uns herangetragen wurden.

Vielleicht wollte Lydia ja auch immer malen, aber gerne auch ihr eigenes Geschäft führen. Da sie jedoch von vornherein immer annahm, dass künstlerische Begabung und logisches Denken und Naturwissenschaften sich ausschließen, interessierte sie sich weder für Mathe noch gab sie sich Mühe und traute sich schon gar nichts zu. Jeder normale Lernfehler wurde als Bestätigung gewertet, dass sie ja eh kein Mathe kann, weil sie eine Künstlerseele hat. Deswegen tut sie sich heute als freiberufliche Malerin, die zwar ihr Handwerk bestens beherrscht, aber nie gelernt hat, mit einem Budget umzugehen, schwer, Rechnungen zu stellen und einen Finanzplan zu erstellen.

Kim hat möglicherweise gemerkt, dass alle ihre Sprachfehler süß fanden und sie dadurch mehr Aufmerksamkeit bekam, was dazu führte, dass sie es vielleicht nicht so ernst damit nahm, sich mit Hilfe von Fachkräften um einen ungestörten Sprachfluss zu bemühen. Da sie jedoch auch bezweifelte, dass sie damit eine Position in einem Berufsfeld mit Menschen einnehmen kann, gab sie ihren Traum vom Job als Erzieherin auf, noch bevor sie es überhaupt ausprobierte. Sie bringt es möglicherweise gar nicht mit diesen Äußerungen in Verbindung, sondern sagt von sich aus, dass sie nicht für diesen Beruf geschaffen ist.

Und das liebe Nesthäkchen, das immer von der Familie umsorgt wurde, ließ sich das zum einen vielleicht ganz gerne gefallen, lernte zum anderen dadurch aber auch, dass es viel zu zart und unselbstständig ist, um in dieser rauen Welt bestehen zu können. Selbstvertrauen bildet sich auf diese Weise natürlich nicht und jeder Rückschlag kann als Beweis dafür herhalten, dass die Eltern Recht hatten und man es als zartes Pflänzchen sowieso niemals alleine schaffen kann.

Solche Glaubenssätze zu erkennen und als solche zu entlarven, dauert oft ein wenig länger und erfordert einiges an Innenschau. Du musst dich und dein Handeln selbst reflektieren können und manchmal auch eine gewisse Hartnäckigkeit an den Tag legen, denn nicht immer zeigen sich die verinnerlichten Sätze so klar und deutlich wie in den oben genannten Beispielen. Auch das Bearbeiten und Loslassen dieser Sätze, die dich so lange geprägt haben, kann zeitintensiver ausfallen. Aber es lohnt sich auf jeden Fall.

Stelle dir einfach mal folgende Fragen, um dem Ganzen auf den Grund zu gehen!

- Gab es Kontakte in deinem Leben, die einfach im Sande verlaufen sind, die dich aber bis heute beschäftigen?
- Warum ist das so?
- Was erhoffst du dir davon, wenn du diese Kontakte nicht offiziell als beendet ansiehst?
- Welche Gefühle steigen in dir auf, wenn du an diese Personen denkst?
- Gibt es Sätze, die du in deiner Kindheit oder Jugend immer wieder von deinen Eltern oder Lehrern gehört hast?

- Hattest du in der Familie oder der Klasse eine bestimmte Rolle, etwa die des Nesthäkchens, des Klassenclowns oder der Rebellin?
- Legst du immer noch bestimmte Verhaltensmuster an den Tag, die dieser Rolle entsprechen, obwohl du dich längst weiter entwickelt hast?
- Hast du das Gefühl, dass du dich von deinen Eltern auf eine gesunde Weise lösen konntest? Oder versuchst du bis heute, bestimmte Rollen zu erfüllen und deine Eltern durch ein bestimmtes Verhalten glücklich zu machen oder ihre Anerkennung zu gewinnen?

Was wäre, wenn...

Die Gedanken sind frei und in deiner Vorstellung ist alles möglich. Die Phantasie ist eine ganz besondere Kraft in deinem Leben und Luftschlösser können etwas Feines sein: Sie geben dem grauen Alltag einen bunten Anstrich, lassen dich träumen und neue Sachen ausprobieren und machen das Leben spannend.

Was ist aber, wenn du dich in einer Idee von früher verfangen hast, die ihre Zeit hatte, jetzt aber nicht mehr zu deinem Leben passt? Auch dies können Themen sein, die man bearbeiten und loslassen kann, um Raum für Neues zu schaffen.

Wie sollst du aber einen Stachel ziehen, den es ja eigentlich nie gegeben hat, fragst du dich? Schau dir erst mal an, worum es bei dir geht. Handelt es sich bei deinem Luftschloss überhaupt um etwas, das du selbst geschaffen hast? Oder trauerst du einer Phantasievorstellung hinterher, die dir jemand anderes übergestülpt hat? Das können wohlmeinende Familienmitglieder sein, die ihre Träume an dich weitergegeben haben - etwa die Mutter, die ihre Musikkarriere nicht fortsetzen konnte und dich deshalb mehrfach die Woche zum Geigenunterricht schickte und an unzähligen Musikwettbewerben teilnehmen ließ, obwohl du einfach nur aus Spaß an der Freude das Instrument in die Hand genommen hattest. Oder die engagierte Lehrerin, die aufgrund eines schönen Gedichts von dir alles dafür tat, dass du dein Schreibtalent entwickeln konntest, vom Ferienschreibkurs bis hin zu Teilnahmen an Wettbewerben und Workshops – obwohl du nur ein Mal in Schreiblaune warst und ansonsten gar nicht viel mit dieser Form des Ausdrucks anfangen konntest, sondern viel lieber Collagen gebastelt hast.

Allzu leicht geschieht es aber, dass man diese Menschen, die man ja so mag und für ihre Bemühungen auch so schätzt, nicht enttäuschen möchte, obwohl man weiß, dass deren Wunschvorstellungen für einen gar nichts mit denen gemein haben, die man für sich selbst entwickelt hat. Scheitert das Umsetzen dieser Zukunftsvorstellung dann an der Realität, den eigenen Wünschen oder den mangelnden Fertigkeiten, bleibt oft ein diffuser Gefühlsmix zurück.

Zum einen bist du froh, dass dieses übergestülpte Zukunftsmodell nun doch nur Phantasie geblieben ist und du deinen eigenen Weg gehen kannst. Zum anderen fühlst du dich möglicherweise gegenüber der Person schuldig, die so an dich geglaubt und all die Zeit, Mühe und auch die finanziellen Mittel in dich investiert hat, damit du diesen Traum erfüllen kannst.

Diese an dich herangetragenen Wunschvorstellungen anderer Personen: „Du wirst mal eine ganz große Geigerin, so wie die Mutti eine werden wollte!", oder, „Dieses Talent brach liegen zu lassen, wäre eine Sünde. Ich gebe alles dafür, damit aus dir eine große Schriftstellerin wird!", sind allerdings nicht deine Wunschvorstellungen. Vielleicht hast du sie so verinnerlicht, dass du auch dir selbst gegenüber das Gefühl hast, dich enttäuscht zu haben, weil du Stunde um Stunde dein Instrument geübt hast, während sich deine Freundinnen verabredet haben. Oder weil du unzählige Ferien in einem Schreibcamp und jedes Wochenende bei einem Poetry-Slam

„Das lasse ich hinter mir..."

verbracht hast, statt mit deinen Freunden durch die Gegend zu ziehen und die Nacht zum Tag zu machen.

All die Zeit, all die Mühen, all der Verzicht müssen sich doch gelohnt haben – schließlich hast du so viel investiert! Aber du hast eben nicht in deinen Traum investiert, sondern in den Traum anderer. Selbst wenn dieses Luftschloss Wirklichkeit geworden wäre, wärst du dann jetzt glücklich?

Ähnlich verhält es sich mit Luftschlössern, die du dir zwar selbst gebaut hast, die aber gar nicht mehr richtig zu deiner Lebenswirklichkeit passen. Du hast dir immer vorgestellt, du wärest eine taffe Businessfrau, die sich von nichts und niemandem aufhalten lässt und daher keine Bindungen eingeht. Nun sitzt du aber da mit deinem absoluten Lieblingsmenschen und einer wunderbaren Tochter und bist, genau so wie du jetzt lebst, der glücklichste Mensch der Welt und würdest um keinen Preis der Welt tauschen wollen. Trotzdem hast du deinem früheren Ich gegenüber ein schlechtes Gewissen, weil du eben nicht diese Karrierefrau geworden bist, sondern Mutter und Hausfrau, und dich dabei auch noch so richtig gut fühlst?!

Oder hast du immer davon geträumt, im Ausland zu studieren und zu leben, bist dann nach wenigen Monaten aber doch in dein Heimatland zurückgekehrt, weil es einfach eine gute Gelegenheit gab und du dir ein rundum tolles Leben aufbauen konntest, genauso wie du es geplant hast – aber eben nicht in einem anderen Land? Schwebt dir immer wieder, wenn du dich eigentlich zufrieden zurücklehnen und stolz auf dich sein könntest, ein „Was wäre, wenn...?" im Kopf herum? „Was wäre, wenn ich dageblieben wäre? Wäre ich dann erfolgreicher? Wäre ich glücklicher oder beliebter? Hätte ich ein aufregenderes Leben gehabt?"

In der Vorstellung malt man sich in solchen Momenten meist nur die Vorteile aus, die sich durch die verpasste Chance ergeben hätten, und sieht großzügig über etwaige Nachteile und Schwierigkeiten hinweg, die damit automatisch jedoch auch einhergegangen wären. Dadurch ist es leicht, diese unerfüllten Lebenspläne, denen du nachhängst, zu glorifizieren. Sie scheinen immer besser abzuschneiden und stärker zu glänzen als dein Alltagsleben im Hier und Jetzt, in dem auch Aspekte wie der nächste Zahnarztbesuch, die nervige Monatskonferenz, der Hausputz oder die Beschwerden von den Nachbarn auftauchen und deine Zeit in Anspruch nehmen. Unerfüllte Erwartungen und Träume müssen sich nicht mit der Realität messen und scheinen dadurch unantastbar. Du hast allerdings den Weitblick, sie auf ihren Realitätsgehalt hin zu überprüfen:

Möglicherweise wäre dir das Karriereleben zu einsam gewesen und du hättest die Wärme einer Familie und die Zeit mit deinem Lieblingsmenschen schmerzlich vermisst. Wärst du damals im Ausland geblieben, hättest du deine Mama nicht so oft besuchen können, als sie so krank war, und hättest sicherlich all die Monate darunter gelitten. Überhaupt wäre das Verhältnis zu deiner Familie und deinen Freunden sicher nicht mehr so eng wie jetzt, wo du einfach mal auf einen Kaffee vorbeischauen und die Beziehungen vor Ort pflegen kannst.

Hast du auch solche Luftschlösser, die nicht mehr federleicht in deinem Gedächtnis herumschwirren, sondern bleischwer auf deinen Schultern lasten? Stelle dir einfach mal die folgenden Fragen und finde dabei auch heraus, ob es sich um deine eigenen Fantasiegebilde handelt, die dir da nachhängen, oder um die Fantasien anderer Leute, die dir aufgedrängt wurden.

- Hattest du immer einen festen Entwurf oder Plan für dein Leben, den du Schritt für Schritt abgearbeitet hast?
- Hattest du früher eine besondere Passion, ein Talent, dass du semiprofessionell mit dem Ziel verfolgt hast,

es zu deinem Beruf zu machen? War das dein eigener Wunsch oder der von denen, die dich in deinem Talent gefördert haben?

- Haben deine Eltern, Lehrer oder andere Leute ihre Begeisterung für eine Sache auf dich übertragen?
- Haben Sie dich ermuntert, ihre Lebensträume weiter zu träumen oder in die Realität umzusetzen?
- Hast du dich schuldig gefühlt, wenn du deinen Hobbys auf nicht so engagierte Weise nachkommen wolltest, wie dein Umfeld es aufgrund deiner Begabung oder ihrer Vorstellungen eingefordert hat?
- Hast du dich geschämt, als du dich für einen anderen Beruf entschieden hast, als den, den deine Eltern für dich vorgesehen hatten? Hattest du das Gefühl, du bist diesen Leuten verpflichtet?
- Bist du mit deiner Lebensführung zufrieden oder hast du das Gefühl, du würdest dein früheres Ich mit seinen ambitionierten Plänen enttäuschen?
- Hast du das Gefühl, du hast dein Potenzial nicht ausgeschöpft?
- Erzählst du immer wieder von deinen früheren Plänen oder hängst du übermäßig an Erinnerungsstücken aus einer Ära deines Lebens, die längst vorbei ist und die du eigentlich auch nicht vermisst?
- Belastet dich dieser Gedanke oder findest du dein Leben, so wie es jetzt ist, gut?

Klarheit ins Dunkel bringen – vom Umgang mit diffusen Erinnerungen

Wie verhält es sich jetzt aber, wenn du trotz diverser Versuche nicht an deine Themen herankommst oder es dir nicht möglich ist, diese zu konkretisieren? Vielleicht nimmst du diffus herumschwirrende Erinnerungen wahr, vielleicht bemerkst du ein Aufblitzen in deinen Träumen. Möglicherweise kannst du auch gar nicht richtig benennen, was genau dir zu schaffen macht, obwohl du merkst, dass da etwas an dir nagt und dich nicht loslässt. Wichtig ist auch hier wieder: Schaffe Klarheit! Vieles aus der Vergangenheit ist verschwommen oder verzerrt, und wie bei den erwähnten Stacheln, die ihr Gift erst später absondern, kann es durchaus sein, dass bestimmte Gefühle nicht immer sofort konkreten Ereignissen oder Erlebnissen zuzuordnen sind.

Dies kann gerade auch dann der Fall sein, wenn du Zweifel an deinen eigenen Erinnerungen verspürst. Vielleicht ist deine Kindheit gefühlt schon Jahrhunderte her, weil dein Erwachsenenleben so ausgefüllt war oder dir schon immer gesagt wurde, dass du zum Übertreiben und Ausschmücken neigst. Wie du erfahren hast, ist das ein ganz normales Verhalten, das wir alle mal in unterschiedlicher Ausprägung zeigen.

Weißt du von dir, dass du sehr zum Dramatisieren neigst, kann es hilfreich sein, sich auf Spurensuche zu begeben. Mit der Hilfe von Tagebüchern, selbst gemalten Bildern oder Fotos, die du aufgehoben hast. Wen zeigen diese Fotos? Erinnerst du dich daran, wer sie aufgenommen hat und wie du dich bei der Aufnahme gefühlt hast? Ist das ein echtes Lachen oder lachen deine Augen gar nicht mit? Wer wird auf den gemalten Bildern gezeigt? Sind Figuren zu sehen und gab es diese in deinem echten Leben? Wie stehen diese Figuren zueinander? Welche Themen tauchen in deinen Tagebüchern wiederkehrend auf. Lässt sich ein roter Faden erkennen? Ein Aspekt oder mehrere komplexe Themen, die immer wieder in Erscheinung treten?

Nutze deine Erinnerungsstücke, um deinen Fragen auf den Grund zu gehen. Diese können auch hilfreich dabei sein, um dein heutiges Ich von früher abzugrenzen und herauszufinden, wo du heute stehst. Hast du noch alte Briefe oder Chatverläufe, in denen dich Leute auf etwas hinweisen oder ansprechen? Diese können dir dazu dienen, verschiedene Perspektiven zu beleuchten und dich mitunter auch an unerfüllte Erwartungen oder Wünsche zu erinnern, die du vielleicht bis jetzt erfolgreich verdrängt hast, die dich aber noch immer unterbewusst belasten. Weißt du allerdings ohnehin, um welche Themen es geht, kannst du überprüfen, ob sie vielleicht gar nicht mehr zu deinem jetzigen Ich passen.

In solchen Fällen kann auch die Zusammenarbeit mit einem Coach oder einem Therapeuten sehr hilfreich sein. Möglicherweise kommst du sogar zu dem Schluss, dass es dir bei bestimmten Aspekten nicht mehr möglich ist, die Hintergründe so genau herauszufinden, wie du es vielleicht möchtest. Wir können nicht allem auf den Grund gehen, aber das bedeutet nicht, dass du dieses Thema nicht trotzdem loslassen kannst und darfst. Ist es dir nicht möglich, dich konkret zu erinnern oder in Erfahrung zu bringen, was tatsächlich passiert ist, bist du zwar gezwungen, dies zu akzeptieren und damit zu leben, dass du es nicht genau herauszufinden vermagst. Du bist aber nicht dazu verpflichtet, diese Sache bei dir zu behalten, bis du ihr doch irgendwann auf den Grund gehen kannst, sondern darfst sie schon vorher aus deinem Leben verabschieden, wenn du dich bereit dafür fühlst.

Kleine Stacheln, große Verletzungen – auch Kleinvieh macht Mist

Beginnen Menschen, sich aktiv mit ihrer Erinnerung auseinanderzusetzen, kann es sein, dass die Gründe, die sie für ihr jetziges Verhalten in der Vergangenheit finden, in ihren Augen nichtig oder zu klein sind, um überhaupt der Rede wert zu sein. Sie schämen sich vielleicht sogar, dass sie durch bestimmte Handlungen oder Ereignisse verletzt wurden, oder es ihnen nahe ging. Vielleicht passt es nicht zu ihrem Selbstbild, vielleicht nicht zu der sozialen Rolle, die sie sich zugelegt haben. Daher sagen sie sich: „Eine gestandene Schuldirektorin sollte nach 2 Jahren nicht den Tränen nahe sein, nur weil irgendein rotzfrecher Fünftklässler etwas Gemeines gesagt hat", oder, „Ich, als erfolgreiche und glückliche Frau Mitte 30, brauche mich doch nicht immer noch vor den Leuten aus der Grundschule zu verstecken, nur weil ich damals eine Außenseiterin war und viel Spott erdulden musste!" Gefühle sind jedoch nun mal nicht rational und sie lassen sich auch nicht von sozialer Rolle oder Ausbildung beeindrucken.

Unser Verstand kann eine Sache schon längst durchblickt haben, aber die Emotionen sprechen eine andere Sprache. Es ist dabei nicht wichtig, wie groß oder klein ein Ereignis auf den ersten Blick erscheint, sondern wie groß der Stachel ist, den es zurückgelassen hat. So manche Bemerkung, die möglicherweise nur in einem unbedachten Moment dahingesagt wurde, kann in der falschen Situation für die betroffene Person vernichtend sein, auch wenn sie in einer anderen Lebenslage vielleicht ganz einfach an ihr abgeprallt wäre.

Genau wie die Redewendung „des einen Freud, des anderen Leid" besagt, kann sich auch ein und dasselbe Erlebnis ganz unterschiedlich auf zwei Personen auswirken. Denke also bitte nicht, dass ein Problem zu klein oder zu lächerlich wäre, um es anzugehen. Wenn du dir sagst, dass es dich nicht stören sollte, es dies aber trotzdem tut, darfst du dich erst recht darum kümmern.

Noch ein Mal: Kein Thema ist zu albern, lächerlich oder kindisch. Trägst du bis heute mit dir herum, dass deine Lehrerin damals gelacht hat, als du dich gemeldet hast, um für die Rolle der Prinzessin vorzusprechen? Ja, das war in der dritten Klasse und ist gefühlt 100 Jahre her, und ja, was interessiert dich jetzt noch ein albernes Kindertheater, und ja, die Frau war sowieso eine verbitterte, überarbeitete Lehrkraft und hatte es bestimmt auch nicht leicht. Aber es hat dich damals gekränkt. So sehr gekränkt, dass du die Tränen unterdrücken musstest und dich danach zuhause vor den Spiegel gestellt hast, um dich mit den Augen der Lehrerin anzusehen, um festzustellen, dass da ja vielleicht wirklich nichts an dir ist, was der Rolle einer Prinzessin würdig wäre.

Kleine Sätze können große Freude bereiten, aber auch großen Kummer auslösen, und sich, wenn sie erst mal als Stachel festsitzen, zu einer großen, entzündeten Wunde entwickeln, die sich immer weiter ausbreitet. Es muss nicht immer die ganz große Krise sein, die uns nicht loslässt. Auch bei kleineren Verletzungen hast du das Recht, diese zu betrauern, noch einmal genau in Augenschein zu nehmen und zu bearbeiten, um sie endlich loslassen zu können. Kleinvieh macht auch Mist und wenn du gleich mehrere kleine Stacheln mit dir herumträgst, dann kann dir das ganz schön zu schaffen machen und dir über kurz oder lang auch die Kräfte rauben.

Wische deine zaghaften Vorstöße, das Ganze nun anzugehen, nicht mit einem lapidaren: „Ach was! Das ist doch ohnehin kaum der Rede wert. Ist ja keiner gestorben oder so!", weg, sondern gestehe dir zu, dass diese kleinen Momente etwas mit dir gemacht haben. Traue dich, hinzusehen! Oftmals werden wichtige Aspekte kleingeredet oder negiert, wenn wir nicht hinschauen wollen, uns aber doch mit der Thematik auseinandersetzen müssen. Ein muffeliger Ausruf, wie: „Macht mir gar nix. Ist mir total egal!", ist dann auf den ersten Blick viel leichter auszuhalten, als hinzusehen und sich zu fragen: „Was genau schleppe ich da mit mir herum? Was tut mir weh?"

Du musst die Themen, die in dir aufsteigen, nicht bewerten, sondern einfach nur wahrnehmen und dich damit auseinandersetzen. Eine Klassifizierung in „groß genug, um weh tun zu dürfen" ist dabei wenig sinnvoll und auch nicht hilfreich für dich. Versuche, bei dir zu bleiben und zu akzeptieren, dass dir möglicherweise etwas zugesetzt hat, von dem die Gesellschaft behauptet, dass es akzeptabel wäre oder dir in deiner Position nichts ausmachen sollte. Zudem können sich kleine Verletzungen summieren und dann genauso weh tun wie eine große Wunde. Hab Verständnis für dich und begegne dir auch hier mit dem nötigen Wohlwollen und einer gewissen Aufgeschlossenheit.

Thema Aufarbeitung – wann ist sie sinnvoll und was ist dabei wichtig?

Der Begriff „Aufarbeitung" wird in der Psychologie für all das genutzt, was zur Vergangenheitsbewältigung gehört; mitunter wird auch die Trauerarbeit zum Themenkomplex Aufarbeitung hinzugezählt. Die Aufarbeitung vergangener traumatischer Erlebnisse oder auch bestimmter belastender Episoden oder Ereignisse kann den Betroffenen dabei helfen, wieder in ein leidfreies, zufriedenes Leben zurückzufinden. Auch das Lösen von damals erlernten Schutzmechanismen, die dir heute nicht mehr dienen, kann durch das Aufarbeiten gemachter Erfahrungen erfolgen.

Hast du dir aufgrund von Hänseleien in der Schule etwa ein ruppiges Auftreten angewöhnt, scheiterst du jetzt im sozialen Miteinander womöglich daran, dass jeder erst mal von dir verschreckt ist. In diesem Fall kann es hilfreich sein, dir die Ursache für dein Verhalten – die Hänseleien – und den Grund für das Verhalten – Schutz deiner Kinderseele – klarzumachen. Heute bist du eine gestandene Frau, und auch wenn du negative Erfahrungen im Umgang mit Menschen machen musstest, wirst du ebenfalls erfahren haben, dass nicht alle Welt dir etwas Böses will, sondern es in der Tat sehr schön sein kann, mit anderen Menschen in Kontakt zu kommen.

Somit kannst du dich bewusst von deinem Schutzmechanismus verabschieden und versuchen, ihn Stück für Stück durch ein Verhalten zu ersetzen, das in der Gegenwart besser zu dir und deinen Wünschen passt.

Die meisten Psychologen sind sich einig, dass man auch bei der Vergangenheitsbewältigung nicht jedes Detail von früher auseinandernehmen und jeden Aspekt des früheren Lebens unter die Lupe nehmen muss. Es ist in der Regel nicht notwendig, alles bis ins kleinste Detail zu überprüfen, zu hinterfragen oder zu analysieren. Meist stellen ein Kernthema oder ein paar Kernthemen den Knack- und Angelpunkt dar. Ist das Ganze komplexer und verwobener, kann es sein, dass eine umfassendere Aufarbeitung notwendig ist.

In der Regel gilt eine Aufarbeitung von einmaligen oder länger andauernden Erfahrungen dann als ratsam, wenn dich diese noch immer stark beeinflussen oder wenn dadurch Glaubenssätze oder Verhaltensmuster geprägt wurden, die dir heute schaden oder dich stören.

Aufarbeitung mit einer Fachkraft

Ganz gleich, ob du ein oder mehrere Ereignisse aufzuarbeiten hast: Wenn du merkst, dass du dabei gerne jemanden an deiner Seite hättest, oder falls du beobachtest, dass bei der Aufarbeitung Themen aufkommen, denen du dich nicht allein stellen möchtest, kannst du dir jederzeit Unterstützung in Form von Fachkräften, wie Psychologen, Therapeuten oder Coaches, suchen.

Es gibt ganz verschiedene Ansätze, die du mit fachlicher Unterstützung nutzen kannst, wenn du eine klassische Gesprächstherapie nicht unbedingt ausprobieren möchtest. Bei der Kunsttherapie näherst du dich deinen Themen durch künstlerischen Ausdruck, bei der Musiktherapie nutzt du verschiedene Instrumente oder auch deine Stimme, und bei der

Körpertherapie wird auch dein Körper in den Prozess der Aufarbeitung miteinbezogen.

Viele Fachkräfte bieten mittlerweile auch ausgefallenere Konzepte außerhalb des klassischen Praxisrahmens an, die dir vielleicht mehr entsprechen: So gibt es beispielsweise die Methode des „Talk and Walk". Wer kennt das nicht? Gehen wir mit einer guten Freundin spazieren, redet es sich wunderbar einfach, Gesprächspausen werden durch anregende Reize von außen aufgefangen und wir scheinen leichter die passenden Worte zu finden. Das Gehen wirkt sich positiv auf unser Gesprächsverhalten aus und durch die natürliche und aus dem Alltag bekannte Gesprächssituation sind viele Klienten im Gespräch mit ihrem Coach oder ihrem Therapeuten lockerer und aufgeschlossener. Wer sich nicht mit Ängsten oder Unsicherheiten plagen muss, kann leichter mitarbeiten und sich dem Thema Aufarbeitung stellen. Auch dadurch, das nicht ständig Blickkontakt gehalten werden muss, trotzdem aber eine Verbindung da ist, wenn du neben deinem Coach hergehst, kann Druck genommen werden, der sich beim Thema Aufarbeitung mit Fachkräften aufbauen kann.

Wichtig, wenn du dich gemeinsam mit anderen an das Thema Aufarbeitung wagst, ist zu bedenken: Die Menschen sind deine Begleiter, aber sie haben weder ein Allheilmittel noch ein Universalwissen. Achte gut auf dich und lasse dich von deiner Intuition führen. Vertraue auf dein Bauchgefühl. Du bist die Expertin für dich selbst. Du wirst spüren, welche Themen für dich relevant sind und wie weit du gehen möchtest.

Reflexionsanregungen für dich

Bereits in den Kapiteln zuvor hast du für dich ausgelotet, welche Stacheln dich bis heute schmerzen, um was es konkret geht, und was du loslassen möchtest. Wie gesagt, ist es meist gar nicht nötig, alles bis ins kleinste Detail zu durchleuchten

und zu analysieren. Die Aufarbeitung des Geschehen kann aber sehr hilfreich sein, wenn du mit einem Thema nicht abschließen kannst.

Vielleicht sind noch Fragen offen, die du für dich beantworten musst, bevor du das Ganze gehen lassen kannst: Frage dich, wie das Ereignis oder der Stachel dich in deinem Hier und Jetzt beeinflusst und woran du zu erkennen glaubst, dass es sich so äußert? Es geht dabei nicht darum, dich zu fragen, warum du nicht loslassen kannst. Es geht viel eher darum, zu verstehen, wie dich das Ganze beeinflusst, wie sich dein Thema auf dein Denken und deine Wahrnehmung auswirkt und damit bis heute indirekt ein aktiver Teil in deinem Leben ist, der auch am Laufen gehalten wird.

Vertraue auch hier deinem Gespür für dich selbst und gehe besonders sorgsam und liebevoll mit dir um, wenn du dir diese Fragen stellst. Kommen Gefühle oder Bilder hoch, nimm sie an und versuche sie neutral von außen zu betrachten, wie Wolken, die an einem Sommerhimmel vorüberziehen.

Auch hier kann die Arbeit mit dem Konzept des Inneren Kindes sehr hilfreich sein, denn den Grundstein für viele unserer Verhaltensmuster legt größtenteils unsere frühkindliche Sozialisation. Funktioniert die Arbeit mit dem Inneren Kind für dich sehr gut, kannst du auch zu dem Modell des Inneren Teenagers greifen, wenn du Erlebnisse aus deiner Jugend aufarbeiten möchtest. Der Teenager braucht möglicherweise weniger kindgerechte Beruhigung, aber dennoch Zuspruch und die Gewissheit, dass er seine Unabhängigkeit ausprobieren darf, aber einen sicheren Anker im Hintergrund hat.

Möchtest du Erfahrungen aus deinem Erwachsenenleben aufarbeiten, etwa eine Trennung oder einen anderen Verlust, eine verpasste Jobchance oder den Auszug der Kinder, kommt dir das Konzept des Inneren Kindes vielleicht nicht als Erstes in den Sinn, aber es kann dich auch darin unterstützen. Mitunter triggern diese Erfahrungen aus deinem Erwachsenenleben etwas aus deinem frühkindlichen Leben an. Du reagierst deshalb so stark darauf, weil es dich daran erinnert, und du versuchst, dich mit den gleichen Verhaltensmaßnahmen zu wehren oder zu schützen, zu denen du als Kind gegriffen hast.

Nun kannst du deinem Inneren Kind aber einen fähigen Erwachsenen zur Seite stellen, der neben all der Angst, Unsicherheit und der Verletzlichkeit auch eine gehörige Portion Stärke und Zuversicht mitbringt und dieser Situation nicht mehr schutzlos ausgeliefert ist, sondern für sich und sein Wohlbefinden einstehen kann.

Wir klammern uns oft an Altes, weil wir uns darüber identifizieren. Wir können Angst vor Neuem und der Ungewissheit haben. Vielleicht möchten wir auch unbewusst die Opferrolle nicht verlassen. Diese Aspekte können bei der Aufarbeitung von belastenden Themen zu Tage treten. Begeben wir uns an das aktive Aufarbeiten von alten Wunden, müssen wir unseren Anteil daran sehen und unsere passive Rolle verlassen. Ausflüchte, wie: „Ich kann einfach nicht! Es hat mich zu sehr verletzt! Das werde ich nie verschmerzen!", geraten dann ins Wanken und wir können anderem nicht mehr die Schuld dafür geben, warum wir Dinge nicht aktiv in die Hand nehmen.

Bei der Aufarbeitung findest du für dich heraus, wie du diese Muster am besten aufdecken und durchbrechen kannst, und du bekommst möglicherweise schon einen kleinen Ausblick darauf, wie das Leben ohne diese Wunde aussehen kann, über die du dich definierst. Du kannst Handlungsalternativen und neue Denkmuster für dich ausprobieren und herausfinden, womit du die schädlichen Schutzmechanismen ersetzen kannst, sodass du dich nicht mehr an die Vergangenheit klammern musst und endlich loslassen kannst.

So wichtig es ist, beeinflussende Faktoren zu hinterfragen und aufzuarbeiten, um ungesunde Muster und Glaubenssätze aufzudecken und ihnen die Kraft zu nehmen, so ungesund kann es sein, wenn du dich daraufhin nur noch mit deiner Vergangenheit beschäftigst. Aufarbeiten heißt nämlich nicht, dass du dich ständig mit Vergangenem beschäftigen oder dies zu deinem alleinigen Lebensinhalt machen sollst.

Grenzen der Aufarbeitung

Wie bereits erwähnt, hat die Aufarbeitung Grenzen, die du auch respektieren solltest. Nicht alles aus deiner Vergangenheit muss bis ins kleinste Detail aufgearbeitet werden und du darfst dir sicher sein, dass du dadurch keine Chancen verpasst. Vieles kann man beruhigt gehen lassen. Ein unnötiges Herumstochern in früheren Zeiten führt weder dazu, dass du alte Wunden besser schließen kannst, noch dazu, dass du mehr Kraft für dein gegenwärtiges oder zukünftiges Leben hast.

Der Schlüssel zu einer gelungenen Vergangenheitsbewältigung ist ein bewusster Umgang mit dieser. Ganz wichtig dabei ist: Es geht nicht darum, bestimmte Aspekte zu verdrängen, sondern sie nach der Bearbeitung bewusst loszulassen!

Das bewusste Loslassen eines Themas am Ende des Aufarbeitungsprozesses hilft dir, in der Gegenwart anzukommen und dich mit ihr zu verbinden. Dieses Ankommen in der Gegenwart ist notwendig, um die Vergangenheit als das anzuerkennen, was sie ist: Ein Zeitabschnitt, der vorbei ist, den du – egal, wie sehr du dich anstrengst – nicht mehr verändern kannst, auch nicht durch die sorgsamste Aufarbeitungsarbeit. Das ist auch gar nicht das Ziel des Aufarbeitens. Es geht darum, die Auswirkungen der Vergangenheit auf dich zu erkennen und zu begreifen, wie sie entstanden sind, wie sie sich äußern und wo sie dich in deinem Leben belasten. Hast du diese Punkte klären können, ist der Zeitpunkt gekommen, das Thema loszulassen.

Ansonsten kann unter dem Deckmantel der Aufarbeitung das frühere Muster zum Vorschein kommen, bei dem du alte Begebenheiten immer wieder durchkaust, auch wenn schon lange kein neuer Input hinzugekommen ist – und genau dieser Vorgang verhindert, dass du das Alte loslassen und dich Neuem öffnen kannst.

Bemerkst du, dass du wieder in dieses Muster zurückzufallen drohst, sei es beim Aufarbeiten oder zu einem anderen Zeitpunkt während deiner Reise zum Loslassen, kannst du eine der folgenden Übungen ausprobieren, um dich im Hier und Jetzt zu verankern. Diese Übungen funktionieren auch sehr gut, wenn dich irgendwann einmal aufsteigende Gefühle zu übermannen drohen und du dich wieder erden musst.

Körperlich verankern

Stelle dich für diese Übung mit hüftbreit geöffneten Beinen hin. Stemme die Hände in die Hüften und drehe deine Ellenbogen dabei ruhig ein wenig weiter als nötig nach außen. Traue dich, Raum einzunehmen. Hebe nun den linken Fuß und setze ihn so auf, dass du sowohl am Ballen links als auch rechts und an der Hacke Bodenkontakt spürst. Platziere so auch den zweiten Fuß. Mach dich ganz groß und breit, fühle den Boden unter deinen Füßen, indem du die Zehen kurz abhebst. Spüre, wie fest verwurzelt du mit deinem Untergrund bist. Stabil und stark wie ein Baum kann dich so leicht nichts umhauen.

Atemübungen

Atemübungen haben in vielen spirituellen und gesundheitlichen Praktiken, wie etwa im Yoga, einen großen Stellenwert. Als sehr beruhigend und stabilisierend wird beispielsweise die Wechselatmung empfunden, im yogischen Pranayama auch als „Nadi Shodhana" bekannt. Sie trägt auch den Beinamen „Reinigungsübung" und ist ideal für die Konzentrationssteigerung und das Aussteigen aus störenden Gedanken: Nimm eine bequeme Haltung ein. Schließe dein rechtes Nasenloch mit deinem rechten Daumen. Nimm nun einen Atemzug durch das linke Nasenloch – du kannst auch bis 5 oder 8 zählen, um einen möglichst gleichmäßigen Atemrhythmus zu begünstigen – und verschließe dann kurz beide Nasenlöcher mit Daumen und Zeigefinger. Öffne nun das rechte Nasenloch und atme aus. Nun schließt du das linke Nasenloch mit dem linken Zeigefinger und atmest durch das rechte Nasenloch ein. Wieder pausierst du kurz, indem du beide Nasenlöcher verschließt. Dann atmest du durch das linke Nasenloch wieder aus und wiederholst den Zyklus immer im Wechsel.

Bewusstes Stopp sagen, um aus der Gedankenspirale auszusteigen

Scheint in deinem Kopf eine wilde Gedankenparty zu toben, in die du keine Ruhe bringen kannst, hilft es manchmal auch, dem einfach laut Einhalt zu gebieten. Bist du allein, geht das wunderbar. Rufe einmal laut und energisch „Stopp!", so als würdest du ein kleines Kind davon abhalten wollen, etwas Verbotenes und Gefährliches zu tun. Lege alle Autorität in deine Stimme. Du hast beschlossen, aus dieser Gedankenspirale auszusteigen und du verfolgst dieses Ziel unbeirrbar. Vielleicht gelingt es dir nicht auf Anhieb, aber du lässt dich nicht von deinem Weg abbringen und du signalisierst deinem Gehirn auf diese Weise, dass du es ernst meinst. Zudem reagierst du auf Geräusche von außen mitunter leichter als auf deine eigenen Gedanken. Sie lassen dich wortwörtlich aufhorchen, und das auch, wenn sie von dir kommen.

Sinnesorientierung

Diese Übung ist wunderbar dazu geeignet, dich über deine Sinne wieder im Hier und Jetzt zu verorten. Sie ist toll für dich, wenn du dich bei überschwemmenden Gedanken möglicherweise nicht auf eine Meditation einlassen kannst oder du ein Problem mit Atemübungen hast, weil du dabei vielleicht aus deinem natürlichen Atemrhythmus kommst und dich noch mehr verspannst. Bei der Sinnesorientierung arbeitest du mit deinen Sinnen und verbindest dich über diese mit deiner Umwelt im Hier und Jetzt. Eine Bewertung deiner Situation musst du nicht vornehmen, du stellst einfach nur fest. Wenn du magst, kannst du deine Sinneswahrnehmungen laut aussprechen. Passiert es dir in der Öffentlichkeit, dass du übermannt zu werden drohst, kannst du diese Übung aber auch wunderbar im Stillen ausführen und dich so wieder mit dem Hier und Jetzt verbinden, statt in die Risse alter Wunden zu fallen.

Benenne dazu 5 Dinge, die du um dich herum siehst. Die meisten Menschen reagieren am leichtesten auf Sehreize, sodass du deine galoppierenden Gedanken ziemlich sicher wieder einfangen kannst.

Body-Scan

Wenn du etwas mehr Zeit zur Verfügung hast und deinen lauten Gedanken mit Achtsamkeit entgegentreten möchtest, kannst du einen sogenannten Body-Scan durchführen. Bei dieser Übung wanderst du gedanklich durch deinen Körper und spürst zu den verschiedenen Körperteilen hin. Du machst dir bewusst, wie sich diese gerade anfühlen, was für Empfindungen du wahrnimmst – aber ohne diese zu bewerten. Diese Technik kann auch sehr entspannend wirken, wenn tiefsitzende Themen durch die Vergangenheitsarbeit auftauchen und alte Schmerzen hochkommen.

Es gibt verschiedene Ansätze des Body-Scans, sodass du für dich herausfinden kannst, was sich für dich gut anfühlt. Möchtest du ihn im Liegen oder im Sitzen durchführen? Magst du es, von einer Stimme einer CD oder einem Video angeleitet zu werden, oder möchtest du einfach selbst deinen Gedanken folgen? Starte am besten bei den Zehen deines linken Fußes. Wie fühlen sich die Zehen an? Sind sie kalt, kribbeln sie? Sind sie warm? Gehe dann zum Ballen, zur Sohle und zum Hacken weiter. Wo hat dein Fuß Bodenkontakt? Folge dann gedanklich deinem Bein über die Wade und das Knie hinauf zum Oberschenkel, bevor du zum anderen Bein wechselst. Danach kommen das Becken und der gesamte Rumpf an die Reihe, als nächstes der linke Arm, der rechte Arm und abschließend der Kopf und das Gesicht. Nimm dir so viel Zeit wie du magst. Bist du in der Öffentlichkeit, kannst du die Übung auch unbemerkt im Schnellverfahren im Stehen durchführen, um dich im Hier und Jetzt zu verorten!

Tiefsitzende Themen – wenn da noch was ist

Bemerkst du bei diesen Übungen, dass es tatsächlich noch tiefsitzende Themen gibt? Sagt dir deine innere Stimme ganz klar, dass du noch etwas lernen musst, um weitermachen zu können? Erkennst du, dass du nochmal hinschauen musst, um befreit loslassen und ins Handeln kommen zu können? Dann höre auf diese Stimme. Ziel dieses Buches ist nicht die Verdrängung und es geht auch nicht darum, dich möglichst schnell aller Probleme zu entledigen. Das ist zwar ein schöner Traum, aber eben nur ein Wunschtraum und kein realistisch zu erreichendes Ziel. Alles hat seine Zeit und du tust gut daran, dir diese zu geben. Möchtest du den Prozess aus Ungeduld, Eifer oder Frustration zu sehr beschleunigen, kann es sein, dass dich die Themen überrollen oder bestimmte Punkte auf der Strecke bleiben. Die Aufarbeitung ist auch wichtig, um für zukünftige Situationen Schlüsse aus den Erlebnissen und deinem Verhalten in der Vergangenheit zu ziehen und dich weiterzuentwickeln.

Wenn noch Themen offen sind, kannst du diesen entweder allein, mit fachlicher Begleitung, im Austausch mit Freunden und Familie oder mittels hilfreicher Konzepte, wie dem Inneren Kind, auf den Grund gehen. Schau dir genau an, was noch nicht verarbeitet ist, um es zu lösen und nicht immer

Thema Aufarbeitung

wieder die gleichen Situationen durchleben zu müssen. Nutze diese Zeit als Entwicklungschance, statt dich darüber zu ärgern, dass sich ein Thema nicht so leicht auflösen lässt.

Natürlich solltest du dabei auch überprüfen, ob tatsächlich noch Themen offen sind, die gelöst werden müssen, oder ob du sie als Ausrede verwendest, an denen du dich festhältst und stehenbleibst..

Sei unbedingt ehrlich mit dir selbst. Hab Verständnis dafür, wenn du diese Form des Ausweichens bei dir feststellst. Weil du darum weißt, kannst du dich um eine Veränderung bemühen, die sich schließlich sehr positiv auf dein Gesamtbefinden auswirken wird.

Endlich loslassen – wie gehe ich es an?

Du bist bereit dafür, deinen Stachel zu ziehen, dein Thema endlich loszulassen. Eine Schritt-für-Schritt-Anleitung, um die Vergangenheit loszulassen, lässt sich leider nicht so einfach entwickeln. Jeder Mensch und jedes Problem oder Thema ist individuell. Was für den einen so gar nicht funktionieren mag, wirkt bei dem anderen Wunder. So besonders und speziell wie du als Mensch bist, wird vielleicht auch deine Herangehensweise sein, um mit deinem Thema abzuschließen.

Im Folgenden bekommst du, passend zu den verschiedenen Phasen, die bei einem solchen Loslösungsprozess aufkommen können, mehrere Übungen oder Ideen an die Hand, aus denen du dir einen individuellen Werkzeugkoffer zusammenstellen kannst. Je nachdem, was in deiner aktuellen Situation für dich funktioniert, kannst du frei auf deine ausgewählten Techniken und Methoden zurückgreifen. Bist du dann bereit, einen anderen Stachel zu ziehen, bemerkst du möglicherweise, dass bei diesem andere Werkzeuge die bessere Wahl sind, und du bestückst deinen imaginären Werkzeugkoffer für diese Reise neu. So bist du immer wieder neu gerüstet und kannst dich diesem spannenden Prozess bestens vorbereitet stellen!

„Das lasse ich hinter mir..."

Der erste Schritt

Du kannst die Vergangenheit nicht ändern, aber deine Sichtweise darauf. Dieser erste Schritt ist dir mittlerweile schon vertraut und deshalb ist dir auch klar, wie wichtig und mächtig er sein kann. Vielleicht hast du dich immer danach gesehnt, mit vielen Geschwistern aufzuwachsen und in einer bunten, großen Familie zu leben. Eure Familie blieb aber bei der klassischen Aufteilung von Vater, Mutter und Kind. Jetzt kannst du dich bis zu deinem Lebensende darüber grämen, dass du dich nicht mit deinen potentiellen Geschwistern gegen die Eltern verbünden, mit ihnen im Garten toben und am Abendbrottisch „Stopp, Hexe!" spielen konntest. Du kannst aber auch bewusst eine andere Position einnehmen und sehen, wie viel ungeteilte Aufmerksamkeit und Zuwendung du dadurch bekommen hast und welche Möglichkeiten dir das Einzelkind sein beschert hat. Vielleicht hast du dadurch auch eine besonders enge Bindung zu einem Nachbarskind aufbauen können, die sich bis heute gehalten hat und zu einer Freundschaft geworden ist, die du in deinem Leben nicht mehr missen möchtest?

Vielleicht hast du einen deiner beruflichen oder privaten Lebensträume nicht verwirklichen können. Vielleicht ist eine Beziehung oder Freundschaft auseinandergegangen, von der du gedacht hast, sie würde ewig halten. Aber all der Schmerz, der damit verbunden ist, wird irgendwann weniger und du hast die Möglichkeit, andere Wege zu gehen. Loslassen durch Annehmen was ist, und das bewusste Suchen nach positiven Wendungen, die durch die vermeintlichen Schicksalsschläge erst ermöglicht wurden, können dir helfen, diese besser zu verkraften und ad acta zu legen. Kannst du erkennen, wie wertvoll vergangene Erlebnisse auf ihre Art sind, was das Gute daran ist, fällt es dir viel leichter, nicht mehr dagegen anzukämpfen. Du fütterst also den weißen statt den schwarzen Wolf, weil du mit einem Gefühl des Verständnisses, vielleicht auch der Demut, vor allem aber der Akzeptanz, auf das schaust, was gewesen ist. Selbst wenn daraus keine wunderbare Chance erwachsen ist, bietet es dir Raum für deine ganz persönliche Weiterentwicklung - vorausgesetzt, du bist bereit, diese Chance zuzulassen und anzunehmen.

Anregungen für deinen ersten Schritt

Schreibe dir auf, wie deine Einstellung gegenüber deinem Thema vor der Auseinandersetzung mit diesem Buch war und wie du jetzt auf das Ganze blicken kannst, nachdem du neue Perspektiven einnehmen konntest.

Hast du auch positive Folgen entdecken können, die dadurch entstanden sind? Konntest du daran reifen? Hast du dadurch möglicherweise positive Merkmale, wie Einfühlungsvermögen oder Verständnis für andere in ähnlichen Situationen, besser ausbauen können?

Schreibe das Problem auf einen Zettel und lege ihn gut sichtbar auf den Boden. Nimm dann tatsächlich physisch eine andere Position ein: Stell dich auf einen Stuhl und betrachte das Thema von dort, lege dich direkt daneben oder stelle dich in Siegerpose darüber. Wie fühlst du dich? Und wie fühlt sich das Problem an? Klebt es noch an dir oder wird es kleiner, wenn du eine bestimmte Haltung einnimmst?

Relativieren

Wie du bereits in den Kapiteln zuvor erfahren hast, ist ein klarer Blick auf deine Themen sehr wichtig und extrem hilfreich, wenn es darum geht, die Größe eines Stachels zu bewerten.

Nicht selten neigen wir während des Erinnerns dazu, Dinge zu verklären oder zu verteufeln. So ist der Ex-Partner in der Erinnerung wahlweise der größte Schuft, der je auf dieser Erdkugel gewandelt ist, oder der Prinz auf dem weißen Ross, dessen strahlender Glanz alle anderen Männer blass erscheinen lässt. Weder die totale Verteufelung noch die Verklärung hilft dir dabei, die Beziehung mit diesem Menschen abzuschließen und dich anschließend, wenn du bereit dafür bist, für eine neue zu öffnen. Kannst du die ganze Sache aber irgendwann mit dem nötigen Abstand betrachten, fair sein, und dem anderen sowohl seine Schwächen als auch seine Stärken zugestehen, dann wird das Ganze weniger übermenschlich und extrem. Das Ereignis relativiert sich auf angenehme Weise und der Stachel, die Wunde, ist dadurch möglicherweise gar nicht mehr so übermächtig und erschreckend, sondern ertragbar und realistisch einschätzbar. Misst du zukünftige Partner an einer idealisierten Figur, werden diese unweigerlich daran scheitern. Hast du dagegen alles relativiert, hast du einen neuen Zugang zu deiner Wirklichkeit. Dein Jetzt muss sich nicht mehr an einer Vergangenheit abstrampeln, die es gar nicht gegeben hat. Deine Wahrheit ist immer nur deine Wahrheit und natürlich von dir interpretiert. Gibst du dir selbst aber die Chance, eine gewisse dir zugängliche Objektivität zu wahren, bist du dichter an den anderen dran und weniger den Extremen ausgeliefert, die du dir möglicherweise selbst vorgegaukelt hast.

- Erstelle eine Mindmap, indem du dein Thema in einen Kreis in die Mitte eines Blattes schreibst. Ziehe von dort aus einen Strich nach links zum Wort „Verteufeln" und nach rechts zum Wort „Verklären". Sammle drum herum all das, was dir in den Kopf kommt und schaue dir danach ganz in Ruhe an, was für Dinge in dir auftauchen. Achte darauf, das Ganze frei fließen zu lassen, ohne zu bewerten.

- Für viele Menschen funktionieren auch Morgenseiten sehr gut. Lege dir dafür ein kleines Büchlein neben dein Bett und schreibe gleich nach dem Aufstehen ein bis drei Seiten rund um dein Thema und das damit möglicherweise verbundene Verteufeln und Verklären hinein. Dadurch, dass du direkt nach dem Aufwachen losschreibst, ohne vorher deine Gedanken zu ordnen, gelangst du mitunter tiefer an unterbewusst festsitzende Gedanken. Den korrekten Satzbau und eine perfekte Rechtschreibung darfst du bei dieser Schreibübung gern außer Acht lassen. Auch Wiederholungen sind vollkommen in Ordnung. Es geht nicht um den idealen Text, sondern darum, dass du mit dir in Kontakt trittst und dir eine Ausdrucksmöglichkeit gibst.

- Bemerkst du, dass du zum Überzeichnen in die eine oder die andere Richtung neigst, kannst du natürlich auch künstlerisch aktiv werden und dir diesen Umstand mit Karikaturen verdeutlichen: Zeichne den tollen Prinz mit weißem Ross und wehendem Haar und den bösen Ex mit Teufelshörnchen und Ekelfratze. Alles ist erlaubt. Zum einen wird dir dadurch bewusst, wie extrem die Erinnerung verzerren kann, zum anderen wird dadurch möglicherweise auch ein humorvoller Anteil in dir geweckt, der mit einem leichten Schmunzeln auf diesen Vorgang schauen und ihn dadurch entdramatisieren kann.

Leid anerkennen

Dennoch ist es wichtig, dein Leid anzuerkennen. Wenn es darum geht, Erinnerungen aus deiner Vergangenheit den Stachel zu ziehen, ist damit nicht gemeint, dass du negieren sollst, welchen Kummer dir die Trennung von deinem ersten Freund bereitet hat oder wie groß die Enttäuschung war, als du die angestrebte Beförderung nicht bekommen hast.

Viele von uns haben von klein auf beigebracht bekommen, dass wir uns unseren Schmerz nicht anmerken lassen sollen. Sicher hast auch du Sprüche gehört, wie „Ein Indianer kennt keinen Schmerz!", oder, „Jetzt mach die Mutti stolz und sei tapfer!" Wahrscheinlich hast auch du gelernt, dass es in manchen Situationen unpassend ist, das eigene Leid um Ausdruck zu bringen – etwa wenn du diejenige bist, die eine Beziehung beendet. Der Verlassene darf offen klagen, aber wenn die Verlassende ebenfalls unter heftigem Liebeskummer leidet, wird oftmals in die Richtung argumentiert, dass sie ja nicht hätte gehen müssen. Ähnlich verhält es sich, wenn jemand aus deinem Freundeskreis die Nachricht bekommt, dass er an einer schweren Krankheit erkrankt ist.

Dann sollst du stark bleiben und für den anderen da sein, ihn aber bitte nicht noch mit deiner eigenen Trauer, Angst und Unsicherheit belasten. Aber irgendwo müssen deine Gefühle hin und sie finden immer einen Ausdruck, auch wenn sie sich nicht immer als das eigentliche Leid in Form von Wut, Verletzung, Schmerz oder Angst bemerkbar machen, sondern sich in einem ganz anderen Gewand zeigen.

Wenn du dich früher – etwa als Kind – einer Situation hilflos ausgesetzt gefühlt hast, kann es sein, dass du dich nicht nur an das Leid gewöhnt hast, sondern auch versucht hast, es zu mögen, weil das die einzige Form war, wie du es in dein Leben integrieren konntest, ohne daran zu zerbrechen.

Hat dich dein großer Bruder bei jeder Gelegenheit verspottet, dann neigst du vielleicht bis heute dazu, Witze auf deine eigenen Kosten zu machen und erzählst jedem, dass das deine Art von Humor wäre.

Erkenne an, was ein Ereignis in der Vergangenheit mit dir gemacht hat. Gestehe dir ein, dass du hilflos, traurig, wütend, verzweifelt oder geschockt warst. Wenn du magst, kannst du auch bewusst in die Gefühle reingehen, etwa durch passende Musik, und dir diese von ganzem Herzen zugestehen. Wenn du deine Gefühle nicht mehr leugnest, dürfen sie passieren, dürfen sie sein. Somit kann ein Erlebnis, das vorher irgendwie in der Schwebe hing, seinen Abschluss finden. Bist du durch das Gefühl hindurchgegangen oder hast dir zugestanden, dass dies tatsächlich dadurch ausgelöst wurde, bist du einen entschiedenen Schritt weiter und kannst dich einem weiteren, wichtigen Aspekt widmen: dem Trauern.

Trauern

Das Trauern ist eng mit dem Anerkennen von Leid verbunden. Beim Loslassen kann es auf zweierlei Arten in Erscheinung treten: Zum einen kannst du rückblickend Ereignisse oder Verluste betrauern, zum anderen kannst du auch Trauer darüber empfinden, dass du möglicherweise viele Jahre mit deinen Stacheln, Giftpfeilen und Wunden zugebracht und darunter gelitten hast.

Viele von uns lehnen das Gefühl der Trauer ab, weil es übermächtig erscheint und es sich so endlich anfühlt. Wenn ich etwas betrauere, ist es meist zu Ende. Solange ich nicht trauere, gibt es vielleicht die Chance, dass der Ex-Freund sich eines Besseren besinnt und wieder nach Hause kommt, das Ganze also noch nicht vorbei, sondern nur ein Missverständnis ist. Solange ich dem Job nicht hinterherweine, gibt es ja die Möglichkeit, dass er mir doch noch angeboten wird, etwa wenn die Dame, die ihn jetzt übernommen hat, spontan umzieht oder doch noch einen anderen Posten bekommt. Trauer wird üblicherweise in mehrere Phasen unterteilt: Elisabeth Kübler-Ross hat fünf Phasen formuliert, die wie folgt lauten:

- Leugnen
- Zorn
- Verhandeln
- Depression
- Akzeptanz

Zunächst leugnen wir das, was geschehen ist. Wir wollen es nicht wahrhaben, finden Erklärungen und retten uns in Ausflüchte. Bei der Trennung sagen wir uns, dass unser Partner sich nur geirrt hat, er einer Laune gefolgt ist, und er seinen Fehler schon einsehen und zurückkommen wird.

Die Phase des Zorns ist von heftigen Emotionen geprägt. Die Wut kann sich auf denjenigen, den wir verloren haben, uns selbst, oder auch auf Gott und die Welt richten.

Danach setzt meist die Phase des Verhandelns ein, in der wir versuchen, mit unserem Gott ein Tauschgeschäft abzuschließen: „Ich werde ein guter Mensch sein, wenn du XY nur bitte wieder gesund machst!" Oder wir versuchen im Alltag besonders gut zu funktionieren, um ein Gegenüber umzustimmen.

In der Phase der Depression setzt sich die Trauer mit all ihrem Schmerz, ihrer Reue und Verzweiflung durch. Wir zweifeln, ob wir das Ganze durch besseres Verhalten hätten abwenden können, erleben Schuldgefühle und spüren den Verlust sehr deutlich.

In der letzten Phase, der Phase der Akzeptanz, können wir uns allmählich dem Gedanken an den Verlust öffnen und ihn als gegeben hinnehmen. Wir können unser Leben allmählich wieder aufnehmen und es neu organisieren.

Das Trauermodell lässt sich nicht nur bei Todesfällen anwenden, sondern auch bei anderen Verlusten. Es ist natürlich nur ein Modell, und jeder Verlust ist eine ganz individuelle Sache. Wie der Trauerforscher George A. Bonanno belegt hat, empfinden Menschen Trauer mitunter in Wellenform, die dabei insgesamt immer schwächer wird.

Erlaubst du dir bei deiner Trauer bestimmte Schritte nicht, obwohl du eigentlich das Verlangen danach hättest, kann es sein, dass es dir schwerfällt, diesen Prozess für dich abzuschließen. Vor allem der Punkt der Akzeptanz ist wichtig, um die Erfahrung erfolgreich in dein Leben zu integrieren, statt sie immer wie eine schwere Bürde mit dir herumzutragen.

Trauerarbeit ist wirklich Arbeit und sehr anstrengend für einen Menschen. Gib dir die Zeit und den Raum, dich dieser Aufgabe zu stellen, wenn du deine Stacheln loslassen willst.

Kommen in dir beim Lesen dieses Buches wehmütige Gefühle oder auch Frust hoch, weil du merkst, wie viele Jahre du dich von einer Sache aus deiner Vergangenheit hast beeinflussen oder sogar quälen lassen, kann Trauerarbeit ebenfalls helfen. Ja, dieser Teil deines Lebens mag davon überschattet sein und du hast alles Recht der Welt, deswegen traurig zu sein. Lass dir von niemandem einreden, wann und wie du zu trauern hast, sondern erlaube dir deinen Schmerz und geh durch ihn hindurch. Wichtig ist, dann einen Abschluss zu finden. Die Zeit ist vergangen und kann nicht wieder zurückgeholt werden. Du hast aber die Chance, nach einem erfolgreichen Trauerprozess und dem Loslassen alter Themen, ein ganz neues, anderes und befreites Leben zu führen. Ergreife die Chance, wenn du bereit dafür bist!

Vergeben

Vergeben kann ebenfalls ein sehr wichtiger Schritt sein, um ein Ereignis, eine Verletzung, endgültig hinter sich zu lassen. Häufig ist es so, dass wir über die Jahre die Folgen dieser Verletzung eigentlich ganz gut in den Griff bekommen haben und durch das Erlebnis selbst im Grunde gar nicht mehr belastet sind. Was uns zu schaffen macht, ist der Groll, den wir gegen die Person hegen, die uns Leid angetan hat.

Du kennst sicher das Zitat, das Buddha zugeschrieben wird: „An Groll festhalten, ist wie Gift trinken und hoffen, dass der andere stirbt." Ein anderer bekannter Ausspruch, der sich ebenfalls auf den trügerischen Fehlschluss dieses Gedankens bezieht, ist: „An Ärger festhalten, ist wie wenn du ein glühendes Stück Kohle festhältst mit der Absicht, es nach jemandem zu werfen – derjenige, der sich dabei verbrennt, bist du selbst." Dabei ist es vollkommen gleich, ob du innerlich ein Punktekonto führst und dort die vermeintlichen Schandtaten deines Gegenübers nur zählst, oder ob du dich tatsächlich rächen willst. Es ist egal, ob du dem anderen deinen Groll zeigst, passiv-aggressiv darauf aufmerksam machst oder sogar in aller Stille für dich grollst – die Person, die darunter definitiv leidet, bist du.

Es gibt verschiedenste Rituale, die dir beim Vergeben helfen sollen. Eines der bekanntesten ist sicherlich das von hawaiianischen Heilern genutzte Ho'oponopono. Ho'o lässt sich mit dem Wort „tun" übersetzen, Pono bedeutet soviel wie „Gleichgewicht". Es geht also bei Ho'oponopono darum, das Gleichgewicht bzw. die Balance wiederherzustellen, etwas geradezurücken. Üblicherweise findet das Ho'oponopono im Kreise der Gemeinschaft statt, aber du kannst es auch zuhause für dich alleine nutzen. Wenn du glaubst, dass die Personen, die dir wichtig sind, sich darauf einlassen können, könnt ihr das Ritual auch zusammen durchführen. Möchtest du dich erst mal alleine vortasten, kannst du folgendermaßen vorgehen: Nutze für den Anfang am besten die verkürzte Technik von Dr. Hew Len, die aus vier Sätzen besteht. Diese kannst du laut aussprechen oder auch nur bewusst innerlich formulieren, wenn du an die Person denkst, der du vergeben willst:

- Es tut mir leid
- Bitte verzeih mir
- Ich liebe dich
- Danke

Diese Sätze – manchmal werden der dritte und der vierte Satz auch getauscht – erfüllen verschiedene Funktionen in deinem Vergebungsprozess:

Mit dem ersten Satz erkennst du das Leid an, das dir angetan wurde, und das du dir auch selbst angetan hast beziehungsweise antun hast lassen. Du wehrst dich nicht mehr gegen den Schmerz oder negierst ihn, sondern du erkennst ihn in all seiner Heftigkeit an und entschuldigst dich bei dir.

Der zweite Satz ist sowohl an dein Gegenüber als auch an dich gerichtet. Zu den meisten Konflikten gehören beide Parteien. Indem du aktiv um Verzeihung bittest, übernimmst du Verantwortung und gerätst dadurch auch wieder in eine aktive Rolle. Du kannst etwas verändern.

Der Satz „Ich liebe dich" wird dir nach einer Verletzung nicht so leicht über die Lippen kommen. Viele Personen ergänzen daher den Part „mit all deinen Schwächen und Stärken". Es geht hier darum, zu erkennen, dass Menschen in der Regel so gut handeln, wie es ihnen in diesem Moment möglich ist, und dass jeder von uns Stärken und Schwächen hat, die im Miteinander zu Problemen führen können. Behältst du dies im Hinterkopf, wird so mancher Verletzung schon ein wenig der Schmerz genommen und du kannst das Ganze besser relativieren.

Die Aussage „Ich liebe dich" ist aber auch an dich gerichtet. Es ist nämlich außerordentlich wichtig, dass du auch dir selbst nach einer schweren Verletzung oder in einer Krise mit aufrichtiger Selbstliebe, Selbstfürsorge und Wohlwollen begegnest, statt dich mit Vorwürfen zu bombardieren oder dich fertig zu machen.

„Danke" sagst du abschließend, weil du dich bei der Vergebung bedankst, die dich von dem inneren Groll frei macht. Trägst du diesen Ballast nicht mehr wie einen ständigen Lastensack mit dir herum, hast du die Hände frei zum Loslassen und kannst dich leichter von einer Situation verabschieden.

Das Ritual kannst du übrigens nicht nur anwenden, wenn du einer anderen Person bisher nicht vergeben konntest, sondern auch wenn du Probleme damit hast, dir selbst Fehler zuzugestehen und dir selbst zu vergeben. Gerade Menschen, die mit anderen recht nachsichtig sind, können sich selbst gegenüber mit einer erstaunlichen Härte agieren und einen tiefen Groll gegen sich hegen, der sie ausbremst und schwächt.

Kannst du mit diesem Ritual aktuell nicht so viel anfangen, liegt dir vielleicht ein praktischer Zugang zum Thema Vergebung eher:

Du kannst der Person, die dir Leid angetan hat, oder eben auch dir selbst, einen Brief schreiben. Schreibe dir ungefiltert alles von der Seele und lege dann den Fokus auf die Vergebung, die du auch aktiv aussprechen kannst. Das Vergeben kann sich sehr kraftvoll anfühlen und es bringt dich aus deiner passiven Position in eine aktive Haltung und in ein Tun. Was du danach mit dem Brief machst, kannst du selbst entscheiden. Du musst ihn natürlich nicht abschicken, wenn er an eine andere Person gerichtet ist. Du kannst dich auch symbolisch von ihr und dieser gemeinsamen Vergangenheit lösen, indem du den Brief an das Universum oder einer göttlichen Kraft, die für dich in deinem Leben eine wichtige Rolle spielt, übergibst. Du bittest das Universum darum, dass es sich darum kümmern möge, du damit jetzt aber bitte abschließen möchtest. Dazu kannst du den Brief in einer feuerfesten Schale feierlich verbrennen und all die Verletzungen in Rauch aufsteigen sehen.

Dieser symbolische Akt kann sehr kraftvoll sein und lässt sich auch durch andere Aktivitäten vollziehen, falls du keine Möglichkeit hast, ein offenes Feuer zu entzünden:

Du kannst den Brief auch in ganz kleine Schnipsel zerreißen und deine alte Wut mit dieser kraftvollen Geste verabschieden. Wenn du magst, zerfetze den Brief richtiggehend, bevor du die Schnipsel in den Müll wandern lässt und die Mülltüte direkt hinaus bringst, sodass sie dich und dein Zuhause verlassen muss.

Alternativ kannst du den Brief auch an einen Heliumballon binden und in den Himmel steigen lassen. Diese Variante ist vielleicht nicht die umweltschonendste, aber sie hat unheimlich viel Symbolkraft und der Anblick des in der Ferne verschwindenden Ballons, kann eine nicht zu unterschätzende Wirkung auf dich haben.

Deine Verletzung äußern

Bemerkst du beim Lesen des Abschnitts über das Vergeben einen starken Widerwillen, horch einmal in dich hinein, warum das so ist. Nicht immer sind wir für diesen wichtigen Schritt bereit, weil das, was der andere getan hat, zu schrecklich für uns war oder weil wir einfach keine Mitschuld sehen. In diesem Fall können wir das Ritual nicht nutzen, ohne dass Widerstände auftauchen. Fühlst du noch eine unbändige Wut auf einen früheren Streitpartner oder jemanden aus deiner Vergangenheit, der dir Unrecht getan hat? Dann kann es sinnvoll sein, diese Wut zum Ausdruck zu bringen. Es kann einen innerlich auffressen, wenn man beispielsweise sieht, wie jemand, unter dem man während seiner Schulzeit gelitten hat, ganz entspannt durchs Leben geht, während man selbst immer noch an den Folgen der Schmähungen zu knabbern hat.

Möglicherweise weiß die Person gar nichts mehr davon und gibt sich im Umgang auch noch nett und aufgeschlossen. Wenn du möchtest und es für angebracht und sinnvoll hältst, hast du die Möglichkeit, diese Person mit den Auswirkungen ihrer Tat zu konfrontieren.

Am produktivsten ist natürlich ein persönliches Gespräch, sofern du es schaffst, eine offene Gesprächsebene zu halten und die Person nicht nur wüst zu beschimpfen oder anzugreifen. Falls die Person sich auf ein Gespräch einlässt, steht es dir aber durchaus zu, deinen Schmerz, deine Verletzung und auch deine Wut zu thematisieren. Es ist in Ordnung die Auswirkungen in all ihren Facetten zum Ausdruck zu bringen und der Person zu zeigen, was das Ereignis mit dir gemacht hat.

Vielleicht ist die Person betroffen, überdenkt ihr Verhalten und bittet dich rückblickend um Entschuldigung. Das ist häufig der Punkt, der von den Betroffenen als heilend erlebt wird und der es ermöglicht, mit der Sache ganz abzuschließen. Vielleicht kann dir dein Gegenüber seine Sichtweise darlegen und sein Verhalten erklären, sodass der ganzen Sache zusätzlich der Schmerz genommen wird. Du fühlst dich gesehen und du hast eine Rückmeldung von der anderen Person bekommen, die dir dabei hilft, die Wunde zu schließen.

Erlebst du dies nicht, war dein Bemühen trotzdem nicht umsonst, denn du hast dich der anderen Person mitgeteilt, du wurdest ebenfalls gesehen. Du warst nicht mehr alleine mit deinem Schmerz und deiner Wut, sondern du konntest etwas an den Sender zurückgeben, was nicht zu dir gehört, obwohl du es all die Zeit mit dir herumgetragen hast. Was er damit macht, liegt nicht mehr in deiner Verantwortung. Aber du bist immerhin ein gutes Stück freier und leichter geworden. Du hast wieder mehr Raum für Schönes in deinem Leben. Du musst die Last nicht mehr auf deinen Schultern mit dir herumtragen und dich davon niederdrücken lassen.

Genau wie bei der Verzeihungsübung kannst du auch zu Stift und Papier greifen und einen Brief schreiben, wenn ein Gespräch nicht möglich ist. Ob du diesen Brief abschickst, liegt ganz an dir. Manchmal tut es auch einfach gut, die Worte fließen zu lassen und all die Gedanken aufzuschreiben, die man einem anderen Menschen in einem vernünftigen Gespräch niemals an den Kopf werfen würde. Dies ist eine sehr effektive Form des Frustabbaus, die niemandem weh tut, dir aber viel Luft verschaffen kann.

Selbstverständlich kannst du den Brief auch wieder zerreißen oder verbrennen, und das Ganze in Wohlgefallen und Rauch aufsteigen lassen.

Ist dir nicht nach Schreiben, kannst du dir das Gespräch natürlich auch einfach vorstellen. Oder du stellst dich vor ein

Foto der Person und wirfst ihr ungefiltert all das an den Kopf, was dir auf der Seele brennt. Werde ruhig laut, wenn dir danach ist, und lege Kraft in deine Stimme. Ein Gewitter reinigt die Luft und es kann dir ein Gefühl von Stärke geben, wenn du für dich eintrittst und deutlich sagst, was du denkst – auch wenn es nur in einem imaginären Gespräch ist. Benutzt du üblicherweise keine Schimpfwörter, ist dir aber jetzt danach, dann probiere es einfach mal aus – hört ja keiner! Dabei kann es sogar passieren, dass du über die Situation selbst lachen musst, wenn du dich richtig in Rage gemotzt hast.

Wenn viel angestaute Wut in dir tobt und dich immer wieder in das Alte zurückwirft, kann es auch sinnvoll sein, diese Wut freizulassen. Vielleicht möchtest du in den Wald hinausfahren und ganz laut brüllen, vielleicht möchtest du dein Kissen mit den Fäusten bearbeiten und dich dabei abreagieren. Du kannst auch im Fitnessstudio einen Boxsack nehmen und diesen nach Strich und Faden verprügeln, bis all die Wut aus dir entwichen ist. Körperliche Betätigung kann wunderbar dabei helfen, Wut zu lösen und abzugeben. Ist das nicht dein Weg, kannst du die Wut vielleicht auf kreative Weise abgeben, etwa beim Schauspielern, Tanzen, Musizieren oder Malen. Actionpainting ist eine tolle Methode, um aufgestaute Emotionen zu befreien und loszulassen, und auch auf einem Schlagzeug oder einer Trommel lässt sich Wut wunderbar abreagieren.

Im richtigen Moment aufhören, Fragen zu stellen

Aus den ersten Kapiteln weißt du, wie hilfreich es sein kann, Vergangenes von mehreren Seiten zu beleuchten, Leute nach ihrer Erinnerung zu befragen, und auch die eigene Erinnerung im gesunden Maße in Frage zu stellen. Damit ist allerdings nicht gemeint, dass du all das anzweifeln sollst, was du fühlst, wahrnimmst oder im Gedächtnis abgespeichert hast.

„Das lasse ich hinter mir..."

Es geht vielmehr darum, dir bewusst zu machen, dass das menschliche Gedächtnis eben nicht wie eine Kamera funktioniert, die eine Szene eins zu eins festhält, sondern du dir verschiedene Eindrücke merkst, die von deinem Gedächtnis anschließend immer wieder neu zu einem Bild zusammengesetzt werden. Fehlende Inhalte werden mit den Extras ergänzt, die für dein Gedächtnis logisch erscheinen, und dabei spielt auch immer dein aktueller Erfahrungsschatz und Wissensstand eine nicht zu unterschätzende Rolle.

Zudem wirst du mitunter an einen Punkt kommen, an dem du keine Antworten auf deine Fragen findest. In solchen Fällen bringt es dich nicht mehr weiter, wenn du stetig nach dem Warum fragst oder versuchst, die Situation auszuloten und zu erklären. Für manche Erlebnisse kannst du keine zufriedenstellende Erklärung finden und manchmal ist es auch nicht möglich, nachträglich Sinn in eine Sache zu bringen. Was dann passiert, haben wir im Kapitel über unser Gedächtnis und unsere Erinnerung erfahren. Unser Gehirn versucht Sinn in eine Sache zu bringen, indem es Informationen ergänzt. Diese müssen nicht immer etwas mit der tatsächlich stattgefundenen Vergangenheit zu tun haben. Mitunter entfernt man sich über die Zeit sogar sehr weit von dem, was wirklich vorgefallen ist, und schafft sich selbst eine Erinnerung, die so intensiv und schrecklich ist, dass sie einen zu verschlingen droht. Da du darum weißt, wirst du vielleicht versuchen, sehr sachlich an die Sache heranzugehen und einen objektiven Blick auf das Ganze zu behalten, wie du es beim Blickwechsel bereits probiert hast. Hat dieser aber wiederholt nicht funktioniert und merkst du, dass du immer verzweifelter versuchst, eine Sache für dich begreiflich zu machen, ist es an der Zeit, das Ganze loszulassen.

Denn der Versuch einer Sache, einem Erlebnis oder einer Empfindung einen Sinn zuzuschreiben, wo du keinen siehst, erzeugt eine Art von Stillstand, weil du dich immer wieder mit der Sache befasst, ohne aber vorwärts zu kommen. Du verhältst dich dann ähnlich wie Sisyphos aus der griechischen

Mythologie. Kennst du die Geschichte? Sisyphos muss zur Strafe einen schweren Stein den Berg hochrollen. Kurz bevor er aber nach harter Arbeit oben an seinem Ziel ankommt, entgleitet ihm der Felsbrocken und kullert den Gipfel wieder hinunter. Sisyphos weiß das zwar, dass es Teil seiner Strafe ist, dass der Felsbrocken niemals oben ankommen wird, aber er muss diese Aufgabe trotzdem immer und immer wieder von Neuem beginnen, ohne Ausblick auf Erfolg. Ähnlich verhält es sich, wenn du, wider besseres Wissen, immer wieder in das Gedankenkarussell steigst und dir die gleichen Fragen stellst, auf die es keine Antwort gibt, oder du Gedanken hinterher läufst, die dich nicht zum Ziel bringen.

Die Autoren Jeffrey Schwartz und Rebecca Gladding formulieren den wichtigen Hinweis sehr prägnant: „Glauben Sie nicht allen Ihren Gedanken!" Anders als Sisyphos hast du die Wahl, ob du weiter nach Erklärungen suchst, wo du alleine keine finden kannst, oder ob du deine Kraft lieber für etwas aufwendest, das von Erfolg gekrönt oder dir in irgendeiner anderen Form nützlich sein wird.

Sich bedanken und eine schöne Zeit mit Würde verabschieden

Nicht immer schleppen wir nur Stacheln oder Wunden mit uns herum, die uns belasten. Mitunter können wir auch eine wunderbare, schöne Zeit nicht loslassen. Dafür muss dieses Schöne in unserem Leben nicht mal mit einem dramatischen Knall, einem Streit oder etwas anderem Unschönen geendet haben. Es ist einfach schwer für uns, dass diese Phase unseres Daseins jetzt vorbei ist, und wir würden alles dafür tun, um diese Zeitspanne wieder aufleben zu lassen. Wir klammern uns daran fest, schwelgen in Erinnerungen, versuchen unser Umfeld dazu zu bringen, uns dieses Gefühl zu geben, und weigern uns, die Endlichkeit dieser Phase zu akzeptieren.

Das kann beim Auszug des Kindes der Fall sein, wenn du es von ganzem Herzen genossen hast, Mutter zu sein, und in dieser Rolle komplett aufgegangen bist. Jetzt siehst du dich mit dem Empty-Nest-Syndrom konfrontiert und versuchst alles, um dein Kind an dich zu binden und es doch noch nicht ganz loszulassen. Oder es kann sich um diese tolle Zeit mit dem fabelhaften Team während einer Projektarbeit handeln, die jetzt aber abgeschlossen ist. Es gab keinen Streit, aber jeder arbeitet jetzt wieder woanders und ihr könnt euch einfach nicht mehr so oft sehen wie während der Projektphase.

Willst du dein Leben aber nicht damit verbringen, dieser Zeit, die du nie wieder wirst herstellen können, nachzutrauern, ist es wichtig, sie als Teil deines Lebens anzuerkennen und gehen zu lassen. Sehr hilfreich kann dabei sein, sich bei dieser Zeit zu bedanken. Das kannst du in einem Brief oder in einem Text in deinem Tagebuch tun. Du kannst auch ein Erinnerungsstück, das dich an diese Phase erinnert, in ein Schatzkästchen legen und deine geliebte Erinnerung dort sicher aufbewahren. Oder du bedankst dich direkt bei den beteiligten Leuten für den gemeinsam gegangenen Weg und sprichst aus, was dich daran so beglückt hat. Und wer weiß, vielleicht tut sich demnächst eine neue Phase auf, die zwar nicht genau so werden wird wie diese besondere Zeit in deinem Leben, die aber anders gut und ihre eigenen Vorteile und einzigartigen Momente mit sich bringen wird. Schon der griechische Philosoph Heraklit von Ephesos konstatierte: „Nichts ist so beständig wie der Wandel!" Wenn du auch schöne Erlebnisse in deinem Leben loslassen kannst, gibst du dir und deinem Leben die Chance, noch viele weitere schöne Momente anderer Natur zu erleben! Bleibe neugierig und freue dich auf das Gute, was kommen wird!

Physisches Loslassen durch Ausmisten – sichtbar und unmittelbar spürbar

Ähnlich wie bei den Vorschlägen für das Vergebungsritual kann es sehr hilfreich sein, Ballast nicht nur mental, sondern auch physisch loszulassen, um sich von bestimmten Erinnerungen oder Episoden im eigenen Leben zu verabschieden und auf Dauer zu lösen.

Es kann sehr hinderlich für dich sein, wenn du dich innerlich von deinem Ex-Partner und der vergangenen Beziehung lösen willst, du aber all seine Geschenke noch in deiner Wohnung herumliegen hast, du immer wieder seinen alten Pullover anziehst, der noch nach ihm riecht, und du jeden Abend die gemeinsamen Fotos von euch beiden hervorholst.

Auch die im Sande verlaufene Freundschaft kannst du nur schwer hinter dir lassen, wenn du häufig in Erinnerungen schwelgst. Wie du bereits gelernt hast, erinnern wir Menschen uns an jene Situationen leichter und besser, an die wir uns häufig erinnern – insbesondere dann, wenn starke Emotionen damit verknüpft sind. Überlege, ob es für dich hilfreich ist, alles von deinem Ex-Partner zur Seite zu räumen, sodass du dich nicht mehr tagtäglich mit dem Thema konfrontiert siehst. Viele von uns machen das instinktiv, damit sie nicht jeden Tag wieder den Schmerz fühlen müssen, wenn sie auf ein zurückgelassenes Hemd oder die Zahnbürste des ehemaligen Partners schauen. Aber trotzdem tun sich viele von uns den bittersüßen Schmerz an und greifen immer wieder zu positiv besetzten Erinnerungsstücken wie den gemeinsamen Urlaubsfotos, dem Kuscheltier oder eben dem großen Pullover. Kannst du Zurückgelassenes von deinem Ex-Partner als dein Eigenes in dein Leben integrieren, gibt es keinen Grund, dieses loszuwerden.

Merkst du aber, dass es dich belastet – hast du dich im Urlaub etwa deutlich freier gefühlt, weil dein Blick nicht ständig auf dieses Foto von euch beiden an der Wand gefallen ist, das du seit der Trennung eigentlich abnehmen wolltest –, dann kann es sich lohnen, eine große Kiste hervorzuholen und alles aus deinem Blick zu räumen, was dir gerade nicht gut tut. Wenn du dich davon noch nicht endgültig trennen möchtest, verbanne die Kiste auf den Speicher oder in den Keller, jedenfalls an einen schwer zugänglichen Ort. Stelle sie bitte nicht unter das Bett, damit du in einer traurigen Minute nicht doch wieder zu den Erinnerungsstücken greifst und in der Vergangenheit verharrst.

Dieses Loslassen muss sich nicht nur auf Gegenstände beziehen, die dich an einen Menschen erinnern. Vielleicht hast du auch noch zahlreiche Schachpokale in deinem Arbeitszimmer stehen, die dich immer wieder in eine Zeit zurückversetzen, die jetzt in deinem Leben nichts mehr verloren hat. Halte es da wie die japanische Aufräumexpertin Marie Kondo, die meint: „Was keine Freude in dir weckt, darf gerne gehen." Vielleicht möchtest du dich, wie Kondo es rät, noch von den Gegenständen verabschieden und ihnen danken, für das, was sie dir gegeben haben, für die Dienste, die sie geleistet haben. Ist diese Zeit allerdings vorbei, gibt es keinen Grund daran festzuhalten, denn das ist meist der Moment, in dem Besitz zur Last wird.

Das praktische Loslassen muss sich übrigens nicht nur auf Dinge beschränken, die du anfassen kannst. Nicht selten halten wir auch an ellenlangen Chatverläufen fest und haben auf unseren Smartphones endlos scheinende Ordner mit Fotos. Oder wir halten über soziale Netzwerke Verbindung mit Menschen aus unserer Vergangenheit, obwohl wir instinktiv spüren, dass uns diese Verbindung aktuell nicht gut tut. Gehe auch hier in dich und überlege dir, was du wirklich in deinem Leben haben, und was du lieber gehen lassen, möchtest. Bedanke dich, wenn du magst, und akzeptiere, dass manche

Dinge und manche Menschen uns nur einen Teil unseres Lebens begleiten, und dass das ein vollkommen normaler Prozess ist, den du weder aufhalten kannst noch musst.

Natürlich spricht nichts gegen den Versuch, eine ins Wanken geratene Freundschaft wieder aufleben zu lassen. Doch bleibt deine Bemühung ohne Ergebnis und kommt von der anderen Person nichts zurück, lerne loszulassen. So werden deine Umgebung, dein Handybildschirm und dein Kopf mit einem Mal viel klarer, luftiger, freier. Plötzlich ist mehr Platz für deine Kreativität und deine Person da, und du bist weniger abgelenkt von lauter Kleinigkeiten, die in deinem Leben eigentlich gar nichts mehr verloren haben. Ein sehr befreiendes und bestärkendes Gefühl!

Kleiner Tipp: Gehe das physische Loslassen in kleinen Schritten an. Nicht selten erzeugt das Ausmisten ein richtig berauschendes Glücksgefühl und wir schießen über das Ziel hinaus. Wir geben beispielsweise zu viel weg oder übernehmen uns körperlich. Wenn du den Prozess des Ausmistens ebenso sorgsam und bedächtig angehst, wie den Rest deiner Reise zum Loslassen, gibst du deiner Psyche und auch deinem Körper die nötige Zeit, um sich daran zu gewöhnen. Du hast einen klaren Kopf und kannst immer wieder individuell entscheiden, was du noch benötigst und was nicht. Es ist durchaus üblich, den Prozess des Ausmistens viele Male zu wiederholen, bis du das Gefühl hast, du wärest jetzt fertig. Also lass dir Zeit und erfreue dich wie immer an den kleinen Erfolgen und vor allem daran, dass du den ersten Schritt gemacht und mit dem Ausmisten begonnen hast!

Eine Vision für dich finden

Hast du herausgefunden, was du mit dir herumträgst, von was du dich warum lösen willst und wie sich das vermutlich auf dich auswirken wird, ist es extrem hilfreich, eine Vision zu finden, auf die du dich im Folgenden konzentrieren kannst.

„Das lasse ich hinter mir..."

Wenn du etwas Altes loslässt, hast du die Hände frei für etwas Neues. Um dich dann nicht in der schier unendlichen Anzahl an Möglichkeiten zu verlieren, tust du gut daran, eine Idee für dein Leben zu haben, eine Vision, an der du dich orientieren kannst. Wenn du weißt, wo du stehst und wo du hin möchtest, kannst du auch ziemlich gut abschätzen, wie lang der Weg dauern wird, welchen Proviant du einpacken solltest und was im Reisegepäck sonst noch nicht fehlen sollte. Du kannst eine Vision gestalten, die sich an deinen eigenen Bedürfnissen orientiert, und das Ruder selbst in die Hand nehmen.

Ein Gedicht der Lyrikerin Emily Dickinson beginnt mit dem Satz „Die Hoffnung ist das Federding, das in der Seel' sich birgt!" Lass diesen Satz einmal auf dich wirken. Eine Vision kann dir Hoffnung schenken. Sie kann die Moral hochhalten, wenn alte Bekannte wie Vermeidung, Prokrastination oder Unsicherheit sich dir in den Weg stellen und dich auf deiner Reise aufhalten wollen. Außerdem kann eine Vision es dir ermöglichen, den Fortschritt zu überprüfen, den du machst.

Du solltest dich allerdings nicht nur fragen, wo du jetzt hin möchtest, sondern auch, wie du dich in der Gegenwart fühlen möchtest. Hast du lange in der Vergangenheit gelebt und Altes nicht loslassen können, geschieht es schnell, dass du dich nun radikal auf die Zukunft ausrichtest. Vielleicht möchtest du Projekte, die du dich aufgrund von alten Verletzungen lange nicht getraut hast umzusetzen, nun rasch angehen.

Neben deiner Ausrichtung auf die Zukunft solltest du deine Gegenwart aber nicht aus den Augen verlieren. Es ist schön, wenn du mit neuer Kraft auf etwas hinarbeiten kannst. Aber dein Leben findet immer jetzt – in diesem Moment – statt, und daher ist es von größter Wichtigkeit, dass du auch jetzt gut für dich sorgst. Natürlich sollst du deine Pläne weiterverfolgen, vor allem dann, wenn dir momentan die Kraft zur Verfügung steht, Veränderungen vorzunehmen oder Ideen umzusetzen. Aber das Loslassen ermöglicht dir auch, dir eine

Vision für dein jetziges Leben zu schaffen. Es gibt dir die Power, dein Leben auch jetzt schon so angenehm wie möglich zu gestalten.

Energie neu ausrichten

Vielleicht kennst du den Ausspruch: „Die ganze Zeit, die ich bisher darauf verwendet habe, mich zu hassen, nutze ich jetzt dafür, mich selbst zu lieben." Um nicht immer wieder in alte Denkmuster zurückzufallen, kann für deine Gedanken und deinen Körper ein Gegenkonzept sehr hilfreich sein.

Überlege dir einmal, wie viele schlaflose Stunden du in deinem Bett damit verbracht hast, über deinen Stachel nachzudenken. Erinnere dich, wie oft du das gleiche Gespräch immer und immer wieder vor deinem inneren Auge abgespult hast. Denke daran, wie viele Male du Fragen gewälzt hast, auf die du dir selbst keine Antworten geben konntest, und wie du dich fast schon zermartert hast, wenn es darum ging, dich mit Selbstvorwürfen zu überschütten.

Es ist wichtig, dass du all die Energie, die du in diese Gedankengänge und Tätigkeiten gesteckt hast, neu ausrichtest auf etwas, was dir in deinem Leben wichtig ist, was dich voranbringt, was dir gut tut und was dir auch eine Zukunft bietet.

Hast du deine Vision bereits gefunden? Falls ja, wirst du merken, dass allein der Gedanke daran sich bedeutend besser anfühlt, als der an deine Stacheln. Allerdings bist du es gewohnt, deine Gedanken in diese Richtung wandern zu lassen. Es kann schwierig sein, sich im Alltag für etwas zu begeistern, was sich zwar gut, aber noch ganz unwirklich anfühlt – zumal das Jammern vielleicht schon ganz automatisch abläuft und das Aktivwerden natürlich mit deutlich mehr Einsatz deinerseits verbunden ist.

Du hast aber gelernt, dass du viel mehr bist als diese eine Wunde, dieser eine Stachel. Bei näherer Betrachtung wirst du auch feststellen, dass du weit mehr Ressourcen zur Umsetzung deiner Vision zur Verfügung hast, als du vielleicht zunächst glaubst. Denn du bestehst ja nicht nur aus verletztem Stolz, Trauer oder Schmerz, sondern auch aus Tatkraft, Intelligenz und Mut, Ideenreichtum und Kreativität.

Mache dich also mit all deiner Souveränität daran, deine Energie auf deine positive Vision auszurichten, und ziehe sie ab von all dem, was dich ausbremst oder dir schadet.

Um zu starten, stelle dir einmal folgende Fragen:

- Was kannst du konkret dafür tun, um deine Vision Teil deiner Wirklichkeit werden zu lassen?
- Welche Ressourcen kannst du dafür nutzen?
- Gibt es Möglichkeiten, vermeintliche Schwächen als Stärken zu nutzen?
- Wie kannst du dich zwischendurch motivieren, um deinen Kurs zu halten?
- Kannst du dir eine kleine Erinnerung schaffen, die dich davon abhält, gedanklich alte Wege einzuschlagen, nur weil es bequemer ist?
- Welche Dinge stellen sich dir immer wieder in den Weg?
- Macht sich manchmal ein Schweinehund breit, wenn du den Schritt Richtung Vision wagen willst?

Achte darauf, dass du auch hier kleinschrittig beginnst und dich nicht gleich übernimmst. Zudem ist dein Plan keineswegs in Stein gemeißelt. Aber ein Plan, an dem du dich orientieren kannst, bringt dich zumindest in die richtige Richtung, weg von deinen Stacheln und der Vergangenheit, in das Hier und Jetzt und zu den Punkten in deinem Leben, denen du wirklich deine Aufmerksamkeit schenken willst. Bemerkst du zwischendurch, dass dein Plan ein paar Abänderungen braucht oder du dich noch mal umentscheiden möchtest, ist das gar kein Problem. Wichtig ist, dass du in Gang kommst und etwas Positives für dich in Bewegung setzt, statt dysfunktionale

Gedanken- oder Verhaltensmuster aufrechtzuerhalten. Auch hier fütterst du den weißen statt den schwarzen Wolf und sorgst so dafür, dass das Wichtige nicht mehr auf der Strecke bleibt, sondern endlich die Aufmerksamkeit bekommt, die es verdient.

Ich will loslassen, aber es geht nicht – was ist hier los?

Wenn du bei diesem Kapitel angekommen bist, hast du schon so viel geschafft: Du hast deine Themen identifizieren und benennen können. Du hast dich den Themen gestellt und – vielleicht sogar mit anderen gemeinsam – überprüft, inwiefern deine Erinnerung an bestimmte Ereignisse von Emotionen und Vorstellungen gefärbt war. Du hast gelernt, wie dein Gedächtnis funktioniert. Du weißt, wie und warum uns unser Gedächtnis manchmal Streiche spielt, dass es sehr selektiv ist in dem, was es behält und was nicht, und dass wir uns auf ganz unterschiedliche Weise erinnern können. Du hast auch erfahren, dass die rückblickende Gestaltung deiner Erinnerung möglich ist und du mit deiner Betrachtungsweise bereits manchen Stachel ziehen kannst. Zudem hast du einige Methoden und Techniken an die Hand bekommen, mit denen du dich deinen Themen nähern kannst, um sie von einer neuen Perspektive anzugehen. Du hast Mittel und Wege kennengelernt, dich mit diesen Themen produktiv auseinanderzusetzen. Du erkennst nun, wann es nicht hilfreich ist, bestimmte Themen immer wieder durchzudenken oder gar regelrecht durchzukauen. Du hast verschiedene Ideen vorgestellt bekommen, die du als Anregung dazu nutzen kannst, deine Themen zu verabschieden und sie wohlwollend ziehen zu lassen, weil sie dir nicht mehr dienen, sondern dich in deinem jetzigen Leben eher einschränken.

Was ist nun aber, wenn du all die Ideen tatkräftig ausprobiert und umgesetzt hast, und es passiert ... nichts.

Du hast dein Thema konkretisiert, hast es klar benannt, die Zusammenhänge und Auswirkungen auf dein heutiges Verhalten und dein Leben im Allgemeinen erkannt, die Probleme identifiziert, die es für dich mit sich bringt, und du bist willens, mit diesem Punkt in deinem Leben voll und ganz abzuschließen. Aber es gelingt dir nicht!

Du spürst vielleicht eine Blockade. Vielleicht zweifelst du an deiner Motivation oder der Art und Weise, wie du die Tipps umgesetzt hast. Möglicherweise verhält es sich bei dir aber auch so, dass du beim Lesen der einzelnen Kapitel alles gut nachvollziehen konntest, du aber beim Beantworten der Fragen bereits einen Widerwillen bemerkt hast. Eventuell hast du Dinge, die du ausprobieren wolltest, immer wieder aufgeschoben und vor dir selber Ausreden erfunden, warum du die Themen heute wieder nicht angehen kannst: weil es im Job heute so anstrengend war, weil die Fenster mal wieder geputzt werden müssen, weil die beste Freundin nur heute Zeit hat, weil das Kind eine Veranstaltung in der Schule hat oder weil in sechs Monaten ja auch schon wieder Weihnachten ist und alle Weihnachtskugeln doch dringend mal poliert werden müssen. Das Gehirn kann sehr kreativ sein, wenn es darum geht, Dinge zu vermeiden, die es mit unangenehmen Emotionen verknüpft.

Und das aktive Auseinandersetzen mit schwierigen Themen aus der Vergangenheit ist eine sehr große Sache, die für dich zwar im Endeffekt sehr positiv ist, auf dem Weg dahin aber durchaus mit negativ bewerteten Emotionen wie Trauer, Schmerz, Scham, Wut, Enttäuschung oder Hilflosigkeit einhergehen kann. Eine solche Innenschau ist fordernd für dich und kann bei einem vollen Alltag sehr anstrengend sein. So ist es

Ich will loslassen, aber es geht nicht – was ist hier los?

keineswegs verwunderlich, wenn du dich nicht jeden Tag in der Stimmung dazu fühlst, an diesen Themen zu arbeiten. Das musst du auch gar nicht, denn wie bei jeder anderen Aufgabe auch ist eine gesunde Work-Life-Balance wichtig. Außerdem geht dir ja darum, eine alte Last abzuwerfen und keine neue obenauf zu packen, wenn du ohnehin schon gar nicht mehr weißt, woher du die Kraft für deinen vollen Alltag zwischen Familie, Arbeit und anderen Verpflichtungen nehmen sollst.

Was ist aber, wenn du an dir selber bemerkst, dass du diese Auseinandersetzung auch verweigerst oder aufschiebst, wenn du die Zeit und Muße hättest, oder du dich dem Thema zwar nähern willst, aber nicht an den Kern des Ganzen zu kommen scheinst?

Das Wichtigste erst mal vorweg: Sei bitte verständnisvoll mit dir! Es ist toll, dass du dich dazu entschlossen hast, deine Themen anzugehen, und es ist verständlich, dass du dir wünschst, dass dieser Prozess jetzt auch möglichst glatt über die Bühne geht. Ausgebremst zu werden, wenn man voller Elan in eine Sache starten möchte, ist ein äußerst unangenehmes Gefühl, das einen hilflos zurücklassen und zweifeln lassen kann: Möchte ich diese Veränderung vielleicht doch nicht? Bin ich einfach für den Rest meines Lebens so und muss mit diesen Stacheln herumlaufen? Habe ich mich nur nicht genug angestrengt?

Dass diese Fragen aufkommen, ist ganz normal. Bitte verfalle nicht in Selbstvorwürfe oder zerfleische dich innerlich. Wie du bereits gelernt hast, bringt auch das wiederkehrende Durchkauen eines Themas in der Regel keine neuen Erkenntnisse. Es kann tatsächlich ganz unterschiedliche Gründe dafür geben, warum die Auseinandersetzung mit deinem Thema und das Loslassen dessen, was dir nicht mehr gut tut, nicht so reibungslos abläuft, wie du dir das möglicherweise erhofft hast.

„Das lasse ich hinter mir..."

Der richtige Zeitpunkt – alles im Leben hat seine Zeit und seinen Ort

Es ist denkbar, dass du einfach einen ungünstigen Zeitpunkt für deine Reise gewählt hast oder in deinem Leben etwas dazwischengekommen ist, was aktuell so viel Aufmerksamkeit von dir fordert, dass du nicht einfach so nebenbei Kapazitäten dafür aufbringen kannst, dich mit deinen Themen und dem Loslassen zu beschäftigen. Natürlich soll das Loslassen dich eigentlich befreien und dir mehr Raum und Kraft für all die Dinge geben, die dir wirklich am Herzen liegen. Aber wie bereits erwähnt, erfordert der Prozess einiges an Mut und Stärke von dir, die du auch erst mal irgendwo herholen musst.

Möglicherweise ist in deinem Job ein Projekt dazwischengekommen, das dich so in Beschlag nimmt, dass du kaum mal eine ruhige Minute für dich hast. Kannst du dir dann etwas Zeit erübrigen, brauchst du diese ohnehin dringend, um dich um deine Freunde und deine Familie zu kümmern. Oder dein Kind hat sich beim Toben einen Bruch zugezogen und du musst nun deinen ganzen Alltag neu organisieren, um deine Aufgaben und die Bedürfnisse des Kleinen unter einen Hut zu bekommen. Oder es geht dir selber gerade nicht so gut, weil du dir eine langwierige Bronchitis eingefangen hast und kaum Kraft für deine täglichen Erledigungen aufbringen kannst.

Dann ist natürlich überhaupt kein Platz für Reisen in die Vergangenheit, das gründliche Aufarbeiten von belastenden Themen oder den mühsamen Prozess des Loslassens. Wichtig ist in diesem Fall, nichts zu erzwingen. Dinge kommen von alleine, wenn man bereit dazu ist. Nur weil dir jetzt etwas dazwischengekommen ist, bedeutet das ja nicht, dass du das ganze Projekt auf Eis legen musst.

Du hast folgende Möglichkeiten: Du kannst das Ganze verschieben, bis du wieder mehr in deiner Kraft stehst und sowohl körperlich als auch mental fit genug bist, um dich mit diesem anspruchsvollen Thema auseinanderzusetzen. Das hat nichts mit Drückebergertum oder angstvollem Vermeiden zu tun, sondern mit einem achtsamen und verantwortungsbewussten Umgang mit sich selbst. Du weißt am besten um deine eigenen Ressourcen, und es liegt an dir, diese gut einzuteilen und für dich zu sorgen. Wenn du dich das erste Mal auf diese Weise mit dir und deinen Themen auseinandersetzt, kann es sein, dass dir bis dahin gar nicht bewusst war, wie aufwühlend oder kräftezehrend der Prozess manchmal für dich sein kann. Stellst du dies fest, ist es wichtig zu überprüfen, wo du gerade stehst und welche Kraftreserven und Erholungsmöglichkeiten du zur Verfügung hast. Wird dir klar, dass du im Moment keine Regenerationszeiten für dich freischaufeln kannst, ist es keineswegs feige oder nachlässig, das Projekt zu vertagen, sondern eher ein Zeichen deiner Wertschätzung für dich selbst. Achtsam und wertschätzend mit sich zu sein, erfordert Übung und Zeit. Es ist sehr, sehr wichtig, dass du dir diese Zeit gibst.

Falls du dir unsicher bist, ob du gerade die nötige Zeit hast, dich auf diese Reise zu begeben, oder ob du dir lieber noch ein wenig Zeit geben solltest, stelle dir doch einfach mal folgende Fragen:

- Bist du aktuell beruflich stark eingespannt?
- Kannst du dich nach Feierabend nur noch schwer konzentrieren, weil du bereits tagsüber so viel mentale Arbeit leisten musst?
- Fällt es dir aktuell schwer, eine vernünftige Work-Life-Balance umzusetzen?
- Bekommst du genug Schlaf?
- Fühlst du dich körperlich fit oder kämpfst du mit Erkrankungen oder Verletzungen?
- Benötigen Personen in deinem Umfeld gerade deine volle Präsenz, sodass du dein Privatleben zurückstellen musst?

- Kannst du deinen Hobbys nachgehen oder nutzt du deine Freizeit, um unerledigte Aufgaben zu bewältigen, wie etwa die Bügelwäsche oder die Steuererklärung?
- Hast du Zeit, dich liebevoll um deine Bedürfnisse zu kümmern?
- Kochst du dir gesunde Mahlzeiten oder bleibt es bei einem schnellen Snack zwischendurch?
- Fühlst du deinen Puls bei dem Gedanken an noch mehr Aufgaben oder weitere Verpflichtungen in die Höhe schnellen?
- Steht bei dir demnächst ein wichtiger Termin an, etwa eine Prüfung, ein wichtiges Fest wie eine Hochzeit oder ein runder Geburtstag, eine Fortbildung, ein Urlaub oder ein Umzug, der all deine Kraft in Anspruch nimmt?

Wichtig:
Wenn du bei dem Beantworten der Fragen merkst, dass selbst diese Aktivität dich nur zusätzlich stresst, sich dein Kiefer verkrampft, du unweigerlich die Schultern hochziehst oder du deine Gedanken kaum im Zaum halten kannst, weil noch so viel auf deiner To-do-Liste steht, dann überlege dir, ob jetzt der richtige Zeitpunkt für das Projekt Loslassen ist.

Kannst du Aufgaben delegieren, um mehr Raum für dich zu haben und dich dem Thema doch zu widmen? Oder ist es vielleicht besser, wenn du das Buch erst einmal für eine Weile zur Seite legst und dafür sorgst, dass du wieder mehr Zeit für Selbstfürsorge hast? Es läuft dir nicht weg und wartet gern auf dich, bis du bereit dafür bist. Hast du deine

> Batterien dann aufgeladen, kannst du mit neuem Tatendrang in die Sache starten und hast dem Ganzen auch etwas mehr Grundsubstanz entgegenzusetzen, wenn es während des Prozesses mal anstrengend werden sollte.

Die Angst vor dem Danach – was kommt nach dem Loslassen?

Was ist aber, wenn du die Zeit und Kraft hast und trotzdem bemerkst, dass du dich nicht lösen kannst, wenn du Dinge vielleicht doch nicht aufgeben magst, obwohl du das doch eigentlich willst und deswegen überhaupt erst das Buch in die Hand genommen hast? Ist das Ganze dann nicht total paradox? Bevor du wütend auf dich wirst, halte bitte kurz inne und nimm einen tiefen Atemzug.

Natürlich ist es im ersten Moment ärgerlich, wenn du trotz bester Vorsätze und Ideen bemerkst, dass du dich quasi selbst sabotierst oder zumindest ein Teil von dir nicht richtig mitarbeiten will.

Und ja, es klingt vollkommen widersprüchlich. Schließlich hast du dich mit den nötigen Methoden vertraut gemacht, dich mit den Themen auseinandergesetzt und nun die passenden Werkzeuge in der Hand, um so richtig loszulegen.

Aber versuche einmal, diese Seite in dir, die nicht so recht mitmachen möchte, zu verstehen. In der Regel tut deine Psyche alles dafür, um dich vor unangenehmen und unerwünschten Gefühlen wie Schmerz, Trauer, etc. zu beschützen. Wie bereits erwähnt, kann die Auseinandersetzung mit deinen Altlasten für dich aber mit genau diesen Gefühlen verbunden sein. Möglicherweise brechen auch alte Wunden auf, die du jahrelang mühsam verschlossen gehalten hast. Dass du unterbewusst Angst vor diesem Cocktail an Gefühlen hast, ist vollkommen nachvollziehbar, oder?

Das ist ähnlich wie bei einem Termin zum Entfernen der Weisheitszähne: Du weißt, dass es dir nach der Behandlung besser gehen und dein Alltag wieder störungsfreier verlaufen wird, aber trotzdem fürchtest du dich vor den etwaigen Schmerzen bei der Behandlung und vielleicht auch vor der ersten Zeit danach. Schlussendlich ringst du dich aber zu der Behandlung durch, denn du weißt, dass die Vorteile auf Dauer überwiegen werden, auch wenn die nächsten Tage nicht so toll werden und du eventuell mit Babybrei und Süppchen auf dem Sofa vor dich hin dümpeln wirst.

Aber was ist mit Ängsten, die auf den ersten Blick gar keinen Sinn zu machen scheinen? Es können nämlich auch ganz andere Ängste auftreten, die uns zurückhalten wollen. Plötzlich tauchen Fragen auf, wie: Was passiert mit mir, wenn ich nicht mehr die bin, die im Stich gelassen wurde? Was passiert mit mir, wenn ich die Enttäuschung über eine verlorene Freundschaft hinter mir gelassen habe und mich wieder neuen Kontakten öffne? Muss ich dann wieder vertrauen? Muss ich wieder aktiv werden?

So seltsam es klingen mag, das Leiden, an das wir uns gewöhnt haben, ist etwas, dass wir kennen. Wir fühlen uns in dieser Rolle daher in gewisser Weise sicher. Das ist wie mit einem Mitbewohner, den man eigentlich nur noch nervig findet, weil er mit seiner lauten Musik stört, keine Rücksicht nimmt und den Kühlschrank leer futtert. Das ist alles ätzend und blöd und raubt uns den letzten Nerv. Aber wir wissen, was wir zu erwarten haben, und wir sind immerhin nicht allein mit uns und unseren Gedanken. Wir können all unsere Wut und unseren Frust auf diesen blöden Mitbewohner richten und müssen uns auch nicht aktiv um einen neuen Mitbewohner kümmern, solange der alte da ist.

Neues und Ungewisses kann uns nämlich Angst machen. In der Regel fürchten wir das Neue so sehr, dass wir oft länger als nötig an Altem festhalten. Der Grund dafür ist, dass uns das Alte vertraut ist und uns – auch wenn es uns stört oder es uns nicht gut damit geht – eine gewisse Form der Kontinuität und Stabilität vermittelt, von der wir noch nicht wissen, ob wir sie mit etwas Neuem in Zukunft erwarten dürfen. Doch diese scheinbare Sicherheit gibt uns auf Dauer keine wirkliche Stabilität, denn die negativen Effekte überwiegen und können allein durch die Dauer noch zermürbender auf uns wirken.

Wie können wir also die Angst vor dem Neuen überwinden? Konkret auf mich selbst bezogen, stellen sich die Fragen: Was kann ich tun, damit ich bereit bin, das Alte loszulassen und den nächsten Schritt in meine Zukunft zu gehen?

Was ist, wenn ich mich so sehr über meine Stacheln, meine Wunden, identifiziere, dass ich gar nicht mehr weiß, wer ich ohne sie bin?

Es passiert manchmal schleichend, manchmal sehr rasch und heftig, dass alte Glaubenssätze alles andere verdrängen, Wunden so groß werden, dass man meint, nichts Heiles mehr sehen zu können und sich alles nur noch darum zu drehen scheint. So wird aus einem normalen Liebeskummer einer Freundin eine Leidensgeschichte fürs Leben und der Exfreund der unerreichbare Prinz, an den kein anderer Mann je wieder herankommen wird. Die Freundin zieht sich zurück, igelt sich ein, suhlt sich vielleicht sogar in ihrem Schmerz und ist nach einer Trauerphase aber auch nicht dazu bereit, diese Position wieder zu verlassen. Vielleicht gefällt sie sich selbst ein wenig in der Rolle der Leidenden. Dies geschieht leicht, wenn man einen Hang zu starken Emotionen hat, und ist keinesfalls verwerflich, sollte aber immer wieder in gesunde Bahnen gelenkt werden.

Vielleicht hat sie sich irgendwann aber auch daran gewöhnt und fühlt sich in ihrer Meinung, nie wieder Liebesglück finden zu werden, sogar bestärkt, weil die Männer nach zig Abweisungen seitens der Freundin auch keine Anstalten mehr machen, sie anzusprechen. So kann sie in aller Ruhe auf alle schimpfen und in ihrem Sauertopf leben. Ihr Umfeld, das sehr lange geduldig und mit viel Verständnis darauf reagiert hat, wird möglicherweise nach einer Weile entsprechende Vorstöße wagen oder ihr auch mal den Kopf waschen, wie das unter guten Freunden möglich ist.

Aber wer Angst hat, etwas zu verändern, der tut sich leichter damit, den anderen Unverständnis oder Grobheit zu unterstellen, als sich selbst ein Herz zu fassen und den ersten Schritt in eine neue Richtung zu gehen.

Mitgefühl und Ehrlichkeit beim Heilungsprozess

Heilen ist ein schwieriger Prozess und er kann Angst machen. Wer heilt, muss sich auch wieder neu sortieren, neu verorten. Er muss sich Fragen stellen, deren Antworten nicht immer leicht zu finden sind: Wo bin ich? Was bin ich ohne diese Wunde? Was kann ich? Wo will ich hin und wie stelle ich das an? Was ist mir wichtig? Wofür interessiere ich mich? Was sind meine Werte, Träume und Ideen?

Es mag auf den ersten Blick nicht offensichtlich sein, aber wer sich jahrelang gedanklich immer wieder mit den gleichen Themen beschäftigt hat, hatte womöglich gar keine Zeit, sich diese Fragen zu stellen und wichtige Reifungsprozesse dahingehend zu durchleben. Sieht man sich mit diesem Umstand konfrontiert, kann das zu einer tiefen Verunsicherung, vielleicht auch zu einem Gefühl von Unzulänglichkeit, Hilflosigkeit oder sogar Frust, führen.

Aber auch hier heißt der erste Schritt wieder: Mitgefühl zeigen. Es mag überwältigend, traurig oder angsteinflößend sein, zu bemerken, wie sehr man sich von einer Situation in der Vergangenheit hat gefangen nehmen lassen. Es ist nicht leicht, zu sehen, wie sehr man selbst dazu beigetragen hat, indem man sich nicht aktiv um eine Verbesserung gekümmert, sondern immer wieder alte Geschichten aufgewärmt hat, um vordergründig Emotionskontrolle zu betreiben, oder um zu vermeiden, selbst in die handelnde Rolle zu kommen.

Es ist sicher einfacher, wenn man sich in die passive Opferrolle begibt und aufgrund der alten Verletzung alle anderen Ambitionen aufgibt. So kann man nämlich nicht mehr enttäuscht werden. Allerdings kann einem so auch keine angenehme Überraschung mehr widerfahren. Carolyne Myss spricht in ihrem Vortrag „Why People Don´t Heal" auch davon, dass es eine gewisse Form der Integrität sich selbst gegenüber bedarf, um zu heilen und alte Dinge loszulassen. Die persönliche Integrität ist wichtig, um seine eigenen Werte und Ziele dauerhaft zu vertreten und seinen eigenen Prinzipien zu folgen. Wer sich selbst gegenüber nicht ehrlich ist, seine Werte oder Wünsche aus Bequemlichkeit, Angst vor Ausgrenzung oder Ähnlichem, negiert, wer sich immer wieder vornimmt, bestimmte Dinge zu ändern, sich aber doch nicht dazu aufraffen kann, der tut sich selbst auf Dauer nichts Gutes.

Erhältst du immer viel Zuspruch und Aufmerksamkeit, wenn du von diesem Schweinehund von Kerl erzählst, der dir damals so arg mitgespielt hat, kann das dazu führen, dass du auf dieser negativen Schiene bleibst und dich daran gewöhnst, so zu sprechen. Denn wo kommt die Aufmerksamkeit her, wenn du nicht mehr davon sprichst? Wovon sollst du erzählen, wenn du gefragt wirst, wie es dir geht, und du nicht als Erstes von deiner Trauer, deiner Leidensgeschichte, erzählen kannst? Die aktive Veränderung eines verinnerlichten Verhaltens ist ein schwieriger Prozess, der sich aber für dich lohnen kann.

Mehr als ein lebendes Krisengebiet? Wie schaffe ich es, mich nicht mehr mit meiner Wunde zu identifizieren?

Hast du dich lange über deine Traumata definiert, sind sie dir zu einer zu engen zweiten Haut geworden, oder einem Paar alter Slipper, in die man ganz automatisch hineinschlüpft, obwohl sie sich weder gut anfühlen noch schön aussehen und auch nicht mehr richtig wärmen oder Halt geben. Die Angst, ansonsten nicht zu wissen, wer man ist, ist groß, wenn man sich an eine Wunde gewöhnt hat. Daher ist das nicht Loslassen können eine mehr als verständliche Reaktion darauf. Auch der Umstand, dass das passive Leiden auf den ersten Blick meist weniger anstrengend erscheint als das aktive Verändern, kann stark dazu beitragen, dass wir an ungesunden Verhaltensmustern festhalten.

Das ist wie mit dem kalten Stück Pizza und dem selbstgemachten Salat. Sicher wäre die zweite Option gesünder und insgesamt auch befriedigender, vielleicht sogar leckerer, als ein altes Stück Pizza. Aber das Gehirn möchte seine Wünsche schnell belohnt sehen. Die Aussicht auf eine unmittelbare Bedürfnisbefriedigung ist viel reizvoller und auch noch mit viel weniger Gedankenarbeit verbunden, als sich erst ein gesundes Mahl zuzubereiten, dann in Ruhe zu essen und auch langfristige Aspekte wie die Gesundheit im Auge zu behalten. Hältst du also an deiner Wunde fest, bekommst du möglicherweise weiterhin Aufmerksamkeit, Zuwendung und Mitleid.

Aber möchtest du diese Form der Aufmerksamkeit? Sehnst du dich nicht eigentlich nach etwas anderem? Hast du genug davon, dir durch Ausheulen und Schimpfen kurzfristig Erleichterung zu verschaffen? Bist du daran interessiert, etwas zu verändern, was dir langfristig hilft, alte Muster loszulassen?

Der erste Schritt ist, zu akzeptieren, wie schwer es dir fällt, eine bestimmte Wunde aufzugeben. Mach dir bewusst, was du zu verlieren glaubst, was dir Sorgen bereitet und was dich unsicher werden lässt, wenn du an das Aufgeben dieser Wunde denkst.

Gehen deine Befürchtungen eher in eine zwischenmenschliche Richtung? Hast du beispielsweise Sorge, dass du deinen Platz in einer Freundesgruppe verlierst oder die Dynamik in deiner Familie gestört wird, wenn du dich anders verhältst? Hast du dich als, von der Männerwelt enttäuschte, Einzelperson in einer Freundesgruppe mit lauter Paaren etabliert, kann es die anderen möglicherweise beunruhigen, wenn du dich wieder für die Liebe öffnest und Interesse bekundest. Oder Freundinnen, mit denen du immer so schön über die verpassten Studienchancen jammern konntest, fühlen sich vor den Kopf gestoßen, wenn du mit einem Mal nicht mehr ständig über Vergangenes jammern möchtest, sondern etwas Neues, Positives auf die Beine stellen willst.

Vielleicht hast du aber auch Glück und deine Freunde kennen einen netten Menschen in ihrem Bekanntenkreis, den sie dir vorstellen wollen. Oder sie helfen dir bei deinen neuen Plänen und lassen sich von deiner neuen positiven Energie mitreißen und ihr beflügelt euch gegenseitig?

Behalte diese Möglichkeit auch im Kopf, wenn du dich den oben genannten Fragen stellst. Dann überlege dir, wie du in Zukunft mit deiner alten Wunde umgehen willst, damit sie nie mehr so schmerzhaft werden kann, wie sie es mal war.

Caroline Myss schlägt in ihrem Vortrag „Why People Don't Heal" vor, über Verletzungen nur drei Mal zu sprechen. Natürlich musst du dich nicht genau an diese Zahl halten und Myss selbst räumt ein, dass es Erlebnisse gibt, deren Verarbeitung selbstverständlich mehr Gespräche und deutlich mehr Zeit in Anspruch nimmt. Es ist keineswegs damit gemeint, dass du schwerwiegende Krisen bagatellisieren sollst oder langwie-

„Das lasse ich hinter mir…"

rige Themen negieren musst. Bei traumatischen Ereignissen bedarf es für die Aufarbeitung genügend Zeit, die du dir unbedingt nehmen solltest. Intensive Gespräche können dich in dieser Situation unterstützen, bei Bedarf kannst du auch entsprechend geschulte Personen, wie etwa Ärzten, Therapeuten oder Coaches, hinzuziehen.

Es geht bei dem oben genannten Tipp von Caroline Myss vielmehr darum, Themen, die du vielleicht nur aus Gewohnheit immer wieder ansprichst, ihren Raum zu nehmen und verhältnismäßig zu bleiben. Wurdest du gekränkt und bist darüber wütend oder verletzt, kannst du es ein, zwei, drei Mal erzählen. Dadurch bekommst du von verschiedenen Menschen neue Sichtweisen auf die Sache geboten. Du fühlst dich mit deinem Schmerz gehört und gesehen, und du kannst durch das Erzählen und den Austausch mit deinem Gegenüber Mittel und Wege finden, das Ganze einzuordnen.

Danach aber gibst du der ganzen Sache keinen unnötigen Raum mehr, sondern lenkst deine Energie in andere Aspekte deines Lebens. Du nutzt ein anderes Vokabular, wenn du, statt das 50. Mal von deinem missglückten Jobinterview zu erzählen, ein aktives Gespräch über die guten Aspekte in deinem Leben führst. Auch deine Körperhaltung und dein Körperempfinden werden ganz anders sein. Eine Geschichte der Cherokee-Indianer beschreibt diesen Prozess mit sehr klaren Bildern:

Ein alter weiser Cherokee sprach eines Tages mit seinem Enkel über das Leben: „In mir tobt ein Kampf! Es ist ein schrecklicher Kampf und er wird von zwei Wölfen ausgetragen. Der eine Wolf ist böse. Er ist Wut, Neid, Trauer, Bedauern, Gier, Selbstmitleid, falscher Stolz, Arroganz, Schuld und Lüge." Er blickte seinem Enkel fest in die Augen. „Der andere Wolf ist gut. Er ist Freude, Hoffnung, Integrität, Mitgefühl, Ehrlichkeit, Freundlichkeit, Liebe, Großzügigkeit und Aufrichtigkeit. Dieser Kampf, er findet auch in dir statt und in jedem anderen

Menschen auf dieser Erde!" Der Enkel dachte für einen Moment über das nach, was der Alte gesagt hatte. Dann fragte er seinen Großvater: „Welcher der Wölfe aber wird gewinnen?" Der weise Alte lächelte und antwortete knapp: „Der, den du fütterst!"

Wenn du es schaffst, deinen bösen Wolf, deine Wunde, nicht immer wieder mit neuem Futter, neuer Aufmerksamkeit, zu versorgen, kannst du heilen und dich deinem neuen Leben stellen. Du wirst herausfinden, wer du ohne diese Wunde eigentlich bist. Ein aufregender Gedanke, der neben einem mulmigen Gefühl im Magen auch ein ungeheuer großes Gefühl der Zuversicht, der Hoffnung und des Friedens in dir schüren kann!

Wenn du magst, kannst du mit den folgenden Fragen arbeiten, um herauszufinden, warum du an alten Stacheln festhältst und was es dir bringen kann, wenn du doch den Sprung ins kalte Wasser wagst!

- Befürchtest du, dass du weniger Aufmerksamkeit bekommst, wenn du keine leidvollen Erfahrungsberichte mehr erzählst?
- Hast du dich so daran gewöhnt, dass dir gar keine anderen Gesprächsthemen mehr einfallen als Erlebnisse, die dich irgendwann mal verletzt haben?
- Sind diese Gesprächsthemen verbindungsstiftende Mittel in deiner Freundesgruppe, weil alle etwas Ähnliches erfahren haben?
- Fürchtest du einen Ausschluss aus dieser Gruppe, wenn du diesen Aspekt deines Lebens hinter dir lässt und dich wieder für neue Erfahrungen öffnest?
- Nutzt du die alten Geschichten als Schutz vor neuen Erlebnissen, die dir Angst machen?
- Hast du Angst vor den negativen Gefühlen, mit denen du konfrontiert werden könntest, wenn du dich wirk-

lich ernsthaft mit dem Thema auseinandersetzt, statt immer wieder nur darüber zu schimpfen?

- Fürchtest du dich vor der Leere, die einsetzen könnte, wenn dieses Thema nicht mehr all deine Gedanken bestimmt?
- Bereitet dir der Gedanke, selbst aktiv zu werden, statt weiterhin passiv in der Opferrolle zu verharren, Unbehagen?
- Möchtest du deine Mitmenschen nicht vor den Kopf stoßen, wenn du Konsequenzen aus den alten Themen ziehst und dein Verhalten änderst?
- Nimmst du wahr, dass die Themen ähnlich wie ein Schutzmechanismus immer dann präsent werden, wenn du deine Komfortzone verlassen möchtest?

Endlich frei – Startschuss für neue Lebenspläne

Hallo und Herzlich Willkommen in deinem neuen Leben. Du hast es bis hierhin geschafft! Du hast dich deinen Themen genähert, du hast sie bestimmt, und konkretisiert, wenn es sein musste, bis du wusstest, mit wem du es zu tun hast. Du hast dich den Themen gestellt und dich aktiv mit ihnen auseinandergesetzt, aber auch deine Grenzen anerkannt, wenn sich etwas nicht klären ließ. Du hast verschiedene Mittel und Wege kennengelernt, um alte Verletzungen endgültig hinter dir zu lassen. Du hast ihnen Raum und Zeit gegeben, um sich schließen zu können, und hast manchen alten Stachel gezogen, der dich bisher behindert hat. Auch Schwierigkeiten bei diesem Prozess hast du erkannt, die Gründe dafür hinterfragt, dich selbst aus deiner Komfortzone herausgelockt, und auch diesen Schritt gemeistert.

Und jetzt, in diesem Moment, am Ende dieses Prozesses, kann ein ganz neues Gefühl in dein Leben einkehren. Ein Gefühl von Leichtigkeit, ein Gefühl von Offenheit, ein Gefühl von Aufbruch. Hast du endlich hinter dir gelassen, was dich bisher belastet hat, was längst nicht mehr zu dir gehört und dich um deine Kraft gebracht hat, macht sich plötzlich ein Gefühl von Weite breit, das unglaublich positiv und motivierend sein kann. Wenn du willst, steht dir die Welt offen.

Du hast die Möglichkeit, dich ein Stück weit selbst neu zu erfinden, ein neues Bild von dir zu erschaffen. Du kannst dich malen, dich kreieren als eine starke und selbstbewusste Frau ohne diese Wunde, die bisher dein Leben in so vielen kleinen oder auch großen Bereichen bestimmt hat!

Rückschläge oder Unsicherheiten - ohne Stachel ganz nackt

Auch wenn du noch mitten im Prozess sein solltest oder du nach dem Loslassen eines Themas, dem Ziehen eines alten Stachels noch einige weitere hartnäckige Themen gefunden hast, die du nun schon viel zu lange mit dir herumträgst, wirst du merken, dass bereits das Auflösen und Loslassen eines Themas eine grundlegende Veränderung mit sich bringen kann. Möglicherweise ist die Veränderung zu Beginn noch etwas wackelig, vorsichtig. Vielleicht misstraust du ihr auch, eben weil du dich so an die Last deines alten Themas gewöhnt hattest und es komisch ist, jetzt so frei zu sein.

Das ist vollkommen normal und kein Grund zur Beunruhigung. Elefanten, die man in Zirkussen von klein auf an einen Pfeiler kettet, lernen, dass sie nicht fortlaufen können. Sie bleiben zeit ihres Lebens gehorsam an dieser Kette, obwohl sie heranwachsen und als ausgewachsene Tiere die kleinen Ketten mit ihrer Körperkraft mühelos zerreißen könnten. Sie haben sich aber so sehr daran gewöhnt, in Ketten gelegt und eingeschränkt zu sein, dass sie gar keine andere Möglichkeit mehr in Betracht ziehen.

Aber du kannst an verschiedene Möglichkeiten denken. Du erlebst die Alternativen zu einem Leben mit Altlasten, Stacheln oder Wunden, die immer wieder aufreißen. Du kannst dich trauen, diesen befreiten Weg zu gehen, auch wenn er möglicherweise beschwerlich wird und du ein paar Umwege einlegen oder Rückschläge akzeptieren musst. Aber irgendwann wirst du merken, wie leicht es sich ohne diese zusätzliche Last aufrechtstehen lässt, wie viel mehr du von der Welt siehst, wie vollkommen frei und leicht du dich bewegen kannst, und wie auch das Denken viel flexibler wird. Du hast den nötigen Weitblick, um Durststrecken zu überstehen, und du bist stark genug, um dich auf diese Reise zu begeben.

Dieses Wissen kann dir dabei helfen, auftretende Ängste im Zaum zu halten und auch mit innerer Unruhe oder Zweifeln umzugehen.

Wenn du dir dann noch erlaubst, Fehler als Chance und Erfahrung anzusehen, aus der du lernen kannst, , anstatt sie als Misserfolg oder Versagen zu bewerten, dann wird dir viel von dem Druck genommen, im ersten Anlauf alles richtig zu machen.

Überlege einmal, wie lange dich dein Stachel begleitet hat, was für ein vertrauter, wenn auch störender, Begleiter er in deinem Leben war, und erlaube dir dahingehend eine Übergangsphase. Loslassen ist ein fortwährender Prozess, dem du dich in deinem Leben immer wieder wirst stellen müssen, und den du somit auch immer wieder aufs Neue üben kannst. Eine große Chance für dich, die du mit dem nötigen Rüstzeug sicherlich nutzen wirst.

Ohne Stachel bist du nicht nackt, sondern du hast Raum für Neues oder Unterdrücktes geschaffen, das bisher nicht wachsen konnte.

Wer kann ich ohne den Stachel sein – Ausblick auf dein neues Leben!

Mit diesem Wissen, dass kleine und größere Hindernisse auf dieser Reise dazugehören, kannst du deinen Weg in dein neues Leben deutlich beruhigter gehen und dich auf das, was kommt, sogar freuen. Endet etwas, lässt du etwas zurück, kann ein Abschiedsschmerz auftauchen, auch wenn du das, was du losgelassen hast, gar nicht mehr in deinem Leben haben wolltest.

Erinnere dich an das Beispiel mit dem schmerzenden Weisheitszahn, der endlich gezogen wurde: Es ist gut, dass er weg ist, auch wenn der Prozess des Entfernens nicht unbedingt angenehm verlaufen ist und dort, wo er saß, erst mal ein Loch ist.

Auch du wirst vielleicht bemerken, dass du dich manchmal unfertig oder seltsam offen fühlst, und du solltest daher ganz besonders liebevoll und fürsorglich mit dir umgehen. Der Prozess, den du hinter dich gebracht hast, erforderte Mut und war anstrengend. Also sei stolz auf dich und erwarte nicht von dir, über Nacht in dein neues Leben ohne alte Wunden hineinzuwachsen.

Der gesamte Prozess kann je nach Wunde und individuellen Voraussetzungen unterschiedlich lang dauern und eine Aufgabe sein, der du dich immer wieder stellen musst. Denn auch wenn du Ballast losgelassen hast, sind Rückschläge möglich. Das Gute in solchen Situationen ist, dass du durch den bereits durchlaufenen Prozess des Erkennens, Benennens, Verabschiedens und Loslassens bereits weißt, wie du mit der Situation umzugehen hast. Du kannst verhindern, dass sich Stacheln wieder festsetzen.

Das Ende von etwas erlaubt viele neue Anfänge, und selbst wenn du dir eine Vision erschaffen hast, wie im Kapitel „Endlich loslassen – Wie gehe ich es an" empfohlen, kann es sein, dass du dich kurzfristig etwas fremd oder verloren fühlst. Das ist ganz normal und wird sich legen, je mehr du dich an deine neue Freiheit gewöhnt hast. Und diese Freiheit wird es sein, die dir dabei hilft, deine Energie endlich auf die Bereiche in deinem Leben zu lenken, die dir persönlich wichtig sind – sei es deine Familie, deine Beziehung, dein Beruf, dein Haustier, dein Hobby, dein Ehrenamt oder was auch immer du dir vorstellen kannst.

Ganz an vorderster Stelle stehst natürlich du! Du wunderbarer Mensch mit all deinen Besonderheiten, die dich zu diesem einzigartigen Wesen machen, das du bist. Sei stolz auf dich, dass du diese herausfordernde Reise angetreten bist und sie gemeistert hast. Genieße nun das Ergebnis dieser Arbeit! Du wirst die Unterschiede eines Lebens mit und ohne Stachel vielleicht im Kleinen spüren, vielleicht im Großen, im Beruf und auch im Privatleben: Du stehst voll in deiner Kraft, befreit und losgelöst, aber keinesfalls abgehoben, sondern mit beiden Beinen fest am Boden. Du bist bereit für ein kunterbuntes, aufregendes und emotionsgeladenes Leben voller Genuss, Abenteuer und Freude! Du selbst hast es dir ermöglicht, und du darfst dich aus tiefstem Herzen daran erfreuen – ganz frei und offen für alles Gute, das dir die Welt zu bieten hat!

Quellen

Wer schneller denkt, ist früher klug – Dr. Kaja Nordengen, Wilhelm Goldmann Verlag, München, 2018

Wer lernen will, muss fühlen – Christiane Stenger, Rowohlt Taschenbuch Verlag, Reinbeck bei Hamburg, 2016

Woher soll ich wissen, was ich denke, bevor ich höre, was ich sage – Franca Parianen, Rowohlt Taschenbuch Verlag, Reinbeck bei Hamburg, 2017

Nestwärme, die Flügel verleiht – Stefanie Stahl/Julia Tomuschat, Gräfe und Unzer Verlag GmbH, München, 2018

Wahre Stärke muss nicht kämpfen – Barbara Berckhan, Gräfe und Unzer Verlag GmbH, München, 2015

Das Jahr danach – Wenn Paare sich trennen – Bettina von Kleist, Christoph Links Verlag GmbH, Berlin, 2011

Lass endlich los und lebe – Richard J. Leider/ David A. Shapiro, Weltbild GmbH, Augsburg 1996

https://zitatezumnachdenken.com/vergangenheit

https://november.de/ratgeber/trauerhilfe/trauerphasen/#toc9

https://www.geoviva.de/modul-2-q7-intuition-naturkraft/schwarzer-und-weisser-wolf-eine-alte-indianerweisheit/

Selbstliebe spüren

„Ich bin gut, so wie ich bin..."

Wie du stoppst, dich zu verurteilen
und dir selbst wahre Liebe schenkst,
ohne dich für andere zu verbiegen

Stefanie Lorenz

Inhaltsverzeichnis

Einleitung 385

Kapitel 1 - Was bedeutet Selbstliebe? 389

    Mangel an Selbstliebe – Ursachen und Folgen 392
    Mögliche Ursachen für mangelnde Selbstliebe 393
    Eigenlob, Leistung und Co 396
    Verlust der Selbstliebe im fortgeschrittenen Alter 398
    Verlust der Selbstliebe durch gesundheitliche Einschränkungen 400
    Auswirkungen eines Mangels an Selbstliebe auf Beziehungen 403
    Mangel an Selbstliebe – Auswirkungen auf Berufliches und den Alltag 405
    Was bedeutet Selbstliebe überhaupt? 408

Kapitel 2 - Wie sieht meine Form der Selbstliebe aus? 413

    Bestandsaufnahme und Plan 414
    Formen des Eigengesprächs 418
    Aktive Selbstliebe – das individuelle Self-Care-Programm ... 420
    Welche Möglichkeiten und Kapazitäten habe ich für aktive Selbstfürsorge? 422

Kapitel 3 - Herzenswünsche und unechte Bedürfnisse 427

    Ungesunde Bedürfnisse – wenn vermeintliche Selbstliebe nicht guttut 430
    Bedürfnisse und Bedürftigkeit eingestehen und akzeptieren 434

Kapitel 4 - Grenzen und Balance 437

    Was Selbstliebe nicht ist – Narzissmus, Ignoranz gegenüber anderen und Co 440

Freiräume für dich selbst schaffen..442

Kapitel 5 - Selbstliebe und Selbstwert in Beziehungen.......445

Frühkindliche Prägung – Beziehungsmodelle und
Bindungsstil...446
Selbstliebe in der Beziehung mit einem Partner....................450
Selbstliebe als Mutter – keine Zeit und kein Bedarf?............453
Bloß keine Ablehnung vom eigenen Fleisch und Blut...........457
Selbstwert und Beziehungen – Veränderungen für dich
und die anderen...460

Kapitel 6 - Selbstliebe stärken 465

Selbstliebe – Schritt für Schritt...466
Selbstliebe und Self-Care – wie und wo soll ich anfangen? .469
Vorbereitungen für ein Leben in Selbstliebe..........................471

Kapitel 7 – Der eigenen Stimme vertrauen 499

Selbstliebe in der Krise...500

Kapitel 8 – Jetzt geht's los 503

Quellen..505

Einleitung

Selbstliebe ist in aller Munde. Sie springt uns von den Titelblättern der Magazine und Frauenzeitschriften, von Buchcovern und den Startseiten unserer Lieblingsblogs entgegen.

Selbstliebe ist wichtig und essenziell für das eigene Lebensglück. So weit, so gut - doch was genau ist diese Selbstliebe und wie komme ich an sie ran?

Wenn du dir beim Klang des Wortes Selbstliebe diese Frage stellst oder vielleicht sogar genervt mit den Augen rollst und dir denkst, dass du dieses ganze Selbstoptimierungsthema nicht mehr hören kannst und überhaupt keinen Grund hast, dich selbst zu lieben – dann ist dieses Buch für dich geeignet. Aber auch dann, wenn du dir nichts sehnlicher wünschst, als dich endlich selbst mehr lieben zu können, obwohl du bisher keinen Zugang dazu finden konntest und dir möglicherweise nicht mal sicher bist, ob du so etwas wie Selbstliebe überhaupt verdienst.

Selbstliebe begegnet uns in den sozialen Netzwerken in Form von schönen Spruchbildern mit tollen Landschaftsfotos oder viel Pastell, auf YouTube als 30-Tage-Challenge oder in der Werbung, in der die Darsteller ihre Liebe zu sich selbst durch das Auftragen einer bestimmten Kosmetikmarke, das Essen eines kalorienarmen Snacks oder das Anlegen von Schmuck ausdrücken. Mitunter werden – gerade Frauen gegenüber – auch Selbstaufopferung oder Selbstkasteiung als Form der Selbstliebe präsentiert. Wenn du nur konsequent genug auf weißen Zucker verzichtest, deine Kinder immer an erste Stelle stellst, die beste Partnerin der Welt bist, dich im Job selbst verwirklichst und natürlich auch deinen vielseitigen Interessen nachgehst, reist, dich kontinuierlich weiter bildest und deine Wohnung tip top in Stand hältst – dann zeigst du, dass du dich selbst liebst. Aber auch nur dann! Am besten

Selbstliebe spüren

besuchst du auch noch das aktuellste Selbstliebe-Seminar, weil du es dir wert bist. Und wenn du dann immer noch nicht übersprudelst vor lauter Zuneigung zu dir selbst, dann hast du dich entweder nur nicht genug angestrengt, du blockierst dich innerlich oder du ziehst einen versteckten Nutzen daraus, dich nicht auf das Abenteuer Selbstliebe einzulassen.

Kommen dir diese Äußerungen bekannt vor? Mit kaum einem anderen Thema sind so tiefgehende Gefühle verbunden wie mit dem Thema Selbstliebe. So ist es kein Wunder, dass wir uns schnell überfordert fühlen mit dem Gros an Emotionen, das bei der Auseinandersetzung mit diesem Bereich auf uns hereinbrechen kann. Schuld, Sehnsucht und Zweifel, Bedürftigkeit und Hoffnung – all diese Gefühle können bei den unterschiedlichen Botschaften, die uns von Social Media und Co zum Thema Selbstliebe vermittelt werden, auftauchen. Möchtest du dich ganz in Ruhe und in deinem eigenen Tempo mit dem Thema auseinandersetzen, frei von versteckten Vorwürfen oder offen ausgesprochenen Forderungen an dich, kann dich dieses Buch dabei unterstützen.

Im ersten Kapitel nähern wir uns dem Thema Selbstliebe, indem wir herausfinden, was mit diesem Begriff eigentlich gemeint ist, wie Selbstbewusstsein und Selbstvertrauen damit zusammenhängen und wie deine aktuelle Einstellung zu dir und deiner Person ist.

Im zweiten Kapitel geht es darum, dass Selbstliebe sehr unterschiedlich gelebt werden kann und du findest heraus, was du für dich brauchst. Du wirst ermuntert, deine eigenen Bedürfnisse zu erkennen und zu verstehen und vor allem diese auch ernst zu nehmen. Es geht darum, deinen inneren Wünschen eine Stimme zu geben und deine Träume zu schätzen, um einen Umgang mit dir selbst zu erlernen, der das Maß an Selbstliebe beinhaltet, das du für dich brauchst.

Im Kapitel drei wird das Thema Bedürfnisse und Wünsche näher beleuchtet. Sind manche Wünsche möglicherweise gar nicht deine? Sind sie längst überholt und hältst du aus bestimmten Gründen an Vergangenem fest, das dir nicht guttut? Und wie steht es mit dem Thema Abhängigkeit? Ab wann wird ein Bedürfnis nach Nähe ein Aufgeben der Unabhängigkeit?

Kapitel vier widmet sich dem Thema Grenzen. Damit du Selbstliebe leben kannst, ist es wichtig, eine klare Balance zwischen deinen eigenen Wünschen und Träumen und den Ansprüchen zu finden, die von außen an dich herangetragen werden. Dabei geht es nicht darum, blind seine eigenen Ziele durchzusetzen und sich nur noch um sich zu kümmern. Selbstliebe ist nicht gleichzusetzen mit Selbstzentriertheit oder purem Egoismus, sondern es geht darum, einen gesunden Selbstwert und einen liebevollen Umgang mit sich selbst zu entwickeln.

Mitunter schaffst du dies auch sehr gut, aber sobald du in eine neue Beziehung eintrittst, stellst du dich selbst hinten an und tust alles, um deinen Partner glücklich zu machen? Kapitel fünf behandelt das Thema Selbstwert in Beziehungen, das gerade für Frauen oftmals eine typische Stolperfalle darstellt – wird der Typus der sich aufopfernden Mutter oder Partnerin doch bis heute immer wieder in Medien oder traditionellen Rollenbildern idealisiert. Die Beziehungen können dabei romantisch oder familiär geprägt sein, als Partnerin, Mutter, beste Freundin oder helfende Tochter. Kapitel fünf thematisiert, wie du diese Rollen einnehmen kannst, ohne deine eigenen Bedürfnisse hinten anzustellen oder die Achtsamkeit dir selbst gegenüber zu verlieren. Zudem wird beleuchtet, inwiefern Beziehungen benutzt werden können, den eigenen Selbstwert darüber zu definieren und wie du aus diesem ungesunden Verhaltensmuster ausbrechen kannst.

In Kapitel sechs geht es zur Sache: Du erfährst, mit welchen Aktivitäten, Entscheidungen, Ritualen und Gewohnheiten du deine Selbstliebe stärken kannst und du wirst dazu ermuntert, das Gelesene in die Tat umzusetzen.

Im vorletzten Kapitel und auch im Abschluss des Buches dreht sich alles darum, wie du deiner eigenen Stimme vertrauen kannst. Mit den neu gewonnenen Erkenntnissen aus dem Buch und deinen eigenen Erfahrungen hast du nun die Möglichkeit, selbstbestimmte Entscheidungen zu treffen, aktiv zu werden und selbstbewusst dein Leben zu gestalten. Du kannst agieren, anstatt zu reagieren und mit dem Vertrauen auf deine innere Stärke und deine Intuition deinen Selbstwert und deine Selbstliebe kontinuierlich stärken und pflegen.

Als kleinen Reminder zwischendurch kannst du auch die Zitatesammlung aus dem Bonus-Buch nutzen und dich damit immer wieder daran erinnern, dass du deiner Liebe wert bist und es sich lohnt, diese Beziehung zu dir selbst genauso liebevoll zu pflegen wie die zu deinen Liebsten. Bist du bereit, dich auf diese Beziehung einzulassen? Dann geht's los!

Kapitel 1 - Was bedeutet Selbstliebe?

Es ist Montagmorgen und du bist gerade dabei, dich fertig zu machen, um zu einem Termin bei einem Facharzt zu fahren. Du bist etwas spät dran, weil du deine Schlüssel nicht finden konntest, da klingelt das Telefon und die Erzieherin teilt dir mit, dass du deine Tochter abholen solltest, da sie fiebert. Du organisierst auf die schnelle eine Betreuung durch deine Mutter, mit der du eigentlich nicht sprechen wolltest, weil ihr letzte Woche erst einen Disput hattet. Schließlich landest du nach einer anstrengenden Fahrt mit drei Baustellen und gefühlt 1.000 roten Ampeln in der Arztpraxis, wo du an der Anmeldung feststellst, dass du deine Brieftasche zuhause liegen gelassen hast. Mitsamt Versicherungskarte und Überweisung. Du versinkst in Grund und Boden, fragst dich, ob du überhaupt irgendwas im Leben richtig machen kannst und verbringst den Rest des Tages damit, dir wegen diesem Vorfall noch weiter Vorwürfe zu machen.

Du hattest ein paar stressige Wochen, in denen du wenig Zeit für dich, eine gesunde Ernährung oder Bewegung hattest und stellst fest, dass du zugenommen hast. Du findest dich nicht schön und magst dich so überhaupt nicht leiden und fängst daher an, radikal zu hungern und dich nicht mehr aus dem Haus zu trauen, bis du wieder dein altes Gewicht er-

Selbstliebe spüren

reichst. Verabredungen zum Tanzen verschiebst du auf später. Oder aber du bist so frustriert und enttäuscht von dir selbst, dass du dich weiter mit ungesundem Essen vollstopfst und dir nicht mal im Traum vorstellen kannst, dass das je wieder anders werden würde.

Jetzt stelle dir bitte einmal folgende Situation vor: Montagabend. Du triffst dich mit deiner besten Freundin, die dir von ihrem Tag erzählt. Ihre Jüngste hatte ihre Handtasche ausgeräumt und dadurch hatte sich alles verspätet, einer dieser Tage, du weißt schon. Dann war sie gerade auf dem Weg zu diesem wichtigen Termin, vor dem sie sich schon gefürchtet hatte und dann rief der Kindergarten an und sie musste ihre Tochter irgendwo unterbringen. Als sie dann endlich beim Arzt war – verschwitzt und viel zu spät – lag ihr Portemonnaie noch im Kinderzimmer. Du nimmst deine Freundin vielleicht mitfühlend in den Arm, schiebst ihr verständnisvoll den Teller mit den Pralinen zu oder tröstest sie ein wenig und hilfst ihr, die Situation zu relativieren. Bis ihr beide über diesen unglücklichen Start in die Woche lachen könnt.

Fragen an dich:
- Wie hättest du in den oben geschilderten Situationen reagiert?
- Welche Worte wählst du in ähnlichen Momenten für dich und welche Eigenschaften schreibst du dir dann zu?
- Behältst du auch in stressigen Situationen dir gegenüber einen freundlichen Ton oder wirst du heftiger in deiner Wortwahl?
- Fällt es dir leicht, dir in solch einem Moment Trost oder Mut zuzusprechen oder dich zu beruhigen?
- Kannst du dir selbst eine Stütze sein oder akzeptierst du Zuspruch nur von außen?

Kapitel 1 - Was bedeutet Selbstliebe?

Gleiche Freundin, anderer Tag. Deine Freundin hat wochenlang für eine wichtige Prüfung gelernt und beklagt sich jetzt bei dir darüber, wie sehr sie zugenommen hat. Sie schimpft über sich selbst, sodass sich dein Herz zusammenzieht. Du nimmst liebevoll ihre wild gestikulierenden Hände, zeigst ihr Zusammenhänge auf, sagst ihr, wie liebenswert sie ist, ganz gleich, wie sie aussieht und dass du sie gern dabei unterstützt, wenn sie es in puncto Ernährung und Bewegung wieder gesünder angehen lassen möchte.

Wärest du auf die Idee gekommen, deine Freundin als dicke Kuh zu beschimpfen oder ihr zu sagen, dass du mit ihr nicht mehr ausgehen und gesehen werden möchtest? Dass sie es nicht verdient, mit dir zum Friseur oder zur Maniküre zu gehen, weil sie ja ohnehin zugenommen hat und damit automatisch nicht mehr schön oder liebenswert sei?

So absurd uns diese Vorstellung vorkommen mag, so real und selbstverständlich ist sie jedoch oftmals, wenn wir in einer solchen Situation unseren Selbstgesprächen lauschen, oder?

Es müssen gar nicht so große Themen sein. Beim Anstoßen an den Küchenschrank, ermahnen wir uns selbst, doch gefälligst mal die Augen aufzusperren – während wir unser Kind liebevoll in den Arm nehmen und trösten, wenn es gegen den gleichen Küchenschrank stößt. Fällt uns beim Abwasch ein Teller auf den Boden, machen wir uns beim Scherben aufsammeln selbst runter. Während wir unseren Lieblingsmensch in der gleichen Situation fragen, ob er sich geschnitten hat und ihm dann gut zureden, dass es doch nur ein Teller war.

Wie kommt es, dass wir mit uns selbst oft so hart ins Gericht gehen, viel härter als mit irgendjemand anderem? Bei dem Beispiel mit dem Kind könntest du argumentieren, dass ein Kind einfach noch nicht so viel Weitsicht hat wie ein Erwachsener, es Trost braucht und auch aus Fehlern lernt. Aber hast du dir selbst mit Absicht den Zeh am Küchenschrank gestoßen oder den Teller beim Abwasch hinuntergeworfen? Wohl kaum! Hättest du Trost gut vertragen können und bist du in der Lage, aus Fehlern zu lernen? Selbstverständlich!

Was ist also der Grund, warum wir uns selbst gegenüber so hart sind, so scharf in unseren Verurteilungen und den inneren Kritiker mit solch einer Wucht über uns richten lassen, als hätten wir das Höchstmaß an allen erdenklichen Strafen verdient?

Meist kommen mehrere Faktoren zusammen, wenn ein Problem oder ein unerwünschtes Verhaltensmuster auftritt. Aber zu großen Teilen können wir den Ursprung dieses harten Umgangs mit uns selbst in mangelnder Selbstliebe erkennen.

Mangel an Selbstliebe – Ursachen und Folgen

Ein Mangel an Selbstliebe ist dann gegeben, wenn du dich nicht als Person annehmen kannst und dir gegenüber kein positiv gestimmtes Grundgefühl hegst. Damit einher gehen in der Regel auch ein Mangel an Selbstfürsorge, Selbstbewusstsein und Selbstvertrauen. Denn wenn ich mich selbst nicht als Person lieben kann, gibt es keinen Grund, mich gut um mich und meine Bedürfnisse zu kümmern, mir etwas zuzutrauen oder mich zu akzeptieren. Diese Denkweise ist keinesfalls auf die leichte Schulter zu nehmen, denn die Auswirkungen dieses Mangels können sich gravierend auf deine Lebenshaltung und dein Verhalten auswirken.

Halte bitte für einen kleinen Augenblick inne und fühle in dich hinein. Welche Bilder steigen in dir auf, nachdem du diesen Abschnitt gelesen hast? Denkst du, dass du Schwierigkeiten hast, dich selbst anzunehmen und dich selbst zu lieben?

Hast du bereits eine Ahnung, woher dein Mangel an Selbstliebe rühren könnte? Oder hast du aus einem eher diffusen Gefühl zu diesem Buch gegriffen, in der Hoffnung, dass es dich bei deinen Schwierigkeiten im Leben weiterbringen wird und du dich selbst endlich besser verstehst?

Nimm dir einen Moment Zeit, um deine Gedanken wahrzunehmen, aber bewerte sie nicht. Verurteile dich bitte nicht, falls du aufsteigende Gefühle oder Gedanken als lächerlich oder nicht der Rede wert betrachtest. Mach dir eine innerliche Notiz und lies erst dann weiter, wenn du dich bereit dafür fühlst.

Mögliche Ursachen für mangelnde Selbstliebe

Ursachen für einen Mangel an Selbstliebe finden sich vielfach bereits in der frühen Kindheit: Wenn du während der wichtigen Sozialisationsprozesse deines frühkindlichen Lebens nicht die Chance bekommen hast, dich als liebenswerten Menschen wahrzunehmen und mit deinen Stärken und auch deinen Schwächen anzunehmen, kann es schwerfallen, Selbstliebe zu entwickeln. Kinder, die Opfer von gezielter emotionaler oder körperlicher Vernachlässigung oder Misshandlung waren, haben meist erhebliche Schwierigkeiten, ihren Eigenwert zu erkennen. Mitunter können aber auch subtilere Formen der Vernachlässigung und Kränkung, frühkindliche Traumata oder andere Erlebnisse dazu führen, dass Menschen erst gar keine Selbstliebe und kein Gefühl für sich als Person entwickeln können.

> Achtung: Hast du als Kind traumatische Erfahrungen machen müssen, kann es ratsam sein, dir bei der Auseinandersetzung mit den Themen Selbstliebe und Selbstwert professionelle Unterstützung in Form eines Therapeuten oder eines Coaches zu holen. Das Buch kann dich bei deiner Reise unterstützen, aber die Auseinandersetzung mit erlittenen Traumata sollte durch eine entsprechende Fachkraft begleitet werden. Ganz gleich, was dir jemand anderes früher eingetrichtert hat oder was du selbst heute fälschlicherweise von dir denken solltest – du bist es wert und du verdienst die bestmögliche Unterstützung dabei, dich deiner Vergangenheit zu stellen und Selbstliebe zu erlernen!

Vielleicht wurdest du nicht unbedingt direkt abgewertet, aber du hast immer unterbewusst gespürt, dass deine sportlich erfolgreiche Schwester die erste Geige in der Familie spielt und du als Kind ohne herausragende Begabung zwar nicht direkt eine Enttäuschung für deine Eltern bist, aber auch nur so nebenherläufst. Du hast gelernt, dass du erst etwas Besonderes leisten musst, bevor du Liebesbekundungen verdienst.

Möglicherweise gab es auch ein Goldkind in der Familie und die offensichtliche Bevorzugung eines Geschwisterkindes hat dazu geführt, dass du dich von klein auf als minderwertig und nicht liebenswert wahrgenommen hast. Du hast nicht daran gedacht, dass deine Eltern mit ihrer offensichtlichen Bevorzugung eines Kindes in der Familie einen gravierenden Fehler machen, sondern hast bei dir selbst nach dem Fehler gesucht.

Schließlich musstest du dir ja irgendwie erklären, warum die Situation so war, wie sie war und was läge da näher als der Umstand, dass irgendetwas an dir falsch ist und du einfach

Kapitel 1 - Was bedeutet Selbstliebe?

nicht liebenswert bist, so wie du bist. Möglicherweise war die Atmosphäre in deinem Zuhause auch sehr sachlich und emotionale Äußerungen wurden als albern oder schwächlich abgetan. Ausdruck emotionaler oder körperlicher Zuneigung war bei dir zuhause verpönt, weshalb du auch keine Möglichkeit hattest, bei deinen Eltern zu lernen, wie ein liebevoller Umgang miteinander aussieht.

In solch einem Umfeld kann es schwer sein, ein Gefühl für sich selbst zu entwickeln und sich selbst mit Liebe zu begegnen. Dies gilt auch für Elternhäuser, in denen sehr viel gestritten, manipuliert oder in denen mit Liebesentzug gearbeitet wurde, um ein bestimmtes Verhalten zu erzeugen: „Iss brav deine Erbsen auf, sonst ist die Mama ganz traurig und hat dich nicht mehr lieb!" oder „Fräulein, wer sich so etwas erlaubt, muss sich nicht wundern, wenn ihn keiner mehr mag."

In einer solchen Atmosphäre übernehmen Kinder sehr schnell die Ansicht, dass Liebe als Gegenwert für eine erbrachte Leistung dient und sie erst etwas anbieten müssen, um emotionale oder körperliche Zuwendung zu bekommen. Zudem lernen sie eine Fehlerkultur, die stark mit Sanktionen arbeitet und sie müssen daher befürchten, bei jedem Fehltritt die elterliche Liebe zu verlieren. Der Umstand, dass es für das Kind zwar besser wäre, wenn es sich an die Regeln halten würde, die Eltern aber nur das Verhalten missbilligen und nicht das Kind als Person, kann so nicht gelernt werden. Aufgrund dieser Wahrnehmung kann das Kind keine stabile Beziehung zu sich selbst aufbauen.

Bevor du weiterliest, schau dir bitte die folgenden Fragen an und achte darauf, wie du dich beim Beantworten fühlst.

- Bist du in einem friedvollen Zuhause aufgewachsen, in dem du dich willkommen gefühlt hast?
- Wurde eines deiner Geschwister von einem Familienmitglied bevorzugt oder hattest du zumindest den Eindruck?

- Standest du im Schatten eines besonders erfolgreichen Familienmitglieds?
- Oder erforderte ein erkranktes Familienmitglied all die Aufmerksamkeit deiner Eltern oder Bezugsperson?
- Drückten deine Eltern ihre Zuneigung zu dir verbal und körperlich aus, mit lieben Worten, Trost, Zuspruch, Ermunterungen oder Umarmungen?
- Welche Fehlerkultur herrschte in deiner Familie, im Kindergarten und in der Grundschule? Durftest du Fehler machen? Durften dir Missgeschicke passieren?
- Wurde dir früh eine Rolle zugeschrieben, etwa die der tollpatschigen kleinen Schwester oder die des lauten Kindes?
- Wurdest du mit Liebesentzug bestraft, wenn du nicht „funktioniertest" oder wurde dir dieser angedroht?
- Fühltest du dich erwünscht?

Eigenlob, Leistung und Co

Mitunter können wohlmeinende Eltern Selbstliebe und eine übersteigerte Eigenliebe miteinander verwechseln und befürchten, dass das Kind zu egozentrisch wird und Schwierigkeiten im Umgang mit anderen bekommen könnte, wenn es Selbstliebe ausdrückt.

Verbale Ausdrücke von Selbstliebe werden als unpassendes Eigenlob, Hochmut oder ein Anzeichen von eingebildet sein betrachtet. „Eigenlob stinkt!" oder „Hochmut kommt vor dem Fall!" sind hier gängige Ermahnungen, mit denen das heranwachsende Kind in der Entwicklung seiner Selbstliebe verunsichert wird. Es lernt, dass es gesellschaftlich nicht anerkannt ist, sich selbst an erste Stelle zu stellen und sich einfach gut zu finden, und beginnt, an seiner Selbstliebe zu zweifeln.

Kapitel 1 - Was bedeutet Selbstliebe?

Aus Angst, die Eltern könnten Recht haben oder die Freunde könnten einen für eingebildet halten, wird geschwiegen. Komplimente werden abgewiegelt und die gelebte Selbstliebe tritt in den Hintergrund und macht Zweifeln und Selbstkritik Raum.

Auch Kinder, die sehr leistungsorientiert erzogen werden und sich sowohl in der Schule als auch bei außerschulischen Aktivitäten, wie etwa beim Sport oder beim Spielen eines Musikinstruments, sehr erfolgreich zeigen, haben oft ein Problem mit Selbstliebe. Sie stehen immerzu unter Kritik, haben daher ständig ihre Schwächen vor Augen und das Gefühl, sich stetig verbessern zu müssen. Es ist daher nicht verwunderlich, dass sie ihren Erfolg und Wert an ihrer erbrachten Leistung messen und auch sehen, dass sie von außen permanent bewertet werden. Das führt dazu, dass paradoxerweise gerade jene Kinder, die viele Erfolge einheimsen und gute Noten oder eine Medaille nach der anderen nach Hause bringen, keine wirkliche Selbstliebe entwickeln können. Stattdessen messen sie ihren Wert an Punkten, Noten und Auszeichnungen, ohne sich selbst als ganze Person wahrzunehmen, die für sich schon liebenswert ist.

Nimm dir bitte Zeit, die folgenden Fragen zu beantworten:
- Hast du während deiner Schulzeit einen Leistungssport betrieben oder ein anderes Hobby semi-professionell ausgeübt, etwa ein Musikinstrument gespielt?
- Warst du immer ganz vorne mit deinen Leistungen, sowohl in der Schule als auch privat? Warum?
- Haben deine Eltern dich immer wieder zur Bescheidenheit ermahnt?
- Durftest du stolz auf deine Leistungen sein und deinen Erfolg zelebrieren oder wurde das als unschicklich angesehen?

- Hattest du den Eindruck, dass du Leistung erbringen musst, um von deinen Eltern gesehen und geliebt zu werden?
- Wurden von deinen Eltern oder deiner Bezugsperson nur Bestleistungen akzeptiert?
- Wurdest du von Gleichaltrigen oder deinen Geschwistern ausgegrenzt oder als Streber oder Angeber betitelt, weil du in etwas sehr gut warst?
- Welche Bedeutung hatten die Auszeichnungen für dich?

Verlust der Selbstliebe im fortgeschrittenen Alter

Mitunter kann es aber auch sein, dass du zwar in deiner Kindheit und Jugend die Möglichkeit hattest, Selbstliebe zu erlernen, dir diese Fähigkeit aber durch Schicksalsschläge oder bestimmte Erfahrungen später genommen wurde. Diese Erfahrungen können auch erst im Erwachsenenalter gemacht worden sein, sowohl im Privaten als auch im Beruf. Ein Arbeitsplatz, an dem du dich nicht wohl fühlst oder die Arbeitskräfte nicht als Menschen respektiert werden, ein Umfeld, in dem Mobbing oder Diskriminierung an der Tagesordnung sind, eine Erkrankung, ein Unfall oder eine einschneidende Trennung können alle Faktoren darstellen, die dazu führen, dass ein Mensch in seiner Eigenliebe schwankt. Auch als schwerwiegend wahrgenommene Fehler, wie ein Fehltritt in der Beziehung oder eine nicht bestandene Prüfung, die wichtig für die weitere berufliche Laufbahn gewesen wäre, können die Liebe zu einem selbst ins Wanken bringen und dafür sorgen, dass ein Mensch, der sich vorher mit seinen Stärken und Schwächen annehmen konnte, nur noch seine Schwächen sieht.

Kapitel 1 - Was bedeutet Selbstliebe?

Wer sich einen Fehler nicht selbst verzeihen kann, kann auch nicht die Vergebung der anderen annehmen und wird sich schwer damit tun, sich selbst vollständig als Person anzunehmen. Hier können auch alte Muster greifen: Wenn du ohnehin latent die innere Überzeugung hast, dass du nicht liebenswert bist und nichts Gutes im Leben verdienst, kann es geschehen, dass du unbewusst die schönen Dinge in deinem Leben sabotierst – etwa eine gut laufende Beziehung gezielt belastest, durch Fremdflirten, Zankereien oder übermäßige Eifersucht. Wenn die Beziehung schließlich unter diesen Belastungen zerbricht, siehst du dich darin bestätigt, dass dir eh nichts Gutes widerfährt.

Probleme entstehen meist auch dann, wenn du dich nicht wirklich selbst vollständig angenommen hast, sondern sich deine vermeintliche Selbstliebe nur aus einer Quelle speist: Vielleicht generierst du deinen Selbstwert aus dem Umstand, dass du als sehr attraktiv wahrgenommen wirst und du knüpfst deine Selbstliebe an dein Äußeres. Wie du bereits erfahren hast, ist Selbstliebe bedingungslos und schließt Schwächen und Stärken, eben das Ganze einer Person, ein. Machst du deinen Selbstwert an Äußerlichkeiten fest, die dir genommen werden können, wie etwa deiner Jugend, deiner körperlichen Stärke, deiner Attraktivität oder deinem beruflichen Erfolg, kann es zu einer regelrechten Identitätskrise kommen, wenn du dich einem Verlust eben dieser gegenübersiehst. Vielleicht fürchtest du dich vor dem Altern, weil du meinst, dass in einer vom Jugendwahn geprägten Gesellschaft dann keine Möglichkeit mehr für dich besteht, Bestätigung von außen zu bekommen und an dir ja nichts liebenswert war außer deiner Schönheit, die jetzt mit zunehmendem Alter vermeintlich zu verschwinden droht. Oder du findest dich nach einer Kündigung mit einem zusammengefallenen Häufchen an Selbstliebe und Selbstvertrauen wieder, weil du dich komplett über diese berufliche Stärke definiert hast.

Stelle dir bitte einmal folgende Fragen, um zu erkunden, wie es sich bei dir verhält, wenn du deine Selbstliebe erst im fortgeschrittenen Alter verloren hast:

- Konntest du dich in deiner Kindheit und Jugend selbst lieben?
- Erinnerst du dich, wann dies aufgehört hat?
- Gab es ein einschneidendes Erlebnis wie eine Trennung oder eine Kündigung?
- Oder war es mehr ein fortschreitender Prozess?
- Ist dir ein Fehler unterlaufen, den du dir bis heute nicht verzeihen kannst und für den du deiner Meinung nach in irgendeiner Form büßen musst?
- Knüpfst du deinen Selbstwert an Äußerlichkeiten wie eine besondere berufliche oder gesellschaftliche Position, finanzielle Stärke oder dein Aussehen?
- Glaubst du, dass Menschen ab einem bestimmten Alter nicht mehr liebenswert sind?
- Wie ist deine Einstellung zum Altern?
- Bist du in deinem beruflichen oder privaten Umfeld Mobbing ausgesetzt?

Verlust der Selbstliebe durch gesundheitliche Einschränkungen

Gerade Personen, die mit einer chronischen Krankheit oder Behinderung leben und dadurch im Alltäglichen immer wieder daran erinnert werden, Ausgrenzung oder Unverständnis erfahren und stark darunter leiden, finden es mitunter schwer, eine früher ganz natürliche und selbstverständliche Liebe zu ihrer eigenen Person aufrecht zu erhalten.

Dies kann Menschen betreffen, die plötzlich erkranken und sich erst an den Gedanken gewöhnen müssen, dass ihr

Kapitel 1 - Was bedeutet Selbstliebe?

bisheriges Leben nun nicht mehr uneingeschränkt möglich ist, da sich ihr Alltag aufgrund einer chronischen Krankheit oder einer Behinderung durch einen Unfall drastisch geändert hat. Oder Personen, die bereits mit einer gesundheitlichen Einschränkung auf die Welt gekommen sind und sich seit Kindesbeinen an damit auseinandersetzen müssen.

Dieser Umstand betrifft übrigens nicht nur Menschen, die an einer körperlichen Krankheit leiden. Auch Menschen mit psychischen Erkrankungen können sich oft nur schwer selbst voll und ganz annehmen und sie wissen um das Stigma, das psychischen Beeinträchtigungen bis heute in unserer Gesellschaft anhängt.

Nicht selten kommen Gedanken auf, wie:

Warum sollte ich mich lieben, wenn mein Körper mir nur Schmerzen zufügt? Warum sollte ich mich lieben, wenn meine Beine mich nicht tragen wollen? Warum sollte ich mich lieben, wenn ich gegen jede Leckerei unter der Sonne allergisch bin und mir mein Körper jeden Genuss verweigert? Warum sollte ich mich lieben, wenn ich immerzu Angst habe und mir dadurch mein Leben verbaue?

Lüge ich mich dann nicht selbst an, wenn ich sage, ich liebe mich, obwohl ich mich in meiner Situation mit meiner beeinträchtigten Psyche, meinem geschwächten Körper einfach nur ablehne, vielleicht sogar hasse?

Dabei ist Selbstliebe gerade in Situationen, in denen Körper oder Seele geschwächt sind, besonders wichtig. Denn Selbstliebe geht Hand in Hand mit Selbstfürsorge und Selbstvertrauen und begünstigt ein gesundes Verhalten. Wer sich selbst liebt, sorgt gut für sich und weiß, welche Form der Bewegung und Ernährung, welcher Mix aus Anspannung und Entspannung und wie viel Abwechslung ihm guttun.

Wem diese Selbstliebe fehlt, der neigt dazu, sich nicht gut um sich zu kümmern: Sei es, dass er seine körperlichen Bedürfnisse zurückstellt und zu wenig oder zu viel, zu ungesund oder zu restriktiv isst, sich zu stark schont oder zu sehr fordert, zu wenig Wasser trinkt und zu viel arbeitet. Wer bereits erkrankt ist und keine Verbindung zu sich selbst hat, keine Selbstliebe fühlt, wird möglicherweise keinen Sinn darin sehen, sich einer schmerzhaften oder anstrengenden Therapie auszusetzen, regelmäßig die verschriebenen Medikamente einzunehmen oder Behandlungsmaßnahmen wahrzunehmen. Sich gehen lassen bis zur völligen Selbstaufgabe geschieht oft dann, wenn ein extremer Mangel an Selbstliebe einen so wenig liebevollen Umgang mit der eigenen Seele, mit dem eigenen Körper zulässt.

Selbstliebe sorgt für weniger Stress und Stress gilt bekanntermaßen als begünstigender Faktor für verschiedenste Krankheiten und kann zudem Genesungsprozesse behindern.

Bei fehlender emotionaler Zuwendung durch dich selbst kann es auch dazu kommen, dass du versuchst, die Leere durch andere Dinge oder Stoffe zu füllen, wie etwa ein, zwei Glas Wein zu viel und zu oft, Stunden vor der Spielkonsole oder dem Smartphone, Essen als Trost; oder du ergibst dich anderen Suchtspiralen wie der Kaufsucht oder der Internetsucht.

Auch wenn du keine chronischen Erkrankungen oder sonstige gesundheitliche Einschränkungen hast, lohnt es sich, beim Thema Selbstliebe und Gesundheit näher hinzuschauen:

- Hast du irgendwelche gesundheitlichen Einschränkungen, für die du deinen Körper oder Geist verurteilst?
- Sind dir deine Erkrankungen peinlich?
- Bist du wütend auf deinen Körper, wenn er nicht so leistungsfähig ist, wie er deiner Meinung nach sein sollte?
- Kannst du dich selbst lieben, wenn es dir schlecht geht?
- Kannst du Liebe zulassen, wenn du keine Leistung erbringen kannst?

- Insbesondere bei nicht unbedingt sichtbaren Erkrankungen wie beispielsweise diversen Autoimmunkrankheiten oder psychischen Erkrankungen wie Depressionen oder Angststörungen: Versuchst du diese Krankheit vor anderen zu verheimlichen, weil du eine Verurteilung der anderen und Liebesentzug fürchtest?
- Wie sorgst du in schweren Zeiten für dich, etwa bei einem Krankheitsschub?
- Wie steht es allgemein um den Umgang mit deinem Körper und deiner Seele? Pflegst und nährst du dich gut?
- Sorgst du für genug Schlaf und Pausenzeiten?
- Verschaffst du deinem Körper genug Bewegung?
- Nutzt du Alkohol oder andere Drogen zur Selbstmedikation?

Auswirkungen eines Mangels an Selbstliebe auf Beziehungen

Da ein gesundes Maß an Selbstliebe wichtig ist, um Beziehungen zu anderen aufzubauen und diese pflegen und genießen zu können, kann ein Mangel an Selbstliebe zudem zu Beziehungsstörungen führen: Möglicherweise siehst du dich immer in der Opferrolle und bedarfst der ständigen Rückversicherung durch dein Umfeld, ohne den Zuspruch überhaupt richtig annehmen zu können. Oder du findest es gänzlich schwer, mit anderen Verbindungen einzugehen, weil du ohnehin davon ausgehst, dass dich niemand lieben kann. Du hast möglicherweise Probleme, dich überhaupt auf eine Beziehung einlassen zu können oder kannst deinem Partner nicht abnehmen, dass er dich wirklich liebt, sondern belastest eure Bindung immer durch ein Reststück an Misstrauen.

Mit ständigem Nachfragen und Hinweisen auf deine Fehler wirst du immer wieder versuchen, den Haken an der Sache zu finden, obwohl du dir wahrscheinlich nichts mehr wünscht, als dass dein Herzensmensch dich aufrichtig liebt.

Oder aber du verlangst nach immer neuen Bekundungen dieser Liebe, um dich kurz liebenswert zu fühlen. Erfolgen diese Bekundungen nicht, wachsen die Zweifel wieder so stark, dass du eure ganze Zeit als Paar in Frage stellst. Das permanente Einfordern von Liebesschwüren und Liebesbeweisen kann für dein Gegenüber sehr belastend sein, ebenso wie das Gefühl, dass die entgegengebrachte Liebe nicht geglaubt wird und Misstrauen in der Beziehung herrscht.

Mitunter kann ein Mangel an Selbstliebe auch dazu führen, dass gar keine partnerschaftlichen Beziehungen eingegangen werden, aus Angst vor Ablehnung oder dass jemand dein wahres, nicht liebenswertes Ich entdecken könnte, wenn er dir näherkommt. Im schlimmsten Fall hat ein andauernder Mangel an Selbstliebe dazu geführt, dass du weder daran glaubst, dass du liebenswert bist, noch dass jemand anderes das finden könnte und daher brauchst du auch gar nicht erst in Kontakt mit anderen Menschen zu treten. Und wenn du nicht liebenswert bist und die Menschen dich nicht mögen, magst du sie zuerst nicht, damit sie dir nicht weh tun können.

Du stößt Leute vor den Kopf und hältst sie auf Abstand, auch wenn du dich eigentlich nach Nähe und Austausch sehnst. Dein Umfeld wird durch die widersprüchlichen Botschaften von dir nicht schlau und wird irgendwann aufgeben, dich einzuladen oder in irgendeiner Form einzubinden, wenn es immer wieder abgelehnt wird. Daraufhin wirst du dich darin bestätigt sehen, dass du nicht liebenswert bist, denn schließlich wirst du nicht mehr gefragt, eingeladen oder besucht und es melden sich auch kaum Leute bei dir.

Diese Mauern aufbauenden Verhaltensmuster können aus dem Denkmuster „Ich liebe mich nicht, also liebt mich auch niemand anders" erwachsen und sich zu Schutzmechanismen ausbilden, die es dir, aber auch anderen Menschen in deinem Umfeld, schwer machen, Kontakt aufzubauen.

- Bist du der festen Überzeugung, dass dich in Wirklichkeit niemand ehrlich lieben kann?
- Zweifelst du an der Liebe deines Partners/deiner Partnerin?
- Benötigst du immer wieder neue Liebesbekundungen?
- Hältst du Leute bewusst auf Abstand, weil du Angst vor Ablehnung hast?
- Nimmst du schnell die Opferrolle ein?
- Bist du in Beziehungen schnell nachgiebig, um bloß nicht abgewiesen zu werden?
- Zeigst du dich eher passiv und lässt dein Gegenüber entscheiden?

Mangel an Selbstliebe – Auswirkungen auf Berufliches und den Alltag

Diese Annahmen können übrigens nicht nur im Privaten, also im Umgang mit deiner Familie, deinen Freunden, Bekannten und in romantischen Beziehungen zu Problemen führen.

Da Selbstliebe und Selbstvertrauen sich begünstigen, kann es sein, dass es dir schwerfällt, Entscheidungen zu treffen und Verantwortung zu übernehmen, du am Arbeitsplatz viel Anleitung brauchst, dich nicht gern mit deinen Stärken zeigst, versuchst, Schwächen zu vertuschen und immer wieder Bestätigung und Zuspruch einforderst oder benötigst, um deine Aufgaben zu erfüllen.

In einem solchen Fall ist natürlich kein Arbeitsverhältnis auf Augenhöhe mit deinen Kollegen möglich, was zu Unstimmigkeiten im Team führen kann. Wer zudem so starke Angst vor Ablehnung hat, wird häufig dazu neigen, sich um jeden Preis anzupassen und dabei möglicherweise seinen eigenen Überzeugungen zuwiderhandeln, was ebenfalls für Stress am Arbeitsplatz sorgen kann. Auch das Erarbeiten von kreativen Lösungsprozessen oder das Entwickeln neuer Ideen ist schwer, wenn der Geist durch Angst vor Ablehnung blockiert ist und du um keinen Preis der Welt negativ auffallen möchtest.

Möglicherweise hättest du auch längst die Beförderung bekommen können – gut genug bist du auf jeden Fall in deinem Job – aber was, wenn es nicht reicht und was, wenn dich die anderen dann gar nicht mehr leiden können oder für einen Angeber halten? Was hat deine Lehrerin immer gesagt:

„Sei wie das Veilchen im Moose, sittsam bescheiden und rein und nicht wie die stolze Rose, die immer bewundert will sein."

Dieser Spruch hat sich immer wieder in deinem Poesiealbum gefunden und er hat sich in deine Erinnerung gebrannt, sodass du erst gar nicht versuchst, beruflich aufzusteigen, dich weiterzubilden oder auf eine andere Art nach Höherem zu streben.

Es kann auch sein, dass du Schwierigkeiten bei der Bewältigung deines Alltags hast, weil du dich schwer damit tust, sinnvolle Entscheidungen für dich zu treffen. Mangelnde Selbstliebe geht oft einher mit einem Mangel an Selbstvertrauen. Wenn du bemerkst, dass du kein Gespür für dich hast und gar nicht weißt, was dir guttut, kann es dir schwerfallen, dich für die Dinge oder auch Menschen in deinem Umfeld zu entscheiden, die dir guttun.

Vielleicht neigst du dazu, den Weg des geringsten Widerstandes zu gehen. Vielleicht versuchst du auch, den Entscheidungsprozess auf andere abzuwälzen, in der Hoffnung, dass diese besser Bescheid wissen und schon das Richtige für dich auswählen werden. Dadurch wirst du natürlich als mündiger Erwachsener in deinem Handlungsspielraum beschränkt und du nimmst eine kindliche Rolle ein. Wenn Menschen in dei-

Kapitel 1 - Was bedeutet Selbstliebe?

nem Umfeld sich daran gewöhnen, dass man dir sagen muss, was du zu tun und zu lassen hast, kann dies dazu führen, dass sie dich bemuttern oder, dass sie dich herumkommandieren und manipulieren wollen.

Eventuell nervt es sie auch, dass du keine Eigenverantwortung übernimmst und sie fühlen sich mit ihrer Rolle überfordert oder möchten diese als dein Partner, deine beste Freundin oder deine Tochter nicht einnehmen, was zu Reibereien führen kann. Schließlich nimmst du wieder wahr, dass du mit deinen Wünschen und Bedürfnissen abgelehnt wirst und irgendwie nicht richtig bist.

Möglicherweise stört es dich auch selbst, dass du immer wieder die Kontrolle abgibst und du würdest gerne wieder der aktive Part in deinem eigenen Leben sein, weißt aber nicht wie. Daher reagierst du gereizt auf das Verhalten deiner Umwelt, die aber eben nur so handelt, weil sie immer wieder in diese Position als entscheidende und treibende Kraft gebracht wurde. Das kann ebenfalls zu Streitigkeiten und Unstimmigkeiten führen.

Überlege dir kurz, wie das bei dir ist:

- Traust du dir in deinem Tätigkeitsfeld zu, neue Aufgaben zu bewältigen?
- Versuchst du, dich weiterzuentwickeln?
- Lehnst du Neues ab, aus Angst nicht gut genug zu sein?
- Fällt es dir schwer, dich am Arbeitsplatz aktiv einzubringen?
- Versuchst du, Verantwortung abzugeben?
- Vermeidest du das Treffen von Entscheidungen?
- Nervt dich deine eigene Unentschlossenheit manchmal?

Wer einen Mangel an Selbstliebe bewusst verspürt, schämt sich womöglich dafür, dass etwas so Selbstverständliches einfach nicht gelingen mag - insbesondere dann, wenn man durchschaut, zu welchen Schwierigkeiten dieser Mangel im Privatleben und im Beruflichen führen kann. Vielleicht erkennst du den Zusammenhang von seelischen und körperlichen Beschwerden und mangelnder Selbstliebe und deine Schwierigkeiten, dich aktiv um dich selbst zu kümmern und das zu tun, was gut für dich ist. Diese Scham kann eine zusätzliche Belastung darstellen und dich in deinen Versuchen, etwas zu ändern, deutlich behindern oder sogar vollständig lähmen. Vielleicht glaubst du, so tief in Selbsthass oder Mangel an Eigenliebe zu stecken, dass für dich kein Weg mehr herausführt. Oder du befürchtest, was deine Familie und deine Kollegen dazu sagen werden, wenn du dich anders zu verhalten und zu äußern beginnst. Du denkst an das bescheidene Veilchen im Moose und willst um keinen Preis für die prahlende Rose gehalten werden. Was aber wäre, wenn du es darauf ankommen ließest, auszuprobieren, wie es sich anfühlt, für sich einzustehen, seine eigenen Wünsche und Bedürfnisse zu erforschen und sich auf diese spannende Beziehung zu dir selbst einzulassen?

Was bedeutet Selbstliebe überhaupt?

Wenn du dich einem Thema nähern willst, lohnt es sich, zunächst einmal Fakten zu sammeln und eine Bestandsaufnahme zu machen: Was kommt dir in den Sinn, wenn du das Wort Selbstliebe hörst? Treten Gedanken an damit verbundene Dinge wie Selbstwert und Selbstbewusstsein auf, oder denkst du als allererstes an übersteigerte Selbstliebe, vielleicht sogar an Narzissmus?

Wurde der Begriff Selbstliebe früher recht schnell mit einer übersteigerten Eigenliebe in Verbindung gebracht, wird heute eher eine uneingeschränkte Annahme der eigenen Person mit allen Schwächen und Stärken damit assoziiert. Die Psychoanalytikerin Luise Reddemann benennt die Selbstliebe als Grundlage für eine Person, mit ihrer Umwelt und ihren

Kapitel 1 - Was bedeutet Selbstliebe?

Mitmenschen in einen guten Kontakt treten zu können. Auch Erich Fromm, ebenfalls Psychoanalytiker und Sozialpsychologe, geht davon aus, dass der Mensch zunächst sich selbst annehmen und lieben können muss, um andere Menschen wirklich lieben zu können.

Gemeint ist damit allerdings nicht die eingangs erwähnte übersteigerte Eigenliebe, sondern ein gesundes Maß an Eigenliebe. Diese Liebe ist nicht blind für die eigenen Schwächen und Makel, sondern akzeptiert diese und schließt diese mit ein. Das Idealbild der bedingungslosen Liebe ist für die meisten Menschen eine Denkfigur, an der sie sich orientieren können, auch wenn es uns in der Regel nicht möglich ist, gänzlich frei von Bedingungen und Ansprüchen zu lieben und zu denken. Dies ist nur allzu menschlich und keineswegs ein Zeichen dafür, dass du nicht genug liebst. Wichtig ist, dass du von Herzen liebst und dir selbst gegenüber ehrlich bist, wenn du dir ansiehst, was du wirklich fühlst.

Wenn du an den Begriff Selbstliebe denkst, kommen dir wahrscheinlich auch Worte wie Selbstvertrauen und Selbstbewusstsein in den Sinn. Der dänische Familientherapeut und Autor Jesper Juul definiert in seinem Aufsatz „Selbstvertrauen und Selbstbewusstsein" ein gesundes Selbstbewusstsein als die Grundlage für die Entwicklung von Selbstvertrauen als das Zentrum eines jeden Menschen, als die Kommandozentrale, die alle Kraft deines Seins beinhaltet. Über das Selbstbewusstsein nimmst du dich im Unterschied zur Außenwelt wahr, dein innerstes Selbst, frei von sozialen Rollen und Aufgaben. Juul weist darauf hin, dass das Selbstbewusstsein für den Menschen das Erlebnis als wertvolle Existenz ist, unabhängig von Leistung oder Status. Es geht nicht darum, etwas darzustellen oder zu bewerten. Selbstbewusstsein umfasst allein das Erlebnis des Seins und das Annehmen der eigenen Person, des tiefsten Inneren mit allen schönen und weniger schönen Seiten, frei von Wertung und Vergleich mit anderen.

Menschen mit einem gut ausgeprägten Selbstbewusstsein, haben ein inneres Gespür für sich und einen guten Zugang zu sich und ihren Bedürfnissen. Sie wissen, was ihnen wichtig ist, was in ihrem Leben einen hohen Stellenwert hat, welche Werte ihnen am Herzen liegen und wo ihre Grenzen sind. Sie wissen, wann sie nein sagen wollen und sie wissen, was gut für sie ist. Sie gehen davon aus, dass sie prinzipiell erst mal so, wie sie sind, in Ordnung sind, ganz unabhängig davon, wie sie sich nach außen geben und welches Feedback sie bekommen. Sie als Mensch sind okay und sie dürfen so sein, wie sie sind.

In Gemeinschaft mit diesem Selbstbewusstsein und der Selbstliebe kann sich ein gewisser Selbstwert entwickeln: Menschen wissen dann, dass sie es wert sind, gut behandelt zu werden und sich selbst gut zu behandeln. Sie haben ein klares Werte- und Normensystem, an dem sie sich orientieren und sie sind nicht wankelmütig oder verzagt, sondern können sich verorten und klar positionieren und auch für ihre Bedürfnisse einstehen – eben, weil sie es sich wert sind.

Das Selbstvertrauen betrifft laut Juul Leistungen, die auch von außen erkennbar und bewertbar sind. Du traust dir mit einem gesunden Selbstvertrauen zu, neue Dinge auszuprobieren, weil du davon ausgehst, dass es schon glücken wird. Fehler zu machen ist für dich nicht weiter schlimm, weil du sie mit dem nötigen Selbstvertrauen nicht als vernichtende Katastrophe, sondern als ganz normalen Bestandteil eines jeden Lernprozesses wahrnimmst. Du gehst davon aus, dass deine Umwelt dir wohlgesonnen ist und dass deine Mitmenschen wahrscheinlich eher positiv auf dich reagieren werden.

Dieses Selbstvertrauen hat nichts mit Überheblichkeit zu tun, sondern speist sich aus einem frühkindlichen Urvertrauen, das der Mensch zu Beginn seines Lebens während seiner erfolgreichen Sozialisation entwickelt. Mit einem guten Urvertrauen nimmt eine Person ihre Lebenswelt als wohlwollend und freundlich wahr und Mitmenschen sind in der Regel

Kapitel 1 - Was bedeutet Selbstliebe?

ebenso freundlich und wohlwollend. Naivität ist damit nicht gemeint; es geht vielmehr um eine grundlegende Offenheit und Verbundenheit mit einer freundlich gesinnten Welt, als dessen Teil sich der Mensch wahrnimmt.

Konnte ein Kind kein gesundes Urvertrauen entwickeln, nimmt es seine Umwelt als bedrohlich oder als konkrete Gefahr wahr. Es wird misstrauisch gegenüber Fremden, kann sich anderen gegenüber weniger gut öffnen und rechnet immer mit dem Schlimmsten. In stetiger Hab-Acht-Stellung leben zu müssen, kann zu Bindungsstörungen und Entwicklungsstörungen führen, da das Kind weitere Sozialisationsprozesse nicht unbeschwert durchleben kann und immer wieder Stolpersteinen durch den Mangel an Urvertrauen und damit schließlich auch an Vertrauen in die eigenen Fähigkeiten begegnen wird.

Wie ist das bei dir?

- Kannst du dich selbst lieben, dich annehmen mit all deinen Stärken und Macken?
- Kannst du dich so akzeptieren, wie du bist? Oder arbeitest du in deinem Kopf immer auf eine Idealversion von dir hin und findest, dass du, bis du diese ideale Version deiner Selbst erreicht hast, nicht verdient hast, geliebt zu werden?
- Kennst du deine Bedürfnisse und findest du es in Ordnung, diese zu haben?
- Findest du Selbstliebe in Ordnung oder empfindest du sie als egoistisch oder als Zeichen von Eitelkeit oder Arroganz?
- Wie wichtig bist du dir selbst? Stellst du immer andere Leute und deren Bedürfnisse, Meinungen oder Wünsche an erste Stelle und denkst, dich selbst wichtig zu nehmen, gehört sich nicht?
- Weißt du, welche Werte dir wichtig sind und kannst du für diese und dich selbst eintreten?

- Kannst du Grenzen setzen, wenn es wichtig ist, ganz unabhängig davon, was andere dazu sagen?

Diese Fragen sollen zum Reflektieren anregen und dir die Möglichkeit geben, eine erste Bestandsaufnahme zu machen: Wie ist es um deine Selbstliebe bestellt? Welche Gedanken und alten Überzeugungen tauchen in dir auf, wenn du dich mit diesem Thema befasst? Glaubenssätze, die du in deiner Kindheit oder Jugend gelernt hast, können sehr hartnäckig sein und dir ein Annähern an das Thema erschweren.

Wenn du merkst, dass es dich dennoch interessiert, gib dir genügend Zeit, dich dem Konzept der Selbstliebe zu nähern und mach dir bei Bedarf immer wieder klar, dass Selbstliebe nichts mit Narzissmus oder ungesundem Egoismus gemeinsam hat. Es verhält sich vielmehr wie in dem Beispiel mit den Sauerstoffmasken auf einer Flugreise: Nur wenn du selbst mit ausreichend Sauerstoff versorgt bist, weil du dir die Maske zuerst aufgesetzt hast, kannst du anderen wirklich helfen und sie beim Aufsetzen unterstützen. Wenn du dich selbst liebst und diese Eigenliebe zu einer wichtigen Priorität in deinem Leben machst, nimmst du deinem Umfeld nichts weg, sondern gibst ihm eine ausgeglichene, starke Person, die dank Selbstliebe, Selbstvertrauen und Selbstbewusstsein zu viel mehr fähig ist und ehrlich und voller Überzeugung für ihre Sache agiert.

„Erst wenn der Mensch in sich selbst Frieden gefunden hat, kann er darangehen, ihn in der ganzen Welt zu suchen!"
- Martin Buber

Kapitel 2 - Wie sieht meine Form der Selbstliebe aus?

Die Frage nach deiner Form der Selbstliebe ist eine essenzielle, denn Selbstliebe ist sehr individuell und kann sich in ganz unterschiedlichen Bereichen des Lebens ausdrücken. Das viel zitierte Entspannungsbad mit Rosenblüten ist sicherlich nur eine Form des Ausdrucks von Selbstliebe, denn diese Haltung nur mit etwas Wellness gleichzusetzen, wäre verkürzt. Es geht schließlich darum, dich in allen Bereichen deines Lebens mit all deinen Facetten anzunehmen, gut für dich zu sorgen und dich und dein Leben wertzuschätzen und zu genießen.

Dazu ist es zum einen wichtig, zu wissen, was du in deinem Leben brauchst, was dir wichtig ist, welche Werte und Ideen dir am Herzen liegen, wofür du brennst und wie du deine Zeit gestalten willst. Zum anderen ist es wichtig, dass du siehst, was du dazu zur Verfügung hast, wie deine Lebensbedingungen sind und von wo du startest.

Die Frage „Was brauche ich?" kann sehr ungewohnt sein, vor allem, wenn du es gewohnt bist, dich um andere zu kümmern und immer zuerst ein Ohr für die Wünsche und Bedürfnisse anderer hast. Vielleicht stellst du erstaunt fest, dass da nicht sofort eine klare Aussage in dir aufkommt, sondern eher eine diffuse Ahnung oder ganz gegensätzliche Gefühle.

Das ist vollkommen okay und geht vielen so, die sich lange selbst nicht in den Fokus gesetzt haben. Wer sich selbst hauptsächlich als Mutter von XY oder Partnerin von Z oder pflegende Tochter von A wahrgenommen hat, der hat seine eigenen Wünsche und Sehnsüchte, Ideen und Lebensplanungen möglicherweise lange hinten anstellen müssen und braucht daher erst mal wieder etwas Zeit und Raum, um sich selbst kennen zu lernen.

Um dich nicht zu überfordern, darfst du hier ruhig kleinschrittig vorgehen, um herauszufinden, wie deine Form der Selbstliebe aussieht, was dir besonders wichtig ist und wofür du im Moment gar keinen Kopf hast.

Genau wie Paare in romantischen Beziehungen nicht alle blind einem Muster oder vermeintlichen Ideal folgen sollten, sondern ihren eigenen Beziehungsstil entwickeln, der zu ihren Persönlichkeiten passt sowie ihrer ganz individuellen Auffassung von Zweisamkeit entspricht, kannst du auch in dieser so wichtigen Beziehung zu dir selbst eigene Regeln aufstellen, ausprobieren und dir Entwicklungsschritte zugestehen. Vielleicht schießt du im ersten Überschwang über das Ziel hinaus und rutscht ein wenig in die Ich-zentrierte Ecke. Vielleicht fällt dir die aktive Selbstliebe sehr schwer und du musst dich immer wieder daran erinnern. Denke in jedem Fall daran, dass diese Beziehung wie jede andere Veränderungen unterliegt und nichts in Stein gemeißelt ist.

Bestandsaufnahme und Plan

Wenn du noch gar nicht weißt, wo du starten sollst, kann es helfen, wertzuschätzen was du bereits hast. Benutzt du ein Dankbarkeitstagebuch oder ein Komplimente-Glas, in dem du schriftlich festhältst, wofür du in deinem Leben dankbar bist, was gut ist oder was dir jemand Nettes gesagt hat? Diese Dinge können wunderbare Quellen sein, um mit einem guten Gefühl in das Unternehmen Selbstliebe zu starten, denn du

Kapitel 2 - Wie sieht meine Form der Selbstliebe aus?

siehst schwarz auf weiß, was dir gefällt, was dir guttut und was du gerne von anderen hörst. Du kannst die Aussagen zudem auch als Kontrastfolie nutzen und sehen, welche Bereiche deines Lebens häufiger erwähnt werden und in welchen du selten etwas Positives zu berichten hast.

Eine Bestandsaufnahme der eigenen Lebensbedingungen in die Überlegungen zu integrieren, kann auch davor bewahren, zu ambitionierte Pläne zu machen, die dich später überfordern könnten. Natürlich lohnt es sich immer, nach den Sternen zu greifen und das Beste zu hoffen, aber wenn du die Realität dabei nicht außer Acht lässt und mit dem zu arbeiten beginnst, was du hast, wirst du weniger Enttäuschungen und Rückschläge erleben und vermutlich leichter den Übergang in ein Leben aktiver Selbstliebe finden.

Hast du seit längerem mit dunklen Gedanken zu kämpfen, wird der Vorschlag, nur noch positiv zu denken, dich zwangsläufig frustrieren. Zum einen ist nicht alles positiv in deinem Leben, zum anderen kannst du eingefahrene Bahnen nicht von heute auf morgen verlassen. Strebst du allerdings kleinschrittige Veränderungen an und überlegst dir Alternativen zu deinen bisherigen, nun unerwünschten Gedankenmustern oder Verhaltensweisen, kannst du dich nach und nach darauf einlassen und eine Art Fahrplan befolgen, der es dir leichter macht, dich an deine neue Einstellung zur Selbstliebe zu erinnern.

Frage dich, in welchen Bereichen du dir mehr Selbstliebe wünschst:

Geht es um die grundsätzliche Einstellung zu dir? Die Art, wie du mit dir selbst kommunizierst? Deine Fehlerkultur und den immer aktiven inneren Kritiker? Möchtest du einen Ausgleich zu deinem bewegten Alltag schaffen, möchtest du deine Sinnlichkeit fördern, brauchst du mehr Ruhepausen oder möchtest du mehr für deine Ziele einstehen?

Wie steht es mit deinen Möglichkeiten? Hast du finanzielle Ressourcen, um dir bestimmte Anschaffungen für ein Self-

Care-Programm zu gönnen? Gibt es Möglichkeiten, in einem anderen Bereich Geld zu sparen, um Ressourcen zu schaffen für etwas, das dir richtig guttut – etwa, endlich das Rauchen aufzugeben und das eingesparte Geld in die ersehnten Tanzstunden zu investieren?

Wie sieht es mit deiner Zeit aus? Bist du stark eingebunden und müsstest du Freiräume für dich in kleine Einheiten über den Tag verteilen oder hast du die Möglichkeit, einen längeren Zeitraum für dich zu blocken, um deine Reise anzugehen? Wie gestaltet sich dein Alltag? Kannst du dir immer wieder kleine Atempausen nehmen, um dich selbst in deinen Mittelpunkt zu stellen? Schau, wo du stehst und womit du arbeiten kannst.

Selbstliebe bedeutet, dich in deiner jetzigen Verfassung voll und ganz anzunehmen, aber das schließt nicht aus, dass du dich verändern kannst. Bist du dir selbst ein ermunternder Begleiter und sicherer Fels, fällt es dir vermutlich sogar deutlich leichter, erwünschte Veränderungen, etwa mehr Ruhepausen, mehr Bewegung oder gesündere Kost, in dein Leben zu integrieren.

Führe dir auch vor Augen, was du alles schon Gutes in deinem Leben erreicht hast, wo in deinem Alltag Glücksmomente existieren, in welchen Bereichen du gut mit dir umgehst? Was kannst du davon nutzen, um es auch auf andere Bereiche zu übertragen? Welche Kapazitäten stecken möglicherweise darin? Gibt es positive Verhaltensweisen oder Eigenschaften oder Gedankengänge, die andere an dir hervorheben? Höre darauf und schaue, wie du diese Aspekte ausbauen kannst.

Möglicherweise ist schon einiges an Selbstliebe vorhanden, sodass du dich gar nicht so überfordert fühlen musst. Vielleicht warten auch im Hinterkopf schon ein paar Gedanken darauf, endlich in den Vordergrund treten zu dürfen, jetzt, wo du den Weg dafür frei machst. Hast du diese früher energisch zur Seite geschoben, weil du andere Dinge wichtiger fandest, kannst du mit deiner neuen Einstellung ganz frei und unvoreingenommen Gedankenexperimente wagen.

Hast du einen Menschen in deinem Leben, mit dem du frei sprechen kannst und der bereit ist, gemeinsam mit dir zu forschen? Austausch kann sehr bereichernd sein und möglicherweise werden dir von deinem Gegenüber sogar versteckte Kraftquellen aufgezeigt oder du bekommst andere Hinweise, wie und wo du Selbstliebe in deinem Leben praktizieren kannst. Auch der Austausch von Ideen zur aktiven Self-Care, der Selbstfürsorge, kann inspirierend sein – vorausgesetzt, das Ganze artet nicht in einen Wettbewerb aus, wer sich optimaler und besser um sich kümmert. Dies ist ähnlich wie bei Freizeitstress – aus Angst, nicht genug zu erleben oder nicht genug Spaß zu haben, planst du immer mehr Aktivitäten, die dir möglicherweise aber gar keine Freude bereiten oder die du aufgrund des Termindrucks gar nicht mehr genießen kannst.

In Zeiten von Social Media ist es ein Leichtes, vom Informieren in ein Vergleichen und Hinterhereifern zu rutschen – vor allem dann, wenn das Leben der Influencer so leicht und sorglos aussieht.

Wichtig: Bleib bei dir und widme dich deiner Selbstliebe-Reise auf die Art, die dir guttut, unabhängig davon, was gesellschaftlich angesehen ist oder gerade die Trends von Social Media bestimmt.

Als Anregung hier ein paar Fragen:
- Was würdest du tun, wenn du machen könntest, was immer du wolltest?
- Was zählt zu deinen kleinen Highlights im Alltag?
- Welche positiven Eigenschaften werden dir zugeschrieben?
- In welchen Bereichen deines Lebens bist du mit dir zufrieden?

- Hast du jemanden an deiner Seite, mit dem du über das Thema Selbstliebe sprechen kannst?
- Gibt es jemanden in deinem Umfeld, von dem du findest, dass er voller Selbstliebe mit sich umgeht? Woran machst du das fest? Was tut diese Person?
- In welchen Bereichen deines Lebens möchtest du ab jetzt besser mit dir umgehen?
- Wie ist deine Liebessprache? Legst du viel Wert auf Worte, Handlungen, auf Körperlichkeit oder auf kleine Aufmerksamkeiten? Funktioniert diese Liebessprache auch für dich?

Formen des Eigengesprächs

Ein erster, wichtiger Schritt auf dem Weg der Selbstliebe ist die Form des Eigengesprächs. Ganz gleich, ob du zu denen gehörst, die laute Selbstgespräche führen oder im Kopf Gedanken hin und her wälzen: Die innere Stimme ist ganz entscheidend bei dem Wunsch, sich selbst anzunehmen und zu lieben. Die Idee, mit sich selbst so liebevoll und verständnisvoll zu sprechen wie mit der besten Freundin oder dem Kind, ist so einfach und logisch, dass diese Veränderung wie von selbst geschehen müsste – aber meist kommt das böse Erwachen!

Auch hier ist erst mal eine Bestandsaufnahme angesagt. Mach dir einmal bewusst, was du so über den Tag denkst. Wie ist der Grundtenor deiner Worte, die du an dich selbst richtest? Düster? Beschwingt? Angespannt? Vielleicht sogar verbittert? Gestresst? Ungeduldig? Welche Worte benutzt du? Wie sprichst du dich an? Welche Adjektive nutzt du, wenn du dich im Spiegel siehst oder dich beschreiben möchtest?

Kapitel 2 - Wie sieht meine Form der Selbstliebe aus?

Dann überlege dir, wie du gerne angesprochen wirst. Fallen dir Menschen ein, mit denen du gerne redest, bei denen du dich wohl und geborgen fühlst? Wie sprechen sie dich an? Welche Worte nutzen sie? Welche Klangfarbe hat ihre Stimme? Sprechen sie schnell oder langsam, melodisch oder kurz und bündig?

Auch hier gibt es allgemeine Tendenzen, aber jeder Mensch ist individuell. Während eine Person möglicherweise eine blumige Sprache bevorzugt, mag es die andere kurz und entschlossen. Immer im Spiel beziehungsweise in der Stimme sein sollte aber eine gewisse Wärme, die dir vermittelt, dass du dich selbst wahr und ernst nimmst und dir und deinen Gedanken und Emotionen gerne Zeit und Respekt gewährst.

Weitere Anregungen zum Thema Selbstgespräch:

- Schimpfst du manchmal regelrecht mit dir selbst, wenn dir ein Missgeschick geschehen ist?
- Tröstest du dich mit lieben Worten, wenn du Kummer hast oder wischt du deinen Schmerz im Selbstgespräch beiseite?
- Kommt bei dir häufig der innere Kritiker zu Wort?
- Sprichst/denkst du Sätze, die du früher oft von deinen Eltern, Lehrern oder Mitschülern gehört hast und die dir wehtun?
- Wie sprichst du über dich, wenn andere dabei sind?
- Hast du eine Idee, wie du gerne mit dir kommunizieren würdest?
- Hättest du Lust, andere Formen der Kommunikation auszuprobieren oder betreibst du diese möglicherweise schon, wie etwa Tagebuch schreiben oder Briefe an dich selbst verfassen?

Aktive Selbstliebe – das individuelle Self-Care-Programm

Selbstliebe ist wie im Eingangskapitel bereits erwähnt in aller Munde und jedes Magazin scheint das Geheimrezept zu haben, wenn es darum geht, diese anzuwenden oder mehr davon ins eigene Leben zu integrieren. Besonders sogenannte Self-Care-Programme, beschäftigen sich mit einer Reihe von Aktivitäten, mit denen du dir Selbstfürsorge angedeihen lassen kannst. Wie frustrierend kann es da sein, wenn all die erwähnten Tipps befolgt werden, man sich davon aber nur noch gestresster oder weniger liebenswert fühlt?

Bitte behalte im Hinterkopf, dass wir Menschen alle verschieden sind und sich die Vorlieben und Bedürfnisse von jedem Menschen unterscheiden. Natürlich haben wir alle unsere Grundbedürfnisse: Wir möchten essen, trinken, menschlichen Kontakt und einen Schutzort. Aber während der eine wunderbar damit zufrieden ist, jeden Tag sein Lieblingsessen zu essen, sehnt sich der andere nach Abwechslung. Der eine möchte in einer Großfamilie leben und jeden Tag Freunde treffen, der andere genießt die Stille und Abgeschiedenheit und findet ein paar kurze Unterhaltungen am Wochenmarkt mehr als ausreichend.

Immer mehr ins Bewusstsein der Allgemeinheit geraten die unterschiedlichen Bedürfnisse von introvertierten und extrovertierten Menschen. Erstere wurden früher oft dazu gedrängt, doch mal aus ihrem vermeintlichen Schneckenhaus zu kommen, mehr auszugehen oder sich auf einen Flirt einzulassen. Heute weiß man, dass diese Menschen ihre Kraftreserven in Stille auftanken und ein ständiger Austausch mit Menschen und der Außenwelt eher ermüdend und belastend ist, während sehr extrovertierte Menschen den Kontakt mit anderen benötigen, um sich wohl und ausgeglichen zu fühlen.

Kapitel 2 - Wie sieht meine Form der Selbstliebe aus?

Auch Menschen, die sich als hochsensibel bezeichnen, sollten sich bei der Wahl ihrer Selbstliebe-Aktivitäten nicht dazu drängen lassen, die gängigen Ratschläge aus Frauenmagazinen und Co zu befolgen, da diese sich oft an eher extrovertierte Personen richten. Ein neues Parfum zu kaufen oder einen Tag beim Shoppen zu verbringen, kann für dich möglicherweise eine regelrechte Tortur sein, wenn du sehr sensibel auf Düfte, Geräusche und Menschenmengen reagierst.

Wenn du deine eigenen Bedürfnisse erforscht, kannst du mit der Zeit immer besser einschätzen, ob eine Aktivität oder ein Ding dir wohltut oder es eher nichts für dich ist. Populäre Self-Care-Programme können ganz wunderbar für dich funktionieren, dir aber auch einfach zusätzlichen Druck machen, wenn du sie blind befolgst, weil du glaubst, dass du dies tun müsstest, um endlich gut für dich zu sorgen. Daher ist es wichtig, seine eigenen Bedürfnisse zu kennen und zu verstehen und es ist essentiell für dein Wohlbefinden, deine innere Stimme wahrzunehmen und als Ratgeber anzuerkennen.

Wie alles in unserer Gesellschaft unterliegt auch das Thema Self-Care verschiedenen Trends und nicht immer musst du alles blind übernehmen, in der Hoffnung, dann optimal für dich zu sorgen. Du musst dich nicht schlecht fühlen oder die Befürchtung haben, dass du dir Selbstliebe verweigerst, wenn du kein Entspannungsbad mit Rosenblüten willst.

Kannst du besser in deiner Garage beim Werkeln entspannen, den Duft von frischem Holz in der Nase, ist das genauso gut. Denn wichtig ist es, dass du etwas findest, das dir guttut. Wenn du lernst, auf deine innere Stimme zu hören und diese auch zu schätzen, kannst du Fehlschläge minimieren und zielsicher eine Self-Care-Routine entwickeln, die zu deinen Bedürfnissen passt.

Hier ein paar Gedankenanstöße:

- Willst du immer alles richtig machen und orientierst du dich dabei stark am Außen?

- Fällt es dir schwer, dich nicht mit anderen zu vergleichen?
- Willst du gerne normal sein und bloß nicht auffallen, auch nicht in puncto Self-Care?
- Tankst du besser in völliger Ruhe auf oder benötigst du Action?
- Genießt du Zeit allein oder willst du stets Geselligkeit?
- Ist dein Beruf körperlich anstrengend, sodass du in deiner Freizeit auf ausreichende Ruhepausen achten solltest. Oder sitzt du viel herum und benötigst möglicherweise körperlichen Ausgleich, anstatt wie bisher am Feierabend auf dem Sofa zu sitzen?

Welche Möglichkeiten und Kapazitäten habe ich für aktive Selbstfürsorge?

Wichtig dabei ist, ganz klar zu benennen, welche Möglichkeiten und Kapazitäten du hast, um die Dinge, die dir guttun, in dein Selbstfürsorge- oder Selbstliebe-Programm aufnehmen zu können. Wird dir auf Social Media suggeriert, dass Selbstliebe aus teuren Wellness-Urlauben, Spa-Besuchen und der neuesten Kollektion luxuriöser Unterwäsche besteht? Suchst du gerade händeringend nach Möglichkeiten, die Waschmaschine zu ersetzen und Geld für die Klassenreise deiner Jüngsten zusammenzubekommen, werden diese Vorschläge vermutlich keinesfalls Wohlbefinden bei dir auslösen, sondern schlimmstenfalls Neid, ein Gefühl von Unzulänglichkeit oder Stress.

Überlege dir daher ganz realistisch, welche finanziellen Ressourcen du zur Verfügung hast. Nicht immer müssen Akte der Selbstliebe etwas kosten und mit Ausgaben verbunden sein. Ein Spaziergang im Park ist ebenso kostenfrei wie das Singen deines Lieblingsliedes oder eine Eigenmassage. Auch ohne luxuriösem Spezialmassageöl und teuren Zusätzen las-

Kapitel 2 - Wie sieht meine Form der Selbstliebe aus?

sen sich einfach mit einer Kerze und etwas netter Musik eine angenehme Atmosphäre und ein schönes Setting schaffen.

Das ist insbesondere dann wichtig, wenn die Ressource Zeit bei dir knapp ist – etwa, weil du alleinerziehend bist, einen Angehörigen pflegst oder die Doppelbelastung aus Arbeit und Kindererziehung meistern musst. Ist dein Tag eng getaktet, geben dir möglicherweise kleine Ruhepausen mehr, als wenn du noch einen weiteren Termin in deinen vollen Planer quetschen musst. Wird dir gesagt, dass der frühe Vogel den Wurm fängt und du einfach eine Stunde eher aufstehen kannst, um eine optimale Morgenroutine durchzuziehen, dann kann das bei ohnehin übermüdeten Müttern eines Neugeborenen einfach nur eine zusätzliche Störquelle bedeuten. Das gilt auch für alle Nachteulen. Nicht jeder Mensch ist eine Lerche und es ist vollkommen in Ordnung, wenn du für dich selbst ausprobierst, wann dir welches Energieniveau für Selbstliebe-Aktivitäten zur Verfügung steht.

Hast du gesundheitliche Einschränkungen, erwarte nicht von dir, dass du die gleiche körperliche oder mentale Kraft hast wie ein gesunder Mensch und plane dementsprechend deine Self-Care-Zeit. Möchtest du beispielsweise Yoga machen, wähle sogenanntes Spoonie-Yoga. Die Spoonie-Theorie geht auf die Bloggerin Christine Miserandino zurück, die ein paar Löffel zur Hand nahm, um einer Freundin zu erklären, wie sich das Leben mit einer chronischen Krankheit anfühlt. Bei Miserandino wurden Lupus und Fibromyalgie diagnostiziert, also Krankheiten, die man den Betroffenen nicht unbedingt ansieht.

Miserandino legte ein paar Löffel vor ihrer Freundin ab und erklärte, dass sie im Gegensatz zu einem gesunden Menschen nur eine begrenzte Anzahl an Löffeln am Tag zur Verfügung habe. Die Löffel standen für Energie, die Miserandino zur Bewältigung des Alltags einsetzen konnte. Bereits alltäglich scheinende Dinge wie Aufstehen oder schnell Brötchen holen, können je nach Erkrankung einen

Löffel kosten, wodurch noch weniger Löffel am Tag zur Verfügung stehen. Chronisch kranke oder behinderte Menschen müssen daher viel mehr Entscheidungen pro Tag fällen und sehr genau abwägen, wofür sie ihre wenigen Löffel einsetzen. Wenn ich jetzt noch zum Zahnarzt gehe, bin ich morgen so erschöpft, dass ich den Elternabend nicht schaffe. Wenn ich nicht zum Zahnarzt gehe, machen mich die Schmerzen verrückt und ich werde nicht schlafen können.

Die Spoonie-Bewegung, die sich nach einem Blogeintrag von Miserandino im Jahr 2003 allmählich entwickelte, schafft ein Bewusstsein für diese besondere Situation von chronisch Erkrankten oder Behinderten. Sie bemüht sich darum, dass auch Betroffene einen anderen Bewertungsmaßstab für sich an den Tag legen. Hier wird also die Selbstfürsorge an die tatsächlichen Gegebenheiten der Person angepasst. Yoga tut gut und ist für viele ein Muss in der Self-Care-Routine. Aber während sich für den einen das schweißtreibende Vinyasa-Yoga über 90 Minuten zum Auspowern eignet, kann es für eine chronisch erkrankte oder einfach erschöpfte Person zu viel sein. Ein Spoonie-Yoga-Programm kann dagegen zum Beispiel im Sitzen praktiziert werden, oder sogar im Liegen. So kannst du dir auch etwas Gutes tun, aber eben genau abgestimmt auf deine Bedürfnisse.

Behalte bei der Annäherung an das Thema ein paar der folgenden Fragen im Kopf:

- Welche finanziellen Möglichkeiten hast du für den Bereich Self-Care zur Verfügung?
- Welche Dinge/Aktivitäten fallen dir ein, die kostenfrei sind?

- Wie steht es um deine Zeit? Wann hast du einen Kopf für Self-Care-Aktivitäten und wie kannst du diese fest in deinen Alltag integrieren?
- Kannst du Aufgaben delegieren oder eine Betreuung für deine Kinder suchen, um dir Ruheinseln zu schaffen, in denen du dich ganz dir widmen kannst?
- Hast du gesundheitliche Einschränkungen, die du beachten solltest? Wie sehen diese aus und welche Alternativen stehen dir zur Verfügung?

Kapitel 3 - Herzenswünsche und unechte Bedürfnisse

Nun stellt sich aber die große Frage: Was genau sind deine Bedürfnisse? Die eigenen Bedürfnisse und Wünsche zu erkennen, ist manchmal gar nicht so einfach. Zum einen sind wir, in einer Welt, die so stark mit Werbung arbeitet, nahezu rund um die Uhr mit Dingen konfrontiert, die Begehrlichkeiten in uns wecken sollen. Die Werbung arbeitet damit, einen vermeintlichen Mangel in uns zu erzeugen und nutzt dazu teils subtile, teils weniger subtile Botschaften: Weil du es dir wert bist! Für deine Balance! Für deine Ruhepause. Dich endlich gut finden! Uns wird suggeriert, dass wir nur ein bestimmtes Produkt kaufen müssen oder eine bestimmte Optik an den Tag legen sollten, um uns lieben zu können.

Zum anderen haben wir die Möglichkeit, auf unzähligen Kanälen in das vermeintliche Privatleben von anderen Leuten zu blicken. Wir können diese bei Morgen- und Abendroutinen, gezielter Produktivitätssteigerung und Glow ups beobachten. Ist es Selbstliebe, wenn wir diesen folgen? Ist es das, was du wirklich willst? Zudem sagt uns die Gesellschaft, was wir in unserer sozialen Rolle benötigen, um uns wohl zu fühlen und anzunehmen.

Und dein Umfeld: Die Nachbarin, die dir sagt, dass die Selbstverwirklichung einer Frau nur über die Arbeit stattfinden kann, schließlich wäre sie mit der Frauenbewegung dafür auf die Straße gegangen. Deine Kollegin, die dich immer wieder mitleidig ansieht, wenn sie von ihren Kindern erzählt und deine Entscheidung für ein Leben ohne Kinder als nicht vollständig wahrnimmt. Die dir nicht glaubt, dass du einfach keinen Kinderwunsch hast. Deine Eltern, die dich nach der langen Ausbildung und dem Studium Karriere machen sehen wollen. In einem Beruf, dessen Arbeitsklima dir aber gar nicht mehr entspricht. Weil für dich andere Dinge wichtig geworden sind.

All diese Vorstellungen werden an dich herangetragen und mitunter ist es schwer, in dem ganzen Labyrinth noch zu erkennen, welche Bedürfnisse und Wünsche von dir kommen und welche von außen an dich herangetragen wurden.

Zudem ändern sich Wünsche und Bedürfnisse im Laufe eines Lebens. Nicht alle, denn Regentropfen mit der Zunge auffangen beschert dir jetzt noch genauso ein Glücksgefühl wie damals mit 7, aber andere eben schon. Dachtest du mit 16, du wolltest unbedingt im kaufmännischen Bereich tätig sein, um schnell Geld zu verdienen und unabhängig zu sein, empfindest du jetzt vielleicht das Arbeitsumfeld als unangenehm und würdest lieber im humanitären oder sozialen Bereich tätig sein.

Das Umfeld tut sich manchmal schwer mit Veränderungen. Gerade Menschen, die man nur sporadisch sieht, etwa bei großen Familientreffen: „Aber die Niki hat doch früher auch so gern mit Bello, dem Hund der Nachbarn, gespielt. Ich dachte, die wollte Tierärztin werden? Ich kann da nochmal bei Frau Doktor Heidmann nachfragen." „Wieso magst du das Rührei denn nicht? Das hast du doch früher immer mit Oma und Opa im Urlaub gegessen. Was soll das mit diesem vegan essen?"

Darum kann es durchaus lieb gemeint sein, wenn Verwandte oder Bekannte uns dabei unterstützen wollen, eine bestimmte Sache zu erreichen. Auch wenn wir uns davon in eine Richtung gedrängt fühlen, die schon längst nicht mehr unserem Lebensweg entspricht. Hier heißt es, mutig zu sein, die Verantwortung zu übernehmen und klar zu machen, dass man eine neue Richtung einschlagen möchte oder bereits abgebogen ist. Auch sich selbst gegenüber.

Mitunter halten wir an Dingen fest, die früher einmal einen hohen Stellenwert für uns hatten, obwohl sie uns schon längst nicht mehr guttun. Weil wir so viel investiert haben. Weil wir andere Chance dafür haben platzen lassen. Weil wir es doch schon immer gewollt haben. Das schon immer kann eine trügerische Sache sein. Denn genauso, wie du jetzt nicht mehr unbedingt jeden Tag mit deinem ehemals heißgeliebten rosa Einhorn-T-Shirt mit Glitzer vor die Tür gehen möchtest, können sich auch andere Vorlieben, Wünsche und Bedürfnisse geändert haben.

Wie ist es bei dir?

- Hältst du an alten Wünschen oder Ideen fest, die gar nicht mehr zu dir und deinem Leben passen?
- Handelt es sich bei deinen Vorlieben wirklich um deine Vorlieben oder hast du diese von wohlmeinenden Familienmitgliedern übernommen. Oder pflegst du diese, weil man das in deiner beruflichen Position nun mal so macht?
- Bist du verunsichert, wie du deine Liebe zu dir selbst leben und ausdrücken sollst und greifst daher auf Muster zurück, die du online oder in Magazinen gesehen hast?
- Gibst du dir Möglichkeiten zum Ausprobieren, Lernen und Entwickeln?

Ungesunde Bedürfnisse – wenn vermeintliche Selbstliebe nicht guttut

Wichtig ist es auch, ungesunde Bedürfnisse zu erkennen, die dir nur scheinbar guttun. Vielleicht hast du die Erfahrung gemacht, dass du eine emotionale Leere durch ein Suchtverhalten stillen konntest, etwa zu viel essen, zu viel Sport treiben, zu viel im Internet surfen oder zu ausufernd shoppen. In diesem Fall sind das Shoppen, das Surfen oder der exzessive Sport keine wirklichen Bedürfnisse, denn sie sind kein Akt der Selbstliebe. Dir geht es nicht gut, wenn du deinen Körper komplett verausgabst, dir dein Bauch vom vielen Essen wehtut und dir das Atmen schwerfällt oder du dein Konto überziehst. Wer sich selbst liebt, darf sich doch mal was gönnen? Ein Stückchen Kuchen oder zwei oder drei oder die halbe Tortenplatte? Ich bin es mir wert, mir etwas Schönes zu kaufen und besonders viel wert bin ich mir, wenn ich mir viel kaufe! Ich habe mir eine Pause vom Alltag verdient – auf zum Zocken!

Es gibt einen feinen Grad zwischen Bedürfnissen und Abhängigkeit, der sich auch in zwischenmenschlichen Beziehungen zeigt. Es macht einen großen Unterschied, ob du einfach gerne mit einem Menschen zusammen bist, weil du das Zusammensein genießt und ihr euch gegenseitig guttut. Oder ob du mit ihm zusammen bist, weil du Angst vor dem Alleinsein hast oder davor, dass du ihn in deiner Abwesenheit nicht kontrollieren kannst und er möglicherweise jemanden anderen trifft.

Ist Abhängigkeit für dich ein Thema, ist Selbstliebe genau jetzt besonders wichtig – auch wenn du dich vielleicht nicht gerade liebenswert findest, sondern dich mit deiner Abhängigkeit nicht besonders magst, indirekt oder offen ablehnst oder im schlimmsten Fall sogar schwer dafür verurteilst. Eine solche Ablehnung kann man erkennen, wenn ein Mensch deutlich formuliert, dass es sich ohnehin nicht lohnt, etwas

Kapitel 3 – Herzenswünsche und unechte Bedürfnisse

Neues zu versuchen, weil er ohnehin nie etwas auf die Reihe bekommen wird oder er es gar nicht verdient hat, einen Neustart zu wagen. Schließlich muss man auslöffeln, was man sich eingebrockt hat. Viele Menschen nutzen eine Niederlage, einen Ausrutscher oder Fehltritt als sozialen Platzanweiser und denken, dass sie – egal, ob selbst verschuldet oder Opfer der Umstände – nun da sind, wo sie eigentlich hingehören. Sie geben sich auf.

Mitunter präsentiert sich die Abhängigkeit aber wie bereits erwähnt als vermeintliche Form der Selbstliebe. Den Betroffenen ist gar nicht immer bewusst, wieso sie zu Ersatzbefriedigungen greifen, wie Essen, Spielen, Flirten oder Einkauf. „Irgendein Laster braucht der Mensch!" „Ich will mir auch mal was Gutes tun!" „Dabei kann ich immer am besten entspannen!" „Geschadet hat es mir noch nicht!" „Das habe ich immer so gemacht, da komme ich wenigstens runter!" Tatsächlich haftet diesen Aussagen aber meist ein bitterer Beigeschmack an.

Laut dem Essay „Sucht" von Wolfgang Herrmann umfasst der Begriff Sucht heute ein zwanghaftes Verhalten, das stoffgebunden (also an Alkohol oder andere Drogen) oder auch nicht-stoffgebunden (Glücksspiel, Arbeitssucht) sein kann. Früher wurde mit dem Begriff auch Siechtum oder Krankheit generell bezeichnet. Sucht kann laut Herrmann sowohl ein Ausdruck von Flucht vor den gegebenen Umständen sein, als auch ein Ausdruck davon, dass der Betroffene nicht gelernt hat, seine Bedürfnisse aufzuschieben und auf gesunde Weise zu befriedigen. Stattdessen möchte er sie immer direkt im Moment des Verlangens beantwortet haben. Häufig spielen soziale Bedürfnisse eine wichtige Rolle, etwa der Wunsch nach emotionaler Nähe, Körperkontakt oder Austausch. Die sozialen Bedürfnisse können dabei sowohl romantisch als auch familiär oder freundschaftlich geprägt sein.

Auch Selbstmedikation kann ein Motiv sein, etwa wenn die überlastete Chefin abends stets zum Rotweinglas greifen muss, um runter zu kommen oder die Mutter vor Feierlichkeiten mit der Familie ein, zwei, drei Gläschen Sekt trinken muss, um in Stimmung zu kommen und die bleierne Schwere und Traurigkeit zu maskieren, die sie seit längerem quält.

Neben der Abhängigkeit von Stoffen, wie Alkohol, oder Aktivitäten, wie Einkaufen oder Computerspiele spielen, kann auch eine Abhängigkeit gegenüber Menschen entstehen. Personen, die ihren Mangel an Selbstliebe über die Bestätigung durch andere auszugleichen versuchen, werden vielleicht ständig auf der Suche nach einem neuen Flirt sein, um das Gefühl der Bewunderung zu genießen. Oder sie werden sich stark an ihren Partner, einen Elternteil oder eine Freundin klammern, um Sicherheit zu generieren. Da sie dadurch den anderen einengen oder ihre zwischenmenschlichen Beziehungen in ihrer Entwicklung blockieren, belasten sie durch das Verhalten nicht nur sich, sondern auch die anderen. Diese reagieren dann möglicherweise negativ darauf, mit Rückzug, Vorwürfen, Druck oder Trennung.

Mitunter bauen sich aber auch ungesunde Beziehungsdynamiken auf, in denen der andere diesen Mangel an Selbstliebe und die damit verbundene Tendenz zur Abhängigkeit auszunutzen weiß und für sich instrumentalisiert, um den betroffenen Menschen an sich zu binden und zu kontrollieren.

Für viele von uns, gerade die, die mit einem beschädigten Selbstwertgefühl durch das Leben laufen, ist es leichter, etwas Negatives über uns zu glauben und zu verinnerlichen. Viel mehr Unbehagen bereitet es uns dagegen, daran zu glauben, dass wir selbst etwas Großes mit unserem Leben tun könnten. Der amerikanische Psychologe Abraham Maslow beschreibt dieses Phänomen als Jonah-Complex, benannt nach Jona, der in der Bibel im Bauch des Wals landet. Maslow schildert anhand einer Bedürfnis-Pyramide, welche Bedürfnisse der Mensch befriedigen möchte. Dabei erkannte er, dass die Menschen nicht nur große Angst vor dem Scheitern haben, sondern auch vor dem Verwirklichen großer Träume oder Berufungen. Der Jonah-Complex beschreibt also die Angst des Menschen vor der eigenen Größe, der Auslebung von Talenten oder dem, wozu sich der Mensch berufen fühlt.

Erlaubt man, dass der Partner oder ein anderer Mensch einen bewusst kleinhält, weil man davon ausgeht, dass man es ohnehin nicht besser verdient hat oder weil man sich in einem sehr starken Abhängigkeitsverhältnis eingefunden hat, kann sich rasch eine Abwärtsspirale entwickeln. Durch die Worte des Partners wird man trauriger, traut sich noch weniger zu und ist daher noch empfänglicher für die Negativität.

Auch können andere Beziehungen durch das Abhängigkeitsverhalten zu einer Person vernachlässigt werden. Während das komplette Fokussieren auf den Partner bei frisch Verliebten aufgrund des Hormoncocktails meist mit einem Schmunzeln akzeptiert wird, leiden freundschaftliche, kollegiale oder familiäre Beziehungen nach einiger Zeit darunter, wenn sich jemand langfristig voll und ganz auf seinen Partner fokussiert und allein diese Beziehung pflegt. Selbstverständlich ist der Partner oder die Partnerin für die meisten von uns der wichtigste Mensch im Leben, aber wenn darüber hinaus Freundschaften oder die Familie vernachlässigt werden, kann dies zu einer Verinselung führen. Der Mensch steht nur noch im Kontakt mit seinem Partner, hat keine anderen Bezugspunkte und keine Möglichkeiten, andere Formen des sozialen Kontaktes als den in einer Partnerschaft zu leben. Üblicherweise belastet dies auch die Beziehung selbst, denn das Gegenüber wird kaum in der Lage sein, alle Formen des Kontaktes, sei es mütterlich, kollegial oder den zur besten Freundin zu ersetzen und zu befriedigen.

Wer seinen Partner als alleinige Quelle zur Befriedigung seiner Bedürfnisse erhebt, wird über kurz oder lang enttäuscht und auch bedürftig, da seine Bedürfnisse nicht erfüllt werden können. Selbst wenn der Partner sich die allergrößte

Mühe geben sollte, diesen Wünschen zu entsprechen, ist es zu viel, was da an ihn herangetragen wird.

Bedürfnisse und Bedürftigkeit eingestehen und akzeptieren

Sich einzugestehen, dass man sich bedürftig verhält und durch dieses Verhalten mitunter seine Mitmenschen in die Enge treibt, unter Druck setzt und verletzt, erfordert eine Menge Mut. Sich anschließend nicht in Vorwürfen zu verlieren, oder die Verantwortung an den Partner abzuschieben und sich stattdessen mit Verständnis zu begegnen und zu analysieren, wie es dazu kommen konnte und wie man das Verhalten in eine gesunde Bahn lenken kann, erfordert einiges an Ehrlichkeit, Courage und vor allem Selbstliebe.

Gleich vorweg: Bedürftigkeit zu spüren ist keine Schande und du bist damit auch nicht allein. Doch du kannst aus der passiven Rolle ausbrechen und lernen, deinen Bedürfnissen zu begegnen, bevor sich Bedürftigkeiten daraus entwickeln, deren Erfüllung du dann möglicherweise anderen übergibst.

Sich Bedürfnisse einzugestehen, kann ebenfalls schwer sein. Insbesondere dann, wenn sie nicht mit dem übereinstimmen, was dir deiner Meinung nach zusteht. Hältst du dich nicht für liebenswert, findest du dein Bedürfnis nach körperlicher Nähe oder tiefen Gesprächen womöglich vollkommen unangebracht, sodass du gar nicht aktiv versuchst, diese zu erfüllen.

Oder du denkst, dass einige Bedürfnisse dir nicht zustehen, weil du es so von klein auf gelernt hast oder dir dies deine gesellschaftliche oder berufliche Position vorgibt: Als liebende Mutter solltest du rund um die Uhr für deine Kleinen da sein und nicht deinem Innersten folgen und einmal im Monat ein Auszeit-Wochenende planen. Schließlich wolltest du Kinder!

Kapitel 3 - Herzenswünsche und unechte Bedürfnisse

Als Chefin darfst du keinen warmen Kontakt zu deinen Angestellten pflegen – an der Spitze ist es nun mal einsam, aber du hast dir das so ausgesucht.

Und hat deine Oma nicht schon immer gesagt, dass junge Frauen nicht allein reisen sollten und schon gar nicht in einem eigenen Wagen? Was soll dieses Gerede von Entdeckerlust und Freiheitsdrang?

Vielleicht passen deine Bedürfnisse auch nicht zu dem Selbstbild, dass du über die Jahre von dir aufgebaut hast. Hast du dich selbst immer in der Rolle der taffen Karrierefrau gesehen, bemerkst aber immer wieder, dass dir das alles viel zu viel wird und du gerne eine Schulter zum Anlehnen hättest und du durchaus Lust hättest, auch Familienleben in deinen Alltag zu integrieren?

Fandest du die Vorstellung, in einer Kleinstadt zu wohnen, immer langweilig und hast du alles dafür getan, raus zu kommen und in einer hippen Szenestadt zu leben, spürst jetzt aber, wie wohl dir die Natur tut und dass es dich raus in die Ruhe zieht?

Es ist nicht immer leicht, diese Veränderungen bei sich zu bemerken, vor allem, wenn sie wie bereits erwähnt, nicht recht zu unserem Selbstbild passen und wir deswegen Hinweise und Anzeichen gerne auch mal eine Weile übersehen. Selbstliebe bedeutet aber auch, dass wir uns und unsere Wünsche ernst nehmen und nicht blind einer Idee folgen, die wir vor 10 Jahren einmal entwickelt haben. Natürlich ist es gut, sich nicht wie das Fähnlein im Winde zu verhalten und jedem kleinen Impuls zu folgen, sondern am Ball zu bleiben, wenn man lange auf eine Sache hingearbeitet hat – aber wenn wir immer wieder merken, dass ein Plan aus unserer Vergangenheit nicht aufzugehen scheint oder uns eine einst getroffene Entscheidung einfach nicht mehr erfüllt, dann ist es ebenso ein Zeichen von Selbstliebe, diese alte Entscheidung zu revidieren, diesen Plan zu überprüfen und zu aktualisieren oder gar komplett auf etwas Neues auszurichten. Veränderung gehört zum Leben dazu und Selbstliebe kann auch bedeuten, dass wir sichere Fahrwasser verlassen, aus unserer Komfortzone ausbrechen und neue Wege gehen, bei denen uns womöglich Hindernisse begegnen werden – um zu wachsen und uns all die Chancen zu geben, die uns offenstehen. Wir müssen uns einen Wechsel unseres Weges nicht erst verdienen, indem wir etwas komplett abgeschlossen haben. Wir haben es in der Hand, Veränderungen herbeizuführen.

Wie sieht es bei dir aus?

- Hast du Bedürfnisse, die du dir nicht zugestehen willst?
- Ist es okay, dass du dich nach etwas sehnst?
- Kommst du dir dann schnell gierig oder unbescheiden vor?
- Hast du Bedürfnisse, die du dir gerne zugestehen würdest, aber bei denen du befürchtest, von der Umwelt verurteilt zu werden?
- Glaubst du, dass manche Dinge dir in deiner Position einfach nicht zustehen?
- Wie steht es mit der Vereinbarkeit von deinen Bedürfnissen und deinem Selbstbild?
- Und gibt es auch Bedürftigkeiten in deinem Leben?
- Erwartest du, dass deine Bedürfnisse von anderen erfüllt werden oder siehst du dich da in der Verantwortung?

Kapitel 4 - Grenzen und Balance

Hast du für dich in den vergangenen Kapiteln herausgefunden, welche Dinge dir am Herzen liegen, wo du klarer Position beziehen möchtest, in welchen Bereichen deines Lebens du deutlich mehr Selbstliebe integrieren solltest und wo du schon zufrieden bist?

Wenn du deine Bedürfnisse klar erkannt hast und auch damit begonnen hast, sie dir selbst zuzugestehen, sie zu vertreten und für ihre Erfüllung zu sorgen, dann kann dieser Schritt für dein Umfeld durchaus befremdlich sein.

Vor allem dann, wenn du bisher überwiegend sehr passiv durch dein Leben gegangen bist und darauf gewartet hast, dass dein Partner für die Erfüllung deiner Bedürfnisse in deiner Beziehung sorgt, deine Eltern dir stets Bestätigung geben und auch deine finanziellen Bedürfnisse mit abdecken oder dir bei der Kindererziehung oder bei Papierkram wie Steuern und Versicherungen unter die Arme greifen, deine Freunde für Unterhaltung in der Freizeit sorgen oder deine Arbeitskollegen die Verantwortung für eure Projekte übernehmen, kann ein Umschwingen von Passivverhalten zu aktivem Tatendrang erst mal für Verwunderung und durchaus auch Skepsis sorgen. Wenn auch noch formuliert wird, dass du dein Augenmerk auf Selbstliebe legst und du jetzt explizit darauf achtest, nichts mehr zu tun, was deiner Vorstellung davon widerspricht, kann es zu Reibereien im System kommen.

Euer bisher eingespieltes Muster – auch wenn es weder dir noch den anderen wirklich Spaß gemacht hat – wird gestört, aufgebrochen und verändert. Der Wunsch nach Routine und Altbewährtem ist meist dennoch groß, denn auch wenn diese Routine uns nicht mehr guttut oder vielleicht nie gutgetan hat, ist sie uns bekannt. Wir wissen, was auf uns zukommt, sind fest verankert und müssen weder Neues/Unbekanntes fürchten, noch damit rechnen, dass die Verbindung zu unserem Umfeld erschüttert oder neu strukturiert wird. Der Mensch ist ein Gewohnheitstier und erduldet daher vielfach lieber ein mittelmäßiges Leben oder Dinge, die ihm nicht wohltun, als in neue Abenteuer zu starten und dabei möglicherweise doch zu scheitern oder bestehende Kontakte einzubüßen und erst mal allein dazustehen.

Wird dein Umfeld nun von dir mit Veränderungen konfrontiert, hat es sich nicht bewusst selbst dafür entschieden, sondern wird quasi vor vollendete Tatsachen gestellt. Wer kennt nicht das mitleidige Lächeln oder das genervte Augenrollen mit dem Hinweis: „Na, hast du mal wieder ein Selbstliebe-Buch gelesen?"

Daher ist es zum einen wichtig, den Menschen klar die eigene Position zu vermitteln und bei Bedarf die Beweggründe zu erklären, und zum anderen, die eigenen Ideen auch bei Gegenwind weiterhin zu vertreten und sich zu behaupten.

Dies wird dir möglicherweise am Anfang etwas schwerfallen. Insbesondere dann, wenn du bisher immer zum Wohle anderer nachgegeben hast oder du Angst davor hast, dass die anderen dich fallen lassen, wenn du deine Linie vertrittst und dich als Person in den Mittelpunkt stellst.

Hier heißt es, eine gute Balance zu finden zwischen deinen eigenen Wünschen und Ideen und den Ansprüchen von außen und Wege, um bei dir zu bleiben. Überlege dir am besten im Voraus, welche Worte du wählen willst und ob und inwiefern du preisgibst, warum du Veränderungen in deinem Leben anstrebst. Nicht jeder muss darüber informiert werden,

Kapitel 4 – Grenzen und Balance

wenn du dich auf eine Reise zu dir selbst begibst und wieder mehr Selbstliebe praktizieren möchtest. Wenn du das Gefühl hast, dass du bei einer bestimmten Person diese Beweggründe nicht thematisieren möchtest, dann bist du nicht dazu verpflichtet. Du kannst auch bei jedem Gesprächspartner individuell entscheiden, wie weit du in das Thema eintauchst und Wörter wie Selbstliebe und Selbstwert zur Sprache bringst. Viele von uns haben stets das Gefühl, sich erklären zu müssen und dem anderen etwas schuldig zu sein. Wenn du dich dafür entscheidest, bestimmte Dinge in deinem Leben zu ändern, um dir wieder mehr Selbstliebe entgegen zu bringen, dann ist das eine ganz private und persönliche Entscheidung und du allein entscheidest, mit wem du diesen Schritt teilen möchtest.

Zudem gibt es einen Unterschied zwischen Egozentriertheit und gesundem Selbstwert. Kennst du diese Leute, die von einem Selbsthilfe-Seminar oder einer Kur nach Hause kommen und erst mal alles Unangenehme oder Anstrengende mit eiserner Faust von sich fernhalten, weil sie jetzt auf ihre Grenzen achten und sich selbst achten? Hier greift das typische Muster, nachdem Personen erst mal etwas überschwänglich werden, wenn sie neu Gelerntes in die Tat umsetzen. Dies pegelt sich in der Regel von ganz alleine ein. Denn natürlich bedeutet das Praktizieren von Selbstliebe nicht, dass du einfach nur noch machst was du willst. Als Teil einer Gesellschaft und einer Gemeinschaft lebst du mit anderen Menschen zusammen und musst dich mit diesen arrangieren. Dabei darfst du auf deine Bedürfnisse achten und dafür sorgen, dass du Entscheidungen triffst und Aufgaben übernimmst, die mit deinem Gefühl von Selbstwert und Selbstbewusstsein übereinstimmen. Aber es bedeutet nicht, dass du dir nur noch die Rosinen aus dem Kuchen picken sollst, weil alles andere ja unter deiner Würde ist und du doch ab jetzt auf deinen Selbstwert achtest und gut für dich sorgst.

Was Selbstliebe nicht ist – Narzissmus, Ignoranz gegenüber anderen und Co

Wie bereits mehrfach kurz angerissen ist Selbstliebe nämlich keinesfalls gleichzusetzen mit Narzissmus oder Ignoranz gegenüber anderen. Wer sich selbst liebt, mit all seinen guten und schlechten Seiten, hat ein Gespür für sich und seine Bedürfnisse, seine Schwachstellen, Stärken und Fehler. Anders verhält es sich beim Narzissmus, ganz gleich, ob es sich um den Begriff im alltagssprachlichen Gebrauch handelt oder um die narzisstische Persönlichkeitsstörung.

Kennst du die Geschichte von Narziss aus der griechischen Mythologie? Je nachdem, welche Überlieferung man liest, ist der besagte Narziss ein wunderschöner junger Mann, der von seinen Mitmenschen umschwärmt jede Form der Annäherung abwehrt und nur sich selbst gefällt. Von verschmähten Anwerbern verflucht, wird er von unstillbarer, übersteigerter Eigenliebe in Besitz genommen und kann sich selbst nicht mehr erkennen. Je nach Überlieferung findet Narziss dann sein Ende dadurch, dass er vor seinem Ebenbild verschmachtete, durch Unruhen im Wasser, das ihm als Spiegelbild diente, dachte, er sei hässlich und auf der Stelle starb oder sich selbst küssen wollte und dabei ins Wasser fiel und ertrank.

Nach dem weltweit genutzten und anerkannten Klassifikationsverfahren ICD, also International Statistical Classification of Diseases and Related Health Problems (Internationale statistische Klassifikation der Krankheiten und verwandter Gesundheitsprobleme), macht sich eine narzisstische Persönlichkeitsstörung durch ein übermäßiges Bedürfnis nach Anerkennung von außen, eine deutliche Überschätzung der eigenen Stärken und einen Mangel an Einfühlungsvermögen gegenüber anderen Menschen bemerkbar. Diese Umstände führen zu Anpassungsschwierigkeiten und Problemen bei der Regulierung des eigenen Selbstwertgefühls.

Selbstliebe hingegen impliziert, dass der Mensch neben einem Bewusstsein für seine Stärken auch ein realistisches Gefühl für seine Schwächen hat, diese annimmt und sich damit akzeptiert. Wer sich selbst liebt, kann sein Selbstwertgefühl auch ohne Bestätigung von außen aus sich selbst heraus regulieren, ist in der Lage, sich selbst angemessen einzuschätzen, was Stärken und Schwächen angeht und ist dadurch in seiner Gemütslage deutlich stabiler. Es besteht kein Anspruchsdenken an andere, da Menschen, die sich selbst lieben, die Verantwortung für sich und ihr Wohlbefinden übernehmen. Natürlich sind auch Personen, die sich selbst lieben nicht vor Momenten der Selbstzentriertheit gefeit und mitunter gibt es auch mal einen Tag, an dem Kritik nicht so gut angenommen werden kann. Aber sie sind deshalb nicht prinzipiell der Annahme, alles müsse sich nur um sie drehen, sie wären die tollsten Menschen unter der Sonne und alle anderen müssten nach ihrer Pfeife tanzen. Wie eingangs schon erwähnt wurde, benennen einige Forscher Selbstliebe sogar als wichtige Grundlage dafür, andere Menschen lieben zu können. Wer sich selbst liebt, mit seinen Schwächen und Stärken, wird auch bei anderen Menschen Schwächen und Stärken als gegeben hinnehmen und sich nicht in der irrigen Annahme über andere erheben, er wäre frei von Makel und deswegen besser als der Rest.

Diese Aspekte sind sehr wichtig, wenn du die Balance finden möchtest zwischen den Dingen, die für die Liebe zu dir selbst unabdingbar für dich sind und den Wünschen und Ansprüchen deiner Umwelt, deiner Liebsten und anderer Mitmenschen.

Freiräume für dich selbst schaffen

Schon zu Beginn des Buches wurde angesprochen, dass es wichtig ist, dir zu überlegen, welche zeitlichen Kapazitäten du zur Verfügung hast, um dich dir und deiner Selbstliebe widmen zu können.

Dabei solltest du nicht nur feststellen, wie der Status quo ist, sondern auch abklopfen, ob die Arbeitsverteilung in deinem Leben mit deinen Liebsten fair ist. Wenn du in einer Partnerschaft lebst und ebenso wie dein Partner oder deine Partnerin arbeiten gehst, achte doch mal auf die Verteilung von weiteren Aufgaben in eurem Alltag. Laut dem Statistischen Bundesamt verrichten in Deutschland 72 Prozent der Frauen täglich Aufgaben im Haushalt, etwa kochen, Wäsche machen oder Putzen, während nur 29 Prozent der Männer täglich im Haushalt tätig werden. Arbeitest du, dann trifft dich eine starke Doppelbelastung. Die meisten Frauen in Deutschland, die in Teilzeit arbeiten, tun dies laut einer Erhebung von Eurostat, weil sie sich um die Pflege von Angehörigen oder die Erziehung der Kinder kümmern. Während Männer sich zu dem Thema so äußern, dass sie bewusst in Teilzeit gehen, um mehr Zeit für sich zu haben oder sich weiterzubilden. Somit könnte es gut sein, dass auch ihr, wenn du in einer traditionellen heteronormativen Beziehung lebst, eine klassische Rollenaufteilung habt, bei der du deutlich mehr unbezahlte Arbeit leistest als dein Liebster, dies aber mitunter ihm oder auch dir gar nicht so bewusst ist. Laut der Organisation für wirtschaftliche Zusammenarbeit und Entwicklung arbeiten Männer pro Tag etwa 440 Minuten, wobei 65 Prozent der Arbeit bezahlt werden, während Frauen 447 Minuten des Tages mit Arbeit verbringen, von der aber 55 Prozent nicht bezahlt werden.

Auch das Thema Mental Load solltest du hierbei berücksichtigen. Dieser Begriff wurde 2017 auf der Female Force Fay von Patricia Cammarata zu einem allgemein bekannten

Schlagwort durch den Vortrag „Warum endet die Gleichberechtigung so oft mit der Geburt des ersten Kindes? Und was ‚Mental Load' damit zu tun hat". Mental Load bezeichnet all die Dinge, die neben der Hausarbeit und der Kindererziehung anfallen und deren Erledigung und Organisation meist der Frau der Familie zugeschrieben werden, etwa das Verlängern von Ausweisen, das Anmelden zum Schwimmen, das Organisieren von Geburtstagen, das Besorgen von Geschenken und das Am-Laufen-Halten des sozialen Netzwerkes, die Organisation der gesundheitlichen Versorgung der Familienmitglieder und vieles mehr. Dieser Zusatzaufwand, der ein gehöriges Maß an Organisation und Denkleistung erfordert, ist eben eine nicht zu unterschätzende mentale Belastung, die zu den nicht bezahlten Arbeiten zählt und meist in das Aufgabengebiet der Frau fällt.

Allein deswegen ist es wichtig, dass du dir Freiräume schaffst und dich, falls bei näherer Betrachtung eures Familienalltags ähnliche Muster erkennbar werden – mit deinen Liebsten zusammensetzt und ihr das Thema angeht. Wenn ihr gemeinsam besprecht, wie die Aufgabenverteilung gerechter erfolgen kann, sodass du mehr Freiräume bekommst, um dich um dich und dein Wohlbefinden zu kümmern, wird es nicht nur dir besser gehen, sondern auch deinen Liebsten und den Menschen um dich herum. Zudem bekommen deine Kinder gleich ein positives Vorbild vorgelebt und sehen, dass Frauen ebenso das Recht haben, sich Freiräume zu nehmen, sich um sich selbst kümmern zu dürfen und dass Aufgaben im Haushalt und Familienalltag gemeinsam als Team bewältigt werden. Da viele von uns ein solches Vorbild in unserer Jugend nicht hatten und vielleicht bis heute fest verankerte Glaubenssätze aufarbeiten müssen, in denen eine Frau sich nur um andere zu kümmern hat, anstatt um sich selbst, ist eine solche Veränderung in eurer Familie sicher sehr wertvoll für den Nachwuchs.

Kapitel 5 - Selbstliebe und Selbstwert in Beziehungen

Die vorangegangenen Überlegungen aus Kapitel 4 sind auch im Hinblick auf das Thema Selbstwert in Beziehungen sehr wichtig. Falls du die Kapitel nacheinander durcharbeitest und dazwischen etwas Zeit verstreichen lässt, um die Themen sacken zu lassen, kann es sich anbieten, die letzten Seiten nochmals kurz durchzulesen und sich auch vor Augen zu führen, wie du auf die Fragen geantwortet hast, welche Impulse du beim Lesen des Kapitels und der Fragen wahrgenommen hast und ob manche Abschnitte bei dir stärker etwas ausgelöst haben als andere.

Für viele von uns ist nämlich gerade die Verbindung von Innen und Außen ein Problem. Wenn wir es endlich schaffen, für uns allein an einem freien Wochenende gut für uns zu sorgen, auf unsere Bedürfnissen zu achten und uns selbst an erste Stelle zu stellen, unsere Meinung wichtig zu nehmen und es genießen, mit Ideen zu spielen und Pläne zu schmieden, kann es durchaus sein, dass wir gefühlt diesen besonderen Zugang zu uns selbst verlieren, sobald andere Menschen ins Spiel kommen. Konnten wir uns früher vielleicht noch gut um uns selbst kümmern, scheint vielen diese Fähigkeit im Umgang mit anderen abhanden zu kommen, weil Partner oder Partnerin, Eltern, Kinder, Freunde oder Kollegen vorne angestellt werden und die eigenen Wünsche und Bedürfnisse nach hinten geschoben werden. Dabei greifen vor allem zwei Beziehungen sehr stark in das Leben von uns ein: Die romantische Beziehung zu unserem Partner oder unserer Partnerin und die Beziehung zu unseren Kindern.

Frühkindliche Prägung – Beziehungsmodelle und Bindungsstil

Die Art und Weise wie du deine Beziehungen mit anderen Menschen pflegst, formt sich laut verschiedenen psychologischen Modellen vor allem in deiner frühen Kindheit. Die Forschung geht mittlerweile von verschiedenen Bindungsstilen aus, die ein Kind mit seinen Eltern oder anderen Erziehungsberechtigten erlebt, erlernt und entwickelt.

Als Baby und Kleinkind bist du von deiner Bezugsperson abhängig und darauf angewiesen, dass diese dich mit Nahrung versorgt, pflegt, dich schützt und dir Zuwendung gibt. Für die meistern Personen sind die Eltern die primären Bezugspersonen gewesen, deren Umgang mit uns unser späteres Beziehungsverhalten stark beeinflusst. Erleben wir eine sichere Bindung zu unseren Eltern, dadurch, dass sie uns mit Nahrung versorgen, uns trösten und uns Sicherheit geben, uns aber auch ermuntern, eigene Erfahrungen zu machen, dann können wir ein sogenanntes Urvertrauen entwickeln. Wir gehen davon aus, dass es die Menschen prinzipiell gut mit uns meinen und dass wir sicher in dieser Welt sind. Wir können uns trauen, Neues zu entdecken und haben die nötige Sicherheit, um uns auszuprobieren, da wir wissen, dass wir bei unseren Bezugspersonen Schutz und Trost finden, wenn wir in Schwierigkeiten kommen.

Es gibt in der Psychologie verschiedene Modelle, die Bindungen erläutern und darstellen. Zu einem der bekanntesten

Kapitel 5 - Selbstliebe und Selbstwert in Beziehungen

gehört sicherlich das von Ainworth. Ainworth teilt die Bindung zwischen Mutter und Kind in einen vermeidenden Bindungsstil, einen sicheren Bindungsstil und einen ängstlich-ambivalenten Bindungsstil ein.

Bei dem vermeidenden Bindungsstil wird die Bezugsperson ignoriert. Dies kann damit zusammenhängen, dass das Kind gelernt hat, dass die Bezugsperson unzuverlässig oder gefährlich ist und es darum klüger ist, sich selbst um seine Bedürfnisse zu kümmern. Personen, die diese Erfahrungen in ihrer Kindheit machen mussten, leben oft als sogenannte einsame Wölfe. Sie versuchen, alles allein zu schaffen und niemanden an sich heran zu lassen, um nicht verletzt zu werden. Sie haben nie gelernt, dass sie sich auf andere verlassen können und dass diese es gut mit ihnen meinen könnten. Daher ist oft auch ein großes Misstrauen gegenüber anderen Menschen vorhanden, insbesondere wenn diese der Person gegenüber freundlich auftreten und diese das nicht einzuordnen weiß.

Beim ängstlich-ambivalenten Bindungsstil fühlt sich das Kind nicht sicher mit seiner Bezugsperson, denn es erlebt diese als unberechenbar. Zwar wird einerseits die Nähe gesucht, aber andererseits muss das Kind auch damit rechnen, von der Person bedroht oder beschimpft zu werden. Als Erwachsene sind diese Kinder häufig sehr unsicher, versuchen in Beziehungen frühzeitig zu beschwichtigen und den Partner bloß nicht zu verärgern, wissen selbst nicht genau, was sie sich wünschen und tun sich schwer damit, ihre eigenen Belange in einer Beziehung zum Ausdruck zu bringen.

Beim sicheren Bindungsstil erlebt das Kind, dass die Bezugsperson ein zuverlässiger Fels in der Brandung ist. Zugleich hat es die Möglichkeit, seine Umwelt zu entdecken und es wird nicht eingeschränkt in seinen autonomen Entdeckertouren.

Somit ist klar erkennbar, dass der Bindungsstil beziehungsspezifisch ist und sich zwischen Kind und Bezugsperson aufbaut. Die gemachten Erfahrungen prägen alle weiteren Beziehungen des Menschen, ganz gleich, ob innerhalb der Familie, in der Schule, später am Arbeitsplatz, mit Freunden oder später auch die romantischen Beziehungen.

Menschen, die in ihrer frühkindlichen Sozialisation wenig Sicherheit von ihren Beziehungspersonen bekommen und keine gute Bindung entwickeln konnten, haben meist nicht nur Probleme im Umgang mit anderen Menschen, sondern sie haben auch Schwierigkeiten eine harmonische Beziehung zu sich selbst aufzubauen. Sie sind sich selbst fremd, versuchen, sich im Außen zu orientieren, haben keinen Zugang zu ihren Gefühlen und Wünschen oder versuchen, diese zu unterdrücken, weil sie nicht gelernt haben, damit umzugehen.

Dadurch, dass sie nicht gelernt haben, wie sie mit nahestehenden Personen umgehen können, sodass sie sich wohlfühlen, wiederholen sie möglicherweise mitunter erlernte Muster, auch wenn sie merken, dass sie ihnen nicht guttun. Oder sie verfallen in das andere Extrem und versuchen, sich ganz gegenteilig zu verhalten. Hattest du beispielsweise Eltern, die sich wenig um dich gekümmert haben, wenn du Ängste hattest oder krank warst, wirst du vielleicht alles besser machen wollen und dein Kind in Watte packen, wenn es das erste Mal draußen spielt, den Notarzt rufen, wenn es ein Mal hustet und deinen Partner pflegen wie einen Schwerstkranken, wenn er eine Erkältung hat. Du hast diese Zuwendung stark vermisst und das Umsorgt werden und möchtest jetzt in deiner Familie alles besser machen. Du bemerkst dabei aber vielleicht gar nicht, dass du zum einen übertreibst und deine Liebsten viel zu sehr behütest und sie damit ängstlich, unsicher oder genervt werden lässt, zum anderen, wie viel Kraft es kostet, sich rund um die Uhr nur um das Wohlbefinden der anderen zu sorgen und keine Zeit mehr für Selbstfürsorge zu haben.

Oder du hast nie gelernt, wie man Liebe ausdrückt und bist mit deinen Kindern ähnlich kühl und rational wie deine Eltern und tust emotionale Äußerungen als wehleidig oder aufmerksamkeitserhaschend ab. Dabei bemerkst du aber vielleicht gar nicht, wie sehr du deine Kinder damit verletzt und wie sehr dir selbst auch der liebevolle Austausch von Kuscheleinheiten mit deinem Nachwuchs oder das Sprechen und Hören von lieben Worten fehlt. Auch hier schaust du nicht wirklich nach deinen Bedürfnissen, sondern übernimmst ein altes Muster, von dem du glaubst, dass man das eben so macht.

Auch im Umgang mit unserem Lebenspartner greifen wir häufig auf Verhaltensmuster und Modelle zurück, die wir in unserer Kernfamilie und unserem engeren Umfeld erlebt haben und wir transportieren Vergangenes so mit in unsere Gegenwart.

- Stelle dir einmal folgende Fragen, um dich dem Thema noch weiter zu nähern:
- Welchem Bindungsstil würdest du dich zuordnen?
- Hast du das Gefühl, du kannst gut für dich sorgen, auch wenn andere Menschen um dich herum sind?
- Hast du beim Aufwachsen glückliche Beziehungen um dich herum erlebt, an denen du dich orientieren konntest?
- Hattest du das Gefühl, von deinen Bezugspersonen geliebt zu werden?
- Durftest du über deine Gefühle sprechen und deine Wünsche äußern?
- Hast du dich als Kind sicher gefühlt?
- Falls ja, ist dieses Gefühl als Jugendliche oder Erwachsene verschwunden?
- Falls ja, wann?
- Wo fällt es dir schwer, gut für dich zu sorgen? Eher im beruflichen Umfeld oder zuhause im Privaten?
- Hast du Angst, dass du als schlechte Mutter/Partnerin/Kollegin giltst, wenn du gut für dich sorgst?

Selbstliebe in der Beziehung mit einem Partner

Selbstliebe in einer Beziehung mit einem Partner klingt eigentlich erst mal nach einer ganz natürlichen Sache. Wenn ich jemanden liebe und dieser jemand mich liebt, dann wünschen wir uns nur das Beste. Das bedeutet ja auch, dass derjenige sich selbst lieben kann und dass ich mich lieben kann, oder?

Das klingt in der Vorstellung sehr schön, aber tatsächlich gibt es in romantischen Beziehungen einige typische Probleme, wenn es um Selbstliebe geht. Eine der möglichen Stolperfallen ist die Sache mit der Verinselung. Jeder kennt die Freundin, die sich so unsterblich in ihren Freund verliebt hat und komplett von der Bildfläche verschwunden ist. Sie ist quasi mit ihm verschmolzen und beantwortet Fragen nur noch im Plural: „Wir kommen Sonntag nicht zum Spieleabend. Wir wollen es uns zuhause gemütlich machen!" „Wir gehen gar nicht mehr so gerne aus." „Wir mögen keine Tomaten!" Sie lässt den Kontakt zu Freunden schleifen, vernachlässigt ihre Hobbys und hat im schlimmsten Fall auch nur noch wenig Interesse an ihrer Arbeit. Sie geht voll und ganz in der anderen Person auf und lebt mit dieser wie auf einer kleinen Insel fernab der Realität. Diese Verinselung ist typisch für eine erste Verliebtheitsphase, wenn alles noch neu und aufregend ist, nimmt dann aber üblicherweise wieder ab und normalisiert sich. Die Freunde haben Verständnis und haben tapfer ausgeharrt und auch die Hobbys und die Arbeit werden wieder aufgenommen und bereichern das Leben der Freundin. Was nun aber, wenn sie all diese Dinge nicht wieder aufnimmt? Dann wird sie über kurz oder lang an ihren Partner oder ihre Partnerin die Erwartung stellen, all diese Bedürfnisse zu befriedigen, was eine Person natürlich nicht leisten kann.

Selbstliebe bedeutet unter anderem, eine gesunde Balance zwischen Nähe und Distanz zu finden und als Person so viel Sicherheit zu fühlen, dass ein eigenständiges Leben ange-

Kapitel 5 - Selbstliebe und Selbstwert in Beziehungen

nehm ist und nicht nur ein Übergangsstadium, bis der Richtige in das Leben tritt. Wer all seine Interessen für seinen Partner aufgibt und nicht mehr als eigenständige Person existiert, wird extrem auf seinen Partner angewiesen sein und deshalb die Beziehung forcieren, auch wenn sie ihm vielleicht nicht mehr guttut, weil man sich auseinandergelebt, der Partner sich entliebt oder sonst eine Veränderung stattgefunden hat.

Wer an einer Beziehung festhält, die einen grundlegend nicht mehr erfüllt und weit mehr als das unvermeidliche und immer mal wieder auftretende Tief in Langzeitbeziehungen umfasst, der nimmt sich zum einen selbst die Möglichkeit, mit jemand anderem eine andere Form der Beziehung kennenzulernen, zum anderen schafft er eine Situation, in der er immer wieder enttäuscht und verletzt wird.

Ähnlich verhält es sich mit Menschen, die sich ihrem Partner extrem anpassen. Du kennst sicherlich auch so jemanden. Der Lederjacke trägt und plötzlich dosenbiertrinkend zum Rockkonzert geht, weil der neue Freund Biker ist und ein paar Monate danach rein pflanzlich isst, auf Demos geht und am liebsten japanisches Kino mit Untertiteln sieht, weil Partner Nummer 2 Akademiker und politisch aktiv ist. Nichts von all dem ist schlecht. Aber wenn eine Person ihre Vorlieben immer zurückstellt und sich an sein Gegenüber anpasst, um Nähe über vermeintliche Gemeinsamkeiten zu schaffen, verliert sie möglicherweise den Zugang zu sich selbst und weiß gar nicht mehr, was sie eigentlich mag. Zudem kann sich ein ungerechtfertigter Widerwille gegenüber dem Partner aufbauen, ein Anspruchsdenken, dass man jetzt auch mal an der Reihe wäre. Der Partner weiß jedoch gar nicht, dass man sich nur angepasst hat und geht davon aus, der andere würde wirklich aus Überzeugung dieses oder jenes tun. Selbstliebe bedeutet, nicht nur für seine Wünsche einzustehen, sondern sie auch klar zu formulieren, Position zu beziehen und Verantwortung für das eigene Glück zu übernehmen.

Dieser Aspekt ist auch wichtig bei einem weiteren Stolperstein: Wenn der Partner zum Ritter in der schimmernden Rüstung wird. Wird der Partner idealisiert, mag ihm das zu Beginn der Beziehung noch schmeicheln. Kritisch wird es, wenn er dieser Idealisierung nicht gerecht werden kann. Zum einen kann dies dazu führen, dass Leute blind sind für die Fehler des Liebsten und sich auf eine Art und Weise behandeln lassen, wie sie es niemandem sonst gestatten würden. Weil es doch ihr Held, ihre Heldin ist und es nur an einem selbst liegen kann und man sich einfach noch mehr Mühe geben muss, dass die Beziehung läuft. Es ist sicherlich richtig, dass meist eine Person etwas mehr Beziehungsarbeit leistet als die andere und dass sich Beziehungsdynamiken entwickeln und verändern können. Aber eine Beziehung sollte immer auf Augenhöhe stattfinden und mit der grundsätzlichen Idee, dass beide Personen mit ihren Meinungen, Wünschen, Lebensplänen und Ideen gleichberechtigt sind.

Zum anderen kann die Idealisierung dazu führen, dass der Partner in Zugzwang gerät, diesem Ideal zu entsprechen. Er bekommt die Verantwortung für das Lebensglück dieser Person übertragen und kann dabei nur verlieren. Die Person, die idealisiert, wird immer wieder enttäuscht und fühlt sich nicht geliebt, will deswegen möglicherweise noch mehr Kontrolle abgeben und der Kreislauf wird weiter befeuert.

Auch hier gilt: Selbstliebe bedeutet auch, sich selbst um sein Glück zu kümmern, Verantwortung zu übernehmen und sich nicht von anderen abhängig zu machen oder die Hände in den Schoß zu legen und darauf zu warten, dass irgendwann schon alles in Ordnung kommt. Das mag im ersten Augenblick nicht ganz so romantisch klingen, wie die ermunternden Sprüche auf Social Media, gibt dir aber das Zepter in die Hand und somit eine unheimliche Kraft und Macht, dein Leben selbst gestalten zu können – auch mit Partner an deiner Seite.

Selbstliebe als Mutter – keine Zeit und kein Bedarf?

Die Rolle als Mutter ist eine ganz besondere und kann sich für jede Frau anders gestalten. Sie ist immer individuell und einzigartig, aber es gibt auch kulturell bedingte und historische Trends und Überschneidungen.

Für viele Frauen, die vor der Geburt eines Kindes ein gutes Verhältnis zu sich und ihrem Körper hatten, ist die Zeit nach der Geburt und auch schon die Schwangerschaft mit vielen Unsicherheiten und Schwierigkeiten verbunden. Zum einen verändert sich der Körper optisch und erscheint ihnen möglicherweise nicht mehr so attraktiv wie früher, zum anderen verändern sie sich auch als Person. Im Zentrum der Aufmerksamkeit steht in den meisten Fällen das Kind und die eigenen Bedürfnisse und Wünsche werden – häufig nicht nur vorübergehend – hintenangestellt, um dem Kind eine möglichst gute Mutter zu sein.

Was eine gute Mutter ausmacht oder welcher Erziehungsstil der richtig ist – daran scheiden sich die Geister und auch diverse pädagogische Strömungen. Dennoch gibt es Gemeinsamkeiten, wenn es darum geht, wem in der deutschen Gesellschaft unbewusst mehr Anteil an der erzieherischen und pflegerischen Arbeit mit Kindern zugeschrieben wird.

Die Forscherin Paula Villa hat formuliert, dass Frauen bestimmte Tätigkeiten zugeschrieben werden, die sie aufgrund angeblicher natürlicher Gegebenheiten besser ausführen könnten. Dazu gehören größtenteils die Fürsorge und Pflege von Kindern, Kranken und Angehörigen. Schwierig daran ist zum einen, dass diese Ansicht die Mutterschaft idealisiert und der Frau der Löwenanteil der Erziehung zugeschrieben wird, sodass sie Abstriche im Privaten und Beruflichen machen muss. Zum anderen ist Mutterschaft neben dieser Idealisierung oftmals zeitgleich auch mit einer gewissen Abwertung verbunden: „Ach, du bist nur Hausfrau und Mutter? Wozu hast du dann eigentlich studiert?" „So, zwei Kinder und eine kranke Schwester – und was arbeitest du, wenn ich fragen darf?" „Ach ja, den ganzen Tag zuhause sitzen, Kaffee trinken und spielen – so schön hätte ich es auch gerne mal!" „Wie fühlt sich das eigentlich an, wenn man den ganzen Tag nichts zu tun hat und trotzdem finanziert wird? Hast du da deinem Partner/deiner Partnerin gegenüber manchmal ein schlechtes Gewissen?"

Viele von uns kennen diese Sprüche und leiden auch unter ihnen, ebenso wie unter der Mythologisierung der Mutterrolle. Während es in anderen Ländern durchaus gang und gäbe ist, dass sich Partner die Hausarbeit und Kindererziehung teilen, wie in den skandinavischen Ländern, oder dass Kinder in einer gemeinschaftlichen Betreuungseinrichtung sind, während die Eltern arbeiten, wird in Deutschland noch sehr viel Wert darauf gelegt, dass ein Kind nur bei seiner Mutter aufzuwachsen hat. Vielfach versuchen Frauen daher, Doppel-, Dreifach- oder sogar Vierfachbelastungen (Arbeit, Haushalt, Erziehung und Pflege) zu stemmen, weil sie denken, dass die Bewältigung dieser Aufgaben nun mal in ihren Aufgabenbereich fällt und sie weder ein Anrecht auf Unterstützung oder Hilfe von außen noch auf eine gleichmäßige Umverteilung der Aufgaben haben.

Zudem wird von modernen Müttern erwartet, dass sie eben nicht nur Hausfrau und Mutter sind, sondern sich auch als Teil der arbeitenden Bevölkerung zeigen. Dabei steht weniger die eigene Selbstverwirklichung im Vordergrund als vielmehr eine Veränderung in der Gesellschaft: Galt früher der Mann als der Ernährer der Familie, hat sich heute ein sogenanntes Adult-Worker-Modell entwickelt: Jeder Erwachsene sollte arbeitsfähig sein und dem Markt zur Verfügung stehen, denn aufgrund der gestiegenen Kosten reicht ein Gehalt heute nicht mehr aus, um eine ganze Familie zu versorgen. Die pflegerischen Aufgaben, die Care-Aufgaben, werden in die-

Kapitel 5 - Selbstliebe und Selbstwert in Beziehungen

sem Modell nicht berücksichtigt, aber wie bereits weiter vorn im Buch erwähnt, fällt die Bewältigung dieser Aufgaben meist auch in den Bereich der Frau.

Somit stehen viele Mütter vor einem schwierigen Dilemma: Gehen sie nicht arbeiten, werden sie von der Gesellschaft verurteilt dafür, dass sie sich selbst nicht weiterentwickeln würden, ihre Kinder bemuttern und mit finanziellen Engpässen leben müssen. Gehen sie arbeiten, sind sie Rabenmütter, die dann doch eigentlich gar kein Kind bekommen hätten sollen, wenn sie es ohnehin abgeben und nur ihre Karriere im Kopf haben.

Wären diese Vorhaltungen nicht schon belastend genug, gibt es bei beiden Varianten eine große Erwartungshaltung an die Mutter, wie sie ihre Fürsorge dem Kind gegenüber zeigen soll: Sie soll das Kind bestmöglich auf das Leben vorbereiten, mit allem was dazu gehört und dabei bei Bedarf auch ihre eigenen Wünsche in den Hintergrund stellen.

Natürlich rechnen Eltern damit, dass sie in der ersten Zeit mit einem Säugling wenig Schlaf bekommen, vielleicht nicht mal eine Minute zum Duschen finden und stark eingebunden sind. Besteht das Leben aber auch fünf Jahre später nur aus dem Nachwuchs, bleibt wenig Raum für Achtsamkeit sich selbst gegenüber.

Der Frage, wie man als Mutter gut auf sich achten kann und sich nicht in der Selbstaufopferung für Kinder verliert, wird in den Sozialen Medien mitunter mit Self Care begegnet. Sieht man jedoch genauer hin, wird deutlich, dass hinter dem Begriff Self Care hier meist die Erwartung steckt, dass man sich fit und attraktiv für andere hält – den Partner, die Gesellschaft.

Ist dies die untergründige Botschaft, hat diese Form der Self-Care nicht allzu viel mit Selbstliebe zu tun, sondern kann im schlimmsten Fall zu weiterer Überbelastung und Stress führen. Natürlich ist es wichtig, sich um seine körperliche Gesundheit zu kümmern und es ist garantiert von Vorteil, sich

Selbstliebe spüren

Gutes zu tun, um sich in seinem Körper wohl und attraktiv zu fühlen. Doch sollte dies nicht mit dem Hintergedanken geschehen, so schnell wie die Mutter von Yannick aus der Krabbelgruppe wieder in die Jeans von vor der Schwangerschaft zu passen, aus Angst, ansonsten für den Partner nicht mehr anziehend zu sein.

Es geht darum, dass du dir erlaubst, nicht nur Mutter zu sein, sondern noch viel mehr Rollen einzunehmen – als Freundin und Tochter, Sportlerin und Hundemama, Geigerin und Kaffeeliebhaberin, Ehefrau und Nichte, Vereinskameradin und Teil der Gemeinschaft, in der du lebst. All diese Aspekte gehören zu dir und machen dich aus und du bist keinesfalls eine schlechte Mutter, wenn du neben deinem Kind auch noch andere Interessen hast. Je älter und selbstständiger dein Kind wird, desto mehr Möglichkeiten wirst du haben, diesen Interessen wieder nachzugehen. Das kann sich wunderbar auf dein Selbstwertgefühl und dein Selbstbild auswirken. Du bist damit ein tolles Vorbild für dein Kind, das das Glück hat mit einer starken, vielseitig interessierten Frau als Mutter aufzuwachsen, die ihm viel beibringen und vermitteln kann. Ausgeglichenheit ermöglicht es dir, eine stabile Bindung mit deinem Kind aufzubauen und ihm Liebe zu geben, da du dich selbst liebst.

In einigen psychologischen Ansätzen geht man davon aus, dass Personen, die sich nicht selbst lieben, ihre späteren Beziehungen dazu nutzen, diesen Mangel zu füllen und das kann sich auch in der Beziehung zu einem Kind zeigen – entweder dadurch, dass die Mutter das Kind sehr stark an sich bindet, es überängstlich behütet und niemand anders an es heran lässt oder dass sie von ihm aktiv Liebesbekundungen einfordert und immer wieder dieser Liebe versichert werden muss. Du kennst bestimmt einen Elternteil, der stets Küsschen und Umarmungen von seinem Nachwuchs einfordert und auch bei fortgeschrittenem Alter des Kindes möglicherweise noch sehr viel Nähe wünscht, auch wenn das Kind schon im Abnabelungsprozess ist und daher weniger intensiven Kontakt benötigt, um sich lösen zu können.

Gestatte dir und deinem Kind Freiräume und die Möglichkeit, sich als eigenständigen Menschen wahrzunehmen. Gestalte einen Raum, in dem ihr gemeinsam wachsen könnt, voller Liebe und gegenseitiger Zuneigung, ohne dabei die Liebe zu dir selbst zu vernachlässigen und freue dich darauf, zusammen spannende Erfahrungen zu machen und deinem Kind von klein auf Selbstliebe vorzuleben.

Bloß keine Ablehnung vom eigenen Fleisch und Blut

Auch das Verhätscheln oder konstante Umsorgen im viel thematisierten Helikopterstil kann ein Ausdruck dafür sein, dass Eltern versuchen, ihre Kleinen konstant bei Laune und die Beziehung untereinander immer harmonisch und friedlich zu halten. Für die Entwicklung des kleinen Erdenbürgers ist allerdings das Kennenlernen von Konflikten, das Aushalten von als negativ geltenden Emotionen und das Erkennen, dass nicht jedes Bedürfnis in jeder Situation unmittelbar befriedigt werden kann, sehr wichtig.

Ist untergründig die versteckte Angst, das eigene Kind könne einen ablehnen oder nicht lieben, vorhanden, weil der Erwachsene selbst Schwierigkeiten hat, sich zu lieben, kann sich das nicht nur auf den Erziehungsstil sondern auch auf die Bindung von Eltern und Kind auswirken und auf die Werte und Vorstellungen, die dem Kind vermittelt werden.

Das Kind lernt, dass seine Bedürfnisse über denen von anderen stehen und entwickelt sich möglicherweise zum kleinen Prinzen oder zur kleinen Prinzessin und tanzt den Eltern auf der Nase herum. Die Eltern fühlen sich in der Pflicht, den Wünschen und Anforderungen, die mit dem Alter wachsen, zu entsprechen und die eigene Selbstfürsorge weicht einer

Selbstaufopferung für den Nachwuchs, der natürlich aufgrund seiner Lernerfahrung auch außerhalb der heimischen vier Wände diesen Anspruch an seine Umgebung herantragen wird. Da aber weder Erzieher noch Lehrer diesem Anspruch gerecht werden, sehen sich viele Eltern gezwungen, die Selbstaufopferung noch eine Stufe weiter zu entwickeln und auch in der Öffentlichkeit und in dem von ihnen losgelösten Bereichen, in denen das Kind lebt, tätig zu werden. Das führt zu noch mehr Stress, weniger Zeit für sich selbst und Konflikten mit anderen Menschen.

Sätze wie „Du bist doof!", „Die Mama von Georg ist viel lieber als du, der darf immer Ketchup auf die Kartoffeln geben!" „Dann zieh ich eben zu Papa, wenn ich nicht mit Philipp schwimmen darf!" oder ein pubertäres „Du hast mein Leben zerstört! Ich hasse dich!" sind für keine Mutter leicht zu ertragen. Wer allerdings unter einem Mangel an Selbstliebe leidet, kann viel schlechter mit einer solchen Aussage umgehen und wird diese möglicherweise nicht als das einordnen, was sie ist: als Konflikt, als Lernversuch der Abgrenzung, ein Ausprobieren der Grenzen oder eine momentane Stimmung.

Die Gründe können ganz vielfältig sein und auch aus mehreren Faktoren gleichzeitig bestehen. Vielleicht hat dein Kind nur eine grottenschlechte Laune und will Dampf ablassen. Vielleicht testet es seine Grenzen neu aus und befindet sich in einem Abnabelungsprozess. Vielleicht mag dein Kind dich in dem Moment auch wirklich gerade nicht – aber das heißt nicht, dass es dich sonst nicht liebt! Was auch immer es ist – du musst es aushalten können, um deinem Kind die Lernerfahrung zu ermöglichen. Damit ist nicht gemeint, dass du nicht adäquat auf Schimpfworte oder verletzende Äußerungen, Unhöflichkeiten oder Ähnliches reagieren darfst. Nein, es ist falsch, die unerschütterliche Supermutti zu geben, die alles schluckt und sich von ihrem Kind alles gefallen lässt. Denn

Kapitel 5 - Selbstliebe und Selbstwert in Beziehungen

zum einen machen die Kinder so meist die Erfahrung, dass ihr Verhalten okay ist, zum anderen lernen sie nicht, welche Auswirkungen freche Sprüche oder bissige Worte auf die Emotionen anderer Menschen und die Beziehung zu diesen haben kann. Seinem Kind auf altersgerechte Weise zu vermitteln, dass seine Worte dir wehtun und man sich nicht so behandeln lässt, ist ein wichtiger Lernmoment für die Kleinen und ein Ausdruck dessen, dass das eigene Wohlbefinden ernst genommen wird – auch und gerade gegenüber den eigenen Kindern.

Mit Aushalten ist daher vielmehr gemeint, dass Konflikte und Unstimmigkeiten mit dem Nachwuchs ausgehalten werden können. Viele Frauen fürchten sich davor und versuchen je nach Alter des Kindes Spielkumpan oder beste Freundin zu sein. Bloß nicht den Unmut des Kindes auf sich ziehen und riskieren, dass es einen nicht mehr mag, schmollt, sich nicht umarmen lassen will oder einen mit Schweigen bestraft. Da wird ein Auge zugedrückt, mit Süßigkeiten oder Spielzeug bestochen, die Konsequenz beiseite geschoben oder die Verantwortung an andere abgeschoben – alles in der Hoffnung, dass die Beziehung zum eigen Fleisch und Blut möglichst unbeschwert bleibt.

Aber damit nimmst du deinem Kind nicht nur wichtige Lernprozesse, sondern du schadest dir auch selbst dadurch, indem du deine Grenzen nicht achtest und andere, in diesem Fall dein Kind und vielleicht auch seine Freunde, dazu einlädst, über diese Grenzen hinweg zu gehen. Du darfst es dir Wert sein und dir sicher sein, dass eine gesunde Beziehung zwischen Mutter und Kind nicht dadurch gestört wird, sondern von klaren Regeln und sicherer, ehrlicher Kommunikation sowie durch das Teilen und Leben von Gefühlen sogar bereichert wird.

Selbstwert und Beziehungen – Veränderungen für dich und die anderen

Achtsamkeit sich selbst und anderen gegenüber zu zeigen, ist enorm wichtig, um Selbstliebe auch in Beziehungen leben zu können. Den Spagat schaffen zwischen den verschiedenen Rollen, die du einnimmst, als Partnerin, Mutter, Kollegin oder beste Freundin, und dir als für dich selbst sorgende Person kann am Anfang durchaus schwierig sein – insbesondere dann, wenn du während deiner frühkindlichen Sozialisation keinen sicheren Bindungsstil ausbilden konntest oder es keine guten Rollenvorbilder in deiner Umgebung gab, die dir gezeigt haben, wie gesunde Beziehungen funktionieren, in denen beide Parteien sowohl auf den anderen als auch gut auf sich selbst achten.

Lag bisher dein Hauptaugenmerk primär auf der Frage: „Wie kann ich für andere da sein?" ergänze sie jetzt mit: „Wie kann ich für andere da sein und dabei gut auf mich selbst achten?"

Die eigenen Bedürfnisse auch in Beziehungen wahren zu können ist eine Lernaufgabe, für die du dir Zeit geben solltest. Sei nicht ungeduldig mit dir und mach dir auch bitte keine Vorwürfe, wegen vermeintlich verlorener Jahre, in denen du dich der Selbstaufopferung untergeordnet hast, sondern versuche stattdessen, jetzt den Fokus auf das Positive an Beziehungen zu lenken. Die Erkenntnis, dass eine Beziehung zwischen Partnern immer auf Augenhöhe geschehen sollte, kann für viele schon ein erster Schritt sein. Ebenso wie die Idee, dass es nicht allein die Aufgabe der Frau ist, sich um Beziehungen oder die Familie zu kümmern.

Du bist in keiner Bringschuld gegenüber den anderen und darfst deine eigenen Bedürfnisse ebenso ernst nehmen, wie die der anderen. Auch hier greift wieder die Einschränkung aus den vorherigen Kapiteln: Selbstliebe in Beziehungen be-

Kapitel 5 - Selbstliebe und Selbstwert in Beziehungen

deutet keineswegs, dass du dich egoman verhalten sollst oder sich alles nur um dich dreht und deine Bedürfnisse wichtiger sind als die der anderen. Aber sie sind eben auch nicht weniger wichtig und du darfst entscheiden, was für dich gut ist. Du musst weder anderen nach der Pfeife tanzen, damit sie dich lieben, noch andere in Kontakt mit dir drängen, wenn sie es nicht möchten.

Wenn du dich selbst liebst, wirst du deinen Selbstwert erkennen und auch, dass du so wie du bist in Ordnung und liebenswert bist. Menschen, die dies nicht erkennen, lieben dich auch nicht mehr, wenn du sie bedienst oder umwirbst. Vielleicht benutzen sie dich oder sie fühlen sich geschmeichelt, aber tief im Inneren weißt du, dass das nichts mit echter Liebe zu tun hat und du wirst dich auch nicht damit zufrieden geben und im Stillen darunter leiden.

Bereits Kinder praktizieren die Taktik „lieber negative Aufmerksamkeit als gar keine Aufmerksamkeit", wenn sie sich von ihren Eltern zurückgesetzt und missachtet fühlen. Du als erwachsene Person weißt nun aber, dass du für dich alleine sorgen kannst. Du bist nicht abhängig, wie es ein Kind von seinen Bezugspersonen ist und anders als ein Kind kannst du deine Bezugspersonen frei wählen.

Zeige dir deine Wertschätzung, indem du dich wann immer möglich mit Leuten umgibst, die dir guttun und denen du guttust. Personen, die dir schaden, dich belasten oder dich immer nur dann anrufen, wenn sie etwas brauchen, sind weder gut für dein Selbstwertgefühl noch für deine Laune. Das Gute ist: Du hast es in der Hand, deine Beziehungen zu gestalten. Möglicherweise müssen sich deine Mitmenschen erst daran gewöhnen, dass du deine eigenen Bedürfnisse nun ernster nimmst und selbst etwas einforderst. Aber die, die dich lieben, werden sich für dich freuen, dass du deinen Selbstwert jetzt mehr wahrnimmst und für dich und deine Ideen einstehst – auch wenn es zunächst Anpassungsschwierigkeiten gibt.

Selbstliebe spüren

Wer sich nicht darauf einlassen kann, dass du die alte „Ich opfere mich für alle anderen auf und nur dann bin ich es wert geliebt zu werden"-Rolle aufgegeben hast, der muss vielleicht auch nicht mehr unbedingt eine große Rolle in deinem neuen Leben voller Selbstliebe einnehmen.

Dir macht der Gedanke Angst, dich von Menschen zu trennen, die dir nicht guttun? Wie stehst du dann da ohne Mann, beste Freundin, Bruder? Sollst du wirklich sagen, du hast keinen Kontakt mehr zu deiner Schwester, weil sie sich nie meldet, außer alle paar Jahre, wenn du ihr mit einer wichtigen Sache helfen sollst? Dass sie dir fremd ist und dir nicht guttut? Darf man das? Ja, du darfst! Und du solltest es, wenn du merkst, dass du Bauchschmerzen bekommst, wenn du an eine bestimmte Person denkst.

Wichtig hierbei ist wieder, seinen Selbstwert nicht über Beziehungen zu definieren, ähnlich wie im Abschnitt Selbstliebe in der Beziehung mit einem Partner. Viele von uns haben Angst davor, mit sich allein zu sein und keine Liebe von außen zu bekommen und halten deswegen an romantischen Beziehungen fest, die ihnen nicht guttun. Oder auch die Angst davor, beim Familienfest oder Klassentreffen wieder der einzige Single zu sein, kann dazu führen, dass man in Bindungen bleibt, die man besser beenden sollte.

Dieses Muster zeigt sich auch bei anderen Beziehungen: zu den Geschwistern; zu den Freunden aus Schulzeiten, mit denen man doch jetzt schon 30 Jahre Kontakt gehalten hat; zu der besten Freundin, die nun aber keine mehr ist. Egal um wen es sich handelt, halte dir vor Augen: Du bist du und du wirst nicht definiert über deine Beziehungen, sondern allein durch dich. Du bist wertvoll und du bist wunderbar und deswegen wirst du auch wieder neue Leute in deinem Leben begrüßen können, wenn du Platz machst für die, die dir guttun!

Wie ist das bei dir?

- Hältst du an Beziehungen fest, die dir nicht guttun, weil du Angst vor dem Alleinsein hast?

- Oder ist da die Angst, niemanden mehr zu finden, der dich liebt?
- Fürchtest du die Verurteilung durch andere, wenn du Beziehungen beendest, weil man das halt nicht macht?
- Schluckst du manche Kränkung um des „lieben Frieden willens"?
- Gibt es Beziehungen zu Menschen in deinem Umfeld, die du als toxisch erlebst? Woran machst du das fest und wie wirkt sich das auf die Liebe zu dir selbst aus?
- Gibt es Menschen, die sich nur bei dir melden, wenn sie etwas von dir wollen? Fühlst du dich ausgenutzt? Was lässt dich an diesen Leuten festhalten?
- Kommunizierst du deine Wünsche und Grenzen in deinen Beziehungen zu anderen klar? Auch und gerade bei Autoritätspersonen?
- Hast du die Tendenz, es allen recht machen zu wollen, also „everbody's darling" zu sein, auch wenn du merkst, dass du dabei über deine eigenen Grenzen hinausgehst?
- Glaubst du, dass du in einer Partnerschaft sein musst, um gesellschaftlich akzeptiert zu werden oder erlebst du entsprechenden Druck aus der Familie?
- Welche Beziehungen genießt du? Was macht den Austausch mit diesen Leuten so besonders und wie fühlst du dich nach einem Gespräch oder Treffen mit ihnen?
- Was ist dir besonders wichtig, wenn du an die Themen Selbstliebe und Beziehung denkst? In welchem Bereich möchtest du etwas verändern? Wo möchtest du noch mal näher hinschauen?

Kapitel 6 - Selbstliebe stärken

Nachdem du dich in den vorherigen Kapiteln dem Thema Selbstliebe von verschiedenen Seiten nähern konntest und vermutlich schon viel über dich und deine Einstellung zu diesem komplexen Thema in Erfahrung bringen konntest, befasst sich Kapitel 6 mit dem praktischen Teil Selbstliebe stärken.

Vielleicht freust du dich schon riesig darauf und brennst darauf, ein paar Anregungen zu bekommen, wie du dein Leben mit mehr Selbstliebe bereicherst, vielleicht weckt dieses Kapitel auch ein mulmiges Gefühl in der Magengegend, weil es jetzt „konkret" wird. Mache dir deine Emotionen bewusst und schiebe sie bitte nicht leichtfertig zur Seite. Die Beziehung zu dir selbst ist die wichtigste in deinem Leben. Mit keinem anderen Menschen verbringst du so viel Zeit wie mit dir und deshalb verdienst du all die Aufmerksamkeit und Zuwendung, die du auch deinen Liebsten zugestehst.

Bist du aufgeregt? Hast du einen Kloß im Hals? Spürst du Vorfreude? Hast du Sorge, dass du die Vorschläge nicht umsetzen können wirst? Bitte nimm deine Gefühle wahr, dann nimm einen tiefen Atemzug. Es ist alles gut! Die Reise zu dir selbst unternimmst du freiwillig und du allein bestimmst das Tempo!

Selbstliebe – Schritt für Schritt

Selbstliebe leben lernen ist ein Prozess, der seine Zeit braucht. Vor allem, wenn du bisher wenig Zeit und Aufmerksamkeit darauf gelenkt hast, dich mit dir und deinen Wünschen zu befassen, gut mit dir selbst umzugehen und dich als wertvollen Menschen zu betrachten. Dann kann ein Umdenken und Verändern von Gedanken- und Verhaltensweisen zu Beginn sogar anstrengend sein.

Der Mensch ist ein Gewohnheitstier und wer Jahrzehnte lang verinnerlicht hat, dass er nur etwas wert ist, wenn er Leistung erbringt, kann sich nach einer plötzlichen Kündigung vielleicht nicht so gut auffangen oder bei einer Grippe liebevoll selbst unterstützen. Wer Selbstwert nur über Beziehungen generiert hat, wird vielleicht panische Angst davor haben, die Verantwortung für sein Wohlbefinden selbst zu übernehmen.

Deshalb ist es so wichtig, sich nicht zu überfordern, wenn die Selbstliebe ins tägliche Leben integriert werden soll. Sei nicht traurig, wenn du zu Beginn immer wieder in alte Verhaltensmuster oder negative Selbstgespräche zurückfällst. Immerhin bemerkst du dies jetzt und kannst dich aktiv dafür entscheiden, anders mit dir umzugehen. Wichtig ist, dass du dir gegenüber höflich und achtsam bleibst. Genauso, wie du anderen Menschen Höflichkeit entgegenbringst, verdienst du diese Höflichkeit auch. Auch dann, wenn du in deinen Augen Fehler machst oder „es mal wieder nicht geschafft hast". Selbstliebe ist keine Challenge und auch kein Wettbewerb. Es ist der Umgang mit dir selbst, der etwas ganz Persönliches und Individuelles und auch nie abgeschlossen ist. So wie du dich als Person weiterentwickelst, so wird sich auch der Umgang mit dir selbst, der Zugang zu dir verändern. Betrachte die Hinwendung zur Selbstliebe als etwas Dynamisches, sich stetig Wandelndes, für das es keine Begrenzung und kein Zeitlimit gibt.

Fällt es dir schwer, dich an die Dinge anzunähern, die du in den vorherigen Kapiteln gelesen hast, erlaube dir Babyschritte. Überfordere dich nicht! Erwarte von dir keine 180-Grad-Wendung, wenn du all die Jahre nie gelernt hast, wie du dir selbst Liebe und Wertschätzung entgegenbringst oder dies verlernt hast.

Ein guter Moment für eine erste Annäherung kann ein Urlaub oder das Wochenende sein, denn vielen Menschen fällt es deutlich leichter, abseits des stressigen Alltags einen Zugang zu sich selbst zu finden. Arrangiere dir eine Auszeit nur für dich und probiere ein paar Änderungen aus: Positive Selbstgespräche, gesundes Essen, eine Massage oder ein Spaziergang im Wald. Dann probiere in anderen Bereichen deines Lebens Kleinigkeiten zu ändern. Gib dir immer Zeit nachzuspüren und erlaube dir, Verschiedenes auszuprobieren und Dinge, die für dich nicht passen, zu verwerfen.

Wichtig zu wissen: Mitunter kann es auch einfach ein wenig dauern, bis sich etwas gut anfühlt. Hast du beispielsweise jahrelang deinen Ärger hinuntergeschluckt und dich mit Fast Food getröstet, wird es zunächst unbequem sein, nicht zum Essen zu greifen, um deine Emotionen zu regulieren, sondern dich aus deiner Komfortzone wagen und Belastendes ansprechen zu müssen. Nach einer Weile wirst du aber merken, wie gut dir diese Verhaltensweise tut, sowohl körperlich, indem du deinem Körper keine ungesunde Nahrung und überflüssige Kalorien zufügst, als auch mental, weil du Gefühle nicht unterdrückst, sondern sie benennst, darauf angemessen reagieren lernst und für dich einstehst.

Es lohnt sich, einige Vorschläge erst mal eine Weile auszuprobieren. Wie bereits erwähnt ist der Mensch ein Gewohnheitstier und braucht eine Weile, um sich auf Neues einzulassen und es auch genießen zu können.

Hast du eine Massage gebucht und bemerkst du, dass du zwar die wohltuende Berührung genießt und sich deine angespannten Muskeln lockern, du aber im Kopf auch immer wieder nach Hause wanderst, zu der Arbeit und zu der Kleinen, die jetzt bei Oma ist und dich bestimmt vermisst, dann ist das okay. Beobachte diese Gedanken, aber bewerte sie nicht und versuche, dich immer wieder gedanklich abzuholen und deine Aufmerksamkeit auf das zu lenken, was an dieser Erfahrung positiv ist. Wahrscheinlich wirst du dich so immer besser auf deine kleinen Auszeiten einlassen und sie immer mehr genießen können.

Eine Ausnahme machen solltest du natürlich immer dann, wenn du instinktiv spürst „Das ist nichts für mich! Das will ich nicht!" Dabei ist es völlig unerheblich, ob Social Media das, was du machst, als die Trendmethode zum Entspannen anpreist oder du viel Geld dafür ausgegeben hast. Wenn du merkst, dass dir etwas überhaupt nicht guttut – dann lass es!

Millionen Menschen können von den positiven Auswirkungen des Saunierens berichten und sie haben wahrscheinlich Recht damit. Wenn bei dir aber der Kreislauf nicht mitspielt und deine Ärztin dir davon abrät, dann ist das Saunieren einfach nichts für dich. Lerne, auf deine eigene Stimme zu hören und deinem eigenen Urteil zu vertrauen. Dazu findest du in Kapitel 7 noch weitere Anregungen. Wichtig für dich jetzt ist, dass du liebevoll und geduldig mit dir umgehst und dir genauso viel Verständnis entgegenbringst, wie bei jedem anderen Lernprozess.

Einige Aspekte wirst du schneller aufgreifen können, andere werden dir schwerer fallen, aber wenn du am Ball bleibst, wirst du sicherlich bald deutliche Veränderungen in deinem Leben und deiner Selbstwahrnehmung spüren.

Selbstliebe und Self-Care – wie und wo soll ich anfangen?

Wenn du jetzt voller Tatendrang loslegen willst, aber gar nicht genau weißt, wie und wo und was, dann können dir die folgenden Anregungen als Inspiration dienen.

Lies sie dir in aller Ruhe durch und schaue, was dich instinktiv anspricht. Die Tipps sind nach Themenfeldern gegliedert. Wenn du bereits weißt, dass du in einem bestimmten Bereich – etwa Kreativität und Schaffenskraft – deutlich zu kurz kommst und du dich danach sehnst, dann kannst du als Allererstes auch zu dem Abschnitt springen und dir die Ideen dort ansehen.

Versuche zum einen, dich am Anfang nicht zu überfordern und an allen Ecken und Kanten etwas zu verändern. Du hast natürlich jede Menge Selbstfürsorge verdient, aber ein totaler Umbruch kann eher belastend und anstrengend sein und geht oft mit dem Gefühl des Scheiterns einher, weil uns der Alltag oder der berühmt-berüchtigte innere Schweinehund dazwischenkommt, wir einfach zu müde sind oder eine Katastrophe über uns hereinbricht.

Entscheidest du dich dafür, in einigen Bereichen kleinere Veränderungen einzuführen, ist die Wahrscheinlichkeit deutlich höher, dass du Erfolgserlebnisse verbuchen kannst und dadurch zusätzliche Motivation und Bestätigung erhältst, die dich weiter auf Kurs halten, auch wenn es mal etwas anstrengender wird.

Jeder von uns weiß, dass Bewegung guttut, aber wer nach einem langen Tag im Büro nach Hause kommt und dann noch Streit mit dem Partner hat, der wird die täglich aufgezwängte Stunde Sport vermutlich als zu fordernd erleben, wenn er noch am Anfang steht. 10 bis 15 Minuten Yoga in den eigenen vier Wänden dagegen kann fast jede von uns einschieben und vielleicht merken wir dabei sogar, dass wir noch ein wenig mehr Energie aufbringen können, weil es uns so guttut. Die Hemmschwelle ist niedriger und wir bleiben besser bei der Sache.

Falls du einen sehr vollen Tag hast und nur wenig Freiräume, schaffe dir einige kleine Inseln am Tag. Falls du ein wenig Zeit benötigst, um von einer Situation in die andere zu wechseln, kannst du dir auch einen Self-Care-Nachmittag in der Woche einplanen, wenn sich das für dich einrichten lässt. Wichtig ist, dass du dir Zeit nimmst und diese Zeit auch für dich reservierst und dir wirklich selbst schenkst, anstatt sie dann doch als Reservefenster für unerledigte Aufgaben, Bügelwäsche und das Geburtstagsgeschenk kaufen zu missbrauchen.

Du bist es wert, dass du dir Zeit für dich nimmst und genauso, wie du dir Zeit nimmst, dich um deine Liebsten zu kümmern, solltest du auch die Zeit mit dir selbst zu einer Priorität machen. Wenn du sie selbst entsprechend einplanst und behandelst, wird sich auch dein Umfeld rasch daran gewöhnen. Denn wenn die Menschen merken, dass du dich selbst wertschätzt, ist es auch nicht mehr so leicht, dich schlecht zu behandeln – selbst wenn dies nur aus Unachtsamkeit geschieht. Du machst deutlich: Ich bin es mir wert! Ich weiß, wie ich mich gut behandele und ich mache es auch.

Wie aber nun anfangen? Besonders schön ist es, wenn du kleine Routinen einbauen kannst. Diese helfen, die Self-Care-Tätigkeiten oder Gedanken Alltag werden zu lassen, indem sie einen festen Platz in deinem Leben haben. Dies verhindert, dass du dich immer neu entscheiden musst und sie stehen als kleine Erinnerungen, auch in anderen Bereichen gut mit dir umzugehen und für dich und deine Bedürfnisse einzustehen.

Denkst du bei dem Wort Routine mit Schrecken an die fast 4 Stunden umfassenden Morgen-Rituale mancher Influencer, die zwar schön anzuschauen sind, aber sich so gar nicht auf dein Leben mit festen Arbeitszeiten, Kind und Haushalt übertragen lassen, dann lass dich beruhigen: Die Routinen sollen dir helfen, dich wohl zu fühlen. Sie können aus wenigen Aktivitäten, einigen schönen Gedanken und mentalen Übungen bestehen und müssen keineswegs ausufern. Es geht vielmehr darum, den Fokus immer wieder gezielt auf Dinge und Gedanken zu lenken, die dir guttun, dir ein Gefühl von Liebe und Wohlbefinden vermitteln und dich in deinem Alltag stärken.

Vorbereitungen für ein Leben in Selbstliebe

Solltest du aktuell ein Leben leben, in dem du dich irgendwie fremd oder nicht richtig zu Hause fühlst, kann es helfen, erst mal Vorarbeit zu leisten. Mach eine Bestandsaufnahme und sortiere mal so richtig aus.

Ist dein Zuhause vollgestopft, sodass du dich erdrückt fühlst? Stehen überall Geschenke von lieben Leuten, die du aber nicht mehr sehen magst? Ist dein Kleiderschrank ein einziger Vorwurf, voll mit Fehlkäufen und Kleidungsstücken, die dir vermitteln, dass du nur dünner oder modischer oder mutiger sein müsstest, um dich darin wohlzufühlen? Ist deine Kontaktliste voll mit Menschen, die sich nur bei dir melden, wenn sie etwas wollen und ansonsten immer keine Zeit haben?

Merkst du, wie erdrückend all dies sein kann? Mache dir selbst Luft, indem du Platz schaffst: Physisch, indem du dich von Dingen trennst, die kaputt sind, ihren Zenit überschritten haben, die du nie haben wolltest oder die nicht mehr zu dir passen. Falls du Hemmungen hast, sie wegzugeben, verstaue sie erst einmal in einer Kiste und achte darauf, wie sich das anfühlt. Denkst du monatelang nicht an sie und bist jedes Mal erleichtert, wenn du dein klares, offenes Zuhause betrittst, dann kannst du vielleicht den nächsten Schritt gehen und ein neues Zuhause für sie finden. Wenn sie gut erhalten und noch nutzbar sind, verkaufe oder verschenke sie oder spende sie einer gemeinnützigen Organisation.

Sich mental Luft verschaffen, ist ebenfalls wichtig. Trenne dich von Energieräubern jeglicher Form: Das können Kontakte sein, alte Überzeugungen, eingeschliffene Rituale innerhalb der Familie, die längst einer Überholung bedürfen oder ein Hobby, an dem du festhältst, weil du das ja schon immer gemacht hast, obwohl es dir schon längst keine Freude mehr bereitet hat.

Wenn du Altes aus deinem Leben verabschiedest, schaffst du zeitgleich Platz für Neues. Jetzt kann es richtig losgehen!

Erholung

„Ich würde mir ja gern was Gutes tun, wenn ich nur die Kraft dafür hätte!" Kommt dir dieser Satz bekannt vor? Hast du ihn von deinen Freundinnen, Kolleginnen oder auch schon aus deinem eigenen Mund gehört? Das schnelllebige Zeitgeschehen, die Doppelbelastung von Arbeit und Haushalt und all die verschiedenen Rollen, die man beziehungsweise frau am Tag zu bewältigen hat, können an den Nerven zerren und uns einfach ermüden. Da ist dann nicht mehr viel Kraft und Elan übrig für das ach so gesunde Beckenbodentraining, grüne Smoothies usw, oder? Zumal es so schön einfach wäre, sich jetzt nur noch vor den Fernseher zu setzen und im Serienlabyrinth zu verschwinden. Leider tut uns das meist aber gar nicht so gut und wir fühlen uns auch nicht erholter. Die Universität Mainz hat eine Studie veröffentlicht, die deutlich macht, dass Menschen, die sich ohnehin gestresst fühlen, nicht durch Fernsehen oder Surfen im Netz abschalten können, sondern sich stattdessen noch gestresster fühlen, weil sie ihre Freizeit nicht sinnvoll nutzen. Der Entspannungseffekt ist hier also recht dürftig, wenn du ohnehin schon unter Strom stehst – obwohl einem schönen Filmabend oder einem ordentlichen Serienmarathon von Zeit zu Zeit natürlich nichts im Wege

Kapitel 6 - Selbstliebe stärken

steht. Aber vielleicht versuchst du mal ein paar andere Wege, um zur Entspannung zu gelangen.

- Eine Mütze voll Schlaf

    Schlaf ist natürlich der Top-Tipp, wenn es darum geht, sich zu erholen. Aber was, wenn man nicht schlafen kann oder der Schlaf einfach nicht erholsam ist? Schafe zählen, bis der Wecker klingelt? Nein! Begib dich auf die Suche nach den Störquellen und schaue, ob du sie beheben kannst. Vielleicht lässt sich deine Schlafhygiene auch durch ganz einfache Veränderungen verbessern. Damit ist jetzt keine verkrampfte Selbstoptimierung gemeint, sondern ganz einfache Dinge. Stelle dir die Frage, was dich am Schlafen hindert. Ist es zu laut? Ist es zu hell, sodass dein Körper nicht die nötigen Botenstoffe ausschüttet, um dich müde zu machen? Dies kann übrigens auch der Fall sein, wenn du direkt vor der Schlafenszeit Sport treibst oder anregende Getränke oder Speisen zu dir nimmst oder stark körperlich oder geistig arbeitest. Hast du eine Übergangsphase? Ist es zu warm in dem Raum?

    Wenn du Zugriff auf ein eigenes Schlafzimmer hast, gestalte es dir so, wie du es brauchst. Fühlst du dich unwohl in der Dunkelheit, besorge dir ein Schlummerlicht, das deinen Körper nicht künstlich wachhält, sondern nur so viel Licht spendet, dass du beruhigt einschlafen kannst. Ansonsten gönne dir ein so dunkles Zimmer wie möglich und sorge dafür, dass es weder zu kalt noch zu warm ist. 18 Grad gelten als guter Richtwert, aber du allein entscheidest. Grelles Licht von Handy und Laptop ist bekannterweise nicht schlafförderlich. Kannst du trotzdem keine Handypause vorm Zubettgehen einlegen, ändere deine Lichteinstellungen entsprechend. Geh ins Bett, wenn du müde bist und läute die Zubettgehzeit mit gedämpftem Licht und ruhigen Aktivitäten ein. Nicht nur Kinder profitieren übrigens von einer Abendroutine, um den Übergang zu erleichtern.

- Entspannungsübungen

    Nicht nur am Abend, sondern auch zwischendurch im Alltag können Entspannungsübungen förderliche Effekte auf dich und deine Stimmung haben. Erlebst du Anspannung häufig auch körperlich durch einen hohen Muskeltonus, aufeinander gebissene Zähne und Spannungskopfschmerz, ist vielleicht die Progressive Muskelentspannung etwas für dich. Hierbei spannst du nacheinander bewusst bestimmte Körperteile an und entspannst diese danach wieder. Auch Autogenes Training oder Traumreisen sowie Feldenkrais können zum Entspannen genutzt werden. Sprich mit einer Fachkraft darüber und besuche einen Kurs, um die Technik gut lernen und sicher anwenden zu können. Du machst Yoga? Dann frag in deinem Studio nach, ob auch Yin Yoga oder Yoga Nidra angeboten werden, und erweitere dein Repertoire um diese wohltuenden Ansätze. Erlernst du die Techniken in Ruhe, kannst du sie auch in stressigen Situationen gewinnbringend einsetzen und schneller herunterfahren.

- Streicheleinheiten für die Seele

    Gönne dir Körperkontakt und schalte bei einer Massage ab. Frage einen lieben Menschen in deinem Umfeld und schenkt euch gegenseitig eine schöne Handmassage oder – wenn ihr vertrauter seid – eine Nackenmassage. Auch Kinder werden gern massiert und massieren Mama oder Papa und haben Freude daran, den Eltern etwas Gutes zu tun und die Nähe des anderen zu spüren. Hast du niemanden in deinem Umfeld, kannst du natürlich auch eine Eigenmassage genießen, mit einem wohlriechenden Öl und schöner Musik vielleicht? Oder du gönnst dir eine wohltuende Massage bei einer ausgebildeten Fachkraft, in einer Physiotherapiepraxis oder in einem Spa? Worauf hast du Lust?

- Die Macht der Düfte

  Erinnerst du dich noch daran, wie es war, wenn du nachmittags nach Haus gekommen bist und dir schon im Flur der Geruch von frischgebackenem Apfelkuchen entgegenkam. Oder wenn dir der Duft von frisch gebrühtem Kaffee in die Nase steigt? Düfte haben eine ganz eigene Macht und können schlagartig Erinnerungen in uns wachrufen oder uns in eine bestimmte Stimmung versetzen. Nutze diese Macht und arbeite mit Düften, die dir wohltun. Besonders entspannend wirken sollen Lavendel und Rose. Diese Düfte gelten auch als ideale Angsthemmer. Wenn du magst, kannst du ja mal sprichwörtlich in die Welt der Aromatherapie hineinschnuppern: Besorge dir eine Duftlampe oder nutze ein Raumspray mit natürlichen Zutaten. Dies kannst du auch ganz leicht selbst herstellen. Ein Duftsäckchen mit Lavendelblüten ist ebenfalls eine beruhigende Sache. Manche nutzen auch ein Spray, das sie auf das Kopfkissen sprühen, bevor sie schlafen gehen. Geh nur immer behutsam vor, um allergische Reaktionen zu vermeiden und taste dich nach und nach an die Duftöle heran, wenn du mit bisher unbekannten Produkten arbeiten möchtest.

Körperliche Ausgeglichenheit

„Mens sana in corpore sano" – diesen Spruch hast du vielleicht schon einmal gehört, wenn auch in deutscher Übersetzung. Der Ausspruch des römischen Schriftstellers Juvenal „Ein gesunder Geist in einem gesunden Körper" ist heute allgemein bekannt und zeigt auf, wie wichtig die Kombination aus physischer und psychischer Selbstliebe ist. Du musst nicht zwingend gesund sein, um dich selbst lieben zu können, aber wenn du dich selbst liebst, wirst du sowohl deine Seele als auch deinen Körper so behandeln, dass sie möglichst gesund bleiben. Das Schöne daran ist: Du hast jeden Tag aufs Neue die Chance, dir selbst etwas Gutes zu tun!

- Nervennahrung, Soulfood und Superfoods
  In Zeiten von extremen Ernährungstrends und Orthorexie sollte der Fokus auf gesundes Essen natürlich keinesfalls zwanghaft werden. Genau wie bei so vielem anderem macht es auch hier die richtige Balance aus: Versorge deinen Körper mit allen wichtigen Nährstoffen und biete ihm eine abwechslungsreiche Kost an, die du magst. Hast du dich bisher überwiegend von Junk Food ernährt, wirst du deine Geschmacksknospen vielleicht erst mal herausfordern und an neue Lebensmittel gewöhnen müssen. Je weiter du deinen Geschmackssinn jedoch entwickelst, desto mehr kannst du dein Essen genießen, Unterschiede schmecken und dein Nahrungsangebot erweitern und spannend halten. Probiere neue Küchen aus, trau dich an exotische Gewürze und Kräuter heran und koche selbst, um dich mit den Lebensmitteln, die du zu dir nimmst, auseinanderzusetzen. Merkst du, dass dir dein Essen guttut und du dir wertvolle Energie zuführst, kannst du ein immer freundschaftlicheres Verhalten zum Essen entwickeln. Es dient dir als Energie und ist gleichzeitig Genuss. Es braucht auch keine teuren Superfoods, aber du kannst darauf achten, dir Lebensmittel in der für dich bestmöglichen Qualität zu besorgen und möglichst unverarbeitet zu genießen.

Und wenn du dann doch mal Lust auf etwas Ungesünderes hast, kannst du es ja in Maßen genießen! Ganz ohne Selbstvorwürfe oder anschließende Selbstkasteiung, sondern einfach Soulfood deluxe.

- Wer rastet, der rostet

    Der bekannte Spruch „Wer rastet, der rostet!" ist sowohl körperlich als auch mental zu verstehen. Wer dagegen in Bewegung bleibt, tut sowohl Psyche als auch Körper etwas Gutes. Bedingt durch unsere modernen Annehmlichkeiten und Jobs bewegen sich die meisten von uns zu wenig. Wir sitzen morgens im Auto oder in der Bahn, dann am Arbeitsplatz, danach wieder im Auto oder der Bahn und dann abends vor dem Fernseher oder dem Handy. So sind natürlich weder der Körper noch der Geist ausgeglichen – auch nicht, wenn es dann ein Mal in der Woche ins Fitnessstudio geht. Auch wenn Fitnessstudios oder Sportkurs natürlich gut für dich sind – wichtig ist, dass du für Bewegung im Alltag sorgst. Das Allerwichtigste dabei: Spaß an der Bewegung. Hast du einmal die Nachbarskinder beobachtet, die einfach aus Spaß an der Freude immer wieder eine Treppe hinauf und hinunter hüpfen, nur weil es sich so lustig im Bauch anfühlt? Austoben in jeder Form, ob beim Boxen, Spinning, Tanzen, oder wild im Kreis drehen tut dir als Erwachsene genauso gut wie das Ausführen neuer oder selten gemachter Bewegungen. Entdecke deinen wunderbaren Körper und das was er leisten kann und erfreue dich an all den Möglichkeiten: Schaukle wild auf dem Spielplatz mit deinem Kind um die Wette, klettere auf einen Baum und lass die Beine baumeln oder mach einen Purzelbaum!

    Wichtig: Achte dabei natürlich immer auf deine persönlichen Grenzen. Hast du länger gar keinen Sport mehr gemacht oder körperliche Einschränkungen, sprich vorher am besten mit deiner behandelnden Ärztin oder deinem Physiotherapeuten und mach gegebenenfalls einen Check. Lass es ganz langsam angehen und überfordere dich nicht. Es geht darum, deine Körperlichkeit zu entdecken und zu genießen, nicht deinen Körper durch ein striktes Sportprogramm zu trimmen und in eine bestimmte Form zu drängen.

- Frische Luft

  Gönne deinem Körper wann immer möglich frische Luft. In einer Zeit in der wir uns als Erwachsene überwiegend in geschlossenen Räumen aufhalten, kann Frischluft echte Mangelware sein. Denke daran, deine Räume regelmäßig zu lüften und geh öfter mal auf den Balkon oder die Terrasse, wenn du die Möglichkeit hast, um einen tiefen Atemzug zu nehmen. Verschaffe dir, wenn du in einer stark von Feinstaub oder anderen Umwelteinflüssen belasteten Ecke arbeitest oder wohnst, immer wieder Erholungspausen für deine Atemwege – am Meer, in den Bergen oder auch nur im nächstgelegenen Wald oder Stadtpark. Wenn du möchtest, kannst du das Frischlufttanken auch gleich mit ein paar wohltuenden Atemübungen aus dem Yoga verbinden, beispielsweise der erdenden Wechselatmung, die sich auch positiv auf deine Konzentration auswirken soll.

- Wasser marsch – hydriert bleiben

  Jeder weiß es, nur wenige machen es: Genug trinken ist das A und O für einen gesunden Körper. Unser Körper besteht zu großen Anteilen aus Wasser und somit ist es nicht verwunderlich, dass eine mangelhafte Zufuhr sich negativ auf uns auswirkt:

Wir können uns schlechter konzentrieren, wir können Kopfschmerzen bekommen, uns müde fühlen, Schwindelgefühle bekommen oder trockene Lippen. Eine ernsthafte Dehydration ist verheerend für den menschlichen Organismus, aber auch das tägliche mangelhafte Trinken kann sich bereits negativ auf dich auswirken. Gönne dir und deinem Körper ausreichend Flüssigkeit und versuche Wege zu finden, dir das Trinken schmackhaft zu machen. Trinke verdünnte Tees, gib Limette oder Beeren in dein Wasser, stell dir einen Timer oder nutze eine App. Vielleicht magst du jetzt grad auch einen Schluck trinken und dich dann erfrischt der weiteren Lektüre widmen? Lass es dir schmecken!

- Reduktion von Genussgiften

  Eine besonders unaufwendige Taktik für all diejenigen, die grade keine Zeit haben, Neues in ihr Leben einzubauen: Lass Altes weg, das dir schadet. Hier ist nicht die Rede von dem Cocktail beim Mädelsabend – aber schau mal ehrlich für dich, wie viel du wann trinkst, wie dein Kaffeekonsum aussieht, ob du Zucker und Süßstoff im Übermaß konsumierst oder rauchst. Wenn du wissen willst, wie du dich ohne fühlst, leg doch mal eine kleine Fastenzeit ein und schau nach den ersten Tagen des Entzugs, wie gut sich dein Körper erholt und wie du dich klarer und fitter fühlst.

  Wichtig: Bist du von einer Substanz körperlich abhängig, sprich bitte unbedingt vorher mit deinem Arzt oder Therapeuten über die Fastenzeit und frage nach, welche Maßnahmen du beachten solltest oder lass dir von einer Fachkraft dabei helfen, einen Plan zu erstellen, um die körperliche Abhängigkeit zu überwinden.

Kreativität und Schaffenskraft

Selbstliebe darf auch kreative Wege gehen. Viele Leute vermissen in einer immer spezifischer und differenzierter gestalteten Welt das Gefühl, etwas mit ihren eigenen Händen zu schaffen, ihren Ideen auch räumlich Ausdruck zu verleihen und zu sehen, wie etwas Neues durch sie selbst entsteht. Du musst nicht zu dem nächsten Monét werden oder eine Symphonie nach der anderen schreiben, um deine kreative Schaffenskraft hervorzukitzeln. Mach dir keinen Druck bezüglich eines vorzeigbaren Ergebnisses. Hier steht ganz klar die Lust am Schaffen und entdecken im Vordergrund, das Spielen mit Ideen und das Genießen des eigenen Tuns. Eine wunderbare Art, sich mit sich selbst und seiner Umwelt zu beschäftigen.

- Auf zu neuen Ufern

  Gerade wenn du berufsbedingt immer wieder die gleichen Aufgaben erledigen musst, wird sich dein wunderbares Hirn nach neuen Anreizen sehnen, um sich gut ausgelastet zu fühlen und nicht frustriert zu werden. Self-Care bedeutet nicht nur körperlich gut für sich zu sorgen und Emotionsarbeit zu leisten, sondern auch den Geist mit Nahrung zu versorgen – ganz gleich, in welchem Alter! Es ist nie zu spät, um sich für neue Dinge begeistern zu lassen, sich auszutauschen und die spannende Welt um einen herum zu erkunden. Du wolltest schon immer mal tanzen wie die Stars in den alten Schwarz-Weiß-Filmen, die du so sehr liebst? Probiere es und buche endlich diesen Volkshochschulkurs, mit dem du schon so lange liebäugelst! Du willst mal was ganz anderes sehen? Viele Büchereien bieten Blind Dates mit Büchern an: Hier leihst du dir ein verpacktes Medium, etwa einen Roman, einen Film oder ein Hörspiel aus, und siehst erst nach dem Auspacken, was du entliehen hast. Eine wunderbare Möglichkeit, um mal in ein ganz anderes Genre hineinzuschnuppern. Vielleicht findest du so einen neuen Favoriten? Und nerven deine Kinder dich immer mit ihrem komischen Kartenspiel? Fordere sie auf, es dir beizubringen und mach mit. Möglicherweise habt ihr so als Familie richtig viel Spaß zusammen. Ganz gleich, wofür du dich entscheidest – einen lang gehegten Traum erfüllen, blind etwas Neues wagen oder einer negativ besetzten Sache eine Chance geben – dein Radius erweitert sich, du bekommst neue Anregungen und dein Gehirn wird gefordert.

- Kreative Innenschau mit Stift und Pinsel

Es gibt zahlreiche Möglichkeiten, sich mit seinem Inneren auf kreative Weise auseinanderzusetzen. Am bekanntesten ist sicher der Klassiker Tagebuch schreiben. Hier gibt es mittlerweile zahlreiche Ansätze, die du nutzen kannst, um deinen Schreibprozess in eine bestimmte Richtung zu lenken. Viele Leute nutzen ein Glückstagebuch, in dem sie alle Wohlfühlmomente, Komplimente und Erfolgserlebnisse des Tages notieren oder ein Dankbarkeitsbüchlein. Auch therapeutisches Schreiben ist sehr beliebt, etwa in Form von Morgenseiten: Hier schreibst du direkt nach dem Aufwachen eine bestimmte Anzahl an Tagebuchseiten voll, mit allem was dir in den Sinn kommt, ungefiltert, gedoppelt, in nicht so nettem Ton, mit Rechtschreibfehlern – ganz egal. Die Idee dahinter ist, dass du in eine Art Flow kommst, bei dem du deine inneren Schranken und Filter überwindest und dir so möglicherweise über Gefühle und Handlungen klar werden kannst, die dir vorher, mit den erlernten und zwischengeschalteten Filtern, nicht klar waren. Zudem kann dieses ungefilterte Schreiben eine hilfreiche Emotionsentlastung sein. Du kannst dir den ganzen Mist von der Seele schreiben und dann mit einer blanken neuen Seite starten und dein Leben für diesen Tag neu gestalten.

Wer keine Lust zum Schreiben hat, kann natürlich auch Doodlen oder Zeichnen. Auch das Malen mit Farben kann wunderbar ausgleichen – wahlweise großflächig und expressiv oder ganz klein, fein und zart. Du entscheidest, je nach Stimmungslage und Tag. Bastelst du lieber, sind möglicherweise auch Collagen eine kreative Idee, um Stimmungen und Gedanken festzuhalten.

- Hand und Herz in Bewegung

Die Lust daran, etwas zu schaffen, ist in fast jedem Menschen vorhanden. Besonders schön ist es natürlich, wenn das Ergebnis dieser Schaffensarbeit auch noch sinnvoll ist. Selbstverständlich hat auch das ziellose kreativ sein seine Berechtigung und ist sehr wertvoll, aber manchmal möchte man auch etwas gestalten, das bleibend sein soll. Handarbeiten oder Werken können hier abwechslungsreiche Methoden sein, um diesen Aspekt zu befriedigen. Die Vorstellung, dass Stricken und Co nur etwas für ältere Semester ist, wurde zum Glück schon vor einiger Zeit als vollkommen überholt angesehen und heute wurde sogar wissenschaftlich belegt, was viele Omas schon immer geahnt haben: Handarbeiten kann sogar glücklich machen. Laut dem Harvard Medical Institute kann Stricken beispielsweise zu einem kompletten Entspannungszustand führen und auch Sticken, Nähen und Häkeln sollen unter anderem vor Gedächtnisverlust schützen, Ängste mildern und für mehr innere Ruhe sorgen.

Sticken, Stricken, Weben, Nähen oder Häkeln? Probiere dich einfach aus. In vielen Fachgeschäften gibt es auch Einsteigerkurse oder die Möglichkeit, sich von den Angestellten ein paar Tricks zeigen zu lassen. Kannst du klassischen Handarbeiten weniger abgewinnen, ist vielleicht eine andere Form von Handwerk etwas für dich? Töpfern? Weidenkörbe flechten? Schnitzen? Worauf hättest du Lust? Trau dich und freue dich darauf, demnächst aus einer selbst getöpferten Tasse zu trinken oder deine Nichte mit einem selbst gezimmerten Kaufmannsladen zu überraschen.

- Ernte, was du säst

Eine der besten Möglichkeiten, um Kreisläufe mitzuverfolgen und sprichwörtlich etwas wachsen zu sehen, ist das Gärtnern. Wer schon mal selbst gezogene Tomaten geerntet hat, noch sonnenwarm und herrlich verlockend mit ihrem aromatischen Duft, und diese dann auf selbstgebackenem Brot genascht hat, wird bestätigen können, dass es einfach noch eine ganze Spur leckerer und etwas ganz Besonderes ist – eben weil man selbst diese Pflanze großgezogen hat. Neben den kulinarischen Aspekten stehen beim Gärtnern auch körperliche und seelische Vorteile im Vordergrund: Du bewegst dich im Idealfall an der frischen Luft, tankst Vitamin D, kannst deinen Sehsinn fordern, indem er nicht durch enge Räume und Bildschirme eingeschränkt wird, und bringt dein Herz-Kreislauf-System in Schwung. Das Grün der Natur wirkt sich ausgleichend auf deine Psyche aus und du kannst dich kreativ austoben, wenn du deinen Garten planst und gestaltest.

Gut zu wissen: Wer keinen Garten zur Verfügung hat, muss nicht auf die Vorteile des Gärtnerns verzichten. In vielen größeren Städten gibt es anmietbare Schrebergärten oder Urban-Gardening-Projekte. Auch auf dem Balkon oder dem Fensterbrett lassen sich viele Gartenideen umsetzen. Im Netz und in Büchern findest du Anregungen und Anleitungen, um dich inspirieren zu lassen!

Selbstliebe in Beziehungen

Wenn es um Selbstliebe in Beziehungen geht, stehst du vor der spannenden Aufgabe, dass da ja noch jemand anderes ist, der mitziehen sollte. Wie du weißt, kannst du allerdings niemand anderen ändern, sondern nur dich selbst.

- Klare Worte, klare Konsequenzen

    Möchtest du Aspekte in dem Bereich Beziehungen verändern, hilft es, über das Thema zu sprechen, damit dein Gegenüber weiß, was dich stört, wo du Veränderungsbedarf siehst und wie du dir das Zusammensein in Zukunft vorstellst. Mitunter bemerkt dein Partner gar nicht, welches Verhalten dich belastet, weil du bisher immer gute Miene zum schlechten Spiel gemacht hast. Kommunikation ist hier der Schlüssel, aber es ist auch wichtig, den Worten dann Taten folgen zu lassen. Stört dich ein Verhalten, sprich es an und wenn du dann eine Konsequenz folgen lässt, merkt dein Gegenüber, dass du es ernst meinst. Versuche, hierbei klar und ruhig zu bleiben und dich gar nicht in Rechtfertigungen oder Vorwürfen zu verlieren. Du hast Änderungen für dich beschlossen und die darfst du durchführen!

- Handyfreie Zone

    Selbstliebe bedeutet auch, sich um gesunden zwischenmenschlichen Kontakt zu kümmern. Die meisten Menschen brauchen zwischenmenschliche Kontakte, Austausch und Nähe. Achte darauf, dass diese

Stunden mit deinen Liebsten eine gewisse Qualität haben. Damit ist nicht gemeint, dass ihr ständig in teure Restaurants gehen oder extravagante Dinge planen sollt – nein, es geht vielmehr darum, dass ihr die gemeinsame Zeit wirklich gemeinsam miteinander verbringt. In Zeiten von Social Media ist das Handy überall mit dabei, am Esstisch, im Auto und sogar bei den meisten im Bett. Während früher quasi nur wichtige Entscheidungsträger und Ärztinnen mit einem Pager rund um die Uhr erreichbar waren, sind wir es heute alle. Das schafft zum einen Freiheit und viele Möglichkeiten des Kontakts, es schränkt ihn auf der anderen Seite aber auch paradoxerweise ein. Wenn wir unserer Nachbarin einen Smiley senden, statt selbst hinüber zu gehen und uns mit einem Händedruck für das angenommene Paket zu bedanken. Wenn wir unsere Liebsten nicht in einem persönlichen Gespräch über Glücksnachrichten wie eine Verlobung oder eine Beförderung informieren, sondern eine Rundmail an alle senden und uns dadurch die Chance nehmen, unzählige, verschiedene positive Worte zu hören. Wenn wir die Nachrichten überfliegen und gucken, wer uns bei Twitter geantwortet hat und darüber die Fragen unseres Nachwuchses überhören, der gerade mit uns am Frühstückstisch sitzt und mit uns die Welt erkunden möchte, anstatt nur das schwarze Rechteck vor Mamas oder Papas Gesicht anstarren zu müssen. Wenn wir tausend Fotos machen und sie in den Netzwerken posten und Hashtags formulieren, anstatt auf einem Konzert das Gemeinschaftsgefühl aufzusaugen, in der Musik zu versinken und einfach nur zu fühlen. Oder wenn wir unseren Lieblingsmensch neben uns sitzen haben, aber jeder in seiner digitalen Welt verschwunden ist, obwohl

Selbstliebe spüren

man direkt nebeneinander ist und in der realen Welt miteinander interagieren könnte.

Egal mit wem, ob es sich um deinen Partner oder deine Partnerin, deine Kinder, deine Eltern oder deine Freunde handelt – gönnt euch offline Gespräche. Von Angesicht zu Angesicht. Oder per Telefon, wenn ihr weiter auseinander wohnt – aber nehmt euch die Zeit für einen persönlichen, direkten Austausch, bei dem beide aufeinander reagieren, spüren, zu Wort kommen und sich gehört und gesehen fühlen können. Verbannt Smartphone und Co, wenn ihr auf Dates geht und bittet auch euer Gegenüber, nicht mit dem kleinen Kasten konkurrieren zu müssen. Lasst euch ganz aufeinander ein und erlebt das bunte Potpourri an Zwischenmenschlichkeit – ungestört und ohne Ablenkung. Ein tolles Erlebnis!

- Bewusste Auszeiten nehmen

Klammern, Verantwortung abgeben oder Verinselung, all das kann Beziehungen für dich und für andere schwer machen und entfernt dich von einem liebevollen, guten Umgang mit dir selbst, wie du bereits in Kapitel 5 über Selbstwert in Beziehungen erfahren hast. Sorge darum bewusst immer wieder für Auszeiten, in denen du dich als eigenständige Person erleben kannst und in denen du merkst, wer du ohne deinen Partner bist. Die Nähe und Distanz, die ein Mensch in einer Partnerschaft oder Freundschaft benötigt, ist individuell verschieden. Manche Menschen bemerken, dass sie sich über alle Maße lieben, aber trotzdem ein eigenes Zuhause haben möchten. Ist die Idee überwunden, dass man das doch nicht macht, leben sie in ihrem eigenen Heim zufrieden und können ihre Beziehung so gestalten, wie sie es für richtig halten.

Für die meisten von uns muss es gar nicht so eine große Veränderung sein. Es reicht vollkommen aus, sich immer wieder mal aus der Zweier-Rechnung zu nehmen und zu fragen: Wer bin ich als Person? Was mache ich außerhalb dieser Partnerschaft? Definiere ich mich darüber? Kann ich mich alleine unterhalten? Pflege ich meine Freundschaften und Hobbys? Diese Fragen können übrigens auch dann gestellt werden, wenn du deine anderen Beziehungen, etwa zu deiner besten Freundin, unter die Lupe nimmst. Mitunter können diese Bindungen sehr eng werden und manchmal findet auch hier eine Verinselung statt, die nicht gesund und förderlich für dein Wohlbefinden ist. Der Gedanke „Wir gegen den Rest der Welt!" mag sich zunächst stark und verbindend anfühlen, aber er schließt eben auch den ganzen wunderbaren Rest der Welt aus, der vielleicht noch weitere schöne Kontakte, tolle Erlebnisse und spannende Überraschungen für dich bereithält.

Versuche daher, auch immer mal wieder etwas allein zu unternehmen und nicht als Ehefrau von X oder beste Freundin von Y aufzutreten, sondern als du selbst. Es geht in diesem Fall nicht darum, eine künstliche Distanz aufzubauen, damit sich der andere wieder mehr für dich interessiert, im Sinne von „Willst du gelten, mach dich selten", sondern darum, dich wieder mehr für dich zu interessieren und dich kennenzulernen. Dich weiter zu entwickeln, als eigenständige Person. Ganz klar: Dich über deine Persönlichkeit zu fühlen, zu definieren und zu präsentieren, kann sehr aufregend und fordernd sein - aber es lohnt sich!

- Achtsamkeitsübungen

  Versuche, auch wenn du mit anderen Menschen zusammen bist, immer wieder Momente zu schaffen, in denen du dich auf dich besinnen kannst. Dies ist besonders wichtig, wenn ihr viel Zeit miteinander verbringt, etwa du und deine kleinen Kinder oder du und dein Partner oder deine Partnerin im Urlaub. Hast du Kinder, ist es auch eine total schöne Idee, mit ihnen gemeinsam Achtsamkeitsübungen als festes Ritual in den Alltag zu integrieren. So lernen die Kleinen von Kindesbeinen an, dass es wichtig und richtig ist, sich auf sich zu besinnen und immer wieder nach dem eigenen Befinden zu schauen, nachzuspüren – was tut mir jetzt gut? Was kann ich machen? Was brauche ich? Es gibt viele kindgerechte Angebote zum Thema Achtsamkeit und auch sinnliche Erfahrungen und Körperwahrnehmung sind spannende Themen, die ihr hier integrieren könnt und von denen auch du profitieren kannst.

Selbstliebe bei der Arbeit

Die meisten von uns verbringen einen Großteil ihres Tages am Arbeitsplatz, sodass es sich durchaus lohnt, auch hier aktiv für Selbstliebe-Momente zu sorgen. Im Idealfall ist die tägliche Arbeit etwas, das uns nicht nur finanziell absichert, sondern uns auch erfüllt, uns fordert und uns immer wieder vor neue spannende Herausforderungen stellt. Nicht immer sind all diese Dinge gegeben und nicht immer gibt es die Möglichkeit, einfach zu kündigen und sich eine Alternative zu suchen. Umso wichtiger ist es, sich selbst aktiv um schöne Augenbli-

Kapitel 6 - Selbstliebe stärken

cke zu bemühen, denn das Selbstliebe-Programm sollte nicht nur nach Feierabend laufen.

- Klare Umgebung, klarer Geist

    Gibt es die Möglichkeit, deinen Arbeitsplatz persönlich zu gestalten? Hast du ein eigenes Büro, sorge dafür, dass es ein Ort ist, an dem du dich wohl fühlst. Dafür eignen sich persönliche Gegenstände wie ein schön gerahmtes Foto oder ein Kunstdruck. Aber auch Pflanzen, die das Zimmerklima verbessern und ergonomische Sitzmöbel und günstige Lichtverhältnisse, die dir das Arbeiten erleichtern. Vielleicht gibt es die Möglichkeit, einen höhenverstellbaren Tisch zu bekommen. Hast du kein Mitspracherecht, kannst du immer noch dafür sorgen, dass dein Arbeitsplatz schön übersichtlich und klar ist, denn das beruhigt deinen Geist und schont die Nerven, wenn es bei der Arbeit mal hektisch werden sollte. Ganz gleich, wo du arbeitest – achte immer darauf, dass die Arbeitsschutzbedingungen eingehalten werden und mache deine Vorgesetzten darauf aufmerksam, wenn dem nicht so ist. Dein Rücken, deine Augen und deine Ohren werden dir diesen Einsatz der Selbstliebe sicher danken – und deine Nerven am Ende eines Arbeitstages bestimmt auch!

- Frischekur für deine grauen Zellen

    Bewegst du dich den ganzen Tag in einer Fabrikhalle oder einem klimatisierten Büro? Dann versuche, wann immer du die Möglichkeit dazu bekommst, frische Luft schnappen zu gehen und Tageslicht zu erhaschen. Tageslicht wirkt vitalisierend und kann für einen regelrechten Frischekick sorgen – eine

Alternative zur 4. Tasse Kaffee. Geh in der Mittagspause einfach mal eine Runde spazieren und lass dir dein Essen auf einer Parkbank schmecken oder biete dich an, Erledigungen zu übernehmen und von einem Werk ins nächste zu flitzen, wenn du dafür an die frische Luft kommst. Diese kleinen Momente mögen dir kurz erscheinen, aber sie helfen dir, etwas vom Tagesrhythmus außerhalb der Arbeitsstelle mitzubekommen, ebenso wie von den Jahreszeiten und der Natur um dich herum. Sie geben dir die Chance, vorübergehend aus dem Arbeitsmodus auszusteigen und nach dir selbst zu schauen und sie gewähren die Möglichkeit, mit neuer Schaffenskraft wieder an den Arbeitsplatz zurückzukehren!

- Immer in Balance bleiben

  Du sitzt bei der Arbeit acht Stunden hinter deinem Rechner und bearbeitest die Tastatur, das Telefon zwischen Kinn und Schulter geklemmt? Zeit für eine kleine Ausgleichsübung: Für Büroakrobaten gibt es zahlreiche Videos im Netz, in denen wohltuende Dehn- und Gymnastikübungen vorgestellt werden, die dabei helfen, die Wirbelsäule aufzurichten und verspannte Kiefer- und Schultermuskeln zu entspannen. Gönne auch deinen Händen eine Pause und massiere sie kurz, spiele mit einem Knautschball oder mach ein paar Fingerübungen. Du hast Kollegen? Lade sie zur kurzen Balance-Pause ein oder aber zieh dich für die Übungen auf die Toilette zurück und sorge dort für deinen Ausgleich. Selbstverständlich gilt dieser Tipp auch für alle anderen Berufszweige: Suche dir entsprechend deines Berufs Ausgleichbewegungen und achte darauf, Stille in dein Leben zu bringen, wenn es in deinem Beruf sehr laut zugeht. Suche immer wieder auch Anregung und Menschenkontakt, wenn du den ganzen Tag allein vor dich hinarbeitest. Auf diese Weise existierst du nicht nur für die Arbeit, sondern du sorgst dafür, dass auch andere Bedürfnisse abgedeckt werden.

- Der Fels in der Brandung

   Bei dir geht es am Arbeitsplatz eigentlich immer hektisch zu und dein Puls macht nie Pause? Drama und Druck sind Alltag? Dann versuche, dich so gut wie möglich davon herauzunehmen. Klatsch und Tratsch bei der Arbeit kannst du von dir fernhalten und somit erstaunlich gut das Stressniveau absenken. Zentrierungsübungen helfen dir dabei, immer besser mit hektischen Situationen klar zu kommen und nicht so schnell hochzufahren. Auch das Entspannen wird so nach einer anstrengenden Sitzung oder einer zähen Verhandlung wieder einfacher. Die Techniken solltest du in deiner Freizeit einüben – vielleicht auch in einem Kurs mit einer Fachkraft, die sich auf Entspannungsverfahren am Arbeitsplatz spezialisiert hat und dir Anregungen und wertvolle Hilfestellungen geben kann. So bist du für den Ernstfall gut gerüstet, kannst dich um dich kümmern und wirkst als Fels in der Brandung übrigens auch auf deine Mitarbeiter wunderbar erdend.

Selbstliebe und moderne Unterhaltungselektronik

Moderne Medien geben uns viele Freiheiten, aber es werden auch immer wieder Stimmen laut, die auf die potenziellen Gefahren im Umgang mit Unterhaltungselektronik und Co aufmerksam machen. Schlagworte wie Smartphone-süchtig, FOMA – also Fear of Missing Out – oder Internetmobbing sorgen dafür, dass wir unseren Umgang mit Handy und PC überdenken und unser eigenes Konsumverhalten in puncto Social Media unter die Lupe nehmen.

Monika Schmiderer schreibt in ihrem Buch „Switch off und hol dir dein Leben zurück – Wie wir der digitalen Stressfalle entkommen", dass der Durchschnittsmensch neben seiner hauptberuflichen Tätigkeit quasi einem Nebenjob als Medienkonsument nachgeht, mit etwa 37 Stunden Medienkonsum in der Woche! Sicherlich möchte niemand die Errungenschaften der modernen Technik in Abrede stellen, aber es lohnt sich durchaus, auch in Verbindung mit Smartphone und Mediennutzung die Selbstliebe nicht aus dem Blick zu verlieren.

- Handyfreie Zone Teil 2

  Nicht nur wichtig im Zusammensein mit anderen, sondern auch mit sich selbst. Kannst du dich noch ohne Handy beschäftigen oder greifst du automatisch danach, wenn sich eine Lücke in deinem vollen Tag auftut? Nachrichten checken in der Toilettenpause, E-Mails schreiben im Bus und Handyspiele spielen im Wartezimmer – die neuen Medien haben ein nicht zu unterschätzendes Suchtpotenzial, insbesondere Social Media. Hier wird ein Dabeisein suggeriert, es gibt keine räumlichen oder zeitlichen Begrenzungen und die Likes können das Belohnungssystem so ansprechen, dass wir immer mehr wollen. Doch es lohnt sich, der Realität eine Chance zu geben und sich medienfreie Zeiträume zu verordnen. Ausgiebig mit dem Haustier spielen, ein Puzzle spielen, Tanzen oder den Wolken beim Wandern zuschauen – es gibt so viel zu sehen und zu tun außerhalb des Bildschirms. Und überlege dir mal, was du alles tun könntest in der freien Zeit?

- Nachrichtenzufluss filtern

  Wir haben die Möglichkeit, uns nahezu zu jedem Thema Informationen im Netz zu besorgen und können jederzeit auf verschiedenste Informationsdienste zugreifen. Damit geht für viele Menschen aber auch einher, dass sie von Informationen und Nachrichten geradezu bombardiert werden. Die Masse an Informationen kann dabei zum sogenannten Newsgoogles führen. Wir werden mit dramatischen Informationen über ein Unwetter, eine Kriegstat oder eine ähnliche Katastrophe versorgt, reagieren aber immer abgestumpfter, weil die Masse uns emotionslos macht und ein Gewöhnungseffekt einsetzt. Zeitgleich steigt das unbewusste Unbehagen und das Sicherheitsgefühl nimmt ab. Schaff dir einen Email-Account ohne Newsseite und Werbung an und wähle gezielt aus, von wem du dir Informationen über das Weltgeschehen besorgst.

- Social Media – ja oder nein?

  Ob und wie weit du Social Media für dich privat nutzen möchtest, hängt von deiner Entscheidung ab. Du solltest dich allerdings fragen, warum du welchen Leuten folgst und warum du welche Dinge postest. Sicherlich ist nichts dagegen einzuwenden, wenn jemand einen Online-Buchclub betreibt, weil er vor Ort keine Leute findet, die dieses Hobby mit ihm teilen. Liest er die Bücher aber nur noch im Schnelldurchlauf, um mithalten zu können oder ist mehr damit beschäftigt, zu liken und zu scrollen, als in die Geschichte einzutauchen und seinem eigentlichen Hobby, dem Lesen, nachzugehen, hat Social Media seinen Nutzen verfehlt. Wir alle mögen Bestätigung und sehnen uns nach Zuspruch und Kontakt. Irgendwann kommt für viele Nutzer aber der Moment, in dem sie merken, dass es sich für sie nicht echt anfühlt. Sicher kann man auch online gute Freunde finden, aber neben dem virtuellen Leben sollte es auch ein Sozialleben in der Realität geben, in der man nicht jeden Tag danach strukturiert, wo man die besten Fotos zum Posten schießen kann und wie man die besten Likes aus einem Krankenhausaufenthalt generiert.

- Den eigenen Geschmack wiederentdecken

  Trends gab es schon immer, in puncto Musik, Mode und Umgangsformen. Auch online gibt es Trends, die immer schnelllebiger ablaufen und gerade auf Social Media wird eine angesagte Ästhetik nach der anderen gefeiert. Wenn du die Profile der Influencer gar nicht mehr voneinander unterscheiden kannst, wird es Zeit, dass du dich mal zurücklehnst und schaust, inwiefern du dich von dem Gesehenen und Gehörten beeinflussen lässt und was tatsächlich dir, deinen Überzeugungen und deinem Geschmack entspricht. Minimalismus ist gerade das Ding und du liebst trotz all der guten und sinnigen Argumente deine rumpelige, vollgestopfte Wohnung mit 1.001 Erinnerungsstücken? Dann ist das so! Verbiege dich nicht für irgendeine populäre Ästhetik. Lass dir nicht von Mami-Blocks einreden, deine Kinder dürften nur noch mit einer perfekten Bento-Box in die Schule kommen und erwarte auch nicht von dir, wie die Produkte platzierenden Influencer jeden Tag konsumieren zu müssen. Diese müssen aufgrund von Werbedeals und Co Dinge verkaufen, aber du allein entscheidest, wofür du dein Geld und deine Zeit aufwenden möchtest. Versuche, deinen eigenen Geschmack wiederzuentdecken und genieße es, dich selbst kennenzulernen – ganz ohne Einfluss von außen!

Selbstliebe im Alltag

Selbstliebe im Alltag leben, gerade wenn es hektisch wird, ist deutlich anspruchsvoller, als wenn du dich für ein Wellness-Wochenende in den eigenen vier Wänden oder einen Spa-Urlaub entscheidest. Sowohl beim Wellness-Wochenende als auch beim Spa-Urlaub gehst du mit der festen Überzeugung los, dass die Aktivitäten dir guttun werden und das alles auf Erholung und Wohlbefinden ausgerichtet ist. Das ist im Alltag zwischen Zahnarztbesuch, Elternabend und Dienstbesprechung eher selten der Fall. Mit den folgenden Tipps kannst du immer wieder kleine Inseln einbauen, die du dazu nutzt, dir selbst Wertschätzung entgegenzubringen und dich daran zu erinnern, dass du dich liebevoll behandeln möchtest.

- Nutze die Macht von Ritualen und Routinen

  Routinen und Rituale sind eine wunderbare Sache, wenn es darum geht, Selbstliebe in das eigene Leben zu integrieren. Routinen geben Sicherheit und helfen dabei, dein Gehirn zu entlasten, weil du nicht jeden Tag Dinge aufs Neue entscheiden und organisieren musst. Während Rituale kleinen Alltagsdingen ein neues Gewand verpassen und somit auch einen Hauch der Besonderheit in dein Leben holen. Hast du eine feste Morgen- und/oder Abendroutine, kannst du entspannt in den Tag starten und diesen auch gut wieder ausklingen lassen – insbesondere dann, wenn du ein, zwei kleine Akte der Selbstliebe in diese Routinen schmuggelst. Neben Kinder anziehen und Frühstück machen ist vielleicht auch noch Raum für eine Tasse Tee auf der Terrasse, während du den Gesängen der Vögel lauschst oder eine kleine Runde Yoga am Abend, um die Hektik des Alltags hinter sich zu lassen.

  Du hast jeden Donnerstag Spätschicht und musst quasi gleich vom Büro losrennen und mit dem

Selbstliebe spüren

Hund raus, obwohl dein Magen nach Nahrung schreit? Mach ein Ritual draus und verknüpfe den Spaziergang mit einem Picknickstopp, bei dem du und deine Fellnase eine köstliche Pause einlegen. So bekommt dein Alltag deutlich mehr Glanz und du zeigst dir, dass du auch in stressigen Situationen an dich denkst.

- Unbedingt daran denken!

  Sorge für kleine Erinnerungen. Das können kleine Klebezettel mit Affirmationen oder schönen Zitaten rund ums Thema Selbstliebe sein, die du dir an deinen Badezimmerspiegel hängst oder an die Wohnungstür. An solch einer prominenten Stelle platziert, wird dein Auge immer wieder darauf fallen und du hast einen kleinen Reminder bekommen, der deinen Blick für deinen Umgang mit dir selbst schärft und dich darin unterstützt, ihn in eine liebevolle Richtung zu lenken. Du wohnst nicht allein, oder möchtest nicht, dass dein Besuch die Zettel liest? Klebe Sie an die Innentür deines Schrankes, stecke sie in deine Sockenschublade oder in deine Geldbörse. Hier sind die Botschaften an dich selbst vor neugierigen Blicken geschützt und du wirst trotzdem mindestens einmal pro Tag daran erinnert, kannst innehalten und dich neu ausrichten.

- Selbstliebe to go

  Lege dir eine kleine Box zurecht, in die du einige Utensilien packst, die du mit Selbstliebe und Selbstfürsorge verbindest und zu denen du in deinen Self-Care-Momenten greifen wollen würdest.

  Mögliche Artikel könnten ein wohlduftendes Öl, eine Massagecreme, ein Notizbuch, eine Zitatesammlung, ein Stressball, ein Malbuch, eine Liste mit deinen Erfolgen oder eine CD mit entspannender Musik sein. Auch Hörspiele und Anleitungen für geführte Traumreisen, Meditationen und Entspannungstechniken passen gut in die Box. Wenn du im Alltag merkst, dass du ins Straucheln gerätst, hast du in dieser Box gleich alles griffbereit und kannst – je nach Zeit und Muße – eine kleine Verschnaufpause oder eine schöne ausgiebige Self-Care-Session einlegen, ohne erst groß zu planen oder die erforderlichen Dinge zusammensuchen zu müssen. Du kannst dir auch eine kleine To-go-Variante für unterwegs oder deinen Arbeitsplatz zusammenstellen und bist so immer bestens vorbereitet.

- Fokus ändern als Glücksdetektiv

    Weißt du noch, als du ein neues Auto brauchtest und dir plötzlich überall rote Kombis entgegenkamen, weil du nach solch einem Modell gesucht hattest? Und als du unbedingt schwanger werden wolltest, schien es, als hätten über Nacht alle Leute in deiner Stadt Kinder bekommen. Wenn wir unseren Fokus auf etwas ausrichten, bemerken wir alles, was damit zusammenhängt viel eher und es erscheint uns deutlich präsenter. Nutze diesen Umstand für deinen Alltag und ernenne dich selbst zum Glücksdetektiv. Wo in deinem Alltag gibt es Momente, in denen du dir guttun kannst, in denen du für dich einstehen kannst, in denen du wachsen willst?

    Richte deine Antennen darauf aus und erfreue dich an jedem kleinen Moment, wie ein Kind an jedem gefundenen Schokoei am Ostersonntag. Wenn du magst, kannst du zur Verstärkung ein paar trockene Bohnen oder Kieselsteine – was auch immer deiner Hand schmeichelt – in einer Jackentasche mit dir tragen und bei jedem schönen Erlebnis einen Kiesel oder eine Bohne in die andere Tasche gleiten lassen.

Oder du nimmst ein kleines Notizbüchlein mit und schreibst dir einen Stichpunkt auf, etwa *Vogelgesang gelauscht, *Arbeit fair verteilt, *Kompliment für meinen Humor bekommen. Selbstverständlich kannst du auch zum Handy greifen. Je mehr du darauf achtest, umso mehr Schönes wird dir über den Weg laufen.

Kapitel 7 – Der eigenen Stimme vertrauen

Der inneren Stimme vertrauen – das klingt so schlüssig und ist für viele von uns doch so schwer.

Zu oft gab es Sprüche, dass wir überreagieren, sodass wir das Vertrauen in unser Werturteil verloren haben. Zu oft wurde unser Schmerz abgetan, sodass wir denken, wir haben kein Recht darauf, uns anders zu fühlen. Zu oft wurden unsere Ambitionen belächelt, sodass wir uns nicht trauen, Pläne zu schmieden und Neues zu wagen.

Vielleicht waren die Eltern so überbehütend, dass du das Gefühl vermittelt bekommen hast, dass du sowieso nie etwas alleine auf die Reihe bekommen und immer auf Hilfe angewiesen sein wirst.

Vielleicht wurdest du immer mit anderen verglichen und hast die unterschwellige Botschaft erhalten, du wärest nie gut genug.

Ganz gleich, welches Päcklein aus der Vergangenheit du mit dir herumtragen musst – jetzt ist es Zeit, Ballast abzuwerfen. Du hast in den letzten Kapiteln so viel über dich lernen können, dass sich zumindest ein klein wenig eine Ahnung in dir breit gemacht hat, dass du, so wie du jetzt bist, gut bist. Dass du stark bist und dir vertrauen kannst. Dass du weißt, was dir guttut oder du es zumindest lernen möchtest. Dass du jetzt das Leben aktiv gestalten willst und wirst, weil du die nötige innere Stärke dafür besitzt und dich nicht länger verbiegen möchtest. Du kannst erkennen, wann du dich von deiner Intuition leiten lassen solltest und wann es sich lohnt, weitere Meinungen einzuholen. Dadurch bist du frei geworden, frei um selbstbestimmte Entscheidungen treffen zu können! Umhege dein Vertrauen in dich selbst, schütze es vor unbedachten Sprüchen anderer und schule dich darin, dein Bauchgefühl wahrzunehmen. Es lohnt sich!

Selbstliebe in der Krise

Was ist aber, wenn du plötzlich in eine Krise gerätst? Der Job ist futsch oder die Beziehung hinüber? Dein lang gehegter Traum vom Umzug an die Küste war der totale Reinfall und du fragst dich, wie du so einen Fehler machen konntest? Du kämpfst seit Monaten mit einer schweren Angsterkrankung und findest, dass jede Form der Selbstliebe eine glatte Lüge wäre, denn du hasst dich einfach abgrundtief selbst?!

Sei verständnisvoll mit dir. Gerade jetzt bist du der mutigste Mensch der Welt, denn trotz deiner schlimmen Situation stehst du jeden Morgen wieder auf und startest in den Tag. Egal, was es ist – du bist noch da und damit hast du schon so viel Stärke und Größe bewiesen, dass du stolz auf dich sein kannst. Ja, es kann schwer sein, sich zu mögen, wenn das einzige, was man schafft, der Weg bis ins Badezimmer ist – aber stell dir mal vor, du könntest nicht mehr gehen? Wie wertvoll wären dann diese wenigen Schritte. Es ist immer eine Frage der Perspektive. Also erlaube dir, dich aus deiner jetzigen Position heraus zu betrachten und dich nicht an deinem früheren Ich zu messen. Besorge dir die nötige Unterstützung von der Familie oder Freunden und wenn du den Bedarf siehst, auch von Fachkräften, die dich in deiner Krise mit dem nötigen Know-How unterstützen können.

Kapitel 7 – Der eigenen Stimme vertrauen

Stecke deine Ziele für deine Selbstliebe anders als in Nicht-Krisen-Zeiten. Die Freude nicht aus den Augen zu verlieren in der Krise ist ganz wichtig, ebenso wie das Umsorgen deiner selbst. Auch wenn du deinen Job verloren hast oder verlassen wurdest, verdienst du es, dass du dich liebevoll um dich kümmerst. Wenn Essen kochen zu anstrengend ist, bestelle dir eine frische Speise. Wenn rausgehen zu unheimlich ist, lass frische Luft ins Zimmer und halte dein Gesicht in die Sonne. Wanda Dammann schreibt in ihrem Buch „Was mit guttut, wenn's mir schlecht geht – Wenn meine Seele Hilfe braucht", dass es auch in einer seelisch belastenden Zeit möglich ist, Wege zu finden, sich selbst etwas Gutes zu tun. Man muss möglicherweise andere Routen nehmen, als in unbelasteten Zeiten, aber man kommt auch ans Ziel!

Kapitel 8 – Jetzt geht's los

Das Ende dieses Buches ist zugleich auch ein Anfang. Ein Anfang für dich. Denn für dich beginnt jetzt ein neues Leben, ein Leben, das auf Wohlbefinden ausgerichtet ist, da du der wichtigsten Beziehung in deinem Leben, der Beziehung zu dir selbst, endlich den Stellenwert zugestehst, die sie verdient.

Freue dich darauf, einen spannenden, interessanten Menschen kennenzulernen und genieße die Zeit mit dir selbst von ganzem Herzen. Diese vollmundige Lebensfreude wird sich auch auf andere Bereiche in deinem Leben ausweiten und deiner Beziehung zu anderen Menschen guttun.

Hadere nicht mit dir, wenn du nicht gleich alle Tipps aus diesem Buch umsetzen kannst, sondern verstehe sie als Anregungen für dich und dein Leben. Deine Form der Selbstliebe ist eine ganz eigene, etwas sehr Persönliches, das langsam wachsen wird, wenn du dich gut darum kümmerst.

Die Energie, die du früher dazu genutzt hast, an dir zu zweifeln oder dich zu verurteilen, kannst du ab jetzt dafür nutzen, dich zu umsorgen, dich zu fordern und zu fördern und dir Gutes zu tun! Worauf wartest du noch? Los geht's!

Quellen

http://www.tags.ch/paed/selbstvertrauenundselbstbewusstsein.pdf

https://www.vdk.de/berlin-brandenburg/pages/76831/spoontheory

https://www.spektrum.de/lexikon/psychologie/sucht/15070

https://www.stern.de/gesundheit/loslassen-lernen-warum-uns-veraenderungen-so-schwerfallen-3926206.html

https://de.statista.com/infografik/15857/verteilung-von-hausarbeit-bei-maennern-und-frauen/

https://www.deutschlandfunkkultur.de/das-rollenbild-der-mutter-das-wird-immer-so-toll-dargestellt.976.de.html?dram:article_id=436547

http://www.uni-kassel.de/fb4/psychologie/personal/lantermann/sozial/bindung.pdf

http://fasercafe.de/schlauer-und-entspannter-durch-handarbeit/

Dammann, Wanda – Was mir guttut, wenn'S mir schlecht geht – Wenn meine Seele Hilfe braucht, Kreuz Verlag, 2012

Reinwardt, Alexandra - Das Leben ist zu kurz für später: Stell dir vor, du hast nur noch ein Jahr - ein Selbstversuch, der dein Leben verbessern wird, mvg Verlag, 2018

Schmiderer, Monika - Switch off und hol dir dein Leben zurück – Wie wir der digitalen Stressfalle entkommen, Knaur HC, 2017

Sorority - No More Bullshit: Das Handbuch gegen sexistische Stammtischweisheiten Sorority Verlag Krremayr & Scheriau, Wien, 2018

Glück finden

„Ich will endlich ankommen..."

Wie du dich aktiv für ein glückliches Leben im Hier und Jetzt entscheidest

Stefanie Lorenz

Inhaltsverzeichnis

Einleitung 511

Kapitel 1 - Was fehlt dir zum Glück? 517
    Was bedeutet Glück – was bedeutet es für dich? 519
    Dem Glück auf der Spur – Glücksforschung 521
    Falsche Fünfziger 522
    Welches Glück möchtest du für dich leben? 524
    Kannst du auch in schwierigen Lebenssituationen dein Glück finden? 529

Kapitel 2 - Schritte in ein glückliches Leben 533
    Das eigene Leben gestalten 534
    Reue hinter sich lassen 535
    Innere Grundsätze 537
    Selbstliebe 540

Kapitel 3 - Glücklichsein als Entscheidung 545
    Stolperfallen bei der Kultivierung von guten Gefühlen 547
    Beschränkungen von außen 548
    Gewohnheit 550
    Stress und Zeitmangel 553
    Mediale Verunsicherung 553
    Mangelnde Disziplin 556
    Bewusste Entscheidung zum Glücklichsein 558
    Glücksbrille aufsetzen 561
    Dankbarkeit leben 564

Kapitel 4 - Im Jetzt leben 569
   Achtsamkeit – ein starkes Konzept 570
   Voll im Flow 574
   Die Mischung macht's 575
   Im Hier und Jetzt oder später 578
   Jetzt wird es konkret – Übungen zu Flow und Achtsamkeit 582
   Süßer Klassiker 583
   Achtsamkeit im Gehen 584
   Bodyscan 587
   Progressive Muskelentspannung 590
   Achtsamkeit auf Abruf 593
   Wechselatmung 595
   Yoga 597
   Kreativität 599
   Handarbeiten und Handwerken 602
   Gärtnern 603
   Singen und Klingen 604
   Tanzen 605
   Erste-Hilfe-Koffer für Stresssituationen 608

Kapitel 5 – Unbeirrt: Dein neuer Weg 615
   Warum freut sich denn niemand für mich? 616
   Gelassen und unbeirrt 620
   Toxische Kontakte und Alternativen für deinen Weg 623
   Teilen, ohne zu verurteilen – die goldene Mitte 628

Kapitel 6 – Mach dich auf den Weg! 633

Quellen 637

Einleitung

Glück – ein kleines Wort mit großer Wirkung und viel Strahlkraft. Wer von uns sehnt sich nicht nach dem einen, großen Glück?

Wir bekommen Glückwünsche anlässlich wichtiger Ereignisse, wie der Geburt eines Kindes, einer Beförderung oder einer Eheschließung. Wir wünschen Glück beim Übergang von einem Jahr in ein neues und wir wünschen denen Glück, die eine wichtige Prüfung vor sich haben, ein Bewerbungsgespräch oder eine Operation.

Fast jeder von uns hat einen kleinen Glücksbringer, der entweder daheim über das häusliche Glück wacht, in Form eines Pilzes oder Hufeisens am Schlüsselbund baumelt oder uns in einer anderen Form als Talisman begleitet, der uns in wichtigen Momenten vor Unglück schützen und mit Glück bedenken soll. Nur die wenigsten von uns glauben wirklich daran, dass ein Marzipanschweinchen oder ein Hufeisen in Miniaturform zuverlässige Quellen des Glückes sind. Und trotzdem freuen wir uns wie kleine Kinder, wenn wir beim Picknick ein Kleeblatt mit vier Blättern entdecken, uns beim Spaziergang ein Glückspfennig vom Kopfsteinpflaster aus anlacht oder uns ein Schornsteinfeger über den Weg läuft und freundlich grüßt.

Glück – das wirkt irgendwie magisch und anziehend. Und es beschäftigt seit jeher die klugen Köpfe verschiedenster Nationen und Kulturen. Mittlerweile gibt es sogar Glücksforscher, die das „flüchtige Etwas" erforschen. Sie beschäftigen sich damit, was Menschen glücklich macht und was ihnen hilft, diesen Zustand zu kultivieren.

Auch die großen Philosophen und Schriftsteller haben sich mit diesem Thema befasst: Sie haben bewegende und heitere, Mut machende und sinnierende Texte zum Thema Glück verfasst. Eines der passendsten und universell gültigen Zitate zum Thema Glück wird Voltaire zugeschrieben:

„Ich habe entschieden, glücklich zu sein, weil es meiner Gesundheit bekommt."

Und genau mit dieser Einstellung wirst du herzlich willkommen geheißen in diesem Buch.

Es soll dir ein leichter, positiver Ratgeber sein, wie du den Weg zu deinem persönlichen Lebensglück finden und leben kannst; besonders durch den Fokus auf das Hier und Jetzt.

Ganz gleich, ob du dich schon lange mit dem komplexen Thema Persönlichkeitsentwicklung befasst, oder ob du erst am Anfang deiner Reise stehst: Dieses Buch soll dir eine unterstützende Begleitung auf deinem Weg sein.

Stehst du an einem Punkt, wo du dich bereits ausgiebig mit Persönlichkeitsentwicklung beschäftigt hast und die großen Themen zur Verarbeitung schon angegangen bist, werden dir in diesem Buch Möglichkeiten aufgezeigt, wie du nach dieser Arbeit nun deinen Fokus auf das Leben im Jetzt ausrichten kannst. Du hast deine großen Fragen geklärt, alte Stacheln gezogen und stellst dir jetzt voller Tatendrang neue Fragen, wie du dein Leben jetzt so gestalten kannst, dass es dich erfüllt? Wie du dich dafür entscheiden kannst, im Jetzt glücklich zu sein? Was es dazu braucht und wie man es sich erhält?

Dann findest du auf den folgenden Seiten nicht nur jede Menge Inspirationen, sondern auch ganz konkrete Tipps und Vorschläge, wie du das Glück in dein Leben holst.

Gehörst du zu denjenigen, die noch am Anfang stehen und bist du dir unsicher, ob dieses Buch das Richtige für dich ist? Herzlich willkommen! Auch du kannst von der Arbeit mit diesem Buch profitieren – denn die Hinwendung zum Positiven ist immer wunderbar befreiend und erfüllend.

Einleitung

Wenn du während des Lesens merkst, dass du noch einige Punkte in deiner persönlichen Geschichte hast, die du bearbeiten möchtest, kannst du parallel an diesen arbeiten oder auch einige Lesepausen einlegen.

In diesem Fall ist es empfehlenswert, sich auch meine anderen Bücher anzusehen bzw. jenes, durch das du dich besonders angesprochen fühlst. Bemerkst du beispielsweise, dass du noch Probleme hast, dich von der Schuld oder Reue früherer Entscheidungen zu lösen, empfiehlt sich „Das Buch zur Selbstfindung". Auch mein Buch „Vergangenheit loslassen" kann hier ein guter Begleiter sein und dir dabei helfen, Altes hinter dir zu lassen und dich Neuem in deinem Leben zu öffnen.

Fällt es dir hingegen schwer, dich gut um dich selbst zu kümmern und gesunde Bindungen zu dir selbst und anderen einzugehen, können dir die Bände „Inneres Kind heilen" und „Selbstliebe spüren" wertvolle Impulse geben, wie du liebevoll mit dir selbst umgehen kannst.

Nimm dir Zeit für die Aufarbeitung von Themen, die dich belasten und entscheide für dich, ob du zuerst noch bestehende Steine aus dem Weg räumen möchtest, um sozusagen mit einer „weißen Leinwand" zu beginnen, oder ob du dich neben der Aufarbeitung auch gleich auf dein Glück im Hier und Jetzt konzentrieren möchtest.

Diese Entscheidung ist sehr persönlich und kann von verschiedenen Faktoren, wie Zeit, Stressniveau und innerer Einstellung beeinflusst werden.

Ganz wichtig für dich: Du hast die Wahl und du hast es in der Hand!

Glücklich zu sein kann dabei durch eine bewusste Entscheidung entstehen und verlangt Eigenverantwortung. Durch Achtsamkeit im Jetzt und den richtigen Umgang mit äußeren Einflüssen, die dich vom Weg abbringen können oder möchten, kann „Glück" ein Bestandteil und langfristiger Begleiter deines eigenen Lebensweges werden.

Somit kannst du deiner Persönlichkeitsentwicklung eine völlig neue Seite hinzufügen. Neben einer spannenden Reise, die dir viele Erkenntnisse gebracht hat und auf der du neue Aspekte an dir selbst entdecken konntest, ist nun auch Zeit für ein Verweilen in der Sonne. Die eigenen Schattenseiten zu bearbeiten ist sehr wichtig, aber die aktive Ausrichtung zur Sonnenseite ist ebenso essentiell.

Die persönliche Entscheidung, sich dem Glück zuzuwenden, gibt dir zahlreiche Chancen und Möglichkeiten, dein Leben noch bunter und erfüllter zu gestalten.

Das Glück deines Lebens hängt von der Beschaffenheit deiner Gedanken ab.

Ich lade dich ein, diesen neuen Weg zu beschreiten und dich auf die Sonnenseite des Lebens zu begeben. In diesem Buch erfährst du zunächst, was überhaupt unter Glück verstanden wird, womit und warum du es so leicht mit anderen Dingen verwechseln kannst und wie du es schaffst, für dich herauszufinden, wie dein persönliches Glück aussieht. Du kannst Zweifel aus dem Weg räumen – etwa, ob du Glück überhaupt verdient hast, ob es in schweren Lebenssituationen womöglich gar nicht greifbar für dich ist und wie du verhinderst, dass du das Glück der anderen lebst, statt dein eigenes. Du erfährst, wie du zum aktiven Teil deines eigenen Lebens wirst, anstatt nur zu reagieren, und wie du somit immer wieder Situationen erschaffst, die das Glück förmlich zu dir einladen. Die Glücksbrille aufzusetzen und den Blick neu auszurichten, ist dabei nur eine Methode, die du kennenlernen wirst, um dein Glück aktiv zu leben. Auch die Themen Achtsamkeit und Flow, als Verwandte des Glückes, finden Beachtung und werden ebenfalls besprochen. Zudem werden dir Stolperfallen bei der Kultivierung deines Glückes vorgestellt, um diesen auf deinem Weg elegant ausweichen oder kompetent beggenen zu können, falls sie auftauchen sollten.

Einleitung

Ein kleiner Tipp: Als Bonus zu diesem Buch kannst du dir online eine Zitate-Sammlung mit passenden Sprüchen und Aphorismen herunterladen. Halte es wie Marc Aurel mit seiner Aussage „Das Glück deines Lebens hängt von der Beschaffenheit deiner Gedanken ab!" und nutze diese kleine Sammlung als Motivation im hektischen Alltag und als kleinen Reminder, um gut auf dich und deine Gedanken zu achten.

Kapitel 1 - Was fehlt dir zum Glück?

Wenn du Renovierungsmaßnahmen in deiner Wohnung vornehmen willst oder dir auch einfach nur der Sinn nach einer grundlegenden Umgestaltung deines Zuhauses steht, dann beginnst du in der Regel zuerst mit einer kleinen Bestandsaufnahme und betrachtest anschließend, welche Änderungen herbeigeführt werden sollen: Wie sieht dein Wohnraum jetzt aus? Wie soll er aussehen? In welchen Bereichen deines Hauses stehen Neuerungen an? Welche Ecken hast du vielleicht allzu lange bewusst übersehen und somit etwas vernachlässigt? Wo ist alles perfekt und muss deshalb gar nicht erst auf die Agenda?

Auf diese Weise hast du eine Art Fahrplan, an den du dich halten kannst: Du verhinderst, das Arbeiten in einer ungünstigen Reihenfolge ausgeführt und möglicherweise doppelt vorgenommen werden müssen. Du kannst den Fokus auf die Punkte legen, die jetzt gerade wirklich an der Reihe sind. So verhinderst du, dass das Projekt zu groß wird und du aufgrund von Überforderung frühzeitig abbrichst. Du kannst immer wieder Themen auf deiner To-do-Liste abhaken und somit kleine Erfolgserlebnisse erzielen, die es dir erleichtern, deine Ziele zu verfolgen.

Ähnlich kannst du vorgehen, wenn du dich mit dem Thema Glück beschäftigst.

Stelle dir die folgenden Fragen und versuche dabei, intuitiv aus dem Bauch heraus zu antworten. Falls möglich, lass einfach mal alle Filter beiseite und antworte direkt und unmissverständlich – auch wenn manch eine Antwort, in deinen Augen oder in den Augen der Gesellschaft, vielleicht seltsam erscheinen könnte. Niemand außer dir sieht und hört diese Antworten, sodass du deinen Gedanken freien Lauf lassen kannst.

Sorge dafür, dass du trotz aller Spontaneität bei der Beantwortung der Fragen ausreichend Zeit hast. Achte darauf, dass du ungestört bist und in Stille reflektieren kannst. Bitte deine Familienmitglieder um etwas Ruhe, ziehe dich an deinen Lieblingsort zurück und leg das Smartphone zur Seite. Jetzt geht es allein um dich. Die anderen dürfen gerne einmal warten.

Frage dich:

- Warum möchtest du glücklicher sein?
- Was fehlt dir im Hier und Jetzt?
- Was bedeutet Glück?

Und noch viel wichtiger:

- Was bedeutet Glück für dich?
- Darfst du glücklich sein?
- Kannst du glücklich sein?
- Oder weißt du vielleicht (noch) gar nicht, wie sich dein Glück anfühlt?

Diese Fragen zu stellen, mag womöglich auf den ersten Blick ungewohnt sein – aber sie können dir dabei helfen, zu reflektieren, was dir aus welchen Gründen wichtig ist. Zudem helfen sie dir, dich dem Thema Glück aus einer bestimmten Perspektive zu nähern: forschend, interessiert, möglicherweise sogar neugierig und mit Entdeckerfreude. Viele von uns fühlen sich manchmal um ihr Lebensglück betrogen, müde oder frustriert – insbesondere dann, wenn wir schon seit Langem an uns arbeiten. Wir haben uns unseren Schatten gestellt, wir haben uns von Stacheln der Vergangenheit gelöst, Altlasten hinter uns gelassen und gelernt, trügerischen Glaubenssätzen mit der gesunden Portion Skepsis zu begegnen. Wir haben uns unseren unschönen Seiten genähert, starke Gefühle erlebt und jetzt endlich dürfte dann doch mal das Happy End kommen, das große Glück. Oder meinetwegen auch das kleine Glück, Hauptsache Glück und Ruhe nach all den Anstrengungen, oder? Aber was genau ist eigentlich Glück? Und was meinen wir tatsächlich, wenn wir von Lebensglück sprechen? Den Sechser im Lotto oder doch etwas ganz anderes?

Was bedeutet Glück – was bedeutet es für dich?

„Das Glück wohnt nicht im Besitze und nicht im Golde, das Glücksgefühl ist in der Seele zu Hause" sagte Demokrit und der große Johann Wolfgang von Goethe war sich sicher: „Glücklich allein ist die Seele, die liebt." Charles-Louis de Montesquieu sieht das Ganze etwas kritischer: „Man will nicht nur glücklich sein, sondern glücklicher als die anderen. Und das ist deshalb so schwer, weil wir die anderen für glücklicher halten, als sie sind." Der Philosoph und Anthropologe Ludwig Feuerbach sieht das Glück sogar als Pflicht: „Deine erste Pflicht ist, dich selbst glücklich zu machen. Bist du glücklich, so machst du auch andere glücklich."

Aber wer hat denn nun recht? Was ist Glück? Wo ist es zu finden und wie zeigt es sich? Ist es für jeden Menschen gleich? Was bedeutet Glück für dich? Weißt du es vielleicht (noch) gar nicht?

Eine Definition von Glück ist gar nicht so leicht. Jeder weiß, wann er Glück verspürt, wann der Ausspruch „Glück gehabt" angebracht ist und wann er jemandem Glück wünschen möchte – aber die Aussagen darüber, was Glück genau ist und was es umfasst, können bei jedem anders aussehen.

Das Lexikon der Psychologie unterscheidet in seinem Eintrag zum Schlagwort Glück zwischen einer spontanen Zuschreibung und einem Glücksgefühl:

Glück:

1. günstiger Zufall im Zusammenhang mit Ereignissen unseres Lebens: „Ich habe Glück gehabt", „Es hat sich für mich günstig ergeben", Form der Attribution von Ereignissen.
2. eine Emotion mit eindeutigem Handlungsbezug (wie z. B. auch Begierde, Überraschung, Verwunderung, Leid; Emotionen-Klassifikation) im Sinne von subjektiver „Glückseligkeit": „Ich bin glücklich wegen [...]."

Was vom Gefühl des Glückes unmittelbar verstanden werden kann, ist die Mimik und Gestik glücklicher Menschen. Schwieriger gestaltet sich die Beschreibung von Glück. Wie statistische Analysen belegen, umfasst das Erleben von Glück charakterisierende Faktoren, wie z. B. die Nähe und Verbundenheit mit anderen Menschen, Vertrauen und Liebe, tiefe innere Ruhe und die Lust unmittelbarer Empfindung, die Stille und die übermütige Heiterkeit, die Innigkeit religiöser Einsicht und die Bejahung des Lebens. Eine klare Trennung von Glück und Freude ist nicht eindeutig vorzunehmen.

Der Autor und Philosoph Florian Langenscheidt, der mehrere Bücher zum Thema Glück veröffentlicht hat, definiert Glück folgendermaßen:

„Glück – das sind jene besonderen Momente, in denen wir eins sind mit uns selbst, unseren Erwartungen, unserem Tun und unserer Umwelt."

Die gängigste Definition wird in der aktuellen Glücksforschung gebraucht, die ganz nach englischem Vorbild zwischen „luck", also dem Glück des Zufalles, und „happiness", dem gesamten Lebensglück, unterscheidet.

Während das Glück des Zufalles nicht wirklich beeinflussbar ist, kann der Mensch also zur Steigerung des Lebensglückes aktiv beitragen.

Dem Glück auf der Spur – Glücksforschung

Die Glücksforschung beschäftigt sich damit, wie der Mensch sein Glück maximieren kann.

Es gibt verschiedene Unterformen, die sich dem Glück mit unterschiedlichen Perspektiven nähern – der Fokus liegt dabei aber immer auf diesem besonderen Gefühl und dem Individuum, das davon profitiert.

Neben der Angewandten Glücksforschung gibt es weitere Disziplinen, die sich auf bestimmte Teilaspekte konzentrieren, etwa die Philosophische Glücksforschung, die Soziale Glücksforschung oder die Ökonomische Glücksforschung.

Besonders bekannt ist die Experimentelle Glücksforschung, die als eine der neuesten Forschungsrichtungen der Glücksforschung gilt. Ihre Arbeiten stützen sich zu großen Teilen auf das Werk und die Erkenntnisse des Wissenschaftlers Herbert Laszlo.

Wusstest du, dass es sogar ein eigenes Institut gibt, an dem zum Thema Glück geforscht wird? Das Institut für experimentelle Glücksforschung, kurz IFEG genannt, gibt es bereits seit dem Jahr 2004. Das Institut ist eine gute Anlaufstelle, wenn du noch mehr wissenschaftliche Informationen rund um das Thema Glück erhalten möchtest.

Die Erkenntnisse der Glücksforschung mögen zwar sehr spezifisch sein. Du kannst sie jedoch zu großen Teilen wunderbar auf deinen Alltag übertragen.

Falsche Fünfziger

Mittlerweile hat die Glücksforschung einige Punkte herausarbeiten können, die nachweislich glücklich machen – etwa die optimale Balance aus Belastung und Entlastung, über die du in Kapitel 4 – Im Jetzt leben/Die Mischung macht's – noch mehr erfahren wirst.

Andererseits gibt es jedoch Dinge, die sich dir als vermeintliches Glück präsentieren.

Das sind Dinge oder Aktivitäten, die sich nur auf den ersten Blick wie Glück anfühlen, aber dann doch nicht wirklich dazu beitragen, dass du Glücksgefühle verspürst.

Kennst du diesen Moment, wenn du gestresst von einem langen Arbeitstag in den Supermarkt hetzt, um noch schnell Zutaten für die Muffins einzukaufen, die am nächsten Tag von deiner Tochter in den Kindergarten mitgenommen werden sollen?

Während du die Schokolinsen zum Verzieren auswählst, packst du gleich noch einen, zwei oder drei Schokoriegel mit in den Korb und verputzt diese noch auf dem Parkplatz im Schutz deines Autos.

Der erste Bissen war gut, der zweite auch, aber jetzt ist dir schlecht und der kurze Moment, in dem du den Stress vergessen konntest, wird abgelöst von Schuldgefühlen und Ärger über dich selbst. Du weißt doch, dass das ungesund ist. Du weißt doch, dass das nicht emotional satt macht.

Und trotzdem – manchmal und insbesondere dann, wenn wir müde, traurig, wütend oder anderweitig angeschlagen oder verletzlich sind – fallen wir auf diese falschen Fünfziger herein.

Sie können in ganz unterschiedlicher Form kommen: In Junkfood, das wir uns im Übermaß einverleiben, in einem übermäßigen Konsum von Rotwein oder anderen Genussgiften, zu viel Fernsehen, Shopping, Social Media oder in Form von Kontakten, an denen wir krampfhaft festhalten, nur damit wir populär sind – obwohl wir eigentlich lieber unsere Ruhe hätten.

Kapitel 1 - Was fehlt dir zum Glück?

Diese falschen Fünfziger haben viel mit Emotionskontrolle und Akzeptanz zu tun.

Wir, als erwachsene Menschen, wissen eigentlich, dass es Situationen im Leben gibt, in denen wir uns nicht wohlfühlen. Es tut weh, wenn wir verlassen werden, und aus der Erfahrung wissen wir, dass dieser Schmerz auch wieder nachlassen wird.

Aber manchmal wollen wir uns austricksen, eine Abkürzung nehmen, glückliche Gefühle erzwingen. Das sind künstliche Gefühle. Natürlich gibt es immer die Option, das Beste aus einer schwierigen Situation zu machen. Der Ansatz „Fake it till you make it" kann dir viel Power geben und dir dabei helfen, nicht in einem dunklen Loch zu versinken. Aber es ist auch wichtig zu akzeptieren, dass Gefühle, die in unserer Gesellschaft als negativ bewertet werden, zum Leben dazu gehören, dass sie eine Daseinsberechtigung haben und auch gelebt werden wollen. Wer sich ständig die eigene Trauer oder Wut verbietet, wird über kurz oder lang körperliche oder psychische Probleme bekommen. Gefühle lassen sich nur schwer unterdrücken, sodass es in diesen Fällen meist zu einer allgemeinen Dumpfheit kommt. Sind Wut und Trauer erfolgreich aus deinem Emotionsspektrum ausgeschlossen worden, fühlst du meist auch weniger intensiv Dinge, die eigentlich angenehm sind, wie z. B. Vorfreude oder positive Überraschung.

Zudem hat der Mensch die Eigenschaft, dass er sich nach unmittelbarer Bedürfnisbefriedigung sehnt. Ja, eigentlich wäre es schön, sich gesund zu ernähren, ganz sicher, und fit zu sein, das wäre auch toll. Aber jetzt ist man so müde vom Tag, die Serie wartet und eine Pizza in den Ofen zu schieben ist bequemer, als einen Salat zuzubereiten – und wer wählt als Frustessen schon Salat?

Normalerweise lernen wir während unserer Persönlichkeitsentwicklung, dass wir unseren Wünschen nicht immer unmittelbar nachgeben können, wenn wir langfristige Ziele verfolgen.

Wer am Ende des Jahres eine wichtige Prüfung absolvieren möchte, darf das Lernen nicht jeden Tag verschieben. Stattdessen muss langfristig gedacht und geplant werden. Die Planung fällt den meisten Menschen noch leicht. Wie oft hat man sich tolle Pläne ausgedacht, Sportsachen und Küchengeräte gekauft und beschlossen, dass jetzt dieses Mal wirklich alles anders wird?! Zum neuen Jahr, nach einem runden Geburtstag oder nach einem einschneidenden persönlichen Erlebnis. Aber die Umsetzung stellt uns Menschen, die naturbedingt am ehesten zu der aktuell verfügbaren Belohnung greifen, vor Herausforderungen. Wir müssen unserem inneren Antrieb zuwider und vorausschauend handeln, akuten Gelüsten widerstehen und wieder Disziplin an den Tag legen. Denn eigentlich wissen wir, dass „Schoki und Co." auf Dauer doch nicht emotional satt machen und kein Ersatz für wirkliche Gefühle sind.

Selbstwirksamkeit statt Glück von außen ist hier der Schlüssel, der uns dabei hilft, die Falschen Fünfziger zu erkennen und zu umgehen.

Welches Glück möchtest du für dich leben?

Glück ist eine sehr universelle Erfahrung, die von jedem Menschen empfunden und erkannt werden kann – ganz gleich, welcher Kultur, Religion oder Nation er angehört. Vorausgesetzt, man hat keine gesundheitlichen Einschränkungen.

Weltweit befassen sich Menschen mit dem Thema Glück. Sie versuchen herauszufinden, wie sich Glück maximieren lässt und wie der Zustand länger erhalten bleibt. Es wird erforscht, wo die Personen leben, die sich am glücklichsten empfinden und was sie anders machen, als Personen, die sich als unglücklich erleben.

In einer Umfrage zur Bedeutung von Glück (in Deutschland) im Jahr 2016 belegte der Glücksfaktor Frieden einen der vordersten Plätze. Mehr als 80 Prozent der befragten Studienteilnehmer nannten Frieden als wichtige Einflussgröße. Noch mehr Punkte erhielten (auf Platz drei) die Freundschaft, (auf Platz zwei) die Gesundheit und (auf Platz eins) eine intakte Familie oder Partnerschaft mit stolzen 91 Prozent. Ebenfalls weit vorne lagen ein guter Arbeitsplatz und keine Geldsorgen, aber auch Aspekte, wie ein schöner Urlaub oder gutes Wetter.

Kennst du den Spruch: „Der Plunder des Einen ist der Schatz des Nächsten"?

Dies gilt sowohl für das spontan erlebte Glück, dem „luck" als auch für das Lebensglück, dem „happiness".

Wenn für dich ein spontaner Regenguss großes Glück bedeutet, weil du dadurch nicht zur gefürchteten Gartenparty deiner Chefin musst, ist deine Tochter vielleicht traurig, weil dadurch ihr Picknick mit ihren Freundinnen ausfallen muss.

Während für eine Person die Unabhängigkeit, also frei von engen Bindungen und Verpflichtungen zu sein, ganz vorne steht und sein persönliches Lebensglück darstellt, würde ein anderer Mensch es als Unglück erleben, isoliert und ausgeschlossen aus sinnstiftenden Verbindungen und Gemeinschaften zu sein.

Somit ist Glück nicht nur eine Sache der Einstellung, sondern auch der persönlichen Bedürfnisse, Wünsche, Werte und Normen.

Du hast sicherlich nicht nur einige Zitate großer Denker und Dichter gelesen, sondern auch in den Medien schon viele Meinungen zum Thema Glück gehört. Auch in deiner Familie und in deinem Freundeskreis wirst du feststellen, dass die Wahrnehmungen, was Glück ausmacht, stark auseinander gehen und voneinander abweichen können.

Daher ist es so wichtig, dass du dir klar machst, über welches Glück du in deinem Leben bereits verfügst und welches du suchst.

Lebst du gerade dein persönliches Glück oder erfüllst du die Vorstellungen einer anderen Person?

Dies kann z. B. der Grund sein, warum du dich trotzdem nicht erfüllt und glücklich fühlst, obwohl du doch alles in deinem Leben erreicht hast. Erfüllen wir beispielsweise die gescheiterten Träume unserer Eltern, indem wir eine Karriere als Ärztin einschlagen, die ihnen verwehrt blieb oder indem wir das Familienunternehmen ins Ausland tragen, ohne dies aber wirklich selbst zu wollen, leben wir ein geerbtes Leben. Und somit ist auch das Glück nur „secondhand" und fühlt sich nicht an, als wäre es unser eigenes. Selbst wenn wir uns mit der bestehenden Situation arrangiert haben, wird irgendwo noch ein Teil in uns schlummern, der sich nach der Verwirklichung unseres ureigenen, persönlichen Glückes sehnt.

Absolvierst du dein Aufbaustudium wirklich für dich oder weil du es allen zeigen wolltest, die dir nicht mal den Abschluss der Schule zugetraut haben? Verweigerst du dich dem Arbeitsleben, weil du von jemand anderem hinein gedrängt wurdest oder anderweitige schlechte Erfahrungen gemacht hast? Versteckst du dich hinter einem Leben, das du gar nicht wirklich willst? Oder hast du dein ganzes Leben nur auf Karriere und Gewinnmaximierung ausgerichtet? Wenn du in einem Umfeld aufgewachsen bist, in dem Ressourcen und Kapital immer knapp waren, kann finanzielle Unabhängigkeit maßgeblich zum Glück beitragen – aber sie ist nicht alles! Wenn darüber hinaus keine anderen Dinge und Menschen in deinem Leben Platz haben, entsteht eine ungesunde Disbalance, auch wenn deine Absicht sehr gut war und du dir (und vielleicht auch deiner Herkunftsfamilie) einfach ein besseres, glücklicheres Leben ermöglichen wolltest.

„The pursuit of happiness", also das Streben nach Glück, ist sogar in der Unabhängigkeitserklärung der Vereinigten Staaten von Amerika als Menschenrecht aufgeführt. Aber was genau das Glück ausmacht, wird nicht definiert.

Was also ist Glück?

Kapitel 1 - Was fehlt dir zum Glück?

Sokrates wird der philanthropische Ausspruch „Das wahre Glück ist: Gutes zu tun" zugeschrieben, während sein Schüler Platon gesagt haben soll: „Glück ist Selbstgenügsamkeit."

Der französische Philosoph Théodore Jouffroy sieht das ultimative Glück im Außen: „Der Gipfel des Glückes ist es, geliebt zu werden von einer schönen Seele, der Gipfel des Ruhmes, bewundert zu werden von einem großen Geist", während der russische Schriftsteller Fjodor Michailowitsch Dostojewski einen sehr drastischen Ausspruch tätigte: „Es gibt kein Glück im Wohlstand, durch Leiden wird das Glück erkauft."

Der deutsch-amerikanische Autor und Philosoph Ludwig Marcuse zeigte sich sehr umfangreich in der Beantwortung der Frage nach dem Glück, indem er äußerte: „Das Wort Glück hat in allen Sprachen etwas Vieldeutiges. Es ist eine Sonne, die eine Schar von Trabanten um sich herum hat: Behagen, Vergnügen, Lust, Zufriedenheit, Freude, Seligkeit, Heil." Der US-amerikanische Weltautor Ernest Hemingway hingegen trifft eine etwas schelmische Äußerung: „Glück, das ist einfach eine gute Gesundheit und ein schlechtes Gedächtnis."

Die Frage ist nicht, wer von diesen großen Denkern recht hat. Vielmehr geht es darum, herauszufinden, was davon dich anspricht. Bei welcher Äußerung musstest du spontan nicken oder hast ein Gefühl der Zustimmung verspürt?

Bei welcher Äußerung hast du dich unmerklich zurückgelehnt und die Muskeln angespannt, als der Gedanke aufkam, was das für ein Unsinn sei?

Anhand deiner Reaktionen auf diese Zitate kannst du meist sehr leicht herausfinden, welche Aspekte für dich persönlich zu einem glücklichen Leben gehören.

Vielleicht hast du auch selbst schon ein Zitat oder einen Spruch über Glück, der dich begleitet und dir Hoffnung gibt? Was magst du an dem Spruch? Was repräsentiert er?

Verbindest du Glück mit Geld? Macht? Liebe? Gesundheit? Ruhm? Stille? Anerkennung von außen?

Mache dir bewusst, dass es bei der Beantwortung kein Richtig oder Falsch gibt. Es gibt – wie bei allem – immer wieder Moden und Dinge, die in einer Generation mit Glück assoziiert werden. Somit ist auch klar, dass bestimmte Erscheinungen ihren Status als Glücksbringer mit der Zeit auch wieder verlieren, während andere seit Jahrhunderten als wichtiger Bestandteil des persönlichen Glückes angesehen werden.

Auch bei dir selbst kann sich das, was du als Lebensglück definierst, verändern. Sei es aufgrund erlebter Erfahrungen oder aufgrund eines Wandels deiner Interessen und Lebensziele.

Stand im Alter von Anfang 20 vielleicht der Traum eines Lebens im Ausland an oberster Stelle und später der Wunsch nach einer stabilen Partnerschaft, wäre es womöglich jetzt dein größtes Glück, wenn du dich selbstständig machen und deine Geschäftsidee verwirklichen könntest.

Ein gutes Gespür für dich selbst und für die Veränderungen, die in dir stattfinden sowie der Mut, dich auf Neues einzulassen und möglicherweise auch alte Träume loszulassen, sind hier ganz wichtig, damit du nicht alten Zielen nachjagst, die eigentlich schon gar nichts mehr mit dir und deinem Lebensglück zu tun haben.

Fühle dich nicht verpflichtet, an etwas festzuhalten, nur weil du sehr lange darauf hingearbeitet hast oder du früher so brennend dafür gekämpft hast.

Sei offen und ehrlich mit dir und stell dir einfach mal folgende Fragen:

- Wann verspüre ich Glück?
- In welcher Umgebung nehme ich Zufriedenheit war?
- Bei welchen Tätigkeiten vergesse ich die Zeit um mich herum?

- Habe ich ein großes Lebensziel oder verfolge ich mehrere kleinere Ziele?
- Fühle ich mich stolz, wenn ich Erfolge verbuchen kann oder fühle ich nichts?
- Ist das Glück, das ich habe, mein eigenes oder ein geerbtes Glück?
- Denke ich, ich muss für jemand anderen dessen Glück leben?
- Wofür würde ich mich entscheiden, wenn ich frei von allen Beschränkungen wäre?

Kannst du auch in schwierigen Lebenssituationen dein Glück finden?

Nicht immer besteht das Leben nur aus rosa Rosen und Geigenklängen – wir alle haben Krisen in unserem Leben erdulden müssen und gelegentlich finden wir uns in Lebensumständen wieder, die uns länger begleiten, obwohl wir uns etwas ganz anderes erträumt oder erhofft hatten.

Dies bedeutet aber nicht, dass deine Chance auf Glück damit auch vertan ist! Denn selbst in herausfordernden Lebenssituationen kannst du einiges dafür tun, um schöne Momente erleben zu können.

Die Kunst besteht darin, herauszufinden, was du ändern kannst und was du nicht ändern kannst, genau wie in dem bekannten Gelassenheitsgebet:

„Gib mir die Gelassenheit, Dinge hinzunehmen, die ich nicht ändern kann, den Mut, Dinge zu ändern, die ich ändern kann und die Weisheit, das eine vom anderen zu unterscheiden."

Du wirst Wirtschaftskrisen, Krankheiten, die Weise, wie dich andere wahrnehmen, deine Größe oder deine Familie nicht ändern können – ganz gleich, wie sehr du dich bemühst.

Auch das Wetter verändert sich nicht – egal, wie sehr du dich darüber aufregst, schlechte Laune hast oder murrst. Was du ändern kannst, sind deine Einstellung, deine Handlungen, deine Wortwahl, dein Umgang mit anderen und der Umgang mit dir selbst.

Deine Möglichkeiten, das Glück in die Hand zu nehmen, sind manchmal vielfältiger als du denkst. Doch wenn du deine Kraft damit vergeudest, an Baustellen zu arbeiten, an denen du (aktuell) nichts ausrichten kannst, dann hast du weder den Überblick noch die Kraft, an den Punkten Veränderungen in Bewegung zu setzen, die du tatsächlich beeinflussen kannst.

Denn Veränderungen herbeizuführen, ist anstrengend, insbesondere dann, wenn es dir mental oder körperlich nicht gut geht.

Zunächst solltest du deine Bedürfnisse in deiner aktuellen Lage erkennen. Deine Vorlieben und das, was du brauchst, um glücklich zu sein, kann nämlich deutlich von dem abweichen, was du sonst magst.

Vielleicht besteht dein Glück in einer Phase des Verlustes aus kleinen, stillen Begegnungen mit lieben Leuten, statt aus lauten Partys und Ausgehabenden. Vielleicht sehnst du dich nach stetigem Austausch, obwohl du sonst eher dein Glück in der Abgeschiedenheit findest, weil du die Kraft und die Worte eines Gegenübers brauchst, um Hoffnung zu schöpfen.

Vielleicht magst du es sonst eher hell und lichtdurchflutet, während du dich jetzt in eine Höhle zurückziehen möchtest, um von der Außenwelt zunächst etwas geschützt zu sein.

Bist du dir im Klaren darüber, was dir in einer schweren Zeit Glücksmomente bescheren kann, kannst du diese aktiv in dein Leben ziehen. Zudem kannst du dich im Reframing probieren.

Kapitel 1 - Was fehlt dir zum Glück?

Diese Technik hilft dir dabei, Dinge oder Erlebnisse, die du nicht ändern kannst, von einer neuen Perspektive aus zu betrachten.

Nimm das Beispiel mit dem Wetter: Du hast mit deinen besten Freundinnen ein Picknick am See geplant. Nach Monaten habt ihr endlich einen Termin gefunden, an dem ihr alle Zeit habt. Du hast dir sehr viel Mühe mit dem Zusammenstellen deines Picknickkorbes gegeben, freust dich auf ausgedehnte Gespräche und die Sonne auf deiner Haut. Nun ist, trotz der angekündigten Sonne, ein Gewitter aufgezogen und es sieht nicht danach aus, dass es allzu bald wieder verziehen wird. Wie gehst du jetzt mit der Situation um? Sagst du das Picknick ab und sitzt frustriert zuhause? Lädst du deine Freundinnen zu dir ein, beklagst dich aber die ganze Zeit darüber, dass ihr keine Sonne genießen könnt, während du die Leckereien und deine Liebsten direkt vor deiner Nase hast? Veranstaltet ihr spontan ein Indoor-Picknick, unterhaltet ihr euch gut gelaunt auf dem Wohnzimmerteppich und lacht, bis euch die Bäuche wehtun?

Es liegt an dir, wie du der Situation begegnest. Du kannst zwar nicht die Umstände ändern, aber du kannst das Beste aus einer Situation herausholen.

Natürlich erwartet niemand von dir, dass du in einer Phase der Trauer, des Unglückes oder der Wut, das motivierte Glückskäferchen bist. Aber auch dann, in Phasen, in denen es dir schlecht geht, kannst du für dich sorgen und Dinge tun, die dir Wohlbefinden bereiten und dich glücklich machen. Vielleicht fühlst du das Glück in diesen Momenten nicht oder nur schwach, aber du wirst es wieder fühlen! Und je mehr du dich darauf einlässt, je weiter du dem Glück die Tür öffnest, desto leichter kann es auch wieder bei dir hineinspazieren.

Kapitel 2 - Schritte in ein glückliches Leben

„Achte auf deine Gedanken, denn Sie werden Worte.
Achte auf deine Worte, denn sie werden Handlungen.

Achte auf deine Handlungen, denn sie werden Gewohnheiten.

Achte auf deine Gewohnheiten, denn sie werden dein Charakter.

Achte auf deinen Charakter, denn er wird dein Schicksal." - Aus dem Talmud

Wenn wir uns auf die Reise zu uns selbst machen und erste Schritte in die Richtung eines glücklichen Lebens wagen, ist es wichtig, dass der Weg möglichst frei von Hindernissen ist – denn ein Umlernen von alten Glaubenssätzen und Integrieren von neuen Routinen in das Alltagsleben ist bereits fordernd genug.

Entscheidest du dich dafür, deine Themen zu bearbeiten, die aktuell deinem glücklichen Leben noch im Wege stehen, hast du relativ freie Bahn. Du findest deinen ganz persönlichen Weg viel einfacher und verläufst dich sicherlich auch nicht so leicht.

Das eigene Leben gestalten

Das eigene Leben gestalten zu können setzt voraus, dass du die Kapazitäten und die Möglichkeiten dazu hast. Nicht immer mögen die Startbedingungen für dich optimal gewesen sein, aber du kannst dafür sorgen, dass sich deine Position verbessert, ganz gleich, wo du jetzt stehst.

Die Gründe, die dich bisher davon abgehalten haben, deinen neuen Weg zu gehen, können ganz unterschiedlich sein und sich auch mit den Jahren verändern.

Vielleicht kannst du bei genauerer Betrachtung aber auch sogenannte Evergreens herauskristallisieren und Muster erkennen, die sich dir einfach immer nur wieder im neuen Gewand präsentieren. In diesem Kapitel findest du einige der typischsten Hindernisse. Wenn deine nicht darunter sind, ist dies aber auch kein Grund zu verzagen. Was auch immer dich aktuell davon abhält, dein volles Glückspotenzial auszuleben, lässt sich bearbeiten. Wenn du alleine nicht weiterkommst, scheue dich nicht, das Gespräch mit einer vertrauten Person zu suchen, die dir weiterhelfen kann. Auch die Zusammenarbeit mit Fachleuten kann hilfreich sein.

Spüre in dich hinein und überlege, was dir jetzt gut tun würde, auch wenn es sich vielleicht im ersten Moment unheimlich oder herausfordernd anfühlt. Das Bewusstsein, einen großen Stolperstein aus dem Weg geräumt zu haben, wird dich anschließend ganz sicher dafür entschädigen.

Halte dir aber auch zugute, dass die Bereitschaft, das eigene Leben zu gestalten und neue Wege zu gehen, sehr einschüchternd sein kann. Gib dir immer wieder Zeit, in dich hinein zu horchen und Dinge zu verarbeiten. Erwarte bitte nicht von dir, dass du, nur weil du deine Muster durchschaut hast, diese auch direkt aufgeben kannst.

Gedankenmuster und Handlungen, die dich Jahre oder gar Jahrzehnte begleitet haben, mögen dich mittlerweile zwar einschränken, aber sie sind dir auch vertraut bzw. nützlich. Irgendwann in deinem Leben haben sie als Schutz- oder Bewältigungsmechanismen gedient und daher geben sie dir auf eine gewisse Weise Sicherheit.

Dass ein Teil in dir diese Sicherheit nicht aufgeben will und sich vor dem fürchtet, was danach kommt, ist ganz normal. Also erlaube dir bitte eine Übergangsphase, in der du dich von alten Mustern verabschiedest und neue Gewohnheiten in dein Leben einlädst.

Reue hinter sich lassen

Besonders wichtig ist es, zunächst eine Basis zu schaffen, auf der man sich selbst Lebensglück und ein erfülltes Dasein zugestehen und erlauben kann. Wenn du in alten Glaubenssätzen gefangen bist, dich die Gedanken an frühere Fehltritte nicht loslassen und deine ganze Energie von Schuldgefühlen, Scham oder Reue verbraucht wird, hast du logischerweise nicht mehr viel Power, die du in dein Glück stecken kannst.

Starke Emotionen, wie z. B. Reue, haben mitunter solch eine Macht, dass sie alle anderen aufkommenden Gefühle überlagern können. Selbst dann, wenn es Anlässe zum Empfinden von Glück in deinem Leben gibt, steht möglicherweise alles im Schatten der Reue. Oder du gestattest dir schlichtweg gar kein Glück, denn das Gefühl der Reue suggeriert dir, dass du aufgrund vergangener Probleme kein Glück empfinden darfst.

Nicht wenige von uns tragen ein kleines oder größeres Paket aus ihrer Vergangenheit mit sich herum. Eine bunte Mischung aus Verlust, Schmerz, Gram und auch Schuld - und so ist es kein Wunder, dass sich viele von uns fragen, ob sie Glück überhaupt verdient haben.

Als Menschen machen wir Fehler und auch dann, wenn uns diejenigen, die von unseren Fehlern betroffen waren, längst verziehen haben, sind wir manchmal sehr streng mit uns selbst und können uns diese Fehler nicht verzeihen. Wir verbuchen sie auf unserem inneren Konto als dauerhafte Schuld, die auf uns lastet und für die wir büßen müssen.

Denk nur an die eine Freundin, die ihren ersten Freund betrogen hat. Sie hat seitdem keine glückliche Beziehung mehr geführt und hat in durchweinten Nächten bei dir auf der Couch mehrfach zugegeben, dass sie findet, dass es ihr zu Recht passiert – schließlich war sie diejenige, die nicht treu gewesen ist. Wieso sollte sie dann anders behandelt werden. Dass das Ganze jetzt schon zwei Jahrzehnte her ist und sie seitdem ein ganz anderer Mensch geworden ist, der sich liebevoll um seine Liebsten kümmert, das zählt in ihren Augen nicht.

Vielleicht hast du als Schulkind deine Schwester auf dem Spielplatz vergessen und bist ohne sie heimgegangen und kannst dir das bis heute nicht verzeihen. Oder du hast in einem wichtigen Moment nicht die Wahrheit gesagt, um selbst nicht schlecht dazustehen.

Was auch immer es ist – ganz gleich, ob es sich um Unachtsamkeit, einen Fehler oder schlichtweg um einen Unfall handelt, bei dem alle Beteiligten zur falschen Zeit am falschen Ort waren – Erlebnisse aus deiner Vergangenheit sind kein Messinstrument dafür, ob du Glück verdient hast oder nicht.

Wenn du dich jetzt darum bemühst, ein guter Mensch zu sein, der seinem Umfeld und sich selbst liebevoll und respektvoll begegnet, was spricht dann dagegen, dass es dir gut geht?

Fällt es dir schwer, mit der Vergangenheit abzuschließen und stehst du deinem Glück dadurch selbst im Wege, empfiehlt es sich, sich den Themen von damals noch mal neu zu öffnen. Um mit den „Geistern der Vergangenheit" aufzuräumen, kannst du entweder entsprechende Bücher zur Unterstützung heranziehen, wie beispielsweise „Vergangenheit loslassen", oder mit Freunden sprechen. Wenn du merkst, dass diese Geister noch sehr präsent sind und intensiverer Bearbeitung bedürfen, kann es auch hilfreich sein, sich professionelle Unterstützung zu holen, etwa durch eine Psychotherapeutin oder einen Coach.

Dann kannst du dich ganz dem Hier und Jetzt widmen. Bereitet dir der Gedanke daran Angst, weil du aus deiner Komfortzone herauskommen musst? Dann halte es wie Demokrit:

„Mut steht am Anfang des Handelns, Glück am Ende!"

In meinem Buch „Das Buch zur Selbstfindung" erfährst du bei Bedarf noch mehr rund um das Thema Reue und wie du Selbsttreue und Authentizität in dein Leben holen kannst. Denn nur, wenn du wirklich zu dir und deinen Wünschen und Ideen stehst, hast du die Möglichkeit, dein eigenes Glück zu leben, frei nach dem Motto: Es gibt kein richtiges Leben im falschen!

Innere Grundsätze

Vielleicht hast du schon davon gehört, dass jeder Mensch im Laufe seiner Entwicklung verschiedene Grundsätze verinnerlicht. Sie umfassen Einstellungen, Werte und Normen, wie z. B. „was man tut und was man nicht tut" oder „was gut ist und was nicht gut ist". Diese Einstellungen werden im Laufe der Sozialisation erworben. Sie werden zum einen von unserer Kernfamilie geprägt, zum anderen von unserer Umwelt und der Kultur, in der wir aufwachsen.

Wachsen wir in einer Familie auf, in der viel Wert auf die Ernsthaftigkeit des Lebens gelegt wird, sind spielerische Freude und glücklicher Genuss sicherlich keine Dinge, die oft im Vordergrund stehen. Bekommst du von klein auf vermittelt, dass deine Leistungsfähigkeit mehr zählt, als dein Lebensglück, kann es sein, dass du diese Einstellung übernimmst – selbst dann, wenn du das vielleicht gar nicht willst. Möglicherweise sträubt sich sogar alles in dir gegen diese Sichtweise, weil du selbst als Kind so darunter gelitten hast. Und doch erwischst du dich selbst beim gemütlichen Frühstück auf dem Balkon dabei, dass du genau dann, als du voller Muße dem Vogelgesang gelauscht hast, den Impuls hast, dir die Vorwürfe zu machen: „Wie kannst du nur so faul hier herumsitzen! Die Wäsche ist noch nicht auf der Leine! Der Bericht muss noch geschrieben werden. Und nachher kommen Baumanns und es sieht aus wie bei Hempels unterm Sofa. Aber das Fräulein muss ja herumsitzen und in den Tag träumen. Ganz großartig gemacht, Katja, ganz großartig. Aber Hauptsache, du hattest gerade Spaß, was?!"

Oder deine Eltern haben viel Wert auf Contenance gelegt und dir vermeintlich geschlechtsspezifische Erziehungsvorschläge angedeihen lassen: „Eine Dame lacht nicht so vulgär! Das ziemt sich nicht, Mara! Wir Kladens wissen, was sich gehört. Vornehme Zurückhaltung. Wir sind hier ja nicht in einer Hafenschenke!" oder „Was soll denn dieses alberne Gekicher, Tobias! Du bist doch kein kleines Mädchen. Ein echter Gentleman ist bekannt für seine Beherrschtheit. Und du möchtest doch, dass die Leute dich respektieren, wie deinen Vater?! Dann reiß dich zusammen. Gefühle sind etwas für Schwächlinge!"

Vielleicht musstest du auch erleben, dass deine Gefühle abgewertet wurden: „Also Lea, wegen einer Drei so zu strahlen, das muss ja nun wirklich nicht sein!" oder „Was machst du denn so einen Zirkus wegen diesem Hund? Du musst ja nicht jedes Mal so übertreiben!" oder „Dein Lachen klingt aber aufgesetzt. Ist das wirklich so oder versuchst du, einfach nur gut dazustehen?!"

Es ist unerheblich, ob diese Aussagen von deinen Eltern, deinen Lehrern oder Klassenkameraden kamen. Sie können dich verletzt haben und nicht selten führt eine unbedacht ausgesprochene Äußerung dazu, dass ein Kind oder ein Jugendlicher das eigene Verhalten drastisch verändert:

Der zur vermeintlich männlichen Beherrschtheit erzogene Tobias wird möglicherweise versuchen, besonders streng und unbeteiligt nach außen zu wirken. Die bis dahin laut lachende Mara wird sich diese Heiterkeitsausbrüche abgewöhnen. Stattdessen wird sie versuchen, den Erwartungen ihrer Eltern zu entsprechen, um diese zufriedenzustellen. Oder sie wird gar nicht mehr lachen, um sie zu bestrafen.

Und wer sich bisher gern und deutlich sichtbar gefreut hat, wird nach Bemerkungen über die Echtheit der Freude vielleicht verunsichert sein, sich selbst nicht mehr trauen und das eigene Gefühlsleben anzweifeln. Du musst diese Meinung nicht mit deinen Eltern oder anderen Erziehungsberechtigten teilen, um doch etwas davon zurückzubehalten. Je nachdem, wie empfindsam und aufnahmebereit du als Kind warst und welche Auswirkungen ein Verstoß gegen diese offenen (oder vielleicht auch nur stillschweigend in der Familie akzeptierten) Regeln im Umgang mit offensichtlicher Freude und dem Zelebrieren von Lebensglück hatte: Die erlernten Grundsätze bleiben zurück, die sich auch im Leben eines Erwachsenen erstaunlich hartnäckig halten können. Somit besteht die Möglichkeit, dass sie dich bis heute beeinflussen.

Stell dir einmal folgende Fragen, um herauszufinden, ob du selbst von solchen unbewussten Grundsätzen betroffen bist. Achte dabei auf dich: Hältst du beim Durchlesen einer Frage den Atem an oder ziehst die Schultern hoch? Berührt dich eine Frage mehr als die anderen? Hier lohnt es sich, noch mal genauer hinzuschauen.

- Wie wurde in deiner Familie mit positiven Gefühlsregungen umgegangen?
- Waren laute Glücksbekundungen verpönt?
- War in deinem Alltag Leistung wichtiger als Lebensglück?
- Hattet ihr ein Familienmotto oder ungeschriebene Gesetze, die verdeutlichen, dass Lebensglück nicht so wichtig ist?
- Bemerkst du an dir selbst, dass du typische Sprüche der Familie aussprichst, die glücks- oder genussfeindlich sind?

Falls du bei diesem Thema noch viele offene Fragen bemerkst, lohnt es sich definitiv, wenn du dich noch einmal näher mit deinem Inneren Kind beschäftigst. Das Modell des Inneren Kindes wird sowohl in der psychotherapeutischen als auch in der psychiatrischen Arbeit verwendet und zudem auch von Privatpersonen genutzt, die sich mit ihrer Persönlichkeitsentwicklung befassen. Das Innere Kind verkörpert die kindlichen Erfahrungen und Anteile der Person. Es hilft dem Anwender des Konzeptes, einen Zugang zu seinem früheren Ich zu finden und sich so versteckten Emotionen oder früheren Erlebnissen bewusst zu werden. Hat die Person entsprechend Zugang zu ihren jüngeren Anteilen, kann sie diese bei Bedarf aufarbeiten und sich auch über Zusammenhänge zwischen frühkindlichen Erlebnissen und aktuellen Schwierigkeiten als Erwachsener klar werden.

Durch das Verstehen der Zusammenhänge werden die Probleme greifbarer. Der Erwachsene lernt, die Verantwortung für sich und sein verletztes Inneres Kind zu übernehmen und gut für sich und das Kind zu sorgen. Dadurch ist auch das Lösen aus ungesunden Beziehungsdynamiken möglich, die jemand aufgrund von frühkindlichen Erfahrungen und einem daraus resultierenden Bindungsstil eingegangen ist. Zudem kann das Konzept des Inneren Kindes auch dazu genutzt werden, wieder eine spielerische Komponente in das eigene Leben zu integrieren und dem eigenen Glück auf etwas unkonventionellere Art auf die Spur zu kommen.

Auch die bewusste Entscheidung, mit der Vergangenheit abzuschließen, kann sehr hilfreich sein und als echter Befreiungsschlag empfunden werden.

Selbstliebe

Selbstliebe mag relativ unbedeutend erscheinen, wenn man auf das große Glück hofft, doch sie ist ein wichtiger Faktor auf dem Weg in ein glückliches, erfülltes Leben. Denn wie du bereits aus dem ersten Kapitel „Was fehlt dir zum Glück?" und dessen Abschnitte „Falsche Fünfziger" und „Welches Glück möchtest du für dich leben?" weißt, gibt es keine wirkliche Abkürzung zum Glück und auch nicht wirklich die Möglichkeit, sich das Glück zu erkaufen oder zu ergaunern. Natürlich erlebst du ein Hochgefühl, wenn du ein Stück Schokolade naschst, dir ein tolles Kleidungs- oder Schmuckstück kaufst, du von anderen umschwärmt wirst oder du tolle Reisen unternimmst – aber wenn du dich selbst nicht wirklich liebst und dich selbst nicht wirklich angenommen hast, dann kann dies kein Impuls von außen überdecken.

Die Beziehung zu dir ist die wichtigste Beziehung in deinem Leben. Sie ist essenziell für dein Lebensglück. Das hat nichts mit Egoismus oder Selbstbezogenheit zu tun. Vielmehr handelt es sich um einen liebevollen und verantwortungsvollen Umgang mit dir und deiner Person, der unter anderem auch dafür sorgt, dass du im Umgang mit anderen liebevoller, authentischer und freier von ungesunden Dynamiken und Schutzmechanismen sein kannst.

Wenn du dir selbst genug bist, musst du dein Lebensglück nicht an anderen Personen oder Dingen festmachen. Du gerätst in keine Abhängigkeiten und die Verbindungen mit anderen behalten eine gewisse Leichtigkeit. Damit ist keinesfalls gemeint, dass sie dadurch unverbindlich werden! Deine Beziehungen können sehr intensiv sein, wenn du möchtest – aber du bist nicht auf sie angewiesen. Du selbst kannst dir Liebe schenken und du kannst selbst gut für dich sorgen, wenn du das Konzept der Selbstliebe verinnerlicht hast. Dadurch bist du in der Lage, Verantwortung für dich selbst zu übernehmen, zwischen Bedürfnissen und Bedürftigkeit zu unterscheiden, dich nicht über andere zu definieren und Freiräume für dich und deine Interessen, Bedürfnisse und Lebensträume zu schaffen.

Regelmäßig praktizierte Selbstfürsorge ist ein wichtiger Baustein, wenn du dir dein Lebensglück aufbaust und sie lenkt deinen Blick in die richtige Richtung.

Bist du mit dir und dem, was dir gut tut, vertraut, kannst du auch schwierigere Phasen in deinem Leben meistern und Krisen mit einer gewissen Gelassenheit gegenübertreten.

Du weißt, wie du gut für dich sorgen kannst und schaffst es, Selbstliebe zu zelebrieren – sowohl in deinen Beziehungen mit anderen als auch während der Arbeit, in deinem Umgang mit Medien und Freizeitangeboten und mit deinem Körper und deinem Gefühlsleben.

Die Chance, die daraus erwächst, der eigenen Stimme zu vertrauen, bietet dir so viele Möglichkeiten, dein Leben aktiv und im positiven Sinne zu gestalten, die du mit mangelnder Selbstliebe nicht leben könntest.

Wie ist es bei dir?

- Magst du dich selbst so wie du bist?
- Denkst du, Selbstliebe wäre egoistisch?
- Magst du nur ein früheres Bild von dir oder vielleicht nur ein Zukunftsbild?
- Hast du das Gefühl, dich selbst auch bei Fehltritten annehmen zu können?
- Was magst du an dir besonders gerne?
- Kannst du deine Liebe zu dir zeigen?
- Ist es dir möglich, gut für dich zu sorgen oder fällt dir Selbstfürsorge schwer?
- Stellst du deine Wünsche und Bedürfnisse hintenan, wenn andere Leute in deinem Leben sind?

Bestimmte Themen können immer wieder aufkommen, insbesondere dann, wenn sie dich sehr früh oder sehr einschneidend geprägt haben.

Somit stellt sich eine kontinuierliche Weiterarbeit an der eigenen Person als hilfreich und unbedingt empfehlenswert heraus – auch dann, wenn du denkst, die größten Geister der Vergangenheit erfolgreich bewältigt zu haben.

Dennoch ist es angebracht, bestimmte Aspekte eine Zeit lang ruhen zu lassen und sich nicht nur auf die Bearbeitung von Schwachstellen zu konzentrieren, sondern sich auch aktiv mit der Gestaltung eines glücklichen Lebens im Jetzt auseinanderzusetzen.

Fokussierst du dich während deines gesamten Prozesses der Persönlichkeitsentwicklung ausschließlich darauf, was noch nicht funktioniert, kann dein Leben sehr düster wirken – und auch die geistige Anstrengung sollte bei dieser Form von Arbeit nicht unterschätzt werden.

Eine zeitgleiche Ausrichtung zum Glück und eine aktive Auseinandersetzung mit Dingen, die dir gut tun, die dein Gefühl von Lebensglück verstärken oder dich entspannen, schafft die nötige Balance und lässt die Sonne wieder scheinen. Freue dich auf das, was kommt, auch wenn vielleicht noch nicht ganz klar ist, wohin dich dein Weg auf deiner Reise ins glückliche Leben führen wird.

„Werde wieder wie ein staunendes Kind, das die Welt entdeckt. Jeden Augenblick neu." – Tibetisches Sprichwort

Kapitel 3 - Glücklichsein als Entscheidung

Was ist jedoch, wenn ich meine Themen bereits bearbeitet habe und trotzdem das Gefühl habe, dass etwas fehlt?

Was ist, wenn ich eigentlich glücklich sein müsste, aber gar nicht mehr weiß, wie sich das anfühlt?

Was ist, wenn ich „dem Braten nicht traue" und sozusagen nur darauf warte, dass die nächste Katastrophe über mich hereinbricht?

Nahezu jeder von uns kennt Menschen, die solche Gedanken schon einmal mit uns geteilt haben. Da ist die Schwägerin, die vor lauter Yoga, Coaching und spiritueller Arbeit eigentlich längst auf Wolken schweben müsste – aber immer noch mit einem diffusen Gefühl der Unzufriedenheit und Leere kämpft. „Das kann doch gar nicht sein! Ich habe jede Kränkung aus meinem bisherigen Leben bearbeitet. Ich habe mich mit meiner Schattenseite angefreundet. Ich habe Vergangenes losgelassen und Sachen angenommen. Ich halte mich an alles, was ich gelernt habe. Ich müsste der glücklichste Mensch auf Erden sein."

Da ist deine beste Freundin, die ein tolles Leben führt mit Mann, Hund, Eigenheim, tollem Job und ihrem lang ersehnten Kind. „Alles, was ich mir für mein Leben erträumt habe, habe ich. Ich kann mir nicht erklären, was fehlt. Aber irgendwie fühlt es sich nicht rund an. Es ist nicht so, dass das, was ich mir erschaffen habe, doch nicht zu mir passt. Es ist toll. Ich liebe meinen Mann, meinen Hund, mein Kind, unser Zuhause, meine Arbeit. Aber ich fühle mich immer noch nicht glücklich. Was mache ich nur falsch?"

Oder die Kollegin, die frisch verliebt ist und eine Beförderung bekommen hat, aber die ganze Zeit ihrem großen Glück misstraut und geradezu darauf wartet, dass sie enttäuscht wird. „Du kennst mich doch. Ich habe nie Glück. Der Lukas ist einfach zu perfekt für mich. Das wird eh nicht lange halten, dann wird er genug von mir haben. Und die Beförderung? Ach komm, wir wissen doch beide, dass die Chefin einen Fehler gemacht hat, mich auszuwählen. Das wird sie schon bald merken. Vielleicht war es ja auch nur ein Versehen, und sie wollte eigentlich die andere Sonja befördern, nicht mich. Wetten, am Montag habe ich eine E-Mail im Postfach?"

Vielleicht hast du sogar ähnliche Gedanken: Möglicherweise türmen sich tausende „Aber" in dir auf, wenn es darum geht, warum du nicht glücklich sein kannst, darfst oder sollst.

Aber wieso ist das so? Warum machst du das? Sicher nicht, um Aufmerksamkeit oder Mitleid zu bekommen. Du wünschst dir ja selbst so sehr, endlich glücklich zu sein. Da möchtest du selbst deinem Glück am wenigsten im Weg stehen, klar. Warum also all diese Widersprüche? Wieso glauben wir gerade bei uns selbst so hartnäckig daran, dass das Glück nicht wirklich uns meinen kann?

Denn seien wir doch mal ehrlich? Unserer besten Freundin, unserem Sohn oder unserer Patentante würden wir eine neue große Liebe, eine Beförderung, ein Traumleben mit der Familie oder den berühmten Sechser im Lotto doch von Herzen gönnen. Vielleicht mit einer kleinen, gesunden Prise Neid dabei, aber frei von Missgunst – und vor allem frei von Zweifeln, ob diese Person denn jetzt überhaupt das Recht hat, sich angesichts dieses Ereignisses zu freuen. Wir wären vermutlich eher erstaunt oder irritiert, wenn diese Person mit Ablehnung, Unsicherheit und/oder Negativität reagieren würde. Wer statt zu erwartendem Jubel düstere Zukunftsvisionen verbreitet, wirkt mitunter sogar undankbar.

Also, wie kann es sein, dass du dich trotz bester Voraussetzungen nicht glücklich fühlst?

Stolperfallen bei der Kultivierung von guten Gefühlen

Wenn wir uns die verschiedenen Beispiele der Bekannten und Freunde anschauen, fällt auf, dass es verschiedenste Stolperfallen bei der Kultivierung von guten Gefühlen geben kann. Diese können sich in unterschiedlichster Form ausdrücken, sodass manchmal gar nicht so klar ist, was nun der genaue Grund für die neutrale oder sogar pessimistische Einstellung ist.

Im Folgenden wirst du einige der verbreitetsten Gründe kennenlernen, die dich von deinem Glück abhalten können. Zudem kannst du mittels mehrerer Fragen ergründen, ob du selbst dazu neigen könntest, dich von deinem eigenen Glück abzuhalten. Und natürlich bekommst du Anregungen an die Hand, wie du diesen Mustern begegnen kannst.

Denn die gute Nachricht ist: Nahezu alles, was du dir beigebracht oder angewöhnt hast, kannst du auch wieder verlernen – zumindest bis zu einem gewissen Grad.

Oder aber du lernst, anders mit diesen Mustern umzugehen, ihnen weniger Bedeutung beizumessen und deine Energie umzuleiten. Verwendest du diese für Handlungen und Gedanken, die dir und deinem Glück förderlich sind, wirst du schnell ein wachsendes Maß an Leichtigkeit in deinem Leben bemerken.

Natürlich weißt du, dass sich eingeschliffene Muster nicht von heute auf morgen ändern lassen. Aber du weißt auch, dass du mit der nötigen Disziplin und dem entsprechenden Krafteinsatz ziemlich viel in Bewegung setzen kannst. Du hast es in der Hand! Packen wir es an!

Beschränkungen von außen

Beschränkungen durch dein äußeres Umfeld können sich auch heute noch auf dich und deine Fähigkeit und Bereitschaft, dein Lebensglück zu leben und überhaupt wahrzunehmen, auswirken.

Befindest du dich aktuell in einer schwierigen Lebenssituation? Wer eine chronische Krankheit diagnostiziert bekommen oder einen anderen Verlust erlitten hat und daraufhin mit seinen Kräften haushaltet, wird öfter erleben, dass er oder sie pikiert angeschaut wird, wenn dann doch mal Freude aufkommt.

„Nicht arbeiten gehen können, aber immer ein dickes Grinsen im Gesicht. Die simuliert doch nur."

„Na, so schlimm kann sie die Trennung ja nicht mitgenommen haben. Hast du gehört, wie die da gestern mit der Karin in der Teeküche herumgegackert hat?"

„Oh je, so eine Tochter möchte ich nicht haben. Macht auf Trauer und lacht dann auf offener Straße, dass sich die Balken biegen. Der geht es wohl zu gut!"

Wer solche Sätze über sich hört – ganz besonders in einer Zeit, in der er jedes Quäntchen Hoffnung und Spaß gebrauchen kann, wie die Luft zum Atmen – dem vergeht die Lust am Lachen, und die Lust am Glücklichsein gleich mit. Weil man dann zu fröhlich ist, um mit seiner psychischen Erkrankung ernst genommen zu werden. Weil dann das Rheuma ja gar nicht so schlimm schmerzhaft sein kann, wenn man noch lachen kann. Weil niemand so strahlen kann, wenn er wirklich reale Sorgen hätte und nicht nur „einen auf Drama-Queen macht".

Diese Bemerkungen, diese Vorurteile können dazu führen, dass du Hemmungen hast, dich zu freuen.

Kapitel 3 - Glücklichsein als Entscheidung

Auch im Umgang mit anderen, die selbst betroffen sind, kann sich solch eine Dynamik einstellen. Da ist die Partnerin mit der schweren Arthritis, die gezeichnet von einem Schub auf dem Sofa sitzt, und der man dann nicht gerade sagen möchte, wie toll das Leben momentan ist.

Oder die gute Freundin, der man am liebsten alles von den Hochzeitsvorbereitungen erzählen würde, aber davon absieht, weil sie gerade ganz schlimm verlassen wurde und „diese glücklichen Paare einfach nicht ertragen" kann.

Also nimmst du dich zurück, teilst das Leid mit den anderen. Das ist kein Problem und gehört zu guten Beziehungen dazu.

Bist du aber nur umgeben von Leuten, die kein Interesse daran haben, Positives aus deinem Leben zu hören und nur aufmerksam sind, sobald es dir schlecht geht, kann das deinen Blickwinkel und deine Ausrichtung gewaltig verändern.

Wir Menschen sehnen uns nach Kontakt und Anschluss. Wir wollen gehört werden. Werden wir nur beachtet, wenn wir leidvolle Erfahrungen teilen oder in das allgemeine Gejammer mit einstimmen, klagen und leiden wir mit. Dabei verlieren wir vollkommen aus dem Blick, welche wunderschönen Bestandteile das Leben hat.

Dein Umfeld kann dich somit, auch als erwachsener Mensch, sehr deutlich darin beeinflussen, wie du dein Lebensglück nimmst.

Möglicherweise hast du unterschwellig auch bemerkt, dass es bei deinen Kollegen gar nicht gut ankommt, wenn du an einem Montagmorgen zufrieden in die Woche startest und dich von der allgemeinen schlechten Laune um dich herum nicht anstecken lässt.

„Muss die immer so penetrant gut gelaunt sein?"

„Ja, das wirkt total künstlich."

„Will sich sicher nur beim Chef einschleimen."

"Echt mal. Kein Mensch hat einen Grund, so gut gelaunt zu sein."

Das Glücklichsein kann auch als so starke Provokation gewertet werden, dass mit noch schärferen Geschützen geschossen wird. Dazu musst du nicht auf einer Beerdigung einen Lachanfall bekommen oder andere unangemessene Dinge tun. Manchmal reicht es sogar schon aus, einfach nur Glück auszustrahlen, weil die anderen sich vorgeführt fühlen, sich durch dich verunsichern lassen, in ihren Routinen gestört werden oder einfach das Gefühl haben, du wolltest angeben, mit deinem ach so perfekten Leben. Auch wenn du dir gar nichts dabei gedacht hast und einfach nur ein wenig gute Laune verbreiten wolltest.

Hast du Leute in deinem Umfeld, die immer nur mit dir sprechen, wenn es dir schlecht geht?

Erfährst du mehr Beachtung, wenn du mit negativen Nachrichten kommst?

Schämst du dich manchmal für deine Freude?

Traust du dich gegenüber Freunden, denen es schlecht geht, nicht, von deinen schönen Momenten zu berichten?

Hast du liebe Menschen, bei denen du dich von Herzen freuen kannst, ohne Zensur?

Gewohnheit

Menschen mögen es bequem, genau wie der berühmt-berüchtigte „innere Schweinehund".

Etwas so zu tun, wie man es schon immer gemacht hat, ist angenehm: Es bietet keine unangenehmen Überraschungen, man weiß um den Arbeitsaufwand und das Ergebnis und auch das Umfeld ist darauf eingestellt. In unserem Alltag greifen wir immer wieder auf Routinen und gewohnte Handlungsmuster zurück. Das ist sehr hilfreich für uns: So ersparen wir uns unnötige Entscheidungsprozesse und können unsere Gehirnkapazitäten für andere Dinge nutzen.

Kapitel 3 - Glücklichsein als Entscheidung

Wir erfahren auch dadurch Entlastung, dass wir die Verantwortung für unser Handeln gewissermaßen abgeben können: Das wurde schon immer so gemacht. Gerade, wenn wir Handlungsmuster übernehmen, die gesellschaftlich akzeptiert sind und somit während der Sozialisation vermittelt werden, kann es uns schwer fallen, diese überhaupt zu hinterfragen. Wir erleben sie als selbst gewählt, haben sie uns aber möglicherweise nur zu eigen gemacht und fühlen uns mitunter gar nicht so gut damit.

Wenn wir dann plötzlich bestimmte Dinge nicht mehr in unser Leben lassen wollen, sehen wir uns einem Umfeld gegenüber, das an den übernommenen Handlungsmustern festhält.

Erinnerst du dich noch an „Klein-Kiki" aus der Grundschule? Mit über 30 Jahren, als gestandene Frau, Chefin eines Konzernes und Mutter eines Kindergartenkindes, möchte sie endlich als Kirsten angesprochen werden. Und doch fällt jeder wieder zurück und auch dir liegt „Klein-Kiki" auf der Zunge, wenn du sie ansprechen möchtest. Das hat nichts damit zu tun, dass du den Wunsch deiner Bekannten nicht respektieren möchtest. Vielmehr liegt es daran, dass auch dein Gehirn gerne gewohnte Wege geht. Es hat die Person mit dem Namen „Klein-Kiki" verknüpft. Sie mit ihrem eigentlichen Namen anzusprechen, das erfordert einen Extragedanken. Es erfordert Arbeit. Diese Arbeit ist natürlich nicht immens und wenn du Kirsten öfter über den Weg laufen solltest, wirst du dich schnell umgewöhnen. Wie ist es nun aber mit Denkmustern oder Handlungsweisen, die du seit Jahren ausgeübt hast?

Stell dir zwei Wege zu einem Haus vor: Der linke ist groß und breit und die Erde ist schön festgetreten. Das liegt daran, weil du immer den linken Weg bevorzugst und er sich somit immer leichter gehen lässt. Er wirkt auf den ersten Blick unkomplizierter und du kommst wesentlich schneller zum Ziel, als wenn du den rechten Weg gehst. Diesen hast du bisher gemieden, denn er ist uneben, voller Gestrüpp und dadurch wirklich anstrengend. Er erfordert deine Aufmerksamkeit. Du kannst nicht nebenbei eine SMS tippen oder in Gedanken die Einkaufsliste zusammenstellen, wenn du ihn entlanggehst. Du musst voll präsent sein. So verhält es sich auch, wenn du dich für glücklichere Verhaltensweisen und Gedanken entscheidest. Du musst dich umgewöhnen, neu ausrichten und darauf achten, nicht in alte Gewohnheiten zu verfallen.

Zudem kann es sein, dass du mit bestimmten Verhaltensmustern auch Zugehörigkeitsgefühle vermittelst – selbst dann, wenn du die Muster nicht magst. Vielleicht passen sie nicht mehr zu deinem jetzigen Leben, vielleicht haben sie sich schon immer falsch angefühlt – aber sie erinnern dich an deine geliebte Oma. Was würde sie denken, wenn du jetzt einfach auf Make-up verzichtest, weil du dich so freier und glücklicher fühlst? Sie hat dir doch alles beigebracht! Missachtest du dann ihr Erbe?

Auch Familienstrukturen leben mit von Traditionen. Es kann für Aufruhr sorgen, wenn du plötzlich sagst, dass du nicht mehr jeden Sonntag zum Familientreffen kommen, sondern an deinem freien Tag auch mal ins Grüne fahren möchtest.

Es ist nicht immer leicht, Gedanken oder Tätigkeiten, die uns an einen wichtigen Menschen erinnern, hinter uns zu lassen. Gegensätzliche Emotionen können ebenso aufkommen wie die Befürchtung, seine Wurzeln zu verraten.

- Wie ist es bei dir?
- Fällt es dir schwer, Altes hinter dir zu lassen?
- Machen dir Veränderungen Angst?
- Ziehst du Sicherheit daraus, wenn du etwas so tust, wie es schon immer getan wurde?
- Welches Gefühl vermitteln dir Traditionen?
- Hast du die Befürchtung, jemanden zu verraten oder zu verlieren, wenn du alte Gewohnheiten brichst?

Stress und Zeitmangel

Wie du bereits erfahren hast, ist das Kultivieren von neuen Gewohnheiten schwierig für einen Menschen. Als Gewohnheitstier hält er gerne an dem fest, was er kennt. So kann er die Reaktionen anderer gut voraussehen und weiß auch, wie er selbst reagieren wird.

Unsicherheit ist immer mit einem Gefühl von Anspannung verbunden. Und auch die Denkleistung und Emotionsarbeit ist beim Einschlagen neuer Wege nicht zu unterschätzen, wie du eben erfahren hast. Deswegen sind Stress und Zeitmangel zwei ausschlaggebende Faktoren, wenn es darum geht, neue Glücksgedanken und Glückshandlungen in das Leben zu integrieren.

Hast du gerade zu viele Baustellen zu bedienen, kann es einfach zu viel sein, neue Verhaltensmuster zu integrieren. Wenn du ohnehin schon nicht weißt, wie du vor lauter Stress abends in den Schlaf finden sollst, dann kann sich zusätzliche Gedankenarbeit massiv anfühlen.

- Bist du momentan bei der Arbeit stark eingebunden?
- Hast du Zeit für Ruhemomente im Alltag oder kommst du erst am Wochenende dazu, auszuspannen?
- Wie steht es um die Betreuungs- und/oder Fürsorge-Aufgaben in deiner Familie? Übernimmst du diese?
- Möchtest du manchmal vor Erschöpfung einfach nur weinen?
- Welche Stressfaktoren sind in deinem Leben aktuell besonders prägnant?

Mediale Verunsicherung

Wenn unsere Einstellung zum Glück zu Beginn noch sehr fragil ist, reichen manchmal ein paar falsche Worte, um uns zu verunsichern. Der Schwall an negativen Neuigkeiten und Dramen, der uns entgegenkommt, wenn wir uns mit den Massenmedien auseinandersetzen, kann dann einen echten Rückschritt auslösen. Wie soll man glücklich sein in einer Welt, in der so viel Schreckliches passiert? Und wie können wir zufrieden mit uns, unserem Leben und unserer Leistung sein, wenn uns in den Sozialen Medien scheinbar perfekte Menschen ihren Influencer-Lifestyle präsentieren und dabei ein Produkt oder eine Marke verkaufen möchten?

Monika Schmiderer setzt sich in ihrem Buch *Switch Off* und *Hol dir dein Leben zurück* mit den negativen Folgen eines unkontrollierten Medienkonsums auseinander. Sie zeigt Risiken auf und gibt zu bedenken, dass der Umgang mit dem modernen Unterhaltungs- und Medienangebot zur digitalen Stressfalle werden kann. „Die Massenmedien und auch die Unterhaltungsindustrie geben der Hysterie, der Panik, dem Terror und den daraus resultierenden Krisen ohnehin bereits den größten Raum in der Berichterstattung und in den Drehbüchern."

Wenn du dieser einseitigen Berichterstattung nicht grenzenlos ausgeliefert sein möchtest, wähle bewusst, wie und wo du an deine Informationen kommst. Schließlich sollst du keineswegs den Kopf in den Sand stecken oder das Weltgeschehen ignorieren. Nur weil wir etwas nicht sehen, bedeutet es ja nicht, dass es nicht da ist. Und es ist immer angenehmer, gut informiert zu sein. Du kannst entscheiden, welche Quellen du zur Informationsgewinnung nutzen willst. Wenn du auf reißerische Medien mit dramatischen Bildern oder Videos mit Clickbait-Titeln verzichtest, hast du schon für deutlich mehr Ruhe in deinem Emotionshaushalt gesorgt.

Überlege dir auch, ob wirklich den ganzen Tag das Radio laufen soll und du so zu jeder vollen oder halben Stunde die neuesten Schreckensnachrichten hören musst. Die sinnvolle Herangehensweise „Erst reflektieren, dann reagieren" lässt sich bei stark emotional aufgeladenen Nachrichten leider nicht immer

Kapitel 3 - Glücklichsein als Entscheidung

umsetzen. So mag dein Stresspegel sofort nach oben schießen, wenn du eine schlimme Nachricht hörst und du musst dann erst wieder mühsam daran arbeiten, alles zu relativieren und zu überprüfen.

Weitere Risiken sieht Schmiederer in der Gefahr, der digitalen Identität zu viel Bedeutung beizumessen: Wenn Likes und Herzchen wichtiger werden als körperlicher Austausch und gute Gespräche im realen Leben, führt das über kurz oder lang zu Einsamkeit und damit auch zu weiteren körperlichen und seelischen Problemen, die deinem Lebensglück schaden. Zudem kann das Aufrechterhalten einer glücklichen Internetpersönlichkeit ziemlich unglücklich machen, denn du bist sehr viel Druck ausgesetzt und stehst auch immer in einem Wettbewerb zu anderen Kreatoren.

Auch ist die Gefahr des Over-Sharings recht groß – vor allem dann, wenn du sehr glücklich oder sehr traurig bist. Sicherlich kennst du auch den Spruch „Sharing is caring", aber vermutlich wirst du nach dem ersten Überschwang der Gefühle feststellen, dass du manches doch besser für dich behalten hättest. Jeder Mensch hat ein anderes Verständnis von Privatsphäre, aber wir alle haben etwas in unserem Leben, dass wir nur mit unseren engsten Menschen teilen oder sogar nur für uns genießen oder verarbeiten möchten.

Diese stillen Momente, fernab von Bewertung und Kommentaren, sind wichtig für das eigene Seelenleben: Sie helfen dir dabei, eine eigene Meinung zu Dingen zu entwickeln und geben dir einen sicheren Raum dafür.

- Wie ist es bei dir?
- Bist du immer online?
- Bist du mehr damit beschäftigt, das perfekte Foto von einem Konzert oder einem Essen zu machen, statt zu genießen?
- Fühlst du dich nach dem Scrollen durch deinen Newsfeed ängstlich oder gestresst?

- Bemerkst du, dass du Gefühle, wie Unzulänglichkeit oder Neid verspürst, wenn du auf Social Media unterwegs bist?
- Gehen dir die Bilder aus den Nachrichten noch lange durch den Kopf?
- Kannst du nach Katastrophen- oder Horror-Filmen lange nicht einschlafen?

Mangelnde Disziplin

Disziplin ist vielleicht nicht unbedingt die Eigenschaft, die man mit dem großen Glück in Verbindung bringt. Bei dem Wort Glück kommen eher Gedanken an Spontaneität, Zufall und ein Gefühl von Leichtigkeit auf.

Aus Kapitel 1 – Was fehlt dir zum Glück? – wissen wir allerdings, dass das spontane Glück nicht das einzige Glück in unserem Leben ist. Wonach die meisten von uns streben, ist das Lebensglück. Sich für sein ureigenes, hoch persönliches Lebensglück zu entscheiden, bedeutet, sich bewusst für die Arbeit am Glück zu entscheiden. Natürlich passt dies nicht unbedingt mit der romantischen Vorstellung zusammen, positive Gefühle würden einem zufallen, wenn doch eigentlich alles in Ordnung ist.

Aber genau wie bei Beziehungen, die nicht plötzlich für immer rosarot bleiben, nachdem der Prinz oder die Prinzessin auf dem weißen Ross aufgetaucht ist, will auch das eigene Leben gepflegt werden.

Hatten wir als Teenager vielleicht noch die niedliche Vorstellung, mit dem richtigen Menschen an unserer Seite würde es nie Streit geben und die Beziehung wäre für immer glücklich, lernen wir, wenn wir älter werden und mehr Beziehungserfahrungen gemacht haben, dass zu jeder Beziehung auch Beziehungsarbeit gehört. Das beschränkt sich natürlich nicht nur auf romantische Beziehungen zu unserer Partnerin oder unserem Partner. Nein, auch Freundschaften wollen gepflegt werden, ebenso wie der Kontakt zu der Familie, den Nachbarn und anderen Menschen in unserem Leben.

In unserer Jugend bekommen wir die Chance, uns auszuprobieren und das Einnehmen verschiedener sozialer Rollen zu lernen, ebenso wie die Pflege von Beziehungen.

Aber nur wenige von uns lernen, wie sie eine gute Beziehung zu sich selbst pflegen können, dass auch hier stetige Beziehungsarbeit gefordert ist. Diese Arbeit ist nicht negativ besetzt, denn in der Regel ist es schön, sich mit sich selbst auseinandersetzen zu können, die Chance zu haben, sich etwas Gutes zu tun, sich weiterzuentwickeln. Aber es gibt eben auch Durststrecken in unserem Leben, in denen uns der Kontakt zu uns selbst schwer fällt, in denen wir uns nicht mögen und gar nichts von uns wissen wollen. Zeiten, in denen wir uns hinter Arbeit, zu viel Sport, Fernsehen, Schokolade oder schnellen Liebschaften verstecken, nur um nicht mit uns selbst in Berührung zu kommen. Phasen, in denen es anstrengend ist, in denen es weh tut, hinzuschauen, sich zu kümmern und in denen wir die Verantwortung abgeben möchten.

Oder Momente, in denen es so gut läuft, dass wir nachlässig werden. Es geht jetzt gut, da kann ich ruhig wieder ein wenig mehr arbeiten, ein wenig schlechter essen, ein wenig länger aufbleiben – und zack, steckt man wieder drin in alten Mustern, die einem – wie man doch eigentlich weiß – überhaupt nicht bekommen.

Die Meditationslehrerin und Autorin Marie Mannschatz spricht von der ersten kostbaren Eigenschaft, wenn sie von Energieeinsatz redet. In ihrem Buch *Mit Buddha zur inneren Balance* stellt sie sieben Faktoren des Erwachens vor, die uns dabei helfen können, zu uns selbst vorzudringen und ein friedliches und harmonisches Leben zu genießen. Der Energieeinsatz ist die erste dieser Eigenschaften. Laut Mannschatz können sich geistige Kräfte, wie Einfühlungsvermögen, Selbstachtung oder entschiedenes Handeln, ähnlich wie Muskeln durch kontinuierliches und aktives Trainieren stärken.

Jeder von uns kennt den „inneren Schweinehund", der auftaucht, wenn ein Sporttermin im Kalender steht. Aber wir gehen zum Termin, denn wir wissen ja, dass es unseren Körper stärkt und uns hilft, gesünder und fitter zu sein.

Wenn wir eine solche Disziplin ebenso an den Tag legen, wenn es darum geht, unsere Glücksmomente zu gestalten und zu zelebrieren, unseren Blickwinkel neu auszurichten und selbstschädigende Gewohnheiten durch Selbstliebe und Selbstfürsorge zu ersetzen, können wir erstaunlich schnell Verbesserungen erleben.

- Hast du schnell Ausreden parat, wenn du dich müde fühlst oder keine Lust hast?
- Erlebst du dich als pflichtbewusst oder drückst du dich eher?
- Wie fühlt sich diese Selbsteinschätzung an?
- Gibt es etwas, was du nie vernachlässigst? Worum handelt es sich und was hält dabei deine Motivation oben?
- Kannst du dir kleine Teilaufgaben gestalten, die sich leichter abarbeiten lassen?
- Lässt du dich von Misserfolg oder Fehltritten so stark entmutigen, dass du dazu neigst, ganz aufzugeben?

Bewusste Entscheidung zum Glücklichsein

„Glück ist kein Geschenk der Götter, sondern die Frucht innerer Einstellung." - Erich Fromm

Was kann ich nun also tun, wenn ich meine Stolpersteine kenne?

Zunächst hilft es, die eigene Position zu ermitteln. Wo stehe ich gerade? Wo liegen meine Schwierigkeiten? Wo hakt es? Von dort aus kannst du überlegen, wer du bist und welches Leben du führen möchtest.

Dazu muss keineswegs alles bis ins kleinste Detail geplant sein und du benötigst auch keinen minutiösen Ablauf. Aber eine kleine Route zur Orientierung kann sehr hilfreich sein – vor allem, wenn du Hindernisse aus dem Weg räumen möchtest. Erinnere dich an das Beispiel mit der Renovierung. So wenig Sinn es macht, die Fenster zu putzen, nur um danach neue Scheiben einzusetzen, so wenig Sinn macht es auch, Abläufe zu optimieren, die du am besten durch etwas vollkommen anderes ersetzt.

Weißt du, wohin es gehen soll, kannst du schauen, was dir bereits an Ressourcen zur Verfügung steht.

Die eigenen Stärken zu aktivieren und sich der bereits vorhandenen Ressourcen bewusst zu werden, kann sehr motivierend sein und dir zudem das so wichtige Gefühl von Selbstwirksamkeit vermitteln.

Du spürst, dass du etwas bewegen kannst, jetzt und mit den aktuell vorhandenen Mitteln. Möglicherweise muss auch die Umsetzung einiger Sachen noch eine Weile warten, aber das Wichtigste ist: Du bist nicht zum Stillstand gezwungen. Stillstand kann uns mürbe machen, denn wir assoziieren Hilflosigkeit und Machtlosigkeit damit und geraten schnell in eine Abwärtsspirale aus äußerer und innerer Lähmung.

Du jedoch hast deine Kreativität, deinen Willen und deine gesamten kognitiven und körperlichen Fähigkeiten und Fertigkeiten, die du zu deinem Wohle einsetzen kannst.

Kennst du den Spruch: „Nach all den Jahren des Selbsthasses habe ich nun damit begonnen, all die Energie, die ich darauf verwendet habe, mich selbst zu verachten, darauf zu verwenden, mich selbst zu lieben?"

Was machen diese Zeilen mit dir, wenn du sie liest? Gibt es dir das zarte Gefühl einer Ahnung, dass dies auch für dich ein Weg sein könnte?

Stelle dir einmal folgende Fragen:

- Was wäre, wenn ich mich annehmen könnte, so wie ich bin?

- Was würde passieren, wenn ich mein Lebensglück in den Mittelpunkt stelle?
- Was wäre, wenn ich mich selbst als glücklichen Menschen bezeichne?
- Hätte ich das Gefühl, ich würde lügen oder angeben oder würde es sich gut anfühlen?
- Was würde sich dadurch vermutlich noch verändern?
- Welche Stärken habe ich, die mich bei der Umsetzung meines Lebensglückes unterstützen können?
- Auf welche Ressourcen kann ich noch zurückgreifen? Verfüge ich über finanzielles Kapital, mit dem ich mir Fortbildungen oder Wünsche ermöglichen kann?
- Habe ich Freunde oder Bekannte, die mich mit Ideen, Austausch sowie ihren Fähigkeiten und Fertigkeiten unterstützen können?
- Welche Kenntnisse habe ich, die ich aktivieren kann? Wie und wo kann ich das lernen, was mir noch fehlt?

Lucius Anneus Seneca wird der Ausspruch: „Glücklich ist nicht, wer anderen so vorkommt, sondern wer sich selbst dafür hält" zugeschrieben. Dieser macht wunderbar deutlich, dass der erste Schritt in ein glückliches Leben eine bewusste Entscheidung dafür ist.

Auch deine Ehe oder Beziehung, dein Beruf oder deine Ausbildung begann mit einer Entscheidung dafür. Du hast „Ja, ich will diese Person, diese Position, diese Ausbildung!" gesagt. Auch wenn dir vorab niemand sagen konnte, ob das klappt. Und auch, wenn es umfasst, dass es manchmal Tage gibt, an denen du deinen Herzensmenschen am liebsten „auf den Mond schießen" möchtest. Phasen, in denen dich deine Kollegen nerven und du mit Überforderung oder Unterforderung zu kämpfen hast. Oder in Momenten, in denen du gar nicht weißt, warum du eigentlich genau diesen Berufszweig gewählt hast.

Aber du hast „Ja!" gesagt und du kämpfst für deine Entscheidung, wenn es sein muss.

Genauso lässt es sich handhaben, wenn du dich für ein glückliches Leben entscheidest.

Natürlich sichert dich diese Entscheidung nicht gegen die Widrigkeiten des Lebens ab. Es wird immer wieder dunkle Tage und Krisen geben. Aber weil du dich auf die Sonne in deinem Leben fokussierst, fällt es dir leichter, durch die dunklen Tage hindurchzugehen: So eingestellt, kannst du Ausschau nach einem Regenbogen halten, wenn die Sonne sich wieder vorwagt. Und bis dahin, kannst du das Geräusch der prasselnden Regentropfen genießen und durch die Pfützen springen.

Ähnlich verhält es sich, wenn du dich für dein Lebensglück entscheidest.

Die Entscheidung allein wird nicht dazu führen, dass sich dein Leben um 180 Grad ändert. Sie wird dich auch nicht vor traurigen Erlebnissen, Krisen oder Verlusten bewahren.

Aber sie führt dazu, dass du dich bewusst dafür entscheidest, deinem Leben eine neue Wendung zu geben: Du begibst dich sozusagen auf die Sonnenseite des Lebens, statt weiter über den Schatten zu jammern.

Glücksbrille aufsetzen

„Es gibt überall Blumen für den, der sie sehen will." - Henri Matisse

Eine sehr einfache Möglichkeit, sich auf die Sonnenseite zu begeben, ist, aktiv nach Sonnenstrahlen Ausschau zu halten. Matisse zeigt mit seinem Ausspruch ganz deutlich, dass es nahezu in jeder Situation auch die Chance gibt, etwas Schönes zu entdecken. Selbstverständlich ist die Wahrscheinlichkeit, prächtige Blumen zu entdecken, in einem Botanischen Garten oder auf einer Sommerwiese höher, als in einem Industriegebiet

– aber vielleicht überrascht dich da an einer Straßenecke ein hartnäckiger Löwenzahn mit strahlend gelbem Blütenkopf vor dunklem Beton oder ein Efeu, der sich malerisch an einer Hausmauer entlangrankt.

Es gibt überall Blumen, du musst nur etwas aufmerksamer suchen. Und so verhält es sich auch mit Glücksmomenten. Die großen Glücksmomente, etwa ein Gewinn bei der Lotterie, der Heiratsantrag, die geglückte Prüfung, die Beförderung oder der Einzug in eine neue Wohnung, sind leicht zu erkennen. Sie sind präsent und auffällig und klar als glückliche Ereignisse markiert.

Unsere Freunde feiern mit uns und das Glück verstärkt sich allein durch den Status, den es als Ereignis in der Gesellschaft zugeschrieben bekommt.

Aber wir haben nicht jeden Tag solche besonderen Ereignisse auf der Agenda stehen. Stattdessen erwarten uns Dinge wie der Wocheneinkauf, der Anruf bei den Stadtwerken, ein Elternabend und eine Steuererklärung, die schnell noch gemacht werden soll.

Jetzt musst du ein wenig genauer hinschauen, um Glücksmomente aufzuspüren. Die Glücksbrille aufzusetzen – sich also bereits morgens fest darauf einstellen, schöne Momente zu erkennen, aktiv wahrzunehmen und abzuspeichern – kann dann wahre Wunder bewirken.

Es gibt verschiedene Tricks, wie du dir die alltäglichen, kleinen Glücksmomente wieder bewusst machen kannst.

Fällt es dir schwer, überhaupt etwas in der täglichen Hektik wahrzunehmen, kannst du dich auf ein bestimmtes Teilgebiet konzentrieren. Du kennst das sicher aus anderen Situationen, etwa, wenn du auf eine Babyparty eingeladen bist und dringend noch ein Geschenk brauchst. Plötzlich fallen dir unterwegs ständig Schwangere, Eltern mit Kinderwagen und Geschäfte mit Babymode, Spielzeug oder anderen Artikeln für Neugeborene ins Auge. Diese waren auch schon vorher da und sind nicht plötzlich magisch in deiner Umgebung aufgetaucht. Aber du hast sie nicht wahrgenommen, weil du dein Umfeld vorher durch einen Filter betrachtet hast. Das Gehirn filtert für uns sehr viele Reize aus, die für unser Überleben aktuell nicht wichtig sind. So können wir uns auf essenzielle Dinge, Personen und Aktivitäten konzentrieren. Besonders wichtig ist es natürlich, auf potenzielle Gefahren zu achten. Auch negative Ereignisse werden gut abgespeichert. So können wir uns beim nächsten Mal möglicherweise schon vor diesen Gefahren schützen.

Wenn wir nun auf die guten Dinge im Leben, also auf unsere Glücksmomente, achten möchten, müssen wir uns ein wenig umerziehen und den Fokus gezielt auf das Schöne lenken.

Magst du Hunde? Dann achte in den kommenden Tag doch mal darauf, wo du überall Hunde siehst. Was machen sie? Bringen sie dich zum Lachen? Sind sie niedlich anzuschauen oder kraftvoll und stark?

Oder bleib bei Matisse und schau, wo dir überall im Alltag Blumen begegnen – auch an Stellen, an denen du es nicht erwartet hättest! Beim Arzt im Wartezimmer lacht dich plötzlich ein schöner Hortensienstrauß an und bei deinem Steuerberater steht eine prachtvolle Kastanie vor dem Fenster, wunderbar!

Beliebt ist auch das Sammeln von Glücksmomenten, um sich klar zu machen, wie oft es diese tatsächlich gibt, wenn man bewusst darauf achtet. Fülle dafür eine Hosen- oder Jackentasche mit trockenen Linsen oder Bohnen oder etwas anderem, was du gerne anfasst und lass für jede schöne Begegnung, jedes ausgetauschte Lächeln, jedes liebe Wort, die grüne Ampel, den netten Brief und die Frau, die dich an der Kasse vorgelassen hat, eine Bohne von der einen Tasche in die andere wandern. Dieser Akt macht den Glücksmoment greifbar und abends wirst du erstaunt sein, wie voll deine andere Tasche geworden ist.

Alternativen dazu können ein Glücksbüchlein oder auch ein Heft sein, in welchem du alle Komplimente oder lieben Worte aufschreibst, die du am Tag bekommst.

Dankbarkeit leben

„Glück entsteht oft durch Aufmerksamkeit in kleinen Dingen, Unglück oft durch die Vernachlässigung kleiner Dinge." - Wilhelm Busch

Eng verknüpft mit dieser Übung ist auch das aktive Ausleben von Dankbarkeit.

Das eigene Glück sehen und schätzen zu lernen, ist eng mit dem Gefühl der Dankbarkeit verknüpft. Dankbare Menschen sollen nicht nur optimistischer eingestellt sein, sondern sich auch glücklicher fühlen. Das ist interessant, denn Forscher aus dem Fachgebiet der Neurologie gehen zwar davon aus, dass es einigen Menschen aufgrund ihrer genetischen Voraussetzungen leichter fällt, Glück zu empfinden, aber es ist mittlerweile auch klar, dass Sozialisation und Einstellung viel daran ändern können, wie ein Mensch sein Glücksempfinden wahrnimmt.

Das Gefühl von Dankbarkeit muss dabei nicht zwingend an eine bestimmte Person gerichtet sein. Natürlich kannst du deinen Liebsten für die guten Gespräche Dankbarkeit zum Ausdruck bringen oder deiner Kollegin für die tolle Zusammenarbeit. Auch deine Postbotin freut sich über ein ehrliches Dankeswort ebenso wie die Reinigungskräfte, die sich um deine Straße kümmern.

Aber du kannst deine Dankbarkeit auch einfach allgemein aussprechen und damit alle oder niemand bestimmten meinen. Vielleicht ist dein Dank auch an ein übergeordnetes Dasein gerichtet, vielleicht an einen Gott, wenn du an einen glaubst, an einen Schutzengel oder an ein Gefühl, das dir viel bedeutet.

Auch dich solltest du nicht vergessen, wenn du einen Dank äußerst – schließlich gibt es viele Gründe, dir selbst gegenüber Dankbarkeit auszusprechen. Danke deinem Körper, dass er dir ein Zuhause ist, deinem Geist, dass er dich sicher durchs Leben trägt und deinem Herz, dass es so kraftvoll schlägt und lieben kann.

Kapitel 3 - Glücklichsein als Entscheidung

Es gibt geführte Dankbarkeitsmeditationen, die du sowohl auf CDs als auch im Internet finden kannst. Mit diesen kannst du dich prima in das Thema einstimmen. Sie sind sehr gut geeignet, wenn es dir erst mal komisch vorkommt, dich einfach so bei deiner Leber zu bedanken, dass sie so einen tollen Job macht oder deine Hände mit dankbaren Worten zu massieren, weil sie dir so wichtige Dienste leisten.

Weit verbreitet sind mittlerweile auch sogenannte Dankbarkeitstagebücher. Diese findest du im Buchhandel. Es handelt sich um kleine Büchlein mit kalendarischer Einteilung, die dir jeden Tag ein paar Gedankenanregungen geben, wofür du am jeweiligen Tag dankbar sein könntest. Für welche Gespräche warst du dankbar? Für welche Begegnungen? Für welche Geräusche und für welche Speisen? Wenn man erst mal ins Nachdenken kommt, fallen einem immer mehr Sachen ein. Gerne auch Dinge, die uns aktuell selbstverständlich erscheinen, ohne die wir aber ganz deutlich etwas vermissen würden.

Du kannst deine Dankbarkeitsmomente in kurzen Stichpunkten niederschreiben, sie zeichnen, vertonen – lass deiner Kreativität freien Lauf. Wichtig ist es, dass du dein kleines Dankbarkeitsritual möglichst regelmäßig abhältst, damit dir bewusst wird, wie viele gute Momente es am Tag gibt und damit du dich neu ausrichten kannst. Das Ganze muss nicht viel Zeit in Anspruch nehmen. Möchtest du dir allerdings mehr Zeit damit lassen, kannst du natürlich auch selbst ein Dankbarkeitsbuch für dich gestalten und dir mehr Raum und Zeit zum Notieren dieser Momente geben.

Auch diese Übung ist wunderbar dazu geeignet, sich einiges bewusst zu machen: Was ist schon vorhanden, wo möchte ich noch mehr? In welchen Bereichen erlebe ich wenige Glücksmomente, in welchen verspüre ich wenig Dankbarkeit. Woran liegt das? Was kann ich selbst daran ändern?

Zudem ist dein Dankbarkeitstagebuch eine tolle Wunderwaffe gegen Bedrücktheit, düstere Gedanken und eine negative Einstellung. Wenn du das nächste Mal von Gedanken wie „Immer muss das mir passieren. In meinem Leben läuft sowieso nie etwas gut!" drohst überschwemmt zu werden, dann schnappe dir dein Büchlein und blättere durch die Tage der letzten Woche oder sogar durch den Monat! Evolutionsbedingt vergessen wir die schönen Dinge recht schnell, aber schwarz auf weiß notiert, können sie nicht mehr in Vergessenheit geraten. So können sie dich rasch aus einem Tief holen und die Sicht auf dein Leben und die Dinge wieder geraderücken.

Eine schöne Familientradition ist das gemeinsame Danken. Du kennst das vielleicht aus dem christlichen Glauben aus dem Tischgebet oder dem Erntedankfest. Aber das gemeinsame Danken muss sich nicht nur auf die gemeinsamen Mahlzeiten beziehen. Statt abends mit dem Lieblingsmenschen im Bett zu liegen und von all den kleinen und großen Katastrophen zu erzählen, schlag doch stattdessen mal vor, dass jeder von euch drei Dinge aufzählt, für die er an diesem Tag dankbar ist. Du wirst sehen, dass das gleich für eine viel harmonischere und zufriedenere Stimmung sorgt – beste Bedingungen für noch mehr Glück in eurer Beziehung und in eurem Leben.

Auch mit deinen Kindern kannst du ein solches Ritual zelebrieren. Es eignet sich wunderbar für die Zeit vor dem Einschlafen, wenn ihr den Tag noch mal Revue passieren lasst und die Kleinen zur Ruhe kommen. Das kann ein sehr verbindender Augenblick sein und deinem Nachwuchs auch dabei helfen, eine optimistische Grundhaltung zu erlernen. Zudem freuen sich auch Kinder sehr über ein ernst gemeintes Danke und können wunderbar daran wachsen, wenn man ihnen mit offener Wertschätzung begegnet und sie anerkennt.

Was hältst du außerdem davon, die alte Tradition des Verfassens von Dankeskarten aufleben zu lassen? Diese kannst du an liebe Menschen verschicken, die dich zu deinem Geburtstag bedacht haben oder mit denen du einen tollen Abend verbracht hast. Auf diese Weise verbreitest du durch deine Dankbarkeit sogar noch gute Stimmung, was sich nicht nur positiv auf dich, sondern auch auf dein Umfeld auswirken wird.

- Wie geht es dir nach diesem Abschnitt über Dankbarkeit?
- Was kommt dir in den Sinn, wenn du an Dankbarkeit denkst?
- Wem bist du dankbar?
- Wofür bist du dir selbst dankbar?
- Hättest du Lust, ein Dankbarkeitstagebuch zu führen?
- Wie findest du die Idee mit dem familiären Dankbarkeitsritual?
- Wie fühlt sich Dankbarkeit für dich an?

Kapitel 4 - Im Jetzt leben

Die Glücksübungen sind eine wunderbare Möglichkeit, den Fokus auf das eigene Glück zu lenken.

Verstärken lässt sich dieser Blickwinkel dadurch, dass du beginnst, im Jetzt zu leben.

Vielleicht kennst du den Spruch: „Wenn ich gehe, gehe ich. Wenn ich sitze, dann sitze ich. Wenn ich esse, dann esse ich." Er kommt aus dem Zen, einer buddhistischen Strömung.

Eigentlich hört sich das ja ganz logisch an, oder? Aber was machst du, wenn du gehst? Bist du dann schon in Gedanken beim Abendessen und überlegst, was du mit deinem Partner alles zu besprechen hast? Wenn du sitzt, denkst du dann an deine Rückenschmerzen, an die nervige Sitzung bei dem Physiotherapeuten gestern Morgen und dass du nächsten Donnerstag schon wieder dort hingehen sollst, obwohl du doch anschließend den wichtigen Termin bei der Arbeit hast? Und wenn du dann beim Essen sitzt, fragst du dich innerlich, wo Sohnemann schon wieder bleibt, stellst die Gästeliste für die Konfirmation von Töchterchen zusammen und machst dir innerlich eine Notiz, dass der Restmüll noch raus gestellt werden muss?

Du merkst, es ist gar nicht so leicht, im Alltag bewusst bei dem zu bleiben, was man gerade tut.

Die in vielen Lehren einen zentralen Stellenwert einnehmende Achtsamkeitspraxis kann dir aber dabei helfen, diese bewusste Haltung zu erlernen.

„Die beste Weise, sich um die Zukunft zu kümmern, besteht darin, sich sorgsam der Gegenwart zuzuwenden." - Thich Nhat Hanh

Achtsamkeit – ein starkes Konzept

Auf Buddha wird der Ausspruch „Die Achtsamkeit, so künde ich, ist ein Helfer für alles" zurückgeführt, aber auch neuere Forschungen sprechen der Achtsamkeitspraxis viele Vorteile zu.

So sollen Achtsamkeitsübungen, wenn sie regelmäßig ausgeführt werden, Stresshormone abbauen, zu einer verbesserten Gesundheit führen, den Umgang mit Schmerzen erleichtern und die allgemeine körperliche Funktionsfähigkeit deutlich verbessern.

Forscher der Harvard Medical School stellten zudem im Jahr 2015 eine Studie vor, aus der hervorgeht, dass Achtsamkeitsübungen nicht nur Einfluss auf die körperliche, sondern auch auf die mentale Gesundheit haben können. So sollen sich auch Ängste und depressive Verstimmungen deutlich verringern, wenn sich Menschen in Achtsamkeit üben. Auch Stress können die Praktizierenden leichter begegnen. Dies gilt auch für Menschen, die von schweren Krankheiten oder chronischen Beeinträchtigungen betroffen sind.

Aber was genau ist Achtsamkeit überhaupt?

Es gibt verschiedene Definitionen, wobei die des ehemaligen Professors Jon Kabat-Zinn sicher eine der bekanntesten ist. Seines Erachtens nach kann man Achtsamkeit als eine besondere Art der Aufmerksamkeit verstehen. Diese zeichnet sich dadurch aus, dass sie nicht wertend ist. Zudem ist sie bewusst und auf das Hier und Jetzt ausgerichtet.

Daniel Goleman, ein Psychologe aus den Vereinigten Staaten von Amerika, definiert Achtsamkeit als Wahrnehmung der eigenen inneren Zustände, wodurch die eigenen Emotionen beherrscht und zum Handeln genutzt werden können und der Praktizierende Empathie gegenüber anderen Menschen fühlen kann.

Achtsamkeit, auch unter der englischen Bezeichnung *mindfulness* bekannt, ist also eine gewisse Form der Geistesgegenwart oder Aufmerksamkeit. Der Mensch, der achtsam ist, nimmt sich selbst in seiner körperlichen und emotionalen Verfassung und seine ihn unmittelbar umgebende Umwelt wahr. Diese Haltung nimmt der Mensch bewusst und willentlich ein. Er versucht, sich weder von Zukunftsphantasien noch von Erinnerungen, seinen Emotionen, Bewertungen oder Deutungsmustern ablenken und in Gedankenspiralen bringen zu lassen.

Die Achtsamkeit umfasst Inneres und Äußeres und sorgt dafür, dass der Geist offen ist für Wahrnehmungen aller Art.

Damit unterscheidet sich Achtsamkeit klar von der Konzentration: Wenn du dich auf etwas konzentrieren willst, wie etwa auf ein Buch oder ein Rätsel, dann lenkst du deinen gesamten Fokus darauf. Dein Bewusstsein, sowohl für deinen Körper als auch für deine restliche Umwelt, gerät in den Hintergrund; präsent ist nur noch der Inhalt, auf den du dich konzentrierst.

Der bereits weiter oben erwähnte pensionierte Professor, Jon Kabat-Zinn, gilt als eine der Koryphäen auf dem Gebiet der Achtsamkeitsforschung und hat das populäre MBSR-Programm entwickelt, das *mindfulness-based stress reduction program*. Dieses besteht aus diversen Achtsamkeitsübungen, wie dem Bodyscan, der Meditation sowie achtsamen Yogaübungen, die täglich von den Praktizierenden ausgeführt werden sollen.

Jon Kabat-Zinn geht davon aus, dass ein Großteil unserer Handlungen automatisiert abläuft und wir uns gedanklich zwischen Vergangenheit und Zukunft hin und her bewegen, anstatt uns auf das Hier und Jetzt zu konzentrieren. Das kann zu Stress führen, uns mental erschöpfen und dazu führen, dass wir nicht nur blind werden für die Schönheit des Augenblickes, sondern uns auch in Gedankenschleifen und Eventualitäten verlieren, statt mit der Realität umzugehen.

Dies ist für Psyche und Organismus sehr anstrengend und kann auch als frustrierend wahrgenommen werden.

Kennst du das Gefühl, wenn dir in einem Meeting gerade jemand vorgestellt wurde, du aber keine Ahnung hast, wie du die Person ansprechen sollst?

Oder wenn du plötzlich vor deiner Wohnungstür stehst, du den Rückweg von der Arbeit aber gar nicht richtig mitbekommen hast und es sich fast schon unheimlich anfühlt?

Oder wenn dich ein potenzielles Gespräch in deiner Vorstellung so sehr aufregt, dass du Magenschmerzen bekommst und schon gar keine Lust mehr hast, diese Person überhaupt zu treffen, obwohl ihr noch kein Wort miteinander gewechselt habt?

Die Achtsamkeit gibt uns die Möglichkeit, den Fokus sowohl auf unser Inneres als auch auf das Geschehen im Außen zu lenken, was gerade in diesem Moment stattfindet.

Dieser Fokus erfordert eine möglichst wertfreie Form der Aufmerksamkeit. Wer bewertet, verliert sich wieder leicht in Deutungsmustern, Horrorszenarien oder in der Dramatisierung von Katastrophen.

Kannst du davon Abstand nehmen und die Dinge, die jetzt und hier geschehen, relativ neutral beobachten, entsteht eine besondere Form der Klarheit. Du erlebst den Augenblick ganz wach und bist präsent. Du spürst mehr Leben in jedem einzelnen Moment, du spürst dich und deinen Körper als Teil deiner Umgebung.

Wenn du einen achtsamen Umgang mit dir, deinen Gedanken und deiner Umwelt einübst, kannst du gelassener mit Reizen umgehen, die von außen an dich herantreten, und du kannst auch selbst deine Sinneswahrnehmung besser lenken.

Dadurch kannst du die Anforderungen des Alltags deutlich reduzieren und den Fokus auf das lenken, was dir wirklich wichtig ist. Du wirst aufmerksamer und kannst selbst bestimmen, worauf du dich konzentrieren und womit du dich beschäftigen möchtest, da deine Gedanken sich nicht mehr sofort an jede aufkommende Emotion hängen.

Dadurch kannst du dich selbstbestimmter und freier entwickeln. Du wirst insgesamt stabiler und kannst dich, durch dein inneres Gleichgewicht und den gesunden Abstand zu den Dingen, den Herausforderungen des Lebens souverän stellen. Schließlich musst du bei der Anwendung einer regelmäßigen Achtsamkeitspraxis weniger damit rechnen, von heftigen Emotionen überrollt oder gar verschluckt zu werden. Diese Ausgeglichenheit macht sich üblicherweise auch im Umgang mit anderen bemerkbar. Denn wenn du selbst weniger ängstlich, aggressiv oder überfordert mit der Kontrolle deiner Impulse bist, kannst du deinem Geist mehr Raum geben und dich auf dein Gegenüber und ein gutes Miteinander konzentrieren.

Wenn du magst, halte kurz inne und überlege dir die Antworten zu den folgenden Fragen:

- Passiert es dir oft, dass du im Alltag wie ferngesteuert handelst?
- Ärgerst du dich darüber, wenn du im Nachhinein merkst, dass du dich geistig gerade mal wieder „ausgeklinkt" hast?
- Fällt es dir schwer, mit deinen Gedanken im Hier und Jetzt zu bleiben?
- Verbeißt du dich schnell in eine Idee oder in einen Impuls und steigerst du dich dann innerlich hinein?
- Hast du Schwierigkeiten, Dinge zu genießen, weil du im Kopf schon wieder ein paar Schritte weiter bist?
- Machen dich Gedanken an Meditationen oder andere Achtsamkeitsübungen nervös? Warum ist das so?

- Hast du Schwierigkeiten mit deiner Impulskontrolle? Wirst du leicht von Angst, Wut oder anderen starken Emotionen überwältigt?

Voll im Flow

Erinnerst du dich an diese Momente als Kind, als du ganz versunken im Spiel warst, so dass du ganz verwundert warst, als dein Vater dich ins Haus gerufen hat, weil es bereits dunkel geworden war? Du hattest nichts davon mitbekommen: nicht, dass die Sonne verschwunden war, nicht, dass du eigentlich hättest frösteln müssen, so ganz ohne Jacke in der Abenddämmerung.

Dieser Zustand, von dem auch Sportler und Künstler immer wieder berichten, wird auch *Flow* genannt. Der Flow beschreibt ein Gefühl, das sich als vollkommenes Aufgehen in einer Aktion oder in einem Moment beschreiben lässt. Alles ist – wie der Name bereits vermuten lässt – im Fluss. Du erlebst einen Moment, in dem du vollkommen in deinem Spiel oder in deiner Aufgabe aufgehst und dich nur darauf fokussierst. Deine Konzentration ist komplett auf dieses Erlebnis gelenkt, denn es beansprucht dich genau in diesem Maße, wie du am besten tätig sein kannst.

Mitunter wird berichtet, dass die beglückenden Flow-Zustände in Zustände der Ekstase übergehen können oder von den Personen bereits als solche empfunden werden.

Die Auswirkungen des Flow-Zustandes werden dabei nicht nur mental, sondern auch körperlich wahrgenommen.

Das Konzept der Flow-Theorie geht auf den bekannten Forscher Mihály Csíkszentmihályi zurück. Dieser hat sich intensiv mit der Erforschung von Glückszuständen befasst. Er hat diesen Schaffensrausch bei verschiedensten Menschen beobachten können, sowohl bei körperlichen als auch bei rein geistigen Tätigkeiten.

So kann die Flow-Theorie ebenso auf Extremsportler wie auch auf Musiker oder dich angewandt werden. Wichtig für das Konzept Flow ist, dass du ein perfektes Verhältnis zwischen Unterforderung und Überforderung erlebst und du dich deiner Tätigkeit voll hingeben kannst. Auch hier wird die Achtsamkeit und Konzentration auf das gerichtet, was du wirklich tun willst, sie stehen also im Vordergrund. Du solltest genau so sehr gefordert sein, dass es zu einer gewissen Selbstvergessenheit führt, bei der du auch dein Zeitgefühl verlieren kannst.

Um in diesen Zustand zu gelangen, sollte ein gesundes Verhältnis zwischen Kontrolle und Gelassenheit bestehen. Auch der spielerische Aspekt ist enorm wichtig, um in den Flow-Zustand zu gelangen.

- Hast du schon mal einen Flow-Zustand erlebt?
- Falls ja, wann war das? Wie alt warst du und welche Aktivität hast du ausgeführt?
- Wenn du als erwachsene Person wenig mit dem Begriff anfangen kannst, kannst du dich an Momente in deiner Kindheit erinnern, in denen du total in dich selbst bzw. in ein Spiel versunken warst? Frage, wenn dies möglich ist, ruhig auch deine Eltern oder andere Verwandte, bei welchen Aktivitäten du früher regelmäßig die Zeit vergessen hast.
- Glaubst du, dass Flow-Zustände nur für Sportler oder Künstler erlebbar sind?
- Macht dir die Vorstellung, dich komplett in etwas zu vertiefen, Angst?
- Oder fühlt sich die Vorstellung gut an?

Die Mischung macht's

Diese Theorie der optimalen Beanspruchung scheint sich außerhalb des Flow-Zustandes massiv auf das Glücksempfinden von Menschen auszuwirken: Der Glücksforscher Herbert Laszlo sagt sogar, dass Glück dann spürbar wird, wenn die optimale Beanspruchung des Menschen gegeben ist. Diese optimale Beanspruchung kann von Mensch zu Mensch variieren, denn es geht darum, die bestehenden Fähigkeiten der Person bestmöglich auszunutzen. Dies bezieht sich vor allem auf das Arbeitsleben. Jeder unter uns kennt es: Muss man eine Arbeit verrichten, die einen langweilt und müde macht, gerät man ebenso in Unzufriedenheit, wie wenn man sich überfordert fühlt und gar nicht weiß, wo einem der Kopf steht. Hier geht es allerdings nicht um die sonst so viel gepriesene Work-Life-Balance, sondern eben um die für dich ideale Mischung aus Anspruch und Entspannung während einer Tätigkeit. Die Theorie der optimalen Beanspruchung lässt sich übrigens nicht nur für die Arbeitswelt anwenden. Auch im Freizeitsport, bei der Ausübung deiner Hobbys oder der gemeinsamen Zeit mit deinem Partner kannst du diese Information im Hinterkopf behalten und darauf achten, dass du für eine gesunde Mischung sorgst. Wichtig zu wissen ist dabei, dass der Anspruch nicht nur aus der Tätigkeit selbst kommen kann, sondern auch andere Aspekte mit einfließen können. Hast du nebenbei noch viele weitere Informationen zu verarbeiten, musst du diese bei der Kalkulation deiner Belastung berücksichtigen. Wir kennen das alle: Ausgeruht und mit genügend Zeit und Ruhe, können wir die gefürchteten Trotzanfälle unserer Dreijährigen spielend meistern. Haben wir am Morgen aber bereits Stress mit der Chefin gehabt, einen Strafzettel fürs Falschparken bekommen und uns eben noch den Fuß gestoßen, dann kämpfen bereits so viele Informationen um unsere Aufmerksamkeit, dass wir deutlich belasteter sind. Das Ergebnis: Wir sind weniger geduldig im Umgang mit unserem Kind, reagieren vielleicht unbeherrscht oder kurz angebunden und verurteilen uns im Nachhinein noch dafür.

Bedenken wir jedoch, dass Informationen in ganz unterschiedlicher Weise als Belastung wirken können – etwa in Form des Geräusches des Presslufthammers von der Baustelle gegenüber, in Form der zehrenden Kopfschmerzen oder in Form des Mobbings, dem wir am Arbeitsplatz ausgesetzt sind, dann verstehen wir immer besser, wie sich unsere Leistungsparameter ergeben. Wir wissen besser, was wir in solch einer Situation von uns erwarten können und wir können aktiv dafür sorgen, dass wir die Weichen dafür stellen, eine optimale Beanspruchung zu ermöglichen.

Natürlich weißt du, dass du dein Umfeld nicht kontrollieren kannst, aber du kannst deine vorhandenen Fähigkeiten und Fertigkeiten dafür nutzen, deine Aktivitäten entsprechend zu steuern, sodass du deinem Anspruch und deiner Entspannung jeweils einen gleichwertigen Platz in deinem Alltag einräumst. Situationen, in denen es immer wieder zu einem Ungleichgewicht kommt, kannst du genauer betrachten: Gibt es Möglichkeiten, diese anders zu gestalten? Kannst du Aufgaben delegieren oder dich aus bestimmten Bereichen zurückziehen, die dir nicht gut tun? Falls sich eine solche Situation an deinem Arbeitsplatz zeigt, solltest du ganz besonders dafür einstehen, dass sich etwas verändert – schließlich verbringst du einen Großteil deines Tages dort. Suche bei Bedarf das Gespräch mit deinen Vorgesetzten oder mit deinen Kollegen und verweise dabei auch auf die Glücksforscherin Simone Langendörfer. Wie bereits Forscher der Ökonomischen Glücksforschung, hat auch sie Zusammenhänge zwischen glücklichen Menschen und einer positiven ökonomischen Entwicklung verzeichnen können. Somit ist nicht verwunderlich, dass sich eine optimale Belastung positiv auf das Arbeitsleben auswirkt. Du bist also nicht nur glücklicher und somit ein angenehmerer Teil des Teams, sondern du wirst vermutlich auch wirtschaftlich lohnender für dein Unternehmen sein. Du bist vermutlich gesünder und leistungsstärker und somit auch beruflich erfolgreicher. Eine echte Win-win-Situation!

Wie ist das bei dir?

- Arbeitest du immer bis zur vollen Erschöpfung und gönnst dir nie eine Pause?

- Hast du das Gefühl, immer einen Schritt hinterherzuhinken?
- Fühlst du dich deinen öffentlichen und privaten Aufgaben nicht gewachsen?
- Hast du am Sonntagabend manchmal psychosomatische Symptome, weil du dich vor den Herausforderungen der Arbeitswoche fürchtest?
- Oder ist es bei dir genau umgekehrt? Bist du in einer beruflichen oder privaten Situation, die dich zum Nichtstun zwingt?
- Fühlst du dich bei der Arbeit unterfordert und falls ja, gäbe es eine Möglichkeit, anspruchsvollere Aufgaben zu übernehmen?
- Falls ja, warum tust du dies nicht? Fürchtest du dich vor der Verantwortung, möchtest du nicht im Zentrum der Aufmerksamkeit stehen oder hast du Angst um deine Position?
- Wie ist es in deiner Freizeit? Langweilst du dich bei deinen Hobbys oder bei deinen sozialen Kontakten?
- Oder hast du so ein straffes Programm, das an Freizeitstress grenzt und du dich von allem überfordert fühlst?
- Wann gibt es Momente in deinem Leben, in denen du ein absolut ausbalanciertes Verhältnis von Anforderungen und Entspannung wahrnimmst? Im Urlaub? Mit der Familie? Bei einer Fortbildung? Im Tanzkurs? Welche Auswirkungen hat das auf dich und dein Glücksempfinden? Und wie wirkt es sich auf deine Produktivität aus?

Im Hier und Jetzt oder später

Bei all der Konzentration auf das Leben im Hier und Jetzt solltest du natürlich nicht dein Leben im Ganzen vergessen.

Wenn wir von Achtsamkeit sprechen, ist damit nicht gemeint, dass du einfach Vergangenheit und Zukunft ausblenden sollst.

Niemand kann von dir erwarten, dass du Erlebtes einfach abstreifst wie ein getragenes Shirt. Wie du bereits weißt, beeinflusst dich deine Umwelt bei deiner Sozialisation, insbesondere in der Phase als Kind und junger Mensch.

Und auch deine Zukunft wird durch deine heutigen Handlungen beeinflusst. Als menschliches Wesen, das vorausschauend denken und handeln kann, hast du die Möglichkeit, dein Leben zu planen, Ziele zu verfolgen und zu erreichen.

Nicht selten werden aber Konzepte, wie Achtsamkeit und Flow, als Aufforderung missverstanden, sich keine Gedanken mehr um die Zukunft zu machen.

Es geht allerdings nicht darum, stur nach dem Lustprinzip zu leben und eine Einstellung nach dem Motto „Nach mir die Sintflut" zu pflegen. Die meisten von uns würde ein solcher Ansatz eher beunruhigen und überhaupt nicht glücklich machen. Insbesondere würde er uns um Möglichkeiten bringen, unser Leben in eine positive Richtung zu lenken. Es geht nicht um ein reines Lustprinzip ohne Verantwortung, sondern um deine Chance für ein erfülltes Leben.

Dabei kannst du klar erkennen, dass es durchaus angebracht ist, die Vergangenheit und die Zukunft in dein jetziges Leben miteinzubeziehen.

Dinge, die dich in der Vergangenheit geprägt haben, kannst du nicht einfach verleugnen. Es wäre falsch, so zu tun, als gäbe es sie nicht, denn dann würdest du dich Anforderungen stellen, die du mit deiner individuellen Geschichte gar nicht bewerkstelligen kannst.

Kalkulierst du deine persönliche Geschichte mit ein, kannst du der Gegenwart besser vorbereitet begegnen. Zudem spricht nichts dagegen, auch mal genüsslich in schönen Erinnerungen zu schwelgen.

Gemeinsam mit Freunden oder Familienmitgliedern Geschichten von früher wieder lebendig werden zu lassen, alte Interessen neu zu wecken und Emotionen und Gefühle zu genießen, die eng mit vergangenen Zeiten verbunden sind. Auch das macht glücklich und ist ein ganz besonderes Geschenk an dich selbst. Schau dir Fotos oder Videoaufnahmen von damals an, lies alte Briefe, schmunzele über hochdramatische Tagebucheinträge deines jüngeren Ichs oder koch dir ein Lieblingsmahl aus deiner Kindheit und genieße die Reise in deine Vergangenheit als beglückendes Zwischenspiel.

Wichtig ist, dass du nicht in alten Zeiten hängen bleibst oder vor lauter Sehnsucht nach damals die Schönheit deines jetzigen Daseins übersiehst – oder dich gar nicht erst daran versuchst, dir jetzt ein glückliches und zufriedenes Leben aufzubauen.

Es ist ein klarer Unterschied, ob du ab und zu eine gedankliche Reise in die Vergangenheit machst, um aus Fehlern zu lernen oder schöne Stimmungen und Gefühle hervorzurufen oder ob du ganz in der Vergangenheit versinkst.

Ähnlich verhält es sich mit der Zukunft: Im Moment leben, achtsam mit sich umgehen, bedeutet nicht, dass du keine Pläne mehr haben sollst.

Wenn du langfristige Ziele erreichen möchtest, musst du deine Handlungen im Hier und Jetzt unweigerlich an die Zukunft anpassen. Mitunter führt das natürlich auch dazu, dass du einem kleinen Glück, das du jetzt haben kannst, nicht den Vorzug gibst, sondern deine Wünsche oder Bedürfnisse zurückstellst, um ein größeres Ziel in der Zukunft zu erreichen.

Wer nächsten Montag eine wichtige Prüfung ablegt, wird seine Wochenendplanung entsprechend anpassen. Und wenn du deinen Kindern einen liebevoll gestalteten Adventskalender zur Weihnachtszeit schenken möchtest, wirst du frühzeitig mit den Vorbereitungen anfangen. Dein Ziel, erfolgreich an einem Volkslauf teilzunehmen, erreichst du auch nur mit einem Trainingsplan, der dir hilft, Kondition aufzubauen.

Aber die Handlungen, die du dann ausführst, kannst du bewusst ausführen und dabei präsent sein.

Du kannst im Hier und Jetzt agieren, ohne den Blick auf die Zukunft oder dein Ziel aus den Augen zu verlieren.

Da wir Menschen uns Gedanken über die Zukunft machen können, haben wir die Möglichkeit, ein ganz wunderbares Gefühl zu erleben: Vorfreude!

Kennst du dieses schöne Kribbeln, das in der Magengrube kitzelt, wenn du dich für ein Date fertig machst? Oder das Schmunzeln, das dir über das Gesicht huscht, während du für deine Fünfjährige einen Geburtstagskuchen mit ihren Lieblingsfiguren verzierst, weil du genau weißt, wie sehr sie sich freuen wird? Oder die beschwingte Stimmung, nachdem du deinen Jahresurlaub gebucht hast und die kleinen Auszeiten, die du dir im stressigen Alltag gestattest, wenn du dich schon mal an den Strand oder in die Berge träumst, auch wenn es noch ein paar Wochen bis zum Reisebeginn dauert?

Genieße diese Momente und koste sie voll aus. Es ist nichts verkehrt daran, sich den Alltag etwas bunter zu gestalten, wenn man sich kleinen Zukunftsträumen hingibt oder die Vorfreude voll auslebt. Auch mit anderen zusammen geht das sehr gut und es wirkt Wunder auf deine Stimmung und auf die Motivation, aktuelle Durststrecken besser durchzustehen.

Auch hier ist die Ausprägung entscheidend: Nutzt du deine Zukunftsträumerei als Ansporn, als kleinen Stimmungsaufheller oder zur Planung deiner Ziele, dann ist sie gesund und nützlich und steht in keinem Widerspruch zu einem achtsamen Leben im Hier und Jetzt.

Schwierig wird es auch hier erst dann, wenn das Träumen die Oberhand gewinnt, du immer nur auf etwas in der Zukunft hin arbeitest und dein jetziges Leben aus den Augen verlierst, du keine Freude am Hier und Jetzt spüren kannst oder wenn du dich in Horrorszenarien verstrickst und dadurch deine Stimmung jetzt schon mal vorsorglich „in den Keller wandert".

„Ich will endlich ankommen..."

Manchmal kann ein wenig Übung notwendig sein, bis du die perfekte Balance für dich gefunden hast, aber es lohnt sich!

So wird das achtsame Leben auch nicht zu einer stressigen Verpflichtung, an der du immer wieder scheiterst, sondern zu einer schönen Grundeinstellung, die dein Leben bereichert, aber dein Denken nicht in neue Begrenzungen sperrt.

Wenn du dich dem Thema nähern willst, stelle dir doch einfach mal ein paar Fragen:

- Neigst du dazu, in der Vergangenheit zu leben?
- Wünschst du dir des Öfteren, du wärest wieder klein? Warum? Welche Aspekte am Kleinsein reizen dich und was könntest du davon auch in deinem jetzigen Leben realisieren?
- Machst du dir viele Gedanken um die Zukunft?
- Lähmen dich Erwartungsängste hin und wieder so sehr, dass du in deiner Handlungsfähigkeit eingeschränkt wirst?
- Gibst du dich im Alltag gerne Zukunftsträumen hin?
- Zelebrierst du das Gefühl von Vorfreude oder gestattest du dir diese nicht, aus Angst du könntest enttäuscht werden?
- Fühlst du dich überfordert, wenn du Dinge planen und auf sie hinarbeiten musst?
- Freust du dich auf Dinge oder erwartest du immer das Worst-Case-Szenario?

Jetzt wird es konkret – Übungen zu Flow und Achtsamkeit

Es ist nicht immer einfach, im Alltag Zugang zum Flow zu finden und Achtsamkeit zu zelebrieren. Deshalb findest du im Folgenden Übungen und Ideen rund um diese Themen. Die meisten der Übungen lassen sich wunderbar, je nach Zeit und Lust, in deinen Alltag bzw. Tagesablauf integrieren und nehmen nicht viel Zeit in Anspruch.

Selbstverständlich ist es schön, wenn du dir pro Tag ein wenig Zeit für Achtsamkeit und Co. nehmen kannst. Aber wenn mal wieder alles drunter und drüber geht, findest du in der folgenden Auflistung auch ein paar Aktivitäten und Übungen, die du als kleine Achtsamkeitsauszeit zum Auftanken einschieben kannst. Je öfter du die Übungen wiederholst, desto leichter wird dir das Zentrieren und Entspannen fallen. Besonders gut geeignet sind die *Geh-Meditation*, der *Body-Scan* oder Körperübungen, wie die *Body2Brain-Methode* von Dr. med. Claudia Croos-Müller, die du weiter unten findest.

Hast du etwas mehr Zeit zur freien Verfügung, kannst du die Übungen natürlich ganz in deinem Tempo machen und nach Belieben ausdehnen. Schön ist auch ein Achtsamkeitswochenende, an dem du verschiedene Dinge nach deinem Geschmack zusammenstellst und dir so 48 Stunden Auszeit vom Alltagsgeschehen gönnst.

Süßer Klassiker

Dr. Anna Paul stellt in ihrem Buch *Die Kraft der Selbstheilung* einen süßen Klassiker unter den Achtsamkeitsübungen vor: Die Rosinenübung.

Dazu benötigst du nur eine Rosine und einen ruhigen Ort, an dem du dich ein paar Minuten ungestört aufhalten kannst. Nimm die Rosine in die Hand und betrachte sie so, als hättest du so eine Trockenfrucht noch nie in deinem Leben gesehen, als wäre sie ein exotisches Obst, was dir vollkommen fremd ist.

Manche beschreiben diese Herangehensweise als kindliche Neugier, manche als sogenannten Anfängergeist.

Zunächst widmest du dich der Rosine mit deinen Augen. Ist sie eher dunkel oder hell? Wie würdest du ihre Farbe, wie ihre Form beschreiben? Fällt dir etwas Besonderes auf?

Dann nimmst du deinen Tastsinn dazu: Wie fühlt sich die Rosine an? Ist sie klebrig, warm, kühl oder hart, weich oder samtig?

Und wie verhält es sich mit dem Duft? Ist er süßlich oder säuerlich? Erinnert er dich an etwas?

Bemerkst du körperliche Veränderungen, wenn du an der Rosine riechst? Läuft dir vielleicht das Wasser im Mund zusammen?

Nun kannst du die Rosine an deinen Mund führen und sie mit den Lippen befühlen. Merkst du dabei andere Erhebungen als mit den Fingern? Und wie verhält es sich, wenn du sie auf deine Zunge legst? Was spürst du dann?

Wenn du dir genug Zeit zum Fühlen genommen hast, kannst du die erste Kaubewegung machen. Verändert sich die Konsistenz? Wie ist der Geschmack jetzt?

Nimm dir Zeit beim Kauen dieser einen Rosine – empfohlen werden 20 bis 30 Kaubewegungen – und beobachte, wie anders die Nahrungsaufnahme bei dieser Rosinenübung abläuft und was dir dabei alles bewusst wird.

Diese Übung hilft dir nicht nur, bewusster zu essen, sondern du kannst so auch lernen, leichter zu genießen und die Süße in den kleinen Dingen des Lebens zu entdecken!

Achtsamkeit im Gehen

Meditation ist einer der Klassiker, wenn es darum geht, sich zu zentrieren und seine innere Mitte zu finden. Nicht immer sind aber der Raum und die Zeit gegeben, um sich für eine Meditation zurückzuziehen. Denjenigen, die die Meditation gerade erst beginnen zu lernen, wird empfohlen, möglichst wenig störende Einflüsse während des Praktizierens zuzulassen.

Eine Meditation, die die Achtsamkeit in den hektischen Alltag bringt, ist die Geh-Meditation. Sie ist in der buddhistischen Tradition ein wichtiger Bestandteil unter den Achtsamkeitsübungen und erfreut sich auch in westlichen Kulturkreisen immer größerer Beliebtheit. Sie besticht durch ihre Dynamik und sie lässt sich wunderbar zwischendurch anwenden, ganz gleich, wo du dich befindest.

Ähnlich wie bei der Sitzmeditation geht es auch bei der Geh-Meditation um die innere Zentrierung und das achtsame Ankommen und Sein im Hier und Jetzt.

Du kannst die Meditation sowohl alleine als auch in der Gruppe erlernen. Wenn du möglichst unabhängig sein willst, kannst du auch mit einer geführten Geh-Meditation arbeiten.

Anleitungen findest du sowohl auf CDs als auch im Netz.

Du kannst dir natürlich auch selbst eine Anleitung einsprechen und ablaufen lassen. Eine solche Anleitung ist besonders am Anfang hilfreich, wenn du dazu neigst, dich ablenken zu lassen. Alternativ kannst du auch mit einem Mantra arbeiten und dieses als Konzentrationshilfe verwenden.

Wenn du das erste Mal eine Geh-Meditation praktizieren möchtest, wähle am besten einen möglichst ruhigen Ort aus, an dem du ungestört bist. So kannst du dich voll auf dich besinnen und musst auch nicht auf dein Umfeld achten. Ganz besonders wichtig: Wann immer du übst, wähle deine Umgebung so aus, dass du durch deine Meditation weder dich noch den Ablauf des Straßenverkehrs gefährdest.

Anleitung Geh-Meditation

Gib dir vor der eigentlichen Meditation zunächst die Möglichkeit, dich auf die kommenden Minuten einzustimmen und deinen Körper entsprechend auszurichten. Stelle dich dazu aufrecht hin und achte darauf, dass sich dein Kopf über deinem Herzen und dein Herz über deinem Becken befindet. Strecke die Knie bitte nicht ganz durch, sondern achte auf eine dynamische, aber nicht zu angespannte Haltung. Fühle in deinen Körper hinein – wenn du Verspannungen bemerkst, versuche, diese vorab zu lockern. Nimm ein paar tiefe Atemzüge und hebe dann die Zehen vom Boden, damit deine Füße guten Kontakt mit dem Boden bekommen und sich deine Haltung optimiert.

Wenn es die Temperaturen und örtlichen Gegebenheiten zulassen, versuche die Übung barfuß durchzuführen. So hast du noch mehr Zugang zu dem Prozess.

Hebe dann ein Bein an und führe deinen ersten Schritt sehr bewusst und sehr langsam aus. Durch das Verlangsamen der eigentlich gewohnten Bewegung werden dir die Bewegungsabläufe bewusster und zugänglicher. Wie fühlt sich das Heben des Beines in der Hüfte an? Was machen die Zehen? Und wie verhält sich dein Standbein? Weicht die Hüfte zur Seite aus? Setze den Fuß nach vorne und auf dem Boden auf. Rolle dann den Fuß sehr bewusst ab und mache den nächsten Schritt. Bei der Meditation geht es nicht darum, möglichst viel Strecke zurückzulegen, sondern jeden Schritt bewusst durchzuführen. Falls du möchtest, kannst du zusätzlich darauf achten, eine Verbindung zwischen Körper und Atem herzustellen.

Wenn es dir ohnehin schwer fällt, gedanklich bei dem Bewegungsprozess zu bleiben, nimm ein Mantra zur Hilfe: Denke beispielsweise „Glück" beim Schritt mit dem linken Fuß und „Gesundheit" beim Schritt mit dem rechten Fuß oder nutze deine Atmung als Anker, indem du links einatmest und rechts ausatmest.

Du kannst mit verschiedenen Varianten experimentieren und für dich die beste Herangehensweise entdecken. Hast du eine Technik gefunden, die dir zusagt, übe sie immer wieder bewusst. Je öfter du sie übst, desto leichter und eher stellt sich die konzentrierte Achtsamkeit ein – auch dann, wenn du die

Geh-Meditation während eines hektischen Shopping-Trips in einer vollen Fußgängerzone oder auf Reisen nutzt, um dich im Hier und Jetzt zu festigen.

Bodyscan

Der Bodyscan ist eine beliebte Technik aus der Achtsamkeitspraxis, die sich sehr leicht und unkompliziert erlernen lässt. Der Body-Scan, auch *Body-Sweeping* genannt, ist eine gedankliche Übung, bei der du deinen eigenen Körper mental Stück für Stück entlangwanderst und ihn sozusagen scannst oder abtastest. Dabei wirst du dir deiner einzelnen Körperteile bewusst und nimmst verschiedene Empfindungen wahr. Du beobachtest die Empfindungen jedoch nur - sowohl die, die du als negativ als auch die, die du als positiv wahrnimmst. Du gehst nicht auf sie ein, sondern begegnest ihnen mit einer gewissen Zurückhaltung aus der Rolle des Beobachters.

Üblicherweise wird der Bodyscan im Liegen oder Sitzen durchgeführt. Wenn du geübter bist, kannst du dich damit aber auch im Stehen erden.

Vorteile des Bodyscans sind ein besseres Körperbewusstsein und die Möglichkeit, sich bei regelmäßiger Übung immer wieder in einen bewussten, achtsamen und urteilsfreien Zustand zu bringen. Somit kannst du Veränderungen in deinem Körper gelassener annehmen. Statt auf jedes Stechen, Ziepen oder auf jeden Druckschmerz zu reagieren, kannst du innerlich Abstand wahren. Dadurch gerätst du weder in eine Grübel- noch in eine Angstfalle und kannst dich darauf konzentrieren, dir etwas Gutes zu tun. Ein tolles Werkzeug auf deinem Glücksweg!

Auch für den Bodyscan gibt es gesprochene Anleitungen auf CD oder online, sodass du leichter bei der Sache bleiben kannst. Zudem bieten viele Krankenkassen auf ihren Webseiten entsprechende Audiodateien an, die dich durch den Körper hindurchführen.

Ansonsten kannst du dir auch hier, wie bei der Geh-Meditation, selbst eine Anleitung aufzeichnen und diese ablaufen lassen. Oder du liest dir die folgende Anleitung durch und nutzt diese zur Orientierung. Es gibt auch hier kein Richtig oder Falsch, sondern es geht nur darum, dass du achtsam in Gedanken deinen Körper durchwanderst. Ob du nun bei deinem Kopf oder deinen Füßen beginnst, bleibt dir überlassen.

Anleitung Bodyscan

Wenn du den Bodyscan das erste Mal durchführst, wähle möglichst eine liegende Position. Mache es dir richtig bequem und finde eine Position, in der du dich erst mal nicht bewegen musst. Nimm dann bewusst wahr, wie dein Körper auf der Matte oder Matratze aufliegt und wo welcher Körperteil Kontakt zum Untergrund hat. Lasse deinen Atem natürlich fließen und komme in deiner Position an.

Beginne nun deinen Scan bei deinem linken Fuß. Konzentriere dich zunächst auf die Zehen: Berühren sie sich? Sind sie kalt oder warm? Stoßen sie an etwas, etwa an die Innenseite deiner Socken oder Schuhe? Sind sie entspannt oder eingekrallt? Beobachte nur – versuche, nichts zu bewerten oder zu verändern. Wenn etwas juckt oder du unruhig wirst, nimm es einfach hin, beobachte es und gehe dann gedanklich weiter zu deiner Fußinnenseite, zu deinem Spann, der Sohle und schließlich zur Ferse. Wie liegt diese auf der Unterlage auf? Drückt sie sich fest auf den Boden? Ist der Übergang zum Knöchel entspannt?

Lasse deine Konzentration zu deinem Knöchel wandern und beobachte auch hier, wie sich dieser Teil deines Körpers anfühlt. Wenn du keinen wirklichen Zugang finden kannst, macht das nichts. Verweile gedanklich eine Weile an dieser Stelle und wandere dann weiter, deinen Unterschenkel entlang. Wie fühlt sich dieser an? Ist er warm oder kühl? Ist er fest oder locker? Berührt er den Boden oder das andere Bein? Wie fühlt sich der Stoff deiner Kleidung auf deiner Haut an dieser Stelle an?

Kapitel 4 - Im Jetzt leben

Dann gehe hoch zur Kniekehle und auch zum Knie selbst und von dort aus zu deinem linken Oberschenkel. Wenn du magst, kannst du dir auch vorstellen, deinen Atem in den jeweiligen Körperteil zu schicken. Dies kann dir beim Fokussieren helfen.

Bist du gedanklich durch das gesamte Bein gewandert, vergleiche es kurz mit deinem rechten Bein. Fühlst du einen Unterschied? Fühlst du das durchwanderte Bein klarer oder leichter?

Gehe nun auch bei deinem anderen Bein die einzelnen Stationen durch, von den Zehen über den Fuß und den Knöchel zum Unterschenkel und Knie bis hin zum Oberschenkel. Lasse dir genug Zeit für die einzelnen Stationen und lasse deinen Atem immer frei fließen.

Konzentriere dich anschließend auf dein Becken und den unteren Rücken. Wo liegt dein Körper auf? Fühlst du den Boden unter dir? Ist dein Körper an dieser Stelle entspannt oder eher fest? Fließt dein Atem noch frei?

Lasse dann dein Bewusstsein auf dem Bauchbereich ruhen und konzentriere dich auf alle Dinge, die du hier wahrnehmen kannst. Macht dein Körper hier Geräusche? Fühlst du Bewegung in deinem Inneren oder merkst du, wie sich dein Bauch beim tiefen Einatmen hebt und beim Ausatmen wieder senkt?

Gehe gedanklich auch auf deine Rückseite und verweile dort zunächst am Steiß, bevor du von der Wirbelsäule aus den unteren Rücken, dann den mittleren Rücken und anschließend den oberen Rücken abscannst. Danach kannst du deine Schultern gedanklich abtasten und dir auch Zeit für die vordere Seite mitsamt der Brust nehmen. Nun wanderst du wahlweise von deiner Schulter den linken Arm herab zu den Fingerspitzen und dann wieder hinauf oder du beginnst direkt bei den Fingerspitzen und scannst die Finger, die Innen- und Außenfläche der Hand, das Handgelenk, den Unterarm, die Ellenbeuge, den Ellenbogen und den Oberarm ab. Wiederhole dies auch auf der rechten Seite, bevor du zum Hals wanderst.

Von dort aus geht es zum Kinn, über den Mund und die Nase zu den Augen und der Stirn, die Wangen und Ohren entlang zum Hinterkopf bis zum Scheitelpunkt. Wenn du magst, kannst du dort einen kleinen Moment verweilen, bevor du den Körper im Ganzen wahrnimmst.

Dann rekele dich und strecke dich, um wieder ganz im Hier und Jetzt anzukommen.

Progressive Muskelentspannung

Die Progressive Muskelentspannung ist eine Entspannungstechnik, die Anfang des 20. Jahrhunderts von dem US-amerikanischen Physiologen Edmund Jacobson entwickelt wurde. Er machte die Beobachtung, dass sich Emotionen und körperliche Zustände wechselseitig beeinflussen können, wie etwa der Muskeltonus bei Erregung oder Anspannung. Wird die Erregung reduziert, führt dies zu einer Entspannung der Muskeln. Aber auch umgekehrt kannst du das Zusammenspiel nutzen: Wenn du deine Muskeln bewusst entspannst, werden meist auch Unruhe oder innere Anspannung reduziert. Du kannst dich wieder besser auf das konzentrieren, was dir im Hier und Jetzt wichtig ist und deine Energie auf positive Dinge lenken.

Die Progressive Muskelentspannung wird in Kursen gelehrt; du kannst aber auch mit einer CD, einer DVD oder einem Buch üben. Auch diese Entspannungstechnik wird von vielen Krankenkassen in der Form eines Kurses vermittelt. Sie findet sowohl bei psychosomatischen als auch bei psychischen Beschwerden Anwendung, kann aber auch zur Entspannung bei körperlichen Beeinträchtigungen genutzt werden.

Gearbeitet wird mit einem Wechselspiel aus Anspannung und Entspannung. Das mag zunächst verwirrend und möglicherweise sogar kontraproduktiv klingen – schließlich möchtest du überschüssige Anspannung loswerden und dich nur entspannen.

Wenn du allerdings bewusst einen Körperteil anspannst und anschließend ebenso bewusst loslässt, gibst du diesem Teil deines Körpers die Möglichkeit sich sehr umfassend zu entspannen. Bei der Progressiven Muskelentspannung wanderst du, ähnlich wie bei dem Bodyscan, durch deinen Körper und spannst der Reihe nach verschiedene Körperpartien an und lässt sie wieder los, bevor du zum nächsten Bereich übergehst. Dadurch können sich nicht nur die Muskeln lockern, sondern meist werden auch weitere Prozesse beobachtet, wie etwa ein ruhigerer Herzschlag und ein Beruhigen der Gedanken. Dies ist besonders dann empfehlenswert, wenn du sehr gestresst bist oder dich dein Leben so stark fordert, dass du gar nicht mehr richtig abschalten kannst und permanent im Morgen oder im Gestern bist.

Durch das bewusste Anspannen und Loslassen bist du die gesamte Zeit geistig und körperlich gefordert und befindest dich dadurch komplett im Hier und Jetzt. Daher bist du auch auf eine ganz besondere Weise in deinem Körper präsent und kannst ihn viel besser wahrnehmen.

Auch bei der Progressiven Muskelentspannung nach Jacobson gibt es verschiedene Ausführungen. Es gibt Kurz- und Langversionen, Anleitungen für eine liegende oder eine sitzende Position und Ansätze, die bei den Füßen beginnen, während andere bei den Händen starten.

Probiere auch hier aus, was für dich besonders gut funktioniert.

Wichtig vorab: Die meisten Anleitungen sprechen von einem Anspannen bis zur Belastungsgrenze. Hast du bereits körperliche Beschwerden, sprich vorab mit deinem behandelnden Arzt und arbeite bewusst mit deinem Körper. Je nach Tagesverfassung kann die individuelle Belastungsgrenze auch variieren. Denke immer daran, gut mit dir umzugehen.

Anleitung Progressive Muskelentspannung

Begib dich in eine bequeme liegende Position, die Beine etwa hüftbreit gespreizt, die Arme neben dem Körper mit den Handinnenflächen nach oben.

Atme ruhig ein und aus und komme in deiner Haltung an.

Dann nimm die rechte Hand und balle sie zu einer kräftigen Faust – bis zur Belastungsgrenze. Halte die Spannung etwa 10 bis 15 Sekunden – atme bitte dabei weiter – und lasse dann los. Fühle, wie das Blut zurück in die Hand fließt, sich Wärme und Entspannung ausbreiten und die Hand wohlig gelockert wird. Winkele dann den rechten Arm an und spreize die Finger der rechten Hand fächerartig auseinander bis zur Belastungsgrenze. Halte, halte, halte und entspanne. Spüre nach, etwa 20 bis 30 Sekunden. Winkele nun den Arm so fest an, dass sich dein Oberarm anspannt. Danach legst du den Arm ab und wiederholst den Ablauf mit deinem linken Arm. Anschließend gehst du zum Gesicht über und presst den Ober- und Unterkiefer fest aufeinander, rümpfst die Nase und kneifst die Augen zusammen – als hättest du in eine Zitrone gebissen. Achtung: Hast du Probleme mit dem Kiefergelenk, lasse diesen Teil aus und zieh nur den oberen Teil des Gesichtes zusammen. Nun entspannst du. Reiße dann die Augen weit auf und ziehe die Augenbrauen nach oben. Halte diese Spannung bis zur Belastungsgrenze und lasse dann los. Um den Nacken und die Kopfmuskeln anzuspannen, kannst du den Kopf leicht in den Untergrund drücken, bis du Spannung spürst. Entspanne und spüre nach. Anschließend ziehe deine Schultern nach oben zu den Ohren. Halte, halte, halte und entspanne. Danach presst du die Schultern in deine Unterlage und drückst den Bauch heraus, um den Rumpf anzuspannen. Um den unteren Rumpf anzuspannen, aktiviere deinen Beckenboden – vergiss auch hier nicht das Atmen – und spanne dein Gesäß an. Nach der Spannungsphase lässt du los und spürst nach. Hebe dann das rechte Bein an, um Spannung in den Oberschenkel zu bringen. Halte, halte, halte und entspanne! Danach zieh die Zehenspitzen in Richtung Knie, um die Wadenmuskeln anzuspannen. Halte auch hier bis zur Belastungsgrenze und entspanne. Abschließend krallst du die Zehen deines rechten Beines fest nach unten, um die Vorderseite des Beines anzuspannen. Dann entspannst du und spürst nach. Gibt es einen Unterschied zwischen dem rechtem und dem linken Bein?

Wiederhole den Ablauf auch mit dem linken Bein. Wenn du damit fertig bist, spanne noch mal alle Muskeln deines Körpers auf einmal an, halte und lasse dann für eine letzte Entspannung los. Fühle, wie locker und gelöst sich dein gesamter Körper anfühlt und lasse die wohlige Wärme der Entspannung durch dich hindurchfließen.

Anschließend strecke dich, bewege die Finger und die Zehen und rekele dich ein wenig, um wieder ins Hier und Jetzt zurückzukehren.

Achtsamkeit auf Abruf

Die oben genannten Übungen eignen sich hervorragend, wenn du dir etwas Zeit nehmen kannst, aber nicht immer lässt sich ein solches Zeitfenster im Alltag einplanen. Aus den vorherigen Kapiteln weißt du allerdings, wie wichtig es ist, sich gerade in stressigen Zeiten gut um dich zu kümmern, damit du nicht von deinem neuen Glücksweg abkommst.

Was aber tun, wenn du vor lauter Arbeit sogar das Essen vergisst?

Mache dir die moderne Technik zunutze. Es gibt zahlreiche Apps, die dich mittels eines Gongs, Glockentons oder mit Naturgeräuschen daran erinnern, eine kleine Achtsamkeitspause einzulegen. Sie laden dich dazu ein, regelmäßig kurz innezuhalten. Du kannst überprüfen, wie es dir in diesem Augenblick geht, ob es etwas gibt, worauf du achten könntest, wie du gut für dich sorgen kannst.

Um deinem Bedürfnis nach Bewegung und Ruhepausen beispielsweise während der Arbeit nachzukommen, könntest du diese Mini-Pause mit einem Gang in die Teeküche verknüpfen, vielleicht sogar mit einer ganz kurzen Geh-Meditation auf dem Weg dorthin. In der Teeküche brühst du dir dann ganz bewusst einen leckeren Tee oder Kaffee auf und nimmst all die Aromen, Gerüche, Farben und Geräusche während des Vorganges wahr.

Wenn du mit deinem Getränk dann wieder an deinem Platz bist, hast du dich kurz im Hier und Jetzt geerdet und kannst erfrischt weiterarbeiten. Vielleicht kannst du auch kurz raus an die frische Luft gehen oder ein Fenster öffnen. Das hilft nicht nur wunderbar, um sich zu erden, weil du die Jahreszeiten und die Natur zu dir ins Büro oder den Pausenraum einlädst, sondern die frische Luft wirkt auch wie ein echter Muntermacher und aktiviert die grauen Zellen.

Wer kein Smartphone hat, kann übrigens auch einen herkömmlichen Wecker verwenden. Und wer befürchtet, die lieben Kollegen mit Gong oder Glocke zu nerven, der kann sie entweder einladen, sich anzuschließen oder aber es wird eine feste Uhrzeit während des Arbeitstages vereinbart, zu dem deine Mini-Auszeit ansteht. Die anderen gönnen sich ja schließlich auch mal eine kleine Kaffee- oder Zigarettenpause. Da spricht nichts dagegen, wenn du dir mit deiner täglichen Portion Achtsamkeit etwas Gutes während der Arbeitszeit tun möchtest.

An den Tagen im Home-Office oder unterwegs kannst du dir dann deine Achtsamkeitserinnerung so oft stellen, wie es für dich passt und dir gut tut.

Das Ziel ist es, zwischendurch einfach aus dem Hamsterrad des Alltages auszubrechen und sich wieder ganz auf dich und dein Leben im Moment zu besinnen.

Wechselatmung

Im Yoga hat das *Pranayama* einen wichtigen Stellenwert, gilt die Zusammenführung von Körper und Atem doch als ideales Mittel, um das Bewusstsein zu beeinflussen.

Du kannst das Pranayama überall und jederzeit ausführen – je nach Atemübung sogar recht unauffällig. Somit sind die verschiedenen Atemübungen ideal für die Achtsamkeitspraxis im Alltag geeignet. Du kannst dir aber auch an einem freien Tag richtig viel Zeit lassen und die Übungen an der frischen Luft in einer schönen Umgebung praktizieren oder vielleicht sogar mit einem hochwertigen Duftöl arbeiten, um die Wirkung mit Aromatherapie zu unterstützen.

Der Begriff Pranayama setzt sich zusammen aus den Sanskrit-Worten *Prana* und *Ayama*. Prana bedeutet Lebensenergie, Ayama so viel wie erweitern oder steuern bzw. kontrollieren. Durch eine regelmäßige Pranayama-Praxis kannst du also deine Lebensenergie, deine Atmung steuern.

Emotionen und Atmung beeinflussen sich wechselseitig. Wenn du aufgeregt bist, verändert sich dein Atem: Er wird flacher, hektischer und die Frequenz erhöht sich. Wenn du nun bewusst deinen Atem steuerst, kann sich auch dein Geist beruhigen.

Hast du durch das Pranayama ein besseres Gespür für dich und deine Atemmuster bekommen und deine Atemhilfsmuskulatur durch die verschiedenen Übungen trainiert, wird es dir immer leichter fallen, mit Hilfe von bestimmten Atemübungen Einfluss auf deinen mentalen und körperlichen Zustand zu nehmen.

Wo vorher nur Platz war für Stress, Panik oder Anspannung, kannst du so in wenigen Atemzügen Raum für andere Emotionen schaffen und Freude und Gelassenheit einziehen lassen.

Es gibt weit mehr als 50 verschiedene Techniken, mit denen das Pranayama gelehrt wird.

Besonders bekannt sind der *Ujjayi-Atem*, der *Meeres- oder Ozean-Atem*, der *Feueratem* und die *Wechselatmung*.

Die Wechselatmung, auch *Anuloma Viloma* genannt, kann bei regelmäßiger Praxis die Funktion deiner Lunge verbessern. Sie soll sich ausgleichend auf dich und deinen Körper auswirken. Im Yoga wird sie verwendet, um den Geist zu beruhigen, bevor mit der Meditation oder einer anderen Yogapraxis begonnen wird. Zudem berichten Praktizierende davon, dass sie bei Schnupfen und anderen Erkältungskrankheiten für Linderung sorgen kann.

Wenn du gesundheitliche Einschränkungen hast, frage zuerst bei den behandelnden Fachkräften nach, ob Anuloma Viloma für dich geeignet ist, bevor du mit dem Üben beginnst.

Anleitung für die Wechselatmung

Nimm für diese Übung eine entspannte, aber aufrechte Haltung im Sitzen ein. Wenn du magst, kannst du auf dem Boden Platz nehmen, auf einem Yogakissen oder, wenn es für dich angenehmer ist, auf einem Stuhl. Platzierst du dich auf einem Stuhl, achte darauf, dich nicht anzulehnen, aber trotzdem eine aufrechte Sitzposition zu bewahren.

Bei der Wechselatmung wird – wie der Name schon vermuten lässt – abwechselnd durch das eine Nasenloch eingeatmet und durch das andere ausgeatmet. Auch im Alltag atmet ein gesunder Mensch abwechselnd durch beide Nasenlöcher, aber Heuschnupfen, Verspannungen und andere Gründe können zu einer Störung dieses Wechselspieles führen. Mit dieser Übung wird dein Körper daran erinnert und du kannst dich sehr bewusst auf deine Atmung konzentrieren.

Du beginnst mit dem linken Nasenloch. Lege dazu Mittel- und Zeigefinger an deine rechte Handfläche, sodass Daumen,

Ringfinger und kleiner Finger noch abgespreizt sind. Den Daumen führst du nun an deinen rechten Nasenflügel, den Ringfinger an den linken Nasenflügel.

Verschließe nun das rechte Nasenloch sanft mit deinem Daumen und atme links ein. Nach dem Einatmen legst du eine kleine Atempause ein, indem du Ringfinger und Daumen auf beide Nasenflügel drückst und beide Nasenlöcher verschließt. Dann hebst du den Daumen und atmest durch das rechte Nasenloch aus.

Anschließend atmest du wieder durch das rechte Nasenloch ein, verschließt beide Nasenlöcher und hebst danach den Ringfinger, um durch das linke Nasenloch auszuatmen.

Du kannst einem Atemrhythmus folgen, der als sehr klärend und stärkend wahrgenommen wird: Dazu atmest du 4 Sekunden ein, hältst die Atempause für 8 Sekunden und atmest anschließend 8 Sekunden lang aus.

Wenn du etwas geübter bist, kannst du auch 4 Sekunden lang einatmen, die Pause für 16 Sekunden halten und 8 Sekunden lang ausatmen.

Achte aber immer auf dein individuelles Wohlbefinden und deine Tagesform.

Wichtiger als das Einhalten von Zeiten sind der bewusste Wechsel und die Konzentration auf den Atemprozess.

Yoga

Neben dem Pranayama bietet dir das Yoga noch viele weitere Möglichkeiten, Achtsamkeit zu praktizieren, etwa mit der Meditation in ihren verschiedenen Variationen, mit dem Singen (Chanten) von Mantren oder den *Asanas*, also dem Ausführen und Halten von bestimmten Körperübungen.

Wenn du zwischendurch eine kleine Yogapause einbauen möchtest, kannst du auch zu *Mudras* greifen.

Mudras werden auch als *Fingeryoga* bezeichnet. Gemeint sind bestimmte Handgesten, die mit den Fingern und der Handhaltung eingenommen werden.

Es gibt verschiedene Mudras, die den Energiefluss lenken und unterschiedliche Auswirkungen auf den Organismus und die Psyche haben sollen.

Ganz gleich, ob du diese Auffassung teilst oder nicht, kannst du dir die Mudras zunutze machen, indem du dich, durch die bewusste Ausführung der Handgesten, auf dich und deinen Körper konzentrierst und dich dadurch erdest.

Vermutlich kennst du einige Mudras auch schon aus den Medien oder deiner Umgebung, wie etwa das *Anjali Mudra*. Dieses wird in der Yogapraxis zur Begrüßung verwendet. Du legst die Handflächen und Finger vor dem Brustbein in einer Art Gebetshaltung aneinander. Die Fingerspitzen zeigen dabei nach oben in Richtung Himmel und die Finger sind gestreckt.

Dieses Mudra wird in einigen Kulturen auch zur allgemeinen Begrüßung im Alltag verwendet.

Es kann dich wunderbar dabei unterstützen, dich zu zentrieren und deine Emotionen auszugleichen. Durch die Berührung deiner Handflächen spürst du dich selbst sehr großflächig. Mithilfe der Assoziation dieser Haltung mit Demut kannst du auch etwas Abstand zu dem Chaos des Alltags gewinnen.

Auch das *Chin Mudra* ist sehr bekannt und hervorragend als kleiner Achtsamkeits-Anker geeignet, der im Alltag eingesetzt werden kann. Die Spitzen des Zeigefingers und des Daumens berühren sich, die anderen Finger werden abgespreizt, die Handflächen zeigen nach oben. Wenn du eine mehr erdende Variante dieses Mudras wählen möchtest, lass die Handflächen nach unten zeigen. Diese Variante wird *Jnana Mudra* genannt.

Hast du Lust auf etwas mehr Körpereinsatz, versuche dich im Ausüben von Asanas, also Körperhaltungen, die wir üblicherweise mit Yoga verbinden. Es gibt ganz verschiedene Yogastile – von schweißtreibend und fließend über ruhig und ausgleichend bis hin zu Stilen, bei denen viel gesungen und getönt wird. Besonders effektiv, wenn es um die innere Erdung geht, sind statische Positionen, also Asanas, die gehalten werden.

Du kannst Kurse oder Workshops besuchen, um die verschiedenen Stile auszuprobieren und die Posen ordentlich zu erlernen.

Die Übung *Vrksasana* mag sich wie ein Zungenbrecher anhören, ist aber eine der beliebtesten Grundübungen. Sie fordert und fördert dein Gleichgewicht, sowohl mental als auch körperlich. Stelle dich dafür aufrecht hin, lege die Hände in Brustbeinhöhe ins Anjali Mudra und verlagere dann dein Körpergewicht auf ein Bein. Achte darauf, nicht zu den Seiten auszuweichen und auch darauf, das Kniegelenk nicht voll durchzustrecken. Hebe dann das andere Bein langsam an und lege den Fuß an der Innenseite des Standbeines ab. Je nach Tagesverfassung platzierst du den Fuß eher bodennah an der Wade oder an der Innenseite des Oberschenkels. Ganz wichtig dabei ist, den Fuß nicht am Kniegelenk zu platzieren, um das empfindliche Knie nicht falsch zu belasten. Freue dich über die stabilisierende und klärende Wirkung dieser Übung!

Kreativität

Flow-Erlebnisse sind nur was für Kreative? Dem ist nicht so. Was spricht dagegen, selbst mal kreativ zu werden? Denn es stimmt, dass das Versinken in eine Tätigkeit ganz leicht gelingt, wenn man sich kreativ austobt – vorausgesetzt, du schaffst es, ohne Ansprüche an die Sache heranzugehen.

Du musst keine zweite Frida Kahlo werden, um beim Zeichnen, Malen oder Basteln in einen Flow-Zustand zu geraten. Vielmehr geht es darum, dass du dich bei einer angenehmen Tätigkeit ganz darauf konzentrieren und deiner Kreativität freien Lauf lassen kannst. Die eigene schöpferische Kraft zu entdecken, kann sehr befreiend und beglückend sein, auch unabhängig vom Ergebnis.

Vielleicht magst du zum Ausprobieren erst mal zu den Malkreiden deiner Kinder greifen, vielleicht gibt es aber auch ein Hobby aus Jugendtagen, was du wieder aufleben lassen möchtest?

Wenn du es gerne lebhaft und körperbetont magst, ist das Action-Painting möglicherweise etwas für dich. Oder du greifst zu Schere und Klebstoff und bastelst Collagen aus verschiedenen Materialien.

Mit etwas mehr Aufwand verbunden sind das Töpfern oder die Glasbläserei. In größeren Städten gibt es mittlerweile viele spannende Kurse und Schnupperangebote, bei denen du dich nach Herzenslust ausprobieren kannst. Sehr meditativ ist auch die Ebru-Malerei, eine türkische Malkunst, bei der Gemälde auf einer Wasseroberfläche entstehen, die anschließend auf Papier übertragen werden.

Kannst du mit Papier nur wenig anfangen, versuche dich doch am Bemalen von Stoff – entweder mit Stoffmalfarben oder bei der Seidenmalerei. Das Ineinanderfließen der Farben ist ein herrliches Schauspiel, das dich komplett gefangen nehmen kann.

Fällt es dir zu Beginn schwer, selbst kreativ zu werden, sind möglicherweise Ausmalbücher oder Projekte mit Malen nach Zahlen das Richtige für dich. Ausmalbücher gibt es mittlerweile in den verschiedensten Schwierigkeitsstufen, mit sehr filigranen Vorlagen oder großflächigeren Bildern, sodass du je nach Lust und Laune auswählen kannst. Auch thematisch hat sich das Angebot immens erweitert, da es mittlerweile, neben den üblichen Büchern für Kinder, auch einen großen Markt für Erwachsene gibt.

Ganz gleich, ob du die Werke großer Künstler ausmalen möchtest, deinen liebsten Zeichentrickfiguren Farbe verleihen willst oder du Landschaftsbilder bevorzugst – es gibt kaum etwas, das es nicht gibt.

Kapitel 4 - Im Jetzt leben

Besonders großer Beliebtheit unter den Ausmalmotiven erfreuen sich Mandalas. Diese Schaubilder sind in der Regel geometrisch angeordnet und können sehr detailreich sein oder auch nur aus größeren Kreisen, Linien und anderen Formen zusammengesetzt sein. In vielen Ländern Ostasiens gehören Mandalas zu den populären Meditationshilfen.

Im westlichen Kulturkreis werden Mandalas üblicherweise in Kreisform dargestellt und vielfach als Ausmalmotive zum achtsamen Malen angeboten.

Du kannst natürlich auch selbst kreativ werden und ein Mandala entwickeln. Es gibt spezielle Apps, aber du kannst auch einfach mit Papier, Zirkel und Lineal aktiv werden. Ausgehend von einer der typischen Grundformen kannst du dein Mandala in verschiedene geometrische Formen unterteilen; wichtig ist hierbei eine möglichst präzise Arbeit, damit sich die Muster im gesamten Mandala wiederholen.

Freigeister, die sich trotzdem zu den geometrischen Formen und dem Erstellen von Mustern hingezogen fühlen, haben möglicherweise auch an der Zentangle-Methode Spaß. Wie der erste Teil des Namens schon verrät, handelt es sich beim Zentangle um ein meditatives Zeichnen, das gleichzeitig einen wirren, chaotischen Anteil (Tangle, englisch für Gewirr) hat. Das Zentangle wird auf ein Papierquadrat von 9 x 9 Zentimetern gemalt und besteht aus immer wiederkehrenden Mustern, die in einer beliebigen Form angeordnet sind. Es gibt zahlreiche Zentangle-Muster, die du in wenigen Schritten erlernen und frei nach Lust und Laune kombinieren kannst. Natürlich kannst du auch selbst Muster entwickeln, die in dein Zentangle passen und auch andere Formate für deine Kunst wählen.

Schreibst du lieber, könnten Kalligrafie oder Hand-Lettering etwas für dich sein.

Kalligrafie ist die Kunst des schönen Schreibens und wird – wenn du zu Federkiel und Tinte greifst – zu einer echten Herausforderung, die sich wunderbar eignet, um darin zu versinken.

Während die Buchstaben bei der Kalligrafie besonders schön geschrieben werden, zeichnest du sie beim Hand-Lettering. Zudem finden hierbei auch Schmuckelemente und andere kleine Zeichnungen Platz auf deinem Kunstwerk. Besonders verbreitet ist das Brush-Lettering mit Pinseln auf Papier, aber auch das Chalk-Lettering, also das Zeichnen von Buchstaben mit Kreide oder Kreidestiften, erfreut sich großer Beliebtheit und findet sich auch oft auf Aushängen und Tafeln in Restaurants, Clubs oder Boutiquen.

Handarbeiten und Handwerken

Du möchtest in den Flow kommen, aber Zeichnen und Malen sind nichts für dich? Wie wäre es dann mit Handarbeiten?

Stricken ist beispielsweise schon lange kein Geheimtipp oder überholtes Hobby mehr, sondern weiß, dank seiner zahlreichen positiven Eigenschaften auf den Geist, auf ganzer Linie zu überzeugen. Die positiven Auswirkungen ergeben sich zwar erst nach der Lernphase, wenn du nicht mehr um jede Masche kämpfen musst, aber dann ergibt sich eine wunderbare Möglichkeit für Flow-Erlebnisse. Die Kombination aus sich wiederholenden rhythmischen Bewegungen und dem Zählen von Maschen führt schnell in einen Zustand der achtsamen Konzentration, der perfekten Mischung aus Anforderung und Entspannung kombiniert mit Schaffenskraft – beste Bedingungen für das Flow-Feeling.

Zudem verlangt das Stricken ein ganz eigenes Tempo, es hilft bei der Entschleunigung. Das ist ideal für all diejenigen unter uns, die schnell aufgewühlt sind und sich schwer damit tun, den Stress abzuschütteln.

Wem das Stricken zu anspruchsvoll ist, kann auch einfach zur Häkelnadel greifen. Hier lassen sich meist schneller Erfolge erzielen. Auch das Nähen, Weben oder Sticken können sich für Flow-Handarbeiten eignen. Probiere einfach mal aus, was dir am besten gefällt.

Wenn dir filigrane Arbeiten nicht liegen und du es lieber etwas handfester magst, kannst du natürlich auch Handwerkskunst betreiben. Das Schnitzen oder Schreinern lassen sich ebenfalls wunderbar zur Erzielung von Flow-Erlebnissen nutzen. Der Geruch des Holzes, das du bearbeitest, ist eine weitere Komponente, die das achtsame Erleben ebenfalls in den Vordergrund stellt.

Gärtnern

Die Hände in der feuchten, schweren Erde vergraben, während die Sonne dir angenehm den Nacken und Rücken wärmt, den Duft von Lavendel und Gras in der Nase und das Zwitschern der Vögel im Ohr – merkst du, wie du von ganz allein entspannter atmest und die Schultern sinken lässt?

Der Garten ist für viele Menschen ein absoluter Wohlfühlort, an den sie sich zurückziehen können. Das Gärtnern wiederum ist ein tolles, leichtes Ausdauertraining, das du ganz in deinem Rhythmus gestalten und an deine körperlichen Gegebenheiten anpassen kannst.

Das Grün der Natur tut der Seele gut und senkt das Stresslevel. Sogar der Blutdruck und das eigene Schmerzempfinden können durch die Natur, mit ihren Geräuschen und Farben, gesenkt werden.

Bist du dann noch in direktem Kontakt mit der Natur, indem du etwas pflanzt, harkst oder umgräbst, kommt zudem noch ein gewisser meditativer Stimmungszustand auf.

Die Gartenarbeit regt die Sinne an und fordert eine gewisse Entschleunigung. Zudem musst du dich auf ein Zusammenspiel mit der Natur einlassen und kannst mit eigenen Händen und dem Zutun der Erde etwas erschaffen. Ein tolles Gefühl!

Blumen aus dem eigenen Garten oder Kirschtomaten vom heimischen Balkon sind einfach Balsam für die Seele und holen die Natur mit ihrer wohltuenden Wirkung auch in die Küche oder das Wohnzimmer.

Wenn du keinen eigenen Garten hast, schau mal, ob es bei dir in der Nähe ein Community-Gartenprojekt gibt, an dem du dich beteiligen kannst. Alternativ lässt es sich auch prima auf dem Balkon gärtnern oder du suchst dir einen gut geeigneten Fleck in der Wohnung, an dem du ein paar Pflanzen hegen und pflegen kannst.

Ein toller Nebeneffekt dabei: Durch Pflanzen verbessert sich auch das Raumklima und deine Umgebung wird sich gleich viel einladender und freundlicher anfühlen.

Wer keinen grünen Daumen hat, muss übrigens nicht verzweifeln. Entweder wagst du dich an sehr pflegeleichte und robuste Pflanzenarten oder du umgibst dich einfach mit Pflanzen, etwa bei einem Besuch im Botanischen Garten, einem Waldspaziergang oder einem Bummel durch den Park.

Singen und Klingen

Flow wird vielfach mit künstlerischen und musischen Aktivitäten in Verbindung gebracht. Singen und Musizieren sind wunderbare Techniken, um im Hier und Jetzt anzukommen und deiner Seele etwas Gutes zu tun.

Doch nicht nur deine mentale Verfassung wird durch etwas Musik verbessert - auch körperlich kann sich diese Aktivität positiv auswirken:

Während du singst, wird sich deine Atmung vertiefen – das ist auch beim Spielen bestimmter Instrumente, die mit deinem Atemfluss zum Tönen gebracht werden, der Fall. Zudem können das Immunsystem gestärkt und Stress abgebaut werden.

Singen kann sogar helfen, um glücklich zu sein. Das liegt an der verstärkten Produktion der Kuschel- und Glückshormone, wie Oxytocin, Noradrenalin und Serotonin.

Es gibt zahlreiche Möglichkeiten, Musik in den Alltag zu integrieren. Du kannst einem Chorprojekt beitreten – dabei erlebst du neben den bereits erwähnten Auswirkungen auch die wohltuende Gemeinschaft und das Miteinander der Chormitglieder. Du kannst einen Jugendtraum verwirklichen und eine Band gründen oder du lernst ein neues Musikinstrument.

Je nach persönlicher Veranlagung und Zeit kannst du als Autodidakt mit DVDs und Youtube-Videos arbeiten, dich in einer Musikschule anmelden – es gibt auch Schnupperkurse für Erwachsene – oder dir einen Privatlehrer organisieren.

Wenn du weniger Aufwand betreiben möchtest, singe einfach zwischendurch mal vor dich hin. Sind die Hemmungen zu groß, warte, bis du alleine im Haus bist, drehe die Musik etwas lauter und singe einfach zu deinem Lieblingssong mit. Oder du singst mit deinen Kindern und lachst mit ihnen dabei nach Herzenslust.

Extrovertierte könnten sich auch mal an Karaoke versuchen und dabei den inneren Rockstar in Szene setzen. Vielleicht entdeckst du dabei sogar verborgene Talente?!

Wichtig beim Musizieren und Singen ist, dass du den Spaß an der Sache und eine gewisse Leichtigkeit zulässt, damit das Projekt nicht zu einer zusätzlichen Stressquelle wird.

Tanzen

Tanzen macht glücklich! Diese altbekannte Äußerung lässt sich mittlerweile auch mit Fakten belegen: So wurde nachgewiesen, dass das Tanzen durch die rhythmischen Bewegungen und die anspruchsvolle Koordination der einzelnen Gliedmaßen nicht nur ein gutes Training ist, das die Produktion von Glückshormonen anregt, sondern auch der Psyche gut tut und sogar als Prävention von Alzheimer genutzt werden kann. In der Psychotherapie wird Tanz dazu genutzt, versteckte Emotionen an die Oberfläche zu bringen. Zudem entwickeln die meisten Hobbytänzer bei regelmäßigem Training ein besseres Körpergefühl und ein stabileres Selbstbewusstsein. Wird in der Gruppe oder mit einem Partner getanzt, können auch die sozialen Kompetenzen verbessert und das Gemeinschaftserlebnis als wohltuende Komponente empfunden werden.

Wenn du dich bei dem Gedanken an Tanzen schüttelst und wahlweise an steife Tanzschulen-Abende oder überfüllte Discotheken denkst, dann sei beruhigt: Es gibt unzählige Möglichkeiten, tänzerisch aktiv zu werden.

Neben den klassischen Standardtänzen gibt es mittlerweile in jeder größeren Stadt eine Fülle an anderen Tanzkursen, auch für Erwachsene. Du wolltest schon immer mal im Tutu über das Parkett schweben? Dann habe Vertrauen in dich selbst und besuche einen Erwachsenen-Kurs! Oder begib dich auf eine Zeitreise und wage dich bei einem Tanz-Wochenende an Rock'n'Roll oder Lindy-Hop. Auch Menschen, die sich gerne entsprechend der damaligen Mode kleiden, kommen hier voll und ganz auf ihre Kosten.

Wenn du keinen Partner für Standardtänze hast, gibt es auch viele Tanzstile, die du alleine oder in der Gruppe tanzen kannst. Somit bist du vollkommen unabhängig und kannst auch zuhause jederzeit üben, ohne dich mit einer anderen Person absprechen zu müssen.

Auch Hip-Hop und Jazzdance erfreuen sich immer noch großer Beliebtheit, ebenso wie Nia oder Capoeira mit der kämpferischen Note.

Weitere Alternativen sind der Hula-Tanz oder der Bauchtanz, aber auch Ausdruckstanz oder Biodanza in der Gruppe sind einen Versuch wert. Falls möglich, schnuppere doch einfach mal in verschiedene Angebote rein und nehme an Workshops teil.

Mittlerweile gibt es für jedermann den passenden Kurs, auch für Personen mit körperlichen Einschränkungen oder geringer Ausdauer.

Und selbstverständlich bleibt dir immer noch die Möglichkeit des freien Tanzens.

Beweg dich bei einem Konzert, tanze mit deinen Liebsten durchs Wohnzimmer oder mache mit der Lieblingsfreundin die Tanzfläche eines Clubs unsicher.

Wenn du sehr schüchtern bist, kannst du auch zuhause deine Lieblingsmusik auflegen und einfach durch die Wohnung tanzen. Wild oder weich, langsam oder schnell, sportlich oder verträumt – genau so, wie du es in dem Moment magst und es sich für dich und deinen Körper gut anfühlt. Genieße das Zusammenspiel von Musik und Bewegung und sei ganz eins mit dir. Glücksgefühle stellen sich dann von ganz alleine ein.

Für den Alltag eignet sich das Tanzen übrigens ebenfalls: Mal ein kleiner tänzelnder Schritt auf dem Parkplatz oder ein, zwei Shimmys auf dem Flur im Büro heben deine Laune garantiert. Und auch deine Kinder freuen sich sicher über gemeinsames Toben und Tanzen mit dir!

Hast du intuitiv schon ein paar Übungen und Vorschläge entdeckt, die dir besonders zusagen?

Wenn du etwas Neues ausprobierst, habe Geduld mit dir und deinem Geist. Gerade Meditation ist etwas, an das man sich langsam herantasten sollte. Sei nicht unzufrieden mit dir, wenn statt der erwarteten inneren Ruhe die Gedanken auf dich einprasseln wie ein Starkregen und herumeilen wie wildgewordene Äffchen. Versuche auch hier einen gewissen inneren Abstand zu wahren und führe dich mithilfe eines Mantras oder deines Atems immer wieder zurück.

Erste-Hilfe-Koffer für Stresssituationen

Manchmal kommt es hart auf hart und vollkommen unvermittelt! Trotz deiner neuen Lebenseinstellung erwischt dich ein Tiefschlag, dem du nicht ausweichen kannst. Um dann nicht den Boden unter den Füßen zu verlieren, kannst du zu einigen Kurz-Übungen greifen, die dich darin unterstützen, deinen achtsamen Umgang mit dir und deinem Umfeld nicht aus den Augen zu verlieren:

- Bauchatmung

  Die Bauchatmung ist ein wunderbares Hilfsmittel bei starken Unruhezuständen, Angst und Panik, denn sie wirkt sehr beruhigend und erdend. Sie wird auch Zwerchfellatmung genannt, da bei dieser Form der Atmung – anders als bei der Brustatmung – das Zwerchfell in Spannung versetzt wird und der Körper auf diese Weise effektiv mit Sauerstoff versorgt werden kann. Du fühlst dich innerhalb weniger Atemzüge entspannter und klarer und kannst einem betäubten Grundgefühl, das sich gerne mal durch die flache, hektische Atmung bei Anspannung einstellt, entgegenwirken.

  Atme dazu einfach ein paar Mal in deinem Atemrhythmus tief in den Bauch. Versuche, die Luft bewusst durch die Nase in die Luftröhre strömen zu lassen und sie nach unten zu befördern, bis sich deine Bauchdecke hebt. Bemerkst du Widerstände, weil du z. B. zu angespannt bist, strebe diese Bewegung an, aber forciere sie nicht.

  Wenn du dich bereit dazu fühlst, kannst du versuchen, deine Atmung etwas zu verlangsamen, was sich meist auch unmittelbar auf dein vegetatives Nervensystem auswirkt und somit auch für eine mentale Beruhigung sorgt.

Diese Technik lässt sich gut in ruhigen Situationen einüben und dann in Stress-Situationen zur Beruhigung anwenden. Sie ist absolut unauffällig und kann auch in der Bahn, im Vorlesungssaal oder im Konferenzraum praktiziert werden.

Bist du alleine, kannst du beim Ausatmen auch mal seufzen und deiner inneren Anspannung so zusätzlich die Möglichkeit geben, zu weichen und der Ruhe und Achtsamkeit wieder Platz zu machen.

- Die Lippenbremse

Die Lippenbremse ist eine Atemtechnik, die vor allem bei Beschwerden durch Bronchialerkrankungen zur Entlastung genutzt wird. Sie findet aber auch Anwendung in der Körpertherapie und wird hier zum Stressabbau eingesetzt. Lege deine Lippen locker aufeinander und dann erhöhe den Druck. Atme anschließend durch die gepressten Lippen aus. Deine Lippen nehmen eine Position ein, als würdest du pfeifen. Der Atemstrom wird dadurch gezielt verlangsamt, die Atmung kann sich beruhigen und dadurch auch dein Nervensystem.

Auch diese Übung lässt sich relativ unauffällig und rasch in der Öffentlichkeit anwenden und sorgt schnell für Entlastung.

- Abschnauben

Auch diese Übung ist eine Atemübung. Allerdings ist sie weniger diskret als die Lippenbremse oder die Bauchatmung. Dafür kann sie aber auch richtig Spaß machen und ist bestimmt der Hit bei deinen Kindern!

Lege die Lippen wieder aufeinander und blase dann durch die geschlossenen Lippen hindurch die Luft aus. Die Lippen flattern dabei ein wenig, es entsteht ein Geräusch, das dem Schnauben ähnelt.

Pferde nutzen dieses „Abschnauben" zum Stressabbau und auch Menschen berichten von der wohltuenden Wirkung dieser Technik. Vielleicht musst du dich anfangs etwas überwinden, aber probiere es gerne mal aus. Das Abschnauben ist eine hervorragende Hilfe bei Panik oder Wut!

- Achtsamkeitsübung mit Reiz

Dir wird plötzlich alles zu viel und du bist kurz davor, zu explodieren oder in Tränen auszubrechen?

Achtsamkeit war dir noch nie so fern, wie in diesem Moment, aber du willst dir auch keinesfalls die Blöße geben, weil du dich in einem Setting aufhältst, in welchem du dich nicht sicher genug fühlst?

Fordere deine Achtsamkeit mit einem stärkeren Reiz heraus. Dazu kannst du einen Stressball knautschen, einen Igelball an den Fußsohlen spüren oder einen Eiswürfel in der Hand schmelzen lassen – je nachdem, wo du dich gerade aufhältst und wie diskret du mit einer Übung vorgehen willst, kannst du aus einer Vielzahl von Reizen und Hilfsmitteln wählen.

Bist du im Büro, suche dir beispielsweise einen Gegenstand mit einer ungewöhnlichen Oberfläche, etwa eine Raufasertapete. Über diese kannst du ganz vorsichtig mit der Hand streichen und, ähnlich wie der Rosinenübung, alle Empfindungen wahrnehmen und beobachten.

Dein Fokus auf diese Übung unterstützt dich dabei, ein Überschwemmen durch andere Gefühle zu vermeiden, sodass du dich neu ausrichten und erst mal zur Ruhe kommen kannst, bevor zu reagierst. Alternativ eignen sich auch ein Handschmeichler oder ein weicher Teppich. Werde kreativ und lege dir vielleicht ein bis zwei Hilfsmittel in die Schreibtischschublade, mit denen du gute Erfahrungen gemacht hast. Dies kann beispielsweise ein Stressball oder einen Stein mit vielen Rillen sein.

- Mini-Anspannung

  Für Progressive Muskelentspannung ist keine Zeit, aber du stehst komplett unter Strom? Lege eine Mini-Session ein! Das geht komplett unauffällig, auch im Stau oder beim Elternsprechtag. Kralle zunächst deine Zehen in den Boden, sofern es deine Schuhe zulassen, halte und entspanne! Dann spanne den Beckenboden und das Gesäß an, halte und entspanne. Anschließend machst du Fäuste und sorgst hier für die maximale Anspannung, bevor du entspannst. Lässt es die Situation zu, kannst du noch die Zähne aufeinander beißen oder die Lippen aufeinander pressen und dann loslassen.

  Du musst die einzelnen Stationen nicht lange bearbeiten. Wichtig ist nur, dass du den Unterschied zwischen der bewussten Anspannung und der bewussten Entspannung wahrnimmst und so eine Lockerung eintreten kann.

- Siegerpose

  Perfekt für die Umkleide, die Toilettenpause oder den unbeobachteten Moment im Aufzug:

  Stelle dich mit beiden Beinen fest und stabil hin, die Füße stehen dabei hüftbreit auseinander.

  Gehe leicht in die Knie und hebe deine Zehen einmal kurz vom Boden, damit sich das Gewicht deines Körpers gleichmäßig verteilt. Dann richte deine Wirbelsäule bewusst auf, der Kopf über dem Brustbein, das Brustbein über dem Beckenboden, lächele dabei. Nimm deine Hände und stemme sie fest in die Hüften. Stehe da wie ein breitbeiniger Cowboy. Dann reiße die Hände in einer typischen Jubel- oder Siegerpose nach oben, gerne begleitet von einem Jauchzer oder einem starken Ausruf!

Halte die Arme triumphierend oben und lasse die Wirkung dieser Pose auf dich wirken. Der feste Stand vermittelt deinem Körper Sicherheit, die Breite gibt dir Schutz und die siegreich in die Luft gerissenen Arme sorgen für einen positiven Aufschwung.

- Aromatherapie „to go"

    Die Macht von Gerüchen ist mittlerweile allgemein bekannt. Gerüche, die wir als unangenehm wahrnehmen, können uns regelrecht krank machen, während von uns als angenehm bewertete Düfte unsere Stimmung heben, Ängste lösen und uns beruhigen können.

    Mit der Aromatherapie gibt es sogar ein eigenes Forschungsfeld, das sich mit der Auswirkung von Düften auf unseren Organismus und unser Seelenleben beschäftigt.

    Du selbst kannst dir die bisherigen Erkenntnisse zunutze machen und eine Aromatherapie „to go" anwenden:

    Wähle eine gute Handcreme mit feinen ätherischen Ölen, die dich ansprechen. Wenn du bei der Arbeit in Stress gerätst, kannst du dir unauffällig etwas Creme auf die Hände geben und z. B. den beruhigenden Duft von Lavendel oder Rose einatmen.

    Wenn dir das fokussieren schwer fällt, probiere doch mal einen frischen Zitrusduft – Orange hebt wunderbar die Stimmung – oder einen Minzduft. Dieser wird auch als kühlend und beruhigend empfunden.

Wenn du magst, kannst du auch einen Roll-on-Stift oder ein Duftfläschchen verwenden und dies in Stresssituationen zum Einsatz bringen. Achte nur immer darauf, hochwertige ätherische Öle zu verwenden und vor der Anwendung zu testen, ob Allergien oder Unverträglichkeiten bestehen.

Kapitel 5 – Unbeirrt: Dein neuer Weg

Du hast deinen neuen Weg eingeschlagen und du fühlst dich nach anfänglichen Schwierigkeiten immer sicherer und wohler. Du bemerkst die positiven Auswirkungen deiner Veränderungen, sodass es dir leicht fällt, dein Ziel zu verfolgen.

Durch deine Arbeit an dir selbst hast du gelernt, dass ein oder zwei schlechte Tage nicht das Ende der Welt bedeuten. Du weißt, wie du mit schlechter Stimmung umgehen kannst und du verurteilst dich nicht dafür, wenn es dir mal nicht gelingt, im Hier und Jetzt präsent zu bleiben.

Du weißt, dass du ein Wesen menschlicher Natur bist und dass Menschen Fehler machen. Auch weißt du, dass Menschen leicht in alte Muster zurückfallen und eigentlich lieber den Weg des geringsten Widerstandes gehen. Du weißt, dass dir deine Veränderung einiges an Aufmerksamkeit und Kraft abverlangt und dass es vollkommen legitim ist, auch mal keine Lust zu haben oder müde zu sein.

Das ist alles wunderbar. Allerdings lebst du nicht alleine auf dieser Welt und der Kontakt mit deinem Umfeld kann überraschend deutlich weniger positiv ausfallen, als du das vielleicht angenommen hast. Mögliche Stolpersteine, die dich von deinem neuen Weg abbringen können, sind unter anderem Missgunst, Neid, Eifersucht, Angst oder auch Unsicherheit, die deine Liebsten oder andere Kontakte an dich herantragen.

Warum freut sich denn niemand für mich?

Gerade dein persönliches Umfeld sollte doch die erste Anlaufstelle sein, von der du Unterstützung erwarten dürftest, oder?

Und gerade diese Leute sollten doch auch diejenigen sein, die sich mit dir über deine Veränderung freuen sollten, oder etwa nicht?

Es kann sehr ernüchternd sein, wenn man auf seiner Reise feststellt, dass man ausgerechnet von den Menschen Steine in den Weg gelegt bekommt, von denen man es am wenigsten erwartet hätte.

Dabei kann es hilfreich sein, sich bewusst zu machen, aus welchen Gründen sich dein Umfeld vielleicht weniger unterstützend zeigt, als du es erwartet hättest.

Gerade sie könnten sich doch am ehesten darüber freuen, dass du dich wohler in deiner Haut fühlst, weniger gestresst, präsenter und somit auch aufmerksamer bei der Arbeit und im Umgang mit anderen bist. Aber ganz so einfach verhalten sich die Menschen leider nicht.

Möchtest du verstehen, warum dein Umfeld möglicherweise negativ auf deine positiven Veränderungen reagiert, solltest du dir klarmachen, dass der Mensch ein Gewohnheitstier ist.

Sicherlich hast du schon an dir selbst beobachten können, dass positive Neuigkeiten in deinem Umfeld zunächst zu einem kurzen Moment der Verunsicherung bei dir führen. Erinnere dich daran, als deine beste Freundin sagte, dass sie es mit ihrem Freund wirklich ernst meint und sie sogar über eine Heirat nachdenken. Natürlich hast du dich für sie gefreut, aber da war auch die Sorge, was aus eurer engen Verbindung wird, wenn eine andere Person in ihrem Leben plötzlich so wichtig wird.

Oder als deine Lieblingskollegin von ihrer Schwangerschaft erzählt hat – ja, das ist wunderschön, aber mit wem würdest du dann lachen und schnacken während der Arbeitszeit? Und würde sie überhaupt wiederkommen?

Solche Gedanken sind vollkommen normal und bedeuten keineswegs, dass du der Person die gute Neuigkeit in ihrem Leben nicht wünschst. Aber während sich diese bereits damit auseinandersetzen konnte, musst du dich erst mal an den Gedanken gewöhnen und abwägen, was das für dich bedeutet und dich zudem auf die neue Situation einstellen.

Ungewohnte Situationen, generell Unbekanntes, verunsichert die Menschen, da sie nicht wissen, wie sie sich verhalten sollen. Sie wissen nicht, welche Emotionen und Schwierigkeiten auf sie zukommen. Sie brechen aus gewohnten Routinen aus und müssen mit deutlich mehr emotionalem Aufwand neue Muster entwickeln. Das kann Angst machen oder Unmut hervorrufen – denn wir alle mögen es bequem und angenehm. Das Verlassen der Komfortzone hingegen ist eine nicht eingeplante Belastung, der wir uns nun ungefragt gegenübergestellt sehen, weil wir aufgrund der Neuigkeit und der damit einhergehenden Veränderung dazu gezwungen sind. Auch wenn wir uns noch so sehr für unsere Lieben mitfreuen – die Veränderung müssen wir trotzdem bewältigen.

Genau diese Gedanken kann auch dein Umfeld bekommen, wenn du dich plötzlich bewusst für dein Lebensglück entscheidest. Wer die Gestaltung seines Lebens selbst in die Hand nimmt, verlässt die passive Rolle und sorgt indirekt auch dafür, dass sich – wie bei einer Kettenreaktion – andere Bereiche in seinem Umfeld verändern.

Hast du beispielsweise beschlossen, dass du mehr auf eine Work-Life-Balance achten willst, nachdem du jahrelang im Büro die vorbildliche Kollegin warst, die für alle anderen Mitarbeiter die unbeliebten Schichten und Aufgaben übernommen hat – natürlich ohne zu klagen oder eine Gegenleistung zu erwarten – kann das bei deinen Kollegen zu großen Irritationen führen. Vielleicht beinhalten deine Veränderungen, dass du die Arbeiten anderer nicht mehr übernimmst. Wer macht denn jetzt die lästige Ablage, kauft frischen Kaffee und füllt abends Papier in den Drucker? Deine Entscheidungen, obwohl du sie nur für dich triffst, betreffen eben auch andere und nicht immer ist den anderen die Neuigkeit recht.

Sie stehen plötzlich in der Verantwortung und das erzeugt Widerwillen. Möglicherweise war ihnen gar nicht bewusst, welche Arbeitslast sie auf dich abgewälzt haben. Das kann insbesondere dann der Fall sein, wenn du die Rolle der arbeitsamen, eifrigen Person übernommen hast, die durch Fleiß und Leistung Anerkennung erzielen wollte und sich nie beschwert hat. In einem solchen Fall kann eine Veränderung sehr plötzlich wirken. „Sie hat doch nie was gesagt" oder „Das hat ihn doch auch sonst nicht gestört!" könnten dann die Gedanken und Aussagen der Kollegen sein.

Eventuell fühlen sich die Leute auch beschämt, wenn sie merken, was sie dir zugemutet haben. Dieses Gefühl mag keiner und es lässt sich leichter ertragen, wenn der Ball zurückgespielt wird.

Auch der erwähnte Neid oder Eifersucht können sich in deinem Umfeld ausbreiten: „Die hat es gewagt, sich aus einer unglücklichen Arbeitsposition zu lösen und jetzt hat sie einen richtig guten Job. Der fällt aber auch alles zu." Dass du große Ängste ausgestanden, bereits monatelang Fortbildungen absolviert und ein Vorstellungsgespräch nach dem nächsten hattest, wird gerne außer Acht gelassen.

Du kennst es ja selbst: Neid ist ein starkes Gefühl. Eigentlich zeigt es nur an, dass der Betroffene an diesem Punkt in seinem Leben selbst einen Mangel feststellt. Somit ist Neid grundsätzlich nichts Schlechtes, sondern kann ein nützlicher Hinweis darauf sein, selbst aktiv zu werden. Wer davor aber zu große Angst hat oder zu bequem ist, gerät leicht in Eifersucht und gönnt dir dann dein Glück nicht.

Das kann sich auf verschiedenste Weisen zeigen: Durch offenes Ausdrücken der Missgunst oder auch durch kleine Seitenhiebe. Es kann aber auch in Form falscher Vorsicht oder Sorge daherkommen: „Bist du dir wirklich sicher, dass du dich von Kim scheiden lassen willst? Wie stehst du denn dann da in deinem Alter, geschieden und ohne jemanden an deiner Seite? Ich will ja nur nicht, dass du es später bereust!" Vielleicht macht sich die Person wirklich Sorgen um dich. Vielleicht nutzt sie jedoch die Sorge um dich auch dazu, nicht bei sich selbst zu schauen.

Es ist so viel einfacher, sich in den vermeintlichen Problemen eines lieben Menschen zu verstricken, als seine eigenen Baustellen zu bearbeiten.

Oder es handelt sich um eine vorgeschobene Sorge, weil eine Veränderung deinerseits auch Veränderungen in dem eigenen Leben nach sich ziehen könnten. Du kennst das vielleicht selbst: Führen andere einschneidende Veränderungen in ihrem Leben durch, wirst du auf dich selbst zurückgeworfen, stellst möglicherweise selbst Dinge in Frage. Die Routine wird aufgebrochen. Beziehungsdynamiken verändern sich und in gewisser Weise ist auch das gesamte Umfeld betroffen:

Was, wenn du jetzt plötzlich glücklicher Single bist? Wie soll man dann die eigene unglückliche Ehe rechtfertigen, wenn du einfach ausgebrochen bist aus dem verbindenden Schicksal?

Auch das kann ein Grund dafür sein, warum sich Menschen verletzt von deinem neuen Glück fühlen:

Du bist kein Leidensgenosse mehr. Du bekämpfst nicht mehr den gemeinsamen Feind oder du bist nicht mehr die sichere Adresse für das gemeinsame Jammern. Du bist den Schritt in ein neues Leben gegangen. Du hast geschaut, was in deiner Macht steht und entsprechend Dinge oder Beziehungen in deinem Leben verändert, die dir nicht gut taten. Damit bist du plötzlich nicht mehr im Team. Du hast dich ungefragt aus der Gruppe entfernt.

Das kann sogar als Provokation empfunden werden, insbesondere dann, wenn du lange Teil dieser Gruppe warst.

Und deine Entscheidung, endlich aktiv zu werden, statt nur über Veränderung zu reden, führt den anderen möglicherweise ihren eigenen Stillstand vor Augen, ihr Zögern, ihr Hadern – und damit möchte niemand gerne konfrontiert werden.

Warst du selbst schon mal in der Position, dass du der Veränderung einer Person kritisch gegenüberstandst, weil du neidisch warst oder dich zurückgesetzt gefühlt hast?

Gelassen und unbeirrt

Was also tun, wenn dein Umfeld plötzlich beleidigt, verwirrt oder sogar ablehnend reagiert, wenn du dich für ein aktives Glücklichsein entscheidest?

Es gibt verschiedene Möglichkeiten zum Umgang mit diesen Reaktionen, die du auf dein Gegenüber und natürlich auch auf dich und deine aktuelle Tagesverfassung abstimmen solltest.

Nicht immer wirst du die Kraft, die Zeit oder die Nerven haben, jemandem umfänglich zu erklären, warum du nun etwas anders machst, was dir dein Glück bedeutet und wie du dich für Veränderungen in deinem Leben entschieden hast.

Und du bist auch keineswegs dazu verpflichtet. Dieser Punkt ist ganz wichtig für dich.

Denn nicht jedem Menschen in unserem Umfeld sind wir gegenüber verpflichtet tiefe Einblicke in unsere Entscheidungen oder Beweggründe zu geben. Gerade wenn man aber etwas Neues ausprobiert und vielleicht noch etwas unsicher ist, hat man oft das Gefühl, sich erklären oder rechtfertigen zu müssen. Aber: Du musst nicht. Du kannst. Wenn du willst. Hast du keine

Kapitel 5 – Unbeirrt: Dein neuer Weg

Lust oder siehst du keinen Sinn darin, weil von der fragenden Person doch nur destruktive Kritik kommen wird oder hast du schlichtweg einfach einen schweren Tag – dann lasse es!

Wichtig für dich ist, es zu akzeptieren, dass du Gegenreaktionen bekommen wirst, ohne dich davon demotivieren oder verunsichern zu lassen.

Wenn dir viel an der Beziehung zu dieser Person liegt, erkläre ihr, warum du bestimmte Verhaltensweisen änderst, beim Jammern nicht mehr mitmachen möchtest oder für dich beschlossen hast, weniger auf Genussgifte zurückzugreifen – ohne Wertung und immer aus der Ich-Perspektive heraus. So machst du klar, dass diese Entscheidung nur für dich gilt und du die andere Person keineswegs dafür verurteilst, sollte sie anderer Meinung sein. Dann darfst du allerdings auch gleichermaßen erwarten, dass deine Veränderungen akzeptiert werden – frei nach dem Motto: Leben und leben lassen.

Du kannst zu verstehen geben, dass du dich in einem Transformationsprozess befindest und du manches ausprobieren wirst. Dann sind alle vorgewarnt, die es betreffen sollte.

Bei Personen, von denen du annimmst, dass sie dir nur reinreden werden, musst du dich nicht so weit öffnen, sondern du kannst sie, wenn du die Änderungen vornimmst, mit den Tatsachen konfrontieren und dann bei Bedarf mehr erklären. Stelle das Angebot, dass sie fragen können, wenn sie etwas wissen möchten, aber versuche nicht, dich vorab zu erklären oder zu rechtfertigen. So sparst du dir deine Energie und kannst in einer offenen Atmosphäre ein Gespräch beginnen, wenn dein Gegenüber wirklich bereit und interessiert ist. Zudem vermeidest du, dass du unnötig verunsichert wirst.

Betreffen deine Veränderungen Kinder, versuche, ihnen auf altersgerechte Weise zu erklären, warum du die Veränderungen vornimmst. Denke daran, dass sie je nach Alter und Entwicklungsstand noch nicht alles so leicht nachvollziehen können wie Erwachsene und dass sie ihre persönlichen Belange vor deine

Interessen stellen wollen. Machst du ihnen aber auf liebevolle Weise klar, dass die Änderungen wichtig für dich sind, aber keineswegs bedeuten, dass du sie weniger lieb hast – auch wenn sich die Änderungen vielleicht unbequem für die Kleinen anfühlen – dann ist schon ein wichtiger Schritt getan.

Überhaupt ist es wichtig, dass dein Gegenüber – ganz gleich welchen Alters – sich gesehen fühlt und ihm klar gemacht wird, dass du dich nur von alten Gewohnheiten trennst und nicht auch von ihm.

Kannst du diese Information in den Gesprächen transportieren, beruhigt sich die Stimmung meist recht schnell wieder.

Wenn du dann mit gutem Beispiel vorangehst und die anderen mit einbindest, kann es sogar sein, dass sich dein Umfeld mitreißen lässt. Wenn du dich z. B. mit deinen Freunden zum Spazierengehen triffst, kannst du von deinen tollen Erlebnissen erzählen und auch die anderen nach Lieblingsmomenten und persönlichen Highlights fragen, anstatt über andere Personen Negativitäten auszutauschen. Ein toller Nebeneffekt, der es dir selbst noch leichter machen wird, deinen Glücksweg mit sicherem Schritt zu beschreiten.

Wenn du ein Mensch bist, der neue Dinge lieber erst mal für sich alleine erkundet und deswegen ohnehin sehr empfindlich auf das Feedback von außen reagiert, dann gönne dir eine Eingewöhnungszeit, bevor du andere an deinem neuen Weg teilhaben lässt.

So bist du schon etwas gefestigter und lässt dich von Pessimismus und Scherzen nicht so leicht verunsichern oder demotivieren.

- Wie reagierst du, wenn jemand deine Veränderungen nicht begrüßt?
- Lässt du dich leicht verunsichern, wenn dich jemand für deine Entscheidungen angreift?
- Kannst du konstruktive Kritik für dich nutzen?

- Fällt es dir schwer, dich über etwas zu freuen, wenn dein Gegenüber es ganz offensichtlich ablehnt?
- Neigst du zu Überschwang, wenn du etwas Neues für dich entdeckst?
- Hast du das Bedürfnis, jeden über deine Veränderungen zu informieren?
- Oder hast du eher Sorge auf Ablehnung zu stoßen und behältst daher alles für dich?
- Möchtest du gerne andere mitreißen oder diesen neuen Weg lieber erst mal alleine erkunden?

Toxische Kontakte und Alternativen für deinen Weg

Das oben genannte Szenario ist natürlich wünschenswert. Was ist jedoch, wenn es in deinem Umfeld einige Menschen gibt, die beharrlich darauf aus sind, dir deinen neuen Weg schlecht zu reden?

Und was ist, wenn du auch nach Wochen noch unpassende Sprüche gesagt bekommst, sich jemand abfällig zu deinen Entscheidungen äußert oder sich lustig macht, indem er deine neue Lebenseinstellung als esoterische Spinnerei oder als Gutmenschentum bezeichnet oder deine neuen Grenzen nicht respektiert?

Wann lohnt es sich, diese Kontakte zu begrenzen oder abzubrechen? Und musst du dich dann ganz alleine auf deinem neuen Weg fortbewegen?

Es kommt natürlich ganz darauf an, in welchem Ausmaß dich die Aktionen und Äußerungen der anderen Person berühren. Zudem macht es einen Unterschied, ob ihr ein persönliches Verhältnis habt oder ob ihr beruflich miteinander agiert.

Handelt es sich um eine Person aus deinem persönlichen Umfeld, kannst du noch einmal das Gespräch mit ihr suchen.

Mache ihr klar, dass dich das Verhalten verletzt und versuche, den Grund für die negative Reaktion herauszufinden. Hat die Person Angst, nicht mehr relevant zu sein? Fühlt sie sich überfordert oder verunsichert? Biete erneut an, bestehende Fragen zu klären. Geht die andere Person darauf ein und signalisiert sie, dass sie ihr Verhalten ändern möchte, sich aber aktuell noch an die neue Situation gewöhnen muss, gib ihr noch eine Chance. Schlage vielleicht eine Auszeit vor, in der ihr euch weniger seht, sodass sie sich etwas daran gewöhnen kann. Wenn sie dich später das nächste Mal sieht und merkt, dass du noch viel mehr vor Glück strahlst und kann sie sich dann noch immer nicht mitfreuen beziehungsweise deinen neuen Lebensweg nicht akzeptieren, dann kannst du dir überlegen, ob du diese Person wirklich in deinem engen Umfeld haben möchtest.

Toxische Beziehungen sind manchmal schwer zu beenden – weil man den anderen Menschen liebt, weil so eine lange Bindung besteht, weil man sich verpflichtet fühlt oder weil man Angst vor dem Alleinsein hat. Aber all das sollte in den Hintergrund rücken, wenn dir die Person weh tut. Lasse nicht zu, dass dir jemand anderes dein Lebensglück, dass du dir erschaffst, abwertet oder gar verdirbt.

Bekannte oder Personen, die dir nicht so wichtig sind oder die du nur flüchtig kennst, etwa die eine Mama aus dem Kindergarten deines Sohnes oder die Lea aus dem Bauchtanzkurs, kannst du auch einfach getrost ausblenden. Das bedeutet nicht, dass du sie als Person ignorieren sollst. Beschränke die Kommunikation auf höfliche Grußformeln und belasse es dabei. Nicht jede Person hat ein Anrecht auf persönlichen Kontakt mit dir und es steht ihnen auch nicht zu, deine Entscheidungen zu bewerten.

Überlege dir aber auch, was deine Beziehung zu dieser Person bisher ausgemacht hat. Wenn ihr euch beispielsweise nur immer dann getroffen habt, wenn eine von euch Liebeskummer hatte und ihr gemeinsam auf die Herzensbrecher schimpfen konntet, dann ist es kein Wunder, wenn dein Gegenüber irritiert ist und sich fragt, was ihr jetzt überhaupt noch miteinander anfangen sollt.

Hier ist es dann wichtig, der Beziehung die Chance zu geben, sich neu auszurichten, einen anderen gemeinsamen Nenner zu finden. Das kann eine Weile dauern und mit ein wenig Auseinandersetzung und Anpassungsschwierigkeiten einhergehen, sich aber tatsächlich lohnen, wenn beide Seiten Interesse daran haben, die Beziehung wachsen zu lassen.

Beziehungen, unabhängig davon, ob sie romantischer Art sind, zwischen zwei Familienmitgliedern, Freunden oder Kollegen, können sich immer wieder verändern. Diese Veränderungen können wunderbare Chancen für Wachstum sein. Ist allerdings nur eine Seite daran interessiert, sich weiterzuentwickeln, entstehen Spannungen, die eine Bindung sogar beenden können.

Denn deine persönliche Weiterentwicklung sollte nicht aus falscher Rücksichtnahme eingeschränkt werden. Das ist weder dir gegenüber noch der anderen Person gegenüber fair.

Oft sind wir nur darauf ausgerichtet, wie wir es der anderen Person recht machen können, wie wir uns anpassen können, damit es ihr gut geht, damit der Kontakt angenehm ist, damit sie uns mag – aber es lohnt sich auch, die Perspektive zu ändern: Was tut mir gut? Wie ist dieser Kontakt für mich? Kann ich wirklich ich selbst sein? Werde ich respektiert mit meinen Ideen und Werten, oder muss ich mich dafür erst anpassen und komplett verstellen?

Gerade diejenigen unter uns, die gelernt haben, es jedem recht machen zu wollen, müssen da vielleicht über ihren Schatten springen. Grenzen zu setzen ist jedoch eine wichtige Fähigkeit, die dir hilft, dein neues Glück zu schützen.

Bewahre Contenance und bleibe höflich – aber mehr bist du den anderen nicht schuldig! Du musst dich nicht anpassen, du musst dich nicht abwerten und du musst dein Glück schon gar nicht verstecken, nur damit dich die anderen mögen.

Eine ähnliche Haltung kann am Arbeitsplatz angebracht sein. Vermeide die persönlichen Themen und stelle bestimmte Themen einfach nicht zur Diskussion. Hast du dich beispielsweise dafür entschieden, keinen Alkohol mehr zu trinken, sprich nicht darüber, sondern bestelle beim Geschäftsessen einfach Wasser. Kommt ein Spruch, ignoriere ihn. Auch hier gilt: Du musst es den anderen nicht recht machen und du musst dich auch nicht erklären. Warum du etwas tust, geht nur dich etwas an. Wenn klar ist, dass die anderen nicht wirklich an deinen Beweggründen interessiert sind, sondern nur ein Gesprächsthema suchen, tue ihnen nicht den Gefallen und biete ihnen keine Vorlage. Schweige stattdessen.

Du weißt, warum du etwas tust und du bist nicht auf die Bestätigung anderer Menschen angewiesen.

Trotzdem ist es natürlich schön, wenn du auch ein Gegenüber hast, das sich mit dir auf Augenhöhe befindet.

Kontakt zu Gleichgesinnten zu suchen, ist ein toller Weg, um die Sachen, die du in deinem Leben neu integriert hast, zu verankern. Vielleicht gibt es einen Achtsamkeitskurs in deiner Nähe, wo du andere Menschen kennenlernen kannst, die sich mit der Thematik beschäftigen. Ihr könnt euch dann wunderbar über Stolpersteine austauschen, gemeinsam über Missgeschicke lachen, euch über Erfolge freuen und zusammen die Zeit genießen.

Es gibt zahlreiche Möglichkeiten, andere Leute mit gleichen Interessen kennenzulernen – entweder bei einem Kurs oder bei einem Vortrag, auf themenrelevanten Festen oder Messen oder über entsprechende Kontaktbörsen.

Wohnst du sehr ländlich, besteht natürlich die Möglichkeit, dass in deiner näheren Umgebung keine Menschen wohnen, die deine Interessen teilen. In diesem Fall kannst du auch auf die neuen Medien zurückgreifen: Es gibt diverse Foren, Blogs und Internetseiten, die dir Informationen rund um die Themen Glück, Achtsamkeit und Flow zur Verfügung stellen und dir zu-

Kapitel 5 – Unbeirrt: Dein neuer Weg

dem die Möglichkeit bieten, mit anderen Interessierten in Kontakt zu treten.

Ein regelmäßiger Austausch über Messenger, E-Mail oder auch ganz altmodisch per Brief oder Telefon, kann ebenso sehr bereichernd sein und dir die nötige Motivation geben, wenn es in deinem direkten realen Umfeld überwiegend Leute gibt, die sich mit deinem neuen Weg eher schwer tun.

Austausch tut gut, er macht Mut und er kann unheimlich bereichernd sein. Du hast die Chance, zu lernen, wie andere mit bestimmten Situationen umgehen, wie sie sich und ihr Lebensglück durchsetzen und es im Notfall auch verteidigen.

Ganz besonders schön dabei ist, dass ihr zusammen lachen, feiern und euer Glück und eure Freude gemeinsam zelebrieren und voll auskosten könnt. Bei Bedarf könnt ihr den jeweils anderen animieren, um den nötigen Schritt aus der Komfortzone herauszutreten oder um ihm im richtigen Moment zuzujubeln und anzufeuern, damit er sein Ziel erreicht und ihr dann zusammen den Triumph genießen könnt.

Schließlich hat Glück eine ganz besonders tolle Eigenschaft: Es verdoppelt sich, wenn man es teilt!

Dieses Thema ist ein sehr sensibles – gib dir daher ruhig eine kleine Verschnaufpause, bevor du die folgenden Fragen beantwortest:

- Gibt es Leute in deinem Leben, die ständig alles schlecht reden, egal, was du erzählst?
- Warum hältst du an Menschen fest, bei denen dir klar ist, dass sie dir nicht gut tun?
- Gibt es Menschen, von denen du dir manchmal eine Pause gönnst?
- Wie würdest du dich in dieser Pause fühlen? Was würdest du anders machen, wenn du nicht das Urteil dieser Person fürchten müsstest?

- Gibt es die Möglichkeit, Abstand von bestimmten Personen zu nehmen, wenn du den Kontakt nicht gleich abbrechen möchtest?
- Was müsste passieren, damit du den Kontakt zu einem Menschen einstellst?
- Hast du Schwierigkeiten, Menschen zu finden, die deine Lebensauffassung teilen?
- Gibt es andere Möglichkeiten, Gleichgesinnte kennenzulernen, die du vielleicht nur noch nicht in Erwägung gezogen hast?

Teilen, ohne zu verurteilen – die goldene Mitte

Doch nicht immer sind die Mitmenschen daran interessiert, deine neuen Erkenntnisse und Erfahrungen mit dir zu teilen.

Du kennst das vielleicht selbst: Da war doch diese eine Kollegin, die diese Detox-Kur gemacht hat. Sie war so begeistert von dem Programm, dass sie ständig und überall davon geredet hat, wie gut ihr das Ganze tut, wie viel gesünder und glücklicher sie ist und dass du das unbedingt auch mal probieren solltest.

Das war ja auch ganz nett, weil du dich für sie gefreut hast, dass es ihr so gut damit geht. Aber du selbst hattest zu dem Zeitpunkt gar kein Interesse daran, eine neue Ernährungsform auszuprobieren. Und du wolltest auch keine Entschlackungskur oder ähnliches machen. Du wolltest nur in Ruhe dein Mittagessen zu dir nehmen – und zwar mitsamt der Kohlenhydrate im Hauptgericht und im abschließenden Dessert! Und das am besten ohne jemanden, der die ganze Zeit davon erzählt, wie schädlich das doch ist.

Das hat nach zwei, drei Malen ganz schön genervt, oder?

Das lag einerseits daran, weil du dich schlecht gefühlt hast, dass du deinem Gegenüber kein guter Spiegel zum Ausleben

Kapitel 5 – Unbeirrt: Dein neuer Weg

der Begeisterung sein konntest. Andererseits lag es daran, dass die Wiederholungen und dieses ungute Gefühl des Aufdrängens von etwas, das gerade keine Priorität in deinem Leben hat, immer als Unterton mitschwangen.

Die Gefahr des „Abarbeitens" an anderen und auch die Gefahr, dass dein Mitteilungsdrang und dein Bestreben, andere mitzureißen, als Missionieren empfunden werden kann, ist ebenfalls groß.

Einerseits kannst du all diese positiven Veränderungen bei dir selbst beobachten: Du bist ausgeglichener, zufriedener, allgemein einfach glücklicher. Insgesamt geht es dir, trotz aller Einwände und Einschränkungen, immer noch richtig gut! Und du möchtest natürlich auch, dass es deinen Liebsten gut geht. Was läge also näher, als ihnen von deinen Erlebnissen zu erzählen, ihnen Hilfestellung zu geben, ihnen die passenden Bücher zu leihen oder Ratschläge zu geben?

Es ist ganz verständlich, dass du möchtest, dass es deinen Herzensmenschen gut geht. Jeder von uns wünscht sich das von Herzen. Und es ist sehr schwer, dabei zuzuschauen, wie sich jemand, den man liebt, auf eine Weise verhält, die seiner mentalen oder körperlichen Gesundheit abträglich ist.

Da ist die Gefahr des schnellen Helfens besonders groß. Du, als mitfühlender Mensch, möchtest intervenieren, unterstützen, eingreifen – auch wenn du gar nicht um Hilfe gebeten wurdest.

Natürlich besteht die Möglichkeit, dass dein Gegenüber noch gar nicht erkannt hat, dass er ein ungesundes Verhalten an den Tag legt. Dann kann es schon sehr hilfreich sein, wenn uns jemand auf etwas aufmerksam macht und uns gegebenenfalls mit nötigen Informationen versorgt, wenn wir Unterstützung benötigen.

Wenn wir ehrlich sind, ist dies aber äußerst selten der Fall. Meistens mangelt es uns weder an den nötigen Informationen noch an der Einsicht, dass wir etwas ändern müssen. Aber die

Hürde ist aus unterschiedlichsten Gründen aktuell zu hoch für uns.

Wie lange hast du über deine Themen nachgedacht, bis du etwas ändern konntest?

Behalte dies immer im Hinterkopf, wenn du andere Menschen ungefragt unterstützen möchtest.

Ein aufmerksames und umsichtiges Miteinander und Hilfsbereitschaft sind natürlich immer schön – aber im falschen Maß dargeboten, können sie die andere Person auch überfordern, frustrieren oder in eine Position drängen, in der sie nicht sein möchte.

Zudem müssen wir es immer akzeptieren, wenn jemand sich nicht helfen lassen möchte, weil er oder sie an alten Wegen festhalten will, auch wenn alle wissen, dass dies der Person nicht gut tut.

Dies zu akzeptieren ist nicht immer leicht – vor allem, wenn man bei sich selbst so positive Entwicklungen bemerken kann.

Aber wenn du es schaffst, die Grenzen, die dir dein Gegenüber aufzeigt, zu wahren – genauso, wie du es dir auch von deinen Mitmenschen wünschst – kommst du auch nicht in die Bedrängnis, dich unnötig an anderen abzuarbeiten. Du kannst deine Hilfe anbieten, du kannst auf Hilfegesuche eingehen – aber du kannst auch akzeptieren, wenn deine Hilfe nicht gewollt oder ordentlich angenommen wird und dich dann wieder um etwas anderes kümmern.

Zudem rutschst du so nicht in die unangenehme Art des Missionierens. Es ist natürlich verständlich, dass du gerne über etwas reden möchtest, was dich aktuell bewegt und sich so gut für dich anfühlt. Aber respektiere auch, wenn jemand anderes dieses Thema gerade nicht ansprechen möchte oder nicht allzu lange dabei verweilen will.

Bei sich zu bleiben und Wege zu finden, die Begeisterung auszuleben, ohne anderen das Thema aufzudrängen, ist daher sehr wichtig.

Schließlich möchtest du auf deinem Glücksweg nicht versehentlich andere Leute verletzen oder nerven.

Zudem macht es dich viel selbstbestimmter und unabhängiger, wenn du deine Motivation aus dir selbst schöpfen kannst.

Natürlich ist es leichter, sich durch die Stimmung anderer Menschen mitreißen zu lassen.

Aber du hast es selbst geschafft, einen so klaren Sinn in deinem Weg zu sehen und du hast Ziele vor Augen, die du anstreben und verwirklichen kannst. Daher darfst du die beglückende Erfahrung machen, frei und flexibel zu sein und dir selbst ein kleiner Glücksquell zu werden.

Kapitel 6 – Mach dich auf den Weg!

„**E**s gibt keinen Weg zum Glück. Glücklichsein ist der Weg."
- Siddhartha Gautama Buddha

Genau wie Buddha es sagte, ist Glücklichsein der Weg, den du bewusst einschlagen kannst. Dieses Buch hat dich ein Stück auf deinem neuen Weg begleitet und dir hoffentlich einige hilfreiche Impulse geben können:

Zusammen haben wir überlegt, wohin deine Reise gehen sollte und wie du dich dem Glück zuwenden kannst, wenn du dich bewusst dafür entscheidest, deinen Fokus auf das Hier und Jetzt zu legen.

Verschiedene Fragen sollten dich dabei unterstützen dir klar zu machen, was du möchtest und was du bisher in deinem Leben vermisst. Dabei wurde versucht, dir bewusst zu machen, was dir persönlich zum Glück fehlt und was Glück für dich überhaupt bedeutet. Du hast die Erkenntnis erhalten, dass Glück zwar universell erlebbar, aber sehr unterschiedlich wahrgenommen werden kann.

Die Hinweise auf sogenannte falsche Fünfziger und das verlockende „schnelle Glück" konnten dir möglicherweise weiterhelfen. Auch die Gedanken dazu, ob du in schwierigen Lebenssituationen überhaupt so etwas wie Glück erleben kannst, ob du Glück erleben darfst und welche Möglichkeiten du hast, dich dem Glück zu nähern, haben dir einige Anreize geben können.

Du hast ganz konkrete Tipps, Anregungen und Hinweise bekommen, wie du deine Schritte in ein glückliches Leben gestalten kannst. Noch bestehende Steine und andere Hindernisse aus dem Weg zu räumen, war ein erster wichtiger Schritt, um sich anschließend auf das Hier und Jetzt konzentrieren zu können! Immer mit dem Wissen im Hinterkopf, dass die Themen stets wieder aufkommen können und eine permanente Weiterarbeit an dir selbst hilfreich ist, du dich jedoch nicht nur auf diese Aspekte konzentrieren solltest!

Sich ganz bewusst für das Glücklichsein zu entscheiden, ist ein mutiger Schritt, der Eigenverantwortung und das Überdenken alter Glaubensmuster erfordert. Sich dessen bewusst zu machen, dass es Stolperfallen von außen gibt, die bei der Kultivierung von guten Gefühlen lauern, hilft dir, wahrzunehmen, wo du selbst stehst und welche Ressourcen dir zur Verfügung stehen. Diese Stolperfallen können sich durch innere Grundsätze, Stress, Zeitmangel, Gewohnheiten, mangelnde Disziplin oder die romantische Vorstellung, positive Gefühle würden einem zufallen, bemerkbar machen.

Du hast für dich entdecken können, auf welche Stolperfallen du möglicherweise anfälliger reagierst und wo noch Lernaufgaben auf dich warten. Aber du hast auch erkennen können, dass du bestimmte Schwierigkeiten schon jetzt gut meisterst und diese für dich im Alltag eigentlich gar kein Thema mehr sind.

Du hast gelernt, wie du deine bewusste Entscheidung zum Glücklichsein mit Achtsamkeit und dem konstruktiven Umgang mit äußeren Einflüssen, die dich von deinem neuen Weg abbringen könnten, stärken und umsetzen kannst.

Sowohl das Konzept der Achtsamkeit als auch das Konzept des Flow können dir im Alltag dabei helfen, dass das Glück ein fester Bestandteil und langfristiger Begleiter deines eigenen Lebensweges wird. Mögliche Gefahren, wie das Vergessen der Zukunft oder das Ignorieren der Vergangenheit, hast du kennengelernt, damit du sie wahrnimmst, wenn du lernst im Hier und Jetzt zu leben. Du weißt jetzt, dass dies keinesfalls bedeutet,

Kapitel 6 – Mach dich auf den Weg!

dass du dich für ein Leben nach dem reinen Lustprinzip ohne Verantwortung und Ziele entscheidest, sondern dass es sich um eine Chance für ein erfülltes Leben handelt.

Die Übungen und Ideen des Flow-Konzeptes sowie deine Achtsamkeitspraxis kannst du wie Werkzeuge eines Werkzeugkoffers betrachten, die du dir bei Bedarf heraussuchen und anwenden kannst, sei es im Alltag bei der Arbeit, am Wochenende im Privaten oder auch, wenn du dich in einer Krisensituation befindest.

Du weißt jetzt, wie du jeden Augenblick leben und erleben kannst, indem du das Jetzt in den Vordergrund stellst. Du kannst deinen neuen Weg selbstbewusst und unbeirrt gehen, denn eventuell auftretende Hindernisse, wie Missgunst, Neid, Angst oder Unsicherheit, die dich von deinem neuen Weg abbringen könnten, tangieren dich nicht.

Letztlich bist du in der Lage zu verstehen, warum andere Menschen möglicherweise negativ auf deine positiven Veränderungen reagieren und welche Möglichkeiten du im Umgang mit diesen Reaktionen hast, ohne dich davon demotivieren oder von deinem Weg abbringen zu lassen.

Auf deinem Weg werden dir immer wieder Herausforderungen und Modifikationen begegnen. Aber du weißt, dass du nur die richtige Perspektive einnehmen musst, um dich von diesen nicht überwältigen zu lassen. Du gestehst dir Emotionen wie Trauer, Neid, Gram oder Frustration und Wut selbstverständlich zu und hältst nicht verkrampft an einem blinden Positivismus fest. Aber du weißt auch, dass das Lernen und die Veränderungen stetige Begleiter deines Lebens sind und dass du das Glück im Hier und Jetzt mit der richtigen Einstellung und den passenden Überzeugungen, Gedanken und Handlungen kultivieren kannst, unabhängig von der Gesamtsituation.

Deine Motivation, das Glück mit deinen Liebsten unvoreingenommen zu teilen, ohne sie zu missionieren oder ihnen deine eigene Entwicklung aufzudrängen, wird dich zusätzlich dabei unterstützen, an deinem neuen Weg festzuhalten.

Sei stolz auf dich, dass du diesen mutigen Schritt in dein neues Leben gegangen bist und gönne dir immer wieder Momente, um die Veränderung bewusst zu spüren. Nimm dir Zeit, Dankbarkeit und Achtsamkeit zu zelebrieren, um diese auch im stressigen Alltag in deinem Bewusstsein zu halten und genieße die Früchte, die diese Arbeit tragen wird!

Es ist ein ganz wunderbarer Moment, wenn du dich in deinem jetzigen Leben komplett angekommen fühlst und wenn du merkst, dass du viele deiner Einstellungen und Sichtweisen ändern konntest und endlich die Verantwortung für deine bewussten Gedanken übernommen hast. Es ist herrlich zu spüren, wie leicht du den Moment genießen kannst und dass dein Leben immer wieder von Flow-Erlebnissen getragen wird. Die Chance, durch deine neue Herangehensweise deine Lebenszeit tatsächlich für die Menschen und Aktivitäten zu verwenden, die dir am Herzen liegen, wird für eine ganz eigene Form der Lebensqualität sorgen. Freue dich darauf, deine Zeit bewusst und selbstbestimmt zu gestalten, Freude an Unternehmungen mit der Familie und den kleinen Dingen des Lebens zu haben und dich durch deine sprühende Lebensfreude insgesamt lebendiger zu fühlen!

Herzlichen Glückwunsch zu deinem neuen Lebensglück! Genieße es in vollen Zügen – vollmundig, laut und bunt!

Quellen

https://de.statista.com/statistik/daten/studie/596669/umfrage/bedeutung-von-glueck-in-deutschland/

https://www.abendblatt.de/vermischtes/journal/article108603394/Glueck-Sieben-Faktoren-die-Lebensfreude-bestimmen.html

https://www.positivepsychologie.eu/sites/default/files/ja-magazin_18-19.pdf

https://www.tk.de/techniker/magazin/lifestyle/urban-gardening/gaertnern-gesund-gluecklich-2023754

https://www.psychologie-heute.de/gesundheit/39673-losgeloest-im-flow-der-nadeln.html

https://www.neurologen-und-psychiater-im-netz.org/psychiatrie-psychosomatik-psychotherapie/therapie/entspannungsverfahren/progressive-muskelentspannung/

https://dfme-achtsamkeit.de/bodyscan-mbsr-lieben-lernen/

Marie Mannschatz – Mit Buddha zu innerer Balance: Wie Sie aus der Achterbahn der Gefühle aussteigen, Gräfe und Unzer Verlag, 2011

Wanda Dammann – Was mir guttut, wenn's mir schlecht geht, Herder Spektrum, 2016

Florian Langenscheidt – Langenscheidts Handbuch zum Glück, Wilhelm Heyne Verlag, 2012

Anna Paul – Die Kraft der Selbstheilung, BLV Buchverlag GmbH & Co.KG, 2016

Claudia Croos-Müller – Kraft: Der neue Weg zu innerer Stärke, Kösel-Verlag, 2015

Gratis-Bonusheft

Vielen Dank noch einmal für den Erwerb dieses Buches. Als zusätzliches Dankeschön erhältst du von mir ein E-Book, als Bonus, und völlig gratis.

Dieses beinhaltet eine Sammlung an schönen, motivierenden und Mut machenden kleinen Geschichten und Zitaten, die dich auf deinem täglichen Weg zu einem erfüllten Leben begleiten können. Finde darin deine Lieblingszitate, die du dir immer wieder als kleine Erinnerungen, Richtungsweiser und Mutmacher zur Hand nehmen kannst.

Du kannst das Bonusheft folgendermaßen erhalten:

Um die geheime Download-Seite aufzurufen, öffne ein Browserfenster auf deinem Computer oder Smartphone und gib Folgendes ein: **bonus.stefanielorenz.com**

Du wirst dann automatisch auf die Download-Seite weitergeleitet.

Bitte beachte, dass dieses Bonusheft nur für eine begrenzte Zeit zum Download zur Verfügung steht.

www.ingramcontent.com/pod-product-compliance
Lightning Source LLC
Chambersburg PA
CBHW071327080526
44587CB00017B/2752